Meu amigo, Dr. Heber Campos Jr., escreveu uma obra muito original em uma área crítica, a cosmovisão cristã da perspectiva reformada. Depois de definir o que é uma cosmovisão cristã e oferecer uma breve sinopse de seu desenvolvimento, Heber faz uma habilidosa interação entre exposição bíblica, a partir do livro de Daniel, e a apresentação de conceitos e uma variedade de aplicações para vivermos uma cosmovisão cristã em diversas áreas de nossa vida. Que Deus abençoe este volume ricamente e o use para alcançar milhares de milhares de cristãos, a fim de que desenvolvam visões mais maduras de como viver cada área da vida a partir de uma perspectiva verdadeiramente cristã e reformada.

Joel R. Beeke, Presidente,
Puritan Reformed Theological Seminary, Grand Rapids, EUA.

Ao longo dos anos e em muitas ocasiões eu tenho me impressionado com a sabedoria, conhecimento e caráter do Dr. Heber Campos Jr. Essas qualidades são necessárias para uma aplicação abrangente da Palavra de Deus em todas as áreas da vida. Assim, é um enorme prazer e sinto-me honrado em poder recomendar, com entusiasmo, este livro sobre cosmovisão reformada!

Michael Horton, Professor de Teologia Sistemática,
Westminister Seminary California, EUA.

Em "Amando a Deus no Mundo", Heber Campos Jr. oferece à igreja e à academia um argumento poderoso, convincente e muito viável em favor de uma cosmovisão bíblica e reformada.

Trata-se de uma obra historicamente informada, contemporânea e culturalmente relevante – e não apenas para o Brasil.

Adriaan Neele, Professor,
Yale University, Jonathan Edwards Center;
Puritan Reformed Theological Seminary.

Esta elegante obra de Heber Campos Jr. é obrigatória a todos os cristãos que estão no mundo, mas sem pertencer ao mundo, pois oferece uma apresentação robusta e erudita da cosmovisão cristã. Além disso, abre caminho para novas leituras, estudos e percepções da relação do cristão com as várias esferas da criação. Mas sobretudo – e este é o grande mérito dessa obra – por ancorar a noção de cosmovisão cristã numa exposição rica e perceptiva do livro do profeta Daniel. Imperdível!

Franklin Ferreira, Diretor e professor de Teologia Sistemática
e História da Igreja, Seminário Martin Bucer, SP

Poucos assuntos são mais importantes para a igreja brasileira do que 'cosmovisão'. As diferentes maneiras como as pessoas percebem e interpretam a realidade a partir de suas experiências e convicções são responsáveis pela dificuldade dos evangélicos se fazerem entender diante da cultura moderna e até entre si mesmos. O melhor modo de lidar com esse fenômeno é entender as cosmovisões que dominam o atual cenário a partir do referencial bíblico e passar a percebê-las nos discursos das pessoas . É isso que Heber Campos Jr. faz com maestria, clareza e sabedoria nesse volume.

Partindo do livro de Daniel, o autor desenvolve os conceitos centrais de cosmovisão relacionando-os com temas centrais de nossa cultura. Recomendo com entusiasmo.

Augustus Nicodemus Lopes, professor no
Centro Presbiteriano de Pós-Graduação Andrew Jumper.

Este é um daqueles livros que expõem as Escrituras e, ao mesmo tempo, nos oferecem direções para os grandes desafios que temos de enfrentar hoje. Com as lentes poderosas da cosmovisão reformada, Heber Campos Jr. analisa o desafio do cristão de *amar a Deus no mundo que vivemos*. Não o mundo onde meramente respiramos, mas o mundo onde nosso coração habita, o mundo concebido a partir da nossa imaginação lógica, ética e estética. Não tenho dúvida de que este livro será uma fonte riquíssima de reflexão e orientação para cristãos que decidiram manter sua fé viva não somente aos domingos.

Jonas Madureira, Professor,
Seminário Martin Bucer; Universidade Presbiteriana Mackenzie.

A ideia de cosmovisão tem se tornado cada vez mais comum entre os cristãos evangélicos brasileiros nos últimos anos. Uma das principais razões para isso é que ela tem se mostrado útil para ampliar o nosso entendimento a respeito do que significa servir ao Senhor. Este livro oferece uma preciosa contribuição para essa ampliação. Através de análises bíblicas profundas e claras, sempre acompanhadas de preocupação prática, Heber Junior nos ajuda a refletir a respeito dos desafios de servir ao Senhor em um mundo que faz oposição a Deus, e chama a nossa atenção para o impacto abrangente da revelação de Deus nas Escrituras sagradas. Recomendo-o com entusiasmo!

Filipe Fontes, professor no
Centro Presbiteriano de Pós-Graduação Andrew Jumper.

Seria uma grande honra recomendar a leitura de qualquer estudioso sério da Escritura, mas recomendar um livro escrito por um filho é honra maior! Essa obra pode trazer grande proveito para a igreja de Deus no Brasil, pois ela trata sobre que tipo de lentes devemos usar para ver Deus, o mundo, a história, etc. Somente de alguns poucos anos para cá é que esse assunto veio à baila na igreja cristã. Heber Jr. é dos primeiros a trabalhar mais exaustivamente sobre ele. Este livro deve ser lido por todos os que querem possuir uma visão correta daquilo que nos cerca. Seja Deus gracioso em abençoar todos os que lerem essa obra. Esse é o desejo de um pai que se alegra em Deus pelo filho que tem.

Heber Carlos de Campos, professor no
Centro Presbiteriano de Pós-Graduação Andrew Jumper.

O Apóstolo inspirado diz que devemos levar todo pensamento cativo a Cristo. Este é um chamado direcionado a todos os discípulos de Cristo. Os nossos pensamentos, desejos e com certeza a nossa razão devem se dobrar diante do veredicto divino. O autor deste livro, Dr. Héber Campos de Carlos Júnior, é, sem dúvida, um dos maiores teólogos e pregadores da Igreja cristã no Brasil. Comunicador cativante, mesmo as suas conversas informais revelam uma mente saturada da verdade bíblica, e submissa à revelação. Nesta obra, de maneira didática e prática o Dr. Heber nos mostra como os nossos pressupostos moldam a nossa visão acerca de todas as coisas e a nossa atuação no mundo de Deus. E, fundamentado na Escritura, somos convidados a renovarmos a nossa mente mediante a Palavra da Verdade. Recomendo com entusiasmo este livro, rogando a Deus que a sua Igreja seja fortalecida e o seu Reino expandido.

Felipe Sabino de Araújo Neto, Fundador e Diretor Editorial,
Editora Monergismo.

Heber Campos Jr.

AMANDO a DEUS no MUNDO

Por uma Cosmovisão Reformada

```
C198a    Campos Junior, Heber Carlos de
            Amando a Deus no mundo : por uma
         cosmovisão reformada / Heber Campos Jr. – São José
         dos Campos, SP: Fiel, 2019.

            Inclui bibliografia.
            ISBN 9788581326481 (capa dura)
                 9788581326498 (EPUB)

            1. Vida cristã. I. Título.

                                            CDD: 248.4
```

Catalogação na publicação: Mariana C. de Melo Pedrosa – CRB07/6477

AMANDO A DEUS NO MUNDO
Por uma Cosmovisão Reformada

por Heber Carlos de Campos Junior
Copyright © Heber Carlos de Campos Junior 2019

■

Copyright © Fiel 2019
Primeira Edição em Português: 2019

Todos os direitos em língua
portuguesa reservados por Editora Fiel
da Missão Evangélica Literária

Proibida a reprodução deste livro por
quaisquer meios, sem a permissão escrita
dos editores, salvo em breves citações,
com indicação da fonte.

■

Diretor: Tiago J. Santos Filho
Editor: Tiago J. Santos Filho
Revisão: Marilene Lino Paschoal
Diagramação: Rubner Durais
Capa: Rubner Durais
ISBN impresso: 978-85-8132-648-1
ISBN eBook: 978-85-8132-649-8

Caixa Postal 1601 | CEP 12230-971
São José dos Campos-SP
PABX.: (12) 3919-9999
www.editorafiel.com.br

SUMÁRIO

Prefácio 13

Introdução 17

PARTE 1
INTRODUZINDO COSMOVISÃO: CONCEITOS E HISTÓRIA

1 – O que é cosmovisão? 23

2 – Dissecando definições 47

3 – Mudanças de cosmovisão 71

PARTE 2
FUNDAMENTOS DA COSMOVISÃO REFORMADA:
EXPOSIÇÕES E APLICAÇÕES

4 – Deus honra os que não se contaminam (Daniel 1) 99

5 – A dicotomia moderna 125

6 – *Aplicação:* cosmovisão e ciência 151

7 – Um reino de outra natureza (Daniel 2) 179

8 – Pilares da cosmovisão reformada: criação 201

9 – *Aplicação:* cosmovisão e política 227

10 – Para vencer o mundanismo (Daniel 3)..261

11 – Pilares da cosmovisão reformada: queda...283

12 – *Aplicação:* o cristão e a arte..307

13 – A grandeza de Deus para os que são humilhados (Daniel 4)...........335

14 – Pilares da cosmovisão reformada: redenção.....................................357

15 – Aplicação: cosmovisão e educação..387

16 – Olhos no Eterno (Daniel 5)..417

17 – Cosmovisões comparadas..437

18 – Aplicação: cosmovisão e ética...469

19 – Deus nos protege do maligno (Daniel 6)..495

20 – Cosmovisão e a cultura evangélica brasileira....................................515

21 – Aplicação: cosmovisão e trabalho...551

22 – Vislumbres do fim (Daniel 7-12)...587

23 – Pilares da cosmovisão reformada: consumação..................................619

24 – Aplicação: cosmovisão e missão..645

Bibliografia Citada 681

Para a *Igreja Presbiteriana Aliança em Limeira,*
onde meu pastoreio foi uma oportunidade de expor e
aprender sobre cosmovisão reformada. Eu e minha família somos
gratos a vocês pelos sete anos nos quais aprendemos juntos a
melhor amar nosso Deus no mundo.

PREFÁCIO

Creio que atentei para o termo cosmovisão pela primeira vez em minha vida em 1985, lendo Francis Schaeffer e ouvindo-o da boca de um professor no London Institute for Contemporary Christianity, Prof. James Sire. Foi meu primeiro curso de cosmovisões comparadas, sem nunca antes ter formalmente estudado teologia. A base do curso foi um livro que ele havia publicado em 1976, *The Universe Next Door* (O Universo ao Lado). Tenho, até hoje, o livro assinado por ele. A obra de Sire já passou por várias edições e, ele mesmo, já retrabalhou a definição de cosmovisão dada em sua obra original (Prof. Heber trata deste assunto no primeiro capítulo). Desde então, muitas obras cristãs foram publicadas sobre o tema da cosmovisão cristã e traduzidas para a língua portuguesa. Já não é um assunto novo, porém, interessantemente, ainda está circunscrito a alguns poucos círculos cristãos. Mesmo nos seminários brasileiros só começou a integrar a grade curricular ao final da primeira década dos ano 2000. Quase que anualmente ensino sobre o tema, por exemplo, para professores cristãos e, para boa parte deles, parece absoluta novidade, principalmente quando aplicado à educação. O tema, entretanto, não pode ser limitado a alguns grupos intelectuais e deve ser amplamente ensinado em nossas igrejas, institutos bíblicos e seminários teológicos (tive o privilégio de ter o Prof. Heber frequentando um curso de Cosmovisão que ministrei na Escola Dominical). Dada a abrangência e necessidade do tema, o livro do professor Heber mostra-se um achado para o público cristão brasileiro pelas razões abaixo.

Primeiro, pela contextualização. Praticamente não encontramos livros sobre cosmovisão cristã escritos por autores brasileiros. O autor escreve em linguagem fácil e aplicada ao nosso povo, com muitos exemplos que são pertinentes à nossa cultura e língua. Isso permite que nos identifiquemos com o tema com mais facilidade do que pelos livros, mesmo que excelentes, que estão traduzidos. Que autor de outra cultura poderia usar suco de maracujá como ilustração de cosmovisão (aguarde a nota 36 do capítulo 2).

Segundo, pela interação. O Dr. Heber superou em muito seu primeiro professor no tema. Ele interage amplamente com os principais e mais renomados autores da área e discute o tema com a precisão que lhe é peculiar. Seu material foi amplamente testado nesta interação por meio das aulas que ministrou em diferentes níveis do espectro acadêmico (graduação e pós-graduação) assim como na própria igreja. O material é sólido academicamente, embasado teologicamente e aplicado biblicamente.

Terceiro, pela forma. A obra agora publicada é singular, apresenta a exposição bíblica do texto de forma objetiva na cosmovisão aplicada. A partir do capítulo 4 encontramos a exposição do livro do Profeta Daniel, capítulo a capítulo extraindo de cada um deles (1-6) e depois do bloco (7-12) um conjunto de ensinamentos entrelaçados à teologia bíblica como um todo com aplicações às

PREFÁCIO

diversas áreas da vida e cultura à medida que a narrativa da Daniel abre os espaços para a discussão, desde a ciência até a política, arte, educação, ética, trabalho e missão.

Posso afirmar que não conheci, desde minha introdução ao tema, em 1985, um livro que tratasse de cosmovisão de maneira tão apropriada, profunda e, ao mesmo tempo, acessível e biblicamente ilustrada. Saiba que com este livro nas mãos você está prestes a embarcar numa leitura cativante e envolvente, num tema complexo traduzido para uma linguagem simples ao leitor.

São Paulo, Agosto de 2019
Mauro Meister
Pastor da Igreja Presbiteriana da Barra Funda, Diretor e professor no Centro Presbiteriano de Pós-Graduação Andrew Jumper

INTRODUÇÃO

O livro que você tem em mãos é um projeto que, ao todo, levou uma década para ser realizado. Ele é uma tentativa de trazer um resumo de um assunto antigo que só recentemente se tornou popular em meios reformados brasileiros. Ainda que o cenário da literatura teológica no Brasil tenha tido os livros de Francis Schaeffer popularizados nas décadas de 1970 e 1980, e outros livros tenham contribuído para essa reflexão depois disso, foi só na última década que surgiram vários livros sobre o assunto e que a matéria passou a adentrar os currículos de seminários teológicos. Na providência de Deus, foi nessa década que tive o privilégio de ensinar essa disciplina em escolas teológicas tanto no nível de bacharelado[1] quanto em nível de mestrado[2]. Tais oportunidades permitiram que meus ex-alunos fossem lapidando meu entendimento do tema ao longo dos últimos dez anos.

Felizmente, pude compartilhar esse assunto no contexto eclesiástico em diferentes conferências, mas principalmente na Igreja Presbiteriana Aliança em Limeira, a qual tive o privilégio

[1] No Seminário Teológico Presbiteriano Rev. José Manoel da Conceição, Seminário Presbiteriano do Sul

[2] No Centro Presbiteriano de Pós-Graduação Andrew Jumper

de pastorear por sete anos. Nesses ambientes eclesiásticos, pude também pregar sobre a cosmovisão reformada. Essa dinâmica do ambiente acadêmico com o eclesiástico proporcionou uma mescla de três interesses em um só projeto.

Primeiro, o de inserir mais engajamento com o texto sagrado quando o assunto é cosmovisão. Vários bons livros de cosmovisão lidam pouco com o texto bíblico e, por isso, resolvi fazer exposições no livro do profeta Daniel a fim de demonstrar que princípios reformados de cosmovisão podem ser extraídos de uma reflexão bíblica. Esses capítulos de exposição visam testificar que a cosmovisão reformada é aduzida das Escrituras, antes do que imposta a ela.

Um segundo interesse era o de incluir meus estudos de teologia sistemática na tratativa de cosmovisão, visando corrigir certos equívocos em alguns livros de cosmovisão e enriquecer a discussão do assunto. Não será incomum, porém, perceber como há muita teologia nos capítulos sobre os pilares da cosmovisão. Minha conceituação da cosmovisão reformada é inegavelmente teológica, isto é, ela é feita a partir de lentes da Teologia Sistemática Reformada.

Um terceiro interesse era incluir aplicações ao longo do livro, antes do que deixá-las todas para o final. Além de acreditar que a aplicação ao longo do ensino é pedagogicamente mais proveitosa, cada capítulo visa aplicar apenas conforme o que foi conceituado no livro até então. Isso significa que qualquer capítulo de aplicação não esgota as possibilidades de pensar como um reformado naquela área, apenas ilustra como a conceituação pode ser utilizada num determinado assunto. Exemplificando, o capítulo sobre ciência (6) aplica mormente a dicotomia moderna (5), o capítulo sobre política (9) foca mais na ordem criacional (8), o capítulo sobre arte (12) ressalta o efeito da Queda (11) e assim por diante. Ainda

INTRODUÇÃO

que seja um exercício introdutório, o interesse em cada capítulo de aplicação é mostrar como os conceitos são práticos.

Sendo assim, este livro reúne três interesses em um só projeto (exposição bíblica, conceituação teológica, aplicação), para ilustrar como a empreitada teológica pode e deve ser interdisciplinar (teologia bíblica, teologia sistemática, teologia prática). Esses três interesses formam, portanto, tríades ao longo da parte 2 do livro. Cada tríade mostra uma interligação, ao mesmo tempo que visa construir sobre conceitos anteriores de forma progressiva. Portanto, não há discussão sobre Redenção quando trato de arte, pois o capítulo sobre arte só trabalha a partir dos conceitos de Criação e Queda discutidos anteriormente ao capítulo 12. Já o capítulo sobre missão (24) trabalha o que é missão à luz da redenção em Cristo e como a perspectiva de consumação afeta a nossa expectativa missionária.

Reconheço que abracei uma gama de assuntos tão abrangente que corro o risco de ser superficial. No entanto, minha ousadia se dá pelo desejo de mostrar a riqueza desse assunto de cosmovisão, ainda que minha explanação seja introdutória. Meu propósito, ao escrevê-lo, foi de promover a edificação do povo de Deus através de uma introdução panorâmica a uma vasta literatura. Para aqueles que ensinam sobre cosmovisão, este livro possivelmente funcionará como um livro texto para institutos bíblicos e seminários teológicos. Professores poderão utilizar o livro como quiserem, suprimindo ou condensando capítulos. Eu espero, porém, que minha intenção de trabalhar a reflexão bíblica-teológica-prática não seja negligenciada quando o assunto de cosmovisão for abordado.

Quero, também, explicitar alguns agradecimentos que estão diretamente ligados a este livro. Deus me deu amigos leitores que lapidaram minha percepção em algumas áreas específicas deste livro: Filipe Fontes, Franklin Ferreira, Éverton Levi Nascimento, Jonas Madureira, além de um editor, Tiago Santos, que sempre me incentivou, mesmo quando eu fracassava em cumprir prazos para a escrita deste livro. A vocês minha gratidão por serem amigos afiados na cosmovisão reformada com quem aprendo muito.

Por último, não posso deixar de testificar do meu afeto à minha esposa e filhos, os quais têm me ajudado a olhar para a vida com as lentes da Escritura. Rogo ao Senhor que Deus produza em mim e, através de minha liderança, em vocês, maior amor por Deus enquanto envolvidos com as coisas deste mundo.

20 de março, 2019
Heber Carlos de Campos Júnior

Parte 1

INTRODUZINDO COSMOVISÃO: CONCEITOS E HISTÓRIA

CAPÍTULO 1

O QUE É COSMOVISÃO?

COSMOVISÃO E A EXPERIÊNCIA TRANSCULTURAL

Experiências transculturais costumam abrir os nossos olhos para o fato de que pessoas de culturas distintas têm diferentes perspectivas da vida. Você já fez alguma viagem a outro país onde estranhou certos comportamentos que os nativos tinham? Ou talvez você tenha visitado alguma tribo indígena ou região de nosso país tão distinta da sua que se sentiu um estranho no ninho? Não me refiro apenas a um ponto de vista diferente do seu, algo que você pode encontrar o tempo todo em conversas com pessoas que fazem parte do seu dia a dia. Antes, quero chamar sua atenção para aqueles momentos em que a diferença cultural salta aos olhos, às vezes suscitando até um comentário crítico: "que falta de educação" ou "que esquisito"!

Quando comparamos experiências transculturais com o nosso referencial cultural,[1] temos bons exemplos do que seja a visão de mundo, ou a perspectiva da vida. Um mesmo ato pode ser interpretado de maneiras contrárias. Brian Walsh e J. Richard Middleton dão um exemplo no qual um aluno de país oriental e que visitava o Canadá entendeu que, por deixar de ter sentimentos

---

1 O capítulo 20 deste livro dissecará um pouco mais a relação entre cosmovisão e cultura.

AMANDO A DEUS NO MUNDO

pela moça para a qual havia sido prometido, deveria terminar o relacionamento com ela. Curiosamente, o término do namoro foi visto positivamente por seus amigos canadenses, como um ato de transparência e sensibilidade, enquanto para os seus parentes em seu país foi um gesto de deslealdade e ingratidão (pelo acerto que havia entre os pais de ambos os jovens).[2] A mesma atitude vista de duas formas bem distintas.

Lembro-me que durante os meus estudos nos Estados Unidos, ouvi professores norte-americanos reclamarem constantemente de alunos sul-coreanos por falta de participação em sala de aula. O silêncio deles era interpretado como falta de interesse por uma cultura ocidental que valoriza o crescimento intelectual mediante a exposição de ideias. No entanto, aprendi com os próprios sul-coreanos que, na cultura deles, ficar calado em sala de aula é sinal de respeito ao professor e ao seu conhecimento. Em outras palavras, quem sabe menos ouve, não fala.

Eu mesmo tive um momento de estranhamento cultural após o primeiro inverno que passei no frio estado de Michigan. Embora frequentasse uma igreja teologicamente conservadora, causou-me estranheza ver os jovens irem ao culto de chinelo de dedo logo no início da primavera, quando a temperatura mal havia entrado em graus positivos. Estranhei não porque me incomodava que usassem chinelo no frio, mas porque parecia um descaso na hora de se vestir para ir à igreja cultuar solenemente o santo Deus. Parece preconceito meu com a roupa, não é? Acontece que sou do tempo em que Havaianas não era artigo caro com o qual se presenteia alguém hoje em dia. Na minha infância, quem ia para a igreja de chinelo

---

2 Brian J. Walsh e J. Richard Middleton, **A Visão Transformadora**: moldando uma cosmovisão cristã (São Paulo: Cultura Cristã, 2010), p. 15-16.

de dedo era muito pobre, sem condições de comprar um sapato social. Não me fazia sentido que jovens americanos, que tinham condições financeiras de terem um calçado melhor, usassem chinelos para ir à igreja. No entanto, o que para mim era sinônimo de relaxo, para os habitantes de Michigan era sinônimo de libertação. Depois de meses de casacos e botas, usar um chinelo de dedo era curtir a temperatura "agradável". O que na minha perspectiva era desprezo para com a solenidade, para eles era uma celebração da nova estação trazida por Deus.

Essas diferenças culturais explicam porque imigrantes ou missionários que residiram muito tempo no exterior e depois voltam à sua terra natal suscitam boas reflexões sobre a cultura de um país, diferenças essas que um nativo que sempre esteve em seu país nem sempre percebe.[3] A experiência transcultural nos sensibiliza para enxergar a cosmovisão de uma cultura.

Choques culturais ilustram bem a diferença de cosmovisões, de enxergar o mundo, não só entre culturas, mas entre indivíduos. Por vezes, mesmo em nossa cultura, em nossa região do país, em nossa família, nos deparamos com diferenças enormes de cosmovisão. Encontramos pessoas tão próximas geograficamente, mas tão distantes quanto à perspectiva de vida. No mesmo andar do seu prédio ou na casa ao lado, você pode se deparar com gente que aparentemente "vive em outro planeta", ou em um *Universo ao Lado*, como James Sire intitula seu livro de cosmovisão. De fato, constantemente sentimos que as pessoas ao nosso redor vivem em um mundo totalmente diferente do nosso em relação à política, meio ambiente, religião, causas sociais e até diversão. "Essa é a razão pela

---

3 Paul G. Hiebert, **Transforming Worldviews**: an anthropological understanding of how people change (Grand Rapids: Baker, 2008), p. 321.

AMANDO A DEUS NO MUNDO

qual, muitas vezes, é tão difícil a comunicação e a compreensão mútuas para pessoas de visões de vida diferentes."[4] A diferença de cosmovisões pode produzir tantos atritos relacionais, intelectuais, religiosos, que precisamos ser mais conscientes do que significa uma cosmovisão.

Por vezes, conhecer a cosmovisão nos ajuda a entender melhor uma região onde pretendemos plantar uma igreja ou os desafios próprios do período em que vivemos. Essa é a *dimensão pública da cosmovisão*. Essa dimensão coletiva de cosmovisão diz respeito a valores e ideias socialmente compartilhadas. Enquanto temos nossa individualidade (*dimensão privada de cosmovisão*), somos seres inseridos em contextos sociais e acabamos adquirindo semelhanças com família, comunidade, nação ou século (dimensão pública de cosmovisão).[5]

Vejamos exemplos de como esses quatro círculos crescentes (família, comunidade, nação, século) são formadores de opinião, moldam nossa leitura do mundo. Sua família pode ter uma tradição ou jeito de celebrar aniversários que lhe parece o único jeito certo de celebrar (outras famílias discordariam) ou, talvez, sua família tenha uma forma de disciplinar filhos que é reprovada por outras. Uma comunidade toda pode ser contagiada pelo pessimismo crítico de que "político é tudo igual" (i.e. todos são corruptos e incorrigíveis) ou talvez essa comunidade seja marcada por tão forte preconceito para com a figura do policial que mesmo quem não é

---

4 Walsh e Middleton, **A Visão Transformadora**, p. 32.

5 James W. Sire, **Naming the Elephant** (Downers Grove: InterVarsity, 2004), p. 108-109. Enquanto a dimensão pública da cosmovisão nos une a outros na perspectiva da vida, a dimensão privada nos faz distintos de todos os outros seres humanos deste planeta. Em seu aspecto público, falamos de algumas cosmovisões neste livro, mas em sua dimensão privada existem tantas cosmovisões quanto pessoas neste mundo. Como estamos falando de cultura, a ênfase nesta seção é mais no aspecto compartilhado da cosmovisão.

O QUE É COSMOVISÃO?

bandido enxerga o policial como inimigo. Uma nação inteira pode compartilhar a preferência pelo futebol sobre todos os demais esportes ou entende que para alguém ser bom hospedeiro precisa receber seus hóspedes com muita comida (nem todo país é assim). Mais influente do que todos os anteriores, porém, podemos estar sujeitos ao "espírito da época" (*zeitgeist*, termo popularizado por Hegel)[6] e sermos todos críticos da forma bárbara com que medievais tratavam hereges ou como colonos tratavam escravos. Esses dois exemplos são tão repulsivos em pleno século 21 que temos dificuldades de entender como cristãos poderiam justificar a morte de hereges ou a posse de escravos.

Ainda não estou fazendo qualquer juízo de que uma perspectiva é mais correta do que a outra. O único veredito é que todos nós compartilhamos ideias que prevalecem onde estamos inseridos e em que época vivemos. Não conseguimos total isenção das influências de tempo e espaço. Esse é o elemento compartilhado da cosmovisão.

A força daquilo que é socialmente compartilhado para moldar nossa visão da realidade deveria levar-nos a refletir sobre a importância da igreja na vida do cristão. Se somos muito moldados pela comunidade em que vivemos, a igreja deve ter um papel fundamental na formação da cosmovisão do indivíduo que dela faz parte. Essa é a importância de uma igreja saudável na vida de um cristão. Ela é instrumento para lapidar a perspectiva que o crente tem da vida. Igreja não pode ser um grupo de pessoas que em grande parte da vida vive de forma independente ("cada um na sua"). Esse ajuntamento

---

6 Eis algumas características do espírito do tempo no mundo ocidental: importância da democracia e dos direitos humanos nas políticas governamentais; o espírito consumista e pragmático que mantém a economia vendendo.

individualista de pessoas com diferentes cosmovisões não é igreja. É propósito da igreja possibilitar que pessoas que vêm de contextos diferentes "pensem concordemente, no Senhor" (Fp 4.2). Portanto, observe como é fundamental que líderes eclesiásticos trabalhem na formação da cosmovisão da igreja, isto é, que trabalhemos o coletivo com vistas à formação da cosmovisão do indivíduo.

Até agora estou falando de cosmovisão no âmbito cultural e, com isso, posso dar a impressão de que estamos falando apenas de pontos de vista ou costumes diferentes. Mais do que isso, quero destacar o fato de que há muitos elementos espirituais e morais envolvidos em choques de cosmovisão. Como cristão, creio em padrões objetivos de moralidade e, por isso, entendo que nossas cosmovisões revelam se estamos em conformidade com a Palavra de Deus ou não. Se fomos transportados do império das trevas para o reino do Filho do seu amor (Cl 1.13), se nossa identidade espiritual foi transformada (2 Co 5.17), então sofremos a maior mudança de cosmovisão e teremos diferença de perspectiva com descrentes em vários temas. Conhecer as razões por detrás de posições antibíblicas será muito útil na medida em que buscamos dar razão de nossa esperança (1 Pe 3.15).

Contudo, mesmo dentro da igreja enxergamos nossas diferenças sendo mais difíceis de solucionar do que imaginávamos. Diferenças de costumes, diferenças quanto ao conceito de liberdade cristã, diferenças doutrinárias, diferenças quanto ao que seja a missão da igreja, diferenças de interpretação do texto sagrado, todas revelam que não existe uma cosmovisão cristã única que todos compartilhamos. Pelo contrário, tais discordâncias revelam que ainda estamos sendo moldados pelo próprio Espírito para que tenhamos uma perspectiva mais semelhante à do nosso Deus.

O QUE É COSMOVISÃO?

Quando falo que cristãos têm diferentes cosmovisões, mas que devem ser moldados pelo Espírito a uma cosmovisão mais bíblica, preciso distinguir entre o *aspecto objetivo* e o *aspecto subjetivo* de cosmovisão. Quando falamos de uma cosmovisão cristã, uma cosmovisão budista, uma cosmovisão naturalista, estamos falando de modelos de cosmovisão. O modelo de cosmovisão apresenta as premissas básicas que respondem às grandes questões da vida: existe divindade? Como ele (ou eles) é (são)? O que é o ser humano? Qual o seu destino? Essas, dentre tantas outras perguntas chave, têm respostas em cada modelo. Todavia, quando falamos do aspecto subjetivo de cosmovisão, nos referimos à cosmovisão conforme ela é apropriada. O cristão pode acreditar em um modelo que afirme que Deus é providente e supre cada uma de nossas necessidades (Fp 4.19), porém sua ansiedade revela como tal credo ainda não foi de todo apropriado. Uma coisa é o modelo, o ideal de cosmovisão, outra coisa é a forma como na prática nós enxergamos a vida e seus desafios. Portanto, precisamos articular uma cosmovisão bíblica (aspecto objetivo), mas entender que o processamento da mesma no indivíduo (aspecto subjetivo) é mais complexo do que um mero apresentar de doutrinas.

Autores como James Sire,[7] Ronald Nash,[8] Norman Geisler,[9] dentre outros, costumam apresentar a cosmovisão cristã como um modelo bíblico em contraste com outras cosmovisões não cristãs. Existe utilidade em tais abordagens no campo da apologética (defesa da fé), da filosofia cristã, e em determinados momentos deste

---

7 James Sire, **O Universo ao Lado** (São Paulo,SP: Hagnos, 2009). Farei uso da quarta edição, mas quando a obra que você tem em mãos estava sendo finalizada, a Editora Monergismo lançou em 2018 a quinta e última edição do livro de Sire.

8 Ronald Nash, **Cosmovisões em Conflito** (Brasília: Monergismo, 2012).

9 Norman Geisler, **Fundamentos Inabaláveis** (São Paulo: Vida, 2003).

livro lançarei mão das ferramentas advindas do estudo de cosmovisões comparadas. No entanto, não quero me deter apenas no aspecto objetivo, estático da cosmovisão. Creio ser importantíssimo atentarmos para cosmovisão como algo subjetivo, dinâmico. Conhecer modelos de cosmovisão é útil, mas entender pessoas envolve mais do que conhecer modelos. Afinal, cristãos também são sincréticos em suas crenças e, muitas vezes, inconsistentes. Por isso, procurarei articular elementos da cosmovisão cristã, principalmente conforme desenvolvida por reformados, na intenção de chamar os leitores a uma conformação não aos padrões e cosmovisões deste século, mas à vontade de Deus conforme revelada nas Escrituras (Rm 12.2). Esse processo de conformar-se à perspectiva bíblica é algo que dura toda a vida e não podemos perder essa consciência da complexidade do processo de apropriação de um modelo.

Assim, crescer no entendimento de cosmovisão nos ajuda no convívio com irmãos, nos ajuda a compreender qual deve ser nossa postura no mundo, nos ajuda a entender porque pessoas têm dificuldade de mudar de opinião em questões chave, nos auxilia a compreender porque nem sempre meu proceder combina com minha confissão de fé. Por essas e outras razões, creio que o estudo de cosmovisão nos ajudará a crescer no entendimento de como devemos expressar nosso amor para com Deus enquanto ainda no mundo.

DEFINIÇÕES

Agora veremos algumas definições cunhadas por especialistas cristãos e depois as dissecaremos, mostrando como cada definição contribui para um aspecto distinto do conceito. As definições selecionadas do mundo teológico não são as únicas perspectivas sobre

O QUE É COSMOVISÃO?

o que seja cosmovisão (há inúmeras definições na filosofia, antropologia, sociologia, psicologia, e até em ciências mais exatas)[10], mas têm a vantagem de levar em consideração a verdade bíblica na conceituação e no intuito de formar uma mentalidade cristã. As definições selecionadas também não precisam ser consideradas as mais técnicas ou as mais completas no campo teológico, mas são representativas dos vários elementos presentes no conceito que estudaremos com mais atenção no próximo capítulo.

Comecemos por uma definição complexa, por causa de suas múltiplas partes, mas que contém vários elementos que desenvolveremos mais adiante. James Sire, que publicou a primeira edição de seu famoso livro de cosmovisão em 1976, *O Universo ao Lado*, admitiu que precisou rever seu conceito de cosmovisão quase trinta anos depois, quando, em 2004, publicou seu excelente livro *Dando Nome ao Elefante*.[11] Ele enriqueceu sua definição quando atentou para quatro realidades antes não percebidas por ele mesmo: **1)** o fato de cosmovisão não ser simplesmente um conjunto de conceitos básicos (pertencente à mente), mas uma orientação do coração; **2)** que toda cosmovisão está comprometida em entender o que de fato é real (não só conceitual); **3)** que comportamento é determinante da cosmovisão de alguém; **4)** que cosmovisões podem ser compreendidas como histórias, antes que somente proposições abstratas.[12] À luz dessas quatro descobertas, James Sire cunhou a seguinte definição:

---

10 Para um panorama do conceito de cosmovisão na filosofia, em ciências sociais e nas ciências naturais, veja David K. Naugle, **Worldview**: the history of a concept (Grand Rapids: Eerdmans, 2002) [David K. Naugle, **Cosmovisão**: a história de um conceito (Brasília: Monergismo, 2017)].

11 Em português, esse livro foi publicado em 2012 pela Editora Monergismo. Sire reconhece a importância do livro de David Naugle, mencionado na nota anterior, como fundamental para a sua mudança no conceito de cosmovisão.

12 Sire, **Naming the Elephant**, p. 13.

AMANDO A DEUS NO MUNDO

> Uma cosmovisão é um comprometimento, uma orientação fundamental do coração, que pode ser expressa como uma história ou um conjunto de pressuposições (hipóteses que podem ser total ou parcialmente verdadeiras ou totalmente falsas), que detemos (consciente ou subconscientemente, consistente ou inconsistentemente) sobre a constituição básica da realidade e que fornece o alicerce sobre o qual vivemos, movemos e possuímos nosso ser.[13]

Essa definição contém vários elementos dignos de ênfase. Primeiramente, destacamos o *elemento constitutivo* da cosmovisão ("que detemos consciente ou subconscientemente"). Isto é, cosmovisão não é algo que anexamos ao nosso arcabouço intelectual, mas faz parte da constituição de um ser humano. Em segundo lugar, a definição concebe o *elemento fundamental* da cosmovisão ("um comprometimento, uma orientação fundamental do coração"). Isso significa que cosmovisão não é apenas um mapa mental para nossas relações no mundo, mas está calcada em lugar mais profundo no ser humano do que sua mente. Em terceiro lugar, Sire observa, ainda que superficialmente, o *elemento pré-científico* da cosmovisão ("pressuposições, hipóteses que podem ser total ou parcialmente verdadeiras ou totalmente falsas"). Em quarto lugar, percebemos o *elemento interpretativo* da cosmovisão ("pressuposições... que detemos... sobre a constituição básica da realidade").

---

13 Sire, **Naming the Elephant**, p. 122; **O Universo ao Lado**, p. 16. A definição original era muito mais simples: "Então, o que é uma cosmovisão? Em essência, é um conjunto de pressuposições (hipóteses que podem ser verdadeiras, parcialmente verdadeiras ou inteiramente falsas) que sustentamos (consciente ou inconsciente, consistente ou inconsistentemente) sobre a formação básica de nosso mundo", James W. Sire, **O Universo ao Lado**: A Vida Examinada – Um Catálogo Elementar de Cosmovisões (São Paulo: Editorial Press, 2001), p. 21.

O QUE É COSMOVISÃO?

É através da cosmovisão que lemos a realidade. Em quinto lugar, atentamos para o *elemento normativo* da cosmovisão ("que fornece o alicerce sobre o qual vivemos, movemos e possuímos nosso ser"). Isto é, a cosmovisão dita a maneira como nos conduzimos neste mundo.

Vejamos, agora, outra definição mais simples, mas útil, que nos é dada por Ronald Nash:

> Uma cosmovisão é, portanto, um esquema conceitual que contém nossas crenças fundamentais [acerca de Deus, da metafísica, da epistemologia, da ética e da antropologia], sendo o meio pelo qual nós interpretamos e julgamos a realidade.[14]

Essa definição complementa a anterior ao esclarecer dois elementos dos cinco já mencionados acima. Em primeiro lugar, Nash enriquece o *elemento fundamental* ao incluir "crenças" na cosmovisão. Essa palavra acrescenta uma dimensão religiosa ao conceito de cosmovisão, pouco explorada em outras áreas do saber que não a teologia. Em segundo lugar, Nash chama a atenção para o fato de que cosmovisão funciona como um "esquema". Esse aspecto de coesão esclarece o *elemento interpretativo* como algo que só funciona quando se enxerga coerentemente. Isto é, se Sire destacou em sua definição que pessoas podem possuir pressuposições falsas, Nash nos desperta para a realidade de que as pessoas não permanecem com essas pressuposições se elas as enxergam como falsas. Afinal, para que a interpretação da realidade seja válida, tem de haver alguma coerência ou consistência na forma como

---

14 Ronald Nash, **Questões Últimas da Vida**: uma introdução à filosofia (São Paulo: Cultura Cristã, 2008), p. 14.

enxergamos diferentes áreas da vida. Em outro lugar, Nash afirmou que "essas crenças devem ser coerentes de algum modo e formar um sistema".[15]

Vejamos uma terceira definição por Brian Walsh e J. Richard Middleton. Eles afirmam que cosmovisões

> não são sistemas de pensamento, como teologias ou filosofias. Pelo contrário, cosmovisões são estruturas perceptivas. São formas de se ver... Uma cosmovisão nunca é meramente uma visão da vida. É sempre uma visão, também, para a vida... Uma cosmovisão, então, proporciona um modelo de mundo que direciona seus adeptos no mundo. Ela estipula como o mundo deve ser, e assim nos adverte a respeito do modo como seus partidários devem se conduzir no mundo.[16]

Além de chamarem a atenção para o *elemento interpretativo* ("estruturas perceptivas... formas de se ver"), Walsh e Middleton trazem contribuições importantes para o *elemento pré-científico* e para o *elemento normativo*. Em primeiro lugar, eles corretamente asseveram que cosmovisões não são "teologias ou filosofias", pois nem sempre enxergamos a vida através dos pensamentos teológicos ou filosóficos que possuímos.[17] Em segundo lugar, os autores

---

15 Nash, **Cosmovisões em Conflito**, p. 25.

16 Walsh e Middleton, **A Visão Transformadora**, p. 16, 29.

17 W. Gary Crampton e Richard E. Bacon de forma simplista afirmam: "A cosmovisão de uma pessoa é sua filosofia. 'Cosmovisão' e 'filosofia' são quase palavras sinônimas". W. Gary Crampton e Richard E. Bacon. **Em Direção a uma Cosmovisão Cristã** (Brasília: Monergismo, 2009), p. 13. Ainda que os autores estejam usando a palavra "filosofia" de maneira popular, "filosofia de vida", nem sempre a nossa cosmovisão pessoal reflete o modelo de cosmovisão que adotamos (seja ele filosófico ou teológico). É por isso que é possível haver pessoas com teologia saudável, mas com uma cosmovisão doentia.

O QUE É COSMOVISÃO?

concisamente afirmam que cosmovisão não só é uma visão da vida, mas também uma visão "para a vida". Já que cosmovisão nos dá um mapa, uma grade interpretativa, nós obrigatoriamente andamos em conformidade com essa grade e procuramos moldar o mundo conforme essa grade hermenêutica.

Vejamos, agora, uma quarta definição que deixa ainda mais explícito o *elemento pré-científico*:

> Para os nossos propósitos, cosmovisão será definida como "a estrutura compreensiva de crenças básicas de uma pessoa sobre as coisas"... Cosmovisão é uma questão de experiência diária da humanidade, um componente inescapável de todo o saber humano e, como tal, é não-científica, ou melhor (visto que o saber científico é sempre dependente do saber intuitivo de nossa experiência diária) pré-científica por natureza. Ela pertence a uma ordem de cognição mais básica do que a ciência e a teoria.[18]

Nessa definição, Albert Wolters está dizendo que quando um cientista formula uma teoria ou realiza experiências científicas, ele o faz a partir de premissas que julga serem verdadeiras. Mas isso não se aplica apenas ao cientista. Todo o ser humano busca, conhece, interage, decide sempre em conformidade com as percepções já assumidas sobre a vida. Isso é inescapável.

Philip G. Ryken traz uma definição de fácil compreensão, com uma ilustração extremamente esclarecedora:

> Cosmovisão – ou uma "visão de mundo e vida", como algumas pessoas dizem – é a estrutura de entendimento que usamos

---

18 Albert Wolters, **A Criação Restaurada** (São Paulo: Cultura Cristã, 2006), p. 12, 20.

para compreender o mundo. Nossa cosmovisão é o que pressupomos. É a maneira como olhamos para a vida, é a nossa interpretação do universo, a orientação para a nossa alma... Uma cosmovisão é às vezes comparada com um par de óculos, mas talvez nossos próprios olhos sejam uma analogia melhor. Quando foi a última vez que você reparou que estava olhando? Nós nem pensamos a respeito de ver; nós simplesmente vemos e vemos o tempo todo. Semelhantemente, mesmo se nunca pensarmos sobre nossa cosmovisão, nós ainda vemos tudo por meio dela e assim aplicamos a nossa visão das coisas no modo em que vivemos.[19]

A analogia dos olhos ajuda-nos muito a ilustrar o aspecto subconsciente do *elemento constitutivo* da cosmovisão. Nossos pressupostos podem não ser percebidos, mas são tão presentes que moldam nossos desejos, emoções e pensamentos. Não pensamos tanto sobre eles (os pressupostos), mas pensamos com eles. O mesmo vale para a influência que os pressupostos exercem sobre nossas emoções e nossos desejos.

Por último, observe a definição de James Olthuis para acrescentarmos um sexto elemento de cosmovisão:

> Uma cosmovisão (ou visão de vida) é um conjunto de crenças fundamentais através do qual nós vemos o mundo e nossa vocação e futuro nele. Essa visão não necessita ser totalmente articulada: ela pode ser tão internalizada a ponto de permanecer

---

19 Philip Graham Ryken, O que é cosmovisão cristã? In: Richard D. Phillips et. al. **Série Fé Reformada** vol. 2 (São Paulo: Cultura Cristã, 2015), p. 38. Para uma versão expandida desse tratado, veja Philip Ryken, **Cosmovisão cristã** (São Paulo: Cultura Cristã, 2015).

considceravelmente inquestionada; ela pode não ser explicitamente desenvolvida numa concepção sistemática de vida; ela
pode não ser teoricamente aprofundada em uma filosofia; ela
pode até mesmo não ser codificada em uma forma credal; ela
pode ser grandemente refinada através do desenvolvimento
histórico-cultural. Porém, essa visão é um canal para as crenças últimas que dão direção e sentido à vida. Ela é a estrutura
integradora e interpretativa pela qual a ordem e a desordem são
avaliadas; ela é o padrão pelo qual a realidade é vivida e busca-
da; ela é o conjunto de dobradiças sobre as quais todo o nosso
fazer e pensar diários viram.[20]

Além de reforçar os elementos interpretativo e normativo, e de
expandir o aspecto por vezes não percebido do elemento constitutivo, essa definição suscita o aspecto dinâmico da cosmovisão: "ela
pode ser grandemente refinada através do desenvolvimento histórico-cultural". Esse *elemento aprendiz* destaca o fato da cosmovisão
estar sujeita a influências externas na sua formação. Esse é o aspecto
móvel ou modificável da cosmovisão. Ela não permanece intacta ao
longo dos anos, mas é amplamente impactada por experiências pessoais e tendências vigentes em seu contexto de tempo e espaço.

UM CHOQUE DE COSMOVISÕES

A experiência de Paulo em Atenas (At 17.16-34) exemplifica bem
o conflito de cosmovisões que um cristão pode experimentar neste
mundo. Quando Paulo passou a pregar não só no contexto religioso

---

20 James Olthuis, "On Worldviews". In: Paul A. Marshall, Sander Griffioen e Richard J. Mouw
(orgs.), **Stained Glass**: worldviews and social science (Lanham: University Press of America,
1989), p. 29.

AMANDO A DEUS NO MUNDO

das sinagogas, mas também em praça pública (v. 17), seus ouvintes – "filósofos epicureus e estóicos" – estranharam até os elementos básicos de sua pregação. Eles não entenderam a mensagem de Jesus e sua ressurreição, a ponto de considerar que o termo grego para "ressurreição" (*anastasis*) fosse um nome feminino de uma deusa que fazia par com Jesus (v. 18). Isso destaca quão distante era a cosmovisão deles da perspectiva cristã de mundo! No paradigma politeísta deles, e sem qualquer instrução judaica, a mensagem do evangelho não lhes era fácil de absorver. Tudo lhes parecia muito estranho (v. 20). A mensagem acerca do Eterno lhes parecia nova (v. 19). Uma compreensão das filosofias sustentadas pelos ouvintes de Paulo no Areópago auxiliará na compreensão do choque de cosmovisões.

Os estóicos entendiam que o mundo era governado por uma força impessoal e eram fatalistas, isto é, criam que tudo já está destinado a acontecer. Sua filosofia consistia em praticar o domínio próprio, aceitando todas as coisas como elas são (apatia), para se alcançar tranquilidade. Eles buscavam contentamento não nos confortos externos, mas dentro de si mesmos. Almejavam a prática de virtudes, mas sua consciência do que é mau (pecado) estava longe da profundidade desse conceito na cultura judaico-cristã. Como observou Everett Ferguson, consciência tem pouco significado a não ser que haja uma Pessoa para quem se presta contas.[21] Entretanto, o conceito estóico de Deus era panteísta (Deus em tudo); portanto, um deus nada pessoal. "Após o presente cosmos finalizar a história numa conflagração universal, as coisas recomeçariam seu mesmo exato curso."[22] Seu conceito de história, portanto, era

---

21 Everett Ferguson, **Backgrounds of Early Christianity**, 3ª ed. (Grand Rapids: Eerdmans, 2003), p. 368.

22 Gordon H. Clark, "Ética Grega". In: Carl Henry (org.), **Dicionário de Ética Cristã** (São Paulo: Cultura Cristã, 2007), p. 254.

O QUE É COSMOVISÃO?

cíclico; não havia propósito ou fim do universo. Não concebiam a alma sobrevivendo a esse final cíclico do universo. Ela simplesmente era absorvida no todo para fazer parte de um recomeço.

Os epicureus entendiam o mundo como tendo um funcionamento mecânico, sem a participação dos deuses. Portanto, o conceito vago de providência existente entre os estóicos era inexistente nesse grupo. Para eles o mundo era eterno, nunca fora criado e, sendo composto de átomos, era indestrutível. Embora não expressasse o mesmo conceito cíclico de história, os epicureus também não demonstravam haver propósito na natureza. Não havia vida futura. A morte trazia extinção tanto do corpo quanto da alma. Viviam em busca de prazeres (hedonismo), embora o fizessem de forma moderada. Já que os deuses não tinham participação no curso do mundo, não se deveria buscar os deuses com petições nem havia responsabilidade dos seres humanos para com os deuses.

Essa diversidade entre a mensagem de Paulo, a filosofia estóica e o pensamento epicurista aponta para três perspectivas bem distintas da vida. Os diferentes modelos de cosmovisão por vezes nos deixam temerosos de que nos parece impossível comunicar o evangelho a grupos tão distintos. No entanto, a diversidade de modelos e a multiplicidade de opiniões individuais sobre a vida não deve nos apavorar. Cremos que na raiz das cosmovisões existe ou uma disposição favorável para com Deus ou rebelde para com o Criador. Isto é, tipos diferentes de rebeldes são fundamentalmente iguais em sua rebeldia. Disse Jesus: "Quem não é por mim é contra mim; e quem comigo não ajunta espalha" (Lc 11.23). No fundo, só existem dois tipos de corações: remidos e rebeldes. Só há caminho de ímpio e caminho de justo (Sl 1; Mt 7.13-14), só há luz e trevas (1 Ts 5.4-8; 1 Jo 1.5-7). Isso deve nos encorajar a pregar a mesma mensagem a diferentes públicos crendo que, no fundo, diferentes modelos de cosmovisão possuem semelhanças em relação ao Criador. Deixe-me exemplificar com o próprio caso dos filósofos atenienses.

Estóicos e epicureus representavam filosofias opostas em muitos pontos, com conceitos contrastantes. Porém, juntas compunham o mesmo público que ouvia o apóstolo. Os epicureus e estóicos eram filosofias rivais em Atenas, embora houvesse ao menos três semelhanças entre eles que os colocavam em oposição à mensagem de Paulo. Ambos queriam promover uma vida que extrapola as dificuldades e os temores desta vida, quer através de apatia (estóicos) quer através de prazeres (epicureus). Portanto, miravam a libertação por suas próprias filosofias e ações – sem o auxílio de um deus. Ambos tinham conceitos de Deus segundo os quais o homem não se relaciona com orações e prestações de conta, ainda que um grupo falasse de um deus que se confunde com a natureza (estóicos) enquanto outro apresentasse deuses distantes (epicureus). Portanto, não concebiam o conceito de arrependimento diante do Juiz. Ambos não viam propósito no universo e não criam em vida após a morte. Por isso rejeitaram a ressurreição dentre os mortos.

Em face dessa necessidade (fugir da dor) e desses contrastes com a fé cristã (nos conceitos de Deus, universo, morte, história), Paulo se dirigiu a seus diversificados ouvintes com a mesma mensagem. A mensagem que Paulo pregou no areópago foi uma exposição da cosmovisão cristã. Em primeiro lugar, o apóstolo apresentou quem é o Deus verdadeiro. O "Deus desconhecido" foi introduzido ao público numa linguagem que fosse possível de ser entendida pelos seus ouvintes (v. 23). Paulo partiu da premissa de que esse Deus existe, e resolveu proclamar algumas de suas virtudes. Deus foi apresentado como *Criador* (v. 24). Todas as coisas existem não por conta própria, mas por causa da vontade de Deus (Ap 4.11). Deus também foi apresentado como *Senhor* (v. 24, 27). Esse Deus é soberano sobre todo ser humano, e não carece do nosso serviço ou oferenda. Mas seu senhorio não diz respeito somente à sua autoridade, mas também à sua honra. Esse Senhor é digno de ser buscado e adorado. Deus foi apresentado como *Sustentador* (v. 25, 28). Deus não é servido, mas serve a todos com tudo. Na verdade, nada sobrevive a não ser que seja pela sustentação desse Deus poderoso. Deus foi apresentado como *Legislador* (v. 26). Ele estabelece regras para o ser humano. Ele não só estabelece os limites das nações, mas também as regras para o viver (Dt 5.1). Assim sendo, ele também é a base da ética. Por último, Deus foi apresentado como *Salvador* (v. 30-31). O ápice da mensagem paulina é a exigência e oportunidade dada por Deus para que os homens se arrependam de sua maldade. Essa salvação aconteceu por intermédio da encarnação divina ("um varão") e sua ressurreição dentre os mortos. Esse arrependimento e consequente salvação são necessários porque a história tem um rumo: chegar num dia de julgamento no qual todos prestarão contas a Deus. Com essa mensagem, Paulo anunciava um Deus único, diferente de qualquer conceito de Deus que seus ouvintes pudessem ter: "Eu sou Deus, e não há outro, eu sou Deus, e não há outro semelhante a mim" (Is 46.9).

Em segundo lugar, Paulo demonstrou aos seus ouvintes qual é a visão cristã do ser humano. O apóstolo demonstrou empatia, sem demonstrar simpatia pela idolatria que revoltava o seu espírito (v. 16). Ele queria se fazer entender no Areópago. Por isso, ele não utiliza profecias hebraicas (pois não falava a judeus como

AMANDO A DEUS NO MUNDO

o evangelista Mateus), mas usa poetas gregos (v. 28). Paulo soube fazer ponto de contato[23] (v. 23) sem necessariamente elogiar a cultura. A palavra "religiosos" é propositalmente indefinida em termos de valor. Enquanto Paulo faz a ponte com a religiosidade dos atenienses, a Escritura nos ensina que o ponto de contato mais forte com qualquer ser humano é sua religiosidade nata (veremos mais disso no próximo capítulo). Somos seres inerentemente adoradores, do Deus verdadeiro ou de ídolos. Entretanto, o ponto no qual Paulo os confronta não é na idolatria (que faria sentido aos judeus, mas não aos gregos), mas na ignorância (v. 23), algo inadmissível para os gregos amantes do conhecimento. A mensagem apostólica voltaria a esse aspecto da condição pecaminosa dos seus ouvintes mais adiante no discurso paulino (v. 30). Observe como Paulo foi zeloso em comunicar-lhes seu pecado. O pecado sempre é pré-requisito para quem quer proclamar o evangelho. A redenção não tem lugar se não houver noção da queda.

Em terceiro lugar, o apóstolo apresentou a cosmovisão cristã contando uma história. Na primeira definição exposta na seção anterior deste capítulo, James Sire afirma que a cosmovisão "pode ser expressa com uma história".[24] Pretendo ir mais longe que Sire ao

---

23 Embora essa expressão esteja sendo utilizada de forma popular aqui no texto, o conceito de "ponto de contato" é uma expressão técnica de apologética. Para uma discussão sobre isso, veja Cornelius Van Til, **Apologética Cristã** (São Paulo: Cultura Cristã, 2010), p. 67-94; John M. Frame, **A doutrina do conhecimento de Deus** (São Paulo: Cultura Cristã, 2010), p. 381-384.

24 Michael Goheen e Craig Bartholomew são enfáticos em definir cosmovisão como crenças básicas "embutidas em uma grande narrativa compartilhada". Eles entendem que toda cosmovisão é baseada numa grande história, ou metanarrativa: "É importante assinalar que quem rejeita a narrativa cristã não viverá simplesmente sem uma grande narrativa, mas, pelo contrário, encontrará uma grande narrativa alternativa e viverá de acordo com ela. Até mesmo a concepção pós-moderna de que não existe uma grande narrativa é ela mesma um embuste de uma grande narrativa!" Michael W. Goheen e Craig G. Bartholomew, **Introdução à cosmovisão cristã**: vivendo na intersecção entre a visão bíblica e a contemporânea, trad. Marcio Loureiro Redondo (São Paulo: Vida Nova, 2016), p. 52, 53.

dizer que essa é a melhor maneira de expor a cosmovisão bíblica. Observe como Paulo não foi simplista ao pregar que Jesus morreu na cruz para nos salvar (mensagem verdadeira, mas sem contexto), antes foi cuidadoso em apresentar toda uma cosmovisão cristã em forma de história. Paulo começa com a criação (v. 24-28), prossegue com a queda (v. 29), apresenta a redenção (v. 30) e atinge o clímax com a consumação (v. 31). Esses quatro pilares da história da humanidade moldam toda a maneira do apóstolo apresentar a mensagem do evangelho. Veremos a importância desses quatro pilares em capítulos seguintes. Por hora, basta dizer que quando possuímos uma boa compreensão da cosmovisão cristã, tornamo-nos mais aptos a apresentar o mesmo evangelho tanto a religiosos simpatizantes do cristianismo (judeus e tementes a Deus, v. 17-18) quanto a céticos distantes da realidade cristã (gregos, v. 30-31). Afinal, este mesmo evangelho é o poder para salvação tanto do judeu como do grego (Rm 1.16).

A narrativa prossegue, como bem sabemos, mostrando que quando a cosmovisão cristã foi exposta com mais clareza no Areópago, o conteúdo de sua mensagem passou de estranho para ofensivo. Em outras palavras, eles compreenderam a mensagem. Nesse momento, vários dos seus ouvintes ou escarneceram ou perderam o interesse em ouvi-lo (v. 32). Surgira uma colisão nas visões de mundo. E nós devemos esperar o mesmo tipo de animosidade ou desinteresse (Jo 5.39-40; 2 Tm 3.12; 1 Pe 4.12-16). Afinal, embates que desafiam a cosmovisão são traumáticos. No entanto, alguns acabaram crendo (v. 34) e iniciaram um processo de mudança de perspectiva da vida.

Essa passagem de Atos 17 nos ensina que diferenças de cosmovisão separam pessoas radicalmente na leitura que fazem da

AMANDO A DEUS NO MUNDO

vida. Ela também nos ensina a importância de expor o evangelho levando em conta a mensagem holística da cosmovisão cristã. Por último, ela nos prepara para os diferentes tipos de reações à boa-nova.[25] Conhecer sobre cosmovisão muito nos auxilia em nosso trabalho de evangelistas.

CONCLUSÃO

O episódio de Paulo em Atenas é um exemplo de conflito entre modelos de cosmovisão, o modelo cristão com outros modelos pagãos. Exploraremos os contrastes entre modelos em capítulos subsequentes. No entanto, outros textos da Escritura mostram fiéis que acreditam no modelo cristão, mas que também precisam refinar seus conceitos, transformar suas perspectivas de Deus e do mundo. Tome Pedro como exemplo.

Pedro precisou mudar seus conceitos de reino e missão de Cristo, expandir seu entendimento do dolo de seu coração, e compreender melhor a liberdade que temos em Cristo. Primeiro, ele achava que o reino de Deus deveria se manifestar de forma militar na primeira vinda de Cristo e queria livrar seu mestre dos inimigos e da morte (Jo 18.10-11; Mc 8.31-33), mas mediante a correção de perspectiva que o Salvador proporcionou acerca do reino (Jo 18.36-37; At 1.6-8) ele passou a entender a importância de preparar futuros discípulos para viverem neste mundo à luz da segunda vinda de Cristo (2 Pe 3). Em segundo lugar, Pedro achou que estava pronto a enfrentar perseguições por Cristo (Mt 26.31-35), mas quando Jesus lhe mostrou que um discípulo só não perde a

---

25 Até quando Jesus ensinava vemos essas diferentes reações. Nos evangelhos, com frequência vemos três tipos de ouvintes: uma minoria de opositores pró-ativos (escribas e fariseus), uma minoria de crentes na mensagem (discípulos), e uma maioria indefinida (povo).

sua fé porque o Salvador intercede por ele (Lc 22.31-32) e quando a restauração promovida pelo Cristo ressurreto o encorajou (Jo 21.15-19), Pedro passou a explicar aos fiéis a importância de sofrer pelo nome de Cristo (1 Pe 1.5-6; 2.20-23; 4.12-16) e as estratégias sorrateiras de Satanás (1 Pe 5.6-9). Por último, quando Pedro ainda titubeava acerca da liberdade que um judeu podia ter em relação às regras alimentares e o significado disso na inclusão de gentios (At 10), Paulo precisou repreendê-lo publicamente por sua postura hipócrita em relação aos costumes lícitos (Gl 2.11-14).

Tais exemplos de Pedro só reforçam como cosmovisão não é apenas um assunto importante para quem se interessa por apologética, isto é, os embates com descrentes acerca de nossa fé. Cosmovisão é importante até para entendermos a contínua formação de uma cosmovisão bíblica nos crentes. Por isso, sugiro que estudemos esse assunto pensando na vida que o cristão tem enquanto neste mundo, tanto nos embates com outros modelos de cosmovisão, quanto na formação de sua própria cosmovisão à luz da Palavra.

CAPÍTULO 2

DISSECANDO DEFINIÇÕES

No primeiro capítulo, cunhei seis elementos para explicar as definições de especialistas: constitutivo, fundamental, pré-científico, interpretativo, normativo e aprendiz. Chamei essas categorias de "elementos" como se fossem partículas de uma molécula chamada cosmovisão. Há sobreposições entre eles, mas creio que as seis distinções nos ajudam a entender cosmovisão de diferentes ângulos. Quase todos os elementos estão embutidos nas melhores definições e são reconhecidos por especialistas, mesmo que não usem as categorias que cunhei. No entanto, porque as categorias certamente são novas e os conceitos que carregam são ricos em significado, vale a pena o esforço de ponderarmos um pouco mais sobre cada elemento. Vamos repetir e expandir cada um dos seis com a finalidade didática de esclarecer e solidificar nosso entendimento de cosmovisão.

ELEMENTOS DAS DEFINIÇÕES

1. Elemento constitutivo

Esse elemento diz respeito às pressuposições que todo ser humano possui. Faz parte da sua constituição ter uma ótica da vida. Cosmovisão não é como um par de óculos que podemos tirar e, ainda que de forma desfocada, ter uma visão da realidade. Nossa cosmovisão está sempre conosco, como parte de nossa composição.

Por ser algo sempre presente conosco, nem sempre nos damos conta de que ela está lá. Assim como nossos olhos nem sempre são focos de nossa atenção, a cosmovisão nem sempre é alvo de análise, ainda que todos a tenham. Ter cosmovisão é universal, isto é, todos a têm. O que varia é o grau de consciência, quanto cada pessoa percebe acerca de suas premissas básicas. Já vimos no capítulo anterior que cosmovisões, assim como culturas, são compartilhadas, comunitárias. Portanto, indivíduos de um mesmo grupo podem ter a mesma cosmovisão (em termos gerais) embora alguns sejam mais cônscios de suas lentes culturais do que outros.

Por exemplo, nem todo brasileiro percebe como somos regidos por promessas que fazemos para demonstrar interesse por alguém. Ofertamos nossa casa (lugar privado, de intimidade) para pessoas que acabamos de conhecer. Muitas vezes prometemos ao outro uma visita sem o compromisso sério de cumpri-la. Dizemos a um conhecido que não vemos há tempo: "Um dia vou te visitar, hein?" E ele responde: "Vai mesmo!" E no final das contas, nem ele te cobra, nem você vai. Por quê? Porque na cultura brasileira, oferecer a casa ou prometer uma visita é algo esperado, como demonstração de interesse. Não fazê-lo é falta de educação. No entanto, muitos de nós que oferecemos nossas casas ou prometemos visitas nem somos tão hospitaleiros nem bons cumpridores de promessa. Não estou dizendo que todos os brasileiros são falsos em tais promessas ou que tais ofertas sejam ruins. Pelo contrário, às vezes nós de

DISSECANDO DEFINIÇÕES

fato queremos demonstrar aos outros a nossa falta de apego às coisas que temos (casa, carro, etc.). Todavia, alguns fazem tais ofertas sem terem sentido uma conexão especial de afeto, quase que como um dever. Independente da motivação, isso demonstra que tais ofertas fazem parte da nossa cosmovisão brasileira, sejam elas propensas à hospitalidade ou não.[1] Independente de nossa percepção desses elementos, essa é a cosmovisão da cultura brasileira. Por isso, afirmamos que todos têm cosmovisão, estejam conscientes disso ou não.

Muitas vezes as pessoas não têm articuladas todas as respostas para as grandes perguntas da vida. Os modelos de cosmovisão mais proeminentes (ex: teísmo cristão, naturalismo, panteísmo) costumam ter respostas para as grandes perguntas da vida: Qual é a realidade primordial? Qual é a origem do mundo? O que é o ser humano? Evoluído? Criado? O que acontece quando uma pessoa morre? Qual é a natureza da realidade externa, isto é, do mundo ao nosso redor? Por que é possível conhecer alguma coisa? Qual a função das palavras? Qual é o significado da história humana? Como sabemos o que é certo e errado? Entretanto, nem todo indivíduo que se entende fazendo parte de algum desses modelos de cosmovisão tem resposta pronta para cada uma dessas perguntas. As pessoas só respondem essas perguntas se a situação de vida delas as conduz a esse tipo de questionamento.[2] Conscientizamo-nos de nossa cosmovisão (seja no seu aspecto privado ou público) somente quando somos levados a pensar em cosmovisão.

---

1 Um outro exemplo que poderíamos dar é de como somos uma cultura muito mais marcada por vergonha do que por culpa. Fazemos coisas ilícitas sem muito temor, mas temos muito medo de que os outros descubram.

2 Sire, **Naming the Elephant**, p. 93.

AMANDO A DEUS NO MUNDO

Albert Wolters demonstra como até aquilo que não é articulado vem à tona quando as situações cotidianas exigem resposta:

> A maioria das pessoas, com certeza, não saberia dizer qual é a sua cosmovisão, e teria ainda mais dificuldade de responder a perguntas sobre a estrutura de suas crenças básicas. Porém, suas crenças básicas emergem rápido o suficiente quando elas são confrontadas com situações práticas, com os temas políticos atuais ou com convicções que são incompatíveis com as delas. Como elas reagem ao serviço militar obrigatório, por exemplo? Qual é a resposta delas ao evangelismo ou à contracultura, ao pacifismo ou ao comunismo? Que palavras de condolência elas oferecem à beira da sepultura? A quem elas culpam pela inflação? Quais são as opiniões delas sobre o aborto, a pena de morte, a disciplina na criação de filhos, o homossexualismo, a segregação racial, a inseminação artificial, a censura, o sexo extraconjugal, e temas semelhantes? Todos esses temas fazem surgir respostas que oferecem indicações sobre a cosmovisão de uma pessoa ao sugerir certos padrões ("conservador" ou "progressista" são os padrões mais toscos e precários que a maioria reconhece). Todos, assim, têm uma cosmovisão, por mais inarticulados que sejam ao expressá-la. Ter uma cosmovisão é simplesmente parte de ser um humano adulto.[3]

Diferente de Wolters, eu diria que mesmo uma criança tem cosmovisão. O universo de coisas que ela sabe, conhece e compreende, porém, é muito menor. Ainda assim, ela possui realidades

---

3 Wolters, **A Criação Restaurada**, p. 14-15.

DISSECANDO DEFINIÇÕES

natas e outras que vai recebendo com o seu desenvolvimento que lhe ajudam a ter uma perspectiva da vida.

2. Elemento fundamental

Esse segundo elemento diz respeito ao que Sire chamou de "um comprometimento, uma orientação fundamental do coração". O polímata Michael Polanyi (1891-1976) utilizou-se da analogia do iceberg para falar de uma pequena fração de conhecimento que de fato é explícito, sistematizado (a ponta visível do iceberg), enquanto a maior parte de nosso conhecimento é tácita (escondida, não expressa em palavras), isto é, subjetiva (Polanyi chamava de "conhecimento pessoal"), apreendida por experiências, e difícil de ser formalizada (Polanyi cria que sabemos mais do que podemos expressar).[4] Esse conhecimento "abaixo do nível da água", é muito influente em moldar todo o nosso processo epistemológico, pelo qual buscamos conhecer mais.[5] Polanyi não está negando a objetividade da realidade que buscamos conhecer, mas está destacando a influência que o elemento pístico ou fiduciário (isto é, de fé) da dimensão tácita tem sobre o nosso processo de aprendizagem.[6]

Esse conhecimento pessoal destacado por Polanyi é aplicado por Ronald Nash na maneira como avaliamos cosmovisões. "Seria tolice fingir que os seres humanos sempre lidem com tais questões de maneira impessoal e objetiva, sem referência a considerações baseadas em sua formação psicológica." Ainda que discorde de

---

4 As obras de Polanyi *Personal Knowldege* (1958) e *The Tacit Dimension* (1966) foram bastante influentes na formulação desse conceito de conhecimento abaixo do nível da água, ainda que extremamente importante para o desenvolvimento científico.

5 Naugle, **Worldview**, p. 189.

6 Naugle, **Worldview**, p. 191-192.

alguns aspectos de Herman Dooyeweerd, Nash admite que pessoas que parecem rejeitar o cristianismo por razões teórico-racionais, na verdade estão agindo sob a influência de fatores não-racionais; agem pelos compromissos do coração.[7]

A analogia do iceberg é bastante elucidativa para compreender não só o conhecimento humano, mas como a cosmovisão influencia o que conhecemos. Assim como a ponta do iceberg só mostra um pouco do que ele é, o que é visível para as pessoas é apenas parte de quem nós somos. A vida consciente e perceptível aos outros é repleta de palavras e atos condizentes com o que cremos, nossa moralidade, nossos valores. Essas crenças e valores, porém, estão escondidas das pessoas e às vezes são subconscientes até mesmo para nós. Há muito abaixo do nível da água que não é perceptível às pessoas até que nos conheçam mais a fundo. Mas até mesmo para nós, nosso interior é muito misterioso. Nem sempre nos compreendemos. Por isso é que o cristianismo acredita que para conhecermos o nosso mais interior nós precisamos do auxílio de Deus, na medida em que sua Palavra espelha nossa verdadeira identidade (Tg 1.22-25). O desafio de um conselheiro, por exemplo, é atentar para o que está embaixo das coisas ditas pelo aconselhado. Conseguir extrair o que está nas profundezas não é fácil, mas é muito importante para que haja compreensão de nossos medos e angústias, incertezas ou motivações.

Nessa hora, o conceito bíblico de "coração" é de fundamental importância. A conexão da cosmovisão com o coração reflete uma antropologia bíblica. Na Bíblia, o coração é o elemento central, definidor da personalidade humana. O coração é a fonte de nossos pensamentos, emoções e vontade. "No pensamento hebraico, o

---

7 Nash, **Questões Últimas da Vida**, p. 22.

DISSECANDO DEFINIÇÕES

coração é abrangente em suas operações como a sede da vida intelectual (Pv 2.10; 14.33; Dn 10.12), afetiva (Êx 4.14; Sl 13.2; Jr 15.16), volitiva (Jz 5.15; 1 Cr 29.18; Pv 16.1) e religiosa de um ser humano (Dt 6.5; 2 Cr 16.9; Ez 6.9; 14.3). Por causa desse papel vital e último, conhecer o coração de uma pessoa é conhecer a própria pessoa."[8] A Bíblia diz que o homem no seu exterior é o reflexo do seu coração ("Como na água o rosto corresponde ao rosto, assim, o coração do homem, ao homem" Pv 27.19). Em outras palavras, o nosso eu exterior e perceptível (o que se revela acima da linha da água) é uma projeção das inclinações do nosso coração. Ele é o nosso ser mais profundo. É tanto a sede do pecado (Mt 15.19) quanto da renovação espiritual (Jr 31.33). O coração é tão fundamental porque dele procede toda a nossa vida (Pv 4.23). Por isso, a boca fala do que está cheio o coração (Mt 12.34); isto é, nossas ações e palavras surgem em conformidade com o fundamento do nosso ser, o coração. Aquilo pelo qual vivemos mostra onde está o nosso coração (Mt 6.19-21). "Jesus sabia que o tipo de tesouro ocupando o coração de alguém se manifestará em formas práticas através de padrões de fala e conduta."[9]

Se cosmovisão está relacionada ao coração, então ela não é simplesmente um conjunto de conceitos sediado na mente. Ela é muito mais profunda, mais fundamental.[10] Cosmovisão é mais do que uma questão do intelecto, pois sua essência jaz nos recessos mais interiores do ser humano.[11] Ela é mais do que um

---

8 Naugle, **Worldview**, p. 268.

9 Naugle, **Worldview**, p. 269. Naugle resumiu o cerne da questão assim: "O coração da questão é que cosmovisão é uma questão de coração". (p. 269.)

10 Foi contra esse conceito intelectualista que Blaise Pascal escreveu em seus *Pensamentos*: "O coração tem razões que a própria razão desconhece".

11 Sire, **Naming the Elephant**, p. 123.

conjunto de conceitos, mas um conjunto de crenças, algo com o qual alguém se compromete. É algo pelo qual você vive (tanto regendo sua vida quanto motivando seu estilo de vida) ou morre (tanto desgastando-se por tais ideais quanto até entregando a própria vida em sacrifício).

Nesse sentido, cosmovisão é essencialmente religiosa. Isto é, ela depende de pressupostos de fé. Enquanto a cosmovisão cristã depende do pressuposto da existência de Deus, a cosmovisão naturalista depende do pressuposto da não existência de Deus. Enquanto a cosmovisão cristã acredita em vida após a morte, a perspectiva naturalista acredita que toda a existência pessoal termina na morte.[12] Antes que *homo sapiens* (uma definição iluminista, que exalta o papel da razão humana sobre todas as coisas), o ser humano é essencialmente *homo religiosus* ou, como chamou Philip Ryken, *homo adorans* (pessoa que adora).[13] O ser humano foi feito para adorar – isso é essencial nele como imagem de Deus – e sempre devotará seu coração a algo que considera deus (Rm 1.18-25). Ronald Nash afirma que o "mundo não é composto de pessoas religiosas e não-religiosas. É, antes, composto de pessoas religiosas que têm diferentes preocupações últimas e diferentes deuses, e que respondem ao Deus vivo de maneiras distintas". Logo depois ele conclui: "Todos os humanos são irremediavelmente religiosos; nós apenas manifestamos variadas devoções religiosas".[14] David Naugle afirma que, estritamente falando, não há "descrentes", pois o coração humano tem um desígnio divino que precisa ser preenchido. Ele precisa pautar a sua vida de acordo com um fim último,

---

12 Sire, **Naming the Elephant**, p. 86.

13 Ryken, **Cosmovisão cristã**, p. 16.

14 Nash, **Questões Últimas da Vida**, p. 20.

precisa ter seus anseios satisfeitos, suas perguntas respondidas e sua inquietude acalmada.[15]

O homem moderno destituído de interesse em alguma religião oficial tem dificuldades de se enxergar religioso. Isso se dá porque sua cosmovisão moderna, naturalista, o ensinou a enxergar religião como sendo a crença em uma divindade sobrenatural. Contudo, nem toda religião acredita em uma divindade sobrenatural como sabiamente destaca Timothy Keller:

> Vamos começar perguntando o que é religião. Alguns dizem que é uma forma de crença em Deus. Mas isto não se encaixaria no zen budismo, o qual não crê de fato em Deus. Alguns dizem que é uma crença no sobrenatural. Mas isso não se encaixa com o hinduísmo, o qual não crê na esfera sobrenatural além do mundo material, mas somente em uma realidade espiritual dentro da empírica. Então o que é religião? É um conjunto de crenças que explicam o que a vida é, quem nós somos, e as coisas mais importantes com as quais os seres humanos deveriam gastar seu tempo fazendo.[16]

Keller está dizendo que aquilo em que acreditamos, isto é, que dá sentido à vida, aquilo pelo qual vivemos é, na verdade, nossa religião. Por isso, afirmei que todo ser humano é essencialmente religioso.

Walsh e Middleton também testificam que cosmovisões são um fenômeno religioso: "As cosmovisões são fundadas em

---

15 Naugle, **Worldview**, p. 275.

16 Timothy Keller, **The Reason for God**: belief in an age of skepticism (New York: Riverhead, 2008), p. 15 [Timothy Keller, *A Fé na Era do Ceticismo*: como a razão explica Deus (São Paulo: Vida Nova, 2015)].

compromissos fundamentais de fé... Nosso objeto de fé determina a cosmovisão que adotaremos". Para esses autores, compromisso de fé é a maneira como respondemos a quatro perguntas básicas: Quem sou eu (natureza e propósito do ser humano)? Onde estou (natureza do mundo)? O que está errado (obstáculo para a minha satisfação)? Qual a solução (como vencer esse impedimento à minha realização)?[17] As respostas a essas perguntas não são empiricamente comprovadas, mas altamente subjetivas. No entanto, elas norteiam toda nossa empreitada. Elas dizem respeito às coisas que mais amamos, tememos e esperamos.

Quando destacamos o aspecto religioso da cosmovisão, estamos falando do elemento subjetivo de religião, não dos modelos objetivos de religião também chamados de cosmovisão (cosmovisão budista, cosmovisão islâmica, cosmovisão cristã). Isto é, estamos falando de compromissos que as pessoas têm com suas crenças. Cosmovisão é um comprometimento que não é necessariamente o resultado de uma decisão consciente. Quando comprometidos, nós agimos rumo a um objetivo mesmo inconsciente dos motivos que nos movem a agir.[18]

Esse comprometimento inconsciente do qual fala Sire, me faz refletir sobre a inconsistência entre nosso agir e nosso credo. Ryken chama o modelo de cosmovisão de "cosmovisão teórica" e de "cosmovisão funcional" o seu aspecto subjetivo: "Há, com frequência, uma diferença entre a cosmovisão que imaginamos que

---

17 Walsh e Middleton, **A Visão Transformadora**, p. 32. Colson e Pearcey levantam perguntas parecidas: de onde viemos, e quem somos nós (criação)? O que aconteceu de errado com o mundo (queda)? O que podemos fazer para consertar isso (redenção)? Charles Colson e Nancy Pearcey, **E agora como viveremos?** (Rio de Janeiro: CPAD, 2000), p. 14. A fraqueza dessas perguntas está em apresentar a redenção como sendo o que nós fazemos para consertar o mundo. A pergunta de Walsh e Middleton é melhor pois ela não explicita qual é o agente da redenção na própria pergunta.

18 Sire, **Naming the Elephant**, p. 123.

DISSECANDO DEFINIÇÕES

temos e aquela que realmente vivemos – nossa cosmovisão funcional em contraste com nossa cosmovisão teórica".[19] Quando cristãos verdadeiros agem contrariamente à fé cristã, eles revelam ter permitido que sua cosmovisão fosse moldada por princípios não cristãos (ex: ansiedade decorrente da dúvida de que Deus está no controle). Naturalistas também dizem que seres humanos não passam de máquinas superdesenvolvidas, mas amam suas esposas e filhos como algo infinitamente superior a máquinas, e não descartam suas avós por serem "máquinas velhas". Cristãos nominais podem afirmar que Deus existe e que Ele se importa com a maneira como vivemos, mas vivem como se Deus não existisse ou como se não fizesse nada em relação aos que agem mal. Não se trata de fé ou incredulidade para com Deus por detrás de uma cosmovisão[20], mas de elementos inconscientes (pecado, *sensus divinitatis*, leis impressas no coração, homem como imagem de Deus, graça comum)[21], norteando nosso agir para melhor ou para pior. O fato de não sermos consistentes com os modelos que adotamos (cristianismo, naturalismo, etc.) aponta para o nosso sincretismo e evidencia como nossa cosmovisão de fato não é o que professamos com os lábios, mas principalmente como vivemos e agimos. Em outras palavras, cosmovisão é o que realmente está em nosso coração,

---

19   Ryken, **Cosmovisão cristã**, p. 14.

20   Ainda que eu concorde com Herman Dooyeweerd que em nosso mais interior somos seres rendidos ao senhorio de Cristo ou rebeldes para com ele – e como isso influencia mais do que tudo a cosmovisão –, destaco aqui o elemento de inconsistência que ocorre tanto na vida do incrédulo como do crente. Mais sobre Dooyeweerd veremos no próximo capítulo.

21   *Sensus divinitatis* é uma expressão utilizada por João Calvino para falar de um senso do divino que todo ser humano possui em seu interior (cf. **Institutas** I.iii.1); ela é sinônima da expressão *semen religionis*, "semente da religião" (**Institutas** I.iv.1). As leis impressas no coração se referem à passagem de Romanos 2.14-15. Graça comum é a expressão teológica usada para falar da bondade divina em refrear o pecado do homem e permitir que ele pratique atos generosos e benignos para a sociedade. Veremos mais sobre graça comum no capítulo 11.

AMANDO A DEUS NO MUNDO

não necessariamente um dos modelos. Por isso, nós cristãos precisamos que Deus sonde o nosso coração para entendermos nossa cosmovisão (Sl 139.23-24).

3. Elemento pré-científico[22]

Embora exista uma sobreposição desse elemento com o anterior, acho importante destacar o compromisso religioso não só como fundante, mas também como anterior a qualquer atividade do conhecimento (com efeito causal). Essa conexão é necessária para destacarmos como uma cosmovisão influencia todo o engajamento científico. Não pense em científico como sendo o trabalho do especialista, mas de todo o ser humano que aprende. O científico não é neutro pois está fundamentado no pré-científico. Como engajamos toda e qualquer atividade científica a partir de pressupostos, referenciais, esquemas e estruturas assumidas como verdadeiras (ainda que sejam falsas), é inevitável que todo engajamento científico seja moldado pela cosmovisão do estudioso. Nesse sentido, a cosmovisão é o aparato epistemológico. Pensamos com a nossa cosmovisão o tempo todo, embora na prática não pensemos muito sobre ela.

James Sire afirma que cosmovisão está abaixo da mente consciente. A maioria das pessoas não pensa sobre as implicações de termos uma cosmovisão.

> Ela dirige a mente consciente de uma região não normalmente acessada pela mente consciente. Não é que a mente consciente

---

22 James Sire faz uma distinção entre o "pré-teórico" e o "pressuposto" onde me parece afirmar que o primeiro são as estruturas e o segundo compõe o que é crido em cada estrutura. Ambos são impossíveis de serem provados incontestavelmente. Sire, **Naming the Elephant**, p. 75-89.

DISSECANDO DEFINIÇÕES

não possa pensar sobre uma cosmovisão e seu caráter pré-teórico. É isso que estamos fazendo agora. Mas nós normalmente não fazemos isso. Ao invés disso, nós pensamos com nossa cosmovisão e por causa de nossa cosmovisão, não sobre nossa cosmovisão. Pessoas que atravessam uma crise de crenças ou têm uma inclinação peculiar para o pensamento filosófico, podem pensar sobre suas cosmovisões por muito tempo. Outros, contudo, podem nunca se tornar cientes de sua própria cosmovisão, muito menos pensar sobre ela.[23]

Sire não só destaca a predominante falta de consciência sobre a sua própria cosmovisão, mas ele afirma que ela é pré-teórica. Isto é, ela antecede a teoria por possuir os instrumentos internos que formulam uma teoria. "Assim como a estética pressupõe algum sentido inato de beleza e a teoria legal, uma noção fundamental de justiça, a teologia e a filosofia pressupõem uma perspectiva pré-teórica do mundo. Elas fornecem uma elaboração científica da cosmovisão."[24]

A vantagem de destacar o elemento pré-científico é que não só assumimos que todos temos pressuposições (o que muita gente já reconhece, principalmente em meios acadêmicos), mas procuramos conhecê-los e o grau com que nos influenciam em nossa formulação teórica. Isso ajuda-nos a entender melhor os outros e a nós mesmos. Deixe-me exemplificar.

Há um tempo atrás, estava num voo quando uma reportagem na tela do avião sobre as dez nações mais alegres do mundo chamou a minha atenção. Fiquei esperando o anúncio em ordem regressiva para ver se o Brasil estava lá ou alguma outra nação cujo

---

23 Sire, **Naming the Elephant**, p. 124.

24 Wolters, **A Criação Restaurada**, p. 20.

povo é conhecido por seu jeito expansivo, sorridente e hospitaleiro (muitos povos africanos são assim). Para minha surpresa, em primeiro lugar estava a Noruega! Eu imediatamente me lembrei que havia uma fama de alto índice de suicídios na Escandinávia (informação questionável). Então comecei a pensar sobre quais critérios haviam sido utilizados para se chegar a essa conclusão. Suportar o penoso inverno sem reclamar? Há povos que sofrem muito mais sem o auxílio de tecnologia. Seria a satisfação com o que o governo provê em termos de estruturas sociais? Muitas manifestações contra a falta de estrutura governamental são manifestações de justiça e, portanto, positivas (sinônimas de saúde, não de falta de alegria). Mais tarde descobri que um escritor inglês, Michael Booth, ficou famoso por questionar essas pesquisas que nos últimos anos sempre favoreciam os povos nórdicos.

O ponto é que eu tinha um conceito do que seria um povo feliz muito diferente dos que elaboraram a pesquisa acima, demonstrando a força do elemento pré-científico em qualquer tentativa de pesquisa. Tenho certeza que não seria difícil alguém apresentar um artigo científico comprovando mediante pesquisas psicológicas como os filhos de pais homossexuais são mais seguros de si mesmos do que os filhos de pais heterossexuais e, por isso, é mais saudável para a criança o ambiente homossexual. Para que tal pesquisa seja científica, basta que se estabeleça que ser seguro de si significa falar de sexualidade abertamente, sem barreiras de vergonha, e possivelmente os filhos de pais homossexuais se sairão melhores.

Portanto, é crucial que compreendamos não só o mito da neutralidade[25], mas principalmente que atentemos para o que nos

---

25 Cf. Roy A. Clouser, **The Myth of Religious Neutrality** (Notre Dame: University of Notre Dame Press, 1991).

DISSECANDO DEFINIÇÕES

é caro e nos influencia em nossas empreitadas. Talvez o campo em que isso é mais obscuro é na própria religião.

A religiosidade para muitos brasileiros é algo supostamente importante. Se fôssemos materializar tal importância poderíamos dizer que há um quarto nos fundos da casa reservado somente para a religião. "Oh!, um quarto só para a religião!", alguém diria, destacando o quarto como sinônimo de valor. Afinal, não separamos um cômodo inteiro de nossa casa para muitas coisas na vida. Sabemos, contudo, que muitos religiosos também são relaxados com suas práticas religiosas; o quarto está meio sujo e já não é utilizado há algum tempo. Todavia, esse não é o problema. A religião pode estar sendo praticada frequentemente, o quarto pode estar limpo e frequentado. O problema é que quando ele é fechado, ele não influencia o dia a dia da casa. A compartimentalização não o faz ter influência significativa sobre os outros cômodos da casa. O que está dentro daquele quarto pode ser sua religiosidade, mas não é aquilo pelo qual ele ou ela vive.

Todavia, muitos brasileiros acham que o que se encontra dentro daquele quarto especial é a sua cosmovisão. Afinal, são suas crenças, seus valores. O engano se dá porque as crenças e valores dentro do quarto não influenciam significativamente a vida de muitos brasileiros. As crenças e valores que de fato compõem a sua cosmovisão não estão no quarto, não são visíveis, mas permanecem debaixo da terra. Elas são o fundamento da casa. Toda a casa está construída sobre ele. E os fundamentos podem até não serem articulados, mas são tão importantes que quando há um terremoto, as paredes podem rachar e a vida desestruturar. Se o fundamento for bom, suporta o terremoto; se não for, ele é abalado e a casa cai

(Mt 7.24-27).[26] O que está no fundamento da casa, portanto, é a verdadeira religião da pessoa.

E esse fundamento sob a casa tem influência grande sobre a casa, pois toda ela é construída sobre o fundamento. Portanto, tudo o que procuramos aprender, desenvolver, descartar, resolver, possui um paradigma influente por detrás.

É preciso fazer um alerta sobre esse elemento pré-científico. Ele não visa transparecer a ideia de que cosmovisão é eminentemente intelectualista, apenas preocupada com a mente, como já foi explicado na seção anterior (ponto 2). O fato desse elemento ser precedido pela discussão de "coração" e posteriormente acompanhada de "ação" (ponto 5), deve corroborar para que tenhamos um conceito de cosmovisão como um ferramentário tanto para investigações cognitivas quanto para decisões. As faculdades da alma como um todo (mente, emoção e vontade) são influenciadas por nossa cosmovisão.

4. Elemento interpretativo

Esse elemento se refere ao papel descritivo da cosmovisão. Ela funciona como uma lente hermenêutica, um instrumento interpretativo da realidade. Cosmovisão é frequentemente ilustrada como uma série de lentes sobrepostas, cada uma com sua cor, criando uma combinação de matiz singular em cada pessoa. As lentes, que representam as pressuposições, são constituídas de motivações,

---

26 John Stott comenta o texto bíblico de forma pertinente à discussão sobre cosmovisão. Ele diz que uma observação superficial não nos permite ver diferença entre as casas, pois a diferença entre elas está no fundamento e o fundamento não pode ser visto. Quando uma tempestade chacoalha as casas, aquela que não está bem fundamentada acaba por ruir. John R. W. Stott, **Christian Counter-Culture**: the message of the Sermon on the Mount (Downers Grove: InterVarsity, 1978), p. 208-209. A não visibilidade da cosmovisão já foi discutida no segundo elemento e a fragilidade da cosmovisão mediante as crises será discutida no quarto elemento.

crenças, certezas, valores e ideais. Uma cosmovisão é formada por camadas de pressuposições que se sobrepõem (como lentes sobrepostas), formando a matriz geral por meio da qual lemos e interpretamos o mundo. Wolters afirma que ela "atua como uma bússola ou um mapa" orientando-nos neste mundo, dando-nos parâmetro de positivo ou negativo, de certo ou errado, moldando o modo como valorizamos os acontecimentos diários.[27]

Nem sempre nos damos conta de como as estruturas inerentes ao nosso pensar moldam a forma menos espalhafatosa como nos portamos em um cemitério (nós simplesmente agimos de forma mais solene e respeitosa), ou como simplesmente sabemos que um objeto de madeira com uma superfície plana sustentada por quatro pernas é usado para sentar-se nele não para colocá-lo na cabeça. Há uma cena do desenho *A Pequena Sereia* (Disney, 1989) no qual a sereia Ariel penteia o cabelo com um garfo. Ela não enxerga o garfo como um instrumento para se alimentar porque na sua cosmovisão não existe esse paradigma estabelecido. Na vida real acontece o mesmo. Certa vez, um missionário que visitava a igreja que eu pastoreava apresentou um pedaço de madeira macia e desafiou os ouvintes da palestra a adivinhar o que era aquele pedaço de madeira na cultura de uma tribo em Guiné-Conacri. Após várias tentativas das pessoas presentes, o missionário nos informou que aquele pedaço de madeira macia era uma escova de dente, utilizada para mascar e fazer uma higiene bucal. Para mim, aquele pedaço de pau não comunicava nada, mas na cosmovisão daquela tribo africana era óbvio que era uma escova de dente. Quando enxergamos os objetos ao nosso redor, nós os interpretamos a partir de nossas cosmovisões.

---

27 Wolters, **A Criação Restaurada**, p. 15.

AMANDO A DEUS NO MUNDO

O mais interessante do elemento interpretativo, porém, é que ele funciona como uma infraestrutura conceitual. Isto é, ele integra todas as nossas crenças formando um sistema ou esquema. Há uma lógica que precede a interpretação e quando detectamos inconsistências entre a lógica assumida e a realidade percebida, isso gera crise. Albert Wolters afirma que podemos sustentar crenças conflitantes e até agir em desarmonia com as crenças que sustentamos. Mas a partir do momento em que você percebe que os seus atos não se afinam com as suas crenças, "você tende a mudar os seus atos ou as suas crenças. Você não conseguirá manter a sua integridade (ou saúde mental) por muito tempo se não fizer um esforço para resolver o conflito".[28]

Por mais que nossos tempos pareçam desprezar a lógica, na prática nenhuma pessoa sã vive sem o mínimo de lógica. Sabendo que um frasco de vidro contém veneno, a pessoa não o bebe para matar a sua sede. Ela pode bebê-lo para suicidar-se, ou pode bebê-lo duvidando se de fato é veneno, mas não o bebe para matar a sua sede. Porque, na prática, beber veneno é incoerente com matar a sede. Por termos uma constituição que, em alguma medida, trabalha a partir de lógica é que Ronald Nash dá bastante peso ao teste da razão quando investiga os modelos de cosmovisão.[29]

Como cosmovisão é uma infraestrutura, um sistema, ela não funciona com furos ou curtos-circuitos. Há pessoas que enfrentam dificuldade de reconciliar a bondade de Deus e o mal no mundo, ou o que a Bíblia diz sobre o papel do homem e da mulher versus o que as ciências sociais têm difundido como construtos ideológicos que oprimem mulheres. Quando nossa leitura do mundo

---

28 Wolters, **A Criação Restaurada**, p. 16.

29 Cf. Nash, **Cosmovis**ões em **C**onflito, caps. 3 e 4.

difere da estrutura hermenêutica que possuímos, temos que tomar alguma atitude. Nesse ponto, James Sire é ainda mais perspicaz do que Albert Wolters quando afirma haver três possibilidades de reação: "Uma vez que nós reconhecemos que nossas pressuposições se confrontam, ou abandonamos a pressuposição ofensora, ou modificamos nossa ideia, ou modificamos o sistema para que a contradição seja resolvida ou escondida de nossas consciências".[30] Essa terceira alternativa é a dicotomia que permite que ideias contraditórias sejam mantidas em compartimentos separados na mente. Ela alivia a consciência, mas demonstra que a pessoa está pouco ciente ou pouco disposta a rever sua cosmovisão.

5. Elemento normativo

Quando tratei do segundo elemento, enfatizei que nossas inconsistências entre o que professamos crer e como agimos refletem que há mais crenças em nosso coração do que apenas o modelo de cosmovisão que adotamos (seja ele o cristão, o panteísta, o naturalista, etc.). Nem sempre há consistência entre o modelo e o que de fato cremos.

Neste quinto elemento, aprendemos que nossa cosmovisão é tão determinante que ela norteia nossas ações e decisões. "Como nós vemos a vida afeta a vida que vivemos; ela governa tanto as nossas ações inconscientes nas quais nos engajamos quanto as ações que ponderamos antes de agir."[31] Quando corremos para tirar uma criança do meio da rua em meio aos carros, é porque nossa cosmovisão valoriza mais a vida de uma criança do que o perigo de sofrer um acidente. Quando um naturalista evolucionista pula para salvar alguém que está se afogando na forte correnteza do rio, ele

---

30 Sire, **Naming the Elephant**, p. 130.

31 Sire, **Naming the Elephant**, p. 99.

não o faz para a preservação da sua espécie (até porque há uma boa chance de ele ser afogado junto com a vítima), mas porque no seu íntimo há algo que diz que a vida humana é valiosa.

A cosmovisão é a base de nossas decisões e ações, aquelas que são fruto de nosso ponderar. Enquanto um pode jogar lixo na natureza sem muito peso na consciência, outro se sente impelido a realizar protestos violentos por causa do que estão fazendo ao meio ambiente. Enquanto um paciente procura algum tratamento alternativo para se livrar da enfermidade sobre a qual a medicina o desenganou, outro compreende que já fez tudo o que estava ao seu alcance e agora descansa no Altíssimo, certo de que ele pode operar milagres. Não que a busca por tratamento alternativo seja descrença e a expectativa de milagre seja muita fé, mas a primeira atitude revela que a bênção virá mediante tratamento enquanto a segunda atitude revela que a bênção virá sem a utilização de meios. As atitudes de ambos revelam a sua cosmovisão. "Se quisermos entender o que as pessoas veem ou a maneira como veem, precisamos prestar atenção à maneira como elas andam. Se colidem com certos objetos ou tropeçam neles, então podemos supor que elas não os estão vendo. Reciprocamente, seus olhos podem não apenas ver, mas fixar-se em outros objetos."[32] Isto é, o que conseguimos ver e aquilo em que focamos revelam nossa cosmovisão.

Nossa cosmovisão não é, necessariamente, o que falamos, mas como agimos e reagimos às situações da vida. James Sire afirma que "nossa cosmovisão não é precisamente o que nós afirmamos ser. Ela é o que concretizamos em nosso comportamento. Nós vivemos nossa cosmovisão ou ela não é nossa cosmovisão."[33] Sendo

---

32 Walsh e Middleton, **A Visão Transformadora**, p. 16.

33 Sire, **Naming the Elephant**, p. 133.

assim, o que dizemos crer acerca da oração nem sempre combina com nossa vida de oração. Cristãos são menos espirituais do que deveriam ser porque sua cosmovisão está em formação para se tornar plena e genuinamente cristã. A forma como agimos reflete o estado presente de nossa cosmovisão.

Adolf Hitler deduziu de sua cosmovisão evolucionista que raças "inferiores" deveriam ser exterminadas. Hitler escreveu:

> O mais forte deve dominar, não se igualar ao mais fraco, o que significaria o sacrifício de sua própria natureza superior. Somente o indivíduo que é fraco de nascimento pode entender este princípio como cruel... se essa lei não direcionasse o processo de evolução, o desenvolvimento superior da vida orgânica não seria concebível de forma alguma... Se a Natureza não deseja que os indivíduos mais fracos se igualem aos mais fortes, deseja ainda menos que uma raça superior se misture com uma inferior, porque nesse caso todos os seus esforços, ao longo de centenas de milhares de anos, para estabelecer um estágio evolutivo mais alto do ser, podem-se traduzir em inutilidade.[34]

Daí a razão dos nazistas construírem campos de concentração para levar a cabo suas convicções acerca da raça humana.

6. Elemento aprendiz

Além de interpretar a experiência diária, a cosmovisão é moldada pela experiência diária. Como já dissemos neste capítulo, ela não permanece estática em nossa vida, mas é moldada pelo nosso desenvolvimento intelectual e cultural tanto na fase de crescimento

---

34 *Apud* Geisler e Bocchino, **Fundamentos Inabaláveis**, p. 54.

AMANDO A DEUS NO MUNDO

como na fase adulta. O bebê que engatinha coloca tudo na boca como forma de experimentar e explorar o mundo ao seu redor. Com o passar do tempo, ele aprende que quase nada que está no chão é de fato comida e até o que for comida é questionável se a mãe irá deixá-lo comer. A criança ainda em fase bem infantil precisa de elementos concretos para aprender certos conceitos. Com o passar do tempo, ele apreende conceitos abstratos e não precisa mais da ilustração sensorial. No decorrer da história da ciência, há uma série de momentos *eureca* (expressão atribuída a Arquimedes que significa "achei a solução"), nos quais algo completamente novo é descoberto pelo cientista (ex: compreender nosso sistema planetário de forma heliocêntrica antes que geocêntrica). Tais momentos mudaram a perspectiva de mundo do pesquisador. Aprendizado é um instrumento para formação de uma cosmovisão.

Durante todo o nosso desenvolvimento somos moldados por fatores externos: tradições familiares, circunstâncias econômicas, o nível educacional, o contexto histórico, as limitações físicas, novas tecnologias, etc. A maturidade transforma a maneira como enxergamos certas coisas. No entanto, nenhuma das forças externas é percebida tão bem quanto a mudança por experiências marcantes. Experiências de crise em nossa vida podem trazer-nos luz ou provocar mudanças negativas. Um pacifista completamente avesso ao uso de armas, quando colocado numa situação de vida ou morte, pode reagir de forma letal em relação àquele que ameaça a sua vida. Um divórcio também pode acabar com aspirações românticas acerca do casamento, gerando amargura e desilusão com a instituição divina.

Qualquer mudança, seja por crise ou por aprendizado, pode causar mudança de fé (do budismo ao cristianismo) ou mudança de cosmovisão dentro da mesma fé (ex: a relação do cristão com a cultura pode mudar). A razão de Salomão alertar-nos para guardar o coração (Pv 4.23) é que muito do que flui do coração foi previamente colocado nele. O coração é moldado não só por elementos inatos, mas também pelos aprendidos (em inglês, se usa o binômio "nature" e "nurture"; o que é "nato" e o que é "nutrido"). Naugle afirma: "O que flui para dentro do coração a partir do mundo exterior em determinado momento determinará o que flui dele no curso da vida".[35] Por isso, a recomendação bíblica é que preenchamos o coração com aquilo que é saudável (Sl 119.11; Fp 4.8-9), tanto para preservá-lo do mal quanto para lapidá-lo. Como a própria Palavra tem grande poder formativo em nossa cosmovisão (2 Tm 3.16-17; Hb 4.12), precisamos nos encher dela e conseguir que ela faça morada em nosso coração (Cl 3.16).

Entretanto, o lapidar da cosmovisão à luz da Palavra de Deus não é um processo simples. Até conceitos novos que aprendemos e passamos a acreditar levam algum tempo para decantar.[36] Existe um tempo para que conceitos abaixem ao nosso coração e se tornem realidades, de fato, cridas. Os reformadores costumavam dizer que a fé não pode ser simplesmente "conhecimento" (*notitia*), nem mesmo a "certeza" (*assensus*). Para eles, o elemento mais importante da fé surgia quando a pessoa passava a ter "confiança" (*fiducia*). O que eles queriam dizer é que a verdade bíblica não deve ser somente conhecida, nem mesmo devemos apenas acreditar que ela seja verdadeira, mas devemos nos apropriar dela de tal forma que ela se torne o chão no qual pisamos.[37]

---

35 Naugle, **Worldview**, p. 271.

36 Costumo ilustrar essa decantação com o suco de maracujá (ou qualquer outra polpa batida) no qual após parado por algum tempo, conseguimos distinguir a polpa da fruta da própria água com a qual se fez o suco. Isso se dá por causa das densidades diferentes que esses dois líquidos possuem.

37 Para uma explicação mais detalhada sobre esses três aspectos da fé, veja Anthony A. Hoekema, **Salvos Pela Graça**: A doutrina bíblica da salvação (São Paulo: Cultura Cristã, 2011, 3ª ed.), p. 143-146.

A sensibilidade para compreendermos o processo de formação de cosmovisão nos ajuda a entender melhor as pessoas, suas dificuldades na mudança de conduta, suas inconsistências com seus valores e princípios. Por isso, exploraremos tal assunto um pouco mais no próximo capítulo.

CONCLUSÃO

A razão de termos trabalhado com definições de outros no primeiro capítulo foi para compreendermos como se complementam com insights diferentes. Autores conseguiram dizer verdades semelhantes, mas com ênfases e ilustrações que trouxeram à luz as várias facetas de cosmovisão. Tendo em vista os diferentes elementos cunhados a partir das definições e trabalhados neste capítulo, atrevo-me a formular uma definição própria que se aproprie desses elementos:

Cosmovisão é o conjunto de pressupostos e premissas de vida que carregamos em nosso mais íntimo, com um apego tal que esse sistema de crenças norteia todo o nosso engajamento com o mundo – proporcionando a leitura que fazemos da realidade e as bases para nossas ações e reações ao que a realidade nos traz – sem, contudo, deixar de ser moldado por fatores externos que são interiorizados por diferentes processos de apropriação.

Ter trabalhado com as definições de outros escritores também foi útil para destacar certa unanimidade na compreensão desse assunto no mundo teológico reformado. O mundo teológico tem se despertado para a importância desse tema e por isso há muitos livros sendo lançados em português. No próximo capítulo veremos como surgiu na história a preocupação com a influência de nossas perspectivas sobre a epistemologia, a ética, a metafísica, dentre outras áreas.

CAPÍTULO 3

MUDANÇAS DE COSMOVISÃO

PROCESSOS DE MUDANÇA NA COSMOVISÃO

Já deixamos claro nos dois primeiros capítulos que cosmovisões não são estáticas, mas passam por mudanças. Não podemos ter a impressão de que pessoas parecem não mudar. Imutabilidade não é um atributo humano. Pessoas mudam o tempo todo. E não só mudam alguns costumes rotineiros. Mudam sua perspectiva da vida, mudam suas crenças, suas certezas. Um ateu pode achar que nunca mudará sua opinião. Mas nós, cristãos, vemos conversões o tempo todo. Nós acreditamos no poder do Espírito! Tal poder sempre promove conversões. Não só nossa primeira volta do pecado para o Senhor, mas nossas constantes voltas a Cristo.

Há um sentido em que todas as vezes em que nos arrependemos de nossos pecados, nós nos voltamos para Deus, nós nos convertemos (Lc 22.31-32; Ap 2.5, 16, 22; 3.3, 19). Se a Bíblia chama esses arrependimentos na vida do crente de conversões, então devemos compreender conversão tanto no sentido primeiro e radical quanto no sentido rotineiro e progressivo. Nesse segundo sentido, até cristãos estão em constante formação de sua cosmovisão. Afinal, não há mudanças de cosmovisão apenas quando alguém vem do ateísmo para o cristianismo. Há mudanças de cosmovisão mesmo dentro do cristianismo.

Há várias diferenças de perspectivas entre cristãos. Poderíamos pensar nas diferenças quanto ao relacionamento de Deus com o universo. Deus intervém com milagres (maneira extraordinária de operar, não em conformidade com as leis da natureza) constantemente ou mormente através de sua providência? Deus está por detrás dos atos livres dos homens ou não? Qual é a relação de Deus com males físicos e morais no mundo? Deus tem todo poder e autoridade sobre o universo ou a história é uma batalha entre as forças do bem e as do mal?

Existem diferenças entre cristãos quanto à visão da história. Até onde o ser humano foi afetado pela Queda (pelagianismo x agostinianismo)? Isso lhe impede de fazer atos bons (graça comum)? Quanto da redenção divina Deus promete trazer ao ser humano nesta vida (evangelho da prosperidade)? As bênçãos escatológicas são distintas quanto à raça (dispensacionalismo clássico) ou são as mesmas para judeus e gentios?

Cristãos também exibem diferenças quanto ao relacionamento entre seres humanos. Quando é que o divórcio é lícito? A submissão da mulher ao homem ainda é válida (no lar, na igreja)? O pai pode usar de punição física (ex: vara) para corrigir seus filhos? As pessoas ainda possuem a imagem de Deus mesmo quando não são cristãs? O que isso significa para o âmbito da vida que temos em comum com os não-cristãos (no trabalho, no entretenimento, etc.)?

Por último, existem diferenças entre evangélicos quanto ao relacionamento do cristão com a cultura. O cristão tem que ser

MUDANÇAS DE COSMOVISÃO

contra a cultura, ele tem que se adaptar à cultura, ou ele tem que influenciar a cultura? O cristão pode se envolver na política, na música secular? Quando e como? Somos salvos do mundo ou no mundo? Estamos perdendo nosso tempo ao nos envolvermos neste mundo, quando se sabe que ele irá passar?

Todas essas diferenças entre cristãos ilustram quão distintas são as cosmovisões de cada indivíduo, mesmo quando professam seguir um mesmo modelo. Por isso, mudança de cosmovisão deve ser vista como ocorrendo continuamente (nem sempre mudam para o bem). Algumas dessas mudanças são mais imperceptíveis e amenas, outras são mais óbvias e bruscas. James Sire apresenta nossa cosmovisão como fluida, onde a mudança pode acontecer mediante a experiência de crise ou algum insight ou realização. Porém, essa "conversão" pode ser tão gradativa e imperceptível enquanto acontece, que só nos damos conta após o processo ter fechado um ciclo.[1]

Essa visão progressiva de conversão é estranha para a maioria dos evangélicos acostumados a falar de conversão apenas como aquele início da vida cristã. Entretanto, a Escritura tem exemplos de pessoas fiéis que buscavam se voltar para Deus após um período de pecado. O profeta Jeremias, compreendendo que a destruição de Jerusalém havia sido a confirmação do desagrado de Deus acerca da idolatria de seu povo, clamou pelo auxílio divino no retorno ao caminho de santidade: "Converte-nos a ti, Senhor, e seremos convertidos" (Lm 5.21). Daniel lamentou o povo judeu não ter suplicado por esse favor divino para a conversão mesmo após serem disciplinados pelo Pai (Dn 9.13). Tanto Jeremias quanto Daniel estão se referindo ao povo como um todo e se incluem em suas

---

1 Sire, **Naming the Elephant**, p. 99.

AMANDO A DEUS NO MUNDO

orações. Não são, portanto, petições em favor de conversão como início de vida cristã, mas como conversão no decorrer da vida cristã. Paul Hiebert escreve:

> Precisamos retornar a uma visão bíblica de transformação, a qual é tanto um ponto quanto um processo; essa transformação tem simples começos (uma pessoa pode se voltar onde ele ou ela estiver) mas consequências radicais, para a vida toda. Não é simplesmente um assentimento mental a um conjunto de crenças metafísicas, nem é somente um sentimento positivo em relação a Deus. Em contrapartida, essa transformação envolve entrar em uma vida de discipulado e obediência em cada área de nosso ser e no decorrer de toda a história de nossas vidas.[2]

Hiebert está dizendo que a transformação não é somente cognitiva ("um assentimento mental"), nem simplesmente emocional ("um sentimento positivo"), mas precisa envolver o aspecto volitivo ("discipulado e obediência"). As três faculdades da alma (mente, emoção, vontade) estão envolvidas na mudança de cosmovisão.[3] No decorrer da vida cristã, nossa cosmovisão é mudada à medida em que passamos a pensar, sentir e decidir de forma diferente do que fazíamos antes.

Os elementos trabalhados nos capítulos anteriores irão nos ajudar a entender processos de mudança na cosmovisão. Se a cosmovisão faz parte de nossa maneira de enxergar o mundo (*elemento constitutivo*), é vantajoso conscientizar um povo dos valores e ideias

---

2 Hiebert, **Transforming Worldviews**, p. 310.

3 Paul Hiebert analisa a cultura antes do que o indivíduo, mas ele também explicita uma tríade semelhante ao que eu utilizei. Ele fala de três dimensões de transformação cultural: cognitiva (crenças), afetiva (sentimentos), e avaliativa (normas). Hiebert, **Transforming Worldviews**, p. 312-314.

MUDANÇAS DE COSMOVISÃO

que o norteiam. Paul Hiebert sabiamente pontua que culturas dominantes tendem a negar que tenham uma cosmovisão que as faz aceitar as normas estabelecidas na sociedade sem questionamento. São os grupos minoritários que tendem a ser mais cônscios de sua própria cosmovisão, exatamente por estarem em contraste com a cosmovisão dominante.[4] Isso é aplicável à igreja de Cristo que sempre tende a ser minoria em uma sociedade que enxerga o mundo sem parâmetros bíblicos. Temos a vantagem de não ver o mundo com os mesmos olhos e tal consciência deve impelir-nos à função profética de expor não só as iniquidades estampadas em revistas e jornais (as quais muitos veem), mas as iniquidades que só o Espírito concede olhos para ver. Os profetas tinham exatamente isso. Foram colocados na história de Israel para apontar pecados que outros não viam, mesmo sendo religiosos. Jesus fez isso com os escribas e fariseus quando lhes expôs a falácia de sua religiosidade, algo não visto pela sociedade que os admirava. Precisamos trazer à tona as crenças e conceitos assumidos por outros, ainda que não percebidos por eles. É assim que começam as mudanças, no indivíduo, na igreja e na sociedade.

Se a cosmovisão está radicada no coração (*elemento fundamental*), e o coração é a sede de nossa personalidade, então devemos considerar que mudança de cosmovisão é literalmente radical, i.e. na raiz, e muitas vezes dolorida. Toda mudança na raiz é mais difícil de acontecer. Walsh e Middleton nos lembram que "a conversão a Jesus Cristo não apaga de imediato anos de criação de acordo com outra visão religiosa".[5] Uma mudança de cosmovisão não acontece somente quando o Espírito Santo regenera alguém.

---

4 Hiebert, **Transforming Worldviews**, p. 320.

5 Walsh e Middleton, **A Visão Transformadora**, p. 16.

AMANDO A DEUS NO MUNDO

Ela pode acontecer com uma descoberta intelectual, ou uma experiência marcante, ou uma crise emocional. A mudança, mesmo quando é súbita, muitas vezes ela é precedida por um período de dúvidas e incertezas sobre os elementos-chave da sua cosmovisão.

Se a cosmovisão é composta de pressuposições (*elemento pré-científico*) e, por isso, mais assumida do que percebida, a mudança de cosmovisão é difícil e lenta. Toda mudança de paradigma só acontece histórica e pessoalmente ao longo de um processo. É por isso que vemos novos convertidos ainda esposando uma cosmovisão pagã. Lembro-me de aconselhar uma evangélica vinda do islamismo com a doutrina da justificação, pois ela ainda tinha dificuldades em aceitar a remissão de pecados. Crentes que esposam diferenças de cosmovisão (divórcio, pena capital, papel da mulher, etc.) podem nunca mudar, mesmo sob ensino ou pregação que esposem crenças diferentes das que defendem. Quantas vezes nossa percepção de alguns crentes ao nosso redor é de que não cresceram nada! Embora a Escritura nos dê base para entender que isso realmente acontece (1 Co 3.1-2; Hb 5.11-14), é possível que não consigamos enxergar o desenvolvimento de muitos (inclusive de nós mesmos) porque o processo é lento.

Se a cosmovisão é um sistema de crenças e valores sobre a vida (*elemento interpretativo*), a falta de coerência interna gera crise.[6] Cosmovisão deve nos dar segurança emocional à medida que nos dá um panorama de um mundo que faz sentido para nós. Quando

---

6 Ronald Nash escreve: "Mesmo quando a mudança parece ter sido súbita, ela foi, com toda a probabilidade, precedida de um período de crescente dúvida e incerteza. Em muitos casos, a mudança real é deflagrada por um evento significativo, frequentemente uma crise de algum tipo. Mas também já ouvi pessoas recontarem histórias que expõem cenários diferentes". Nash, **Cosmovisões em Conflito**, p. 37. O que nos parece, contudo, é que subitamente as pessoas "viram" realidades se encaixarem num padrão que antes não fazia sentido.

MUDANÇAS DE COSMOVISÃO

existe uma tensão entre a cosmovisão e a experiência da realidade, então a segurança psicológica é perdida e o ser humano entra em crise. Walsh e Middleton contam que, no Japão, o conceito de superioridade sobre outros povos foi a força motriz por detrás da industrialização, mas trouxe poluição e, assim, gerou conflito com a reverência xintoísta pela natureza. A superioridade sobre povos não bate com a unidade com a natureza.[7]

Essa relevância que inconscientemente damos a uma leitura coerente da vida, deve ser aproveitada na evangelização. Nancy Pearcey afirma que no evangelismo nossa tarefa é colocar as pessoas cara a cara com a contradição entre o que a pessoa diz que acredita e o que a sua vida inteira está lhe dizendo.[8] Ela diz que em algum momento

> a explicação que os não-crentes dão do mundo será contradita pela experiência vivida. Essa contradição deveria lhes dizer algo. O termo traduzido por 'inescusáveis' (Rm 1.20) significa literalmente 'sem uma apologética'. A tarefa do evangelismo começa ajudando os não-crentes a enfrentar diretamente as inconsistências entre as crenças professas e a experiência real.[9]

Nessa hora, destacamos a dissonância cognitiva entre a cosmovisão e a realidade. Expomos a trapaça filosófica, quando ímpios lançam mão de ideias da herança cristã para atacar a nossa fé. Por exemplo, querem provar a inexistência do Deus bom

---

7 Walsh e Middleton, **A Visão Transformadora**, p. 35.

8 Nancy Pearcey, **Verdade Absoluta**: libertando o cristianismo de seu cativeiro cultural (Rio de Janeiro: CPAD, 2006), p. 125.

9 Pearcey, **Verdade Absoluta**, p. 350.

AMANDO A DEUS NO MUNDO

baseados na existência do mal no mundo, só que eles utilizam o conceito de moralidade e justiça retirados do cristianismo.[10] Semelhantemente, querem falar de direitos humanos sem reconhecer que o evolucionismo não propõe direitos a seres humanos mais fracos. Tais exemplos mostram que os ímpios se apropriam de capital emprestado (na prática, é roubado mesmo). Devemos exortar tais pessoas a enfrentarem de maneira honesta a falência dos seus sistemas de crenças.[11]

Se nossa cosmovisão é revelada por nossa conduta (*elemento normativo*), então só conseguiremos enxergar mudança de cosmovisão quando as atitudes mudarem. Pessoas podem até confessar que tiveram sua cosmovisão totalmente transformada. Todavia, essa mudança radical só será confirmada à medida que outros enxergam um proceder condizente com a mudança. Não temos outra forma de enxergar cosmovisão senão pelos frutos da árvore (Mt 12.33-37). Não estou falando apenas de atos, mas também de palavras – conforme a ênfase de Mateus 12 –, de reações, e outras coisas que revelam a condição do nosso coração. Imagine como uma pessoa outrora excessivamente irada, uma vez convertida a Cristo, ainda tem momentos de ira, mas demonstra mudança de cosmovisão pela sua tristeza profunda quando falha, pelas reações mais calmas, pelas palavras menos agressivas.

Por último, como nossa cosmovisão está sob constante influência de elementos externos (*elemento aprendiz*), não devemos menosprezar o impacto negativo de sistemas mundanos e a importância da boa dieta intelectual. Muitas vezes somos mais criteriosos

---

10 Cf. Heber Carlos de Campos Júnior. **Triunfo da Fé** (São José dos Campos: Fiel, 2012), p. 149-152.

11 Pearcey, **Verdade Absoluta**, p. 356-358.

quanto ao que comemos (seja por sabor, seja por saúde) do que quanto ao que consumimos ideologicamente em nosso dia a dia. Precisamos estar mais cônscios do efeito que essas coisas têm sobre as nossas vidas. Em contrapartida, não podemos menosprezar o poder que a Escritura tem de operar mudança de perspectiva. Ela é o instrumento de Deus para lapidar nossa cosmovisão. E quando nossa cosmovisão é transformada, isso impacta tanto o que professamos crer quanto nossa conduta (na ilustração do iceberg, é o que está acima da linha da água).[12]

BREVE HISTÓRIA DO TERMO "COSMOVISÃO"

Passaremos agora a historiar como o conceito de cosmovisão surgiu na filosofia, se espalhou por outras ciências e chegou à teologia. O surgimento do conceito de cosmovisão é prova de uma mudança de paradigma, uma nova sensibilidade, surgimento esse próprio do período pós-iluminista e da percepção do subjetivo. Em outras palavras, foi uma mudança de cosmovisão que tornou possível enxergar que temos cosmovisões. Até o final do século 18, o conceito de cosmovisão não era percebido conscientemente. Como resultado da filosofia e teologia pós-kantiana, passou-se a ter mais consciência de elementos subjetivos em nossas análises da realidade. O conceito de cosmovisão nasce num contexto epistemológico, no estudo sobre o papel do sujeito na interpretação do mundo.

De acordo com historiadores, Emanuel Kant foi quem cunhou o termo alemão *"Weltanschauung"* (Welt = "mundo"; anschauung = "percepção") na sua obra *Crítica do Juízo* (1790). Rodolfo Amorim

---

12 Paul Hiebert fala que a conversão a Cristo precisa englobar três níveis: comportamento, crenças e a cosmovisão que subjaz aos dois anteriores. Se a cosmovisão não é transformada, no transcorrer do tempo o evangelho é subvertido e o resultado é uma espécie de paganismo cristão. Hiebert, **Transforming Worldviews**, p. 11.

afirma que tal termo se referia à "capacidade humana de intuir o mundo exterior à medida que este é apreendido pelos sentidos".[13] David Naugle afirma que o termo surge com um significado mais modesto, menos complexo do que hoje entendemos por cosmovisão. Kant simplesmente se referiu à "percepção sensorial do mundo".[14]

No entanto, o conceito fez parte de sua revolução epistemológica e contribui para uma reflexão ainda mais profunda do impacto que o sujeito tem na interpretação do mundo. Sua "revolução copérnica"[15] consistiu em afirmar que a mente não está passivamente recebendo impressões do mundo externo, mas ativamente constrói uma imagem do objeto de acordo com suas categorias *a priori*. A mente é um organizador ativo da pessoa. Toda experiência é moldada de acordo com as formas cognitivas dentro da mente (espaço, tempo, quantidade, qualidade, causalidade, etc.). Podemos conhecer o mundo como ele se nos parece. Esse é o nosso conhecimento do *fenômeno* (aparição). Todo nosso conhecimento está no campo fenomenológico da experiência. Não podemos conhecer o *noúmeno* (a coisa em si mesma, que transcende nossas mentes), pois nos falta o órgão cognitivo necessário.[16]

---

13 Rodolfo Amorim Carlos de Souza, "Cosmovisão: Evolução do Conceito e Aplicação Cristã". In: Cláudio Antônio Cardoso Leite, Guilherme Vilela Ribeiro de Carvalho e Maurício José Silva Cunha (Org.), **Cosmovisão Cristã e Transformação**: Espiritualidade, Razão e Ordem Social (Viçosa, MG: Ultimato, 2006), p. 42.

14 Naugle, **Worldview**, p. 59.

15 Nicolau Copérnico revolucionou a astronomia alterando o ponto de referência do sistema de astros celestes. Ao invés de todas as coisas girarem em torno da terra (sistema geocêntrico), Copérnico postulou planetas girando em torno do sol (sistema heliocêntrico). A proposta epistemológica de Kant ganha o nome de "revolução copérnica" porque o filósofo mudou o ponto de referência do nosso conhecimento. Ao invés de enxergar um objeto liberando informação objetivamente captada por sujeitos em redor, Kant postulou que é o sujeito quem formula conhecimento do mundo ao seu redor a partir de categorias internas que servem de aparato interpretativo. Portanto, ao invés do objeto no centro, é o sujeito (ou a mente) quem está no centro.

16 Kelly James Clark, Richard Lints e James K. A. Smith, **101 Key Terms in Philosophy and their importance for Theology** (Louisville: Westminster/John Knox, 2004), p. 45.

MUDANÇAS DE COSMOVISÃO

Kant encontra uma via média entre a certeza objetiva para a religião (Locke) e o descarte da religião como opinião (Hume). Como Hume, ele afirma que não se pode provar a Deus teoricamente (a razão pura não pode demonstrá-la), mas diferentemente de Hume, Kant abriu a porta para as 'ideias transcendentais' (si próprio, mundo e Deus). Essas ideias não são objetos de conhecimento sob a investigação da razão pura, mas locadas na razão prática. Como? Kant parte de obrigações morais como proposições *a priori* da razão prática. Esses princípios legislativos são os imperativos categóricos que, por dedução, nos levam a pensar que dever implica em poder. Mas como não podemos atingir o bem comum nesta vida, Kant deduz que precisa haver a imortalidade da alma (para atingir o *summum bonum*) e a existência de Deus para distribuir bênçãos conforme a bondade. Sobre a certeza objetiva da obrigação moral, Kant conclui com certezas subjetivas (Deus, imortalidade, mundo). Religião, portanto, entra na esfera da moralidade. Ao invés de fundamentar a moralidade na teologia, ele inverte a ordem; a teologia genuína não é metafísica, mas ética. Para Kant, adorar a Deus era sinônimo de obedecer a lei moral.[17]

Todo esse esforço de Kant por fundamentar a religião (ainda que destituída da habilidade do Criador de comunicar-nos eficientemente sua revelação) se explica devido à força que o sujeito tem no processo de hermenêutica do mundo ao seu redor. A importância do sujeito na interpretação da vida passaria a ser a força motriz para compreender que lemos o mundo a partir de categorias internas previamente estabelecidas (i.e. *a priori*), nossa cosmovisão. Tal

---

17   Para um resumo acessível da filosofia de Kant, veja SPROUL, R. C., **Filosofia para iniciantes** (São Paulo: Vida Nova, 2002), p. 115-128. Para um panorama mais robusto, mas ainda bem sintético e aplicável à teologia, veja James C. Livingston, **Modern Christian Thought**: From the Enlightenment to Vatican II (New York: Macmillan, 1971), p. 63-78.

termo cunhado, mas pouco utilizado, por Kant, foi apropriado por intelectuais alemães logo em seguida. O filósofo Friedrich W. J. von Schelling utilizou o termo no sentido de percepção intelectual do cosmos (1799), também foi apropriado por Friedrich Schleiermacher (1799) que faria significativas contribuições para a disciplina da hermenêutica, depois pelo escritor romântico Novalis (1801), depois G. W. F. Hegel (1806), contribuindo para o surgimento do conceito "espírito da época" (*zeitgeist*) que ampliou a cosmovisão para a perspectiva de toda uma nação em um determinado período, e ainda Johann Wolfgang von Goethe (1815) dentre outros.[18] Até a metade do século 19, o termo alemão passou a ser comum na linguagem de estudiosos. "Já no início do século 20, o termo *Weltanschauung* era encontrado em mais de 2 mil obras em alemão e era utilizado como uma identidade semelhante ao termo filosofia."[19]

Embora muitos tenham sido os pensadores que se apropriaram do termo e desenvolveram o conceito dentro de seus interesses, creio ser importante destacar a contribuição de dois filósofos nessa história: Wilhelm Dilthey (1833-1911) e Ludwig Wittgenstein (1889-1951). Ambos encaixam Weltanschauung em suas "metafísicas" pós-Kantianas de forma a desenvolver o que Kant iniciou. Dilthey era crítico de qualquer sistema metafísico que alegava validade universal, pois logo seria substituído pelo próximo sistema filosófico. Para Dilthey, metafísica nesse sentido estava morta, mas Dilthey não queria cair em um relativismo. Por isso, propõe a reflexão situada na história e baseada na experiência

---

18 Naugle, **Worldview**, p. 61. Naugle explora outros destacados filósofos que não estão nessa lista, mas que se apropriaram do conceito de cosmovisão dentro de seu sistema de pensamento: Soren Kierkegaard, Wilhelm Dilthey, Frierich Nietzche, Edmund Husserl, Karl Jaspers, Martin Heidegger e Ludwig Wittgenstein. Cf. Naugle, **Worldview**, p. 68-186.

19 Carlos de Souza, "Cosmovisão: Evolução do Conceito e Aplicação Cristã", p. 43.

MUDANÇAS DE COSMOVISÃO

(cosmovisão) como capaz de prover entendimento da existência humana.[20] Cosmovisão, para Dilthey, é a estrutura formadora de nosso próprio ser autônomo; "provém da totalidade da existência psicológica humana: intelectualmente na cognição da realidade, afetivamente na avaliação da vida, e volitivamente na realização ativa da vontade".[21]Na interpretação de James Sire, cosmovisão para Dilthey é "um conjunto de categorias mentais surgidos de experiências vividas profundamente que essencialmente determinam como uma pessoa entende, sente e responde em ação ao que ele ou ela percebe do mundo em derredor e as charadas que o mesmo apresenta".[22] Embora Dilthey sustentasse que há uma realidade comum, ele retratava "cosmovisão" como sendo própria de cada um, a qual poderia ser a mesma de outra pessoa pela semelhança que há entre as duas (quanto a cultura, época, experiência de vida, sentimentos, etc.). No entanto, Dilthey abre as portas para o conceito de pluralidade de cosmovisões. Michael Goheen e Craig Bartholomew afirmam que enquanto "Kant acreditava que uma única cosmovisão podia ser compartilhada por todas as pessoas (visto que todas compartilham a faculdade humana da razão), Dilthey defendia que diferentes cosmovisões surgem a partir de diferentes circunstâncias históricas".[23]

Wittgenstein, em seu período posterior, foi um filósofo focado em cosmovisão e, nas palavras de Naugle, se tornou "figura central na transição da modernidade para a pós modernidade".[24] Embora ele

---

20 Naugle, **Worldview**, p. 85.

21 Naugle, **Worldview**, p. 88.

22 Sire, **Naming the Elephant**, p. 27.

23 Gohenn e Bartholomew, **Introdução à Cosmovisão Cristã**, p. 38.

24 Naugle, **Worldview**, p. 153.

AMANDO A DEUS NO MUNDO

não tenha usado o termo com frequência – talvez por causa da associação de cosmovisão com metafísica –, ele utilizava o conceito para falar de construtos da realidade. Seu relativismo não se interessava por ontologia (a essência de algo) nem por epistemologia (como conhecemos), mas simplesmente por uma hermenêutica.[25] Sua hermenêutica apresentava uma visão da realidade em conformidade com a linguagem, ou gramática de um determinado grupo. Essa gramática é uma rede de crenças (não importando se são corretas) que organiza a realidade. Cada ser humano descreve a realidade conforme a sua gramática, suas regras sociais.

O arranjo de convenções humanas que regem a prática de uma determinada cultura é o tipo de conceituação de cosmovisão que foi apropriada pela antropologia. A antropologia passou a perceber pelo estudo de povos ao redor do mundo quão impactante é a cosmovisão de uma etnia sobre sua cultura. Hiebert afirma que antropólogos descobriram que "abaixo da superfície da linguagem e do comportamento há crenças e valores que geram o que é dito e feito". Hiebert prossegue dizendo que os antropólogos se conscientizaram de "níveis ainda mais profundos de cultura que moldavam como as crenças são formadas".[26] Esse conceito de cultura como determinante de comportamento só foi introduzido quando os padrões da modernidade para analisar povos como "primitivos" ou "civilizados" foram substituídos por padrões pós-modernos, que analisam cada cultura pelos valores estabelecidos pela própria cultura.[27] O ponto é ressaltar que uma mudança de cosmovisão (da modernidade para a pós-modernidade ou ultramodernidade,

---

25 Sire, **Naming the Elephant**, p. 30.

26 Hiebert, **Transforming Worldviews**, p. 15.

27 Hiebert, **Transforming Worldviews**, p. 15-16.

MUDANÇAS DE COSMOVISÃO

como preferem alguns) fez com que o conceito de cosmovisão aparecesse em estudos antropológicos.

Enfim, cosmovisão passou a nortear o raciocínio de diferentes segmentos da empreitada científica. Seja o "ethos" da sociologia, a "cultura" da antropologia, a "ordem mundial" das ciências políticas, os "paradigmas" das ciências naturais, o "consciente coletivo" da psicologia, todos esses termos refletem a consciência de uma cosmovisão em seu aspecto público, compartilhado. Se todas as ciências foram atingidas pelo conceito de cosmovisão, não seria diferente com a teologia que, no final do século 19, já tinha autores reformados como James Orr e Abraham Kuyper tratando do termo como algo comum.

A diferença de apropriação, contudo, é que a teologia – especificamente a teologia reformada – se utilizou de bons insights acerca da natureza subjetiva de nossa interpretação dos fatos, sem, contudo, endossar uma separação radical entre ontologia e epistemologia fazendo do ser humano um sujeito autônomo e levando à legitimação de toda cosmovisão no século 20.[28] Por exemplo, o cristianismo traz crenças de objetividade teológica, moral e criacional que se estabelecem como a referência para o processo epistemológico e definem o sentido das coisas do universo.[29] Seguindo a analogia agostiniana do "ouro egípcio" que foi utilizado pelo povo de Deus no deserto para propósitos santos, David Naugle afirma que devemos reformar o conceito de "cosmovisão", limpando-o de suas associações pagãs e reformando-o de tal forma a se tornar cativo à obediência de Cristo (2 Co 10.5).[30] Se a definição de

---

28 Devo esse insight ao meu amigo e colega, Dr. Filipe Fontes.

29 Cf. Naugle, **Worldview**, p. 260-267.

30 Naugle, **Worldview**, p. 258-259.

AMANDO A DEUS NO MUNDO

cosmovisão depende da própria cosmovisão, queremos entender como a cosmovisão protestante (mais especificamente reformada) se apropriou dos insights da filosofia e os filtrou por parâmetros bíblicos para formular um conceito reformado de cosmovisão. Vejamos uma breve história dos primeiros formadores de opinião nessa reformulação cristã.

ESTUDO DE COSMOVISÕES
POR PARTE DE PROTESTANTES

O enfoque nos protestantes não significa que eles tenham sido os únicos a estudarem o conceito de cosmovisão, mas certamente foram os mais proeminentes em tal investigação. Curiosamente os dois nomes mais importantes do início dessa história são de origem reformada (James Orr e Abraham Kuyper). Outros importantes nomes dessa história também são reformados (Herman Dooyeweerd, Francis Schaeffer, Ronald Nash, Albert Wolters, David Naugle, dentre outros). Isso mostra a proeminência da tradição reformada no estudo de cosmovisões. Foram os reformados que primeiro pensaram sobre o assunto e fizeram escola principalmente por intermédio de literatura.

Escolhi os quatro primeiros nomes da lista acima porque foram figuras pioneiras e influentes sobre outras gerações.

1. James Orr (1844-1913)

Esse teólogo e apologeta presbiteriano escocês estava inserido em um contexto histórico de uma Europa que estava se "descristianizando", carente de uma ampla exposição do que seja a fé cristã. Ele entendia que, na teoria, a mente humana não se satisfazia com conhecimentos desconexos, mas buscava integridade no entendimento da

MUDANÇAS DE COSMOVISÃO

realidade e, na prática, seres humanos buscavam respostas para as perguntas da vida. Era a cosmovisão que poderia orientar pessoas às questões últimas da vida.[31] Dentro do contexto europeu crescentemente secularizado, Orr publicou o livro *The Christian View of God and the World* (1893) no qual argumenta que a fé cristã não pode simplesmente ser defendida atomisticamente (doutrina por doutrina), mas carece de uma apologética holística (uma cosmovisão, uma definição cristã da realidade). James Orr entendia que a oposição ao cristianismo não se confinava a doutrinas especiais ou a pontos conflitantes com as ciências naturais, mas estendia-se

> à forma total de se conceber o mundo... Não é mais uma oposição de detalhes, mas de princípios. Esta circunstância precisa de uma extensão igual na linha de defesa. É a visão cristã das coisas em geral que é atacada, e é pela exposição e vindicação da visão cristã das coisas como um todo que esse ataque poderá ser detido.[32]

O intento de Orr era provar que a visão cristã das coisas formava um pacote completo que não pode ser aceito ou rejeitado parcialmente (pois permanece em pé ou cai por terra integralmente) e que era superior a outras cosmovisões em sua descrição da realidade. Essa era a sua forma de combater o antisupernaturalismo (contrário a milagres) das teorias modernas dos seus dias. Em outras palavras, ao invés de debater a ocorrência de milagres baseado em evidências, Orr reconhecia que o debate girava em torno de diferentes cosmovisões.

---

31 Naugle, **Worldview**, p. 9-10.

32 *Apud* Naugle, **Worldview**, p. 8.

AMANDO A DEUS NO MUNDO

Dentre os herdeiros de Orr, Gordon H. Clark e Carl F. H. Henry trabalharam com a perspectiva cristã como sendo mais compreensiva e coerente do que qualquer outro sistema filosófico.

2. Abraham Kuyper (1837-1920)

Esse holandês, tido por pai do neocalvinismo, foi um homem da renascença, isto é, atuante em tantas áreas que fica até difícil classificá-lo profissionalmente. Esse teólogo (doutorou-se em teologia em 1863 e escreveu vários livros), pastor (começou a pastorear em 1864), jornalista (foi editor de jornais "seculares" na década de 1870), estadista (participou na criação de um partido político e atuou como primeiro ministro da Holanda entre 1901-1905), educador (fundou a Universidade Livre de Amsterdã em 1880) era um homem de "dez cabeças e umas cem mãos".[33] Kuyper tinha uma impressionante cultura geral. Seu envolvimento em diferentes áreas da cultura de seu país mostram a abrangência de seu intuito com a cosmovisão cristã. Antes do que apenas um pensador, Kuyper colocou várias de suas ideias em prática.[34]

Na palestra inaugural da Universidade Livre de Amsterdã, Kuyper defendeu a soberania de Cristo sobre todas as esferas da vida e a liberdade que cada esfera deve ter de trabalhar sob o senhorio de Cristo. O contexto da palestra é de oposição à diversidade de filosofias numa mesma escola; o cristianismo sempre sai perdendo nessa mistura com líderes de outras perspectivas. O que Kuyper está propondo é uma universidade "Livre" não no sentido de "separada de seu princípio", mas livre para estudar todas as áreas

---

33 Nilson Moutinho dos Santos, Abraham Kuyper: Um modelo de transformação integral. In: **Cosmovisão Cristã e Transformação**, p. 88-89.

34 D. A. Carson, **Cristo & Cultura**: Uma releitura (São Paulo: Vida Nova, 2012), p. 186.

do saber a partir da fé na palavra infalível de Deus. Seu desejo era conduzir todos os domínios da vida em submissão a Deus.

Em 1898, Kuyper deu as famosas palestras na Universidade de Princeton que se tornaram o livro *Calvinismo*, publicado em 2002 pela Editora Cultura Cristã. Kuyper apresenta o "sistema de vida" cristão em oposição ao que ele chama de "modernismo". Kuyper conheceu os efeitos da teologia moderna, liberal, em sua própria juventude (experimentou uma "conversão" teológica e de cosmovisão na comunidade que pastoreou em Beesd) e na vida de sua denominação e, por isso, liderou a segunda maior secessão da igreja estatal em 1886.[35] Esse é o contexto de vida que o levou a se opor à cosmovisão "modernista". O sistema de vida defendido por Kuyper é o do "calvinismo", que melhor desenvolveu a doutrina da Reforma, abrangendo cada departamento da vida antes que preso somente à esfera teológica e eclesiástica. O conceito de redenção cósmica, graça restaurando a natureza ao seu propósito original, é muito presente no pensamento de Kuyper.

O enfoque de Kuyper, diferente de Orr, tem um caráter mais cultural.[36] Ele ensina a importância da cosmovisão atingindo os três mandatos ou relacionamentos do ser humano: com Deus, com o homem, e com o mundo. Porém, talvez sua maior contribuição tenha sido como a cosmovisão afeta o envolvimento do cristão com o mundo ou cultura. Por isso ele inovou ao fazer aplicações para diferentes esferas: religião, política, ciência e arte. Sobre a área científica, por exemplo, Kuyper falou que o debate sobre as origens

---

35 David T. Koyzis, **Visões & Ilusões Políticas**: uma análise crítica cristã das ideologias contemporâneas (São Paulo: Vida Nova, 2014), p. 274.

36 Kuyper menciona o livro de Orr em uma das notas de rodapé. Ainda que possa ter sido influenciado por James Orr em alguma medida, fica nítido que Kuyper toma o conceito de cosmovisão e extrapola o conceito teológico do autor escocês para atingir várias áreas da vida.

tecnicamente não é um debate entre religião e ciência, mas entre duas cosmovisões por detrás da ciência praticada por seus respectivos grupos, cada um com suas motivações e pressuposições. Kuyper chega a falar de dois tipos de ciência, a do regenerado e a do não-regenerado. Isso pressupõe que não há racionalidade neutra que conduz a conclusões objetivas.

Essa preocupação quanto ao embate científico era resultado de sua noção de "antítese". A antítese – essa oposição implacável entre fé e incredulidade, reconhecida na história da igreja desde seus primórdios – "não pode ser resolvida numa síntese superior nem tampouco pode ser eliminada antes do final dos tempos".[37] Essa nítida divisão entre a cosmovisão cristã e a cosmovisão pagã era contrabalanceada com a noção de "graça comum", permitindo-lhe trabalhar com descrentes rumo a ideias que honram a Deus. A antítese não conduziu a um separatismo institucional, porque Kuyper acreditava que adeptos de outras cosmovisões também produziam o que é benéfico à sociedade.

No entanto, a noção de cosmovisão influenciando nossas ações era conscientemente articulada pelo pensador holandês. Kuyper julgava ser ingênua a abordagem racionalista e evidencialista de defender aspectos individuais da fé assumindo que a mente é apta para decidir objetivamente as questões de verdade.[38] O método apologético de Kuyper (assim como de seu contemporâneo e conterrâneo Herman Bavinck) reconhece a influência de

---

37 Koyzis, **Visões & Ilusões Políticas**, p. 276. A aplicação desse conceito de antítese foi no âmbito da discussão escolar e acabou proliferando escolas de educação primária confessionais, que não estavam sob o monopólio estatal, mas obtinha o reconhecimento do público holandês. Um fenômeno curioso que resultou dessa bandeira levantada foi a estratificação da sociedade holandesa em várias subculturas confessionais paralelas (*verzuiling* = pilarização). Cada grupo manifestava mais diferenças verticais (ideológicas) do que horizontais (socioeconômicas).

38 Naugle, **Worldview**, p. 23.

pressuposições na percepção da razão. Essa apologética foi seguida por Cornelius Van Til, nos Estados Unidos da América.

3. Herman Dooyeweerd (1894-1977)

Dooyeweerd foi professor de jurisprudência na Universidade Livre de Amsterdã de 1926 a 1965. Também foi o fundador, juntamente com Dirk Vollenhoven, da "filosofia da ideia cosmonômica". A expressão cunhada por Dooyeweerd traz como pressuposto que todo sistema filosófico é baseado ou regido por leis (por isso, cosmonômica = *cosmos* [mundo] + *nomos* [lei]). Seu interesse era sempre trazer à tona qual a "ideia de lei" regia o pensamento de outros filósofos, inclusive explicitando a sua *idea legis*.[39]

Sua *magnum opus*, *A New Critique of Theoretical Thought* (1953-1958; em holandês foi publicada em 1935), mostra a farsa do projeto iluminista de gerar pensamento teórico objetivo e não afetado por pressuposições. Contra Kant, ele mostra que religião é transcendental, não está sob os limites da razão, mas a razão está sob os limites da religião, assim como o restante da vida.[40] No prefácio da obra, Dooyeweerd afirma que a grande virada no seu pensamento foi a descoberta da raiz religiosa de todo pensamento. Ele passou a compreender o significado central do "coração", tão proclamado nas Escrituras como a raiz religiosa da existência humana.

Dooyeweerd entende que a condição espiritual do coração determina toda empreitada humana, e não a cosmovisão. Fé é mais profunda no coração do que cosmovisão. Portanto, no fundo, não existe um pluralismo de cosmovisões, mas duas motivações religiosas antitéticas. A direção de um pensamento filosófico brota do

---

39 L. Kalsbeek, **Contornos da Filosofia Cristã** (São Paulo: Cultura Cristã, 2015), p. 62.

40 Naugle, **Worldview**, p. 27.

AMANDO A DEUS NO MUNDO

coração, onde jaz a antítese ao princípio cristão. Do coração, não da mente, procedem as questões da vida; o coração é a peça invisível por detrás do pensamento filosófico. O coração é pré-filosófico.[41] "Dooyeweerd sustentou que todas as funções temporais do homem – sua racionalidade, historicidade, emoções, fé, moralidade etc. – estão concentradas no seu coração, refletindo a orientação do coração para uma origem, que pode ser Deus, ou um ídolo."[42] Não existem interpretações genuinamente seculares ou neutras da realidade, apenas interpretações religiosas. Nesse ponto, Dooyeweerd estava se distanciando um pouco de Kuyper gerando uma "nova" crítica do pensamento teórico.[43]

Todavia, Kuyper e Dooyeweerd estão em acordo no entendimento da força que as pressuposições têm no pensamento filosófico. O filósofo cristão precisa discernir as pressuposições cristãs das não cristãs, ou como diria Dooyeweerd os "motivos básicos" (*ground motives*) por detrás de todo pensamento filosófico.

Uma das contribuições mais singulares desse jurista holandês foi ordenar as esferas em uma escala modal. Deus criou significados (ontologia) na criação que permitem o desenvolvimento da cultura em várias áreas. Essas esferas são as estruturas criacionais organizadas do simples ao mais complexo, do básico ao mais fundamental, num modelo ontológico-cosmológico. "Dooyeweerd

---

41 Kalsbeek, **Contornos da Filosofia Cristã**, p. 39-45. Dooyeweerd falava de "filosofia imanente" como sendo aquela que se julga autossuficiente, não percebendo o que está fora dela e a determina: o coração. A filosofia consciente dessa dependência é uma "filosofia transcendente" (p. 46-49).

42 Guilherme Vilela Ribeiro de Carvalho, "Sociedade, Justiça e Política na Filosofia de Cosmovisão Cristã: Uma Introdução ao Pensamento Social de Herman Dooyeweerd". In: **Cosmovisão Cristã e Transformação**, p. 193.

43 Rodolfo Amorim Carlos de Souza escreve: "Para Dooyerweerd [sic], diferentemente de Kuyper, o cristianismo fornecia a direção do pensamento a partir do motivo-base central, o coração crédulo, e não uma visão de mundo e da vida plenamente elaboradas". Carlos de Souza, "Cosmovisão: Evolução do Conceito e Aplicação Cristã", p. 285.

construiu a sua *escala modal*, identificando um total de 15 esferas, nessa ordem: numérica, espacial, cinemática, física, biótica, psíquica, lógica, histórica, linguística, social, econômica, estética, jurídica, ética e pística (do grego "pistis", fé)."[44]

4. Francis Schaeffer (1912-1984)

Schaeffer é especialmente relevante ao público brasileiro, pois foi o primeiro autor pelo qual o Brasil foi introduzido ao estudo de cosmovisão a partir de um referencial reformado. Isso se deu na década de 1970 com a tradução feita pela ABU da trilogia: *O Deus que Intervém, A Morte da Razão, O Deus que se Revela*. Embora esse americano não tenha ocupado posições sociais destacadas como Kuyper e Dooyeweerd, ele conseguiu um impacto impressionante através da instituição "L'Abri" (O Abrigo) que fundou na Suíça. Lá, ele recebia diversas pessoas que foram impactadas pela maneira de interpretar a história do ocidente distanciando-se da revelação bíblica.

Schaeffer era mestre em explicar a história religiosa ocidental através da filosofia, arte, música e cultura popular. De acordo com Schaeffer, o homem moderno afastou-se da revelação divina e autonomamente buscou criar um sistema de conhecimento, sentido e valores que dariam uma interpretação coerente da vida. Seu fracasso o levou ao desespero e, consequentemente, passou a negar absolutos e a gerar um relativismo pragmático.

A cosmovisão cristã é a resposta para os dilemas da vida moderna secular. No final da década de 1960, Schaeffer constatou que o mundo de então produzia poucos homens com boa educação. Por boa educação, Schaeffer queria dizer "pensamento pela

---

44 Carvalho, "Sociedade, Justiça e Política na Filosofia de Cosmovisão Cristã", p. 196. Veja, na mesma página, a tabela com o núcleo de sentido e as ciências relacionadas a cada esfera modal.

AMANDO A DEUS NO MUNDO

associação de várias disciplinas, e não apenas ser altamente qualificado em um determinado campo, como um técnico deve ser".[45] Ele almejava ver cristãos que soubessem articular conexão entre as diversas áreas do saber. Seu desejo de explicar tendências da modernidade se dava porque Schaeffer cria que conhecer o nosso tempo (dimensão pública da cosmovisão) era fundamental para a comunicação do evangelho:

> Cada geração cristã defronta com este problema de aprender como falar ao seu tempo de maneira comunicativa. É problema que se não pode resolver sem uma compreensão da situação existencial, em constante mudança, com que se defronta. Para que consigamos comunicar a fé cristã de modo eficiente, portanto, temos que conhecer e entender as formas de pensamento da nossa geração. Diferirão elas ligeiramente de lugar para lugar, e em maior grau de nação para nação. Contudo, características há de uma época tal em que vivemos que são as mesmas onde quer que nos achemos.[46]

Para Schaeffer, havia uma relação muito próxima entre cosmovisão e evangelização.[47] Na verdade, o confronto de cosmovisões funcionava como o movimento de pré-evangelização, como o "tirar o telhado", como Schaeffer gostava de falar. Tirar o telhado é revelar as inconsistências da cosmovisão alheia expondo o outro à verdade de Deus exposta em todo lugar. Antes até de ser

---

45 Schaeffer, Francis A. **O Deus que Intervém** (São Paulo: Cultura Cristã, 2002), p. 30.

46 Schaeffer, Francis. **A Morte da Razão** (São Paulo/São José dos Campos: ABU/Fiel, 1993, 6a ed.), p. 5.

47 Sou grato ao Prof. Filipe Fontes por destacar esse aspecto importante da contribuição de Schaeffer.

confrontado com o evangelho (encontrado apenas na revelação especial), um ímpio pode ser impactado pela verdade divina tanto ao seu redor como dentro dele mesmo (revelação geral).

Schaeffer teve muitos discípulos que ainda hoje são influentes na difusão da cosmovisão reformada (Os Guinness, Charles Colson, Nancy Pearcey, etc.).

CONCLUSÃO

Este capítulo explicou brevemente não só como cosmovisões mudam, mas as mudanças de cosmovisão na história que proporcionaram uma maior conscientização do conceito e seu impacto sobre nossa vida.

A próxima parte do livro constitui uma apresentação panorâmica da cosmovisão reformada que visa não só informar o leitor, mas, quiçá, auxiliar na mudança de cosmovisão, corrigindo premissas e conceitos para que se coadunem melhor com as Santas Escrituras.

Parte 2

FUNDAMENTOS DA COSMOVISÃO REFORMADA: EXPOSIÇÕES E APLICAÇÕES

CAPÍTULO 4

DEUS HONRA OS QUE NÃO SE CONTAMINAM
(DANIEL 1)

NÃO DO MUNDO, MAS NO MUNDO

Daniel foi um personagem bíblico que passou a maior parte de sua vida fora da teocracia israelita. No Reino de Judá, a igreja e o estado trabalhavam juntos. O estado supostamente deveria favorecer a prática religiosa. Reis e sacerdotes deveriam trabalhar juntos para promover a fé no Deus verdadeiro. Contudo, por causa do juízo de Deus sobre a idolatria do seu povo, muitos judeus foram viver em terra estranha. Sendo assim, Daniel e seus três amigos começam sua história fora desse ambiente favorável à piedade.

Mesmo vivendo em um contexto de muita impiedade e incredulidade na Babilônia, Daniel e seus amigos se mostraram íntegros (não eram "do mundo"). Eles nos mostram como ser fiel em meio a muitos infiéis. Tinham o desafio de andar por um mundo sujo e não se contaminarem, não se amoldarem à cosmovisão mundana (Rm 12.1-2). A história de Israel não fora favorável à essa pureza, já que contaminação idólatra fica muito explícita desde o período dos Juízes, passando pelo período da Monarquia até chegar ao Cativeiro

AMANDO A DEUS NO MUNDO

Babilônico. Portanto, os quatro jovens estavam na contramão da tendência espiritual decadente de seu povo. Nesse sentido, eles foram contraculturais inclusive em relação ao povo de Deus de seus dias.

Aprendemos com eles algumas posturas sobre como viver contra o mundo, mas para o mundo.[1] Isto é, contrário aos padrões ímpios, mas para a salvação de ímpios.

A despeito de serem íntegros, Daniel e seus amigos estiveram envolvidos na vida pública enquanto na Babilônia. Nesse outro sentido eles não foram contraculturais. Eles estavam envolvidos na política da Babilônia, vivendo em meio a pessoas ímpias e com muito poder nas mãos. Isso é difícil! Não estamos falando de serviço fiel no ambiente eclesiástico, mas de fidelidade a Deus na esfera pública. Isto é, sua fé não era válida apenas para questões individuais, mas era demonstrada no exercício de suas funções públicas, enquanto participavam ativamente de atividades "seculares" (estavam engajados "no mundo").

Esse contraponto de estar "no mundo" (qualificando o não ser "do mundo") é importante, pois evangélicos costumam pensar em cristianismo de segunda a sábado em termos de posturas individuais (moralidade particular). Todavia, deveríamos pensar em como moldar toda a nossa atividade com mentalidade cristã. O cristão envolvido em contextos de trabalho ou estudo que são contrários à fé cristã não deve se contentar em ter uma vida com Deus, quando sua fé não transborda para a esfera pública. Já que todos estamos envolvidos com atividades seculares, é bom que pensemos seriamente sobre a dimensão pública de nosso testemunho.

---

1 Tullian Tchividjian, **Fora de Moda** (São Paulo: Cultura Cristã, 2010), p. 23. Porém, que fique claro que o sentido bíblico de "mundo" como sistema maligno contrário a Deus não é alvo da redenção divina.

DEUS HONRA OS QUE NÃO SE CONTAMINAM (DANIEL 1)

A partir do momento em que falo sobre engajamento cristão nas diferentes esferas da sociedade, sobre testemunho público de nossa fé, surgem duas reações opostas. A primeira, mais comum entre evangélicos pietistas, é de espanto ao ouvir falar de uma fé que se aplica não somente ao meu relacionamento com Deus ou ao meu relacionamento familiar, mas também tem algo a dizer sobre a forma como eu planejo lucros na minha loja, quais atividades extraescolares eu escolho para os meus filhos, e que tipo de participação político-social eu devo ter na comunidade em que moro. O espanto desse grupo se dá porque nunca foram levados a pensar de maneira cristã sobre lucros, atividades complementares à educação infantil ou participação na associação do bairro. Não que eles não participem dessas coisas, mas muitas vezes o fazem sem pensar nas implicações da fé cristã às diversas áreas da sua vida. O cristão desse grupo tende a pensar que agrada o Senhor na medida que participa de mais atividades eclesiásticas. Ele é zeloso no seu compromisso com a igreja local, é preocupado com certas atividades seculares como sendo "mundanas", e procura uma vida social quase que totalmente restrita às atividades da igreja.

O que há de errado com essa mentalidade? Não condeno o seu compromisso com a igreja local (é bíblico), nem o seu interesse em ter amigos e atividades eclesiásticas que nutram seu coração da verdade divina (é necessário), nem mesmo a sua preocupação em se tornar mundano (é prudente). Porém, seu ativismo eclesiástico pode ser legalista, seu envolvimento quase que somente com crentes pode ser comodidade, e sua dificuldade de articular sua fé em atividades extraeclesiásticas é típico de quem vive no gueto e para o gueto. Não tem aprendido na igreja como viver no mundo.

AMANDO A DEUS NO MUNDO

Quando falo sobre envolvimento do cristão no mundo e critico a mentalidade cristã isolacionista, logo percebo a segunda reação, mais comum entre evangélicos progressistas, que é de empolgação. Por que ficam empolgados? Porque, costumeiramente, tendem a ser menos preocupados com a igreja como instituição e com a mentalidade que chamam de "narcisista" (voltada para si), pois são adeptos da ideia de que sal foi feito para sair do saleiro, de que crente precisa "sair das quatro paredes". Costumam ser preocupados com a chamada ao engajamento social, defendendo a bandeira de que essa é a missão esquecida pela igreja. Sua empolgação com o ensino sobre cosmovisão cristã reformada é porque lhes parece idêntico às suas ênfases, além de ensinar uma lição aos evangélicos "retrógrados e ensimesmados".

Qual é o perigo dessa reação? Eles também são legalistas em suas ações sociais, julgando estar agradando a Deus de uma forma superior aos outros evangélicos pouco engajados socialmente. Acabam invertendo a missão da igreja, assumindo a postura (às vezes, inconsciente) de que a proclamação é subserviente ao engajamento social.[2] Ainda que sem intenção, reduzem a redenção a uma esfera horizontal, e priorizam o amor ao fraco e indefeso sobre o amor para com o Senhor (inversão dos dois grandes mandamentos; Mt 22.34-40). O cristianismo fica reduzido a uma boa moral.

Esses dois polos do movimento evangélico são vistos fora do Brasil,[3] mas creio serem retrato fiel de uma porção considerável

---

2 O capítulo 24 deste livro tratará da missão da igreja. Veja também Kevin DeYong e Greg Gilbert. **Qual é a missão da igreja?** (São José dos Campos: Fiel, 2012).

3 Gene Edward Veith escreve sobre a comunidade cristã norte-americana: "Quando os cristãos percebem que há algumas discrepâncias básicas entre a sua fé e o pensamento contemporâneo, em geral eles tomam uma de duas atitudes: ou eles se retiram [abandonam a escola, se isolam da vida

DEUS HONRA OS QUE NÃO SE CONTAMINAM (DANIEL 1)

de evangélicos brasileiros. Diante desse retrato surgem algumas perguntas difíceis. Como não ter postura monástica de espiritualidade (isto é, reclusa e não engajada; pior, de mente dicotomizada) e não cair num cristianismo horizontal em que ações sociais são substitutas de vida com Deus? Como é que o cumprimento do mandato cultural (ex: trabalho) deve promover amor por Deus? Como é que o cumprimento do mandato cultural deve servir para promover primeiramente amor a Deus (mandato espiritual) e consequentemente amor ao próximo (mandato social)?[4]

Creio que não há melhor maneira de encontrar respostas do que nos voltarmos ao Livro Sagrado. Aprendemos sobre como amar a Deus no mundo olhando para o livro que ele nos deixou para a vida neste mundo. E no intuito de aprender de um paralelo semelhante ao nosso contexto secularizado, escolhi fazer exposições no livro de Daniel.[5] O livro tem uma parte histórica (caps. 1-6) e uma parte profética/apocalíptica com visões sobre a vinda do Messias e o estabelecimento do seu reino (caps. 7-12). O livro é sobre o poder soberano de Deus sobre outros impérios, e o triunfo do seu reino, por intermédio do Messias. Nós priorizaremos a parte histórica, ainda que olharemos rapidamente para a parte apocalíptica ao final deste livro.

Não estudaremos essas conhecidas histórias com minúcias, detalhando a exegese de cada verso, mas como narrativas ilustrativas de um cristão procurando amar o Senhor em meio a um mundo adverso.

---

acadêmica] ou fazem concessões [reinterpretam a doutrina cristã de acordo com os pensamentos populares do momento]". Gene Edward Veith, Jr., **De todo o teu entendimento**: pensando como cristão num mundo pós-moderno (São Paulo: Cultura Cristã, 2006), p. 11.

4 Quanto aos três mandatos (espiritual, social e cultural), veja o capítulo 8.

5 "Daniel" significa "Deus é meu juiz".

AMANDO A DEUS NO MUNDO

IMERSOS NA CULTURA

A história do capítulo 1, como em outros capítulos subsequentes de Daniel, começa com um contexto bastante inóspito. Nabucodonosor tomara os tesouros e o futuro promissor da nação judaica, os jovens (v. 1-4a), em cumprimento à profecia que Deus falara por intermédio de Isaías ao rei Ezequias (Is 39.5-7). Embora o Reino de Judá (Reino do Sul) tivesse permanecido fiel a Deus por mais tempo que o Reino de Israel (Reino do Norte), os últimos reis se mostraram maus e Deus acabou trazendo o castigo (II Cr 36.5-21). O cativeiro babilônico foi o castigo de Deus ("O Senhor lhe entregou" Dn 1.2.) por causa dos pecados do povo (ex: idolatria). Em 605 a.C., Nabucodonosor, o rei dos caldeus (ou da Babilônia), marchou contra Jerusalém e a sitiou. Esse monarca trouxe vergonha para Judá por duas coisas. Primeiro, ele levou tesouros do templo. O templo era o orgulho do judeu, e era considerado seguro contra os ataques inimigos, pois raciocinavam dizendo que Deus não permitiria que o seu templo fosse saqueado (Lm 4.12). Essa foi uma falsa segurança, pois o próprio Deus entregou nas mãos de Nabucodonosor os utensílios da Casa de Deus (v. 2a). Segundo, para vergonha de Judá, pior do que levar tesouros, Nabucodonosor levou os filhos dos judeus para serem seus servos na Babilônia, conforme descrevem os versos seguintes.[6] Daniel, Hananias, Misael e Azarias estão entre esses jovens levados ao cativeiro. O contexto do cativeiro babilônico proporcionava a Daniel e seus amigos novos desafios, com exigências impostas pelo mundo (v. 4b).

---

6 Observe como essas duas usurpações de Nabucodonosor são maldições divinas (ainda que momentâneas) sobre as duas coisas que Deus havia prometido a Abraão: terra e descendência. Isto é, Deus castigou o pecado de Judá ao permitir que Nabucodonosor invadisse a terra e usurpasse das posses materiais de Israel, além de tomar para si os descendentes judeus.

DEUS HONRA OS QUE NÃO SE CONTAMINAM (DANIEL 1)

Tal cenário facilita a conexão com ambientes desfavoráveis à fé cristã nos quais nos encontramos frequentemente. Nós também vivemos como peregrinos em meio a padrões de vida mundanos ao nosso redor (1 Pe 2.11-12). Como muitas vezes passamos a semana em contextos desfavoráveis à vida cristã, evangélicos têm erroneamente buscado refúgio para fugir do mundo (essa é a razão de muitos pentecostais e neopentecostais realizarem repetidos cultos todos os dias da semana), como quem sente o alívio de finalmente estar entre os seus. Embora seja verdade que a igreja funciona como oásis, a atividade eclesiástica não serve para que lá façamos tendas e fiquemos. Assim, como Daniel e seus amigos não tinham a opção de viverem em outro contexto, também nos foi dada a tarefa de sermos testemunhas neste mundo inóspito, em meio a atividades pesarosas. Cristo não intercedeu para que fôssemos tirados deste mundo mau, mas guardados do mal neste mundo (Jo 17.15). Ele mesmo andou com os impuros deste mundo (publicanos e meretrizes) para que pudesse purificá-los.

Uma das coisas impostas aos quatro jovens judeus foi uma rigorosa preparação de três anos na cultura babilônica (v. 4-7). Vale destacar que esses moços eram muito novos. A maioria dos estudiosos estima que eles tinham por volta de 15 anos de idade.[7] O fato de serem escolhidos ainda bem novos provavelmente aponta para o fato de serem mais facilmente moldáveis a uma nova mentalidade.

Além de serem novos, os escolhidos para o treinamento tinham que preencher certos pré-requisitos. Nabucodonosor exigiu uma seleção rigorosa (v. 4) a fim de que recebessem a preparação

---

7   Edward J. Young, **A Commentary on Daniel** (Edinburgh: Banner of Truth Trust, 1997), p. 40; John MacArthur, **An Uncompromising Life**: Daniel 1, 3, and 6 – John MacArthur's Bible Studies (Panorama City: Word of Grace, 1988), p. 19-20. Stuart Olyott sugere que eles tinham quatorze anos de idade. Stuart Olyott, **Ouse Ser Firme** (São José dos Campos: Fiel, 1996), p. 16.

AMANDO A DEUS NO MUNDO

para serem seus servos. Gene Edward Veith afirma que os jovens deveriam ser dotados de habilidades e técnicas acadêmicas para o aprendizado avançado ("instruídos em toda a sabedoria"), já terem uma base de conhecimento na qual se poderia construir com estudo adicional ("doutos em ciência"), capazes de assimilar intelectualmente o material apresentado ("versados no conhecimento"), e terem habilidades sociais para trabalhar efetivamente no serviço público a outros ("competente para assistirem").[8] Os jovens que possuíam habilidade, conhecimento, compreensão e competência receberam uma espécie de bolsa integral de estudo para serem treinados na língua e cultura dos caldeus. Em linguagem atual, eles entraram na Universidade Federal da Babilônia, com tudo pago, a fim de servirem no palácio junto ao rei Nabucodonosor.

Os próximos três anos de "universidade" seriam uma espécie de reformatação. Afinal, os caldeus começaram modificando os nomes daqueles jovens (v. 7). É significativo que a história destaque a mudança de nomes. Afinal, nomes na cultura judaica eram importantíssimos, eram dados porque representavam uma história de vida. Embora especialistas se dividam quanto a ser possível descobrir o significado dos novos nomes caldeus,[9] uma maioria tende a interpretá-los como nomes de deuses pagãos. O que me

---

8 Veith, **De todo o teu entendimento**, p. 26-27.

9 Robert B. Chisholm Jr. afirma que Daniel ("meu juiz é Deus"), Hananias ("o Senhor tem sido gracioso"), Misael ("quem é como Deus?") e Azarias ("o Senhor tem ajudado") receberam novos nomes com significados desconhecidos, com exceção de Abede-Nego ("servo de Nego" ou de Nebo, um dos deuses caldeus). Robert. B. Chisholm Jr., **Handbook on the Prophets** (Grand Rapids: Baker, 2002), p. 295. No entanto, o próprio livro de Daniel aponta para a ideia de que os novos nomes foram dados conforme os deuses babilônicos (4.8). Gleason L. Archer sugere as seguintes interpretações dos nomes: Beltessazar (uma forma abreviada de "Que Nebo proteja a sua vida"), Sadraque ("A ordem de Aku", o deus da lua), Mesaque ("Quem é igual a Aku?", um jogo com o seu nome hebraico) e Abede-Nego ("servo de Nebo"). Gleason L. Archer, Jr., "Daniel", **The Expositor's Bible Commentary** vol. 7 (Grand Rapids: Zondervan, 1985), p. 34-35.

DEUS HONRA OS QUE NÃO SE CONTAMINAM (DANIEL 1)

surpreende nessa parte da história é eles terem abnegadamente se submetido a essa mudança de nome. Não que tivessem opção, mas não há reação ou tentativa de mudar o curso dessa decisão, como houve no caso da alimentação (v. 8). Se você ficaria incomodado em receber o nome de "Iemanjá", imagine aqueles judeus cujo nome era tão importante!

Além da mudança de nome, o treinamento pelo qual passaram foi bastante desafiador. Resignadamente aceitaram uma educação que partia de uma cosmovisão totalmente distinta da deles.[10] No contexto da educação babilônica, tudo era explicitamente religioso. Não havia separação entre ciência (astronomia) e esoterismo (astrologia), ciência (química) e magia (alquimia) – uma dicotomia pós-Iluminismo. Gene Edward Veith afirma que Daniel "dificilmente leria um tablete cuneiforme sem que este contivesse alguma referência a deidades e mitologias pagãs. Os babilônios eram mestres na matemática, na astronomia, na engenharia e na administração, mas as suas próprias descobertas verdadeiras nesses campos eram totalmente mitologizadas quanto ao modo em que eram compreendidas".[11] Porém, eles também toleraram passar por tal educação contrária às suas crenças e costumes. E não há registro de que eles tenham protestado contra tal situação educacional.

Não foram mundanos ao se sujeitarem à educação pagã, assim como nós não nos tornamos mundanos por tolerarmos paradigmas pagãos nas universidades. Antes que desonrar ao Senhor, deveríamos ver o ambiente acadêmico como o lugar em que honramos o Deus de todo o conhecimento. Na universidade, o crente não deve

---

10 Cf. John C. Lennox, **Against the Flow**: The Inspiration of Daniel in an Age of Relativism (Oxford: Monarch Books, 2015), p. 64-75.

11 Veith, **De todo o teu entendimento**, p. 27.

AMANDO A DEUS NO MUNDO

apenas resistir aos ataques à fé, mas também desenvolver o intelecto por amor a Deus (Mc 12.30). A Bíblia tem vários exemplos de pessoas treinadas secularmente. Moisés foi educado em toda a ciência dos egípcios (At 7.22), Saulo foi instruído aos pés de Gamaliel (At 22.3), Apolo deve ter estudado tanto retórica quanto dialética (At 18.24) e Salomão demonstrou interesse por diversas áreas do saber (1 Rs 4.29-34). Quando Jesus falou sobre amar a Deus com todo o nosso entendimento, ele está despertando-nos para algo que o anti-intelectualismo evangélico nos privou.[12] Deixe-me explicar.

Em Marcos 12, verso 30, Jesus faz um acréscimo em relação ao texto de Deuteronômio 6, verso 5: "Amarás, pois, o Senhor, teu Deus, de todo o teu coração, de toda a tua alma e de toda a tua força". Ele acrescenta a frase "de todo o teu entendimento".[13] Nós que vivemos num tempo no qual amor é descrito de forma romântica, precisamos aprender como amar com a mente deve fazer parte de nossa dedicação ao Senhor. Nós entendemos a relação entre coração e amor, entre alma e amor, e até a de amar com toda a sua

---

12   Cf. Mark A. Noll, **The Scandal of the Evangelical Mind** (Grand Rapids: Eerdmans, 1994).

13   Há quem procure explicar o que significa amar com cada parte: coração, alma, entendimento e força. Veith acredita que coração equivale a vontade e emoções, que alma se refere ao relacionamento pessoal, força indica o serviço com nossas ações e entendimento significa ter a mente saturada com a Palavra. Veith, **De todo o teu entendimento**, p. 134. John Piper afirma que coração enfatiza a vida emocional e volitiva, alma ressalta nossa vida humana, entendimento lida com nossa capacidade de pensar e força trata dos esforços vigorosos tanto com o corpo quanto com a mente. John Piper, **Pense** (São José dos Campos: Fiel, 2011), p. 122. A compartimentalização não é uma boa abordagem. Jesus não estava tratando das várias partes do ser humano, mas usando palavras que representassem o mais interior. Para os gregos, o "entendimento" era o mais prestigioso. Talvez seja essa a razão de Jesus ter acrescentado "entendimento". O enfoque está na totalidade do seu ser, antes do que em partes do mesmo. Amar com a mente faz parte do amar com integridade. Integridade é dar-se por inteiro ao Senhor, não só na conduta, mas também na mente. Não se refere só ao estudo da Bíblia, mas também da sua criação. Conhecer as obras do Senhor é encontrar prazer nele (Sl 111.2), valorizar a Deus, louvá-lo pelo que se aprende. Pensar funciona para "despertar" e "expressar" o amor. Quanto mais o conhecemos mais o amamos; quanto mais o amamos, mais queremos conhecê-lo. Amar com "todo" o teu entendimento significa amar extensiva (com cada área de nossa mente) e intensivamente (com a totalidade de forças em cada área da mente). Piper, **Pense**, p. 122.

DEUS HONRA OS QUE NÃO SE CONTAMINAM (DANIEL 1)

força. Porém, parece-nos muito estranho amar com a mente, com o entendimento. Não costumamos fazer declarações de amor do tipo "Te amo com o meu raciocínio". Todavia, nós amamos com o intelecto o tempo todo. Todo o uso do seu intelecto é realizado em amor a alguém (seja em benefício seu ou para o próximo). Você não o faz por causa de coisas, mas por causa de pessoas. Isto é, você não usa o intelecto por causa do dinheiro, mas porque o dinheiro te dará as coisas que você quer. Usamos o intelecto por amor a pessoas. O estudo sem o temor do Senhor é enfado (Ec 12.12-13), mas o conhecimento que nos conduz ao Criador é motivo de grande deleite (Sl 111.2). Jesus está nos convocando a usar todo o nosso intelecto por amor somente ao Senhor.[14] John Piper afirma que, se todo o universo existe para tornar conhecida a glória de Deus, "tratar qualquer assunto sem referência a Deus não é erudição, é insurreição".[15]

Não é preciso ser inteligente ou culto para amar a Deus. Jesus não elitiza o mandamento ao falar de amar com a mente, mas o personaliza ao falar do "teu" entendimento. Isto é, cada um ama conforme suas aptidões intelectuais. A igreja é intelectualmente muito diversificada. Amamos a Deus conforme nossa habilidade, qualquer que seja a nossa esfera de atuação. Isso requer um olhar caridoso de ambos os extremos. Alguns são mais aptos em ciências, outros nas artes. Uns são mais teóricos, outros são mais práticos. Cada um ama com suas particularidades.[16]

Mas creio que o destaque deva ser dado à palavra "todo", repetida quatro vezes em Marcos 12.30. Não estou apenas conclamando

---

14 Cf. John Stott, **Crer é também pensar** (São Paulo: ABU, 1978).

15 Piper, **Pense**, p. 33, 239.

16 Veith, **De todo o teu entendimento**, p. 134.

AMANDO A DEUS NO MUNDO

o povo de Deus a usar "cada aptidão mental que possuímos"[17], mas a ter toda uma cosmovisão orientada por amor a Deus, que procede do nosso mais profundo (o coração) e que se traduz em pensamentos, emoções e desejos. Se nossos amores revelam quem nós somos, precisamos adquirir hábitos que nos permitam amar a Deus com tudo o que somos.[18]

MOLDADOS PELA CULTURA

Enfatizei a importância de expressarmos amor ao Senhor enquanto imersos na cultura, mas não quero que sejamos ingênuos quanto à educação. Toda educação tem uma proposta redentiva. Isto é, ela visa transformar a pessoa segundo os seus princípios e valores. É interessante que nos conscientizemos disso quanto a todo tipo de educação. Não há educação neutra. Toda educação é confessional (os valores da cosmovisão), seja ela explícita ou não. Dependendo da cosmovisão que norteia o processo educacional, trabalhar na educação pode ser tão maléfico quanto outras profissões que normalmente são vistas com desconfiança pelo crente. Demonstramos ingenuidade quando não achamos uma boa ideia se um jovem na igreja almeja ter cargo político ou se ela almeja atuar no teatro ou na TV (ambos nos transmitem a ideia de contextos sujos nos quais a prática profissional não fica incontaminada), mas achamos uma ótima escolha quando alguém se dispõe a ser professor (como se a pedagogia fosse uma área mais tranquila para o cristão e isenta de mundanismo). Quando tratamos de profissões como mais próximas do bem (pedagogia e enfermagem) ou do mal (marketing,

---

17 Essa é uma frase de Veith (p. 134). Neste ponto, quero ir um pouco mais adiante do que ele foi.

18 Cf. James K. A. Smith, **Você é Aquilo que Ama**: O Poder Espiritual do Hábito (São Paulo: Vida Nova, 2017).

DEUS HONRA OS QUE NÃO SE CONTAMINAM (DANIEL 1)

artes cênicas), refletimos uma visão simplista do mundanismo. É verdade que algumas profissões podem ser mais carregadas de ideologias pagãs do que outras, mas não podemos ser ingênuos quando o assunto é educação.[19]

E qual era o propósito espúrio por detrás da educação babilônica? Qual era o seu intento transformador? Considerando que foram selecionados moços ainda bem jovens (idade favorável para serem moldados), que tiveram seus nomes modificados, e que passariam por três anos de educação babilônica, fica claro que o propósito de todo o processo educacional era deletar a identidade dos jovens súditos.[20] A Assíria procurava deletar a identidade de seus súditos mediante mistura de povos (estratégia social), enquanto a Babilônia enxergava que a força para mudar a cabeça de alguém estava na educação. Nabucodonosor não queria que esses jovens preservassem o espírito nacionalista, a paixão pelo seu povo de origem. O que parecia privilégio em meio aos cativos (ser alimentado com a melhor comida e receber uma educação nobre; seriam sustentados só para estudar) era na verdade o pior tipo de aprisionamento, pois visava uma mudança de mentalidade e emoções.

Parece-nos estranho que Daniel e seus amigos aceitassem a mudança de nome, e até a educação babilônica pagã, mas rejeitassem a dieta alimentar.[21] Para nós, comer uma comida

---

19 Trataremos mais sobre educação no capítulo 15.

20 João Calvino, **Daniel** vol. 1, caps. 1-6 (São Paulo: Parakletos, 2000), p. 52; Ian M. Duguid, **Daniel**: Fé que passa pela adversidade (São Paulo: Cultura Cristã, 2016), p. 18-19.

21 Ian Duguid prefere dizer que eles "resistiram ao programa de renomeação dos babilônicos" porque ainda utilizavam seus nomes hebraicos (1.11, 19; 2.17). Para Duguid, eles viveram com dois nomes como "lembrete de sua dupla identidade" ou cidadania. Duguid, **Daniel**, p. 19-20. Ainda que eu aprecie sua analogia à dupla identidade, não podemos afirmar que eles "resistiram" aos nomes. No capítulo 3, por exemplo, o narrador se refere aos amigos de Daniel só usando os nomes babilônicos (3.12, 13, 14, 16, 19, 20, 22, 23, 26, 28, 29, 30).

AMANDO A DEUS NO MUNDO

diferente numa terra estranha é mais tolerável do que receber nomes de deuses pagãos ou ter que estudar magia e astrologia. Mas por que Daniel tolera o nome e a educação pagã, mas não a comida? De acordo com Calvino, a abstinência era para se lembrar de que era um exilado; ele não queria perder-se nos prazeres babilônicos, embora fosse lícito fazê-lo.[22] No entanto, os comentaristas atuais tendem a enxergar que comer com os babilônicos envolvia uma desobediência explícita, porque os babilônicos quebravam as regras de alimentação do judeu (comiam sem drenar o sangue; não faziam distinção entre animais puros e impuros; Lv 11) e porque cada refeição era uma oferta aos deuses, um ato idólatra (cf. Dn 5.4).[23] "Contaminar-se com as finas iguarias do rei" não era apenas acostumar-se com o conforto babilônico, mas envolvia quebrar as leis cerimoniais (dieta alimentar) e morais (adoração idólatra) que todo judeu deveria obedecer.[24]

---

22 Calvino, **Daniel** vol. 1, p. 58-60, 68-69. Ian Duguid tem a mesma interpretação de que a atitude de Daniel teria sido de castidade, de dependência de Deus (própria de um cativo). Baseado em Daniel 10.3, ele diz que se a refeição babilônica fosse idólatra ou não fosse kosher, Daniel não poderia ter tido manjares reais posteriormente. Duguid, **Daniel**, p. 22. No entanto, creio que o texto citado por Duguid também apresenta um problema para a sua interpretação. Se tomar refeições reais era deixar de depender de Deus, então Daniel também não poderia ter adotado essa prática posteriormente, como o capítulo 10 afirma ter acontecido. Me parece que alimentar-se de tais banquetes durante sua vida de alta política pode envolver uma refeição sem idolatria e sem quebra de regras alimentares, mas é mais difícil provar que tais refeições ainda seriam exemplo de frugalidade.

23 C. F. Keil, **Biblical Commentary on the Old Testament**: The Book of Daniel (Edinburgh: T&T Clark, 1884), p. 80; Young, **Daniel**, p. 44; Archer, "Daniel", p. 35; Chisholm, **Handbook on the Prophets**, p. 295; Olyott, **Ouse Ser Firme**, p. 17-18; Veith, **De todo o teu entendimento**, p. 28.

24 Os outros usos da palavra *ga'al* ("contaminar") no Antigo Testamento carregam o sentido de contaminação tanto cerimonial (Ed 2.62; Ne 7.64; Ml 1.7, 12) quanto moral (Is 59.3; Lm 4.14; Sf 3.1) e, às vezes, parece unir ambos os sentidos (Ne 13.29; Dn 1.8). Sendo assim, R. Laird Harris conclui: "A contaminação especificada decorre de qualquer infração da lei moral ou cerimonial". R. Laird Harris, Gleason L. Archer, Jr., Bruce K. Waltke, **Dicionário Internacional de Teologia do Antigo Testamento** (São Paulo: Vida Nova, 1998), p. 237.

DEUS HONRA OS QUE NÃO SE CONTAMINAM (DANIEL 1)

Ainda assim, podemos achar estranho que uma regra alimentar tenha sido o grande temor de contaminação. No entanto, creio que há um princípio valioso aqui. Aceitar a mudança de nome e até a educação pagã é como tolerar certo grau de impiedade na escola ou na empresa, contanto que não afete o nosso interior. Afinal, não temos como evitar toda prática do mal neste mundo perverso. Toleramos muita iniquidade ao nosso redor. Porém, quando os padrões impostos começam a mudar a nossa mentalidade, o botão de alerta precisa ser acionado. E julgo que a estratégia mais eficaz do mundo é a de conduzir você a pensar com os mesmos padrões que eles pensam em coisas que aparentemente não são pecaminosas.

Conformar-se com este século (Rm 12.2) não se refere somente aos atos pecaminosos grotescos que podemos cometer, mas envolvem uma mudança de mentalidade, mudança de cosmovisão. Deixe-me dar alguns exemplos.

Comecemos com o contato físico no namoro. Jovens cristãos querem ter o mesmo tipo de contato físico no namoro que um descrente, com a exceção da consumação sexual (acham que assim não pecam). Isto é, desenham uma linha a qual não podem cruzar, só que acham que tudo que antecede é lícito. A licitude de beijos e abraços não só é questionável (alvo de debate), mas é no mínimo imprudente. Fazem todo o preparativo para o ato sexual e depois não sabem porque lutam para não cair em tentação. Isso significa que várias das lutas nessa área provêm de uma cosmovisão que já foi contaminada com padrões mundanos, ainda que muitos não o julguem errado.

Como segundo exemplo, observe aquele que trabalha duramente para, nas suas palavras, "dar o melhor para a minha família". Homens costumam trabalhar pensando no "melhor" para suas famílias, quando na verdade se referem a coisas que o dinheiro pode

AMANDO A DEUS NO MUNDO

comprar (pagar a faculdade particular ou a viagem do filho para o exterior, trocar os móveis ou fazer a reforma na casa conforme gosto da esposa). O "melhor" quase sempre está relacionado a confortos ou a educação. Se isso é o "melhor", há pais que nunca conseguirão dar o melhor. A Bíblia, no entanto, nos ensina que o "melhor" que um pai pode dar não tem custo (como buscar o reino e a sua justiça, Mt 6.33), e não está restrito a uma classe social. Precisamos de uma renovação da mente nessa visão de trabalho e família.

Ainda dentro do tema família, um terceiro exemplo pode ser a questão da quantidade de filhos. Casais cristãos vivem confusos quanto a ter filhos às vezes por adotar padrões mundanos. Enquanto mulheres do período bíblico lamentavam profundamente serem estéreis e entendiam o ter muitos filhos como sinal de bênção divina (Sl 127.3-5), as jovens mulheres de hoje têm medo de ter filho, outros casais têm receio de ter mais do que um, outros pensam em não passar de dois em hipótese alguma. Alegam que é uma questão de custo, mas parece ser muito mais um espírito acomodado e temeroso de não "dar conta". Temos a falsa impressão de que antigamente era fácil ter mais filhos quando, na verdade, nós é que adotamos padrões e expectativas nos quais não cabe mais ter uma família maior do que quatro. Não que os desafios não estejam presentes. Veículo com espaço, quarto de hotel, mesa em restaurante, todos esses detalhes se tornam mais difíceis quando se tem mais do que quatro na família. No entanto, o ponto é que valorizamos a educação de alto nível, valorizamos as viagens, a tal ponto que ter mais filhos não passa de um ideal utópico. A sociedade considera o casal de filhos como a experiência perfeita, acertar na loteria; há aqueles que sonham em ter a criança do outro sexo. Esse tipo de obsessão demonstra que estão mais interessados na experiência própria (ter filho de um determinado sexo) do que no bem-estar dos filhos (ter filhos crentes, independente do sexo). Não quero dar a impressão de que há uma quantidade de filhos que seja biblicamente correta. Há momentos em que não ter filhos é santo. Apenas quero ressaltar que ter ou não ter filhos é regido mais por padrões mundanos antes que por princípios bíblicos.

Um último exemplo seria o concurso público. Muitos brasileiros têm procurado o concurso público como a melhor alternativa para se obter segurança em uma economia tão frágil. Alguns jovens com mais respaldo financeiro passam anos de sua vida adulta apenas estudando não para aprimorar conhecimento, mas para passar no concurso, o que me fez pensar na falta de produtividade dessa massa de brasileiros. Novamente, não há erro inerente ao trabalho em órgãos públicos. Nós precisamos de pessoas que sirvam a sociedade nesses órgãos. O problema é que cristãos o fazem mais pensando em segurança pessoal/familiar do que em serviço comunitário. Essa busca por artifícios humanos que lhes façam seguros é perigosamente semelhante ao pensamento mundano.

Quero enfatizar que nenhum dos quatro exemplos é pecaminoso em si mesmo. Porém, embora não sejam imorais, são fruto de uma cosmovisão mundana. O jovem Daniel não fora moldado pela cultura, mas será que nós não temos sido?

O QUE É MUNDANISMO?

Os exemplos acima, que num primeiro momento poderiam parecer inofensivos, nos ajudam a redefinir mundanismo. Não tem tanto a ver com o que fazemos, mas com o como fazemos. Mundanismo não é composto de certas atividades (certos jogos, danças e artes). Não podemos ter uma visão gnóstica da ética que

AMANDO A DEUS NO MUNDO

divide a vida em coisas ruins e coisas boas para se fazer (sagrado e secular). O pecado não está em ter prazer nas coisas criadas, mas em usá-las indevidamente.

A minha filha mais velha, quando era pequena, perguntou-me certa vez: "Pai, essa música a gente não pode cantar porque ela não é de Deus, não é?" Ao expressar-se assim, ela fazia uma dicotomia entre música de louvor (sacra) e música que não é de louvor a Deus (secular). Para a minha filha, música sacra era sinônimo de ser "de Deus". Eu precisei ensiná-la, porém, que o fato de ser sacra não significa que seja agradável a Deus e o fato de ser secular não é sinal de que só expressa mentiras. Há músicas sacras que são mundanas em seu ensino e músicas não-sacras que, pela graça divina, retratam realidades com veracidade, beleza e sensibilidade.

Se mundanismo tem mais a ver com o "como" eu faço algo, então mundanismo é orientação religiosa. Isso está relacionado com a distinção reformada entre "estrutura" e "direção". Tullian Tchividjian explica de maneira simples:

> Deus criou todas as coisas boas (estrutura), mas nosso pecado violou e corrompeu todas as coisas que Deus havia criado, "dirigindo-as" para longe dele. Tudo na ordem criada (cada pessoa, lugar ou coisa) foi retorcido e deformado pelo nosso pecado... Devemos amar a estrutura do mundo (pessoas, lugares e coisas) e, ao mesmo tempo, lutar contra a direção pecaminosa do mundo... O mundanismo, portanto, é caracterizado na Bíblia como a direção errada ou má da boa criação de Deus. Significa adotar os modos, hábitos, padrões de pensamento, práticas, espírito e gostos do mundo.[25]

---

25 Tchividjian, **Fora de Moda**, p. 37.

DEUS HONRA OS QUE NÃO SE CONTAMINAM (DANIEL 1)

Nossa vida cultural deveria estar sujeita às normas de Deus. A criação é boa (estrutura) mas o nosso uso da mesma é mau (direção).[26]

Mundanismo é como um vírus que carregamos para todos os lugares em que vamos. Michael Horton afirma: "É bem possível ser totalmente corrompido pelo mundanismo até mesmo quando estamos enfurnados no gueto cristão. Nossa música, literatura, escolas, rádio, televisão e igrejas cristãs podem tornar-se portadores do vírus do mundanismo sem que tenhamos que nos incomodar com o mundo".[27] Horton está nos ensinando que você não precisa sair da igreja para ser mundano. Não estou me referindo a imoralidades. Você não precisa fazer coisa errada dentro da igreja para ser mundano. É possível realizar atividade sacra na igreja (cantar louvores, pregar/ensinar, administrar) e ser mundano. Até quando você cultua ao Senhor, ou quando promove um trabalho focado nos interesses de jovens, ou organiza um evento evangelístico, você pode ser mundano.

Porém, como o nosso enfoque por enquanto é na vida do crente enquanto no mundo, pensemos um pouco mais nas atividades ditas "seculares". Um cristão mundano age como um ateu na prática, diz Tullian Tchividjian. "Um ateu prático é uma pessoa que chega a conclusões a respeito de dinheiro, negócios, culto, diversão, ministério, educação, ou qualquer outra coisa, sem a influência direta de Deus e de sua verdade revelada (a Bíblia)."[28] Não refletir

---

26 Essa visão positiva de nossas atividades "seculares" (rotineiras) é que fez com que os reformadores tratassem de toda profissão como sendo uma "vocação", pois entendiam que deveriam trabalhar em resposta aos ditames divinos em sua profissão. Para uma tratativa mais ampla do trabalho, veja o capítulo 21 deste livro.

27 Michael Horton, **O Cristão e a Cultura** (São Paulo: Cultura Cristã, 1998), p. 177.

28 Tchividjian, **Fora de Moda**, p. 38.

AMANDO A DEUS NO MUNDO

sobre essas atividades extra eclesiásticas a partir do que nós conhecemos de Deus, na prática, é ateísmo.

Observe como a exortação não é para que preenchamos a agenda dos nossos filhos com atividades da igreja para que não sejam contaminados pelo mundo. Mais acampamentos e retiros durante feriados prolongados pode livrá-los de uma viagem devassa com amigos descrentes. Porém, se não cooperarmos na formação de uma cosmovisão cristã nesses jovens, eles continuarão com mentalidade pagã, mesmo no acampamento. Mais tarde na sua vida, Daniel reconhece que é possível estar dentro de um país que professa adorar o Deus verdadeiro, envolvido com atividades cúlticas, e ainda assim ser eminentemente mundano (Dn 9.5-11).

Desde o início da história de Daniel, ele não procura isolar-se das atividades babilônicas. É claro que ele não pode isolar-se, pois é cativo. No entanto, a grande lição que aprendemos com esse jovem é que inserido naquela cultura pagã ele discerne entre o que é lícito e o que é ilícito, o que é cotidiano e o que mundano. Daniel resolveu ser íntegro (v.8a) não se isolando no mundo. Não! Ele demonstrou saber amar a Deus no mundo. O hebraico do início do verso 8 diz algo como "Daniel colocou no seu coração que não se contaminaria". Já vimos no capítulo 2 deste livro que "coração" (*leb* em hebraico) na mentalidade hebraica era a sede da personalidade humana, o elemento fundamental da cosmovisão. Isto significa que a resolução de Daniel provém de uma visão de mundo sedimentada no coração. Embora ainda jovem, ele e seus amigos enfrentaram um mundo adverso com uma cosmovisão cristã. E ele sabia que a melhor maneira de expressar essa cosmovisão era com uma conduta piedosa.

DEUS HONRA OS QUE NÃO SE CONTAMINAM (DANIEL 1)

Semelhantemente, precisamos conhecer a cultura de forma acurada, observando onde e quando ela influencia a maneira como pensamos e vivemos. Precisamos de um radar cultural para reconhecer padrões disfarçados do mundanismo em nossa cosmovisão para que extirpemos sua influência tóxica.

PROVIDÊNCIA LIBERTADORA

Embora eu esteja exortando a você, leitor, a ter uma cosmovisão cristã, não pense que estou falando apenas de atitudes que nós tomamos. Isto seria uma cosmovisão legalista, não cristã. A cosmovisão cristã prioriza a grandeza do Senhor e o seu poder em nos livrar. Nesta última parte da história, veremos como a resolução de Daniel depende da autorização de líderes terrenos, e da providência divina em tornar possível que ele se livre de contaminação sem morrer.

Embora Daniel tenha resolvido não se contaminar, ele pediu ao chefe dos eunucos para não se contaminar (v. 8b). Como cativo, ele era submisso à autoridade. Sua moralidade envolvia resoluções puras e submissão à autoridade.[29] Daniel não tinha o direito de não comer, corria o risco inclusive de ser morto por recusar as mesmas finas iguarias e o vinho que o rei recebia. Por isso, na conversa com o chefe dos eunucos Daniel foi polido pois "pediu". Além de não ter muita opção, já que era cativo, percebemos no decorrer do livro de Daniel um respeito pelas autoridades (Rm 13.1-7).

---

29 John Lennox postula que Daniel e Aspenaz teriam desenvolvido um relacionamento tal que permitiu que Aspenaz compartilhasse o seu temor de Nabucodonosor a Daniel. Assumindo que esse foi o caso, Lennox aplica o pedido de Daniel a uma sensibilidade cristã em relação às dificuldades de cada um na hora de evangelizar. Lennox, **Against the Flow**, p. 76-78. Embora seja uma interpretação possível, ela minimiza a hierarquia de autoridades presente na passagem e a difícil situação do jovem Daniel em palácio estrangeiro.

O pedido de autorização para não comer a comida do rei revelou a integridade moral de Daniel e sua confiança no Altíssimo. Sua integridade moral[30] é revelada no fato de ele não dar desculpas. Ele explica o porquê de não querer comer (não queria contaminar-se). É franco. Ele não disse que não poderia comer da carne porque tinha problema de estômago. Ele também não diz para o chefe que não vai dar para ir à festa da empresa porque tem "um compromisso" quando na verdade ele não quer ir por causa da imoralidade que acontece em alguns círculos. Ele não faz igual a alguns cristãos que ao invés de repreenderem seu parente maledicente no ato da fofoca, preferem desconversar ou se despedirem alegando um ensaio da equipe de cânticos na igreja.

Nosso testemunho é falho quando não é acompanhado das razões pelas quais nós fazemos ou não fazemos algo. A força do testemunho nas histórias do Livro de Daniel está na clareza pela qual os fiéis não querem fazer alguma coisa: prostrar-se perante uma imagem (cap. 3) ou deixar de orar ao seu Deus (cap. 6). Sua integridade é explicitada, nunca é escondida.

Em segundo lugar, fica implícito como Daniel esperava na providência divina.[31] A sequência da história mostra como Deus abriu as portas para que aqueles jovens fossem íntegros (v. 10-14). Num primeiro momento o chefe dos eunucos não atendeu ao pedido de Daniel (v. 10), mas o jovem insistiu em seu propósito junto ao cozinheiro chefe (v. 11-13) e foi atendido (v. 14). Tal ato de misericórdia por parte dos pagãos foi resposta de oração ao pedido de

---

30 Daniel é mencionado três vezes por Ezequiel, seu contemporâneo, como exemplo de retidão (Ez 14.14, 20; 28.3) – embora a identidade do "Daniel" mencionada no livro do profeta Ezequiel seja questionada.

31 O fato de Deus ter preservado Daniel durante o exílio é prova de que as maldições de Deus sobre o seu povo sempre são mitigadas, assim como foram as maldições no Éden (Gn 3).

DEUS HONRA OS QUE NÃO SE CONTAMINAM (DANIEL 1)

Salomão quase quatrocentos anos antes: "Move tu à compaixão os que os levaram cativos para que se compadeçam deles" (1 Rs 8.50b). A sequência do pedido de Daniel demonstra dois tipos de providência: primeiramente uma providência ordinária, quando o pedido foi atendido (v. 14) e depois confirmado pelo cozinheiro chefe (v. 16); posteriormente, uma providência extraordinária (v. 15), quando os resultados da alimentação foram vistos rapidamente. Tal resultado rápido não precisa ser entendido como natural, resultado de uma dieta espetacular. Creio ser mais crível compreender a atuação especial de Deus na vida dos seus quatro servos. A cosmovisão cristã compreende que a providência divina é costumeiramente ordinária, mas há espaço para Deus extraordinariamente agir de forma miraculosa.

É verdade que a providência divina nem sempre é prazerosa, indolor. Costumamos usar a palavra "providência" apenas para fatos bons. Quando somos livrados de alguma situação adversa, falamos que foi providencial. No entanto, ser lançado na fornalha ou jogado na cova dos leões, perder o emprego por firmeza moral ou perder a amizade por amorosamente confrontar o pecado também são providenciais.

Nem sempre haverá compreensão da parte do mundo e premiação no final (como acontece nos capítulos 3 e 6 de Daniel), mas Deus sempre fará o seu testemunho ecoar.[32] Deus honra os que não se contaminam. Por honra, que fique claro que Deus aprova e recompensa os íntegros, nem sempre com as bênçãos que nós lhe pedimos ou com

---

32 Daniel e os seus amigos foram fiéis no pouco, para depois serem fiéis sob ameaça de morte (Dn 3, 6). Quem nem sequer é fiel no pouco, não vai ser fiel no muito. Se cedemos com tão pequena pressão, fico imaginando o que será de nós sob severa perseguição. Bryan Chapell chega a afirmar que colocar-nos em situação desafiadora é propósito de Deus para preparar-nos para uma grande obra no futuro. Bryan Chapell, **The Gospel According to Daniel**: A Christ-Centered Approach (Grand Rapids: Baker, 2014), p. 19-20.

AMANDO A DEUS NO MUNDO

livramentos de aflições que tememos. Porém, Deus é galardoador dos que o buscam (Hb 11.6). Desprender-se dos deleites passageiros deste mundo em prol das dádivas divinas (Hb 11.25-26) é testemunho de que a recompensa divina vale a pena.[33] Como o testemunho fiel pode produzir efeito sobre outros, e sempre faz bem a nós mesmos, isso é prova de que Deus honra os que não se contaminam.

Se você está se sentindo péssimo diante de um testemunho tão resoluto de um adolescente, não estranhe. A história de Daniel não foi escrita apenas para que nos esforcemos para ser igual a ele. Não espero que cada leitor deste livro já esteja preparado para enfrentar impérios, fornalhas e leões. Por isso, é que sempre precisamos nos lembrar daquele que "viveu perfeitamente a vida exílica de serviço e separação por nós, Jesus Cristo".[34] Vale lembrar que esse livro foi escrito para o povo judeu no exílio e em anos subsequentes, a fim de encorajá-los em sua caminhada trôpega com Deus.[35] Por isso é que sua história encontra cumprimento perfeito em Cristo. Ele é o jovem "sem nenhum defeito" (*me'um*, "mancha", é a palavra usada para sacrifício)[36] que não foi poupado, a fim de que Daniel e seus amigos, eu e você fôssemos preservados. Cristo é a oferta incontaminada para que sejamos purificados. Temos sido guardados do mal porque Jesus foi exposto ao mal. Fomos poupados do juízo porque ele não foi. Cristo também foi quem testemunhou fielmente sobre a vontade do Pai a fim de que nós infiéis fôssemos apresentados a Ele, e a Escritura testifica de que sua postura foi recompensadora (Hb 12.2; Fp 2.9). Mesmo que ainda enxerguemos

---

33 "As recompensas da santidade podem apenas ser experimentadas no presente, mas nós festejaremos definitivamente sobre elas na eternidade." Chapell, **The Gospel According to Daniel**, p. 25.

34 Duguid, **Daniel**, p. 9.

35 Duguid, **Daniel**, p. 14-15.

36 Duguid, **Daniel**, p. 17.

DEUS HONRA OS QUE NÃO SE CONTAMINAM (DANIEL 1)

atos de infidelidade de nossa parte, Deus nos preserva em Cristo a fim de que busquemos uma vida de perseverança em santidade.

Em nossa história, Deus honra sua conduta incontaminada fazendo-os destacarem-se sobremaneira. Deus concedeu dádivas aos quatro (v. 17).[37] Acabaram se tornando secretários particulares do rei (v. 19). Embora tivessem recebido o mesmo treinamento que os demais jovens, os quatro judeus foram achados muitos mais doutos (v. 20) por causa do conhecimento que haviam recebido de Deus. Estudaram sem se contaminar e acabaram em destaque porque o diferencial era sua visão de mundo (cosmovisão).

Nós também podemos exceder os incrédulos em entendimento e sabedoria (isso é muito mais do que informação, mas conexão e sentido das coisas ao nosso redor) por causa da cosmovisão que nos é moldada pelo Espírito. Gene Edward Veith afirma: "Os intelectuais babilônios eram brilhantes e tinham conseguido muitas realizações gigantescas na ciência e na matemática, mas a visão de mundo errada e as superstições pagãs deles eram um verdadeiro obstáculo à sua procura da verdade".[38] Isto é, os babilônicos poderiam predizer um eclipse lunar sem o auxílio de telescópios ou computadores, mas seus cálculos eram manchados pela crença nos astros como determinantes do destino humano. Semelhantemente, em nossos dias, cosmovisões naturalistas ou pós-modernas promovem dificuldades para encaixar as peças do quebra-cabeça.[39]

---

37 Não é de se estranhar que os piedosos se tornaram sábios. No livro de Provérbios, sabedoria está conectada com piedade (Pv 2.6-7).

38 Veith, **De todo o teu entendimento**, p. 33.

39 "A visão de mundo dos magos e dos encantadores atrapalhou a sua procura da verdade. Do mesmo modo, o modernismo e o pós-modernismo conduzem a becos intelectuais e educacionais sem saídas. Por outro lado, uma visão de mundo bíblica... está aberta à verdade de todos os tipos – tanto verdades naturais quanto humanas – e fornece um modo de atribuir propósito, valor, contexto e coerência a essa verdade." Veith, **De todo o teu entendimento**, p. 110.

AMANDO A DEUS NO MUNDO

Nós temos um diferencial. Nossa cosmovisão faz-nos olhar para a astronomia ressaltando tanto a pequenez física de seres humanos (Sl 8.3-4) quanto a imensidão e sua responsabilidade e domínio (Sl 8.5-8).[40] Mas, no final das contas, ele nem se deprecia nem se exalta. Quem é exaltado é o Senhor (Sl 8.9).

O verso 21 mostra que Deus preservou Daniel influente durante todos os 70 anos do cativeiro. Deus honrou a sua integridade. Daniel foi um homem que marcou aquela nação mesmo sendo um estrangeiro, porque resolveu no seu coração não se contaminar.

---

40 Para outros exemplos de como a cosmovisão cristã traz maior coerência a diferentes áreas do saber, veja Veith, **De todo o teu entendimento**, p. 126-129.

CAPÍTULO 5

A DICOTOMIA MODERNA

A história de Daniel, conforme introduzida no capítulo anterior, irá nos mostrar os desafios de manter nossa fé em meio às atividades extra eclesiásticas. Daniel, Hananias, Misael e Azarias foram colocados em situações desafiadoras à medida que estavam engajados na vida pública da Babilônia. Daniel 1 já nos demonstrou que é possível tolerar doutrinações advindas de uma cosmovisão pagã sem se contaminar, sem se amoldar a tal paganismo. Isso se dá apenas quando se tem uma leitura equilibrada sobre o antigo dilema do "sagrado e secular".

Dividir a vida entre a esfera sagrada e a secular, ou a religiosa e a mundana, é uma realidade impressionantemente abrangente. Essa divisão faz com que alguns evangélicos entendam certas coisas ou atividades como santas e outras como profanas. Tanto é que em meios cristãos nós utilizamos os termos "mundanismo" e "secularização" para as tendências que se apartaram da moralidade bíblica. Essa terminologia não é errada conquanto entendamos que trabalhar neste mundo é diferente de trabalhar sob a influência do príncipe deste mundo (Jo 12.31; 14.30; 16.11); servir neste século é diferente de servir sob os ditames do deus deste século (2 Co 4.4). Fazer o primeiro não é o mesmo que fazer o segundo. Enquanto o segundo é proibido, o primeiro não só é permitido, mas é devido. Isto é, Deus espera que trabalhemos em nome dele neste mundo, sirvamos uns aos outros neste século.

Todavia, até esse simples conceito nem sempre é totalmente apreendido e a prática sustenta algum tipo de dualismo. Cristãos falam muito sobre o quanto é importante a igreja ser relevante na sociedade. Veja o comentário de Walsh e Middleton:

> Quando as pessoas começam a sentir as limitações de tal dualismo sagrado/secular, elas dizem que o evangelho deve ser tornado relevante para o restante da sociedade. Mas o que sempre querem dizer é que uma instituição, a igreja, deve se tornar relevante para as outras instituições culturais (a família, a escola, o Estado e assim por diante). O dualismo permanece. Ainda temos duas instituições separadas, as quais devem ser, de alguma maneira, relacionadas. A vida ainda está fragmentada.[1]

Nós somos a igreja e nós também somos parte da família, da escola, do estado ou outra instituição cultural. Temos que refletir sobre as implicações do evangelho para cada função que nós ocupamos na sociedade antes de responsabilizar a instituição igreja por papéis sociais que nós, indivíduos, deveríamos assumir. Ainda pensamos muito dicotomicamente.

O dualismo também é visto na questão do trabalho. Para muitos cristãos, o campo missionário é mais nobre do que o trabalho secular. Há crentes que veem o trabalho pastoral como

---

1 Walsh e Middleton, **A Visão Transformadora**, p. 83.

privilegiado por poder "servir ao Senhor" em tempo integral, como se as demais profissões não fossem feitas em ato de serviço ao Criador e sua criação. Ainda que alguns cristãos já tenham aprendido o contrário, permanece estranha a ideia de ter uma maneira cristã de ser um médico, um fazendeiro ou um homem de negócio. "Usar sua profissão para o Senhor" para a maioria dos evangélicos ainda significa ser médico no campo missionário, antes do que desenvolver uma alternativa cristã de medicina – o dualismo permanece. Estabelecer um comércio "de forma cristã" dificilmente vai além das questões morais como honestidade, ao invés disso devemos ter uma visão cristã do propósito e dos lucros do comércio. "Esses cristãos bem intencionados apenas acrescentam fé à sua vocação em vez de deixar que sua fé transforme sua vocação."[2] Ouvimos que precisamos ser crentes fora da igreja, de segunda a sábado, porém achamos que ser cristão no trabalho é termos uma ética individual condizente com nossa fé, um comportamento pessoal exemplar sem qualquer pecado hediondo, injetar atividades religiosas no ambiente de trabalho (estudo bíblico, reunião de oração, evangelismo). O crente tende a saber como a sua fé afeta sua postura no trabalho, mas nem sempre compreendemos como a fé afeta o trabalho em si. Falta-nos uma visão mais completa. Não entendemos a importância da cosmovisão ser nossa marca cristã.[3]

---

2 Walsh e Middleton, **A Visão Transformadora**, p. 85.

3 O cristão universitário muitas vezes reage de forma dualista quando aprende algo na faculdade que conflita com o que ele sempre aprendeu de seu pastor, seja na área biológica (ex: evolução do homem a partir de espécies inferiores), exata (ex: visão de economia utilitarista), ou de humanas (ex: leitura psicológica do ser humano). Ele só pode sustentar uma "verdade" profissional que entre em conflito com a Escritura se ele cria compartimentos em sua vida. Na área profissional, portanto, ele é regido por parâmetros daquele campo de pesquisa. A Bíblia não tem muito a dizer sobre sua área.

Com esse dualismo, nos inclinamos a pensar em "cultura" como sendo aquilo que é secular antes que religioso. Se um evangélico é mais fechado em seus costumes, ele trata a cultura como um pacote demoníaco. Se outro evangélico é menos preocupado com tais "mundanismos", ele tende a tratar a cultura como moralmente neutra. Ambos estão equivocados. Cultura é o desenvolvimento das potencialidades da criação feito por seres humanos cujos corações são essencialmente religiosos. Tudo aquilo que produzimos ou é agradável a Deus ou é contrário aos seus propósitos. Todavia, no meio evangélico a maior parte da cultura acaba sendo identificada como campo secular. Ao invés do cristão se enxergar como uma criatura cultural, isto é, produtor de cultura, ele tem pouca influência em moldar a cultura porque sua cosmovisão o impede de tal influência. "Infelizmente, os cristãos têm sido seguidores da cultura em vez de formadores de cultura."[4] E, por cultura não ser neutra, como já foi dito, ela vem carregada de premissas e ideologias. Ela dita regras, assume funções senhoris. Com isso o dualismo dificulta nossa vida de obediência ao impor uma sujeição dupla, isto é, nos força a servir dois senhores.[5] Nosso Salvador nos ensinou que, na prática, isso é impossível (Mt 6.24); um deles acaba prevalecendo.

Veremos como essa dicotomia nos coíbe de trazermos ideais cristãos para dentro da esfera pública. Fomos levados a acreditar na separação entre esfera pública e esfera privada e isso enfraquece o nosso testemunho. Crentes que se afastam do mundo em nome da santidade, tendem a isolar sua fé e privar o cristianismo de seu espaço no debate público. Quando aceitamos a dicotomia, tornamo-nos mundanos em nossa cosmovisão (ainda que estejamos

---

4 Walsh e Middleton, **A Visão Transformadora**, p. 87.

5 Walsh e Middleton, **A Visão Transformadora**, p. 98.

afastados de alguns ambientes e práticas mundanos). A ironia disso tudo é que quando o cristão se torna mundano em sua cosmovisão, ele se distancia de sua missão no mundo. Essa é a dicotomia que nos afasta do mundo.

UMA DICOTOMIA QUE NOS AFASTA DO MUNDO

Essa dicotomia já foi ensinada repetidas vezes por autores que tratam de uma cosmovisão reformada. Herman Dooyeweerd tinha uma abordagem mais filosófica quando falava dos "motivos básicos", dizendo que todo pensamento religioso é dirigido por esse motivo religioso básico.[6] Ele entendia que podemos detectar diferentes motivos básicos no desenvolvimento da história ocidental, mas esses sempre se apresentam de forma dualista. Ele começa com o *motivo matéria-forma* (matéria sendo a essência que une as pedras, e forma sendo a individualidade que as separa) presente desde os primeiros filósofos gregos, mas desenvolvida por Aristóteles. Depois apresenta o *motivo natureza e graça*, resultado da interpretação de Aristóteles por Tomás de Aquino e que imperou durante a Idade Média. O terceiro motivo básico é o de *natureza e liberdade*, base do discurso moderno da autonomia humana e seu desejo por dominar a natureza. Em contraponto a esses motivos básicos dualistas, Dooyeweerd apresenta o triplo motivo básico cristão de criação, queda e redenção, do qual deveria emergir uma filosofia cristã.[7]

Francis Schaeffer, em seu livro *A Morte da Razão*, já fez uma análise histórica mais sucinta e condensada dessa dicotomia,

---

6   Cf. Herman Dooyeweerd, **No crepúsculo do pensamento ocidental**: estudos sobre a pretensa autonomia do pensamento filosófico (São Paulo: Hagnos, 2010).

7   Herman Dooyeweerd, **Raízes da Cultura Ocidental** (São Paulo: Cultura Cristã, 2015), p. 20-54; Kalsbeek, **Contornos da Filosofia Cristã**, p. 55-59.

embora muito aplicável. Schaeffer explicou a origem do homem moderno na dicotomia natureza/graça encontrada em Tomás de Aquino. O nível de baixo, da natureza, envolve as coisas criadas em sua materialidade (ex: corpo humano) e sua diversidade. O nível de cima, da graça, envolve o Deus Criador e as coisas criadas celestiais em sua espiritualidade (ex: alma humana) e sua unidade. Essa dicotomia brotou na arte a libertação para pintar a natureza como natureza, antes do que utilizar-se de símbolos para pintar as realidades do andar superior (graça). A filosofia também passou a ser praticada à parte da revelação e a teologia abriu espaço para uma teologia natural, isto é, independente das Escrituras. Com tal autonomia das realidades espirituais, a natureza começou a "devorar" a graça.[8] A Reforma foi quem resgatou a noção de que Deus falou nas Escrituras tanto acerca do "andar de cima" como do "andar de baixo". Ela trouxe real unidade de conhecimento.[9] Não precisamos, por exemplo, dividir o amor entre sua manifestação espiritual narrada por poetas líricos e sua manifestação sensual retratada por poetas cômicos. O amor na alma não é mais importante do que o amor no corpo.[10] Toda manifestação do amor remonta a Deus. Essa é a única unidade que faz sentido. Quando a ciência moderna buscou unidade incorporando as ciências sociais (psicologia, antropologia, etc.) às ciências naturais (física, química, etc.) dentro de uma cosmovisão materialista (natureza devorando a graça),[11] ela não conseguiu manter os homens à parte do seu anseio por fé. Todavia, fé pertencia ao andar de cima, enquanto razão ficava no

---

8 Schaeffer, **A Morte da Razão**, p. 11.

9 Schaeffer, **A Morte da Razão**, p. 22.

10 Schaeffer, **A Morte da Razão**, p. 26-27.

11 Schaeffer, **A Morte da Razão**, p. 36-37.

A DICOTOMIA MODERNA

andar de baixo.[12] A partir daí, todo salto do homem em busca de sentido passou a ser irracional.[13]

Embora Dooyeweerd tenha sido filosoficamente denso e Schaeffer procurou popularizar a história da dicotomia de forma concisa, creio que Nancy Pearcey foi quem melhor aliou boa análise histórica com acessibilidade de conteúdo. Como discípula de Francis Schaeffer, Nancy Pearcey, em seu livro *Verdade Absoluta*, argumenta extensivamente sobre como a divisão entre o sagrado e o secular trancafiou a fé na esfera particular, tornou a "fé puramente privatizada". O livro tem como interesse "libertar o cristianismo de seu cativeiro cultural" e convencer os evangélicos de que o cristianismo não é só verdade religiosa, mas é verdade total (i.e. sobre a totalidade da realidade).[14] Pearcey quer tratar do cristianismo como cosmovisão[15] – quer desenvolver uma cosmovisão bíblica (especificamente reformada): criação, queda e redenção[16] – e, assim, mostrar a sua relevância para o cenário público.[17]

O livro se propõe a mostrar uma perspectiva holística que unifique tanto o secular quanto o sagrado, tanto o público quanto

---

12 Schaeffer, **A Morte da Razão**, p. 41.

13 Schaeffer, **A Morte da Razão**, caps. 4 a 6.

14 Pearcey, **Verdade Absoluta**, p. 19-20. O título original do livro de Pearcey é "Total Truth" (Verdade Total).

15 Pearcey apresenta cosmovisão como um "mapa" da realidade e ilustra como diferentes cosmovisões enxergam a natureza humana: "Os marxistas afirmam que, no final das contas, o comportamento humano é moldado pelas circunstâncias econômicas; os freudianos atribuem tudo a instintos sexuais reprimidos; e os psicólogos comportamentais encaram os seres humanos pela ótica de mecanismos de estímulo-resposta. Todavia, a Bíblia ensina que o fator dominante nas escolhas que fazemos é nossa crença suprema ou compromisso religioso. Nossa vida é talhada pelo 'deus' que adoramos – quer o Deus da Bíblia quer outra deidade substituta". Pearcey, **Verdade Absoluta**, p. 26.

16 Pearcey traz um resumo da cosmovisão calvinista nas páginas 48-54, 93-108.

17 Pearcey termina o capítulo 1 dando três exemplos interessantes de cristãos que atingiram a filosofia (Alvin Plantinga), a saúde (David Larson) e a assistência social (Marvin Olasky) com uma cosmovisão cristã (p. 64-68).

AMANDO A DEUS NO MUNDO

o privado, dentro de uma única estrutura, percebendo que há princípios bíblicos que se aplicam a cada área de atuação.[18] Quando o cristianismo fica restrito à esfera privada, o jovem tem dificuldade de manter sua fé no ambiente acadêmico da universidade ou – talvez pior – não enxerga inúmeras inconsistências entre a "academia" e a sua fé e acaba dicotomizando sua vida (esquizofrenia intelectual). Essa dicotomia parece separar hermeticamente os pavimentos, mas na prática acaba trazendo pressupostos de um para o outro:

> Todos conhecemos professores cristãos que indiscriminadamente aceitam as mais recentes teorias seculares de educação; homens de negócios cristãos que administram suas transações por teorias de administração seculares aceitas; ministérios cristãos que espelham as técnicas de marketing do mundo comercial; famílias cristãs em que os adolescentes assistem aos mesmos filmes e ouvem as mesmas músicas que os amigos não-crentes. Ainda que sinceros, eles absorvem por osmose as opiniões sobre quase tudo da cultura circundante.[19]

A dicotomia que aceitamos nos distancia de nosso testemunho contracultural, ou que oferece uma alternativa cultural, porque nos faz pensar iguais a homens e mulheres sem Deus.[20]

Até pessoas que acham que são vacinadas contra o mundanismo caem nessa dicotomia. Pense num homem de negócios que foi

---

18 Pearcey, **Verdade Absoluta**, p. 74.

19 Pearcey, **Verdade Absoluta**, p. 36.

20 O missiólogo britânico Lesslie Newbigin trabalha com a separação fato/valor, público/privado, e afirma que o maior desafio missionário no ocidente é reverter a aceitação eclesiástica da dicotomia e consequente retirada para o setor privado. Lesslie Newbigin, **Foolishness to the Greeks**: The Gospel and Western Culture (Grand Rapids: Eerdmans, 1986), p. 15, 18, 19.

A DICOTOMIA MODERNA

treinado a fazer planejamento estratégico na empresa olhando para números e estatísticas, e a tomar medidas concretas para alcançar os números estabelecidos pela empresa como meta. Esse homem de negócios vem a Cristo e logo se torna um líder na igreja. Quando ele participa do planejamento com a liderança, ele sugere trazer um pouco de sua experiência no mundo empresarial para estabelecer metas numéricas para o crescimento da igreja. Nesse momento da reunião o seu pastor o corrige, dizendo que na igreja não podemos ser pragmáticos, buscando crescimento numérico quando conversões vem por obra de Deus, não por artimanhas humanas. O que parece uma soteriologia sadia por parte do pastor, infelizmente ainda carrega uma dicotomia. Não é só o homem de negócios que precisa de correção, o pastor também precisa. Afinal, ele transmite a todos da reunião que pragmatismo é danoso nas coisas do Senhor, pois nessas dependemos da obra do Espírito. No entanto, o mesmo poderia ser dito no mundo corporativo. Pragmatismo é danoso no mundo de negócios porque julga controlar os resultados (business outcomes) e deixa de considerar a providência divina como um fator que extrapola o nosso controle. Afinal, há muitos fatores econômicos e comerciais que são imprevisíveis. Portanto, a mentalidade pragmática do homem de negócios deve ser corrigida não só no planejamento da igreja, mas deveria ser trabalhada pelo pastor para toda atividade empreendedora. Planejamos melhorias, estabelecemos setores nos quais queremos investir, temos como objetivo pagar as nossas contas e ainda crescer; esse tipo de planejamento vale tanto para a igreja como para a empresa. Mas, infelizmente, esse pastor ainda pensa de forma dicotômica.

Quem sai perdendo nesse pensamento dicotômico é a fé e a moralidade. A sociedade moderna divide a esfera particular da

AMANDO A DEUS NO MUNDO

esfera pública, colocando na primeira as preferências pessoais e os valores (campo subjetivo) e na segunda o conhecimento científico e os fatos (campo objetivo).

> Os secularistas são politicamente muito astutos para atacar a religião de modo frontal ou ridicularizá-la como falsa. Então, o que fazem? Eles consignam a religião à esfera do valor, desta forma excluindo-a da esfera do verdadeiro e do falso. Assim, os secularistas podem nos assegurar de que "respeitam" a religião, ao mesmo tempo em que negam haver relevância com a esfera pública.[21]

Por isso, quando afirmamos uma verdade moral objetiva sobre aborto, bioética ou homossexualismo, eles interpretam como preconceito subjetivo. Quando questionamos a improbabilidade do evolucionismo darwinista em prol de um design inteligente, logo afirmam ser "criacionismo disfarçado". A esfera particular está ficando cada vez mais religiosa e a pública cada vez mais secular.[22]

Os evangélicos têm entrado nessa tendência quando cristianismo se torna sinônimo de necessidades pessoais – relacionamentos, família, emoções, focando nas funções terapêuticas da religião. Isso entra na política também. Nancey Pearcey afirma que os grupos cristãos que trabalham com políticos no senado norte-americano, limitam seu ministério à vida devocional pessoal – "Como está sua vida com Cristo?" – ao invés de desafiarem os políticos a pensar na política a partir de uma perspectiva bíblica

---

21 Pearcey, **Verdade Absoluta**, p. 24.

22 Pearcey, **Verdade Absoluta**, p. 77. Pearcey não nega o aspecto religioso de toda cosmovisão, apenas destaca que a religião institucional se tornou uma questão de preferência particular, proibida de ser matriz do discurso público.

– "Como sua perspectiva de fé influencia o seu voto nos projetos de lei?"[23] Ray Pennings faz uma avaliação precisa do problema resultante do dualismo acima explicado:

> Ressentimo-nos da insistência dos secularistas de que a religião é algo particular, mas, apesar disso, adotamos o sistema individualista deles. Podemos ver prontamente como a nossa fé nos dá algo a dizer a respeito de certas questões morais como o aborto e o casamento, mas temos dificuldade para ver a importância de nossa fé para um plano de desenvolvimento urbano, estratégia de impostos ou política internacional.[24]

Como chegamos até esse ponto? Essa pergunta não tem simplesmente curiosidade histórica, mas convida-nos a mapear a cosmovisão do homem moderno.

TRAÇADOS HISTÓRICOS DA DICOTOMIA MODERNA
Preâmbulo da dicotomia moderna[25]

Tanto Walsh e Middleton quanto Pearcey fazem um traçado do desenvolvimento do dualismo começando com a influência helênica sobre o cristianismo. A distinção platônica entre o mundo dos ideais imutáveis (formas) e o mundo mutável da matéria – sendo aquele a sede da moralidade e a realidade para a qual a alma anseia se libertar – influenciou os pais da igreja, principalmente por intermédio de Plotino e seu neoplatonismo místico (i.e. ênfase

---

23 Pearcey, **Verdade Absoluta**, p. 83.

24 Ray Pennings, "Serviço Político para Deus". In: Joel Beeke, **Vivendo para a Glória de Deus**: Uma Introdução à Fé Reformada (São José dos Campos: Editora Fiel, 2010), p. 389-390.

25 Extraído das fontes: Walsh e Middleton, **A Visão Transformadora**, cap. 7; Pearcey, **Verdade Absoluta**, p. 83-93.

AMANDO A DEUS NO MUNDO

na transcendência mística da criatura a uma união com o Ser Supremo). O famoso "mito da caverna" de Platão (*A República*, livro 7) sintetiza bem essa dualidade:

> Platão pintou um quadro de palavras convincente para sugerir que o mundo da experiência ordinária – o mundo que conhecemos pela visão, som, toque – é apenas um jogo de sombras projetado na parede de uma caverna. Segundo ele, a maioria das pessoas é cativada pelo espetáculo da sombra e o confunde com a realidade. Mas o filósofo é o iluminado que consegue fugir da caverna e descobrir o mundo genuinamente real das formas imateriais, sendo as mais altas a bondade, a verdade e a beleza.[26]

Esse dualismo foi absorvido pela igreja cristã em diferentes formas. Agostinho demonstrou essa influência neoplatônica com sua visão negativa da sexualidade e em sua influência eclesiasticista sobre a Idade Média onde a igreja domina toda a sociedade. O trabalho manual era considerado menos valioso que a oração e a meditação e, por isso, a vida social ordinária estava num plano inferior à vida monástica.[27] Walsh e Middleton afirmam que se o evangelho não era o poder reformador e redentor em tudo da vida, é natural que a igreja fosse elevada à posição de curadora da educação, das mazelas do Estado, etc.[28]

Tomás de Aquino continuou a influência helênica, mas com uma cosmovisão aristotélica (focada na natureza) onde a graça funciona como um *donum superadditum* para a natureza,

---

26 Pearcey, **Verdade Absoluta**, p. 84-85.

27 Pearcey, **Verdade Absoluta**, p. 86.

28 Walsh e Middleton, **A Visão Transformadora**, p. 96.

A DICOTOMIA MODERNA

complementando a natureza ao invés de restaurá-la. Pearcey concorda que Aquino construiu o que Schaeffer chamava de realidade dos "dois pavimentos", sendo que a graça ocupava o andar de cima e a natureza o pavimento de baixo. A Queda fez com que a racionalidade humana ficasse intacta em relação à realidade natural e a lei natural. Com uma visão enfraquecida da Queda, a Redenção em Jesus se tornou apenas a recuperação do *donum superadditum*. Com essa visão dualista, que parecia valorizar o espiritual como superior ao natural, acabou caracterizando um cristianismo que não tem nada a dizer à vida natural.[29] Daí surgiu o secularismo, o conceito de que Deus não tem nada relevante para este *saeculum*. "Se o evangelho não comunica nenhuma palavra normativa para a cultura, então daremos ouvidos a outras palavras [outras autoridades], pois somos seres, inevitavelmente, culturais."[30] Pearcey traz a mesma conclusão de que a ausência de Deus no andar de baixo faz-nos ouvir outras autoridades:

> Em termos práticos, o dualismo natureza/graça dava a entender que precisamos de regeneração espiritual no pavimento de cima da teologia e religião, mas não precisamos de regeneração intelectual para obter a visão certa da política, ciência, vida social, moralidade ou trabalho. Nestas áreas, a razão humana é

---

29 Michael Goheen e Craig Bartholomew descrevem o dualismo dos dois andares de forma um pouco mais amena. Eles dizem que "Aquino preservou o conceito da superioridade do mundo transcendente" ainda que tenha afirmado a virtude do andar inferior, este estando subordinado à igreja e à verdade revelada. No entanto, eles mesmos reconhecem que Aquino não só repetiu o entendimento de que razão está subordinada à fé (um instrumento da teologia), mas agora é voltada para a observação das leis deste mundo. Isso contribuiu para uma emancipação do andar de baixo da natureza, ainda que a cisão não esteja presente em Aquino mas tenha ocorrido nos séculos subsequentes a ele. Goheen e Bartholomew, **Introdução à Cosmovisão Cristã**, p. 126-127.

30 Walsh e Middleton, **A Visão Transformadora**, p. 99.

AMANDO A DEUS NO MUNDO

tratada religiosamente como neutra, e podemos ir em frente e aceitar o que quer que os peritos seculares decretem.[31]

Ao colocar a razão no pavimento de baixo, essa dicotomia criou sérios problemas. Como os assuntos cotidianos podiam ser administrados pela razão, sem a revelação divina, a verdade cristã (confinada ao pavimento de cima) começou a parecer supérflua para esta vida. A separação completa entre razão e revelação estava alvorecendo. Nas palavras de Francis Schaeffer, a natureza começou a "devorar" a graça.[32]

O Renascimento solidificou esse dualismo ao valorizar o mundo natural na ciência e na arte sem considerar a autoridade divina neste mundo, e ao promover um humanismo que considera o ser humano autônomo para as atividades naturais e senhor da natureza.[33] Tais conceitos nascidos num período ainda bem religioso viria a se secularizar de fato no século 18.

A secularização da idade moderna[34]

A idade moderna traz a concretização do processo de secularização, mas não deixa de ter um credo. Como o ser humano é essencialmente religioso, podemos detectar como o humanismo

---

31 Pearcey, **Verdade Absoluta**, p. 106.

32 Para uma leitura mais positiva de Tomás de Aquino, contestando a interpretação protestante comumente feita de Aquino, veja Arvin Vos, **Aquinas, Calvin, & Contemporary Protestant Thought**: A Critique of Protestant Views on the Thought of Thomas Aquinas (Grand Rapids: Eerdmans, 1985), p. 94-115, 123-160.

33 Goheen e Bartholomew, **Introdução à Cosmovisão Cristã**, p. 131-133. Rene Descartes ganha o nome de "pai da modernidade", pois ainda no século 17 ele de fato concretiza a ideia da "razão científica autônoma como árbitro final da verdade" (p. 138).

34 Extraído das fontes: Walsh e Middleton, **A Visão Transformadora**, caps. 8 e 9; Pearcey, **Verdade Absoluta**, p. 112-120.

A DICOTOMIA MODERNA

secular defendeu a fé (premissas não provadas, mas simplesmente assumidas) no progresso, na razão, na tecnologia, e num mundo social racionalmente ordenado.[35] Vejamos como se deu a emancipação do andar de baixo.

Com o advento do mundo moderno e o postulado da autonomia humana, a natureza deixou de ser indicadora de realidades espirituais para se tornar o outro lado do "eu" (a divisão cartesiana entre a *res cogitans*, coisa pensante ou mente, e a *res extensa*, coisa ampliada ou matéria); agora, a dicotomia passava a ser entre o ser humano e a natureza. A exploração da natureza para nossos próprios fins fez do cientificismo um deus e lhe garantiu caráter salvífico.[36] O novo método de Francis Bacon era nobre, visava controlar a natureza para o benefício da raça humana, e despertou o avanço da ciência no século 17. Porém, abriu portas para uma religião secular, uma utopia terrena. "No lugar do sacerdote do período medieval, o cientista vestido oficialmente de branco prescreve o conhecimento para a salvação. O pecado original não é mais a desobediência a Deus; é a ignorância, a irracionalidade ou a informação errada. A falta de conhecimento é a raiz de todo mal."[37] O tecnicismo da Revolução Industrial

---

35 Goheen e Bartholomew, **Introdução à Cosmovisão Cristã**, p. 141-148; Newbigin, **Foolishness to the Greeks**, p. 28. Newbigin atenta para outras duas crenças que se solidificaram no período moderno: "Se – para pessoas ocidentais modernas – a natureza tomou o lugar de Deus como realidade última com a qual temos que lidar, a nação-estado tomou o lugar de Deus como a fonte para qual olhamos em busca de felicidade, saúde e bem-estar" (p. 27).

36 Francis Bacon elevou o método científico ao patamar de realidades religiosas: "Na queda, o homem caiu, ao mesmo tempo, de seu estado de inocência e de seu domínio sobre a criação. Contudo, ambas as perdas podem ser corrigidas em parte, mesmo nesta vida; a primeira pela religião e a fé, a última pelas artes e ciências". (**Novum Organum**, 2.52) Citado em Walsh e Middleton, **A Visão Transformadora**, p. 104. Curiosamente, Francis Schaeffer interpreta essa mesma frase de Bacon como sendo positiva pelo fato de conceder à arte o status de instrumento para a restauração do domínio sobre a natureza. Schaeffer, Francis A. **A Arte e a Bíblia** (Viçosa, MG: Ultimato, 2010), p. 19.

37 Walsh e Middleton, **A Visão Transformadora**, p. 114.

transformou a descoberta científica em poder humano (máquinas, tecnologia), dando-lhe a solução para os seus problemas.[38] Para completar a tríade secular conforme Walsh e Middleton, o economismo veio desafiar o homem a provar e ver que esse deus é bom.[39] E como ídolos nunca se dão por satisfeitos, mas sempre exigem mais sacrifícios, passamos de dominadores da terra para seres dominados por nossa imagem esculpida.

Pearcey também destaca Kant como personagem fundamental na demolição do pavimento de cima. Para ele, o pavimento de baixo é o que sabemos (fatos) enquanto o pavimento de cima é o que não podemos deixar de crer (valores).[40] Darwin foi quem finalmente fechou o quebra cabeça com seu mecanismo naturalista. "Por conseguinte, o pavimento de cima foi excluído de toda ligação com o reino da história, ciência e razão. Afinal de contas, se forças evolutivas produziram a mente humana, então coisas como religião e moralidade não são mais verdades transcendentes."[41]

---

38 Lesslie Newbigin fala que o universo mecanicista apresentado por Isaac Newton apresentou o mundo não mais como um ambiente governado por propósito, mas por leis naturais de causa e efeito. A Teologia, portanto, perdeu o seu lugar num mundo cientificista e mecanicista. O artífice, que antes interagia com o processo de manufatura desde a obra prima até o produto final, agora faz parte de uma linha de produção, onde sua habilidade é incorporada à repetição de máquina e seu trabalho perde o senso de propósito. Newbigin, **Foolishness to the Greeks**, p. 24, 29.

39 "Os três deuses da trindade profana não têm a mesma preeminência hoje. O economismo é o ídolo chefe. Os produtos ainda nos são vendidos por terem sido *cientificamente testados*. Por vários anos os representantes comerciais da Nestlé no Terceiro Mundo visitaram mães incultas, vestidos em seus jalecos brancos oficiais da ciência médica, convencendo-as a usar leite em pó em vez de amamentar. Mas o cientificismo não é mais o deus dominante do Ocidente. No que diz respeito ao assunto, nem o tecnicismo é. Quando o assunto é pesquisa científica ou inovação tecnológica, o ponto final hoje é: Paga bem? É lucrativo? Os deuses mais antigos ainda estão lá, sem dúvida, e proporcionam a base para nossa idolatria econômica; mas eles são muito subservientes à cabeça econômica do ídolo. Hoje, a maximização do lucro e o crescimento econômico reinam supremos." Walsh e Middleton, **A Visão Transformadora**, p. 119.

40 Pearcey, **Verdade Absoluta**, p. 119.

41 Pearcey, **Verdade Absoluta**, p. 120.

A DICOTOMIA MODERNA

O Iluminismo criou uma esfera "secular" que é considerada imparcial e racional (diferente das opiniões religiosas) e, por isso, apropriada para a esfera pública. O credo do Iluminismo era a autonomia de toda autoridade externa a fim de descobrir a verdade somente pela razão.[42] O próprio conceito de "profissional" ganhou conotação de ser secular, livre de valores; os próprios cristãos procuram uma erudição "neutra". Em todas as áreas do saber (educação, política, psicologia, etc.), "o cristianismo foi privatizado como 'sectário', enquanto as filosofias seculares, como o materialismo e o naturalismo, foram promovidas como 'objetivos' e 'neutros', colocando-os como as únicas perspectivas satisfatórias para a esfera pública".[43] Porém, a cosmovisão reformada sabe que

> nossa mente está colorida por nossa posição, quer a favor de Deus quer contra Ele. Como declara Romanos 1, ou adoramos e servimos ao verdadeiro Deus ou adoramos e servimos às coisas criadas (ídolos). Os seres humanos são inerentemente religiosos, criados para ter um relacionamento com Deus. Caso o rejeitem, eles não deixam de ser religiosos; apenas encontram outro princípio básico sobre o qual fundamentar a vida.[44]

---

42 Pearcey, **Verdade Absoluta**, p. 114.

43 Pearcey, **Verdade Absoluta**, p. 111.

44 Pearcey, **Verdade Absoluta**, p. 43. Posteriormente, Pearcey afirma: "Toda alternativa ao cristianismo é uma religião. Pode não envolver ritual ou cultos de adoração, todavia, mesmo assim, identifica algum princípio ou força na criação como a causa autoexistente de tudo. Até os não-crentes mantêm alguma base de existência última, que funciona como ídolo ou falso deus. É por isso que os 'escritores da Bíblia sempre tratam o leitor como se já acreditasse em Deus ou em algum deus substituto', explica o filósofo Roy Clouser. A fé é uma prática humana universal, e se não for dirigida a Deus será dirigida a outra coisa". Pearcey, **Verdade Absoluta**, p. 45. Henry Van Til escreve: "Nunca se encontrou uma cultura secular, e é duvidoso o fato de o materialismo americano poder ser chamado de secular. Mesmo o comunismo, como o nazismo, tem seus males e bens, seus pecados e salvação, seus sacerdotes e suas liturgias, seu paraíso da sociedade futura sem a participação do Estado". Henry R. Van Til, **O Conceito Calvinista de Cultura**, trad. Elaine Carneiro D. Sant'Anna

AMANDO A DEUS NO MUNDO

Até na prática científica as experiências, pressuposições teóricas, ambições e interesses socioeconômicos influenciam o empenho científico: o que consideramos digno de estudo, o que esperamos encontrar, para onde olhamos e como interpretamos os resultados.[45]

A aceitação evangélica do dualismo[46]

As igrejas evangélicas são tipicamente fracas em apologética e cosmovisão. Pearcey gasta a terceira parte do seu livro *Verdade Absoluta* explicando por que o evangelicalismo americano consentiu na divisão da verdade em dois pavimentos. Tanto a ala populista, de estilo reavivalista, que predominou no sul dos Estados Unidos (batistas e metodistas), quanto a ala racionalista, de característica mais erudita, que predominou no norte dos Estados Unidos (congregacionais, presbiterianos e episcopais) sucumbiram a essa dicotomia. A ala populista passou a dominar o cenário evangélico norte-americano a partir do segundo grande despertamento. Com foco na experiência e negligência do elemento cognitivo da crença, cristianismo passou a ser sinônimo de experiência não-cognitiva do pavimento de cima. Ser teologicamente instruído era sinônimo de espiritualmente morto. Essa ala evangélica acrescentou ao anti-intelectualismo uma visão individualista da igreja (resultado da herança política da revolução americana[47]) que rejeitou as riquezas

---

(São Paulo: Cultura Cristã, 2010), p. 44.

45 Pearcey, **Verdade Absoluta**, p. 44.

46 Extraído de Pearcey, **Verdade Absoluta**, caps. 9-12.

47 Pearcey afirma que "no primeiro despertamento, os reavivalistas não tinham atacado a estrutura da igreja ou os conhecimentos teológicos, mas apenas os abusos que tinham transformado o clero numa classe privilegiada. Em contrapartida, no segundo despertamento, a autoridade da igreja foi denunciada como 'tirania'. Credos e liturgias eram nada mais que 'papismo' e 'poder sacerdotal'. (Charles Finney declarou que a Confissão de Westminster era um 'papa de papel'.) Muitos

A DICOTOMIA MODERNA

intelectuais da tradição cristã. Nessa época o protestantismo estava se dividindo em dois pavimentos: os reavivalistas promovendo as conversões emocionais (pavimento de cima) e seus oponentes defendendo a religião racional (o pavimento de baixo).

A eclesiologia individualista, e até atomística, do evangelicalismo populista teve impacto na vida da mente. Ela produziu uma nova teologia da conversão onde, ao invés de alguém ser cuidadosamente avaliado pela igreja e caminhar gradativamente rumo à certeza da salvação, os reavivalistas ofereciam certeza imediata que habilitava o convertido a anunciar às pessoas o que havia experimentado.[48] Esse individualismo era a aplicação da teoria do contrato social de Rousseau (sociedade como reunião voluntária de indivíduos) ao cenário eclesiástico. Ecoando temas da Reforma Radical, negaram a história da igreja em prol de uma restauração da pureza da igreja primitiva, incentivaram uma igreja livre de estruturas e organizações, e reduziram o cristianismo a "aceitar a Jesus" – escolha individual – antes do que se ajustar a uma tradição herdada.[49] Como consequência, essa religião do coração não respondeu aos desafios intelectuais do século 19 (darwinismo e alta crítica) e os conservadores deram as costas à cultura e adotaram o separatismo como estratégia (fundamentalismo). O cristianismo foi reduzido a uma subcultura.

---

argumentavam que a revolução americana ainda não estava completa, diziam que tinham rejeitado a tirania *civil*, mas que precisavam rejeitar a tirania *eclesiástica*". Pearcey, **Verdade Absoluta**, p. 307.

48 Pearcey, **Verdade Absoluta**, p. 311.

49 Pearcey comenta: "Ainda encontramos em nossas igrejas e ministérios paraeclesiásticos muitos dos padrões básicos de uma era antiga: a tendência a definir a religião primariamente em termos emocionais; a atitude anticredo e anti-histórico que ignora as riquezas teológicas do passado; a asserção da escolha individual como determinante final da crença; a visão atomística da igreja como mera congregação de indivíduos que incidentalmente acreditam nas mesmas coisas; a preferência do ativismo social acima da reflexão intelectual. Acima de tudo, talvez, o evangelicalismo ainda produza um modelo de celebridade de liderança". Pearcey, **Verdade Absoluta**, p. 326.

AMANDO A DEUS NO MUNDO

Em seguida, Pearcey delineia como a ala erudita também não teve êxito total em confrontar os desafios da educação secular. O realismo do senso comum (Thomas Reid) e o método indutivo de ciência que advogava trabalhar com fatos antes que deduções (Francis Bacon) moldaram a teologia de Princeton. A Bíblia era vista como acessível a todos que se interessassem a olhar os fatos e a exegese ganhou caráter "científico", alegadamente desprovida de pressupostos. "O legado do baconismo foi um ponto de vista de interpretação bíblica anti-histórico e um tanto quanto positivista... que o melhor modo de ler o texto bíblico é lê-lo na posição de indivíduo isolado."[50] Pearcey mostra como o resultado foi um naturalismo metodológico no pavimento de baixo:

> O baconismo persuadiu os cristãos a pôr de lado a sua própria estrutura religiosa. Ao mesmo tempo, permitiu que estruturas filosóficas estrangeiras, como o naturalismo e o empirismo, fossem introduzidas sob a égide da 'objetividade' e 'investigação livre'... Outro modo de descrever o processo é que o baconismo expulsou as perspectivas cristãs do pavimento de baixo, onde lidamos com assuntos como ciência e história, e as colocou no pavimento de cima.[51]

O naturalismo metodológico abriu a porta para o naturalismo metafísico. Afinal de contas, quem pode explicar o mundo sem se referir a Deus não precisa mais de sua existência como hipótese. Quando *A Origem das Espécies*, de Charles Darwin, entrou em cena, em 1859, os evangélicos não debateram a questão no campo

---

50 Pearcey, **Verdade Absoluta**, p. 339.

51 Pearcey, **Verdade Absoluta**, p. 340.

A DICOTOMIA MODERNA

filosófico, pois negavam o papel das suposições filosóficas na ciência. Prova disso é que até o surgimento do movimento do design inteligente, o debate entre naturalistas e criacionistas acontecia quase que exclusivamente no nível dos detalhes científicos (fósseis, mutações, estratos geológicos).

O evangelicalismo norte-americano em ambas as expressões não superou a divisão de dois pavimentos, mas a intensificou. Enquanto a ala populista defendeu a religião como experiência emocional particular (pavimento de cima), a ala erudita reforçou a ideia de que o conhecimento público dever ser religiosamente neutro e autônomo (pavimento de baixo). Como consequência "a religião foi retirada do reino público e inserida no reino particular", diz Pearcey. "Lá poderia se desenvolver, como na realidade aconteceu. Mas seria mantido de modo cuidadoso em sua gaiola. Enquanto isso, as ideologias seculares tiraram proveito do espaço vazio e rapidamente preencheram o cenário público."[52]

Essa síntese da história evangélica norte-americana é útil aos brasileiros não só porque somos herdeiros do evangelicalismo norte-americano por intermédio das missões, mas também porque vemos evangélicos pendendo para duas tendências extremas conforme expostas no capítulo anterior (pietistas e progressistas). Não que as duas alas americanas sejam representações exatas dos pietistas e progressistas da igreja brasileira, mas elas nos ajudam a entender melhor algumas tendências em nosso país. Pessoalmente, creio que os dois extremos da igreja brasileira reagem mal à dicotomia moderna. Tanto a espiritualidade monástica quanto o cristianismo prioritariamente horizontal são segmentados antes que holísticos.

---

52 Pearcey, **Verdade Absoluta**, p. 359.

AMANDO A DEUS NO MUNDO

E quando nos falta uma visão holística, não temos antídoto para a secularização dominante. A secularização adentrou de maneira impressionante em outras áreas da sociedade, como a educação. Nos Estados Unidos, universidades outrora cristãs (Harvard, Yale e Princeton) "empurraram a teologia para um departamento separado em vez de permitir que influenciasse a grade curricular universitária como um todo".[53] Posteriormente, o estudo da religião passou a ser alvo de investigação fenomenológica, destituída de pressupostos metafísicos. Isto é, em universidades brasileiras que oferecem cursos de 'teologia' ou de 'ciências da religião', o que predomina é um estudo sociológico de diferentes manifestações religiosas sem professarem uma crença sobrenatural unificadora que norteie a hermenêutica religiosa. Estudam teologia sem crença em Deus, investigam a religião sem pressupostos de verdade religiosa.

Até a vida familiar foi afetada pela dicotomia moderna. No capítulo 12 de *Verdade Absoluta*, Pearcey afirma que o fato do cristianismo, a partir dos despertamentos, ter começado a atrair mais mulheres que homens não é porque elas são mais religiosas do que os homens – pois no judaísmo e no islamismo os homens predominam – mas porque os reavivalistas acentuavam o lado emocional da religião (cristianismo para o pavimento de cima), uma mensagem que parecia ter sido feita para mulheres.[54] Antes da Revolução Industrial famílias trabalhavam conjuntamente em casa, e ambos os pais estavam mais envolvidos na criação de filhos. A Revolução Industrial levou o trabalho para fora de casa, e os homens perderam o papel fundamental de educadores. A liderança moral e

---

53 Pearcey, **Verdade Absoluta**, p. 346.

54 Pearcey, **Verdade Absoluta**, p. 364.

espiritual no lar passou a ser das mulheres. A imagem das mulheres mais amorosas, sensíveis e piedosas, as fez engajarem-se em muitos movimentos reformistas da era progressiva do século 19 (alimentar os pobres, apoio à escola dominical e às missões, abolição da escravatura e da mão de obra infantil, banimento da prostituição e do aborto, etc.).[55] Considerando que as mulheres haviam perdido o papel produtivo e se tornado economicamente dependentes, que o seu trabalho não remunerado em casa era visto como atitude abnegada e generosa, que não tinham contato com o mundo dos adultos mas aumentara a responsabilidade em casa decorrente da ausência do pai, estabeleceu-se a dicotomia no lar: as mulheres ficaram confinadas à esfera particular.[56] Criou-se a dicotomia entre o doméstico e o econômico, feminino e masculino, particular e público; os homens lidavam com a vida pública e as mulheres com os valores pessoais.[57] O movimento feminista foi uma reação a essa dicotomia, mas não conseguiu estabelecer equilíbrio holístico. Com o advento do movimento feminista, a dicotomia se mostra vigente quando mulheres têm medo de se tornarem mães, pois foram preparadas para o mundo público, não o particular.

Diante desse problema tão alastrado, o primeiro passo para recuperarmos nosso lugar no debate público é quebrarmos com a dicotomia entre o público e o particular em nossa mente evangélica brasileira.

---

55 O fato de sociedades esperarem que a "primeira dama", esposa de um governante, se envolva em projetos sociais é evidência da associação que se fez entre a assistência social e a mulher. A virtude era tão fortemente proclamada como feminina, que Pearcey afirma que um terço dos romances norte-americanos no início do século 19 foi produzido por mulheres e um dos temas mais comuns era o triunfo das mulheres contra os homens maus. Pearcey, **Verdade Absoluta**, p. 377.

56 Pearcey, **Verdade Absoluta**, p. 383.

57 Pearcey, **Verdade Absoluta**, p. 387; Newbigin, **Foolishness to the Greeks**, p. 31.

QUEBRANDO A BARREIRA QUE NOS SEPARA

Cristãos não podem restringir sua fé à esfera da religião, mas toda esfera da vida precisa ser moldada pela fé. A Bíblia tem exemplos de homens que entenderam sua função de influência fora do âmbito eclesiástico. José manteve a confiança de dois superiores (Potifar e Faraó) por intermédio de sua boa administração. Jeremias ensinou o povo de Deus a cuidar de outras coisas que não o "espiritual" (Jr 29.7). Daniel falou de injustiça e impiedade a um monarca que não tinha a lei mosaica como fundamento de sua ética (Dn 4.27). João Batista também confrontou um governante por suas impiedades (Lc 3.18-20).

Nancy Pearcey afirma que não podemos ser como imigrantes que vivem parte de sua vida usando a língua materna (porque é a sua identidade) e parte usando a língua do país em que vivem, porém sem conexão entre elas. Temos que ser missionários os quais aprendem as formas de pensamento das pessoas a serem alcançadas e traduzem a língua da fé para a língua da cultura na qual estão inseridos.[58] Somos peregrinos, é verdade, mas não temos que agir como imigrantes. O imigrante é aquele que se adapta à cultura na qual está morando a fim de poder trabalhar, mas na sua casa ele fala a sua própria língua, come comidas típicas de sua terra natal, e assiste programas de televisão do seu país. Sua vida é dicotomizada. Porém nós, cristãos, não fomos chamados a viver duas culturas, uma dentro de casa e outra fora. Devemos, antes, preservar a mentalidade integrada de um missionário que não vê problemas em absorver costumes da terra alheia a fim de permear a cultura alheia

---

58 Pearcey, **Verdade Absoluta**, p. 76, 167-168. Hudson Taylor é um exemplo de missionário que procurou vestir-se como chinês e portar-se como um chinês a fim de alcançar o chinês mais simples com o evangelho.

A DICOTOMIA MODERNA

com a mente de Cristo. Ele traz costumes da cultura alheia para dentro de casa, a fim de convidar pessoas para o seu lar e fazer com que a sua fé saia para fora de casa. Ele abre mão de seus costumes, no desejo de ganhar pessoas com a mensagem do evangelho (1 Co 9.19-23). Sua vida é integrada.

CAPÍTULO 6

APLICAÇÃO: COSMOVISÃO E CIÊNCIA

O capítulo anterior nos mostrou como a dicotomia brotada na antiguidade, mas desabrochada na modernidade, acabou afastando o cristianismo da esfera pública. Nos últimos cento e cinquenta anos, tornou-se cada vez mais fechado ao cristão opinar ou trabalhar a partir de premissas de fé explicitadas. As áreas mais fechadas a isso são as áreas das ciências naturais e sociais. Essa polarização entre ciência e religião não é um retrato adequado das interações de cristãos com a prática científica, como veremos a seguir.

No entanto, assim como afirmamos no capítulo 5 que os cristãos aceitaram a dicotomia e passaram a enxergar sua fé apenas para o âmbito individual da moral e fé, veremos como cristãos também aceitaram a dicotomia no mundo acadêmico. A triste constatação é que cristãos passaram a fazer ciência como qualquer ímpio a faz, sem conscientizar-se de qualquer implicação que sua cosmovisão tenha para a sua prática científica. Isto é, ele consegue ser "profissional" no laboratório ou na sala de aula, e "cristão" em casa e na igreja, sem que haja relação entre ambos os espaços. Não estamos falando de uma incoerência de conduta moral (embora tenha efeitos morais), mas de uma incoerência de compromissos. Isto é, sua dicotomia de valores o leva a aceitar a autoridade do pastor na Escola Dominical, mas como acadêmico ele dá ouvidos a outras autoridades sem o devido filtro pela Palavra de Deus. A aceitação dessa polaridade requer que haja correções na forma de compreender a relação entre fé e ciência.

Para tal corretivo na relação entre a fé e a atuação acadêmico/científica, vamos partir das observações perspicazes de Abraham Kuyper em sua palestra sobre "Calvinismo e Ciência", publicada em seu livro *Calvinismo*[1], mas vamos desenvolvê-las com os insights de pensadores reformados mais recentes que expandiram essas ideias no mesmo pensamento de Kuyper.

FALSA POLARIDADE

A primeira contribuição de Kuyper para esse debate é a maneira como ele esclarece que o calvinismo "encontrou uma solução para o inevitável conflito científico". Kuyper explica que o conflito científico é entre cosmovisões, e não entre fé e ciência. Toda ciência, seja ela materialista ou teísta, parte de algum tipo de fé: fé no funcionamento acurado dos nossos sentidos, fé na precisão das leis do pensamento[2], fé na regularidade do universo (para que os resultados sejam os mesmos debaixo das mesmas condições e, assim, o cientista consiga formular leis), fé na inteligibilidade racional do mundo físico, etc. Ronald Nash observa o lugar das pressuposições na prática científica.

---

1 Kuyper apresenta o Calvinismo como tendo trazido quatro benefícios para a prática científica: 1) encorajou o amor pela ciência; 2) restaurou à ciência o seu domínio; 3) libertou a ciência de laços artificiais; e 4) encontrou uma solução para o inevitável conflito científico. Abraham Kuyper, **Calvinismo** (Cultura Cristã, 2002), p. 117. Este capítulo compila e inverte a ordem desses benefícios.

2 Kuyper, **Calvinismo**, p. 137-138.

APLICAÇÃO: COSMOVISÃO E CIÊNCIA

Até cientistas fazem importantes suposições epistemológicas, metafísicas e éticas. Assumem, por exemplo, que o conhecimento seja possível e que a experiência sensorial seja confiável (epistemologia), que o universo seja regular (metafísica) e que os cientistas devam ser honestos (ética). Sem essa suposição, que os cientistas não podem justificar dentro dos limites de sua metodologia, a pesquisa científica logo entraria em colapso.[3]

Sendo assim, Kuyper discorre acerca de um conflito que não é decorrente de um atrito entre a fé e a ciência, mas entre a afirmação de que o cosmos é resultado de processos normais ou de intervenção anormal.

Kuyper teve uma percepção bastante avançada para o seu tempo que nem todo teólogo conseguiu absorver. Sua visão crítica acerca da teoria da evolução[4] contrastava com a opinião de alguns de seus colegas reformados mais simpáticos a esses caminhos científicos, como B. B. Warfield.[5] No entanto, Kuyper iniciou uma trajetória de pensamento reformado que percebeu que a disputa era entre "dois tipos de ciência", com premissas epistemológicas distintas. Ele não se referia a "dois tipos de ciência" no sentido de terem coletas de dados totalmente distintas, gerando assim duas

---

3 Nash, **Questões Últimas da Vida**, p. 20.

4 Para análise crítica da teoria da evolução, veja a sua palestra de 1899: Abraham Kuyper, "Evolution", **Calvin Theological Journal** 31, no. 1 (April 1996), p. 11-50.

5 Veja Mark A. Noll, **The Princeton Theology 1812-1921**: Scripture, Science, and Theological Method from Archibald Alexander to Benjamin Breckenridge Warfield (Grand Rapids: Baker Academic, 2001). Desde meados do século 19, teólogos conservadores têm se dividido quanto a como responder às propostas científicas que falam de evolução – desde a aceitação criacionista apenas de microevolução (pequenas mudanças dentro de cada espécie) até uma versão teologicamente ousada de teísmo evolucionista. Para estes, evolução fornece o método da providência divina. Cf. George M. Marsden, **Understanding Fundamentalism and Evangelicalism** (Grand Rapids: Eerdmans, 1991), p. 135-138, 154-156.

AMANDO A DEUS NO MUNDO

"verdades". Ele sabia que cientistas de diferentes cosmovisões poderiam pesar objetos, examinar arquivos, desenterrar monumentos ou decifrar idiomas antigos com uma certa objetividade, chegando aos mesmos resultados. No entanto, ele sabia que "suas atividades seguem em direções opostas, porque eles possuem pontos de partida diferentes".[6] Warfield, em contrapartida, ainda estava preso ao modelo iluminista de ciência, crendo na sua objetividade da pesquisa e do pesquisador que levava a melhor ciência a convencer o outro.[7] Baseado nos princípios indutivos de Francis Bacon, esse modelo "insistia que os seus argumentos eram baseados em cuidadoso exame das evidências que todos poderiam observar através de procedimentos de senso comum".[8]

O historiador do cristianismo norte-americano, George Marsden, afirma que as igrejas evangélicas antes de 1900 endossaram a proposta de fazer ciência com uma metodologia naturalista sem perceber o processo de secularização que estava ocorrendo, até que, no século 20, as ciências finalmente foram isoladas de quaisquer considerações religiosas.[9] A proposta evolucionista de Darwin que parecia apenas uma teoria sobre biologia, acabou se apresentando como toda uma cosmovisão naturalista. Como reação a tal secularização do cenário norte-americano, muitos evangélicos se isolaram do mundo acadêmico, mantiveram-se dentro de seus

---

6 Abraham Kuyper, **Encyclopedia of Sacred Theology**: Its Principles (New York: Charles Scribner's Sons, 1898), p. 109-124.

7 Marsden, **Understanding Fundamentalism and Evangelicalism**, p. 123-124. Marsden explica que enquanto o Iluminismo na Holanda de Kuyper era associado ao secularismo, o que prevaleceu nos Estados Unidos de Warfield foi o Iluminismo moderado associado às ideias de Newton e Locke, além do Realismo do Senso Comum de Thomas Reid os quais eram abraçados por teólogos conservadores (p. 126-129).

8 Marsden, **Understanding Fundamentalism and Evangelicalism**, p. 162.

9 Marsden, **Understanding Fundamentalism and Evangelicalism**, p. 143-145.

APLICAÇÃO: COSMOVISÃO E CIÊNCIA

institutos bíblicos para preservação da fé e, assim, criaram o que Marsden chama de "um tipo de idade das trevas acadêmica para a erudição evangélica conservadora".[10] Como resultado dessa mentalidade, surgiu o movimento criacionista[11] de Henry Morris que considerava a Escritura um livro de ciências do qual ele poderia extrair observações científicas tão precisas quanto de periódicos acadêmicos do século 20.[12] O "obscurantismo" da visão de Morris não consistia em ter uma visão elevada das Escrituras, julgando-a a inerrante Palavra de Deus, mas de esperar que ela provesse linguagem científica como forma de atestar sua divindade.

A boa percepção de Kuyper demorou a fazer sentido no mundo evangélico. Podemos dizer que o insight de Kuyper só desabrochou em um movimento organizado quando, no início da década de 1990, a proposta do Design Inteligente (DI) passou a debater fundamentos científicos antes do que "fatos científicos". Isto é, enquanto o movimento criacionista nascido na década de 1960 (Henry Morris, Duane Gish, John Whitcomb) procurava debater com seus oponentes darwinistas no âmbito dos fatos (registros fósseis, mutações, etc.) com uma convicção de que venceriam o argumento com evidências, o movimento de DI compreendeu

---

10 Marsden, **Understanding Fundamentalism and Evangelicalism**, p. 148.

11 Criacionismo costumava denotar a crença num Criador, mas passou a ser sinônimo dos que creem numa interpretação de Gênesis 1 que requer que a terra tenha apenas alguns milhares de anos (chamado "criacionismo da terra jovem"). Há, porém, escritores evangélicos que procuram respeitar o texto de Gênesis sem deixar de crer numa terra antiga. Eles não são evolucionistas teístas, mas creem na criação especial do homem de forma bem mais recente do que a idade do universo, explicam a morte biológica antes da existência do ser humano, e procuram prover uma leitura exegeticamente sustentável do texto sagrado. Para um exemplo desse ponto de vista, veja John C. Lennox, **Seven Days that Divide the World**: The Beginning According to Genesis and Science (Grand Rapids: Zondervan, 2011).

12 Marsden, **Understanding Fundamentalism and Evangelicalism**, p. 158, 163-164. Para um panorama desse movimento, ainda que trazendo uma perspectiva crítica sobre a filosofia e a hermenêutica do movimento, veja Noll, **The Scandal of the Evangelical Mind**, p. 188-208.

AMANDO A DEUS NO MUNDO

que evidências eram lidas mediante uma lente hermenêutica que precisa ser questionada.[13] Enquanto os criacionistas do passado debatiam com os darwinistas no campo das evidências, a grande contribuição do DI foi unir os cristãos que outrora debatiam entre si para, agora, combater o evolucionismo darwinista no âmbito filosófico.[14] Não é que proponentes do DI não falassem de evidências e argumentos científicos – Michael Behe ficou famoso por demonstrar a "complexidade irredutível" de certas estruturas biológicas que não teriam funcionalidade se qualquer uma das partes estivesse ausente, assim dificultando a proposta de evolução gradual de organismos vivos por processos não guiados[15] –, mas a lógica investigativa do jurista Philip Johnson e a bagagem epistemológica do filósofo da ciência Stephen Meyer demonstram que o movimento também sabia trabalhar na esfera pré-científica. Até a proposta de que a complexidade da natureza requer uma inteligência por detrás é uma premissa pré-científica, assim como a proposta de que processos não guiados geraram a evolução também é uma premissa pré-científica.

---

13   Veja o livro revolucionário de Philip Johnson, que deu o pontapé inicial do movimento do Design Inteligente. Philip Johnson, **Darwin no Banco dos Réus** (São Paulo: Cultura Cristã, 2008).

14   Pearcey, **Verdade Absoluta**, p. 193-200.

15   Veja Michael J. Behe, **A Caixa Preta de Darwin**: O Desafio da Bioquímica à Teoria da Evolução (Rio de Janeiro: Zahar, 1997). O raciocínio de Behe é fácil de acompanhar. A razão pela qual sistemas irredutivelmente complexos não podem ser gerados por seleção natural, é que esta só irá manter aquilo que tem função benéfica para o organismo. A seleção natural não vai manter um sistema incompleto que possa desenvolver uma função no futuro. Um sistema pela metade não faz bem nenhum à célula e, por seleção natural, deve ser descartado. Afinal, um sistema irredutivelmente complexo só tem funcionalidade caso esteja completo. O matemático William Dembski levou o argumento de Behe ainda mais adiante quando apresentou fórmulas de improbabilidade matemática de que processos naturais pudessem gerar complexidade biológica, assim resultando na inferência de desígnio inteligente. Para um resumo de todo o movimento de DI, com uma avaliação de seus argumentos e limitações, veja Thomas B. Fowler e Daniel Kuebler. **The Evolution Controversy**: A Survey of Competing Theories (Grand Rapids: Baker Academic, 2007), p. 237-276.

APLICAÇÃO: COSMOVISÃO E CIÊNCIA

Essa percepção de cosmovisões guiando a empreitada científica não é admitida pela maioria dos cientistas naturalistas que tendem a desprezar a teoria do DI como sendo pseudocientífica, ou "criacionismo mascarado". Em outras palavras, enquanto darwinistas se julgam fazendo ciência, os proponentes de DI estariam fazendo religião mascarada de ciência. Por isso é que proponentes populistas do neoateísmo como Richard Dawkins (além de Christopher Hitchens, Daniel Dennett, Sam Harris) acham que a ciência leva ao ateísmo. Eles propõem que a religião é prejudicial, pois ao invés de buscar explicação científica, ela coloca Deus como a explicação de tudo ("Deus das lacunas"), enquanto a ciência pode explicar toda a experiência humana.[16] Além de exageradamente otimista sobre o alcance da ciência, o movimento neoateísta é um exemplo de ingenuidade filosófica que não admite que haja cosmovisões determinando a empreitada científica.[17]

John Lennox, um acadêmico cristão que ficou renomado por seus debates com Richard Dawkins e Christopher Hitchens, ecoa na atualidade a mesma ideia destacada por Kuyper, no final

---

16   Peter Atkins afirma que somente os religiosos "esperam que exista um canto escuro do universo físico, ou do universo da experiência, que a ciência não pode nunca esperar esclarecer. Mas a ciência jamais encontrou uma barreira, e as únicas razões para supor que o reducionismo vai fracassar são o pessimismo da parte dos cientistas e o medo nas mentes dos religiosos". Citado em John C. Lennox, **Por que a Ciência não Consegue Enterrar Deus** (São Paulo: Mundo Cristão/Universidade Presbiteriana Mackenzie, 2009), p. 11. Mais adiante, Lennox ilustra a dicotomia moderna ao dizer que os cientistas não se incomodam de que continue havendo religião, contanto que a crença religiosa não seja igualada ao conhecimento: "Em outras palavras, ciência e religião podem coexistir pacificamente, desde que a religião não invada o reino da ciência. Pois somente a ciência pode nos dizer o que é objetivamente verdadeiro; somente a ciência pode transmitir conhecimento. O resultado final é este: a ciência trata da realidade, a religião não". (p. 55). Tais afirmações, porém, são autodestrutivas porque elas não são científicas. Dizer que aquilo que a ciência não pode descobrir não se pode conhecer é "uma afirmação metacientífica" (p. 60).

17   Tal mentalidade reflete o "fundamentalismo antissobrenaturalista" de ateus como Carl Sagan, que acreditam que a evidência científica prova a inexistência do sobrenatural. Marsden, **Understanding Fundamentalism and Evangelicalism**, p. 179-180.

AMANDO A DEUS NO MUNDO

do século 19, de que o conflito não é entre ciência e religião, mas entre duas cosmovisões (o naturalismo e o teísmo).[18] Ele tem reconhecido a importância de admitir as diferentes cosmovisões e de testá-las à luz das evidências científicas. Existem cientistas apaixonados e metodologicamente sãos em ambos os lados do debate. A grande pergunta é "qual cosmovisão é mais fiel às descobertas científicas?"[19] Essa pergunta é válida – nós podemos e devemos investigar qual cosmovisão é mais adequada –, razão pela qual existem debates científicos. Numa palestra proferida na Universidade Presbiteriana Mackenzie em 2009, Lennox elencou algumas razões para crermos na superioridade da cosmovisão teísta.[20]

A primeira razão é que o naturalismo mina o nosso instrumental científico, que é a racionalidade humana. Se a mente é o resultado de formação aleatória, porque eu devo crer em qualquer coisa que ela me diz? Isto é, se a mente humana foi criada por processos naturais irracionais, porque devemos confiar em nossas faculdades cognitivas? Racionalidade não pode vir daquilo que é irracional.[21] Como disse Nancy Pearcey: "A doutrina da criação é a garantia epistemológica de que a constituição de nossas faculdades humanas se conforma com a estrutura do mundo físico".[22]

A segunda razão é que a compreensão de processos científicos não descarta a necessidade de um agente por trás dos processos. O fato de que você entende um mecanismo não explica que não exista alguém que o projetou. Por exemplo, entender

---

18 Lennox, **Por que a Ciência não Consegue Enterrar Deus**, p. 38, 49.

19 Lennox, **Por que a Ciência não Consegue Enterrar Deus**, p. 26.

20 Palestra de John Lennox no 2º Congresso Internacional Darwinismo Hoje, realizado na Universidade Presbiteriana Mackenzie (13/04/2009): "A Origem da Vida e os Novos Ateus".

21 Lennox, **Por que a Ciência não Consegue Enterrar Deus**, p. 79.

22 Pearcey, **Verdade Absoluta**, p. 351.

APLICAÇÃO: COSMOVISÃO E CIÊNCIA

o processo de combustão de um carro não elimina a existência de um Henry Ford, que projetou o carro.[23] Embora a ciência tenha a capacidade de explicar o funcionamento das coisas (o "como"), ela nunca consegue explicar o propósito das coisas (o "por quê"); só a revelação pode responder a questões teleológicas.[24] A ciência, portanto, tem muitos limites. O próprio Darwin não afirmou que a ciência explica a existência da vida; ele simplesmente tentou mapear o desenvolvimento dela. Evolução se baseia nos princípios de mutação e seleção natural, mas trata-se de evolução do que já existe. Você não pode explicar a origem do mecanismo com base no próprio mecanismo.

Enquanto as duas primeiras razões são pré-científicas, as outras duas são mais relacionadas a evidências científicas. A terceira razão para assumir a superioridade da cosmovisão teísta para a prática científica é que vida depende de um universo com sintonia fina para que ela continue a existir. Isso significa que se as várias leis científicas não estivessem todas no seu devido lugar, a vida não existiria. Para que toda vida biológica permaneça existindo, o universo precisa estar precisamente regulado. Até cientistas ateus reconhecem a dificuldade de um universo explicado por mero acaso.

A quarta razão é a existência de informação em todo ser vivo. Informação pressupõe inteligência. Leis não criam informação, assim como televisores não criam programas televisivos. Mecanismos não explicam a existência de informação na matéria-prima. Observe a quantidade de informação contida no código genético, a mais longa palavra em qualquer idioma (3.5

---

23 Lennox, **Por que a Ciência não Consegue Enterrar Deus**, p. 61-62.
24 Lennox, **Por que a Ciência não Consegue Enterrar Deus**, p. 60-61.

bilhões de letras na exata ordem).[25] Vida tem sido reconhecida como informação impressa na matéria.[26] Informação contém sentido; o sentido de uma mensagem não se encontra na física e na química do papel e da tinta. Ciência não explica a origem da informação. A presença de informação na matéria pressupõe uma inteligência.

Essas razões apresentadas por John Lennox fundamentam a conclusão de que a cosmovisão que mais faz sentido diante dessas observações científicas é a cosmovisão teísta. Essa é uma conclusão absurda para aqueles que foram ensinados a pensar que religião sempre foi prejudicial para o avanço científico. Histórias como a excomunhão de Galileu pela Igreja Católica Romana sempre são utilizadas como exemplo de fé religiosa atrapalhando a ciência de avançar livremente. A ideia de que na modernidade a ciência experimentou uma "emancipação da religião" é uma história encharcada de pressupostos iluministas. No entanto, esse é um entendimento equivocado da relação histórica entre ciência e fé cristã.

Abraham Kuyper já dizia que o calvinismo encorajou o amor pela ciência e a história mostra que o cristianismo, de fato, tem um DNA de estímulo à pesquisa científica. Nancy Pearcey e Charles Thaxton mencionam pesquisas que apontam que as raízes da ciência moderna se encontram no cristianismo medieval.[27] Reijer

---

25 Veja o trabalho riquíssimo de Stephen Meyer sobre a complexidade de informações celulares. MEYER, Stephen C. **Signature in the Cell**: DNA and the Evidence for Intelligent Design (San Francisco: HarperOne, 2009).

26 Para uma discussão detalhada sobre esse argumento do DI, veja o capítulo 6 de Pearcey, **Verdade Absoluta**.

27 Nancy R. Pearcey e Charles B. Thaxton. **A Alma da Ciência**: Fé Cristã e Filosofia Natural (São Paulo: Cultura Cristã, 2005), p. 16-17.

APLICAÇÃO: COSMOVISÃO E CIÊNCIA

Hooykaas historia o surgimento da ciência moderna na Europa ocidental dos séculos 16 e 17 e conclui que ela é resultado de uma visão bíblica do mundo.[28] Michael Horton cita o historiador Lewis Spitz que diz: "Ninguém pode negar a preponderância dos protestantes entre os cientistas após 1640. Luteranos, anglicanos e, acima de tudo, calvinistas fizeram mais descobertas científicas do que os católicos e pareciam ser mais flexíveis em colocá-las em prática".[29] John Lennox relata que, para grandes figuras científicas do passado, a crença num Deus criador era "a principal motivação para a investigação científica".[30] Esses são apenas alguns dos muitos testemunhos que ecoam uma resposta à noção popular de que ciência e fé cristã sempre estiveram em guerra.

Na verdade, a ideia de um conflito entre ciência e religião é uma invenção que surgiu na Inglaterra no século 19, baseada nas obras de John William Draper (*History of the Conflict Between Religion and Science*) e de Andrew Dickson White (*A History of the Warfare of Science with Theology*), "com o propósito de acabar com a dominância cultural do Cristianismo... substituindo a visão de mundo cristão [*sic*] pelo naturalismo científico".[31] O que

---

28 R. Hooykaas **A Religião e o Desenvolvimento da Ciência Moderna** (Brasília: Editora Universidade de Brasília, 1988).

29 Citado em Horton, **O Cristão e a Cultura**, p. 28.

30 Lennox, **Por que a Ciência não Consegue Enterrar Deus**, p. 13. Lennox detalha essa ideia: "Homens como Galileu (1564-1642), Kepler (1571-1630), Pascal (1623-1662), Boyle (1627-1691), Newton (1642-1727), Faraday (1791-1867), Babbage (1791-1871), Mendel (1822-1884), Pasteur (1822-1895), Kelvin (1824-1907) e Clerk Maxwell (1831-1879) eram teístas; em sua maioria eles eram, de fato, cristãos. Sua crença em Deus, longe de ser um empecilho para a ciência, era muitas vezes a principal inspiração para ela" (p. 28). Charles Colson e Nancy Pearcey oferecem os exemplos de Copérnico e Johannes Kepler, os quais foram motivados por sua fé cristã num Deus ordeiro que criou este mundo com precisão matemática, para elaborarem suas teorias, as quais mais tarde foram confirmadas pela comunidade científica. Colson e Pearcey, **E Agora Como Viveremos?**, p. 499-500.

31 Pearcey e Thaxton, **A Alma da Ciência**, p. 18-19.

AMANDO A DEUS NO MUNDO

foi constatado posteriormente foi exatamente o contrário. Historiadores da ciência observaram que a ciência se desenvolveu em países onde o cristianismo era a cosmovisão dominante (Europa Ocidental); razão pela qual o desenvolvimento científico não foi significativo na China, por exemplo, uma civilização antiga que não avançou nessa área.[32]

O que se constatou é que há vários elementos da cosmovisão cristã que favoreceram o florescimento científico.[33] Se no hinduísmo o mundo dos objetos materiais é ilusório, no cristianismo a natureza é real e passível de estudo científico. Se na Grécia antiga a visão negativa do trabalho manual não favoreceu uma ciência empírica (de experimentação), no cristianismo estudar a criação é algo valioso pois honra o Criador. Se em religiões animistas a natureza era deificada e imprópria de ser estudada, o cristianismo contribuiu para uma "desdeificação" da natureza que foi uma precondição essencial para a ciência. Em suma, o cristianismo proveu os pressupostos e as motivações que impeliram e sancionaram o empreendimento científico.

O pressuposto de um Deus racional e ordeiro também foi fundamental para o desenvolvimento científico. C. S. Lewis escreveu acerca do monoteísmo em relação ao surgimento da ciência moderna: "Homens se tornaram cientistas porque esperavam haver leis na natureza, e eles esperavam haver leis na natureza, porque acreditavam num legislador".[34] Não criam simplesmente em ordem, mas num Criador racional que criou seres capazes de compreender

---

32 Veja a obra do historiador da ciência Joseph Needham, **The Grand Titration**: Science and Society in East and West (London: Allen & Unwin, 1969).

33 Esse parágrafo é baseado em Pearcey e Thaxton, **A Alma da Ciência**, p. 21-24, 38.

34 Citado em Lennox, **Por que a Ciência não Consegue Enterrar Deus**, p. 28.

a racionalidade da natureza.[35] Kuyper até diz que o calvinismo com a sua doutrina dos decretos divinos alimentou o conceito de que o universo não é resultado do capricho ou acaso, mas obedece a lei e a ordem; isto força a ideia de um princípio unificador, a confissão de que há estabilidade e regularidade governando sobre tudo.[36] Só quando existe fé na conexão orgânica do universo é que se pode praticar ciência.

O legado cristão para a ciência é inegável, ainda que poucos cristãos saibam disso. É uma pena que isso pareça ser coisa do passado. Parece que nós aceitamos a dicotomia moderna imposta à sociedade e forçada sobre os cristãos que agora não podem fazer ciência com pressupostos cristãos. Os resultados foram diversos sobre a igreja. Atualmente, existe uma ignorância quanto à maneira de agir em face do desafio social, além de uma ciência empobrecida praticada por muitos cristãos que tem tornado a igreja cristã incapaz de auxiliar nossos jovens e profissionais a se posicionarem de forma sábia em meio aos ataques naturalistas. Quando falo de sabedoria, não me refiro a ser um conhecedor profundo da ciência para então poder orientar. Cientistas cristãos certamente podem ajudar com seu referencial teórico, mas não estou me restringindo a eles. Refiro-me a saber como aplicar a cosmovisão de tal forma que direcionemos pessoas, ainda que não sejamos especialistas científicos. Vamos tentar fazer um pouco disso no restante deste capítulo.

---

35 Baseado em Romanos 1.20-23, Adauto Lourenço comenta: "Paulo nos diz que é possível ter um conhecimento básico da existência de Deus, por meio das coisas que foram criadas. O argumento é muito forte, pois a palavra grega que ele usou e que foi traduzida por "coisas criadas" é a palavra poihma, poiema. Ou seja, a natureza é o poema de Deus para que todos os seres humanos tenham a percepção da existência do Deus Criador". Adauto J. B. Lourenço, **A Igreja & O Criacionismo** (Limeira: Universo Criacionista, 2009), p. 11.

36 Kuyper, **Calvinismo**, p. 121.

A ABRANGÊNCIA DO NATURALISMO DARWINISTA

Na parte 2 de seu livro *Verdade Absoluta*, Nancy Pearcey tenta demonstrar porque o cristianismo não pode se calar em face da proposta darwinista de explicação científica. Afinal, quando a fé cristã é retirada do debate científico, o darwinismo assume o papel de explicação de toda a realidade física com implicações bem abrangentes. Quando Deus deixa de ser o Criador, deixa de ser a base do nosso entendimento do mundo ao nosso redor, "a única função que lhe resta é emocional: a crença em Deus é reduzida a uma portinhola de fuga para pessoas com medo de enfrentar a modernidade".[37] Essa é uma outra maneira de Pearcey dizer que fé fica apenas no andar de cima, no mundo dos valores. Darwin foi apenas "a peça do quebra-cabeça que faltava para completar o quadro naturalista da realidade".[38] Posteriormente, o materialismo científico se tornou, nas palavras de Chesterton, a "igreja estabelecida".

Não é verdade que esse domínio do materialismo científico é resultado de evidências avassaladoras a seu favor. Pearcey reviu os exemplos clássicos de evolução para mostrar que eles só comprovam microevolução, não macroevolução. A proposta de mudanças drásticas (ex: equilíbrio pontuado) é sem fundamento já que só temos evidências de mutações em larga escala que são danosas e fatais.[39] Mas como é que as pessoas são convencidas diante de evidências tão frágeis e propostas tão mal fundamentadas? Pearcey responde dizendo que "o convencimento não ocorre mediante evidências... as pessoas já estão convencidas

---

37 Pearcey, **Verdade Absoluta**, p. 172.

38 Pearcey, **Verdade Absoluta**, p. 174.

39 Pearcey, **Verdade Absoluta**, p. 176-187.

do naturalismo filosófico... E assim que as pessoas aceitam esse compromisso filosófico, podem ser convencidas com evidências relativamente pequenas".[40] Contra a proposta vigente de que a ciência deve ser regida por um naturalismo metodológico, Pearcey propõe que a pesquisa seja livre para seguir a evidência para onde quer que ela conduza.

Pearcey continua o seu panorama de abrangência darwinista ao mostrar o efeito do naturalismo sobre a moralidade.[41] Essa é uma informação muito importante, pois mostra como a cosmovisão naturalista é promovida muito além dos limites da ciência. O argumento de Richard Dawkins em *O Gene Egoísta* é que somos programados pela seleção natural e, portanto, qualquer atitude amável ou prestativa só acontece para nossa sobrevivência. Essa é a única forma coerente de eles explicarem o comportamento "altruísta".[42] O problema desse determinismo genético é que se a seleção natural é a razão de sermos bons, então também é a razão de sermos ruins. O cineasta cristão Brian Godowa ilustrou isso em seu curta metragem "Cruel Logic", onde um psicopata sequestra um biólogo que defendia a determinação genética do crime e o desafia a apresentar uma razão do por que não deveria morrer.

A sociobiologia, ou a psicologia evolucionária, é uma área de estudos que procura explicar as implicações da evolução para os valores humanos. Ela afirma que nós auxiliamos outras pessoas por razões interesseiras, egoístas. A mãe que se sacrifica pelo filho "o faz apenas porque seus genes compeliram-na a cuidar dele como o veículo para que seus genes sobrevivam no futuro". De acordo com essa

---

40 Pearcey, **Verdade Absoluta**, p. 188.

41 A moralidade do naturalismo será melhor explorada no capítulo 18 deste livro.

42 Pearcey, **Verdade Absoluta**, p. 233.

AMANDO A DEUS NO MUNDO

linha de pensamento, até um heroico transeunte resgata uma criança se afogando porque um dia pode ser ajudado em retorno.[43] A ironia disso tudo é que genes acabam recebendo consciência e capacidade de escolha enquanto seres humanos são máquinas programadas que obedecem às ordens genéticas.[44] A sociobiologia tem assumido propostas deificadoras da matéria (genética) e chama isso de ciência.

Pearcey responde à moralidade darwinista de duas formas. Primeiro, mostra como a teoria é autodestrutiva. Se todos os comportamentos hoje praticados são valorosos por que sobreviveram, então a evolução falha como guia moral, porque não fornece padrão para julgar as práticas existentes. Não é possível dizer que algum comportamento seja bom, mas apenas que é útil para a sobrevivência. A própria teoria da evolução não é necessariamente verdadeira, apenas útil para a sobrevivência.[45] A segunda resposta de Pearcey é de submeter a moralidade darwinista ao teste prático. Dawkins em *O Gene Egoísta* dá um exemplo de inconsistência quando afirma que somos "máquinas sobreviventes" ou "robôs" construídos pelos genes, mas que temos o poder de desafiar os genes egoístas, nossos criadores, de nos rebelar contra a tirania dos replicadores egoístas. Esse é um exemplo de salto de fé para sustentar nossa liberdade de escolha. A psicologia evolutiva fracassa no teste prático: como pode alguém programado tomar uma decisão não-darwinista?[46]

O naturalismo científico tem implicações em várias áreas de atividade humana. No capítulo 8 de seu livro, Nancy Pearcey mostra a sua influência na teologia (a teologia do processo fala de

---

43 Colson e Pearcey, **E Agora Como Viveremos?**, p. 311.

44 Colson e Pearcey, **E Agora Como Viveremos?**, p. 312.

45 Pearcey, **Verdade Absoluta**, p. 241-242.

46 Pearcey, **Verdade Absoluta**, p. 242-244.

APLICAÇÃO: COSMOVISÃO E CIÊNCIA

um Deus que evolui), no direito (lei determinada por tempos e culturas), na educação (construtivismo) e na filosofia (pós-modernismo). Seu intento é demonstrar como o naturalismo, de fato, se mostra uma visão holística da realidade. Como vimos acima, nem o campo dos valores fica imune à invasão darwinista.

Essa abrangência do darwinismo naturalista como mais do que simples ciência é reconhecida até por céticos. Michael Ruse, um dos que têm escrito muito a esse respeito, reconheceu o aspecto religioso do naturalismo científico:

> Evolução é promovida pelos seus praticantes como mais do que mera ciência. Evolução é promulgada como uma ideologia, uma religião secular – uma alternativa completa ao cristianismo, com significado e moralidade. Eu sou um evolucionista ardoroso e um ex-cristão, mas eu tenho que admitir que nessa reclamação... [os criacionistas] estão absolutamente corretos. Evolução é uma religião. Isso era verdadeiro de evolução no começo, e é verdadeiro de evolução ainda hoje.[47]

Essa honestidade de Ruse nos ajuda a compreender que o debate transcende o âmbito científico. Ele tem implicações espirituais porque dispensa o Criador e se gaba do potencial de conhecer exaustivamente a criação.

Esse tipo de ufanismo do evolucionismo científico deve fazer cristãos simpáticos ao evolucionismo teísta mais cuidadosos

---

47 Michael Ruse, "How Evolution Became a Religion: Creationists Correct?", **National Post**, May 13, 2000, citado em Fowler e Kuebler, **The Evolution Controversy**, p. 41. Larry Taunton, fundador da Fixed Point Foundation, quando esteve no Brasil em 2011 mostrou um vídeo em que Richard Dawkins falava num congresso de ateus como um pregador, chamando os ouvintes à militância e até promovendo a coleta de recursos financeiros. Dawkins agia como pregador de seus ideais.

AMANDO A DEUS NO MUNDO

antes de considerar essas premissas como cientificamente precisas, em nada conflitantes com a revelação bíblica. Se criacionistas precisam conhecer suas origens fundamentalistas e ingenuidade hermenêutica das Escrituras, como já mencionamos neste capítulo, evolucionistas precisam recordar como a proposta de evolução biológica de Charles Darwin tem um histórico de evolução filosófica que a antecedeu no início do século 19 – Hegel, Schleiermacher, dentre outros.[48] Além disso, sucumbir a um evolucionismo teísta é, na prática, ter uma visão praticamente deísta da relação entre o Criador e a criação.

Nossa resposta ao naturalismo científico precisa ser abrangente e holística. O cristianismo não é apenas verdade religiosa, mas a verdade sobre toda a realidade. Pearcey termina a parte 2 de seu livro encorajando os cristãos a usarem um método de apologética que force as pessoas a enfrentar as conclusões lógicas de suas premissas, o que Francis Schaeffer chamava de "tirar o telhado",[49] como já mencionamos no capítulo 3. Traremos resposta à cosmovisão naturalista em outros capítulos deste livro. Por hora, corrigiremos o entendimento do lugar da ciência dentro da cosmovisão cristã reformada.

LIMITES E PROPÓSITOS DA CIÊNCIA

Essa invasão do darwinismo em diversas áreas da vida é parte do que Walsh e Middleton chamaram de "cientificismo", ou seja, a crença no pensamento racional como autônomo e a absolutização de seu poder de descoberta. O cientificismo coloca a ciência em um patamar de autoridade inquestionável; quando afirma algo do tipo "as

---

48 Colson e Pearcey, **E Agora Como Viveremos?**, p. 282.

49 Pearcey, **Verdade Absoluta**, p. 273.

APLICAÇÃO: COSMOVISÃO E CIÊNCIA

pesquisas indicam..." é como se a discussão estivesse encerrada após essa resposta inquestionavelmente verdadeira da ciência. A suposta neutralidade científica impede que a perspectiva cristã adentre o academicismo. Contudo, o cientificismo não percebe que seu compromisso com a racionalidade é evidência de sua natureza religiosa, isto é, de que a confiança na racionalidade é uma crença.[50]

A influência da cosmovisão sobre a prática científica não é apenas reconhecida em livros teológicos. Thomas Kuhn não foi o primeiro a atentar para a falsa neutralidade do pensamento científico, mas foi o filósofo da ciência que popularizou com seus "paradigmas" esse conceito de que ciência não é praticada sem compromissos.[51] Em seu famoso livro *A Estrutura das Revoluções Científicas*, Kuhn se referiu às cosmovisões como "paradigmas" que, quando descobrem anomalias na estrutura científica, geram uma crise e consequente busca por um novo modelo (paradigma) de explicação científica. Isso significa que progresso científico não é uma realização científica linear, mas o resultado de uma revolução paradigmática.[52]

Assim, é possível dizer que os cientistas trabalham em cima de premissas não provadas, mas simplesmente tidas por verdadeiras; trabalham sobre "fé".[53] Albert Einstein afirmou que "a única coisa incompreensível acerca do universo é que ele é compreensível".[54]

---

50 Walsh e Middleton, **A Visão Transformadora**, p. 145.

51 Naugle, **Worldview**, p. 204-205.

52 Naugle, **Worldview**, p. 201.

53 Alguns explicitamente demonstram que preferem a sua fé em coisas estranhas, do que no Deus verdadeiro. Adauto Lourenço cita as palavras de Stephen Hawking, quando este apoia a teoria do Big Bang, dizendo que o universo teria vindo à existência por meio de "leis físicas estranhas e desconhecidas". Citado em Lourenço, **A Igreja & O Criacionismo**, p. 34.

54 Citado na palestra de John Lennox no Mackenzie (13/04/2009): "A Origem da Vida e os Novos Ateus".

Porém, é mais importante observar a influência que cosmovisões distintas (e não as pressuposições comuns mencionadas no começo do capítulo) têm na prática científica. A prática científica não é neutra. Até na prática científica as experiências, pressuposições teóricas, ambições e interesses socioeconômicos influenciam o empenho científico: o que consideramos digno de estudo, o que esperamos encontrar, para onde olhamos e como interpretamos os resultados.[55] Portanto, nem sempre a ciência é tão "exata", por causa dos cientistas, e esse é um dos seus limites.

Embora devamos nos opor ao cientificismo, isso não significa que nos opomos à ciência. Kuyper, em sua palestra, afirma que o calvinismo restaurou à ciência o seu domínio. Isso significa que não concedeu a ela soberania sobre outras áreas de atividade humana (cientificismo), mas também não lhe colocou sob a chancela da igreja (obscurantismo). Kuyper mostra mais uma vez que o calvinismo concedeu à ciência um status importante que não precisava de validação da teologia, do estado ou outra esfera. Quando a Igreja Católico-Romana condenou Galileu por afirmar que o sistema solar era heliocêntrico, ela agiu como esfera soberana,[56] quando não tinha direito de fazê-lo; este mau exemplo, posteriormente corrigido por Roma, gerou uma antipatia de cientistas para com a cristandade.[57] O calvinismo não só proporciona soberania à esfera da ciência (por conta da graça comum), mas também louva a natureza ao falar de "restauração", isto é, a verdade de que ela será alvo do reparo redentor de Jesus Cristo. Kuyper ainda diz que o calvinista não faz a distinção

---

55 Pearcey, **Verdade Absoluta**, p. 44.

56 Sobre "soberania de esferas", veja o capítulo 8.

57 Taylor B. Jones, "Why a Scriptural View of Science?" In: **Think Biblically**: Recovering a Christian Worldview, ed. John MacArthur (Wheaton: Crossway Books, 2003), p. 234.

APLICAÇÃO: COSMOVISÃO E CIÊNCIA

medieval (Tomás de Aquino) entre a vida contemplativa estando acima de outras ciências que lidam com o material.[58]

Em face de todo o debate que o cristianismo tem levantado contra o darwinismo naturalista, precisamos reconhecer os limites da ciência quanto às origens da natureza. Nós cremos que a ciência é limitada para responder a perguntas como "como tudo começou?". A ciência procura descobrir as leis da natureza, mas essas leis não explicam o universo, apenas descrevem a sua regularidade. Ela simplesmente trabalha com leis e estruturas já presentes que regem suas experiências e conclusões. Ela não pode provar como as leis se formaram. Por isso, a ciência deveria se preocupar com discussões sobre o funcionamento das coisas criadas, antes do que especular como elas se originaram.

No entanto, a cegueira cientificista faz com que até grandes cientistas se esqueçam de tal limitação. Stephen Hawking, em seu livro *The Grand Design* (2010), falhou ao conceder às leis da física a explicação de como a vida começou na Terra. Ele afirmou que "porque existe uma lei como a da gravidade, o universo não só pode como de fato criar-se-á a partir do nada". John Lennox mostrou a falácia do pensamento de Hawking ao confundir lei com agência. Leis não criam nada, mas são mera descrição do que acontece debaixo de certas condições. As leis de movimento de Isaac Newton nunca fizeram uma bola de sinuca caminhar pelo veludo verde da mesa de bilhar. É preciso que alguém use a força de seus braços e utilize um taco para fazer essa bola se movimentar. Tal lógica de Lennox mostra que Hawking não explica o surgimento da lei da gravidade, e a força criativa por detrás do seu nascimento.[59]

---

58 Kuyper, **Calvinismo**, p. 132.

59 John Lennox, "As a scientist I'm certain Stephen Hawking is wrong. You can't explain the universe without God". In: *http://www.dailymail.co.uk/debate/article-1308599/Stephen-Hawking-wrong-You-explain-universe-God.html*. Acessado em 17 de março de 2018.

AMANDO A DEUS NO MUNDO

Se ciência tem a ver com o entendimento de funcionamentos e estruturas, desenvolvimento tecnológico de potencialidades, qual é a razão por detrás dessa empreitada? Numa palestra proferida na I Conferência Nacional promovida pela Associação Brasileira de Cristãos na Ciência (ABC²), Alister McGrath apresentou a ciência como responsável por estudar funcionamento e mecanismos, enquanto fé é que fornece sentido.[60] Concordo com ele, mas creio que devamos ir um pouco além à medida que afirmamos que o cristão deve fazer ciência sabendo o seu *"telos"* (palavra grega que significa "finalidade, propósito"). Toda ciência é teleológica, mas ela pode ter diferentes propósitos. Poderíamos falar que ela coopera para o florescimento da vida humana proporcionando tecnologias que trazem saúde, conforto e proteção. Essa seria uma ideia aceita por pessoas de várias cosmovisões. No entanto, a cosmovisão cristã tem uma finalidade que lhe é peculiar: apontar para o Criador ressaltando sua beleza, sabedoria e poder.[61] Deus é pré-requisito científico[62] e o propósito da prática científica.

A tradição cristã há muito tempo testifica de que Deus fala por dois livros.[63] Isso significa que há revelação divina tanto na Bíblia

---

60 Alister McGrath, "Ciência, inteligibilidade e coerência: a visão cristã da realidade". In: *https://www.youtube.com/watch?v=gbgRZ-tQUss*. Acessado em 14 de maio de 2017.

61 Esse não é um propósito compreendido apenas recentemente. Charles Colson e Nancy Pearcey citam as palavras do renomado cientista cristão dos séculos 17 e 18, Isaac Newton, o qual dizia que a tarefa da ciência é "deduzir as causas a partir dos efeitos, até que cheguemos à causa primordial, que certamente não é a mecânica". Citado em Colson e Pearcey, **E Agora Como Viveremos?**, p. 500. Newton está confessando que ciência foi feita para se chegar ao conhecimento do Criador.

62 A existência de Deus é a possibilidade de explicação científica – como disse Richard Swinburne: "Postulo Deus para explicar por que a ciência explica". Lennox, **Por que a Ciência não Consegue Enterrar Deus**, p. 66.

63 A Confissão Belga (1561) no seu segundo artigo, sobre o conhecimento de Deus, escreve assim: "Nós O conhecemos por dois meios. Primeiro: pela criação, manutenção e governo do mundo inteiro, visto que o mundo, perante nossos olhos, é como um livro formoso, em que todas as criaturas, grandes e pequenas servem de letras que nos fazem contemplar 'os atributos invisíveis de Deus', isto

APLICAÇÃO: COSMOVISÃO E CIÊNCIA

Sagrada quanto na natureza criada por ele (Sl 19; Rm 1.20-23). Michael Horton faz um contraste interessante entre a perspectiva protestante e a perspectiva romana quanto aos dois tipos de revelação, a revelação especial (Escritura) e a revelação geral (natureza):

> Cientistas protestantes criam que havia dois "livros de Deus" — o livro da natureza e o livro da Escritura — e que cada um oferecia informação que não se encontrava no outro. Contudo, não eram contraditórios em seus relatos. Embora a Escritura não falasse das mesmas questões que a ciência, a Escritura era vista como coerente com a ciência e, no nível mais geral, esclarecedora dos fatos que passavam por baixo dos olhos da investigação científica... Enquanto Roma cria que toda verdade, fosse ela artística, científica, política, filosófica como também teológica, tinha sido confiada à igreja, os protestantes insistiam que toda autoridade estava na Escritura [sic], e onde a Bíblia calava, a igreja calava. Se as Escrituras não ofereciam uma teoria para o movimento dos planetas, os cristãos podiam ter opiniões, mas não tinham autoridade de dizer "Assim diz o Senhor".[64]

Esse conceito dos "dois livros" precisa ser compreendido devidamente. Não significa que nós conseguimos obter o mesmo tipo de conhecimento de ambos os livros (a Escritura não nos ensina sobre os elementos químicos da tabela periódica e a natureza não nos revela um Deus redentor), mas também não

---

é, "o seu eterno poder e a sua divindade", como diz o apóstolo Paulo (Romanos 1.20). Todos estes atributos são suficientes para convencer os homens e torná-los indesculpáveis. Segundo: Deus se fez conhecer, ainda mais clara e plenamente, por sua sagrada e divina Palavra, isto é, tanto quanto nos é necessário nesta vida, para sua glória e para a salvação dos que Lhe pertencem".

64 Horton, **O Cristão e a Cultura**, p. 114, 118.

significa que eles não interagem na formação do nosso conhecimento. Desde o princípio a tradição reformada defendeu que necessitamos da Escritura para compreender melhor a criação; elas funcionam como lentes para a leitura da natureza.[65] Portanto, não é verdade que ambos os livros são apreendidos com o mesmo nível de autoridade sobre a vida cristã. A Escritura sempre ocupou a posição de autoridade para a prática cristã de tal forma que ela é o filtro pelo qual passamos todo e qualquer conhecimento científico.[66]

No entanto, o conceito de olhar para a natureza como um "livro" pelo qual Deus nos mostra o seu poder, a sua sabedoria, a sua beleza, emoldura o conceito de propósito da ciência. Não devemos enxergar a ciência apenas com propósito apologético, como evangélicos tendem a olhar para o criacionismo e o ataque que o Design Inteligente faz ao naturalismo metafísico. Olhar a ciência a partir de uma cosmovisão cristã reformada não é apenas entender o conflito suscitado nos últimos 150 anos. Isso é um reducionismo de quem só enxerga sua função negativa e minimiza sua função

---

65 João Calvino, **Institutas da Religião Cristã** (São Paulo: Cultura Cristã, 2006), I.vi.1.

66 Taylor Jones encerra o seu capítulo com três paradigmas de autoridade para a prática científica. A primeira é a abordagem de "nenhum livro", adotada por cientistas naturalistas que não consideram a Escritura como autoridade. A segunda abordagem é a de "dois livros", onde o cientista cristão tenta harmonizar as descobertas científicas com o seu conhecimento bíblico. O perigo de autoridades que andam lado a lado é que uma pode dominar a outra (é o caso da tradição dominando as Escrituras na Igreja Romana). Quando há conflito, o cientista cristão é levado a tomar uma decisão. A mais comum tem sido a de assumir a infalibilidade da descoberta científica (ex: idade da terra) gerando, assim, a reinterpretação das Escrituras (ex: Gênesis 1 como poesia). Outra possibilidade, que ocorre entre os nossos jovens, é de que criar um dualismo sem confrontar as descobertas de ambas as cosmovisões (a do professor universitário versus a do pastor). A terceira abordagem, recomendada pelo autor, é a de "um livro" autoritativo. Essa abordagem sabe balancear a diferença entre "verdade" científica, sujeita a mudança, e a verdade imutável das Escrituras. Jones, "Why a Scriptural View of Science?", p. 233-237. Vale ressaltar que essa posição difere um pouco da maneira mais positiva de olhar para as ciências, comum entre reformados. Porém, o espírito evangélico da posição de um livro visa enfatizar o aspecto autoritativo da informação, e não que se despreze o estudo dos dois livros.

APLICAÇÃO: COSMOVISÃO E CIÊNCIA

positiva de exploração e conhecimento da criação. Por isso, desejamos terminar este capítulo falando do envolvimento positivo que o cristão deve ter com o mundo científico.

O CRISTÃO E A ACADEMIA[67]

À luz dos desafios encontrados no mundo acadêmico, como demonstra a luta de cosmovisões no campo da ciência, a atitude cristã não deve ser a de se afastar da esfera acadêmica, seja por endossar um espírito anti-intelectualista ou por julgar pouco eficaz a luta pela mente na esfera universitária. Há pelo menos duas razões para permanecer engajado. A primeira é que a universidade está no coração da nossa cultura e, por isso, é um lugar estratégico para se testemunhar acerca da fé que pensa.[68] Ideias desenvolvidas na academia resultam em atitudes práticas na sociedade. Por exemplo, o modelo behaviorista da psicologia (B. F. Skinner), que entende que seres humanos podem ser treinados pelo estímulo repetitivo que gera resposta comportamental, influenciou no tratamento de doenças mentais, na educação infantil, nas estratégias de propaganda, dentre outras áreas.[69] Isso apenas ilustra como teorias proeminentes em seu campo de pesquisa são amplamente apropriadas em outras áreas. É claro que não podemos resumir os seres humanos a comportamento (uma antropologia muito superficial para descrever um ser muito mais profundo e complexo), mas saber as teorias que influenciam a sociedade é algo necessário ao cristão com uma boa cosmovisão.

---

67 Essa seção é baseada primordialmente em Walsh e Middleton, **A Visão Transformadora**, caps. 11 e 12. Os autores reconhecem a sua dívida a Dooyeweerd nesses dois capítulos (p. 175).

68 Walsh e Middleton, **A Visão Transformadora**, p. 141.

69 Walsh e Middleton, **A Visão Transformadora**, p. 142-143.

AMANDO A DEUS NO MUNDO

Outra razão para o engajamento na vida acadêmica/científica é que Deus espera que expressemos amor a ele inclusive com o nosso entendimento, com a nossa mente (Mc 12.30), um assunto já trabalhado no capítulo 4 deste livro. Às vezes o estudante universitário pensa que sua vida espiritual no campus (estudos bíblicos e evangelismo) precisa ser alvo de sua constante preocupação, mas o restante de sua vida estudantil (a pesquisa, a produção acadêmica, o estudo e a realização de provas) é essencialmente a mesma que de seu colega não cristão.[70] Precisamos quebrar com essa tendência dicotomizada na vida acadêmica. Precisamos amar a Deus com todo o nosso entendimento, extensiva e intensivamente – isto é, em todas as áreas e com toda a nossa força. Precisamos de integridade no uso de nossa mente. Nossa dedicação da mente a Deus requer exclusividade. Todo o nosso pensamento deve ser feito cativo à obediência de Cristo (2 Co 10.5).

Muitos educadores cristãos falam sobre a importância de integrar nossa fé com a atividade acadêmica, o que é muito saudável. No entanto, Walsh e Middleton vão um pouco adiante quando afirmam que

> a questão não é necessariamente integrar fé e academicismo. Fé e academicismo estão sempre integrados. A única questão genuína é: Qual fé? Muitos cristãos, ignorantes da natureza implicitamente religiosa do academicismo, encontram-se produzindo um academicismo de uma perspectiva de fé antitética à sua fé cristã. Produzir academicismo de forma cristã, então, é permitir, de maneira consciente, que nossa fé dirija nossos estudos.[71]

---

70 Walsh e Middleton, **A Visão Transformadora**, p. 144.

71 Walsh e Middleton, **A Visão Transformadora**, p. 148-149.

APLICAÇÃO: COSMOVISÃO E CIÊNCIA

O que eles estão nos recordando é que ciência e fé não são dois trilhos que andam paralelamente, nem dois remos que precisam trabalhar conjuntamente rumo à verdade. Fé precede todas as coisas, já que o ser humano é religioso. Por sermos religiosos, fé sempre é norteadora de toda a prática científica, e para o cristão sua fé cristã também precisa ser norteadora de sua ciência.

É claro que isso só será possível à medida que aprendemos uns com os outros. A empreitada interdisciplinar permite que aprendamos com os outros como as estruturas da criação estão inter-relacionadas pela Palavra divina.[72] Estudantes mais novos precisam aprender com acadêmicos cristãos mais velhos algumas das lutas de pensar sua área a partir de seu cristianismo. Os mais velhos precisam aprender com os mais novos o que não fizeram em sua geração e as oportunidades dessa nova geração ser mais íntegra em sua empreitada científica. Se nós aprendermos a estimular uns aos outros numa cosmovisão cristã como filtro da prática científica, teremos jovens mais doutos que os seus contemporâneos (como em Daniel 1), não tanto por que sabem mais informações científicas, mas porque sabem interligar o conhecimento científico a uma estrutura de vida coerente e, assim, trazer glória ao perfeito Criador por trás dessa bela criação.

---

72 Walsh e Middleton, **A Visão Transformadora**, p. 158.

CAPÍTULO 7

UM REINO DE OUTRA NATUREZA
(DANIEL 2)

Vimos no começo da história de Daniel (capítulo 4 deste livro) que Deus honra os que não se contaminam. Os quatro adolescentes passaram pelos três anos de educação babilônica sem perderem sua identidade, e Deus os honrou. Por honra, que fique claro que Deus aprova e recompensa os íntegros, nem sempre com as bênçãos que nós lhe pedimos ou com livramentos de aflições que tememos. Porém, Deus é galardoador dos que o buscam (Hb 11.6). Como é que Deus nos honra? Dando-nos posição de destaque? Quase nunca. Mas fazendo-nos muito mais sábios do que o homem sem Deus, sempre.

No capítulo 1 é dito que Daniel e seus amigos "passaram a assistir diante do rei" (1.19) como parte de um grupo de magos (1.20) e sábios (2.13). Dentre os cativos de Judá eles tiveram uma posição nobre. Foram treinados e cuidados durante três anos (1.3-5) para que assistissem o rei como uma espécie de conselheiro. Eles não fizeram objeção nenhuma (nem mesmo podiam, por serem cativos) em participar da vida política da Babilônia, uma lição

AMANDO A DEUS NO MUNDO

importante para cristãos que têm dificuldade de enxergar a licitude nisso. Na verdade, a integridade na esfera pública é um exemplo positivo do que significa estar no mundo e não ser do mundo. Dos quatro, porém, Daniel foi quem recebeu mais destaque na política babilônica. O capítulo 1 também diz que Daniel se destacava dentre os amigos porque recebera de Deus "a inteligência de todas as visões e sonhos" (1.17).

Quando isso aconteceu, "no segundo ano do reinado de Nabucodonosor" (2.1), Daniel e seus amigos ainda eram bem jovens (possivelmente adolescentes) e não eram bem conhecidos do rei. No final do capítulo 1 e, principalmente a partir do capítulo 2, Daniel já ocuparia posição importante. Isso se deu porque Daniel e seus amigos foram preservados por Deus e colocados em posições públicas que lhes permitiram um testemunho ainda mais sonoro.

Todo cristão é necessariamente uma testemunha (*mártys*, em grego), quer esteja consciente disso ou não. Quando o Espírito Santo está sobre nós somos inevitavelmente testemunhas da obra redentora de Deus (At 1.8). Portanto, não temos que "ser testemunhas", mas fomos feitos testemunhas. Os apóstolos incorporaram essa identidade (At 1.22; 2.32; 3.15; 5.32; 10.39, 41); até Paulo, apóstolo nascido fora de tempo, foi feito "ministro e testemunha" (At 26.16). O que precisamos fazer à luz de nossa identidade é "dar testemunho" (At 4.33; 10.43; 26.22) no sentido de verbalizar a mensagem, e receber "bom testemunho" (At 10.22; 16.2; 22.12) no sentido de ter comportamento moralmente exemplar. E tal testemunho por palavras e conduta precisa ser sonoro e fiel. Isto é, precisa ser colocado diante dos homens e proferido de forma verdadeira. Por isso, no livro de Atos, Deus colocou tanto Pedro quanto Paulo diante de autoridades para

UM REINO DE OUTRA NATUREZA (DANIEL 2)

que dessem testemunho fiel. Veremos como Daniel também será colocado diante de autoridade humana para que o seu testemunho seja sonoro e fiel.

TRIUNFANDO SOBRE REINOS INÓSPITOS (V. 1-13)

No capítulo 2 de Daniel, vemos novamente que Daniel e seus amigos fazem parte de uma situação desfavorável. Primeiro, porque continuam cativos na Babilônia, uma expressão do juízo de Deus sobre uma Judá idólatra. Em segundo lugar, porque agora teremos um vislumbre do que significa estar totalmente a mercê das idiossincrasias de um monarca pagão. Embora já estejam servindo diante do rei, são tratados por esse déspota com muito desdém.

Enquanto pensava no futuro do seu reino (v. 29), Nabucodonosor teve um sonho que o deixou perturbado. Ele exigiu que seus adivinhos não só dessem a interpretação, mas antes dissessem qual era o próprio sonho, sob terrível ameaça (v. 5-6). Ocultistas admitiram sua impotência (v. 10-11) e a ira do rei dirigiu-se a todos os sábios (incluindo Daniel e os amigos).[1] O suserano babilônico convocou as pessoas que acreditava poderem esclarecer o significado do sonho. Isto nos faz pensar que em tempos de aflição até os poderosos, até os céticos que se julgam autossuficientes, até eles recorrem às religiões para obter algumas respostas.

Ao pedir que os sábios e adivinhos lhe dessem o sonho, Nabucodonosor se mostra um político desconfiado da religiosidade de sua corte. Ele não estava interessado em especulação, mas em

---

1 Daniel e seus amigos foram incluídos no grupo que estava para ser exterminado; não que fossem praticantes de ciências ocultas, pois isso era proibido entre os judeus (Dt 18.10-12), mas estavam no grupo de conselheiros que continha praticantes do ocultismo.

AMANDO A DEUS NO MUNDO

desvendamento sobrenatural.[2] Nos versos 10-11 temos uma das declarações bíblicas mais vívidas sobre a impotência das ciências ocultas e, essa declaração, veio da própria boca dos que praticam tais ciências. Há coisas impossíveis de serem descobertas até por adivinhos, cartomantes, falsos profetas, etc. O Deus de Daniel, em contrapartida, é tanto capaz quanto disposto a revelar parte de sua história aos homens em sua Palavra. Tanto é que ele enviou seu filho como ápice da revelação (Hb 1.1-2), contrariando a teologia dos magos babilônicos de que os deuses não habitam entre os homens.[3] Como escreveu Iain Duguid, "há apenas um Deus que revela o futuro, porque há somente um Deus que controla o futuro".[4]

Ainda que Daniel esteja em um contexto inóspito, as histórias de sua vida na Babilônia são úteis para o estudo de cosmovisão, para aprendermos a amar a Deus no mundo. Afinal, sua piedade na esfera pública não fica restrita a ética individual (ser pontual no trabalho, ser honesto, não mentir, etc.). O capítulo 2 deixará muito claro que sua integridade pública significa confrontar as limitações epistemológicas deste mundo e anunciar o juízo de Deus sobre esses obscurecidos de entendimento (Rm 1.18-32).

Se nos sentimos em um mundo de déspotas cruéis e demandas impossíveis, a história de Daniel nos traz grande encorajamento

---

2 Benjamin Gladd sugere que o conceito de mistério (*raz*) em Daniel – uma palavra que aparece nove vezes no livro (Dn 2.18, 19, 27-30, 47; 4.9) – "não é uma revelação radicalmente nova, mas um descortinar de algo que era amplamente (embora não totalmente) escondido". Sua conclusão é baseada no fato de tanto no capítulo 2 como no 4, Nabucodonosor ter algum insight quanto ao sentido simbólico do seu sonho. É por isso que o seu espírito está perturbado. Ele percebeu que não significava algo bom, que possivelmente comunicava juízo sobre ele. Contudo, o suserano precisa de revelação mais ampla, a sabedoria de Deus vinda de Daniel. G. K. Beale e Benjamin L. Gladd, **Hidden But Now Revealed**: A Biblical Theology of Mystery (Downers Grove, IL: IVP, 2014), p. 35-41.

3 Duguid, **Daniel**, p. 37.

4 Duguid, **Daniel**, p. 34.

UM REINO DE OUTRA NATUREZA (DANIEL 2)

com a mensagem que Daniel carrega. Daniel irá expor a sabedoria de Deus ainda que ela seja loucura para o homem natural (1 Co 1.18-25). Daniel é um servo de reinos de homens que falará de um reino divino. O propósito do livro não é focalizar os diferentes reinos gentílicos, ainda que essas histórias com certeza tenham trazido conforto para o povo de Deus perseguido e assediado nos séculos seguintes. "O alvo do livro é apresentar o reino de Deus vitorioso sobre todas as eras."[5]

Há uma razão interessante para enfatizarmos a parte histórica do livro de Daniel: olhar para uma história bíblica como parte da grande história de Deus. Nós estudaremos a parte histórica entendendo que ela é a pequena história de alguns judeus dentro da grande história da redenção (triunfo do reino de Deus sobre reinos humanos).[6] Queremos entender o que Deus espera de nós enquanto aguardamos o triunfo final de seu reino, entender como nossa vida deve se encaixar na grande história da redenção.

Ao falar sobre história da "redenção", refiro-me ao fato de que o enredo da Bíblia é sobre a reconciliação de pecadores com Deus e a criação de uma comunidade de remidos. Ao falar sobre "história" da redenção, refiro-me à salvação ser descrita historicamente, através de eventos (e.g. êxodo, guerras, cruz, ressurreição, pentecostes) que culminam para um fim. A Bíblia não é primordialmente uma coleção de verdades eternas e princípios éticos, mas o desenrolar de um enredo, o que teólogos chamam de "revelação progressiva"

---

5 William S. Lasor, David A. Hubbard e Frederic W. Bush, **Introdução ao Antigo Testamento** (São Paulo: Vida Nova, 1999), p. 629.

6 "O Deus de Daniel é o Rei soberano do mundo, que levanta e derruba governantes e determina com grande antecedência o futuro das nações. Ele premia a fidelidade de seus servos dedicados e os protege, mesmo quando estão longe da pátria." David S. Dockery (org.), **Manual Bíblico Vida Nova** (São Paulo: Vida Nova, 2001), p. 494.

AMANDO A DEUS NO MUNDO

ou "orgânica" (como a semente que se torna uma árvore). Entender o lugar de cada passagem bíblica dentro da ampla história de Deus em revelar a sua glória na redenção de pecadores é o que teólogos chamam de uma boa "teologia bíblica".[7] Graeme Goldsworthy assevera que teologia bíblica "envolve a busca pelo grande quadro, a visão geral, da revelação bíblica. Uma característica da natureza da revelação bíblica é que ela conta uma história, em vez de apresentar princípios atemporais abstratos".[8]

Um legado riquíssimo da tradição reformada é enxergar a unidade das Escrituras e vê-la como uma única história. Antes do que 66 livros, a Bíblia é um livro escrito a muitas mãos ao longo de séculos para contar a história de Deus se revelando aos homens. A "teologia bíblica" é a área do estudo teológico que lida com o desenrolar da história bíblica respeitando o seu caráter progressivo, histórico e orgânico. No entanto, o entendimento da particularidade de cada porção da revelação não deve perder de vista a visão do todo. Colocar a história de Daniel no todo da história bíblica é um aspecto hermenêutico que mais adiante irá trazer uma aplicabilidade existencial.

CARÁTER EVIDENCIADO (V. 14-23)

No capítulo 2, Daniel e seus amigos ainda são bem jovens (talvez entre 17 e 19 anos). Porém, caráter não tem idade. Em meio ao fogo da tribulação, o caráter de Daniel brilha de forma a despertar três características: ousadia temerosa (v. 14-16), intercessão mútua (v. 17-18), e um espírito de gratidão e louvor (v. 19-23).

---

7 Para um panorama clássico das características básicas da revelação observadas pela teologia bíblica, veja Geerhardus Vos, **Teologia Bíblica** (São Paulo: Cultura Cristã, 2010), cap. 1. Para um panorama mais popular e muito útil, veja Graeme Goldsworthy, **Pregando toda a Bíblia como Escritura Cristã** (São José dos Campos: Fiel, 2013).

8 Goldsworthy, **Pregando toda a Bíblia como Escritura Cristã**, p. 61.

UM REINO DE OUTRA NATUREZA (DANIEL 2)

Falemos primeiro dessa linguagem aparentemente paradoxal: ousadia temerosa. O que essa expressão significa é que a ousadia do cristão não é baseada na crença de que ele consegue, antes é uma ousadia movida pelo temor do Senhor. A história mostra como Daniel ousadamente antecipou-se à sentença e colocou-se na presença do rei. Daniel pediu exatamente aquilo que o rei não queria conceder aos magos: tempo (v. 8, 16). Parece ter havido um intervalo de tempo entre os versos 6 e 7, pois na segunda vez Nabucodonosor percebe que os seus servos estavam tentando ganhar tempo (v. 7-8). Era como se tivessem passado algum tempo elucubrando sobre como seria o sonho e, temerosos de errar, resolvem pedir novamente que Nabucodonosor ao menos lhes conte o sonho e eles lhe dariam a interpretação; eles estavam retardando a sua resposta. Nabucodonosor percebeu que estavam tentando enredá-lo, que haviam feito promessas mentirosas que não poderiam cumprir; então, ele reforçou o decreto ameaçador (v. 9). No entanto, Daniel tem a ousadia de pedir tempo.

Uma segunda evidência de ousadia temerosa se dá em relação ao dom de interpretar sonhos que Daniel recebera (1.17). A Escritura registra que ele recebeu essa habilidade, mas não sabemos se Daniel foi informado dessa habilidade que tinha. Até o capítulo 2 nós não temos evidência de Daniel demonstrar qualquer habilidade de interpretação de sonhos. Portanto, nós não sabemos se ele sabia. Se Daniel não sabia de seu dom de interpretar sonhos (1.17), seu clamor por tempo foi mera confiança no cuidado divino. O pedido de Daniel em 2.16 pode ter sido uma confiança na providência divina de que Deus protegeria ele e os amigos (2.17-18). No entanto, se ele já sabia, ainda assim seu espírito demonstra

AMANDO A DEUS NO MUNDO

o temor do Senhor, submissão à vontade soberana do Deus sapientíssimo: se o Senhor não abençoar, em vão é o dom.

Sabendo ou não de sua habilidade extraordinária, a postura de Daniel e o feito que ele está prestes a realizar são sem precedentes. Refletimos pouco sobre o fato de que nunca na história bíblica anterior – nem mesmo na história de José no Egito – a alguém havia sido exigido o contar o sonho de outra pessoa. Isso proporciona um certo suspense na história quando estamos lendo pela primeira vez. É como aquela cena de filme em que a música de fundo nos angustia o espírito antes de alguma resolução.

A segunda característica de Daniel é a sua intercessão mútua. Depois de suplicar a misericórdia dos homens ao pedir mais tempo (v. 14-16), ele suplica a misericórdia divina (v. 17-19). Ele suplica aos homens porque, como no capítulo 1.8b-9, Daniel dependia da misericórdia de seus superiores. Como cativo que era, ele não podia agir por conta própria, mas dependia da boa vontade de ímpios. No entanto, tal situação desfavorável só torna a sua oração ainda mais dependente do Altíssimo. Sua oração é a primeira evidência no livro de que Daniel era um jovem de oração (2.17-23; 6.10; 9.1-19) e ele conduziu os seus amigos a essa prática sadia (2.17-18).

O fato de Daniel ter levado seu pedido aos seus amigos para que suplicassem conjuntamente a Deus só revela a importância da comunhão dos santos para sobrevivermos a um mundo inóspito. Não há sentimento mais paralisante do que a sensação de que estamos sós. Os Salmos testificam isso constantemente. Daniel confiou no apoio de seus irmãos na fé para resistir à tentação de se conformar ao status e à glória da Babilônia.

Temos que lutar contra o mundanismo de querermos ser aceitos pelos pares, de estar na moda, de encaixar-se no círculo social

UM REINO DE OUTRA NATUREZA (DANIEL 2)

ou intelectual dominante. Veith afirma que "as tentações do mundo aumentam em proporção direta ao sucesso da pessoa. Quando um cristão começa a ter sucesso – academicamente, financeiramente, politicamente ou profissionalmente – o mundo lhe fica cada vez mais sedutor. Com o prestígio vem a dependência da opinião alheia. Com o status vem o convite para fazer parte dos 'círculos internos'. Com a alimentação do orgulho, vem a autodeificação".[9] Veith sugere que em meio às hostilidades do contexto universitário busquemos comunhão com fiéis do passado e do presente pela leitura para perceber como a fé coaduna-se com qualquer área científica.[10]

A terceira característica de Daniel que evidencia o seu caráter foi sua gratidão e louvor. Daniel reage à revelação divina com gratidão e louvor por dois atributos específicos: sabedoria por revelar o que é misterioso, e poder por ter os reinos em suas mãos. Um Deus poderoso que não é sábio se torna déspota. Por outro lado, um Deus sapientíssimo que não é poderoso é impotente. Não queremos um Deus que pode tudo e sabe nada ou que sabe tudo e pode nada. No entanto, o Deus de Daniel se mostra muito mais poderoso que Nabucodonosor e muito mais sábio do que seus conselheiros.

Ao Deus de seus pais, conhecedor de todas as coisas e controlador da história, Daniel exalta ainda mais, porque sabe que tais atributos maravilhosos lhe foram comunicados (v. 23). Talvez você não tenha percebido como o jovem judeu estava certo de que recebera sabedoria e poder extraordinários para interpretar, mesmo antes de revelar o sonho a Nabucodonosor. Isto é, ele não confirma a revelação com Nabucodonosor antes de louvar e

---

9 Veith, **De todo o teu entendimento**, p. 90.

10 Veith, **De todo o teu entendimento**, p. 97-98.

engrandecer ao Senhor. Semelhantemente, nós devemos louvar a Deus por sermos participantes de sua sabedoria (Pv 2.6-7; Tg 1.5-6; 3.17) e poder (At 1.8; Rm 1.16). Como esses são atributos comunicáveis, devemos crer que eles já nos foram dados e ainda o serão. Não precisamos esperar qualquer manifestação espetacular de sabedoria ou poder antes de agradecermos a Deus por compartilhar uma pequena porção de suas grandezas.

PARTE DA GRANDE HISTÓRIA (V. 24-45)

O propósito maior dessa história, contudo, não é destacar as virtudes morais de Daniel. O intento de Deus com sua revelação nunca é que proclamemos Daniel o herói da história. É verdade que podemos e devemos aprender com a fidelidade dos servos de Deus em resposta à graça divina (Hebreus 11 é um exemplo disso, de como somos encorajados por fiéis que responderam com fé ao que Deus fez e ainda fará). No entanto, o livro de Daniel, como o restante das Escrituras, é sobre Deus.

> Deus salva um povo fraco e pecador; ele preserva jovens da impureza e velhos de leões; ele responde oração e interpreta sonhos; ele exalta o humilde e humilha os exaltados; ele confirma o fiel e destrói o profano; ele resgata transgressores da aliança ao levá-los de volta à terra da aliança; e ele promete um futuro glorioso àqueles com um passado pecaminoso. Daniel age baseado na graça que Deus provê repetidamente, mas Deus é sempre aquele que primeiro provê a oportunidade, os recursos, e o resgate necessário para a fidelidade de Daniel.[11]

---

11 Chapell, **The Gospel According to Daniel**, p. 8-9. Ainda em reflexão sobre essa ênfase cristocêntrica, Chapell afirma que assim é que tornamos nossa mensagem, de fato, cristã. Exortações

UM REINO DE OUTRA NATUREZA (DANIEL 2)

Na citação acima, Bryan Chapell faz alusão a vários capítulos de Daniel, sempre mostrando Deus como o protagonista. Portanto, o capítulo 2 não é sobre Daniel, e sim sobre o rei de Daniel que usa a boca daquele jovem para falar de Sua realeza. Somos instrumentos para contar a história da redenção (v. 24-29). Proclamamos as virtudes do rei (1 Pe 2.9-10).

A pergunta que deve ser feita quando lemos a Palavra e queremos que ela nos seja aplicada não é "como Deus se encaixa na minha história?", e sim "como eu me encaixo na história dele?" Antes do que enfatizar como Deus entrou na minha vida (ênfase tipicamente evangélica), devemos destacar como nós entramos no reino de Deus (ênfase bíblica). A história é regida por Deus e nós somos chamados a participar dela. Sermões que focam apenas em exortações moralistas não providenciam uma visão revolucionária de Deus, de nós mesmos, do mundo, e de nosso lugar na obra divina. Precisamos de uma perspectiva grandiosa dessas coisas a fim de suportarmos as pressões de uma vida no mundo.

Somos apenas uma página no livro divino da história da redenção. Assim como uma página de um romance clássico arrancada do livro perde o seu valor para a narrativa, nossa vida não tem brilho a não ser que sejamos inseridos na história da redenção. Daniel compreendeu isso. Tanto é que ele se anula, se humilha ("não porque haja em mim mais sabedoria do que em todos os viventes", v. 30; cf. Jo 3.30), para destacar Deus diante de Nabucodonosor. Deus queria se mostrar a Nabucodonosor e

---

morais à parte do poder da graça ("seja como Daniel", "ore mais", "seja mais santo") podem ser encontradas em outras religiões. No entanto, o que elas não possuem é a mensagem redentora de que é o próprio Deus quem nos estimula a amá-lo. A graça capacitadora de Deus é a única capaz de eliminar da vida cristã todo desespero, orgulho e desobediência (p. 9-10).

AMANDO A DEUS NO MUNDO

Daniel se contenta em ser mera boca divina. Ele entende que o importante é ser testemunha![12]

Todo profeta revelador de mistérios é instrumento para a revelação de verdades escatológicas (v. 28-29). Paulo deixará isso mais claro na Epístola aos Efésios (2.20; 3.1-6). A exposição da história da redenção nos tempos de Daniel, e mesmo agora, está relacionada a expor escatologia – não no sentido que muitos evangélicos estão acostumados a fazer (a adivinhar quais os eventos políticos no Oriente Médio já estavam previstos na Bíblia), mas a anunciar o que Deus tem feito e ainda fará nos "últimos dias".

Daniel, portanto, começa a revelar ao rei Nabucodonosor o que o monarca sonhara. O sonho trazia uma imensa estátua de esplendor, tamanho e feições amedrontadores ao homem (v. 31). Aquela imagem de forma humana tinha várias partes feitas de materiais diferentes, decrescentes em seu valor: ouro, prata, bronze, ferro, barro (v. 32-33). Uma pedra vinda do monte (v. 45) feriu os pés da estátua e causou o seu desmoronamento completo (v. 35). O fato de a pedra ter sido "cortada sem auxílio de mãos" (v. 34) indica que o que destruiu os reinos não veio de homens, mas de Deus. A pedra provocou o surgimento de uma grande montanha que encheu toda a terra (v. 35b); isto é, o que era apenas uma pedra acabou se tornando num grande entulho de pedras.

Então Daniel interpreta o sonho inserindo o monarca babilônico na grande história divina de soberania sobre os reinos. Daniel explicita que a cabeça de ouro é uma referência ao próprio

---

12 Existe uma teoria bem aceita na academia de que o trecho de Daniel escrito em Aramaico (Dn 2.4-7.28), o idioma popular na Mesopotâmia desde o Império Assírio, era o trecho mais relevante aos gentios e se tornou uma espécie de registro público de Daniel na Babilônia. C. Hassell Bullock, **An Introduction to the Old Testament Prophetic Books** (Chicago: Moody, 1986), p. 286. Essa teoria corrobora com a ideia de que Daniel incorporara a função de testemunha naquele país.

Nabucodonosor e o reino da Babilônia (v. 37-38). Os reinos subsequentes são descritos com metais decrescentes em valor (v. 39) – ouro, prata, bronze, ferro – e de consistência questionável (v. 40-43) – ferro com barro. Mas Daniel não está fortuitamente exaltando Nabucodonosor sobre os demais reinos, mas ensinando-o sobre a fragilidade de todo reino humano, inclusive o de Nabucodonosor. Afinal, um reino dá lugar ao outro até chegar no reino eterno (v. 44). Toda autoridade e poder vem de Deus (v. 37; Mt 28.18), e ele os concede a quem Ele quer.

A interpretação comum entre especialistas é que as quatro partes da estátua representam quatro reinos de alcance universal (Babilônia, Medo-Pérsia, Grécia e Roma, respectivamente)[13] que foram unidos numa só imagem porque representam o esforço humano em oposição a Deus; todos os poderes mundiais são de natureza humana (por isso uma imagem em forma humana e não um ídolo). Ainda que os reinos sejam distinguidos, eles fazem parte de uma mesma estátua para ressaltar a oposição conjunta a Deus. Por isso também é que a pedra derruba e destrói toda a estátua ao atingir os pés.

O jovem Daniel também pode ser inserido nessa grande história. Afinal, a inimizade dos reinos deste mundo contra o Senhor acabaria em ruína. Que conforto para quem está cativo! Afinal, embora o livro de Daniel comece com o reino de Deus aparentemente sendo destruído (Dn 1.1-4), já no capítulo 2 é revelado aos cativos a glória desse reino. O que começou com uma pedra acabou se tornando uma montanha (v. 35). O reino dos céus "é como um grão de mostarda..." (Mc 4.30-32). Esse conforto explica ainda melhor o louvor de Daniel (v. 19-23).

---

13 Young, **Daniel**, p. 74-75; Archer, "Daniel", p. 46-47; Chisholm, **Handbook on the Prophets**, p. 298.

AMANDO A DEUS NO MUNDO

Esse conforto em meio a um mundo inóspito é ainda mais claro para nós que temos toda a revelação bíblica ao nosso dispor. A pedra é um quinto reino mais poderoso do que os anteriores e eterno (v. 44), o reino messiânico instaurado na primeira vinda de Cristo. Jesus é a pedra sem origem que veio esmiuçar os poderes humanos.[14] O reino de Cristo é espiritual (Jo 18.36; Lc 17.21) e está crescendo a ponto de ter alcance mundial. As suas fronteiras não podem ser registradas pelos mapas, mas todos os seus cidadãos se sentem parte de uma mesma pátria. Nada pode evitar o crescimento desse reino. Nosso envolvimento com as coisas deste mundo deve ser baseado na soberania divina sobre as nações.

O controle de Deus sobre os eventos deste mundo afeta surpreendentemente nosso entendimento da história. É impressionante como os metais de valor decrescente no sonho testificam sobre o regresso antes que sobre a evolução das civilizações neste mundo.[15] Mais impressionante ainda, porém, é que a pedra que destrói tais reinos humanos é humilde e desprezível aos olhos dos homens, mas há de ser exaltada e transformada numa grande montanha. Que retrato da humilhação e exaltação de Cristo! Só o controle soberano de Deus é que nos permite compreender o atípico reino de Deus: seu príncipe é tratado como criminoso, morte é a sua vitória, e seus súditos usam uma espada que não sangra mas penetra profundamente.

APOLOGÉTICA OFENSIVA

A bela exaltação do Deus dos judeus (v. 28a) se contrapõe ao fracasso de outras religiões (v. 27b). Daniel contrasta as fraquezas da

---

14 "Jesus Cristo é a pedra soberana que apareceu nos dias do quarto reino de Daniel e que exerceu autoridade sobre todos os reis da terra." O. Palmer Robertson, **The Christ of the Prophets** (Phillipsburg: P&R, 2004), p. 329.

15 Duguid, **Daniel**, p. 47.

UM REINO DE OUTRA NATUREZA (DANIEL 2)

cosmovisão pagã com a verdade cristã. O testemunho de Daniel é ousado, mas verdadeiro para todas as gerações. Atualmente, nós temos a Bíblia que nos ilumina a enxergar o presente com uma perspectiva que o mundo não tem e a certeza de um futuro para o qual o mundo não se prepara. Temos feito uso da revelação divina para confrontar ousadamente as mentiras e fraquezas de outras religiões?

Paulo encoraja-nos a "destruir" fortalezas, "anular" sofismas (2 Co 10.4-5), verbos que apontam para uma iniciativa bélica. Gene Edward Veith faz um comentário sobre a passagem de 2 Coríntios 10 que destaca essa investida ofensiva:

> É significativo que o método da argumentação de Paulo descrito na passagem em 2 Coríntios 10 seja essencialmente negativo. Ele não está tão interessado em argumentar positivamente a favor das verdades da fé – ele deixa isso para a eficácia da Palavra. Antes, ele destrói argumentos e opiniões altivas, derrubando os obstáculos que as pessoas erguem contra o conhecimento de Deus. A apologética pode ser útil para a apresentação do Cristianismo. Fomos aconselhados a estar sempre "preparados para responder a todo aquele que vos pedir razão da esperança que há em vós" (1 Pe 3.15). Contudo, o combate como Paulo o descreve aqui não é defensivo, mas ofensivo. É uma questão de desafiar e refutar as ideias "'altivas" atrás das quais os pecados se escondem do seu Deus.[16]

Parte da apologética cristã é demonstrar a fragilidade dos argumentos e das alternativas céticas. John Frame afirma que essa apologética ofensiva é utilizada por Jesus com Nicodemus (Jo

---

16   Veith, **De todo o teu entendimento**, p. 82.

3), com a mulher samaritana (Jo 4) e com os líderes judeus que queriam lhe armar ciladas (Mt 22.41-46).[17] Frame sugere que levantemos perguntas ao relativismo ateu que escancaram sua inconsistência ou desespero:

> Como é que você pode estar seguro de que o relativismo é verdadeiro, quando ele mesmo descarta toda segurança? Como é que você vive como relativista? Não ter segurança de qualquer coisa deve requerer um terrível esforço racional, emocional e volitivo. Que base você usa para a tomada de decisões? Que base você tem para criticar o tratamento que outros lhe dispensam? Como pode dizer que uma coisa está errada ou é injusta? Que base você tem para confiar na lógica – ou em sua própria mente?[18]

Nancy Pearcey afirma que no evangelismo nossa tarefa é colocar as pessoas cara a cara com a contradição entre o que pessoa diz que acredita e o que a sua vida inteira está lhe dizendo. Ela diz:

> Em algum momento a explicação que os não-crentes dão do mundo será contradita pela experiência vivida. Essa contradição deveria lhes dizer algo. O termo traduzido por "inescusáveis" (Rm 1.20) significa literalmente "sem uma apologética". A tarefa do evangelismo começa ajudando os não-crentes a enfrentar diretamente as inconsistências entre as crenças professas e a experiência real.[19]

---

17 John Frame, **Apologética para a glória de Deus** (São Paulo: Cultura Cristã, 2010), p. 148.

18 Frame, **Apologética para a glória de Deus**, p. 154.

19 Pearcey, **Verdade Absoluta**, p. 350.

UM REINO DE OUTRA NATUREZA (DANIEL 2)

Destacamos a dissonância cognitiva entre a cosmovisão e a realidade, expomos a trapaça filosófica (lançando mão de ideias da herança cristã, de capital emprestado – ex: moralidade, direitos humanos, etc.), e exortamos as pessoas a enfrentarem de maneira honesta a falência dos seus sistemas de crenças.[20]

Vejamos quatro argumentos utilizados por apologistas cristãos que desmontam o argumento cético.

Primeiro, todo debate público é religioso. "Discussões políticas e sociais devem ser feitas secularmente", dizem os secularistas. Timothy Keller responde a essa premissa afirmando que é impossível que um discurso público sobre qualquer tema (ex: casamento e divórcio) seja desprovido de uma base religiosa. Todo juízo moral requer uma base religiosa. Afinal, todo ser humano é inerentemente religioso, como vimos na primeira parte desta obra. Todavia, o cético normalmente nega ter qualquer premissa religiosa. Por isso é que precisamos redefinir o conceito de religião adotado por ele. Religião não significa crença num Deus pessoal; o Zen Budismo não crê num deus pessoal e ainda assim é amplamente considerado religioso. Religião também não significa crença no sobrenatural; o Hinduísmo fala de uma realidade espiritual dentro da esfera material e ainda assim é considerado religioso. Religião, portanto, é qualquer conjunto de crenças que explicam a vida (cosmovisão). Sendo assim, até o discurso "secular" tem uma cosmovisão implícita, ele se fundamenta em premissas religiosas.[21]

Em outro livro de apologética mais recente, Timothy Keller mostra que o secularismo é tão fundamentado em fé quanto a religião. Ainda que o secularismo defenda que devemos aceitar como

---

20 Pearcey, **Verdade Absoluta**, p. 356-358.

21 Keller, **Reason for God**, p. 14-18.

195

AMANDO A DEUS NO MUNDO

verdadeiro apenas aquilo que é observável empiricamente, poucas das convicções sobre verdade podem ser provadas cientificamente. A declaração de que a ciência é a única árbitra da verdade não é uma descoberta científica, mas uma crença. O que secularistas afirmam sobre justiça e direitos humanos, sobre comportamento bom e mau, é que não podem ser comprovados empiricamente. Até agnósticos que alegam não ter argumentos suficientes para crer em Deus estão assumindo um padrão de prova que nem todos aceitam.[22]

Em segundo lugar, o relativismo é intolerantemente absolutista. "Todas as religiões ensinam basicamente a mesma coisa e, portanto, são igualmente válidas", dizem alguns céticos. Outros entendem que cada religião vê parte da verdade e ilustram essa alegação com a anedota dos cegos descrevendo o elefante de formas diferentes, conforme a parte do elefante que apalpam. A ilustração dos cegos é arrogante pois só pode dizer que cada religião vê parte do elefante aquele que vê o elefante por inteiro.[23] Na verdade, é contraditório tentar relativizar toda e qualquer religião pois tal projeto é calcado numa opinião absoluta.

Em terceiro lugar, o naturalismo não sustenta dignidade humana.[24] R. C. Sproul afirma que quando perguntava aos evolucionistas naturalistas se eles queriam ser tratados com dignidade, sempre obtinha uma resposta positiva. No entanto, esse apego à dignidade como se fosse inerente ao ser humano não combinava com uma cosmovisão que não enxergava sentido nem na origem nem no destino dos homens. Por isso Sproul demonstrava a falácia de defender seus direitos

---

22 Timothy Keller, **Making Sense of God**: an invitation to the skeptical (London: Hodder & Stoughton, 2016), p. 33, 35 [versão em português: *Deus na Era Secular: como céticos podem encontrar sentido no cristianismo* (São Paulo: Vida Nova, 2018)].

23 Keller, **Reason for God**, p. 9.

24 Veremos mais sobre esse argumento no capítulo 17.

UM REINO DE OUTRA NATUREZA (DANIEL 2)

com a seguinte pergunta: "Se vocês vieram do nada e estão indo para o nada, por que não se veem como nada neste momento?"[25] De fato, se as pessoas não passam de entidades físicas sem alma, se sensação de amor e beleza são apenas eventos neurológicos-químicos, se seres humanos são o produto de um processo evolucionário do mais forte comendo o mais fraco – todas proposições naturalistas – não faz sentido falar de dignidade, direitos e valores.[26]

Em quarto lugar, céticos tem o problema do bem. Em outro lugar, já descrevi essa resposta ao ataque que céticos fazem ao suposto "problema do mal". Veja a citação abaixo que resume a forma como cristãos viram a mesa e apresentam aos céticos o problema do bem:[27]

> No naturalismo, como Deus é tirado de cena, a ética está vinculada somente a seres humanos. A ética é autônoma e situacionista. Isso dá margem a uma ética subjetiva. Contudo, há muitos naturalistas antigos e modernos que sempre defenderam princípios éticos tradicionais. Eles até se escandalizam com a imoralidade presente. Eles não diriam que reprovar o abuso de uma criança seria uma questão de preferência ou de opinião subjetiva. Veem tal ato como objetivamente mau. Observe que o problema não é reconhecer os valores morais, mas não ter base para eles. Essa é a antiga falácia sobre derivar o "dever" do "ser". Para o naturalista, o mundo simplesmente é, não providencia à humanidade um senso de dever. Acontece que ética é sobre o que deve ser e não sobre se algo é ou não é. Guerras

---

25 R. C. Sproul, **1 e 2 Pedro**: Confirmando a Vocação e Eleição (São Paulo: Cultura Cristã, 2016), p. 91.

26 Keller, **Making Sense of God**, p. 23, 49.

27 Exploraremos a ética um pouco mais a fundo no capítulo 18.

AMANDO A DEUS NO MUNDO

religiosas existem. Será que elas devem existir? Como derivar o "dever" do "ser"? É preciso haver uma regra ética fora da "caixa" na qual estamos para servir de parâmetro de juízo entre os homens. Mas isso não combina com a cosmovisão naturalista que rejeita qualquer coisa sobrenatural.

Sem um padrão ético objetivo, os homens estão sujeitos a conclusões absurdas. Como explicar o bem se não há Deus, se não há referencial externo? Aquilo que é útil? Roubar é útil para o ladrão. Aquilo que mexe com o seu coração? Diga isso a um psicopata que segue as inclinações do seu interior. Aquilo que beneficiaria o maior número de pessoas? Mas isso é preconceito, ou pior, opressão para com minorias. Note como sem o referencial externo não há como falar objetivamente do bem.[28]

O objetivo da apologética ofensiva não é vencer o argumento e descaridosamente expor o oponente ao desprezo. O objetivo ainda é expor a verdade divina "com mansidão e temor" (1 Pe 3.16) pois devemos sempre testemunhar acerca da verdade em amor. O testemunho acontece quando o Deus da história é triunfantemente revelado e também quando a falácia do pensamento pagão dá lugar à verdade. Cristo é a testemunha fiel por excelência. Ele é o ápice da revelação sobre o Deus que revela mistérios. E sua revelação não é só discernidora da história, mas é verdadeiramente ofensiva aos sofismas deste mundo.

REAÇÃO DO DESCRENTE (V. 46-49)

No que tange as relações horizontais, a interpretação de Daniel trouxe a ele e seus amigos muitos benefícios (v. 48-49). O espanto

---

28 Campos Júnior, **Triunfo da Fé**, p. 150-151.

de Nabucodonosor foi incomum (v. 46) pois o soberano homenageava um cativo. Imagine a cena! Porém, no livro de Daniel, tanto Nabucodonosor (2.47; 3.28; 4.34-37) quanto Dario (6.26-27) se espantam com o Deus de Israel. Ainda que o Deus de Daniel tenha recebido alguns elogios (v. 47), é o próprio Daniel que é louvado como o revelador do mistério e, por isso, recebe presentes e cargos.

O engrandecimento de Daniel e seus amigos sempre foi uma constante (1.19, 21; 3.30; 5.29; 6.3, 28). Eles permaneceram em posição influente durante diferentes reinados: Nabucodonosor, Belsazar e Dario. Isso nos ensina duas coisas. Em primeiro lugar, ser um cristão autêntico não significa fracasso em sua profissão; Deus pode levantar servos seus em posições de destaque a fim de que o Seu nome seja mais conhecido (ex: José). Em segundo lugar, a permanência de Daniel nessas posições denota a sua qualidade como servo. O bom funcionário público é aquele que é mantido em sua função durante governos diferentes. O membro da igreja deve permanecer prestativo e serviçal durante pastorados diferentes, porque o seu serviço não depende do pastor que está à frente. Pelo contrário, sua qualidade deve estar na sua constância e perseverança.

A parte frustrante da reação de Nabucodonosor é que ela é emblemática da forma como ímpios reagem à nossa fé. Dificilmente enxergam Deus em nós, no sentido de se submeterem a Deus (v. 46-49; Mt 5.16; 1 Pe 2.12). Eles normalmente enxergam nossas virtudes e nos louvam. Usando linguagem pagã, são capazes de dizer que enxergam em nós uma "luz interior", uma "energia", afirmam que somos "gente de bem" e que merecemos tudo de bom. Fica evidente que enxergaram o pregador, mas não aquele para quem ele aponta. Claramente não houve conversão.

AMANDO A DEUS NO MUNDO

Ainda assim, o mais importante aconteceu: o testemunho. Esse não foi em vão pois testificou das glórias do Senhor (amor por Deus) mesmo sem redundar em conversão (amor pelo próximo). Lembremo-nos de que fomos chamados para sermos testemunhas do Reino a reis. O Senhor Jesus promete que não seremos desamparados em nossa função de testemunhas.

> Mas antes de tudo isso, prenderão e perseguirão vocês. Então os entregarão às sinagogas e prisões, e vocês serão levados à presença de reis e governadores, tudo por causa do meu nome. Será para vocês uma oportunidade de dar testemunho. Mas convençam-se de uma vez de que não devem preocupar-se com o que dirão para se defender. Pois eu lhes darei palavras e sabedoria a que nenhum dos seus adversários será capaz de resistir ou contradizer. (Lucas 21.12-15, NVI)

CAPÍTULO 8

PILARES DA COSMOVISÃO REFORMADA: CRIAÇÃO

Ao falarmos sobre temas bíblicos como criação, queda, redenção e consumação, estamos mencionando pilares da fé cristã. Alguém poderia perguntar: por que chamar de reformado aquilo que pertence ao cristianismo como um todo? Por que não chamar de cosmovisão cristã? Existe uma razão histórica para isso. A tradição reformada sempre expressou engajamento com a sociedade em todas as suas esferas desde os primórdios de sua história. Enquanto a herança luterana fora de atuação mais eclesiástica, e a reforma radical (anabatista) se portara de forma isolacionista da cultura, o legado reformado desde Calvino sempre foi de envolvimento com as atividades desta vida.[1]

---

1 Kuyper, **Calvinismo**, p. 30-31. Tratando do conceito luterano de "dois reinos", Knudsen escreve: "No pensamento de Lutero, contudo, há uma marcante distinção entre a esfera íntima do divino, atividade espiritual, e a esfera exterior das práticas seculares... A atividade cultural humana, que pertence a esta esfera externa, é aceitável, contanto que seus padrões não sejam aplicados à esfera espiritual. Não há, porém, nenhuma conexão íntima entre ela e este campo espiritual". Robert D. Knudsen, "O Calvinismo como uma Força Cultural". In: W. Stanford Reid (org.), **Calvino e Sua Influência no Mundo Ocidental** (São Paulo: Casa Editora Presbiteriana, 1990), p. 17.

AMANDO A DEUS NO MUNDO

Esse histórico se deve ao entendimento de que não há distinção entre as esferas de atividade divina e de atividade humana. Nesse ponto, o entendimento da atuação divina soberana na história do mundo (providência) e no coração do homem (soteriologia) do ponto de vista reformado faz mais sentido que a doutrina semipelagiana e arminiana tão prevalecente em outros ramos cristãos. O reformado não faz dicotomia entre cristianismo e cultura. "Era estranho à mente de Calvino o pensamento de que as artes e as ciências podiam estar livres da religião."[2]

Portanto, exploraremos o diferencial da cosmovisão reformada em relação a outras expressões do cristianismo. Enquanto outras vertentes da cristandade se mostram dualistas, seja no entendimento de natureza e graça ou de sagrado e secular (como vimos no capítulo 5), um dos diferenciais da cosmovisão reformada é o seu caráter integracionista.[3] Sua visão holística da vida cristã lhe permite fazer juízo sobre assuntos eminentemente práticos: É lícito ouvir música "secular"? É lícito que um músico profissional cristão toque "na noite"? O adolescente dotado de habilidades musicais só louva o Senhor quando toca na igreja? O apóstolo Paulo discutiu temas semelhantes quando tratou de carnes sacrificadas a ídolos (Rm 14-15, especialmente 14.13-23; 1 Co 8, 10, especialmente 10.23-11.1). Dentre outras coisas, ele conclui que a carne em si mesmo era boa (pois foi criada pelo Senhor), mas o contexto mostraria quando convém ou não comê-la (Rm 14.14, 20; 1 Co 10.23, 26). Em outras palavras, não só o princípio de legitimidade (é pecado ou não é), mas a providência divina, o amor ao próximo, o senso de corpo, a prudência no

---

2 Knudsen, "O Calvinismo como uma Força Cultural", p. 14.

3 Wolters, **A Criação Restaurada**, p. 22.

PILARES DA COSMOVISÃO REFORMADA: CRIAÇÃO

proceder, todos esses são fatores a serem considerados na decisão de comer ou não comer.[4]

Além de sua visão holística, outro diferencial da cosmovisão reformada é seu caráter histórico assim como proposicional. Assim como a Bíblia não só expressa verdades em forma proposicional (leis, poesias, epístolas) mas também através de narrativas, a cosmovisão cristã deve ir além de conceitos para ser expressa através de uma história. Já vimos, no capítulo 1, que cosmovisão pode ser expressa com uma história e que Paulo a expôs no Areópago para que os gregos entendessem melhor a mensagem do evangelho. No entanto, a cosmovisão reformada faz mais que expressar-se por intermédio de uma história (como outras também podem fazê-lo). O diferencial da cosmovisão reformada não só é saber quais são os quatro grandes marcos da história (diferente de outras cosmovisões não cristãs), mas também como apropriar esses quatro grandes marcos em nossa história pessoal (diferente de outras cosmovisões cristãs).

COSMOVISÃO EXPRESSA POR UMA HISTÓRIA

Embora a Bíblia seja um livro teológico, fomos exortados no capítulo 5 a não tolerarmos que ela seja comunicada a nós somente

---

4 Certa vez, durante um estudo bíblico de meio de semana, testei meus irmãos para ver como lidavam com os tabus relacionados a usos e costumes. Perguntei: "O que mais escandalizaria vocês: ver o pastor bebendo cerveja no bar, ver o pastor sambando ao som de uma batucada, ou ver o pastor ouvindo um rock pesado?" Após pensarem um pouco, a congregação foi unânime em dizer: "Ver o pastor bebendo cerveja no bar, devido ao ambiente ter uma conotação tão negativa". Então prossegui: "E se a mesma pergunta fosse feita na Alemanha?" Responderam: "Nesse caso seria o samba, pois os alemães são meio durões e sem ginga". Por último, questionei: "E se a mesma pergunta fosse feita no continente africano?" Então concluíram que seria o rock, por ser muito estranho à sua cultura. A partir dessa ilustração, aqueles irmãos começaram a entender que respostas diferentes mostram que cada cultura cria seu dualismo entre o que é sagrado e o que é profano, entre o que é permitido e o que é proibido. É preciso entender que a Bíblia não condena bebida forte, dança ou música (apenas condena o mau uso delas), pois em si mesmas elas não são más. Todavia, qualquer decisão em relação a elas precisa levar em consideração o ambiente no qual a decisão é tomada.

AMANDO A DEUS NO MUNDO

nas verdades da esfera da teologia. Antes, para o cristão a Bíblia deve abarcar toda a realidade da vida humana, fornecendo-nos uma cosmovisão. Isto não significa que a Bíblia visa a ser um livro de química, ou de astronomia, ou de direito, ou de arquitetura. Porém, ela abarca toda a realidade ao descrever a vida à luz da criação, queda e restauração (incluindo redenção e consumação, o "já" e o "ainda não"). A criação responde às perguntas como "quem sou eu?" e "onde estou?", a queda responde à pergunta "o que está errado?", e a restauração lida com a questão "qual é a solução?".[5] Nancy Pearcey se apropria de uma frase de Francis Schaeffer quando diz que o cristianismo é a verdade total, isto é, a verdade sobre a totalidade da realidade.[6]

Veremos como os quatro pilares descritos ao longo do livro expressam tanto a história da redenção (*historia salutis*),[7] conforme vimos no capítulo 2 de Daniel, como também demonstram a trajetória de nossa salvação pós queda (*ordo salutis*). Essa história tem um lado objetivo e um lado subjetivo. Em outras palavras, o enredo criação-queda-redenção-consumação explica não somente os grandes eventos da história do mundo, mas também os vários estágios pelos quais a humanidade passa (antes da queda, depois da queda, após a regeneração, e na glória). Veremos como essa história é expressão não só dos grandes atos de Deus fora de nós (*extra nos*), mas também de suas grandes realizações em nós (*intra nos*).

---

5   Walsh e Middleton, **A Visão Transformadora**, p. 32.

6   Pearcey, **Verdade Absoluta**, p. 20.

7   Chamamos a Escritura de "história da redenção" porque a narrativa bíblica após a Queda, em Gênesis 3 até o final do Novo Testamento, é uma narrativa de resgate. "O enredo principal da Bíblia é a narrativa de como Deus restaura uma criação que tinha sido desfigurada pelo pecado." Goheen e Bartholomew, **Introdução à Cosmovisão Cristã**, p. 62. No entanto, observe como Criação e Queda são contextos para a Redenção. Acrescentaríamos ainda que essa Redenção possui dois grandes momentos, duas vindas de Cristo, e por isso acrescentamos a Consumação.

PILARES DA COSMOVISÃO REFORMADA: CRIAÇÃO

Creio que o lado subjetivo dessa história é menos familiar e, por isso, precisa ser mais enfatizado. Os quatro pilares históricos da cosmovisão cristã não são meros conceitos ou categorias intelectuais. Não se tratam de proposições atemporais. Criação não é só um fato para ser defendido no embate com evolucionistas naturalistas. Ela me fornece o senso de propósito original para a vida, conforme estabelecido por Deus. Queda não é apenas uma doutrina com verdades teológicas para serem expostas nos debates sobre livre-arbítrio. Ela molda as minhas expectativas para tudo o que eu faço nesta vida, dando-me moderação nos meus sonhos terrenos. Semelhantemente, redenção não é apenas algo que cuida de minha culpa moral, mas renova a minha esperança baseada no que Deus realiza, antes do que nas realizações dos homens. Portanto, cosmovisão como história é mais do que a história da humanidade, é também a nossa história. Isto é, não devemos olhar para esses eventos da história como sendo chaves hermenêuticas apenas para interpretarmos o mundo ao nosso redor, mas inclusive para compreendermos a nossa própria vida. O que sou essencialmente está calcado na doutrina da criação, o direcionamento apóstata de meus potenciais é explicado pela doutrina da queda, a redenção em Cristo me coloca em novo rumo, mas sua obra renovadora em mim aguarda a consumação. Criação, queda, redenção e consumação não só é a grande história (a metanarrativa), mas a minha história nessa grande história. Esse elemento existencial não pode ser obliterado do estudo de cosmovisões.[8] Sendo assim, é quando encarnamos as verdades dessa história, e vivemos conscientes dessa história, que nossa cosmovisão se coaduna com a revelação bíblica.

---

8 Sire, **Naming the Elephant**, p. 104-105.

AMANDO A DEUS NO MUNDO

Por isso Paul Hiebert falou da importância de acrescentar a dimensão diacrônica ao modelo sincrônico de cosmovisão.[9] A história fornece maior compreensão das estruturas sincrônicas. Afinal, o elemento diacrônico permeia todo tipo de realidade criada. O nosso Deus é o único que nunca muda (Ml 3.6), que permanece para sempre (Sl 102.24-28). Toda criação, contudo, está sujeita ao curso da história. O homem e todo o seu habitat passa por um estágio original, sente os efeitos da maldição a partir da Queda, quando a Redenção é instaurada há para os seres humanos uma sobreposição de eras (ainda sentimos alguns efeitos da queda, mas já gozamos de realidades da vida por vir), e toda criatura aguarda a consumação da obra reconciliatória de Cristo. Portanto, toda realidade criada é impactada por esses quatro grandes eventos (ato criador, queda do homem, primeira e segunda vinda de Cristo). A Escritura sempre conduziu o seu povo a olhar para a revelação divina na história (os feitos de Deus no passado e as promessas para o futuro como segurança para o presente). E essa história é teleológica, isto é, tem uma finalidade: o término glorioso da obra redentora de Jesus Cristo. Vivemos nos últimos dias (At 2.17; 1 Co 10.11; 2 Tm 3.1; Hb 1.2; 1 Pe 1.5, 19-20; 1 Jo 2.18), aguardando o último dia (1 Ts 5.2; 2.2; 2 Tm 4.8; 2 Pe 3.7, 10, 12; Jd 6), para que possamos gozar o dia eterno (Ap 21.23-25).

Começaremos a traçar essa história com o primeiro grande evento: a criação.

CRIAÇÃO

Em geral, a doutrina da criação não é compreendida corretamente pelos crentes. Muitos a julgam útil para refutar a evolução, mas não

---

9 Hiebert, **Transforming Worldviews**, p. 27-28.

PILARES DA COSMOVISÃO REFORMADA: CRIAÇÃO

concebem sua abrangência. A criação é o ponto de partida bíblico. Queda não faz sentido se não entendermos o propósito original da criação. Redenção perde seu caráter restauracional, reconciliatório, se não compreendermos o ponto de partida. Consumação fica equivocada se não enxergarmos os elementos de continuidade com o estado original.

Há muitos aspectos dessa doutrina que são comuns às diferentes tradições cristãs. Primeiramente, o fato de Deus ser o Criador de todas as coisas. Em alguma medida, Gênesis 1 foi escrito para expor a pequenez dos "deuses" egípcios que eram responsáveis por diferentes partes da vida. Os hebreus convocados por Moisés a saírem do Egito estavam sendo apresentados a um Deus muito maior do que aqueles pequenos "deuses" que lhes foram apresentados por quatro séculos. O Deus da Bíblia é extraordinário em poder, que chama tudo à existência pela força de sua palavra.

Em segundo lugar, também é comum as diferentes tradições cristãs destacarem que o nosso Deus não é distante deste mundo. A palavra do seu poder não é só criadora, mas também sustentadora de todas as coisas (Hb 1.3). A doutrina da providência nos ensina que Deus não é alguém que ocasionalmente intervém em nossas vidas, mas que nos sustenta a cada momento.

Em terceiro lugar, a doutrina da criação também destaca o homem como imagem de Deus, e isso tem sido pensado por várias tradições ao longo da história da igreja.[10] Reconhecer que o homem é criatura como as demais não implica em perder de vista

---

10 Cf. Anthony Hoekema, **Criados à Imagem de Deus** (São Paulo: Cultura Cristã, 2010), caps. 3 a 5.

AMANDO A DEUS NO MUNDO

a sua posição exaltada na criação e seu papel como "gerente" dessa loja de Deus que é a Criação.[11]

No entanto, a despeito de doutrinas importantes relacionadas a esse primeiro pilar (Deus como Criador, a doutrina da Providência, e o homem como imagem de Deus) estarem presentes em diversas tradições cristãs, a tradição reformada tem refletido com mais profundidade sobre alguns aspectos decorrentes da doutrina da Criação. Vejamos alguns princípios importantes dessa doutrina que certamente moldarão nossa cosmovisão.

1. Estrutura e Direção

Uma boa maneira de começar a expor o pilar da criação é voltando ao conceito brevemente introduzido no capítulo 4: estrutura e direção. Estrutura diz respeito ao potencial cultural ordenado por Deus e às leis que o regem. Direção diz respeito à participação humana no manuseio dessa estrutura.

Os herdeiros de Dooyeweerd mostram como as estruturas da sociedade (ciência, comércio, arte, política, educação) estão fundamentadas na criação de Deus e, portanto, participar delas é obedecer às ordenanças do Senhor. Tudo é "criacional" e, portanto, "bom". E por que é bom? Porque Deus quer que sua criação seja conhecida (ciência), cultivada (agricultura), apreciada (arte), governada (política), comunicada (educação), e assim sua glória seja manifesta de múltiplas formas. Walsh e Middleton afirmam

---

11 Teólogos bíblicos reformados frequentemente utilizam o termo "vice-regente", um termo muito apropriado para falar da nossa posição real sob o governo supremo do Criador. No entanto, o termo moderno "gerente" é bem ilustrativo pois destaca uma pessoa que tem responsabilidade máxima naquele domínio, embora o estabelecimento não seja seu. Ele tem as chaves da loja, mas não possui autonomia. Ele prestará conta de sua administração, ainda que seja o funcionário de confiança do dono. Ele deve refletir bem os interesses do dono, espelhar o dono na visão e missão. Essa é uma boa ilustração do que acontece com o homem como representante de Deus na criação.

PILARES DA COSMOVISÃO REFORMADA: CRIAÇÃO

que a repetição da avaliação positiva da criação ("era bom"; Gn 1.4, 10, 12, 18, 21, 25, 31) é *sui generis* entre os relatos de origens de culturas antigas. Esses relatos começam com a existência do mal logo nas origens, pois sem a revelação bíblica, nossa experiência de queda nos leva ao postulado de um princípio defeituoso.[12] O relato bíblico, por outro lado, apresenta ordem nas coisas criadas pela palavra de Deus. Deus ordena não só os astros que regem o tempo (Jr 33.20-21, 25-26), mas até as coisas mais simples. Comentando Isaías 28.23-29, Wolters afirma que o texto está dizendo que Deus ensina o fazendeiro a fazer o seu trabalho, pois existe uma maneira correta de se arar, semear e colher; "Deus assim o instrui devidamente e o ensina".[13] Em Êxodo 31.3-5, vemos o Espírito de Deus enchendo a Bezalel de habilidade para a prática artística. O comentário de Steve Turner sobre a obra de Deus em Bezalel é apropriado: "Apesar de seus dons terem sido dados para ajudar na construção de um lugar para adoração, neste texto é estabelecido o princípio de que Deus gosta de beleza, design e harmonia".[14]

Nesses dois exemplos de atividades profissionais, uma agrícola e outra artesã, Deus se mostra envolvido com elas e suscita ao menos duas implicações que estão de certa forma interligadas. Primeiramente, existe uma implicação epistemológica, isto é, concernente ao conhecimento que temos das coisas. Se quando um fazendeiro aprende a forma correta do plantio, de acordo com Isaías 28 ele está recebendo instrução do próprio Deus, então podemos concluir que todo conhecimento (não só o religioso)

---

12 Walsh e Middleton, **A Visão Transformadora**, p. 163.

13 Wolters, **A Criação Restaurada**, p. 44. Poderíamos inferir que esta é uma referência à revelação geral.

14 Steve Turner, **Engolidos pela Cultura Pop**: Arte, Mídia e Consumo; uma abordagem cristã (Viçosa, MG: Ultimato, 2014), p. 44.

AMANDO A DEUS NO MUNDO

é revelação de Deus, ainda que o homem natural não reconheça isso. Só podemos conhecer a criação se Deus mostrá-la a nós. E se a criação é o teatro onde Deus se revela, então cada componente da estrutura criacional funciona como um sinal que visa a apontar para algo além do sinal, isto é, para o revelador de todo conhecimento. Explorar a criação sem chegar ao Criador é perder o propósito dos sinais.

Uma segunda implicação do envolvimento de Deus com atividades profissionais é de caráter ético. Isto é, tal ligação demonstra como toda atividade na vida tem uma relação de amor ou desprezo para com Deus. "Se nossa vida não for uma expressão de nosso amor por ele, ela expressará rebelião contra ele. Essa é, simplesmente, nossa natureza religiosa como portadores da imagem de Deus. Toda a nossa vida cultural está sujeita às normas de Yahweh, e somos chamados a responder a ele em obediência."[15] Walsh e Middleton estão nos lembrando que até nossa atividade profissional é religiosa, isto é, feita a partir de nossas crenças, calcada em nossas esperanças.

Daí a razão dos reformadores tratarem de toda profissão como sendo "vocação". Quando um sapateiro perguntou a Lutero o que ele deveria fazer agora que era um cristão, Lutero lhe disse: "Faça um bom sapato e venda por um preço justo". Esse princípio precisa ser ensinado em nossas igrejas já que muitos crentes julgam os pastores os mais privilegiados profissionalmente, enquanto o emprego deles é visto como uma maldição. Jesus não era agradável ao Pai apenas quando assumiu funções redentoras nos últimos três anos de sua vida, como se os trinta primeiros anos de atividades "seculares" fossem de não cumprir a vontade do Pai.

---

15   Walsh e Middleton, **A Visão Transformadora**, p. 62.

PILARES DA COSMOVISÃO REFORMADA: CRIAÇÃO

Trabalho, como outras estruturas embutidas na criação, faz parte da ordem criacional. Essa ordem é reconhecível, como já foi ilustrado no texto de Isaías 28. A passagem não fala que Deus comunica de forma especial ao fazendeiro cristão a maneira certa de plantar. Deus colocou leis no mundo agrícola que são possíveis de serem descobertas por todo aquele que explora essa esfera (seja cristão ou não). "Essa capacidade de conhecimento fundamental da ordem da criação é a base de todo o entendimento humano, tanto na ciência quanto na vida diária."[16]

Porém, Wolters não deixa de afirmar, com Calvino, que a Escritura funciona como lâmpada para atuarmos neste mundo, para entendermos as leis, a normatividade da criação (Calvino usa a analogia dos óculos e Wolters ilustra com a lanterna de um mineiro).[17] Quem nós somos é definido por Deus (ex: identidade sexual é definida, não escolhida); isso exemplifica a normatividade da criação divina. O mesmo pode ser dito sobre matrimônio e família. De acordo com Gênesis 2, o matrimônio precisa ser monogâmico, heterossexual e emancipado de autoridade paterna. A Bíblia também ensina que a família deve ser oriunda do matrimônio, em que marido e mulher têm funções distintas igualmente valiosas, e os filhos se submetem ao treinamento de seus pais. Essa normatividade tanto do casamento quanto da família é intrínseca à estrutura criacional. Se tais características não forem obedecidas, isso resultará em inúmeros malefícios.

Isso nos leva à última colocação dessa subdivisão. Descobrir leis já é sinônimo de compreender algo do que Deus colocou na criação para o homem descobrir. Porém, isso não basta. Não é

---

16 Wolters, **A Criação Restaurada**, p. 44-45.

17 Wolters, **A Criação Restaurada**, p. 49-50; Calvino, **Institutas da Religião Cristã**, I.vi.1.

AMANDO A DEUS NO MUNDO

verdade que um ímpio agrada o Senhor na esfera profissional apenas por descobrir o potencial da criação. Ele não agrada ao Senhor apenas por ser um bom profissional. Ou, como explicaremos na próxima seção, ele não cumpre o chamado "mandato cultural" em sua inteireza. Antes, o cumprimento do mandato cultural diz respeito à direção, ao propósito maior de algo. Toda atividade cultural precisa estar subordinada ao amor a Deus (mandato espiritual) e amor ao próximo (mandato social).

A linhagem de Caim, espiritualmente oposta à linhagem de Abel/Sete, promoveu um avanço sociocultural impressionante: edificou uma cidade, promoveu pecuária, música e metalurgia (Gn 4.17-22). No entanto, a prova de que tal desenvolvimento benéfico à sociedade não é cumprimento do mandato cultural é que a sociedade resultante não só foi desagradável ao Senhor (Gn 6.5), mas mesmo depois do dilúvio ela continuou a promover progresso de forma apóstata (Gn 11.9). Portanto, logo no início do registro bíblico já existem evidências de que o homem sem Deus, ainda que seja socialmente aprovado e culturalmente benéfico, não é uma boa pessoa que "só falta ser crente". Ter as potencialidades culturais e agir baseado nelas não é sinônimo de cumprir o mandato cultural. Assim como ter a potencialidade para ser religioso e adorar falsos deuses não é cumprir o mandato espiritual, e ser uma criatura social e amar a sua esposa à parte de Deus é um amor idólatra e não cumpre o mandato social, assim também simplesmente agir na cultura não é cumprir o mandato cultural. O mandato cultural precisa de um referencial religioso. Só é possível cumpri-lo em Cristo.

Se a tradição evangélica pietista precisa aprender com os reformados sobre a abrangência dos três mandatos, como forma de glorificar a Deus em todas as nossas esferas de atuação, reformados

PILARES DA COSMOVISÃO REFORMADA: CRIAÇÃO

precisam resgatar a boa tradição evangélica de hierarquia dos mandatos. Mandato espiritual é prioridade, seguido de mandato social. Jesus só falou de dois grandes mandamentos: amar a Deus (mandato espiritual) e ao próximo (mandato social). Não há um terceiro grande mandamento para amar a criação. Na verdade, o mandato cultural está subordinado aos dois anteriores porque ao cuidarmos e explorarmos devidamente o jardim, nós honramos a Deus e servimos o próximo.

Isso nos leva ao próximo ponto.

2. O mandato cultural

O mandato cultural é uma das ênfases mais singulares da cosmovisão reformada. Outras tradições estão acostumadas a fazer aplicações que dizem respeito ao relacionamento vertical com Deus, e ao relacionamento horizontal com outros seres humanos, mas raramente pensam no relacionamento com a natureza.[18] Não estou falando simplesmente de ecologia. Na verdade, muito da ênfase ecológica em nossos dias é decorrente de uma divinização da natureza. Em outros casos, é pensando em categorias estritamente

---

18 Para uma discussão dos três mandatos como marca registrada do Calvinismo, veja Kuyper, **Calvinismo**, p. 28-40. O *mandato espiritual*, que trata de nossa relação com Deus, no Calvinismo é específico. "Ele não procura Deus *na* criação; como o Paganismo; não *isola* Deus *da* criatura, como o Islamismo; não postula *comunhão* [*mediada*] entre Deus e a criatura, como faz o Romanismo. Ele proclama o pensamento glorioso que, embora permanecendo em alta majestade acima da criatura, Deus entra *em comunhão imediata com a criatura*, como Deus o Espírito Santo." (p. 30). E diante da objeção de que Kuyper reivindica para o Calvinismo a honra que pertence ao protestantismo em geral, Kuyper responde dizendo que o Luteranismo – o único outro segmento historicamente protestante – não desenvolveu o princípio reformador amplamente em cada departamento da vida, mas ficou preso à esfera eclesiástica e teológica. O *mandato social*, que trata da relação entre seres humanos, é resumido por Kuyper como ensinando-lhes o princípio de igualdade entre os seres humanos. Por isso é que o Calvinismo encontrou expressão na interpretação democrática da vida e tem operado mudanças na estrutura da sociedade (p. 36). Vale lembrar que o Calvinismo genebrino não nasce em meio a uma política democrática, mas Kuyper quer enfatizar que os princípios calvinistas encontram ressonância em certos valores democráticos.

AMANDO A DEUS NO MUNDO

utilitárias (o que vamos deixar para os nossos filhos). Nenhuma dessas duas atitudes é o cumprimento do mandato cultural. Embora devamos pensar numa perspectiva cristã de cuidado ecológico,[19] o mandato cultural é muito mais abrangente do que isso.

A discussão reformada do mandato cultural é derivada do conceito bíblico de domínio que o homem deve exercer sobre a criação (Gn 1.26-28; 2.15; Sl 8.5-6). Precisamos de um melhor entendimento de qual deva ser nossa relação com a natureza como dominadores da mesma. Esse domínio não deve resultar em abuso dos recursos, mas em mordomia responsável por descobrir e explorar as potencialidades da criação de Deus.[20] Tal mordomia envolve desenvolver e preservar o ambiente onde fomos colocados.[21] Desenvolver não deve acontecer em detrimento do preservar.[22] No mundo atual, temos os extremos dos que, por um lado, exploram a natureza por razões econômicas e abusam dos recursos naturais sem preservação e, por outro lado, os ecologistas que querem preservar o meio ambiente sem permitir o desenvolvimento exploratório dos recursos naturais. É necessário um esforço para equilibrar as duas empreitadas. Como bem escreve John Frame, "há uma dependência mútua entre nós e o mundo. O mundo depende de nós para que o enchamos e sujeitemos, mas

---

19 Cf. Francis A. Schaeffer, **Poluição e a Morte do Homem** (São Paulo: Cultura Cristã, 2003).

20 Christian Reformed Church, **What it Means to be Reformed**: An Identity Statement (Grand Rapids, 2006), p. 33.

21 Walsh e Middleton, **A Visão Transformadora**, p. 50.

22 A sabedoria que traz equilíbrio é aplicável até para potencialidades que nós mesmos possuímos. Há casos em que julgamos ser mais sábio não desenvolver uma potencialidade no intuito de preservar outras coisas. Alguém pode ter potencialidade para ser atleta ou músico, mas não investe muito tempo nisso a fim de se concentrar nos seus estudos. Nesse caso, julgamos ser sábio o jovem que nutre o senso de responsabilidade e a ordem das prioridades. No entanto, termos potencialidades que promovem serviço ao próximo e não querer desenvolvê-las é pecaminoso.

PILARES DA COSMOVISÃO REFORMADA: CRIAÇÃO

nós dependemos do mundo para nossa própria existência".[23] O ser humano é criatura que governa e serve o mundo, mas também é servido por ele.

Precisamos resgatar o sentido bíblico de "mordomia" dos recursos da criação para o bom cuidado dos mesmos. O mordomo era um administrador. A palavra grega é *oikonomos*, de onde vem a palavra "economia". Se economia tem a ver com boa administração de recursos, não deveríamos fazer economia com interesses egoístas, mas como mordomos, isto é, em prol dos outros (Ef 4.28). O mandato cultural nos ensina que nós cristãos não podemos restringir nossa fé à esfera da religião, mas devemos buscar os propósitos de Deus em toda esfera da vida, seja pública ou privada.[24] A biologia deve explorar os encantos da vida microscópica, a estética deve ressaltar a beleza inerente do que foi criado (arquitetura que se adequa ao ambiente natural), a indústria deve produzir equipamentos a partir de recursos naturais ("mimetismo" na engenharia), e assim por diante.

Todo esse desenvolvimento dos potenciais da criação não é o mesmo que criar. Criar é um privilégio divino; nós apenas evidenciamos o que está embutido na criação. Nossa criatividade é, sim, um aspecto da imagem de Deus. Mas criar *ex nihilo* é atividade divina. Estritamente falando, nós apenas transformamos o que ele criou.[25] Criação, nesse sentido estrito, é obra divina, en-

---

23 John Frame, **A Doutrina da Vida Cristã** (São Paulo: Cultura Cristã, 2013), p. 814.

24 Ryken, O que é cosmovisão cristã?, p. 46-47.

25 Francis Schaeffer parece se opor ao que estou afirmando quando escreve: "Quando eu era mais jovem, pensava ser errado utilizar a palavra *criar* para se referir a obras de arte. Achava que ela deveria ser usada apenas em relação ao que Deus pode fazer. Posteriormente, percebi que estava absolutamente enganado. Estou convencido de que é importante compreender que tanto Deus quanto o homem são capazes de criar. Ambos fazem algo. A distinção é que Deus, por ser infinito, pode criar as coisas a partir do nada, por meio de sua palavra falada. Nós, por sermos finitos, conseguimos criar somente a partir de algo previamente criado. Ainda assim, a palavra *criar* é apropriada, pois sugere que a ação do ser humano sobre o que já existe é que significa criar algo novo". Schaeffer, **A Arte**

AMANDO A DEUS NO MUNDO

quanto cultura é obra humana. Criação é a estrutura e todas as suas potencialidades, cultura é a direção dada pelo homem a essas potencialidades criacionais.

Ainda assim, é importante destacar que Deus nos chamou não só para preservar, mas para explorar as potencialidades da criação em todas as suas facetas. Fazer potencialidade se transformar em realizações é a glória do mandato cultural. Veja como Albert Wolters explica esse conceito:

> A criação não é algo que, uma vez feito, permanece estático. Há, por assim dizer, um crescimento (embora não num sentido biológico), uma revelação da criação. Isso acontece mediante a tarefa que as pessoas recebem de realizar as possibilidades de desenvolvimento implícito na obra das mãos de Deus. A realidade determinada da ordem criada é tal que é possível se ter escolas e indústria, produção de cópias e construção de foguetes, bordado e xadrez. A lei criacional clama para ser expressa em formas novas e surpreendentes. Todo o vasto conjunto da civilização humana não é o espetáculo das aberrações arbitrárias de um capricho evolucionário nem o panorama inspirador das realizações criativas do próprio eu; antes, é a demonstração da maravilhosa sabedoria de Deus na criação e o significado profundo da nossa tarefa no mundo.[26]

---

e a Bíblia, p. 46. Schaeffer está apenas ressaltando a singularidade da criatividade humana dentro do mundo criado. De fato, só o ser humano é criativo e faz algo novo. Não faço qualquer objeção à conclusão de Schaeffer. No entanto, destaco a ênfase bíblica em escolher o verbo hebraico *bara*, que é usado no qal (forma verbal do idioma hebraico), se refere apenas à atividade divina, e o verbo grego *ktizo* usado apenas em referência a Deus. Em ambos os testamentos, portanto, criar é um conceito que os autores sacros reservaram a Deus, para distingui-lo de suas criaturas.

26 Wolters, **A Criação Restaurada**, p. 55.

PILARES DA COSMOVISÃO REFORMADA: CRIAÇÃO

De acordo com Wolters, as leis criacionais existem para serem descobertas e assim evidenciar a sabedoria divina. Cultivar o que está embutido na criação é fazer "cultura". Somos seres inescapavelmente culturais. Até quando cristãos se afastam da cultura, acabam desenvolvendo uma subcultura com suas peculiaridades culturais. Isso significa que cultura é resultado de um dos três relacionamentos de Deus, do qual nós não temos como escapar.[27]

O sermos inevitavelmente culturais é um conceito que o monasticismo romano teve dificuldades de entender. Kuyper afirma que o Catolicismo Medieval produziu uma antítese entre o mundo e os círculos cristãos. Tudo que estava fora da igreja estava sob o poder de demônios e, portanto, precisava ser coberto pelas asas da igreja. "O magistrado tinha de ser ungido e confessionalmente sujeitado; a arte e a ciência tinham de ser colocadas sob o estímulo e a censura eclesiástica", afirma Kuyper. Até "os negócios e o comércio tinham de estar sujeitos à Igreja pelo rigor das guildas [i.e. corporações, sindicatos]; e desde o berço até a sepultura, a vida familiar deveria ser colocada sob a tutela eclesiástica".[28] Em outras palavras, na visão do catolicismo romano, a cultura precisava ser sacralizada a fim de não ser danosa.

A reação dos anabatistas, conforme Kuyper, foi a de adotar a teoria romanista trocando a instituição eclesiástica por reino de Deus, fazendo com que se retirassem de todas as instituições civis.[29] Tanto o catolicismo romano quanto a reforma radical viam a cultura extraeclesiástica como essencialmente má e a cultura eclesiástica como impoluta. O calvinismo, em contraposição, se

---

27 Arthur F. Holmes, **The Idea of a Christian College** (Grand Rapids: Eerdmans, 1987), p. 20.

28 Kuyper, **Calvinismo**, p. 38.

29 Kuyper, **Calvinismo**, p. 39-40.

AMANDO A DEUS NO MUNDO

desprende dessa visão dualista ao apreciar o mundo como criação divina e enxergar o mal no mundo como suavizado. A fé reformada, assim, propôs uma nova tarefa para a igreja em relação à cultura.

> Ao mesmo tempo o Calvinismo tem dado proeminência ao grande princípio de que há uma *graça particular* que opera a salvação e também uma *graça comum* pela qual Deus, mantendo a vida do mundo, suaviza a maldição que repousa sobre ele, suspende seu processo de corrupção, e assim permite o desenvolvimento de nossa vida sem obstáculos, no qual glorifica-se a Deus como Criador. Deste modo a Igreja retrocedeu a fim de ser nada mais nada menos que a congregação de crentes e, em cada departamento, a vida do mundo não foi emancipada de Deus, mas do domínio da igreja. Assim, a vida doméstica recobrou sua independência, os negócios e o comércio atualizaram suas forças em liberdade, a arte e a ciência foram libertas de todo vínculo eclesiástico e restauradas à sua própria inspiração, e o homem começou a entender a sujeição de toda natureza, com suas forças e tesouros ocultos, a ele mesmo como um santo dever, imposto sobre ela pela ordenança original do Paraíso: "Tenha domínio sobre eles". Doravante, a maldição não deveria mais repousar sobre o *mundo* em si, mas sobre aquilo que é *pecaminoso* nele. Em vez de voo monástico para fora *do* mundo é agora enfatizado o dever de servir a Deus *no* mundo, em cada posição na vida.[30]

Essa rica citação nos ensina que Deus espera que o sirvamos com o mandato cultural, sem que o mesmo esteja atrelado

---

30 Kuyper, **Calvinismo**, p. 38-39.

PILARES DA COSMOVISÃO REFORMADA: CRIAÇÃO

a atividades da igreja. Afinal, cada área da vida humana possui uma independência que não precisa ser subordinada à igreja para agradar a Deus. Kuyper, aqui, está introduzindo o conceito de "soberania de esferas", para o qual nos voltaremos agora.

3. Soberania de esferas

A citação acima apresenta o conceito de soberania de esferas, o qual foi o tema de sua palestra inaugural na abertura da Universidade Livre de Amsterdã, em 20 de outubro de 1880.[31] Embora a expressão "soberania de esferas" tenha sido cunhada por Guillaume Groen van Prinsterer, um mentor de Kuyper que o antecedeu em vários avanços políticos, foi Kuyper quem desenvolveu o conceito de forma influente.[32] Na palestra inaugural, Kuyper inicia falando da soberania do Messias *sem pecado* que desafia todas as soberanias absolutas entre os homens *pecadores* na terra, ao dividir a vida em esferas separadas, cada qual com a sua soberania. "Assim como nós falamos de um 'mundo moral', um 'mundo científico', um 'mundo de negócios', o 'mundo da arte', assim podemos mais apropriadamente falar de uma 'esfera' de moralidade, da família, da vida social, cada qual com o seu *domínio*. E pelo fato de cada uma implicar no seu próprio domínio, cada uma tem sua própria Soberania dentro dos seus limites."[33] Isso não é invenção do Messias, mas faz parte da ordem da criação. As esferas interagem umas com as outras, mas o Estado deve promover uma interação que não prejudique a soberania de cada esfera. Kuyper, assim, salvaguarda a liberdade de sua própria escola

---

31 James D. Bratt (Org.). **Abraham Kuyper**: A Centennial Reader (Grand Rapids/Carlisle: Eerdmans/Paternoster, 1998), p. 461-490.

32 Dooyeweerd, **Raízes da Cultura Ocidental**, p. 70.

33 Bratt, **Abraham Kuyper**, p. 467.

(por isso o nome Universidade Livre de Amsterdã). Afinal, educação é uma esfera que deve ter sua soberania protegida e estimulada.

A terceira parte da palestra é a mais significativa.[34] Kuyper se mostra contra a diversidade de filosofias numa mesma escola; o cristianismo sempre sai perdendo nessa mistura com líderes de outras perspectivas. Não que o conhecimento de tais líderes se baseie em certeza intelectual e o nosso conhecimento em fé, pois todo conhecimento procede de fé de algum tipo.[35] Portanto, Kuyper não é contra um pluralismo que permita que cada grupo estude ou estabeleça uma instituição de ensino gerenciada pelo seu próprio princípio.[36] A Universidade inaugurada por Kuyper, então, seria "Livre" não no sentido de "separada de seu princípio", mas livre para estudar todas as áreas do saber a partir da fé na palavra infalível de Deus. Kuyper exemplifica o que seria isto na medicina, no direito, nas ciências naturais e nas ciências humanas. Ao final de sua palestra, surge uma das frases mais famosas do autor: "Oh, não há um pedaço sequer de nosso mundo mental que deva ser hermeticamente fechado dos demais, e não há um centímetro quadrado em todo o domínio da existência humana sobre a qual Cristo, que é Soberano sobre *todos*, não clame: 'Meu!'"[37]

Observe, então, que esse princípio ensina que Deus comunica soberania a cada esfera da vida para trabalhar livremente dentro

---

34 Kuyper resume as três partes assim: "Nós já vimos como a 'soberania de esferas' é o estímulo que deu origem à nossa instituição, e nós afirmamos francamente que para nós a 'soberania de esferas' é também uma estipulação real para toda erudição que venha a florescer. Resta-me levantar um ponto controverso, que sejamos concedidos à 'soberania de esferas' como o nosso *princípio* – um princípio *Reformado*...". Bratt, **Abraham Kuyper**, p. 480.

35 Bratt, **Abraham Kuyper**, p. 486.

36 Tim McConnel, Common Grace or the Antithesis? Towards a Consistent Understanding of Kuyper's "Sphere Sovereignty", **Pro Rege** (September 2002), p. 3.

37 Bratt, **Abraham Kuyper**, p. 488.

PILARES DA COSMOVISÃO REFORMADA: CRIAÇÃO

de seus limites. Como resultado do mandato cultural, o estado, a igreja, o lar, a escola, o comércio, a ciência, a arte, e todas as outras esferas receberam de Deus suas tarefas e prerrogativas peculiares,[38] todas presentes na ordem criacional. A arte deve produzir excelência estética, a ciência deve avançar o conhecimento, a economia deve articular boa mordomia, e a política promover a justiça, tudo para o bem-estar comum,[39] mas sem que uma esfera esteja acima da outra. As epístolas paulinas apresentam as responsabilidades de cada indivíduo em esferas diferentes (família, trabalho, estado) sem dar qualquer noção de relacionamento hierárquico entre as várias esferas. Gordon J. Spykman nos mostra que, por um lado, a soberania é dependente e limitada, pois sendo uma autoridade derivada de Deus não há autonomia humana em qualquer esfera. Trata-se, portanto, de uma soberania subserviente ao Senhor de todas as esferas. Por outro lado, tal conceito apoia a liberdade de regular autoritativamente dentro de sua redoma, sem estar sujeito a qualquer outra autoridade além de Deus; protege contra qualquer totalitarismo mundano.[40]

A subordinação a Deus somente e a nenhuma outra esfera, devido à igualdade das esferas perante Deus, é um distintivo da posição reformada em relação à visão católica-romana de subsidiariedade, realçado na encíclica papal *Quadragesimo anno* (1931), de

---

38 Robert Knudsen afirma que a doutrina da "soberania de esferas" advém do entendimento reformado de que toda a vida, inclusive a cultura, é teonômica, isto é, está sujeita à lei de Deus. Knudsen, "O Calvinismo como uma Força Cultural", p. 21-28. Knudsen está usando uma linguagem cunhada por Dooyeweerd.

39 Richard J. Mouw, Some Reflections on Sphere Sovereignty. In: Luis E. Lugo (org.), **Religion, Pluralism, and Public Life**: Abraham Kuyper's Legacy for the Twenty-First Century (Grand Rapids: Eerdmans, 2000), p. 91.

40 Gordon J. Spykman, Sphere-Sovereignty in Calvin and the Calvinist Tradition. In: David E. Holwerda (Org.), **Exploring the Heritage of John Calvin** (Grand Rapids: Baker, 1976), p. 166-167.

AMANDO A DEUS NO MUNDO

Pio XI.[41] O princípio de subsidiariedade se opõe a intervenções do Estado sobre "sociedades inferiores" (ex: família ou escola), mas não abre mão de uma visão hierárquica de sociedades ou esferas. O Estado está acima de outras "sociedades", mas ainda está no andar de baixo da estrutura tomista (veja o capítulo 5), enquanto a Igreja é uma representação mais elevada da sociedade cristã pois é sobrenatural (andar de cima).[42] Portanto, ainda que o catolicismo romano queira estimular o funcionamento do indivíduo e de entidades inferiores sem a constante intervenção do Estado e da Igreja, sua proposta não iguala as esferas diante de Deus (*coram Deo*) como a visão de Kuyper e Dooyeweerd. Na tradição reformada,[43] cada "esfera criada tem sua própria integridade, com seu próprio mandato singular advindo do Criador".[44]

Tal visão reformada concede tarefas específicas a cada uma das esferas, sem esperar demais de uma ou outra esfera. Veja como Michael S. Horton entrelaça as esferas da família, do estado e da igreja:

> A resposta final não está na política, na igreja ou no lar, mas em Deus, que reforma e reconstrói todas as três instituições distintas, liberando cada uma para cumprir seu papel divino sem

41 **Catecismo da Igreja Católica**, par. 1883, 1885, 1894. Acessado em http://www.vatican.va/archive/cathechism_po/index_new/p3s1cap2_1877-1948_po.html. De acordo com Gordon Spykman, o conceito calvinista de soberania de esferas é distinto não só da visão social do catolicismo, mas da visão luterana de dois reinos, da visão erastiana (Igreja sob os ditames do Estado) do anglicanismo, e da visão anabatista de igreja pura e as demais esferas sendo trevas. Spykman, Sphere-Sovereignty in Calvin and the Calvinist Tradition, p. 165-166.

42 Dooyeweerd, **Raízes da Cultura Ocidental**, p. 145-146.

43 Spykman procura mostrar em seu artigo que o conceito de soberania de esfera é próprio da tradição reformada, citando nomes como Herman Dooyeweerd, R. B. Kuyper, Gerhardus Vos, Louis Berkhof, Herman Bavinck, Abraham Kuyper, Johannes Althusius, e cujo conceito pode ser achado seminalmente em João Calvino. Spykman, Sphere-Sovereignty in Calvin and the Calvinist Tradition, p. 170-207.

44 Mouw, Some Reflections on Sphere Sovereignty, p. 93.

PILARES DA COSMOVISÃO REFORMADA: CRIAÇÃO

confundi-lo com as demais esferas. A igreja é, portanto, colocada de volta em seu rumo, restaurando sua confiança no poder da Palavra; a família, restaurando sua confiança na importância do tempo de qualidade no lazer juntos como também de comunhão nas Escrituras, e a nação, restaurando a sua missão secular de proteger seus cidadãos contra a agressão doméstica ou estrangeira. Somente através de distinções claras entre essas esferas é que somos capazes de ter expectativas sadias e razoáveis sobre as diversas instituições nas quais estamos envolvidos no cotidiano.[45]

Horton faz uma boa observação quanto às expectativas. Quem não tem a compreensão da soberania das esferas tem expectativas irreais sobre o estado, a igreja ou a escola. Por isso, reclama constantemente de como tudo está falido. O estado não lhe parece fazer o seu papel, a igreja já não mais se mostra relevante para a sociedade, a escola não proporciona boas maneiras aos seus alunos. Essas são reclamações de quem tem as expectativas erradas. Não é verdade que é papel do estado providenciar estabilidade financeira a todos, nem é verdade que é obrigatório que uma igreja tenha um projeto social próprio, nem é função das escolas educar as crianças moralmente. Precisamos de uma cosmovisão saudável para inclusive corrigir nossas expectativas quanto à função de cada uma das esferas.

A igreja cristã errou por sua interferência indevida no passado inúmeras vezes. Uma das histórias mais famosas foi a excomunhão de Galileo Galilei por razões científicas, já mencionada no capítulo 6. Esse era o tempo em que a igreja permanecia soberana sobre outras esferas. Não devemos repetir esse erro almejando que as

---

45 Horton, **O Cristão e a Cultura**, p. 39.

AMANDO A DEUS NO MUNDO

diferentes esferas sejam "cristianizadas". Até uma universidade não deveria ser considerada cristã por estar debaixo da influência direta de autoridades eclesiásticas. Se ela for governada por um grupo de pessoas confessionalmente guiados a proporcionar um espaço para a ciência florescer, ela terá a estrutura para ser cristã.[46] Todavia, o Brasil tem experimentado outro tipo de usurpação da soberania das esferas no tempo presente.

O estado tem sido grande monopolizador de outras instituições, não lhes concedendo a devida soberania. A educação tem sido controlada pelo MEC (Ministério da Educação) de tal forma que cerceia a possibilidade de homeschooling, e também monopoliza todo tipo de reconhecimento acadêmico de tal forma que as escolas não atingem reconhecimento advindo de seus pares (como acontece em outros países) mas com a ingerência e aprovação do estado. O estado também tem sido intervencionista em questões familiares. Nos últimos anos nosso governo federal expressou inconsistência quando aprovou uma lei que facilitava o divórcio alegando que o Estado não deve intervir em tais questões pessoais, mas interveio na educação de filhos quando proibiu a disciplina física ("lei da palmada"). Eis uma clara contradição quanto ao entendimento de esferas!

Não se deve negar que o Estado tenha a função de gerenciar o bom andamento das outras esferas, sustentando a soberania de cada uma delas e restringindo possíveis abusos de uma esfera contra outra (conflitos interesféricos) ou conflitos dentro da mesma esfera (conflitos intraesféricos). Nesses casos é mandatório que o Estado intervenha de forma enérgica. No caso de conflitos interesféricos, se um Sex Shop quer se estabelecer próximo

---

46 Mouw, Some Reflections on Sphere Sovereignty, p. 100.

PILARES DA COSMOVISÃO REFORMADA: CRIAÇÃO

a uma escola infantil e expor seus artigos na vitrine ou se pais querem restringir a propaganda em prol de alimentos de pouco valor nutricional em canais infantis, é papel do Estado deliberar sobre tais alegações de infração. No caso de conflitos intraesféricos, o Estado deve intervir em famílias onde há abuso de crianças ou em empresas onde há trabalho escravo.[47] No entanto, tais intervenções estatais deveriam acontecer apenas quando as esferas causam ou sofrem desordem.

No entanto, não é só o Estado que pode ultrapassar seus limites. Aqueles que "pensam poder encontrar na ciência a base e o ponto de partida para uma concepção da realidade temporal", esses "estarão propensos a apresentar um aspecto da realidade (vida orgânica, sentimento, desenvolvimento histórico da cultura, ou qualquer um dos outros) como a realidade na sua totalidade".[48] Dooyeweerd afirma que todas as vezes em que alguém absolutiza um único aspecto da realidade criada, essa pessoa se torna "a arma mais perigosa e venenosa do espírito da mentira".[49]

Um último ponto precisa ser esclarecido. A proposta reformada de esferas não visa a ser compartimentalizada. Isto é, ela não visa a dissecar a sociedade como se isso atrapalhasse uma unidade de propósito na vida. Afinal, além de ocuparmos diferentes funções sociais (no lar, no trabalho, na igreja, na sociedade), as próprias esferas estão interligadas pela sua subordinação ao Senhor Jesus. O conceito de soberania de esferas, portanto, postula a integração de atividades como expressão do reino de Deus. Os princípios do reino permeiam cada esfera. Por isso, Gordon

---

47 Mouw, Some Reflections on Sphere Sovereignty, p. 89-90.

48 Dooyeweerd, **Raízes da Cultura Ocidental**, p. 56.

49 Dooyeweerd, **Raízes da Cultura Ocidental**, p. 57.

Spkyman afirma que o princípio corolário de soberania de esferas é o princípio de universalidade de esferas. Isto é, se soberania de esferas se opõe a uniformidade e tirania, universalidade de esferas se opõe à fragmentação e polarização. Diversidade de tarefas não sacrifica unidade na vida.[50]

---

50 Spykman, Sphere-Sovereignty in Calvin and the Calvinist Tradition, p. 167-168; cf. Dooyeweerd, **Raízes da Cultura Ocidental**, p. 60-63; Kaalsbeek, **Contornos da Filosofia Cristã**, p. 96-99.

CAPÍTULO 9

APLICAÇÃO: COSMOVISÃO E POLÍTICA

QUANTO ENSINAMOS SOBRE POLÍTICA?

Em tempos de eleição, é possível que ouçamos na igreja sobre a importância de votarmos com inteligência.[1] Talvez o pastor ou algum líder até ouse dizer que cristão não vota, necessariamente, em outro cristão (alguns votam como se a solução política do país fosse colocar uma maioria cristã no governo). Isso se dá porque afiliação religiosa é uma preocupação contínua em nossa cultura política. Na época em que Michel Temer se candidatava como vice-presidente da república houve muito temor dos evangélicos por uma suposta ligação dele com o movimento "satanista". Há quem alerte sobre não identificar determinada ideologia com o reino de Deus. Na eleição presidencial de 2014 ouvimos preocupações em

---

1   Dois bons alertas que surgiram antes da eleição presidencial de 2010 foram: F. Solano Portela Neto, "As Eleições e os Políticos!", no site tempora-mores.blogspot.com; Franklin Ferreira, "Uma agenda para o voto consciente por parte dos evangélicos", no site blogfiel.com.br. Este último foi posteriormente publicado em Franklin Ferreira, **Contra a Idolatria do Estado**: o papel do cristão na política (São Paulo: Vida Nova, 2016), p. 245-252.

AMANDO A DEUS NO MUNDO

torno do aborto. Porém, temos dificuldade em ir além desse tipo de debate político no âmbito eclesiástico. Igreja parece ser um lugar onde não se discute política; ao menos, não profundamente.

Isso não significa que não haja cristãos que se preocupem com o debate político em nossas igrejas. Todavia, quando surge qualquer conversa de âmbito sócio-político parecem surgir novamente os grupos polarizados mencionados no capítulo 4: os pietistas e os progressistas. Os pietistas pecam por julgarem que Deus e a Bíblia têm muito mais a ver com a vida pessoal e o serviço na igreja do que com a vida pública. Eles são acusados de alienarem-se do debate público e da política do país. Às vezes, são tão céticos quanto à utilidade de tais discussões que preferem não se envolver nelas ou tão destreinados em integrar a fé a diversas áreas da vida que discutem política de forma secularizada. Por outro lado, os progressistas são tão apaixonados pela discussão política que mesmo não sendo especializados nela, tendem a identificar (consciente ou inconscientemente) ideologias sócio-políticas com o evangelho de Cristo. Costumam ser ativistas e extremamente otimistas quanto ao papel que cada cidadão exerce na transformação social de nosso país. Ainda que sejam engajados no debate público, ao misturarem ideologias políticas com linguagem religiosa acabam separando a genuína fé cristã da vida pública.

Creio que Wayne Grudem está correto quando ensina a importância de exercermos uma "influência cristã significativa" sobre a política. Mas o que é isso? Não significa utilizar o governo para *compelir* outros a serem crentes (atitude teocrata), muito menos *silenciar-se* quanto à fé no âmbito da política por entender que ambas não se misturam (atitude dicotômica). Também não se trata de *retirar*-se do governo como se toda a prática política fosse má

APLICAÇÃO: COSMOVISÃO E POLÍTICA

(atitude separatista). Em quarto lugar, uma influência cristã significativa não é simplesmente *evangelizar* e não fazer política (atitude "espiritual"). Por último, não se trata de confiar no governo para *salvar* o ser humano de seus principais dilemas (atitude soteriológica).[2] Essas cinco posições equivocadas representam vários cristãos do passado e do presente. Precisamos, com urgência, melhorar nosso entendimento do que seja exercer uma influência cristã significativa.

Grudem faz esse apelo porque entende que o cristianismo, no decorrer da história, contribuiu significativamente em favor de mudanças sócio-políticas. Em diferentes momentos da história, a fé cristã mostrou valorizar e promover os direitos humanos, a liberdade religiosa, a igualdade perante a lei, a separação entre igreja e estado, a importância da educação, além de contestar males como as lutas de gladiadores, o infanticídio, a poligamia, a queima de viúvas ainda vivas, a escravidão, etc.[3] Ainda que o cristianismo seja idealmente apartidário, a sua história comprova que ele não é apolítico.[4]

Hoje em dia, porém, há várias tendências que nos coíbem de trazer ideais cristãos para dentro da esfera pública. Primeiramente, fomos enredados a acreditar na separação entre esfera pública e esfera privada (capítulo 5). Outro problema é que perdemos de vista a ideia de que a política é parte da ordem criacional (capítulo 8). Se temos mais facilidade em considerar investigações científicas como parte do mandato cultural, afinal os crentes apreciam o estudo da natureza, o mesmo não pode ser dito da política. Para muitos, ela é invenção dos homens, para a busca de poder e controle. Em terceiro

---

2 Cf. Wayne Grudem, **Política Segundo a Bíblia** (São Paulo: Vida Nova, 2014), p. 25-76.

3 Grudem, **Política Segundo a Bíblia**, p. 87-89, 100.

4 Devo esse insight ao meu amigo Franklin Ferreira.

AMANDO A DEUS NO MUNDO

lugar, frustramo-nos com a política de tal forma que ela ganhou o rótulo de má, corrupta por natureza, que estraga as pessoas de boa índole. Enquanto as atitudes teocrata e soteriológica (categorias de Grudem, mencionadas acima) terão resposta mais formal em capítulos posteriores (capítulos 14 e 23), as três atitudes do meio descritas por Grudem (dicotômica, separatista e espiritual) são comuns entre evangélicos e precisam de uma resposta neste capítulo.

Por isso, precisamos resgatar a herança reformada e sua contribuição para o pensamento político (respondendo à atitude dicotômica) e da forma como ela concebeu a política como sendo uma esfera criacional e, portanto, boa (respondendo à atitude separatista), digna de honra e de submeter nossos esforços ao senhorio de Cristo (respondendo à atitude espiritual). Depois do breve panorama histórico do pensamento político reformado, faremos algumas aplicações quanto à nossa postura política e, por último, ilustraremos a importância de nosso testemunho na política com um exemplo bíblico.

APRENDENDO COM A HERANÇA CALVINISTA

Existe uma tendência moderna de marginalizar João Calvino e a herança calvinista da história da ciência política, muito embora talvez tenha sido um calvinista (Althusius) quem cunhou o termo "ciência política". Paul Marshall afirma que Quentin Skinner (*The Foundations of Modern Political Thought*) é o mais influente pensador a propagar a ideia de que políticos calvinistas não trouxeram nada de "calvinista" em sua política, concluindo, assim, que não há uma teoria política calvinista. Esse raciocínio jaz no referencial secular de separar qualquer crença religiosa da teoria política. Portanto, por definição, qualquer tratativa religiosa não se encaixa

APLICAÇÃO: COSMOVISÃO E POLÍTICA

em ciência política. Em resposta a tal definição secular, Marshall afirma que a grande contribuição de Calvino foi apresentar uma cosmovisão que moldou a natureza da ação política.[5]

James Skillen rastreia a perspectiva secularizada ao menos desde Max Weber, perspectiva essa que apresenta o surgimento do estado moderno como paralelo ao processo da secularização. Nos E.U.A., por exemplo, o puritanismo é sinônimo de intolerância religiosa enquanto a república norte-americana contemporânea é vista como tolerante precisamente porque é secular, porque se separou de toda e qualquer instituição eclesiástica. A Holanda, porém, mostra uma linha de pensadores políticos que são contra a secularização, porém não defendem uniformidade religiosa ou intolerância pública. Pelo contrário, apresentam uma visão cristã do estado moderno como sendo um "pluralismo público equitativo".[6] Veremos, primeiramente, o pensamento político de alguns ícones da Reforma e Pós Reforma (séculos 16 e 17) para depois nos transferirmos para a ala holandesa dos séculos 19 e 20.

1. Séculos 16 e 17: Calvino, Beza, e Althusius
a. *João Calvino (1509-1564)*

O pensamento político de Calvino está espalhado por seus escritos, mas é sintetizado no final do livro quatro de sua obra magna, as *Institutas da Religião Cristã*.[7] Calvino escreve no contexto dos anabatistas, os quais consideravam o governo civil uma área de atuação ilegítima ao cristão. Por isso ele gasta tempo demonstrando

---

5 Paul Marshall, "Calvin, Politics, and Political Science". In: David W. Hall e Marvin Padgett, **Calvin and Culture**: Exploring a Worldview, The Calvin 500 Series (Phillipsburg: P&R, 2010), p. 143-146.

6 James W. Skillen, "From Covenant of Grace to Equitable Public Pluralism: The Dutch Calvinist Contribution". In: **Calvin Theological Journal**, 31, no. 1 (April 1996), p. 67-68.

7 Calvino, **Institutas da Religião Cristã**, IV.20.

AMANDO A DEUS NO MUNDO

a legitimidade do magistrado civil ao cristão.[8]

Quanto ao sistema de governo, Calvino mostrou maior simpatia pelo que ele chamou de "aristocracia moderada pela democracia", o que hoje chamaríamos de república.[9] O pecado exige que a situação mais segura e tolerável seja a de vários governantes que se ajudam e se controlam na contenção de vícios e defeitos.[10] Tais governantes devem ser, preferencialmente, eleitos pelo povo.[11]

Calvino não estava meditando em tais propostas políticas num vácuo. Historiadores do pensamento político de Calvino, como David Hall, têm observado como Calvino seguia o sistema político de Genebra não só na estrutura quase republicana dos Conselhos da cidade (a cidade tinha o Grande Conselho, o Conselho dos Sessenta, e o Pequeno Conselho), mas também na ideia de que governos menores seriam o melhor canal para se contestar a autoridade de governos maiores.[12]

Calvino reflete a visão da época ao falar que o governo tem o dever de promover a verdadeira religião. A separação entre igreja e estado como a conhecemos hoje ainda não existia. Solano Portela afirma que Calvino não abre brechas para focos de insubmissão e insurreição, tanto por ter uma concepção elevadíssima dos governantes quanto por enxergá-los como "protetores" da igreja. Porém, Calvino não deixa de classificar igreja e estado agindo em esferas e

---

8 Calvino, **Institutas da Religião Cristã**, IV.xx.3-7.

9 A Escritura não condena a monarquia – ela até é usada como analogia do controle divino sobre toda a criação – mas reconhece o peso que traz ao povo (Dt 17; 1 Sm 8).

10 Calvino, **Institutas da Religião Cristã**, IV.xx.8.

11 Marshall, "Calvin, Politics, and Political Science", p. 156-157.

12 Calvino, **Institutas da Religião Cristã**, IV.xx.31. Cf. David W. Hall, **Calvin in the Public Square**: Liberal Democracies, Rights, and Civil Liberties. The Calvin 500 Series (Phillipsburg, NJ: P&R Publishing, 2009), p. 71-104, [Edição em português: *Calvino em Praça Pública* (São Paulo: Cultura Cristã, 2017)].

situações diferentes.[13]

Paul Marshall ilustra como a doutrina do sacerdócio universal dos crentes afetou o entendimento da política. Primeiramente, ao retirar a noção de "vocação" do âmbito eclesiástico e democratizá-la para outras atividades da sociedade, Calvino considerou o magistrado a mais santa e honrosa das vocações. Em segundo lugar, essa doutrina promoveu estruturas mais democráticas ao compreender a sociedade como composta de instituições que não devem ser arranjadas de forma hierárquica até Deus, mas como colocadas lado a lado apoiando umas às outras em serviço mútuo a Deus. Em terceiro lugar, Calvino tirou a ação política de sobre o príncipe somente para se tornar uma ação comunitária; em outras palavras, diferente até de Lutero, Calvino não promoveu passividade política.[14] O trabalho de diaconia em Genebra é um exemplo dessa pró-atividade.[15]

b. *Teodoro Beza (1519-1605)*

David Hall[16] afirma que o livro de Beza, *O Direito dos Magistrados* (1574), foi influenciado pelo massacre da Noite de São Bartolomeu (1572)[17] a justificar uma resistência armada ao rei, se for liderada por magistrados intermediários. Isto é, após ouvir sobre o brutal massacre, Beza – experiência que Calvino nunca teve

---

13 F. Solano Portela Neto, "A Legitimidade do Governo e da Política em Calvino, Kuyper e Dooyeweerd". In: **Fides Reformata**, xiv, no. 2 (2009), p. 103.

14 Marshall, "Calvin, Politics, and Political Science", p. 147-155.

15 Cf. Alderi S. Matos, "Amando a Deus e ao Próximo: João Calvino e o Diaconato em Genebra". In: **Fides Reformata**, vol. 2, no. 2 (Jul-Dez 1997), p. 69-88.

16 Hall, **Calvin in the Public Square**, p. 158-163.

17 A Noite de São Bartolomeu, 24 de agosto de 1572, foi o início de um massacre dos protestantes franceses (huguenotes) por parte dos magistrados católicos (Carlos IX e Catarina de Médici) que matou mais de 10.000 pessoas em Paris em três dias, cerca de 60.000 huguenotes na França em menos de um mês.

AMANDO A DEUS NO MUNDO

– sentiu-se compelido a refinar a doutrina de resistência política à luz de uma submissão qualificada às autoridades, não uma submissão absoluta.

É claro que a proposta de Beza estava dentro de certos limites. Ele não defendia que cidadãos tinham o direito de retirar governantes, ainda que fossem tiranos, e falava de rebelião armada ao magistrado civil como último recurso, apenas contra tiranias explícitas, e depois de pesado se o conserto não seria mais danoso do que o *status quo*. Porém, só o fato de passar de possibilidade de resistência justa para a obrigação moral de se opor a governantes maus já é um avanço no pensamento reformado. As modificações de Beza tornaram o que outrora fora considerado radical (Peter Martyr Vermigli, John Ponet, John Knox) a norma do pensamento reformado.

Tanto é que uma tradição sobre o Estado prestar contas de seus atos ganhou proeminência com obras como as dos escoceses George Buchanan (1506-1582) e Samuel Rutherford (1600-1661). Buchanan e Rutherford colocavam tanto o poder executivo quanto o judiciário – uma separação ainda nova – sob a autoridade da lei, provinda de Deus.[18] Rutherford, que publicou durante a guerra civil entre o Parlamento e a coroa, escreveu sobre o monarca estar sob o Parlamento, tirando qualquer pretensão de divindade ao rei.[19] Ele também defendia que autoridades menores deveriam checar a tirania do rei e intervir, se necessário. John Coffey diz que Rutherford acrescentou pouco aos seus antecessores do século 16 e David Hall diz que Rutherford tocava a música que havia sido composta anteriormente por Beza e Buchanan, dentre

---

18   Hall, **Calvin in the Public Square**, p. 166-169, 195.

19   O livro de Rutherford, *Lex Rex* (1644; A Lei é Rei), foi banido pelo rei Carlos II e queimado publicamente em Edimburgo, em 1660. Hall, **Calvin in the Public Square**, p. 192-193, 197-198.

APLICAÇÃO: COSMOVISÃO E POLÍTICA

outros.[20] Uma tradição de restrição ao poderio tirânico do Estado estava se formando.

c. *Johannes Althusius (1557-1638)*

Celebrado como o "pai do federalismo" – embora desconhecido de muitos –, Althusius é visto como alguém que derivou seu pensamento federalista de governo a partir do conceito teológico de pacto.[21] Para ele, o direito de soberania não pertence a membros individuais, mas a todo o corpo associado a um reino. A comunidade política deve ser definida não pela sua associação com alguma instituição eclesiástica, mas pelo pacto de Deus com a criação onde criaturas humanas foram feitas para se associarem em comunidades políticas para que, de acordo com a lei de Deus (Decálogo), promovam uma vida pública justa. Portanto, a graça de Deus não opera na comunidade política somente quando ela promove uma confissão uniforme. Até um infiel pode ser considerado justo na vida política, se as leis comunitárias refletem a justiça divina.[22]

Marshall apresenta Althusius como seguidor de Calvino na visão funcional de instituições sociais como distintas de uma visão hierárquica.[23] Isto é, ao invés de elencar instituições sociais conforme uma linha de autoridade, elas estariam cumprindo diferentes funções. Se as igrejas exigem teologia, a política requer uma ciência política e, assim, as diferentes ciências são moldadas não à parte da fé cristã, mas interligadas sob a lei divina. Essa diferenciação de função unida à lateralidade do posicionamento de cada ciência, parece ser um antecessor do conceito de soberania de esferas, que

---

20 Hall, **Calvin in the Public Square**, p. 201-202.

21 Veja , Johannes Althusius, **Política** (Rio de Janeiro: TopBooks, 2003). O texto original foi publicado em 1603.

22 Skillen, "From Covenant of Grace to Equitable Public Pluralism", p. 76-77.

23 Marshall, "Calvin, Politics, and Political Science", p. 158-159.

AMANDO A DEUS NO MUNDO

será cunhado na tradição holandesa.[24]

Althusius defendia a limitação do poder estatal através do trabalho de "éforos", supervisores independentes do mais alto governante, que eram eleitos pelo povo como guardiões públicos contra a tirania. O poder público era estabelecido para a utilidade dos governados, não dos governantes. Por isso, Althusius cria que quanto menos poder o governante tivesse, mais segurança haveria para o reino.[25]

2. A Tradição Holandesa (séculos 19 e 20): Van Prinsterer, Kuyper, e Dooyeweerd

a. *Guillaume Groen Van Prinsterer (1801-1876)*

Groen, embora pouco conhecido do público brasileiro, foi um ícone holandês em termos de ideais. Ele trabalhou na política do país – chegou a ser secretário do rei – e criou um círculo intelectual cristão entre classes sociais mais altas para ensinar seus deveres na política. Seu livro mais influente, *Incredulidade e Revolução* (1847 1ª ed., 1868 2ª ed.), contém suas principais ideias políticas.[26]

Em primeiro lugar, *os programas políticos são inevitavelmente baseados em valores basilares, o que em nossos dias chamaríamos de cosmovisões*. Em política não existe verdadeira neutralidade. Até programas práticos do governo têm raízes filosóficas e éticas. Uma abordagem agnóstica ou antropocêntrica atingirá não só ideias gerais, mas até implementações políticas individuais. Skillen afirma que a grande contribuição de Groen foi seu insight quanto às raízes

---

24 , Herman Dooyeweerd, **Estado e Soberania**: ensaios sobre cristianismo e política (São Paulo: Vida Nova, 2014), p. 63.

25 Hall, **Calvin in the Public Square**, p. 177-180.

26 Resumo tirado de Hall, **Calvin in the Public Square**, p. 292-305.

APLICAÇÃO: COSMOVISÃO E POLÍTICA

espirituais (ou a força religiosa motriz) de ideologias políticas modernas,[27] um insight bastante inovador em meados do século 19.

Em segundo lugar, *ideologias antitéticas e irreconciliáveis estão em guerra*. Groen identificou as duas principais ideologias em atividade na civilização ocidental como sendo os princípios da Revolução e os princípios da Reforma. O declínio moral e espiritual do cristianismo abriu espaço para uma nova filosofia moldar a política.[28] A Revolução de 1789 representou uma veia de pensamento filosófico antropocêntrico e oposto à soberania de Deus, celebrado como a base da liberdade e igualdade, da soberania popular, do contrato social. Nas palavras de Van Prinsterer:

> A Reforma resgatou a Europa da superstição; a Revolução lançou o mundo civilizado para um abismo de incredulidade. Assim como a Reforma, a Revolução toca todos os campos de ação e aprendizagem. Nos dias da Reforma o princípio era de submissão a Deus; nestes dias é de revolta contra Deus... A Revolução procede da soberania do homem, a Reforma procede da Soberania de Deus. A primeira tem a revelação julgada pela razão; a outra submete a razão às verdades reveladas. A primeira libera para opiniões individuais; a outra conduz à unidade da fé. A primeira enfraquece as ligações sociais, até laços familiares; a outra os fortalece e santifica. A última triunfa por intermédio de mártires; a primeira se mantém por intermédio de massacres. A primeira surge do poço abissal e a outra desce do céu.[29]

Os governos ocidentais foram tomados por uma descrença

---

27 Skillen, "From Covenant of Grace to Equitable Public Pluralism", p. 78.

28 Skillen, "From Covenant of Grace to Equitable Public Pluralism", p. 79.

29 *Apud* Hall, **Calvin in the Public Square**, p. 295-296.

AMANDO A DEUS NO MUNDO

sistêmica; o ateísmo se impôs nos governos.[30] Embora haja separação organizacional entre igreja e estado, os cristãos passaram a compreender que não pode haver divórcio entre crença religiosa e os valores do governo civil. Em linguagem mais contemporânea, diríamos que estado laico não é estado cético, ou areligioso.

Em terceiro lugar, *os perigos do movimento pelos direitos precisam ser expostos*. Groen anteviu uma tendência moderna de exagerar os direitos individuais como mais importantes do que a justiça. Minorias têm lutado pelos seus direitos não só para obter igualdade, mas para que sua causa seja propagada (ex: "kit gay" aprovado para utilização em escolas públicas de ensino fundamental). Isso é típico do ocidente que preza pelo individualismo em detrimento do coletivo.

Groen teve impacto significativo sobre Abraham Kuyper. O grupo político influenciado por Groen (Anti-Revolucionário) tornou-se um partido organizado sob Kuyper. Foi Groen também quem cunhou a frase "soberania em sua própria esfera" tanto para a igreja quanto para o governo, embora não tenha desenvolvido essa expressão como Kuyper o fez.[31]

b. *Abraham Kuyper (1837-1920)*

Abraham Kuyper seguiu Van Prinsterer em combater a Revolução Francesa que colocou a vontade do indivíduo em lugar da vontade do Criador. De um lado ele combateu a perspectiva socialista de "comunidade de bens",[32] mas também se opôs ao direito

---

30 Hall amarra algumas citações de Van Prinsterer da seguinte maneira: "Primeiro, [a descrença sistêmica] tentará ao máximo livrar-se de toda noção do divino", depois se voltará para a "superstição e idolatria", e concluirá que será tão ridículo crer em Deus "quanto é ridículo, hoje, crer em fantasmas; virá o dia em que nós creremos só em fantasmas". Hall, **Calvin in the Public Square**, p. 303.

31 Skillen, "From Covenant of Grace to Equitable Public Pluralism", p. 80-82.

32 O direito à propriedade privada é um conceito bíblico (Êx 20.15, 17; 1 Rs 21).

APLICAÇÃO: COSMOVISÃO E POLÍTICA

sobre a propriedade sem considerar as necessidades de outros. Nossa propriedade é apenas emprestada; somos mordomos sobre ela, responsabilizados pelo próprio dono a cuidar dela.

Em sua terceira palestra proferida no Seminário de Princeton em 1898, começa a expor a visão calvinista da política para extirpar com o conceito de que calvinismo está restrito à esfera doutrinária e eclesiástica, mas que também trabalhou com a lei pública garantindo liberdades constitucionais em países de pelo menos dois continentes (Holanda, Inglaterra e Estados Unidos).[33] A aplicação imediata para os nossos dias é que importa não que o coração do candidato seja favorável ao cristianismo, mas que tenha a Cristo como ponto de partida inclusive na política.[34] O ponto principal da palestra é demonstrar como a soberania de Deus sobre todo o cosmos produz supremacias derivadas no estado, na sociedade e na igreja.

Soberania no Estado. Se o pecado não tivesse quebrado a unidade dos seres humanos não haveria a necessidade de estados distintos, de magistrados. Num mundo sem pecado, Deus seria o único monarca sobre os homens.[35] Porém, com o advento do pecado, Deus instituiu governos para mediar sua "graça comum" para coibir licenciosidade e proteger o justo do injusto.[36] Calvino

---

33 Kuyper, **Calvinismo**, p. 85.

34 Hall, **Calvin in the Public Square**, p. 306.

35 Kuyper não fala de governo como instituição criacional (**Calvinismo**, p. 87), embora os kuyperianos falem de política como uma esfera criacional. Em outras palavras, o Estado é pós-queda, mas a política não. O ser humano sempre precisa de regras e diretrizes que norteiem as boas relações humanas (política), mas o Estado só é necessário quando pecadores precisam que alguém imponha e aplique as regras; quando não houver pecado (Novos Céus e Nova Terra) não haverá mais a necessidade de Estado como o temos hoje. Creio que na *polis* (cidade) do porvir nós teremos política, mas não precisaremos de uma hierarquia política onde homens governam outros homens. Deus será nosso legislativo, executivo e judiciário. Viveremos uma teocracia como jamais vista. Veja a distinção de Mouw, "Some Reflections on Sphere Sovereignty", p. 96.

36 Solano Portela argumenta que a tradição reformada não enxergou o governo como uma instituição meramente projetada pela humanidade para organização de suas interações sociais, mas

AMANDO A DEUS NO MUNDO

prefere uma república, mas reconhece que a monarquia e a aristocracia também são formas de governo legítimas, nas quais o magistrado possui autoridade do alto. Já a "soberania popular" proclamada pela Revolução Francesa de 1789 (proposta antiteísta) e a "soberania do estado" da Alemanha nazista (escola histórico--panteísta) são desprezadas por não reconhecerem sua autoridade como derivada.[37]

Soberania na Sociedade. Aqui, Kuyper introduz o conceito de soberania de esfera no qual ele afirma que esferas sociais individuais (família, comércio, ciência, arte, etc.) não devem sua existência e autoridade à superioridade do Estado e, portanto, este não tem o direito de intervir no domínio daquelas esferas. A Universidade exerce o domínio científico, os sindicatos regem sobre o trabalho, e ao Estado somente pertence o direito de vida e morte (a espada), o que implica em *justiça* punindo o criminoso, *guerra* contra os inimigos externos e *ordem* para reprimir toda rebelião externa.[38] Portanto, cada esfera tem soberania derivada. O Estado, por exemplo, não é livre do controle da igreja para ser autônomo, mas para promover justiça pública conforme as ordenanças divinas.[39] Já que cada esfera tem sua autoridade provinda de Deus, o Estado não pode agir como um polvo que tem seus múltiplos tentáculos em cada área da vida. Isso não significa que o Estado não tem qualquer direito de intervir nessas esferas autônomas. Quando esferas se colidem, o Estado deve exercer sua força para manter os limites de

---

como uma dádiva de Deus aos pecadores, para contenção do pecado e da violência, e promoção do caminho dos justos e pacíficos. Portela Neto, "A Legitimidade do Governo e da Política em Calvino, Kuyper e Dooyeweerd", p. 96.

37 Kuyper, **Calvinismo**, p. 92-97.

38 Kuyper, **Calvinismo**, p. 100.

39 Skillen, "From Covenant of Grace to Equitable Public Pluralism", p. 84.

APLICAÇÃO: COSMOVISÃO E POLÍTICA

cada esfera, além de proteger os fracos em cada esfera para que não sejam abusados pelo poder dos demais.[40] O Calvinismo, porém, protesta contra qualquer onipotência do Estado.

Soberania na Igreja. Nessa última seção, Kuyper levanta a questão de Serveto e se defende da alegação de que a proposta de intervenção do estado em questões de religião, defendida por calvinistas, dá base para o que aconteceu a Serveto. Kuyper reprova a condenação de Serveto, mas lembra o leitor de que o raciocínio de intervenção do estado na igreja vem desde os dias de Constantino, algo do que o Calvinismo no século 16 ainda não conseguira se libertar.[41] Além do caso Serveto, Kuyper apresenta o ponto de vista calvinista como diferente do cesaropapismo do Czar da Rússia, da sujeição do Estado à Igreja ensinada por Roma, do "*cuius regio eius religio*" dos luteranos, do referencial irreligioso da Revolução Francesa; trata-se de uma igreja livre, num estado livre. Por isso é que defende uma liberdade que permite a igreja não tolerar um membro que ela julgue ser obrigatório expelir de seu âmbito, e ao indivíduo de não ser compelido a permanecer na igreja quando sua consciência força-o a deixá-la (liberdade de consciência, liberdade de expressão, liberdade de culto). Enquanto a liberdade da Revolução Francesa foi para que todo cristão concordasse com a maioria descrente, a liberdade de consciência do calvinismo permite que todo homem sirva a Deus conforme sua convicção e os ditames de seu coração.

Muitos estudiosos reconhecem as contribuições de Kuyper no âmbito da política. Koyzis narra como Kuyper assumiu a liderança do movimento iniciado por Van Prinsterer e acabou organizando,

---

40 Kuyper, **Calvinismo**, p. 103-104.

41 Ironicamente, Kuyper parece não advogar a separação entre igreja e estado quando apresenta as tarefas do magistrado em relação a Deus (ex: restringir a blasfêmia). Kuyper, **Calvinismo**, p. 110.

AMANDO A DEUS NO MUNDO

em 1879, o Partido Anti-Revolucionário, o primeiro partido democrata cristão do mundo. Nesse partido, no qual se juntava com católicos, ele defendeu os direitos de desfavorecidos e se esforçou pela extensão do direito ao voto.[42] Solano Portela argumenta que o grande valor de Kuyper está não só em seus escritos, mas na abrangência de sua vida prática, já que como líder de um partido político chegou ao posto de primeiro ministro.[43] James Skillen argumenta que Kuyper propunha uma atuação política conjunta de cristãos e não cristãos pois sabia que Deus concedia acesso (i.e. revelação geral) à boa ordem criacional para uma atuação política saudável, não de forma mediada por autoridades eclesiásticas, mas de forma imediata, pela experiência da graça comum de Deus.[44]

c. *Herman Dooyeweerd (1894-1977)*

Para Dooyeweerd, o corpo político é a reunião de cidadãos e instituições numa comunidade orientada para a implementação da justiça pública. Seu campo de ação atinge todas as esferas no que diz respeito à justiça pública, mas não pode intervir naquilo que é próprio de cada esfera autônoma.[45] Ainda que fosse crítico do antropocentrismo da Revolução Francesa (1789), Dooyeweerd elogiou sua noção de direitos humanos independente de raça, nação, família ou igreja – Wolterstorff fala de quatro direitos básicos: proteção, liberdade, participação e sustento da vida.

---

42 Koyzis, **Visões & Ilusões Políticas**, p. 274. De fato, o partido político criado por Kuyper não foi uma coligação cristã em meio ao paganismo. Ele na verdade reorganizou o Partido Anti-Revolucionário "que deixou de ser uma espécie de clube de elite para tornar-se um verdadeiro partido popular, envolvendo as massas". W. Robert Godfrey, "Calvinismo e o Calvinismo nos Países Baixos". In: Stanford Reid, **Calvino e Sua Influência no Mundo Ocidental** (São Paulo: CEP, 1990), p. 142.

43 Portela Neto, "A Legitimidade do Governo e da Política em Calvino, Kuyper e Dooyeweerd", p. 110.

44 Skillen, "From Covenant of Grace to Equitable Public Pluralism", p. 87.

45 Carvalho, "Sociedade, Justiça e Política na Filosofia de Cosmovisão Cristã", p. 200-201.

APLICAÇÃO: COSMOVISÃO E POLÍTICA

Dooyeweerd reconheceu certos direitos individuais sem detrimento das esferas sociais como fez a Revolução.[46] Na verdade, Dooyeweerd dizia que um verdadeiro "pluralismo público equitativo", que não favorece uma confissão em detrimento da outra, não é resultado do humanismo moderno e da separação secular de igreja e estado.[47] Esta promove um estado sem religião (onde a fé é excluída), enquanto que o conceito reformado de soberania de esferas promove integração entre as esferas, calcada na unidade religiosa que todas as esferas possuem e, assim, a ordem criacional abre espaço para a justiça pública de uma forma genuinamente cristã.[48]

Dooyeweerd ampliou o entendimento de esferas como aspectos da criação sujeitos a normas transcendentais. Uma família não é um estado em escala menor, não é regida pelas mesmas regras; não se pode fazer do casamento uma monarquia ou uma democracia. Da mesma forma, a organização de uma igreja é radicalmente diferente da organização de um estado ou empresa.[49] A distinção entre as esferas, porém, não permite que um estado se esforce para se livrar das amarras da fé. Nas palavras de Dooyeweerd, "o slogan político de neutralidade está tão debaixo da orientação de uma atitude de fé e certamente se origina de um comprometimento religioso basilar assim como qualquer outra convicção política".[50]

Dooyeweerd entendia que cada esfera era ontologicamente

---

46 Carvalho, "Sociedade, Justiça e Política na Filosofia de Cosmovisão Cristã", p. 206, 293.

47 Skillen, "From Covenant of Grace to Equitable Public Pluralism", p. 91-92, 95.

48 Dooyeweerd, **Estado e Soberania**, p. 95-96.

49 Hall, **Calvin in the Public Square**, p. 313.

50 *Apud* Hall, **Calvin in the Public Square**, p. 317.

AMANDO A DEUS NO MUNDO

soberana. Isso significa que o Estado até pode suprimir a igreja, a ciência ou a liberdade econômica, mas tal esforço redundará em fracasso, pois o Estado não pode alterar as leis de uma esfera.[51] Talvez pudéssemos dizer que o Estado pode até redirecionar a lei modal guia (direção), mas não a lei modal fundamental (estrutura).[52] O Estado não deve intervir naquilo que é próprio de outras esferas; não pode criar leis exigindo que pais amem seus filhos ou que membros sejam compromissados com a igreja. Porém, no que tange à justiça pública, o Estado tem poder para lidar com famílias e igrejas: "O Estado não está invadindo a soberania de outra esfera quando pune pais que maltratam filhos, ou quando multa empresas que se envolvem em monopólio, ou quando acolhe um processo contra o pastor que abusa da fé dos membros da igreja. Está, antes, garantindo a esfera de soberania de indivíduos e de instituições e associações contra a opressão de outros indivíduos e instituições".[53]

Dooyeweerd propunha uma "descentralização funcional" onde a tarefa do Estado seria descentralizada não só por meio de municipalidades e outras partes menores do Estado, mas também por novos órgãos dotados de uma jurisdição legal sob a supervisão do governo. Assim, os poderes seriam aliviados de sua tarefa ao transferir autoridade para órgãos derivados da própria sociedade.[54] Nesse sentido, a organização norte-americana que credencia as escolas teológicas (*The Association of Theological Schools*) seria um exemplo de órgão que alivia o governo dessa tarefa. Quando

---

51 Carvalho, "Sociedade, Justiça e Política na Filosofia de Cosmovisão Cristã", p. 207.

52 Carvalho, "Sociedade, Justiça e Política na Filosofia de Cosmovisão Cristã", p. 198.

53 Carvalho, "Sociedade, Justiça e Política na Filosofia de Cosmovisão Cristã", p. 212.

54 Dooyeweerd, **Raízes da Cultura Ocidental**, p. 64-65.

APLICAÇÃO: COSMOVISÃO E POLÍTICA

o estado estabelece um Ministério da Educação que determina conteúdo de ensino, antes do que garante o direito à educação, ele interfere em outra esfera.

O Estado não deveria implementar na educação conteúdos humanistas, "laicos", supostamente neutros, impedindo a manifestação educacional de pontos de vista contrários (postura do MEC).[55] Solano Portela mostra a relevância do pensamento de Dooyeweerd com as seguintes palavras:

> Dooyeweerd vê o estado como a ferramenta principal da graça comum de Deus. Ele mostra igualmente que a visão pagã do estado soberano sobre todas as coisas provoca confusão das esferas de autoridade, o surgimento de governos e sistemas totalitários, a interferência do estado na família e na igreja e a legislação desvairada em áreas de moralidade nas quais nunca recebeu responsabilidade divina para legislar. Uma aplicação contemporânea dessa interferência do estado pagão secular é vista nas legislações que se multiplicam procurando legitimar as uniões homossexuais (interferência com a esfera da família) ou que pretendem enquadrar ações de disciplina eclesiástica contra o homossexualismo como sendo atitudes discriminatórias passíveis de punição legal (interferência com a esfera da igreja). Essa ideia pagã do estado procede de Aristóteles, para quem o estado é a forma mais elevada de união na sociedade humana, da qual todos os demais relacionamentos sociais são apenas partes dependentes.[56]

---

55 Carvalho, "Sociedade, Justiça e Política na Filosofia de Cosmovisão Cristã", p. 209-210.

56 Portela Neto, "A Legitimidade do Governo e da Política em Calvino, Kuyper e Dooyeweerd", p. 111-112.

APLICAÇÕES AO CENÁRIO BRASILEIRO

Um princípio que aprendemos com a herança calvinista é que se seus teólogos se viram adaptando suas posições políticas quando as circunstâncias mudavam, então "não devemos promover abordagens ortodoxas e sãs extraídas das gerações anteriores como "a resposta cristã" para uma questão específica".[57] Em outras palavras, a história não pode ser aplicada de forma imediata e sem a devida comparação de contextos. Mas existem princípios gerais que precisam ser aplicados ao nosso contexto. Por exemplo, a ordem criacional como sendo estruturalmente louvável, unida a um mandato cultural muitas vezes mal articulado pelo ser humano, requer que falemos e participemos de política sim, mas sempre equilibrando nossas posturas e cobrando o que é devido ao Estado.

Dentre outras coisas, a tradição reformada nos ensina como nos portarmos diante do governo (submissão, liberdade de expressão), nos proporciona um filtro para analisarmos tendências políticas (direita e esquerda, soberania de esferas), e nos encoraja a termos um papel na sociedade correspondente à nossa cidadania (engajamento, mordomia/frugalidade). Somos cidadãos daqui também. Vejamos algumas incursões iniciais em cada uma dessas três áreas à luz da cosmovisão reformada e do pensamento político reformado esboçado na seção anterior.

1. Procedimento frente ao governo

Submissão. O primeiro assunto debaixo dessa subseção é a submissão que nós, como cidadãos, devemos ao Estado. Quando Calvino falou da obediência ao magistrado civil, ele escreveu em

---

57 Pennings, "Serviço Político para Deus", p. 382. Pennings fala das mudanças do pensamento de Calvino e de John Owen, mas nós vimos a mudança na tradição de Calvino a Beza.

APLICAÇÃO: COSMOVISÃO E POLÍTICA

oposição à postura dos anabatistas. De Calvino a Dooyeweerd vemos um interesse em destacar o governo como a bênção de Deus em mediar sua graça comum. Esse alerta se faz necessário por sermos parte de uma geração que foca mais nos direitos do que nos deveres sociais. O espírito de submissão precisa ser constantemente lembrado a nós que somos filhos de um espírito antigoverno militar que prevalece em nossos dias. Não são poucos os brasileiros que acreditam que a "causa" política legitima a insurreição violenta.

No entanto, a Escritura nos ensina a nobreza da posição dos magistrados (Calvino tinha essa ênfase). Romanos 13 é o texto clássico que nos ensina sobre submissão às autoridades. Nele é dito que o governo civil é chancelado por Deus (v. 1); opor-se a ele significa opor-se a Deus (v. 2); ele é ministro de Deus quando pune o infrator e valoriza o cumpridor da lei (v. 3-4); a ele devemos obediência, tributos e honra (v. 5-7; cf. 1 Pe 2.13-17). E para quem pensa que o texto de Romanos 13 só é possível num país em que o governo funciona, vale lembrar que o autor do texto foi alvo de injustiça (2 Co 11.32; At 16.37-39), abuso de poder (cf. 1 Pe 2.18-19), e escreveu a cristãos que "recentemente haviam sido forçados pelo imperador romano a deixar suas casas e negócios e viver em exílio".[58] Portanto, não é um texto de submissão ao "bom governo", mas um texto de submissão a toda autoridade. Oramos por nossas autoridades (1 Tm 2.1-2) ao invés de as colocarmos sob nossa chacota.

É claro que o texto de Romanos 13 não dá legitimidade a tudo que o governo faz. O poder político não é absoluto. Não se trata

---

58 Douglas J. Moo, **The Epistle to the Romans** (Grand Rapids: Eerdmans, 1996), p. 807. Moo ainda afirma que na maioria dos casos, a submissão cristã ao governo envolverá obedecer ao que o governo ordena; como essa submissão não é absoluta, um cristão pode continuar "submisso" a um governo em particular, mesmo quando se recusa a obedecer alguma exigência por causa da autoridade "superior" que é Deus (p. 809).

AMANDO A DEUS NO MUNDO

de submissão irrestrita, por causa do pecado presente em atuações políticas.[59] Beza, mais que Calvino, mostrou a legitimidade de insurreição contra certos governos, embora tenha apresentado tantos qualificadores a tal resistência, que ele a tornou uma atitude extremada. Magistrados inferiores e outras autoridades podem e devem, em casos emergenciais, se opor à tirania ou corrupção desenfreada e restaurar a ordem política. Porém, tal direito de revolução pertence não ao povo, mas a quem possui poder político. Uma autoridade é que deve se opor à outra.[60]

E o cidadão, tem ele o direito de protestar contra posturas injustas do Estado? A Bíblia nos autoriza à desobediência civil em casos de conflito entre as leis de Deus e as leis dos homens. Há exemplos tanto no Antigo como no Novo Testamento (Êx 1.15-21; Js 2; 1 Sm 22.17; Dn 3, 6; At 4.18-20; 5.27-29, 40-42). Repreensões às autoridades por casos de injustiça aparecem nas Escrituras (Dn 4.27; Lc 3.19) e não são sinônimos de insubmissão. Por isso, protestos públicos e pacíficos não são contrários à moral cristã.[61]

O aspecto pacífico do protesto é algo que o povo brasileiro precisa aprender como sinal de submissão às autoridades. A lei nos assegura o direito de manifestar nossa insatisfação com certas leis

---

59 Michael Goheen e Craig Bartholomew afirmam que Romanos 13 descreve o governante como "servo de Deus", "transmitindo a ideia tanto de nobreza (uma vez que o governante é servo *de Deus*) quanto de responsabilidade (*servo* de Deus)... devem servir a Deus assegurando a justiça; caso deixem de proceder assim, se tornam objeto do juízo de Deus". Goheen e Bartholomew, **Introdução à Cosmovisão Cristã**, p. 221. Franklin Ferreira parece ainda mais ousado quando afirma que a autoridade governamental que não recompensa aqueles que fazem o bem e os protege contra os maus, essa autoridade "perde a legitimidade e deixa de ser autoridade constituída por Deus... a passagem de Romanos 13.1-7 não pode ser usada, sob hipótese alguma, para justificar passividade ou omissão diante de uma autoridade que trai seu chamado". Ferreira, **Contra a Idolatria do Estado**, p. 78-79, 81.

60 J. Douma, **The Ten Commandments**: Manual for the Christian Life (Phillipsburg, NJ: P&R, 1996), p. 194, 203.

61 Wayne Grudem e Barry Asmus. **Economia e Política na Cosmovisão Cristã**: Contribuições para uma teologia evangélica (São Paulo: Vida Nova, 2016), p. 63-64.

APLICAÇÃO: COSMOVISÃO E POLÍTICA

(assembleias, passeatas, petições, a força de nossos representantes eleitos), mas aplicar a força da compulsão moral (greves, barragens) sempre deve ser avaliada com muito cuidado. Eis algumas perguntas que ajudam a avaliar a legitimidade de uma manifestação. Lutamos pelos direitos de quem (nossos ou dos outros)? Será que outros meios de negociação já foram esgotados? Mais pessoas são prejudicadas do que as beneficiadas?

Liberdade de expressão. O segundo assunto contrabalanceia o primeiro ao falar de liberdade de expressão, apresentando seu referencial religioso para qualquer assunto de interesse público. Estado laico não significa estado antirreligioso. Não é verdade que a fé não deva ter espaço na esfera pública (capítulo 5). Embora os secularistas interpretem liberdade religiosa como liberdade de religião, do ponto de vista reformado nem existe liberdade de religião como comprometimento (todos são religiosamente comprometidos), apenas liberdade de religião institucionalizada.

Ainda assim, a liberdade religiosa não deveria coibir a manifestação religiosa. Ateus geralmente não reconhecem a contribuição do cristianismo para a liberdade de expressão, mas tal liberdade no mundo ocidental foi garantida pelo cristianismo, não pelo ateísmo. Veja o estado sob Stalin, Hitler, o comunismo em países europeus; todos tolheram liberdade de expressão. Temos que relembrar aos secularistas que nos últimos três séculos o cristianismo sempre preservou liberdade de expressão, nunca a tolheu. As defesas públicas de Paulo frente aos governadores romanos Festo, Félix e Agripa (At 24-26) fazem parte de um livro no qual o cristianismo sempre é legitimado por autoridades civis.[62] E ainda que seja tolhido em sua liberdade, o

---

62 Como é notório o fato da narrativa em Atos sempre apresentar oficiais testificando de que as acusações de conspiração ou de tumulto contra o cristianismo são infundadas (At 13.7, 12; 16.37ss.;

cristão deve estar preparado a responder publicamente sobre sua fé e as implicações sociais da mesma (1 Pe 3.14-17).

2. Filtro de tendências políticas

Direita e esquerda. As variadas ideologias políticas[63] adentram a conversa popular sob os rótulos dos extremos de direita (rótulo normalmente associado ao liberalismo econômico) e esquerda (rótulo comumente associado a uma postura socialista de estado).[64] Embora a sociedade brasileira tenha uma influência na mídia e no mundo universitário mais pendendo para a esquerda (muito idealista, sem considerar os fracassos esquerdistas da história),[65] muitos políticos e partidos têm adotado alguns de seus ideais, ainda que evitando extremismos (por isso se denominam "centro esquerda"). Ainda assim, por causa de constantes desapontamentos dos representantes de esquerda, têm surgido em nosso país pessoas que preferem se denominar de "direita". Alguma das duas ideologias políticas é mais bíblica do que a outra?[66]

18.12ss.; 19.31, 35ss.; 24.1-26.32; 28.30s.), é comum os estudiosos falarem de um propósito apologético na escrita dessa história. Craig Keener, **IVP Bible Background Commentary: New Testament** (Downers Grove, IL: IVP Academic, 2014, 2ª ed.), p. 315.

63 Para uma excelente avaliação das ideologias políticas contemporâneas, veja Koyzis, **Visões & Ilusões Políticas**.

64 David Koyzis chamou a atenção para o fato dessa discussão ser simplista. No entanto, mais adiante ele concorda que a crença preponderante em nossos dias é a da autonomia humana, mas que as controvérsias políticas "giram em torno de quem é de fato o portador dessa economia: o indivíduo ou alguma forma de comunidade". Esse comentário quase que se rende à polarização direita/esquerda. Koyzis, **Visões & Ilusões Políticas**, p. 13, 40, 42-46. Como a linguagem ainda é presente em conversas políticas, creio ser necessário falar sobre ela.

65 Essa devoção ao esquerdismo nas nações latino-americanas é chamada por Franklin Ferreira de "vanguarda do atraso". Ferreira, **Contra a Idolatria do Estado**, p. 132.

66 Antes de responder a essa pergunta, vale a pena explicar o que ela não significa. Há muitos que identificam direita com o conservadorismo, pelo fato de ambos andarem juntos em muitos agentes políticos. No entanto, os princípios morais do conservadorismo (a existência de uma ordem moral perene, obrigação moral diante de Deus e dos homens, a oposição a agendas LGBT e ao aborto,

APLICAÇÃO: COSMOVISÃO E POLÍTICA

Antes do que responder de forma simplista, uma cosmovisão cristã deve nos ajudar a enxergar as absolutizações idólatras de ambas as tendências. Tanto direita quanto esquerda assumem propostas de redenção, uma mais focada no estado e a outra no indivíduo. David Koyzis afirma que a deificação do Estado gerou totalitarismos como na União Soviética, enquanto a deificação do indivíduo tem gerado estratificações sociais nos Estados Unidos da América.[67] Cristãos precisam ser cuidadosos com supostos conceitos monolíticos de "direita" e "esquerda" como sendo facilmente medidos segundo o padrão da Escritura como mais ou menos perto da verdade. À luz da criação e da queda, cristãos precisam enxergar problemas e virtudes em um e outro. Um opta pelo direito do indivíduo que traz consequências negativas ao coletivo. Outro exalta o coletivo em detrimento do indivíduo. Ambos têm uma visão utilitarista do dinheiro. A direita tem como virtude o desejo de promover produtividade e estimular o indivíduo nesse sentido. No entanto, tem uma visão muito positiva do indivíduo para minimizar males sociais. A esquerda tem como virtude a preocupação com o coletivo e o anseio de socorrer necessidades do próximo, mas uma visão muito otimista do estado para a solução de tais problemas. A verdade é que, na prática, indivíduos tanto de "direita" como de "esquerda" são egoístas e regem segundo interesses desconexos dos ideais. A posição não é ser "centro", como se moderado sempre fosse a melhor saída. Há

---

etc.) podem, ao menos em tese, ser defendidos por cristãos de tendência esquerdista também. Portanto, a pergunta do texto não está relacionada a questões morais facilmente reconhecidas nas Escrituras. Há, porém, outros princípios do conservadorismo que já se enquadram em aspectos sócioeconômicos (questionamento do igualitarismo econômico imposto à ordem social, oposição ao desarmamento, privatizações de organizações estatais) que não são facilmente distinguíveis como princípios cristãos ou não. São esses últimos aspectos que validam a pergunta. Para uma versão especializada acerca dos princípios do conservadorismo político, veja Russell Kirk, **A Política da Prudência** (São Paulo: É realizações, 2013), p. 103-116.

67 Koyzis, **Visões & Ilusões Políticas**, p. 228-229.

AMANDO A DEUS NO MUNDO

casos que ser radical é mais bíblico. Nem queremos dizer que direita e esquerda são igualmente ruins, como se ambas tivessem que ser integralmente desprezadas. No entanto, o alerta é para que cuidemos para não associar uma posição ao cristianismo.[68]

Existem descuidos frequentes em conversas políticas populares que nós, cristãos, devemos evitar. A esquerda tem falhado quando favorece a vitimização dos sujeitos e a desresponsabilização do indivíduo.[69] Os indivíduos são sempre retratados como vítimas de grupos opressores e esperam que a máquina estatal providencie leis, sindicatos e programas sociais que lhes protejam do homem mau (patrão, empresa); do contrário, se sentirão legitimados à insurreição e rebelião contra tais forças sociais.[70] Esse "coitadismo" presente em muitos brasileiros não combina com aqueles que foram alvo da misericórdia divina para serem embaixadores da paz na sociedade.

Por outro lado, brasileiros cansados de ver uma máquina pública tão inchada têm abraçado a linguagem de "Estado mínimo". A ideia do Estado mínimo precisa ser discutida com cautela, pois não se pode ter um Estado tão pequeno que não consiga manter a ordem tanto entre esferas como dentro de cada esfera.[71]

---

68 "A visão reformada da sociedade não é centrada no indivíduo nem na instituição, mas na soberania de Deus sobre as esferas da Criação." Ferreira, **Contra a Idolatria do Estado**, p. 201. Mesmo a democracia, ideal praticamente incontestável na política brasileira, pode ser deificada de forma a ser rejeitada pelo cristianismo reformado. Cf. Hall, **Calvin in the Public Square**, p. 323-324; Koyzis, **Visões & Ilusões Políticas**, p. 160-172.

69 Sou grato ao meu irmão Pb. Fábio Cortez Rodrigues por esse insight.

70 A mentalidade binária de esquerdistas extremados os leva a pensar que a direita é má (ex: governo militar) e a esquerda é benevolente (ex: revolucionários do período militar que lutavam por "liberdade"). Não há espaço para gradações. Ferreira, **Contra a Idolatria do Estado**, p. 143.

71 O liberalismo argumenta que "Estado pequeno" não é sinônimo de "Estado fraco", pois o Estado deve ser forte o bastante para impor as regras do jogo social. Crê-se, porém, que o Estado governa melhor quando governa menos. Embora a linguagem seja persuasiva, utilizei o termo "crer" pois tal premissa não é fácil de averiguar e provar. Koyzis faz um útil panorama de cinco estágios

APLICAÇÃO: COSMOVISÃO E POLÍTICA

Não podemos simplesmente ter uma visão minimalista do Estado. À luz da soberania das esferas, o Estado precisa assegurar a soberania de cada esfera antes do que impor a sua soberania. Para garantir tais soberanias ele não pode ser pequeno, mas precisa ter forças (a Idade Média foi marcada por reis fracos que dependiam de seus lordes os quais não eram reis). Se o Estado não é uma das esferas (política, sim), mas uma criação pós-queda para salvaguardar a ordem social,[72] então precisamos compreender o seu papel de protetor e mantenedor da ordem. Isso nos leva ao segundo tópico dessa subseção.

Soberania de esferas. A cosmovisão calvinista tem ensinado protestantes a compreender a amplitude da fé para todas as áreas da vida. Isso não quer dizer simplesmente que devemos nos preocupar com uma ética individual em todas as áreas da nossa vida (como nos portar na família, no trabalho, na vizinhança, etc.). O calvinismo tem proposto algo mais amplo ainda. Trata-se de uma perspectiva cristã inclusive da esfera pública. Compreender as estruturas da sociedade como compostas por esferas que devem ser regidas por leis criacionais (i.e. infundidas na estrutura por Deus) é uma proposta revolucionária. Os calvinistas holandeses, em especial,[73] têm mostrado como uma esfera não pode interferir na

---

do liberalismo onde o conceito de Estado foi sendo reformulado à luz de experiências frustradas. Koyzis, **Visões & Ilusões Políticas**, p. 62, 63-78.

72 Isso foi destacado acima, na seção histórica sobre Abraham Kuyper. Veja Kuyper, **Calvinismo**, p. 87.

73 Alguns estudiosos julgam que os holandeses não foram aqueles que cunharam o conceito, mas de que suas raízes seriam mais antigas. O estudioso político Oliver O'Donovan parece mostrar o conceito de soberania de esferas em Althusius, e Gordon Spykman remonta o conceito a Calvino. Oliver O'Donovan e Joan Lockwood O'Donovan, **From Irenaeus to Grotius**: A Sourcebook in Christian Political Thought (Grand Rapids: Eerdmans, 1999), p. 758. Gordon J. Spykman, Sphere-Sovereignty in Calvin and the Calvinist Tradition. In: David E. Holwerda (Org.). **Exploring the Heritage of John Calvin** (Grand Rapids: Baker, 1976).

AMANDO A DEUS NO MUNDO

soberania de outra. Conforme foi ilustrado no capítulo anterior (capítulo 8), o governo brasileiro tem violado a soberania das esferas quando intervém na educação dos filhos (lei contra a punição física), enquanto inconsistentemente facilita o divórcio alegando que o Estado não deve intervir (i.e. dificultar o divórcio) na vida privada de um casal. Não há consistência quanto à relação entre o estado e a família, apenas um espírito antitradição, anticristão.

Qualquer proposta política de força exacerbada concedida ao Estado deve ser questionada com base em sabedoria bíblica. O fato de no Antigo Testamento nenhum israelita poder acumular os três ofícios – profeta, sacerdote e rei – é um indício de separação de poderes. Moisés tinha Arão, Davi e outros reis piedosos não podiam exercer a função de sacerdote. Essa separação de poderes unidos em Cristo nos ensina que na história temporal de Israel, Deus não permitiu que qualquer homem do seu povo tivesse poder totalitário. Esse é um exemplo singelo de sabedoria bíblica norteando nossa conversa política e filtrando tendências contemporâneas.

Embora seja verdadeiro afirmar que a Bíblia não é um manual de política que instrui sobre como gerenciar socorro a dívidas internacionais, e por isso cristãos com a mesma fé podem sustentar posições diferentes a respeito de política ambiental, impostos e assistência à saúde,[74] creio que não seja correto encerrarmos o debate com a alegação de que a Bíblia não tem nada a nos dizer a respeito dessas coisas. Essa parece ser a postura de alguns adeptos do conceito de "dois reinos" que se recusam a falar de uma perspectiva "cristã" de políticas públicas.[75] Tal perspectiva tem tanto medo de

---

74 Michael Horton, **A Grande Comissão** (São Paulo: Cultura Cristã, 2014), p. 255, 267.

75 Veja David VanDrunnen, **Living in God's Two Kingdoms**: A Biblical Vision for Christianity and Culture (Wheaton, IL: Crossway, 2010), p. 194-203.

APLICAÇÃO: COSMOVISÃO E POLÍTICA

dogmatizar uma medida política como "cristã" (postura prudente), que acaba caindo no extremo de ter pouco a dizer para o político cristão que provenha de sabedoria bíblica (postura apática).

3. Participação social adequada

Engajamento. Desde Calvino até Dooyeweerd, vemos um amplo envolvimento político que exemplifica uma postura contrária ao separatismo de herança anabatista. John MacArthur Jr. parece expressar uma tendência anabatista recente dentro do evangelicalismo norte-americano quando se opõe ao "ativismo político cristão" (boicotes, passeatas, etc.) por denegrir a soberania de Deus, usar de meios carnais e egoístas, criar um falso senso de moralidade, e alienar os incrédulos considerando-os inimigos políticos antes que campo missionário.[76] É claro que o contexto de MacArthur é o temor de cristãos esquecerem que sua missão principal é o anúncio do evangelho. Porém, esse desencorajamento do envolvimento cívico é contrário não só aos exemplos bíblicos (profetas como Oséias, Amós e Miquéias tratam abundantemente de questões sociais), mas principalmente à herança reformada com sua filosofia de glorificar a Deus em toda a sua vida, inclusive na esfera pública. O reformado sabe de sua responsabilidade como agente do reino em todas as esferas da vida, por isso se envolve.

Todavia, não é verdade que quem não participa de certas manifestações contra imoralidades peca por negligência. John Frame afirma que defender que cada cristão deve participar de um projeto particular é sustentar que o cristão deve participar de todos os projetos dignos, um fardo impossível para um indivíduo. Há outras abordagens educacionais, políticas e religiosas que não

---

76 Pennings, "Serviço Político para Deus", p. 383-384.

transgridem a lei, mas que podem ser úteis em uma batalha a longo prazo.[77] Portanto, cada um deve participar como pode, mas nossas escolhas sobre com o que nos envolver refletem nosso serviço (fazemos uma coisa e não outra) e não nossa obediência (minha "causa" política não deve ser imposta a outro).

Nosso envolvimento precisa ser realista, ciente de que a política não é a solução para todos os dilemas humanos. Lloyd-Jones escreveu que a "política é a 'arte do possível'; por isso, o cristão deve lembrar, quando começa, que ele só pode conseguir o possível. E, porque ele é um cristão, tem de trabalhar em favor do melhor possível e contentar-se com aquilo que é menos do que plenamente cristão".[78] Ray Pennings acrescenta: "O calvinismo político tem de ser seguido no contexto de uma escatologia que é essencialmente pessimista no que diz respeito ao sucesso terreno".[79] Participamos, sim, mas com uma expectativa moderada pelos desafios de um mundo ainda não remido.

Mordomia. Enquanto o conceito de economia na esfera pública tende a nos lembrar de lucros, juros, poder aquisitivo, infelizmente ele nunca resgata o sentido original do grego *oikonomos,* que significa "mordomo". No entanto, nosso conceito de administração ou economia deveria levar em consideração a linguagem bíblica de mordomia. Somos "mordomos" dos recursos da criação para o bom cuidado do mesmo. Não deveríamos fazer economia com interesses egoístas, mas como mordomos, isto é, em prol dos outros (Ef 4.28). Por isso a tradição reformada ficou conhecida pelo conceito de frugalidade. Num tempo em que o brasileiro espera que o

---

77 Frame, **A Doutrina da Vida Cristã**, p. 591.

78 *Apud* Pennings, "Serviço Político para Deus", p. 384-385.

79 Pennings, "Serviço Político para Deus", p. 388.

APLICAÇÃO: COSMOVISÃO E POLÍTICA

mercado nacional seja aquecido, que a renda per capita e o poder aquisitivo do brasileiro aumentem, precisamos moderar nossas expectativas econômicas com o senso de mordomia para com o próximo. Assim como "política de minoria" (que visa favorecer algum grupo de eleitores) é uma forma egocêntrica de atuação política, uma economia centrada no indivíduo também perde de vista o aspecto servil de nossas finanças. Isso deveria minimizar um pouco nossas frustrações com impostos (ainda que sejam exacerbados), como se o Estado tivesse tirando o "meu" dinheiro para pagar algum funcionário público, ou para sustentar causas sociais para quem não trabalha. Fazer parte de uma comunidade requer que aquilo que é meu não seja absolutamente e somente meu. Somos servos uns dos outros.

EXEMPLO BÍBLICO

Qualquer dicotomia (pietista ou progressista) esconde a identidade cristã. Quando surge a vacância na posição de rainha do rei Assuero e aparece um "concurso" para essa vaga, Ester é tomada pelas autoridades (Et 2.8), mas ela esconde a sua identidade conforme orientada por Mordecai (Et 2.10, 20).[80] Por quê? Para ter a

---

80 A orientação de Mordecai quanto a velar a identidade judaica (2.10) contrasta com a postura de Daniel e seus amigos. O narrador não condena a atitude de Mordecai ou Ester. Contudo, há exemplos na Bíblia de conduta claramente equivocada que não recebem a reprovação explícita do narrador: Abrão mente sobre Sarai (Gn 12), atitudes de Ló e suas filhas na iníqua Sodoma (Gn 19). A dicotomia de Ester não é enxergada por todos os comentaristas. Matthew Henry, por exemplo, aplica a omissão de maneira moralista: Mordecai não pediu que ela mentisse se fosse perguntada, mas apenas que não declarasse o seu país. "Todas as verdades não devem ser ditas em todo tempo, embora uma inverdade não deva ser dita em qualquer tempo." Matthew Henry, **Matthew Henry's Commentary on the Whole Bible**, vol. 2, (Peabody, MA: Hendrickson Publishers, 1994), p. 870. Todavia, críticas à moralidade de Ester e Mordecai não são ataques à inspiração das Escrituras. Não precisamos defender os atos de velar a identidade de Ester ou casar-se com um gentio como se isso questionasse a integridade das Escrituras. O livro de Malaquias é evidência de que os judeus pós--exílicos ainda tinham práticas imorais. F. B. Huey Jr. é um exemplo de comentarista que procura

AMANDO A DEUS NO MUNDO

chance a uma vida melhor do que a de cativa, caso fosse escolhida rainha.[81] Porém, observe o custo de tal dicotomia. Na melhor das hipóteses, haveria um casamento misto,[82] e na pior das hipóteses, ela se tornaria uma das muitas concubinas do rei fadada ao desprezo. Ester fez parte de um harém (2.14) em que mulheres eram "experimentadas" pelo rei para ver qual lhe agradava. Esse não é um contexto saudável para encaminhar uma virgem judia. Qualquer mulher que não fosse escolhida rainha ficaria sujeita aos caprichos do rei (2 Sm 20.3). A dicotomia sacrifica a identidade cristã.

Resgatar a identidade significa atuar responsavelmente sob a providência soberana de Deus. Precisamos resgatar nossa identidade, nossa cosmovisão, como Ester fez posteriormente na história. Diante da ameaça de Hamã à sobrevivência dos judeus (Et 3), Mordecai resolve pedir que Ester interceda junto ao rei (Et 4.7-8). Ela teria que assumir a sua identidade (risco de morte com Hamã; Et 4.13) e colocar-se perante um rei arbitrário (risco de morte com o rei; Et 4.11). Mordecai confia na providência divina (Et 4.14a) e desafia Ester a assumir a função de libertadora do povo judeu ("foste elevada a rainha", Et 4.14b). Ele faz uma convocação (apela à ideia de vocação).[83] Ester assume a sua posição de intercessora do povo (4.15-16) e passa a fazer política através de banquetes (caps.

---

apresentar as questões morais no livro de Ester sem defender as imoralidades cegamente nem condená-las sem misericórdia. F. B. Huey Jr. "Esther", In: **The Expositor's Bible Commentary**, vol. 4, (Grand Rapids: Zondervan, 1988), p. 786-787.

81 Mordecai quer assegurar à sua prima/enteada uma vida melhor em meio às privações de um exilado. Nos 12 meses que ficou sendo preparada, ela não fez objeção a quebrar a dieta judaica (2.9; Cf. Dn 1.8). Mais uma evidência de secularização.

82 O casamento inter-racial era proibido na lei de Moisés por razões espirituais (Dt 7.3-4).

83 Keller afirma que Mordecai "está dizendo que, se Ester se arriscar a perder o palácio, talvez perca tudo, mas, se não se arriscar a perder o palácio, perderá tudo. É um argumento angustiante. Se todos os judeus forem mortos, Ester será descoberta e assassinada. Se os judeus não forem mortos, Ester será considerada traidora". Keller, **Como Integrar Fé & Trabalho**, p. 117.

APLICAÇÃO: COSMOVISÃO E POLÍTICA

5-8) para conseguir libertação ao povo. Sua súplica [a Deus] é apenas preparativo para realizar seu verdadeiro "serviço": política. Observe como a história precisou ter um estimulador do serviço político (Mordecai) e alguém com tino político para exercer essa função servil (Ester).

Ainda que essa seja uma história que nos ensine sobre a legitimidade do engajamento político e talvez até nos estimule a tal função, nossa atuação deve ser resguardada na linguagem e moderada na expectativa. Ester é um livro que desafia os estudiosos por omitir qualquer referência a Deus. Há diversas teorias sobre o porquê disso. É possível que isso signifique coisas diferentes, algumas ruins e outras boas. Talvez um aspecto ruim seria que a ausência do nome de Deus seja a expressão da secularização dos judeus que resolveram ficar longe de Israel mesmo depois do decreto de Ciro. O que garantiu a Ester e a Mordecai um espaço de honra no reino persa, assim como a sobrevivência dos judeus no império, "não foi sua pureza espiritual nem sua piedade moral, e sim a graça de Deus".[84] Um aspecto positivo, porém, é que a ausência de linguagem de fé ilustra como cristãos que servem na esfera pública devem criar projetos de lei ou executar tais leis de forma condizente com a cosmovisão cristã, ainda que sem linguagem bíblica.[85] O mais sublime, porém, é que Ester assume sua função sem expectativas ufanistas: "Irei ter com o rei, ainda que é contra a lei; se perecer, pereci." (Et 4.16). A história demonstra o êxito de Ester, mas a Escritura tem várias outras histórias de heróis da fé cujas mensagens não foram atendidas por este mundo (Hb 11.35b-38). Nosso engajamento precisa ter a expectativa correta: sempre

---

84 Ferreira, **Contra a Idolatria do Estado**, p. 44.

85 Ferreira, **Contra a Idolatria do Estado**, p. 45.

seremos testemunhas de Deus neste mundo, tendo ou não tendo êxito político. Assim como o final da história de Daniel 2 traz bonança da parte do rei, mas não gera contrição, a história de Ester é libertadora, mas não temos evidências de um judaísmo espiritualmente mudado ao longo dos séculos. Precisamos nos engajar cientes de que por vezes nosso êxito é limitado.

CAPÍTULO 10

PARA VENCER O MUNDANISMO
(DANIEL 3)

Estamos aprendendo com as Escrituras como amar a Deus fora do ambiente eclesiástico. No dia a dia da vida eclesiástica, aprendemos a expressar nosso amor ao Senhor no contexto de culto, nas orações e nos cânticos, e em outras atividades voltadas para a adoração. Porém, nosso intuito neste livro é focar no desafio de amar a Deus fora do ambiente eclesiástico, quando estamos sujeitos aos perigos e acomodações aos padrões pagãos. Não estamos nos referindo somente a evangelização ou apologética, como vimos no capítulo 2 de Daniel, mas a toda uma vida que visa refletir as glórias do nosso Deus. Creio que uma vida vivida a partir de uma cosmovisão bíblica testemunha sobre o Criador e sobre como as coisas deveriam ser.

À medida que expomos os primeiros seis capítulos do profeta Daniel, temos visto como quatro jovens com uma cosmovisão teocêntrica viveram a maior parte de suas vidas na ímpia Babilônia, e se mostraram íntegros. O diferencial deles é que sua integridade não foi isolacionista, e sim enquanto participavam da vida pública

AMANDO A DEUS NO MUNDO

daquele império. Isto é, não foram santos apenas em atividades particulares, mas demonstraram uma visão mais ampla da vida que fosse condizente com sua fé.

Por causa dessa situação paralela ao desafio que temos de estar no mundo e não sermos do mundo, postulamos a seguinte pergunta norteadora de nossa aplicação bíblica: como não ter uma postura monástica de espiritualidade e não cair no extremo de horizontalizar a vida cristã? Essa pergunta visa os dois extremos já mencionados no capítulo 4 deste livro (os pietistas e os progressistas, ou ativistas), mas que podem ser abordados de outra forma quanto ao mundanismo: alguns crentes se afastam de certas atividades (ética gnóstica) e outros acham que tais coisas mundanas não lhes afetam (imunidade presunçosa). Não queremos cair em qualquer um dos extremos. Quem tende à ética gnóstica, demoniza certas atividades, mas falta-lhe discernimento para reconhecer o paganismo dentro do próprio culto evangélico. Sem o saber, ele é mundano. Em contrapartida, quem acha que o engajamento em atividades deste mundo não afeta o seu cristianismo – seja o apreço por diferentes artes ou a participação em movimentos sociais –, não percebe que nossa cosmovisão sempre é moldada por aquilo que absorvemos. Não podemos ser ingênuos de pensar que seres caídos (impactados pela Queda) como nós não sucumbirão a propostas caídas de vida. Precisamos de uma cosmovisão bíblica, com discernimento para evitar esses dois tipos de mundanismo.

No capítulo 1 de Daniel, vimos que Deus honra os que não se contaminam. Os quatro adolescentes passaram pelos três anos de educação babilônica sem perderem sua identidade, e Deus os honrou. Como é que Deus nos honra? Dando-nos posição de

PARA VENCER O MUNDANISMO (DANIEL 3)

destaque? Quase nunca. Mas fazendo-nos muito mais sábios do que o homem sem Deus.

No capítulo 2 do profeta Daniel, ele testemunhou de um reino de outra natureza quando revelou o sonho e o significado do sonho ao rei Nabucodonosor. Mais do que um jovem ousado, de oração e temor do Senhor, o capítulo 2 dá sentido à história de Daniel ao colocá-lo como parte da grande história (a página do livro), a história do reino de Deus. Nossa história ganha sentido quando narramos a história dEle.

Agora nos voltamos ao capítulo 3 e perceberemos outros desafios para a vida impoluta neste mundo. A relação do cristão com o mundo pode ser comparada à canoa na lagoa. A canoa não foi feita para ficar na terra. Ela cumpre sua função quando está na lagoa. Não há nada de errado com o fato da canoa estar cercada de água. Só haverá problema quando a água da lagoa começar a entrar dentro da canoa. Canoa na lagoa não é problema, mas a lagoa na canoa é!

O cristão é como a canoa. Não há nada de errado com o fato dele estar cercado das coisas do mundo. O problema começa quando as coisas do mundo começam a entrar na sua canoa. Crente mundano está fadado a naufragar.

PANTEÃO DE DEUSES

As histórias de Daniel sempre começam com um contexto nada convidativo para jovens fiéis a Deus. Neste capítulo 3 temos três elementos que compõem esse contexto inóspito: monarca poderoso, exigência idólatra, ameaça mortal. Nabucodonosor fez uma pomposa imagem de ouro (provavelmente folheada a ouro, e não de ouro maciço). Ela tinha quase trinta metros de altura e três de largura. Não sabemos precisamente o tempo em que

AMANDO A DEUS NO MUNDO

Nabucodonosor erigiu essa imagem. O fato de Daniel tê-lo descrito como "cabeça de ouro" (Dn 2.38) talvez o tenha enchido de orgulho para esposar as glórias do seu reino com uma imagem toda banhada a ouro, possivelmente se utilizando de ouro tomado de outras nações. Embora as proporções façam-nos lembrar mais um obelisco do que uma estátua (é possível que fosse uma figura em cima de um pedestal), alguns estudiosos afirmam que a imagem provavelmente era de Nabu (ou Nebo), o deus homenageado no nome do monarca caldeu.[1] O verso 12 aponta no sentido de envolver deuses na cerimônia: "A teus deuses não servem, nem adoram a imagem de ouro que levantaste".

A imagem foi colocada num campo, espaço possível de reunir muita gente e que torna a imagem visível de muito longe. Imagine o efeito que o sol tinha no revestimento dourado da imagem! Havia muita pompa na cerimônia de dedicação: oficiais importantes (v. 2-3) e orquestra imponente (v. 5, 7, 10, 15). O arauto transmitia um decreto de curvar-se perante a imagem como submissão ao poder estatal e religioso dos babilônicos e seus deuses (v. 4-5); ninguém estava isento de obedecer. Não se curvar à imagem era um ato de infidelidade, traição; por isso, a ameaça da fornalha (v. 6; veja Jr 29.22).

Nabucodonosor reunira líderes de várias regiões do seu reino para exigir um juramento solene de lealdade (provável propósito da cerimônia). O seu interesse é político e ele espera que todos afirmem sua lealdade ao rei. Observe como o não prostrar-se perante a imagem é interpretado pelos caldeus como não fazer caso

---

1 Young, **Daniel**, p. 84; Archer, "Daniel", p. 50. Outros preferem entender que se aplicava tanto a Nabucodonosor quanto aos seus deuses: Duguid, **Daniel**, p. 54; Sidney Greidanus, **Pregando Cristo a Partir de Daniel**: fundamentos para sermões expositivos (São Paulo: Cultura Cristã, 2017), p. 114.

PARA VENCER O MUNDANISMO (DANIEL 3)

do rei (v. 12) e o próprio Nabucodonosor entende que a disputa é entre o deus de Sadraque, Mesaque e Abede-Nego e ele: "Quem é o deus que vos poderá livrar das *minhas mãos?*" (v. 15). Portanto, embora haja deus caldeu na história, a cerimônia está inserida na esfera política. O evento envolve devoção não somente ao deus de Nabucodonosor, mas ao próprio Nabucodonosor.

É significativo observar como o monarca caldeu exige lealdade sem, contudo, exigir que seus súditos deixem seus deuses. Na sua mente, não havia problema com múltiplas lealdades. Observe como no capítulo 6 de Daniel, Dario impediu a adoração a outros deuses apenas durante um período de trinta dias (Dn 6.6-9, 12). Mas, costumeiramente, os monarcas pagãos não faziam esse tipo de exigência dos povos conquistados. Gleason Archer afirma que, como muitos pagãos, Nabucodonosor provavelmente pensava que múltiplas lealdades (adorar outros deuses) era permissível. Por isso ele exigia lealdade ao estado caldeu (não fazê-lo seria traição) sem exigir que seus súditos renunciassem ou parassem de praticar adoração privada aos seus próprios deuses.[2] Outros povos não tinham essa dificuldade de acrescentar mais uma lealdade, principalmente possuindo a mentalidade de que o deus da nação conquistadora era o deus mais forte.[3]

Aprendemos duas coisas logo no início dessa passagem. A primeira é aprender a enxergar o que está por detrás de uma atividade secular. Ainda que a imagem seja de um deus, precisamos enxergar essa cerimônia como tendo um caráter civil. Era

---

2 Archer, "Daniel", p. 50.

3 Veja 2 Rs 17.24-41, período após a queda de Samaria, no qual nações levaram os seus deuses para a região das tribos do Norte e acrescentaram o Deus de Israel ao seu panteão: "Temiam o Senhor e, ao mesmo tempo, serviam aos seus próprios deuses" (v. 33; veja v. 41). No entanto, Deus deixa bem claro que ele não tolera ser mais um deus (v. 34-39).

AMANDO A DEUS NO MUNDO

uma cerimônia de um monarca e seus súditos. No entanto, a ce-rimônia civil não deixa de ter um caráter religioso também. Essa mistura deve abrir os nossos olhos para enxergar toda cerimônia civil como tendo caráter religioso. Não podemos separar o que é civil, como se fosse secular, do que é religioso. Se nossa cidada-nia não está subordinada ao senhorio de Cristo, certamente está subordinada a outro senhorio. A história do capítulo 3 vai nos despertar para o fato de que toda lealdade tem caráter religioso, em conformidade ou contrária aos mandamentos divinos.

A segunda coisa que aprendemos é que esse caráter religioso quase sempre conduz a um politeísmo. Não só nos dias de Nabu-codonosor, mas o espírito do nosso tempo (*zeitgeist*)[4] também é bem politeísta. Quando o mundo faz pressão para que nos cur-vemos diante dos seus deuses, frequentemente ele não exige que abandonemos o nosso Deus. Essa é a sua sagacidade. Não somos impedidos de adorar a Jesus Cristo na esfera privada, de termos uma "religião" oficial, contanto que juremos lealdade pública aos deuses aclamados pela sociedade. Por exemplo, o mundo não faz objeção a cristãos terem um dia especial de adoração e devoção ao nosso Deus (domingo), contanto que nossos sábados sejam gastos com muito lazer, consumismo, indo dormir tarde, não se preparan-do para o dia seguinte. Importantes eventos esportivos e sociais, acompanhados pela televisão ou ao vivo, quase nunca acontecem durante a semana. Sábado e domingo são os dias de grandes even-tos. Onde não há perseguição oficial, o mundo não impede você de ir à igreja, mas faz o possível para embaralhar a sua agenda.

---

4   "Em cada geração, em cada cultura, há um espírito que prevalece. Os alemães criaram uma palavra para isso, *Zeitgeist*, um termo que une duas ideias comuns: *Zeit* é a palavra alemã para "tempo", e *Geist* é a palavra alemã para "espírito". R. C. Sproul, **Como Viver e Agradar a Deus** (São Paulo: Cultura Cristã, 2006, 2ª ed.), p. 45.

PARA VENCER O MUNDANISMO (DANIEL 3)

Outro exemplo de múltiplas lealdades é você poder ter seus valores religiosos, mas não poder interferir na conduta do seu colega de trabalho. Esse individualismo tolera valores, contanto que fiquem restritos à esfera pessoal, mas não para serem compartilhados e norteadores da conduta de todos. Até dentro da igreja, que deveria funcionar como uma comunidade para a restauração, há muitos membros que se incomodam quando o seu irmão entra na sua vida particular. Entendemos que cada um cuida da sua vida. Temos receio de nos abrir com pessoas sobre nossos problemas, pois "imagine o que pensarão de mim"; temos receio de confrontar pessoas em pecado, pois "quem sou eu para dar palpite na vida do outro". Perdemos o senso de prestar contas uns aos outros. Disciplina eclesiástica, quando acontece, só é aplicada quando uma situação já se tornou pública e embaraçosa. Raramente cristãos entendem que a maior parte da disciplina deveria acontecer mormente no "um a um" (Mt 18.15). Essa descaracterização da comunidade cristã é um exemplo de mundanismo.

Propostas mundanas de politeísmo encontraram guarida em corações caídos, porque mesmo entre o povo de Deus encontramos exemplos de coração dividido, de múltiplas lealdades (1 Sm 7.3; Sl 86.11b; Tg 4.8). Na maioria das vezes, cristãos não são nem quente nem frio, mas morno, nem preto nem branco, mas cinza. Eu sei que nós amamos o Senhor, mas ainda praticamos coisas que não combinam com esse amor professo. Nosso coração é do Senhor, mas não é inteiramente do Senhor. Ainda há resquícios de pecado em nosso interior. Temos o desafio de lutar contra essa duplicidade de nosso coração.

Essa duplicidade é resultado do pecado que a Bíblia chama de "idolatria". Não estou falando de ídolos formais, mas de ídolos

AMANDO A DEUS NO MUNDO

ideológicos. Precisamos aprender a pensar em idolatria como sendo distinto do conceito brasileiro de catolicismo romano (imagens, santuários, vitrais, etc.). Se nosso coração é "uma perpétua fábrica de ídolos"[5], como dizia Calvino (cf. Ez 14.1-8), então precisamos pensar em idolatria como um pecado comum do ser humano em todas as épocas. Não é à toa que esse é o pecado mais tratado no Antigo Testamento; isso é porque temos um problema com o primeiro mandamento.

Tim Keller afirma que a sociedade atual é bem parecida com religiões primitivas e seus ídolos, nas quais há santuários (torres de escritórios, spas ou academias, estúdios ou estádios) onde sacerdotes nos conduzem a prestar sacrifícios, a fim de buscar bênçãos e afastar desastres. Não só os ídolos do passado, mas os do presente (beleza, poder, dinheiro, realização) também são difíceis de apaziguar. Eles exigem sacrifícios. Um ídolo é qualquer coisa (inclusive boa) que você espera que dê a você o que somente Deus pode te dar (significado, segurança, felicidade). Ídolos são amados (pense no que ocupa o seu pensamento), confiam neles (pense no que te dá pesadelos), e são obedecidos (pense naquilo que te deixa irado, ansioso ou desanimado).[6]

Quero destacar esse mundanismo manifesto em nossos muitos amores, nossos diversos deuses. Não vou focar nas posturas que são abertamente imorais. Partindo do pressuposto de que tais atitudes são mais facilmente detectadas e combatidas no meio cristão, quero me deter nos exemplos sorrateiros de paganismo que adentram a mentalidade de evangélicos sem tanta percepção.

---

5 Calvino, **Institutas**, I.xi.8.

6 Timothy Keller. **Counterfeit Gods**: The Empty Promises of Money, Sex, and Power, and the Only Hope That Matters (New York: Riverhead Books, 2009), p. xiii-xxv.

CONFORMANDO-SE AO MUNDO

Já falamos de mundanismo no capítulo 4 deste livro, mas preciso voltar a esse tópico para entendermos melhor o desafio colocado para cristãos que querem amar a Deus no mundo. Mundanismo é aceitarmos padrões de vida semelhantes aos do mundo, enquanto professamos ser cristãos. Não queremos abandonar nosso cristianismo, mas nos acomodamos com os padrões deste mundo. Não podemos ser parecidos com quem é apegado àquilo que é passageiro. Somos forasteiros aqui e não devemos sonhar em mudar o nosso visto para permanecer no mundo. Não podemos agir como os hebreus libertos do Egito que queriam ir à terra prometida, mas tinham saudade das comidas do Egito (Nm 11.4-6). Deus lhes trouxe carne em lugar de pão, mas não sem juízo (Nm 11.31-34). Pois o mundanismo deles se mostrou em desejar as coisas do mundo mais do que as coisas de Deus.

Sadraque, Mesaque e Abede-Nego estavam em terra estrangeira há alguns anos e conviviam não só com gentios idólatras, mas eram cercados inclusive por judeus que haviam sucumbido à idolatria. Lembremo-nos que o cativeiro babilônico viera como disciplina do Senhor sobre um povo que sucumbira à idolatria (2 Rs 17.13-19). Mas a dura disciplina não extirpou toda inclinação idólatra dos judeus. As idolatrias do coração narradas por Ezequiel (Ez 14) e os casamentos mistos narrados por Esdras (Ed 10) são apenas dois exemplos de idolatrias não expurgadas pelo cativeiro babilônico. Entre os judeus havia um número reduzido de pessoas fiéis a Deus. Por gerações haviam desobedecido e se envolvido em idolatria, ignorando as palavras de inúmeros profetas (Dn 9.5-14). Agora, os três amigos de Daniel estavam diante de uma situação em que estavam tentados a fazer sob ameaça de morte o que judeus espontaneamente haviam feito por gerações. Por que morrer ao se recusarem a fazer algo que por muitos anos seus compatriotas haviam feito voluntariamente?

O fato dos três jovens fazerem parte de um povo mormente idólatra é uma das circunstâncias tentadoras que quero destacar como paralelo para o desafio que nós temos hoje, em relação ao mundanismo dentro da igreja. Como iremos observar no decorrer do capítulo, quero fazer aplicações que dizem respeito a estilos de vida que os próprios crentes têm adotado, tornando nossa integridade ainda mais difícil. Falarmos de pecados que os crentes em geral reconhecem como abomináveis é facilmente reconhecido como mundanismo. Mas uma mentalidade mundana que se manifesta em atitudes comuns é mais difícil de detectar.

Por "mundo" estamos nos referindo ao sistema de valores contrário a Deus, um conceito bem presente na literatura joanina (Jo 1.10c; 7.7; 12.31; 14.17; 15.18-19; 16.11, 33; 17.9, 14, 16; 1 Jo 2.15-17; 1 Jo 3.1, 13; 4.5; 5.4, 5, 19). A Bíblia pode usar a palavra "mundo" em sentidos diferentes. João 1.10, por exemplo, se refere à palavra três vezes, com três sentidos distintos. Quando João 3.16 fala que Deus amou o mundo, e 1 João 2.15 afirma que não podemos amar o mundo (cf. Tg 4.4), o mesmo autor está se referindo a sentidos diferentes da palavra. Nós estamos nos referindo à palavra "mundo" no sentido de sistema maligno contrário a Deus.

A pressão que o mundo exerce é sobre todos, sem fazer distinção entre os que querem e os que não querem seu estilo de vida. Infelizmente, como os judeus que antecederam o cativeiro, existem aqueles que se dizem parte do povo de Deus, mas que já se comprometeram com o mundo; estes facilmente cedem à pressão imposta pelo sistema maligno que nos cerca. Temos o desafio de

PARA VENCER O MUNDANISMO (DANIEL 3)

sermos contraculturais não só em relação ao mundo, mas em relação aos cristãos que já sucumbiram ao mundo.[7]

Vejamos alguns exemplos desse mundanismo mais aceitável. Um primeiro exemplo seria como trabalhamos para o final de semana, ao invés de nos recarregarmos no domingo para o campo missionário durante a semana.[8] O trabalho se tornou tão sem propósito que o final de semana virou uma espécie de libertador. Fazemos do final de semana um redentor de nosso suor e pesar do trabalho. Temos uma visão da semana muito derrotista. Por isso, a sexta-feira é celebrada: o final de semana vem aí! Não conseguimos agradecer pela segunda-feira com a mesma empolgação, porque não enxergamos nossa missão no trabalho com a mesma clareza que enxergamos nosso prazer no final de semana. Entendemos a nossa semana igual ao que o mundo a entende. Chamamos a segunda-feira como início da semana, quando na verdade ela é a segunda não a primeira feira, e consideramos o domingo como o final de semana, quando na verdade é o primeiro dia da semana. Você pergunta, "o que há de mundano nisso?" O problema é que você se esqueceu da grande mudança trazida pela ressurreição de Cristo. Agora, não trabalhamos seis dias para descansar no final. Começamos nossa semana com o dia mais triunfal de todos (o dia

---

7   Confrontando o espírito comum de igrejas em se adequarem a muitas coisas da sociedade atual para serem igrejas relevantes, Tullian Tchividjian escreve: "Ironicamente, quanto mais nós cristãos buscamos relevância mundana, mais nos tornamos irrelevantes para o mundo ao nosso redor. Existe uma irrelevância na busca por relevância, assim como existe uma relevância na prática da irrelevância. Para ser verdadeiramente relevante, você terá que dizer coisas que são definitivamente fora de moda e eternas, não tendências correntes. As coisas mais relevantes para a maioria das pessoas são as coisas eternas, e não devemos ousar esquecer esse fato em nossa procura por relevância". Mais adiante ele diz: "Os cristãos fazem diferença no mundo por serem diferentes deles, não por serem iguais". Não precisamos de uma imitação cristã de tudo que existe na cultura pop. Tchividjian, **Fora de Moda**, p. 29, 34.

8   Cf. o capítulo 7 de Horton, **O Cristão e a Cultura**, p. 135-158.

AMANDO A DEUS NO MUNDO

em que Cristo venceu a morte), para que espalhemos cheiro de vida no restante dos dias da semana. Nossa mentalidade deveria mudar. Somos alimentados com vida no início da semana para que semeemos vida no restante dela. Isso muda a maneira como eu encaro segunda a sábado, não muda?[9]

Como segundo exemplo, observe como buscamos relacionamentos baseados em afinidades antes do que em oportunidades de demonstrar graça. Observe como os nossos amigos são aqueles com quem temos afinidades. Isso é digno de nota pelo fato de Jesus ser conhecido por andar com aqueles com quem ele não tinha afinidades: publicanos e meretrizes. Não que seja pecaminoso termos amigos próximos que tenham muito em comum conosco. Cristo tinha o círculo mais próximo de discípulos. Mas, certamente, deveríamos gastar tempo com pessoas que precisam ouvir a mensagem de Cristo ou que precisam crescer na graça e no conhecimento de Jesus (2 Pe 3.18). Temos que planejar com quem iremos gastar tempo durante o ano, visando crescimento de uns e conhecimento salvador de outros. Nossos jantares precisam ser gastos com esse tipo de gente. Se nosso tempo e nossa casa recebe apenas as pessoas semelhantes a nós, somos egocêntricos focados apenas em nosso bem-estar.

Em terceiro lugar, veja como acreditamos nas coisas celestiais, mas nosso investimento de tempo e dinheiro prova que não pensamos nas coisas lá do alto (Cl 3.1-2). Nós até damos o dízimo e até vamos à igreja, mas é difícil pensar no fruto do nosso labor para outros antes do que para nós mesmos (Ef 4.28) e é difícil gastarmos do nosso precioso tempo para servir se eu posso terceirizar

---

9 Para uma discussão mais delongada sobre a visão reformada do trabalho, veja o capítulo 21 deste livro.

PARA VENCER O MUNDANISMO (DANIEL 3)

tal serviço pagando outros. Esse é mais um exemplo de pecado "aceitável", atitudes que até questionamos se de fato são errôneas. No entanto, associei cada uma das três atitudes àquilo que a Escritura chama de pecaminoso. O primeiro exemplo foi associado a uma expectativa idólatra de redenção no lazer, o segundo exemplo foi associado a um espírito interesseiro nos relacionamentos, e o terceiro a uma comodidade autocentrada. Por isso é que essas atitudes evidenciam uma mentalidade mundana.

Lutar contra o mundanismo não é uma guerra apenas contra práticas e ideologias que estão fora de nós. Diz respeito a vigiar todo tipo de raciocínio e estilo de vida que encontra guarida em meu interior (a "carne"; Gl 5.17). Eu posso ser mundano até fechado em um quarto, porque pecado procede da minha cobiça (Tg 1.14-15). O que o mundo externo faz é apenas alimentar a cobiça, atiçar desejos, prover combustível para as minhas paixões desordenadas. A pressão para nos conformar ao mundo não é só externa, mas é interna também. Por isso essa luta é tão difícil!

No entanto, ela é necessária. Pois fomos chamados a uma vida de exclusiva lealdade ao Senhor. Eu sei que experimentamos uma disputa de amores em nosso interior, mas é necessário sermos chamados à fidelidade. O mundo tolera ser amante, mas Deus não aceita que haja outro (1 Jo 2.15).

Tal fidelidade suscitará o castigo do mundo. Esteja preparado para isso. Nossa experiência pode não ser a de uma fornalha, mas temos pressões internas e externas. Somos ameaçados a perder privilégios, somos ridicularizados ou ignorados, além de sofrermos com nossos próprios medos e desejos de aceitação. Como escreve Stuart Olyott: "O mundo tem sua própria fornalha ardente à espera daqueles que não se conformam em adorar seus ídolos. É a

AMANDO A DEUS NO MUNDO

fornalha de ser desprezado, ridicularizado, escarnecido, repudiado e ignorado".[10] Portanto, há um custo que devemos pagar se não quisermos adotar padrões mundanos.

O CUSTO DA INTEGRIDADE

Os três jovens judeus são denunciados por nativos que já procuravam ocasião de acusá-los, talvez movidos por inveja. Imagine a cena: num campo (terra plana com boa visibilidade) repleto de oficiais e uma enorme estátua, são tocados os instrumentos, toda a multidão se curva, com exceção de três; ficaria bem fácil notá-los. Muitos judeus cederam à idolatria, mas para Sadraque, Mesaque e Abede-Nego, o primeiro mandamento era importante. Somente eles seriam diferentes, não-conformistas. Por isso, foram denunciados. É provável que os acusadores tenham sido pessoas que já conheciam a sua conduta constante ("a teus deuses não servem", v. 12) e invejavam sua posição; como eram nativos (v. 8), não se conformavam em serem liderados por judeus (v. 12). Agora eles finalmente conseguiram uma ocasião de expor essa infidelidade para com Nabucodonosor.

Antes do que deduzir que Daniel tenha se curvado, é mais razoável pensar que ele não estivesse no campo junto com outros governantes.[11] Não se sabe porque Daniel não está na cena. Alguns comentaristas sugerem que ele estivesse em viagem.[12] É até

---

10 Olyott, **Ouse Ser Firme**, p. 42.

11 Não podemos deduzir que Daniel se curvou diante da imagem de Nabucodonosor pelo fato do texto ter destacado que só os três amigos não se curvaram. O fato de Daniel ter exercido liderança espiritual e influente sobre os seus amigos, nos capítulos 1 e 2, e por sabermos que ele manterá sua integridade mesmo ao custo de sua própria vida, no capítulo 6, são fortes evidências contra a ideia de que ele teria sucumbido à pressão descrita no capítulo 3.

12 Edward Young prefere não especular onde estava Daniel. Young, **Daniel**, p. 86. Gleason Archer já delineia várias possíveis respostas e prefere concluir que Daniel não estava pessoalmente presente nesse evento, ainda que não se saiba exatamente por quê. Archer, "Daniel", p. 55-56.

PARA VENCER O MUNDANISMO (DANIEL 3)

possível que ele estivesse presente mas fosse isentado de ter que demonstrar a sua lealdade, por causa de sua elevada posição (Dn 2.48-49). Isto é, ele era político de alto escalão. Já Sadraque, Mesaque e Abede-Nego adquiriram posições políticas inferiores por influência de Daniel, por causa da influência política que este agora exercia. Por isso, os três jovens tinham que jurar lealdade.

E eles são testados uma segunda vez. A pergunta de Nabucodonosor (v. 14) não era simplesmente uma confirmação, mas uma oportunidade dos três se retratarem (v. 15), juntamente com um desprezo pela fé deles ("quem é o deus que vos poderá livrar das minhas mãos?" v. 15c).[13] O mundo sempre propõe uma vez mais que você se conforme a ele. Mas, Sadraque, Mesaque e Abede-Nego bravamente mantiveram sua posição diante do temível Nabucodonosor (v. 16). Sua resposta não foi arrogante; eles simplesmente estavam dizendo que não tinham nada a dizer ao rei. Haviam chegado ao limite de sua lealdade ao monarca (cf. Mt 22.21). John MacArthur afirma que eles poderiam ter dito: "Nós vamos nos curvar com os demais, mas vamos orar ao Deus verdadeiro", como se estivessem sendo piedosos no coração.[14] Contudo, o testemunho só acontece quando nossa piedade adentra a esfera pública (Tg 2.18). Eles não cederam diante da ameaça e do poder.

A ousadia fica mais impressionante quando somos lembrados que eles não sabiam o final da história. Eles tinham certeza que Deus poderia livrá-los (v. 17), mas não sabiam se Deus havia resolvido livrá-los (cf. Mc 1.40). Afinal, Deus nem sempre livrou seus fiéis da morte (Hb 11). Às vezes Deus não livra o seu povo do fogo, como foi no caso de Policarpo de Esmirna. Policarpo foi um bispo

---

13 Nabucodonosor se esquecera daquele Deus que revela mistérios (cap. 2), o qual o impressionara.

14 MacArthur, **An Uncompromising Life**, p. 89.

de Esmirna, respeitadíssimo em seus dias por sua piedade, que foi martirizado no ano 155. Conta um relato ocular que quando lhe foi exigido abandonar a sua fé, ele respondeu: "Eu o tenho servido por 86 anos e ele nunca me fez mal algum. Como blasfemaria contra meu Rei que me salvou?" Quando ameaçado pelo procurador, com fogo, ele respondeu que aquele fogo logo se extinguiria, mas que os homens deveriam temer o fogo inextinguível do juízo divino. Policarpo foi queimado e acabou servindo de exemplo sobre o custo da integridade para a igreja do segundo século.

Sadraque, Mesaque e Abede-Nego provavelmente tinham esperança de livramento, mas o que fica marcado no texto é a sua resolução de não se prostrar, mesmo que isso lhes custasse a vida (v. 18; cf. Jó 13.15). Como o restante da Escritura nos ensina, fidelidade a Deus pode custar a nossa própria vida. Para matar o mundanismo você precisa estar disposto a morrer (Mc 8.35; Gl 2.19-20). Às vezes crentes sofrem perseguição por sua piedade (2 Tm 3.12) e acabam morrendo literalmente. No entanto, ainda que não haja morte física, todo cristão sempre tem de morrer para si a fim de viver para Cristo. E essa luta é constante. Lutar contra o mundanismo é uma atitude incessante que requer perseverança. Só aguentamos a guerra constante contra o pecado quando olhamos firmemente para o Autor e Consumador da nossa fé (Hb 12.2). Como numa passada constante de um maratonista lutando contra as dores do seu corpo, mundanismo só é morto com luta perseverante.

Além de lutar sempre, matar o mundanismo pode envolver privar-se do que é bom para matar o que é mau. Jesus falou de arrancar o olho e a mão, se esses nos fazem pecar (Mt 5.29-30). Matar o mundanismo muitas vezes é como tratar o câncer: você também tem que matar as células boas. Isto é, você precisa deixar

PARA VENCER O MUNDANISMO (DANIEL 3)

certas práticas que em si mesmas não são erradas, para livrar-se de pecados relacionados a essas práticas. Se privar-se do que é bom é necessário para matar o mau, então o fiel o faz.

Fé precisa ser acompanhada de fidelidade. Fé não é saber os resultados de antemão – Sadraque, Mesaque e Abede-Nego não sabiam. Fé é na bondade de Deus, mesmo quando não sabemos o que irá nos acontecer. Fé é como continuar a dirigir em meio à neblina. Você dirige porque acredita que tem pista adiante, ainda que você não a veja. Nosso dever é praticar aquilo que é correto; as consequências pertencem a Deus. Nossa vida de fé precisa ser uma confiança no que Deus pode fazer, mesmo sem saber o que Deus irá fazer. Por isso, fé é sinônimo de ser fiel a ele.

O mundo se opõe ferozmente à "deslealdade" (v. 19-23). A ira de Nabucodonosor foi tamanha (v. 19), que ele pediu que a fornalha fosse aquecida sete vezes mais (sinônimo de aquecer ao máximo, intensidade perfeita) e que homens fortes fossem prender os três jovens judeus (v. 20) para que nada desse errado. Do jeito que estavam (v. 21), foram atados e lançados na fornalha (v. 23). A prova de que a fornalha estava "sobremaneira acesa" é que os guardas que lançaram os judeus acabaram morrendo em sua tarefa (v. 22). A fornalha era um grande caldeirão com uma abertura do lado apenas para colocar a lenha que aqueceria mais o fogo — era por essa abertura que Nabucodonosor assistia a queima dos insubmissos; mas eles eram lançados à fornalha pela abertura de cima. Não havia como escapar.

Se o mundo não puder persuadir, castigará. Quando os santos se recusam a pecar, não há limites à fúria dos ímpios. Aqueles que dizem estar preparados para entrar na fornalha, por amor ao Senhor, devem ser alertados de que a fornalha pode ser consideravelmente mais quente do que podem imaginar. Essa é a provação para o crente.

PRESENÇA RESTAURADORA

Se até aqui, a fé de Sadraque, Mesaque e Abede-Nego parece estar no centro da história, talvez você pergunte: "À luz do que vimos em Daniel 2, sobre Deus sempre ser o personagem principal da história bíblica, não estaria errado focarmos a fé exercida por Sadraque, Mesaque e Abede-Nego?" Preciso responder a essa pergunta dizendo "sim" e "não". Sim, se a nossa ênfase estiver na fé subjetiva (o ato de crer) daqueles três jovens. Não, se o nosso foco for sua fé objetiva (o conteúdo de sua fé). Isto é, o narrador bíblico não está interessado em destacar quanto os três creem, mas o Deus em que creem. O testemunho dos três revela isso (v. 17) e a resposta de Deus confirma tal ênfase. O próprio autor aos Hebreus olha para a história de Sadraque, Mesaque e Abede-Nego e afirma que pela fé eles "extinguiram a violência do fogo" (Hb 11.34). Quando o foco de nossa fé não é o ato de crer, mas o Autor e Consumador da fé (Hb 12.2), então Deus é quem é honrado numa história de fé.

Daniel 3 conta a história do livramento com detalhes reveladores sobre o nosso Deus. A primeira coisa que revela é a genuinidade e a grandiosidade do seu poder em face da realidade e intensidade do fogo. O fogo que matara os guardas (v. 22), ainda estava poderosamente consumidor quando os três judeus caíram na fornalha. Tanto é que estavam soltos e andando porque o fogo queimara as suas amarras (v. 25). A realidade e a intensidade do fogo ressaltam a dimensão do milagre em favor de quem não só não sofreu danos em seus corpos e roupas, nos quais nem sequer ficaram com cheiro de queimado (v. 27).

O segundo aspecto revelador do registro do texto é que Deus faz questão que sua glória seja vista por homens (Jo 1.14), até por descrentes. O texto diz que os governantes idólatras que haviam se curvado à imagem de Nabucodonosor, os quais não temiam o Senhor, viram e testemunharam o poder do Deus Altíssimo (v. 27). Deus não deixa que o seu poder seja manifesto sem que haja testemunho. Se Jesus orava para que outros entendessem a glória do Pai (Jo 11.41-42) e afirmou que até as pedras clamariam (Lc 19.39-40), se até Pilatos em sua displicência e ironia cooperou para que Cristo fosse visto como sendo sem pecado (Jo 18.38; 19.4, 6) e rei dos judeus (Jo 19.19-22), é porque Deus nunca fica sem testemunho.

Mas o terceiro aspecto que o registro bíblico nos revela sobre Deus é o mais belo desse texto: a presença preservadora e restauradora de Deus para com o seu povo. A história fala de um quarto homem, como "um filho dos deuses" (v. 25), como expressão da fidelidade de Deus para com os seus seguidores. A linguagem religiosa de Nabucodonosor, "um filho dos deuses" (v. 25) e "anjo" (v. 28), quis enfatizar o aspecto divino e sobrenatural do quarto homem na fornalha.[15] Embora não possamos dogmatizar, tudo indica que aquele quarto homem era o Verbo ainda não encarnado; uma das manifestações de Cristo, o qual foi tantas vezes descrito no VT como o Anjo do Senhor.[16] Um argumento em favor dessa conclusão é o cumprimento de Isaías 43.1-2, no qual o Senhor promete a Judá: "Quando passares pelas águas, eu serei contigo; quando, pelos rios, eles não te submergirão; quando passares pelo fogo, não te queimarás, nem a chama arderá em ti". Isso significa que Deus

---

15 Curiosamente, Nabucodonosor chama para fora seus três súditos, mas não aquele que tinha aparência divina. Parece estar implícito um temor daquele que era "filho dos deuses".

16 Edward Young explica que textualmente não é possível definir se o texto se refere a um anjo (interpretação preferida de expositores judeus) ou a uma aparição pré-encarnada da segunda pessoa da Trindade (interpretação preferida da patrística). Young se inclina para a segunda interpretação e seguido de Iain Duguid e Stuart Olyott, este último manifestando uma certeza que não aparece nos dois comentaristas anteriores. Young, **Daniel**, p. 94; Duguid, **Daniel**, p. 63; Olyott, **Ouse Ser Firme**, p. 48. Sidney Greidanus já prefere entender que o texto se refere a um anjo como um tipo de Cristo. Greidanus, **Pregando Cristo a Partir de Daniel**, p. 108-109.

AMANDO A DEUS NO MUNDO

honrou a postura dos jovens com a sua presença. O Filho de Deus se fez presente no meio do fogo para lhes preservar e proteger.

A presença de Deus é sempre a parte mais gloriosa de qualquer história. É o que nos possibilita vencer o mundo, afinal Cristo já o venceu (Jo 16.33). Temos um conceito bastante errado de santificação se achamos que Cristo está do lado de fora da corrida torcendo para que nós cheguemos à linha de chegada, como se ele fosse apenas um treinador ou um *personal trainer*, e nós é que tivéssemos de fazer o trabalho duro. Na verdade, Cristo é quem vive perfeitamente para que nós sejamos habilitados a lutar contra o pecado e vencer. Santificação precisa ser alimentada pelas vitórias de Cristo para que nossa luta não seja um fardo maior do que já é.

Em nossa caminhada neste mundo ele promete estar conosco sempre (Hb 13.5b), e isso deve nos confortar, assim como a presença dos pais conforta os pequeninos em meio aos seus temores. Há duas tarefas desafiadoras da vida cristã para as quais Jesus Cristo nos encoraja com a sua presença. A primeira é o evangelismo e consequente discipulado (Mt 28.18-20). O desafio está em apresentar um evangelho escandaloso para quem não ama o Senhor, e depois andar com um crente durante muito tempo para lhe ensinar todo o conselho de Deus. Não há nada mais confortante em saber que Deus está conosco, avançando o seu reino e santificando o seu povo. A segunda tarefa desafiadora para a qual ele nos encoraja com a sua presença é a disciplina eclesiástica (Mt 18.15-20). Confrontar o pecado é uma das coisas mais difíceis da vida cristã e, ainda assim, Cristo nos encoraja a fazê-lo prometendo estar com todo aquele que exorta corretamente em nome de Cristo.

Nós não temos que temer nenhuma das duas tarefas, porque ele está conosco. Mas isso não significa que o evangelismo/

PARA VENCER O MUNDANISMO (DANIEL 3)

discipulado e a disciplina produzirão sempre resultado positivo (vidas convertidas), porque Cristo está conosco. Mesmo assim, sua presença continua sendo restauradora. Como assim? Ainda que nós não tenhamos uma boa reação das pessoas a quem evangelizamos ou confrontamos, vale a pena fazê-lo porque amar a Deus é mais importante do que a vida: "O teu amor é melhor do que a vida" (Sl 63.3; NVI). Isto é, amar a Deus no mundo vale mais do que ser amado pelas pessoas. Mesmo que as pessoas não nos queiram bem, amar a Deus é a coisa mais preciosa que há.

Ainda assim, por sua graça Deus preserva um remanescente fiel, até em perseguições. Nos séculos 2 e 3, nos quais o cristianismo foi severamente perseguido, ficou comprovada a frase de Tertuliano: "O sangue de mártires é semente do cristianismo". Todavia, lembremo-nos de que a maneira de Deus nos preservar não é tirando toda a tribulação de nosso caminho. Pelo contrário, ele traz as aflições e nos livra delas (Sl 34.17, 19). Como em Daniel 3, Deus opera livramento *no* fogo e não *do* fogo.

No entanto, para que você fosse livrado do fogo e para que você tivesse a presença divina ao seu lado, Cristo teve que perdê-los. Cristo sofreu o abandono do Pai (Mt 27.46) para que eu sempre gozasse de sua presença. Ele experimentou o fogo da ira divina e precisou vencer a morte para que a morte não fosse temida por nós. Sadraque, Mesaque e Abede-Nego preferiram "entregar o seu corpo, a servirem e adorarem a qualquer outro deus" (Dn 3.28), mas não tiveram seu corpo castigado pelo fogo. Cristo, em contrapartida, foi o corpo danificado por obediência ao seu Pai.

O DESFECHO

Nabucodonosor fica espantado com o Deus de Sadraque, Mesaque e Abede-Nego. Isso não é conversão, mas expressa como os

AMANDO A DEUS NO MUNDO

homens podem apreciar os cuidados de Deus. O encanto dos ímpios com Deus resulta em atos de generosidade para com o seu povo (v. 28-30): ele declara respeito ao Deus verdadeiro e premia os três judeus que foram fiéis a esse Deus. Na teologia reformada, esses atos de bondade de descrentes para com cristãos são chamados de graça comum. Deus frequentemente usa ímpios para abençoar o seu povo. Quando saíram do Egito, os hebreus foram auxiliados pelos egípcios com presentes (Êx 3.21-22; 12.35-36) em quantidade tão significativa, que quando os hebreus doaram de tais presentes para fazer o tabernáculo, Moisés teve que pedir que parassem de doar (Êx 35.20-29; 36.3-7). Mesmo quando não se submetem ao caminho de Cristo, os ímpios, por causa da graça comum, são capazes de admirar um povo que zela por integridade. A reação da comunidade à disciplina de Ananias e Safira (At 5.1-11) revela isso: "O povo lhes tributava grande admiração". (v. 13).

Deus faz não só com que o seu nome seja glorificado, mas ele cuida de cada uma de nossas necessidades enquanto estamos no mundo. Deus sempre está presente pronto a nos preservar e restaurar. Deus é até capaz de usar ímpios para abençoar o seu povo. Portanto, não tema lutar contra o mundanismo, "porque todo o que é nascido de Deus vence o mundo; e esta é a vitória que vence o mundo: a nossa fé. Quem é o que vence o mundo, senão aquele que crê ser Jesus o Filho de Deus?" (1 Jo 5.4-5). Observe como a fé que vence o mundo não é o ato de crer, mas aquele em quem se crê. Cremos que maior é o Deus que em nós habita do que qualquer inimigo que habita o mundo (1 Jo 4.4). Por isso, caminhamos neste mundo mau seguros de que o nosso grande Deus está conosco.

CAPÍTULO 11

PILARES DA COSMOVISÃO REFORMADA: QUEDA

No capítulo 10 exploramos alguns temas que retratam o mundo pecaminoso ao nosso redor. A idolatria de quem propõe múltiplas lealdades é uma forma sorrateira de nos fazer adorar outros deuses além do Senhor. O mundanismo nos propõe padrões de vida e nos pressiona a sermos conformados a tais condutas. No entanto, ao preservar os seus fiéis tornando Nabucodonosor favorável a eles, Deus está demonstrando sua operação generosa sobre descrentes, chamada de graça comum. Esses temas do capítulo 10 (idolatria, mundanismo, graça comum) serão revisitados aqui para um aprofundamento numa doutrina que é distintamente apresentada pela teologia reformada: a doutrina do pecado.

A tradição reformada fala muito de pecado. Ela entende que pecado não se refere apenas a nossos atos, palavras e pensamentos, pois a Bíblia não trata de pecado apenas no plural, mas, principalmente, no singular, como sinônimo de inclinação pecaminosa (doutrina do pecado original). Pecado não é apenas o que fazemos,

AMANDO A DEUS NO MUNDO

mas o que nos leva a fazer o que fazemos. A teologia reformada enxerga o pecado permeando muitos de nossos bons atos, nossas boas obras (Is 64.6). Ela entende que o pecado afetou não só o nosso ser, mas todo o nosso habitat, física e moralmente. Gênesis 3 é um capítulo fundamental para o restante da história bíblica porque explica a origem de todos os males (doenças, catástrofes, opressões, etc.) e porque toda a redenção implica em reverter os efeitos amaldiçoadores decorrentes do primeiro pecado. Não dá para falar de redenção em Cristo sem uma boa pressuposição do significado do evento histórico que chamamos de Queda. Portanto, a tradição reformada precisa falar muito de pecado.

Todavia, isso não significa que a teologia reformada denigre o ser humano falando somente do que ele tem de ruim. Ela não fala de pecado porque tem uma visão apenas negativa do ser humano. É exatamente o contrário. R. C. Sproul explica:

> A teologia reformada muitas vezes tem sido qualificada como tendo uma visão baixa da humanidade em razão de sua insistência no caráter "caído" e na corrupção radical da humanidade. Tenho argumentado que a teologia reformada tem a visão mais alta possível da humanidade. É por termos uma visão tão alta de Deus que nos importamos tanto com aquele criado à sua imagem. A teologia reformada leva o pecado à série porque leva Deus a sério e porque leva as pessoas a sério. O pecado ofende a Deus e viola os seres humanos.[1]

Sproul está nos alertando para a visão majestosa da santidade de Deus que faz com que o pecado não seja tratado de forma leve,

---

1 R. C. Sproul, **O que é teologia reformada** (São Paulo: Cultura Cristã, 2009), p. 20.

PILARES DA COSMOVISÃO REFORMADA: QUEDA

e também ressalta o privilégio inestimável de sermos imagem e se-melhança de Deus que faz com que a relação horizontal do pecado (contra o próximo) também seja abordado com preocupação.

Falar sobre o pecado, portanto, é necessário se quisermos com-preender o que significa amar a Deus e amar o próximo. Precisamos ter nossa cosmovisão moldada pela realidade de que vivemos num mundo caído com efeitos tanto dentro quanto fora de nós. Vamos explorar o que significa apropriar-se da realidade da Queda para os nossos relacionamentos com Deus, com o próximo e com a natu-reza. Trataremos primeiro do impacto do pecado (profundidade e abrangência), depois discutiremos peculiaridades da natureza do pecado (pessoal e parasita) e, por último, abrangeremos algumas concepções equivocadas sobre o pecado (mundano e secular).

PROFUNDIDADE E ABRANGÊNCIA

Como nossa cosmovisão não é dualista, não só compreendemos a bondade de toda a criação (estrutura) como também reconhecemos quão abrangente é o mau uso da mesma (direção). A Queda não diz respeito apenas a uma parte de nossas vidas, afinal, tudo o que faze-mos está em relação de obediência ou não à ordem criacional. "Na cosmovisão bíblica, toda a vida, em todas as suas dimensões, é cons-tituída como religião. Desde nossas escolhas econômicas até nossa recreação, de nossa vida de oração à forma como damos banho em nossos bebês, em toda atividade cultural e ação vivemos somente em resposta à lei cósmica da criação de Deus."[2]

Essa abrangência do pecado remonta à doutrina reformada da depravação total. O sentido do adjetivo "total" não é na pleni-tude das capacidades, mas na abrangência de seu impacto. Isto é,

---

2 Walsh e Middleton, **A Visão Transformadora**, p. 61.

não somos tão maldosos quanto nos é possível, não praticamos todo o mal que somos capazes de fazer (nossos pensamentos, emoções e desejos pecaminosos revelam uma maldade interna que temos vergonha sequer de revelar, quanto mais de praticar). Todavia, somos manchados pelo pecado em todas as áreas da vida. Não há nada que realizamos que seja integralmente puro, nem mesmo nossas orações (Rm 8.26) e nossos atos de bondade (Lc 11.13). Não somos um pedaço de pano com um pequeno rasgo, dando a impressão de que com uma simples costura podemos ser consertados, mas um tecido apodrecido que já não serve mais para propósito algum (Jr 13.1-11).

Pecado está entremeado a inúmeras coisas originalmente boas. O esporte é fonte de saúde para quem o pratica com moderação e fonte de lazer para quem o assiste. Porém, no mundo dos esportes, há ganância de quem o promove, lesões para o atleta que busca o alto desempenho, e paixão idólatra de quem torce. No entanto, o esporte não pode ser taxado de mau, ainda que tenhamos que confrontar o mau uso do mesmo. Mas talvez você considere certas coisas no esporte como eminentemente negativas. Por exemplo, a competitividade no mundo das artes marciais mistas (MMA) é um dos exemplos que mais divide cristãos. Afinal, os críticos enxergam violência fortuita, desvalorização do ser humano, uma masculinização das mulheres no mundo da luta, etc. Todos esses fatores são, de fato, maus, pois são a distorção das habilidades humanas (força, agilidade, destreza, resistência, estratégia), do treinamento como preparação adequada para uma tarefa, da competitividade como meio de desenvolvimento do outro, todos aspectos positivos em si mesmos. A mistura desses elementos positivos com os negativos está presente em toda prática humana.

PILARES DA COSMOVISÃO REFORMADA: QUEDA

Observe outros exemplos de como o pecado está entremeado com coisas boas, como virtudes pessoais. A mulher que é determinada a resolver suas tarefas do dia a dia (ela é organizada), mas que demonstra impaciência com quem não acompanha o seu ritmo; ela resolve coisas rapidamente porque é organizada (virtude) ou porque é impaciente (pecado)? A resposta não precisa ser uma ou outra; pode envolver ambas as características. O líder eclesiástico que costuma ter bom discernimento sobre o engano no coração de suas ovelhas, mas que por isso tem o costume de ser muito rápido em fazer juízo das pessoas, ele pode fazer uma avaliação negativa de um cristão cambaleante que é ao mesmo tempo verdadeira e descaridosa. Em contrapartida, outra pessoa pode ser paciente com cristãos fracos na fé, mas não tem facilidade de confrontar quando necessário. Por isso, essa pessoa pode ser vista como amável por uns e "frouxa" por outros. Esses exemplos ilustram como, frequentemente, nossas grandes virtudes vêm entremeadas de nossos grandes defeitos.

Quando não temos essa percepção, podemos julgar atitudes pecaminosas como sendo admiráveis. No ano de 2017, a empresa japonesa Akagi lançou uma propaganda institucional com vários diretores e funcionários da empresa pedindo desculpas porque depois de 25 anos, eles haviam elevado o preço do sorvete alguns poucos centavos.[3] Essa propaganda impressionou brasileiros[4] acostumados a aumentos recorrentes que diminuem o poder aquisitivo do consumidor comum, sem qualquer manifestação pública de preocupação. O problema é que os elogios a tal atitude não levam em consideração a cultura de vergonha tão presente no Japão. Um país onde os

3 Veja https://www.youtube.com/watch?v=843POZ72x6Ehttps://www.youtube.com/watch?v=843POZ72x6E Acessado em 19 de maio de 2018.

4 Veja https://www.youtube.com/watch?v=843POZ72x6Ehttps://www.youtube.com/watch?v=843POZ72x6E Acessado em 19 de maio de 2018.

heróis do passado (samurais) preferiam morrer pela sua própria espada do que pelo inimigo, onde a comida preza muito a aparência e a apresentação, e os costumes tradicionais de trato pessoal são preocupadíssimos em não ofender o outro, todos eles revelam virtudes entremeadas com vergonha. A propaganda do aumento do sorvete pode conter preocupação com o consumidor, mas ela não é apenas admirável. Ela também contém um temor de homens muito comum a todos nós e especialmente marcante na cultura japonesa. Pecado é assim: ele desfigura até nossas atitudes aparentemente altruístas.

Nada escapa aos efeitos da Queda porque pecado é algo profundo em nossa humanidade. Somos manchados na raiz, na fonte de nossa personalidade. O pecado está enraizado no coração (Jr 17.9; Mt 15.19; Lc 6.45). Consequentemente, pecado envolve nossos pensamentos, emoções, desejos e atitudes. Pois o que procede de fonte impura é impuro. Enquanto evangélicos em geral exploram o conceito de pecado em nossas ações, palavras e pensamentos, a teologia reformada explora a pecaminosidade inclusive das intenções, motivações.[5] Esse é um ponto forte da tradição reformada: não focar apenas nos atos pecaminosos, mas abordar o que os precede. Por isso é que reformados do passado nunca se avaliavam como se ficassem muito tempo sem pecar. Afinal, pecado não é só um tropeço, mas um desvirtuamento radical.

A radicalidade do pecado impede que apreciemos a alegada "beleza interior" à parte da redenção em Cristo. Existe uma tendência moderna de fazer uma espécie de "viagem ao fundo do ser": músicas e filmes pregam a ideia de encontrar o herói dentro de si; a

---

5 Temos dificuldades de reconhecer nossos pecados (Sl 19.12; Sl 90.8; Mt 7.3), porque nós que os julgamos também somos pecadores. Daí a necessidade do juízo do próximo e, mais essencialmente, do ensino da Palavra que funciona como espelho (Tg 1.21-25).

PILARES DA COSMOVISÃO REFORMADA: QUEDA

saúde e o lazer oferecem meditações, terapias e spas para ajudá-lo a ter paz interior, a se encontrar; a filosofia e a religião especulam sobre uma moralidade subjetiva ou propõe que somos portadores de uma centelha divina. O cristão tem que andar na contramão dessas tendências. Ele já fez a viagem interior e ficou horrorizado. Ele é pobre de espírito e chora (Mt 5.3-4) porque reconhece sua real condição interior.

Porque todo homem é mau, tudo que está ligado a ele se contamina. A Escritura aponta para a desobediência de Adão tendo efeitos cósmicos (Gn 3.17-19; Rm 8.20-22). Não só a humanidade, mas as estruturas da sociedade (estado, família, sexualidade, arte, tecnologia, etc.) foram corrompidas pelo pecado. O reformado tem uma explicação do porquê o mundo está indo de mal a pior. Opressão, pobreza, divórcios, guerras têm explicação. Mas esses são exemplos apenas do mal moral. Não podemos nos esquecer também do mal físico, responsável por desastres e catástrofes. Originalmente, o mal físico teve o pecado como causa, ainda que agora não possamos atribuir desastres naturais a pecados pessoais. Os desajustes da natureza servem de lembretes de como o ser humano quebrou a comunhão com o seu Criador. E quando a criação tem sua comunhão com o Criador quebrada, a consequência nefasta é o caos e a morte.

Isso não significa que a natureza é uma "coitada" que sofre nas mãos do ser humano e que a solução seja diminuir a população mundial ou preservar ambientes naturais intocados pelo homem. A Bíblia pinta uma imagem da natureza como muito mais feroz, antes do que indefesa. A natureza está em inimizade com o seu regente, o ser humano. Ela se indispôs com ele, não só por causa de seus pecados atuais (ex: erosão ou deslizamento de terra em decorrência do nosso mau uso do solo), mas por causa do primeiro pecado

(Gn 3.17-19). A maldição imposta sobre a natureza colocou nela indisposição para conosco. Portanto, ela não é nossa amiga, se formos amigos da natureza. Ela dificulta o bom exercício do mandato cultural. A natureza não é tão frutífera ou produtiva como era. É mais difícil tirar o sustento dela.

Não estou falando da crise ambiental gerada por comportamentos humanos desregrados (poluição, desmatamento, etc.).[6] Esse tipo de postura é observado pelo mundo e conduz a uma solução humanista. Se a natureza está desordenada pelo nosso pecado individual, então nós podemos consertá-la; depende de nós. O que a revelação especial (a Bíblia) nos apresenta, porém, é que a natureza expressa animosidade para conosco (Gn 9.2, 15) e o solo é improdutivo (Gn 3.18). A natureza, portanto, está em inimizade para com o ser humano e não podemos reconciliá-la conosco porque perdemos o domínio sobre ela.

Todo o desenvolvimento do homem caído em resposta ao mandato cultural é falido, promove discórdia entre os homens e/ou ofensa a Deus. O desenvolvimento da descendência de Caim (Gn 4.19-22) não é prova de que os ímpios se desenvolveram e a descendência de Sete não. Afinal, o capítulo 6 de Gênesis demonstra uma habilidade de engenharia naval por parte de Noé e seus filhos que era impressionante. Todavia, a descendência de Caim desenvolveu cidades como sinônimo de autonomia (em contraposição à cidade construída por Cristo).[7] Houve disfunção até no desenvolvimento

---

6 Esses exemplos comuns são trazidos por Goheen e Bartholomew, **Introdução à Cosmovisão Cristã**, p. 86.

7 "Toda a lamentável desordem culmina na torre de Babel, onde podemos ver como o pecado deturpou a comunicação, a arquitetura, a urbanização e a religião. O propósito de Gênesis 3-11 é em parte mostrar como o mundo se tornou tão rapidamente sombrio como resultado do pecado de Adão e Eva." Goheen e Bartholomew, **Introdução à Cosmovisão Cristã**, p. 81.

PILARES DA COSMOVISÃO REFORMADA: QUEDA

dos fiéis. A história da monarquia é um exemplo de decadência após Davi e Salomão, uma disfunção que será resolvida pelo descendente real que é Cristo (1 Co 15.24-28; Cl 1.20; Hb 2.5-9).[8]

Se o pecado do homem afetou até a natureza, é óbvio que ele contaminou a sociedade em geral. Entendemos que a sociedade é má porque, primeiramente, todo homem é mau e não vice-versa. Nós não nutrimos uma visão utópica da sociedade nesta vida, como fazem os marxistas. Não podemos nutrir "uma visão utópica assegurando que os humanos são intrinsecamente bons e que sob a condição social correta sua boa natureza emergirá".[9] Essa é uma perspectiva humanista que o Iluminismo propagou à medida que se orgulhava de tirar o Ocidente da Era da Escuridão, em que reinava o pecado e a culpa. E como explicavam a desordem e o sofrimento? "Os pensadores do iluminismo concluíram que devem ser produto do ambiente: ignorância, pobreza ou outras condições sociais indesejáveis; tudo de que necessitam para gerar uma sociedade ideal é criar um ambiente melhor: melhorar a educação, aumentar as condições econômicas e refazer as estruturas sociais."[10] Colson e Pearcey demonstram como a filosofia de Jean-Jacques Rousseau promoveu o entendimento de que o rompimento com as instituições tradicionais da sociedade (família, igreja, classes sociais) operada pelo Estado – este com a função de libertador – traria uma sociedade mais igualitária.[11] Essa mesma expectativa de redenção operada por revoluções sociais, calcada no conceito cego de que o ser humano tem boas intenções, está presente na filosofia de Karl Marx.

---

8 Exploraremos essa restauração de Cristo um pouco mais no capítulo 14 deste livro.

9 Colson e Pearcey, **E agora como viveremos?**, p. 186.

10 Colson e Pearcey, **E agora como viveremos?**, p. 187.

11 Colson e Pearcey, **E agora como viveremos?**, p. 208-211.

AMANDO A DEUS NO MUNDO

Toda utopia está fadada ao totalitarismo. Veja os exemplos mundiais do Terceiro Reich e do Comunismo Soviético, e até exemplos como a comunidade ideal da Califórnia em meados do século 20, conhecida como Synanon.[12] Essas utopias prometem liberar o indivíduo da opressão econômica ou criminalidade e sugerem que com o poder nas mãos podem extirpar tais males. Com o poder nas mãos, o sonho da utopia dá vazão ao despotismo (Lenin, Pol Pot).[13] Mas não são somente os casos extremos que evidenciam nossa inclinação para o sonho utópico (uma confiança pecaminosa no potencial humano iconizada pela Torre de Babel). Mesmo em países democráticos, nutrimos a utopia de que a tecnologia irá facilitar a nossa vida, livrando-nos de preocupações; que a medicina irá nos proporcionar menos perigos para a saúde e ausência de dor, mesmo quando a experiência demonstra que stress e superbactérias continuam nos assolando. Planejamento familiar, reforma política, restruturação educacional têm sido algumas das propostas que fascinam não só pela engenhosidade de suas ideias, mas pela expectativa utópica nutrida nos que as recebem. Os cristãos, em contrapartida, precisam sempre pensar política e socialmente com a Queda em vista.[14]

---

12   Veja Colson e Pearcey, **E agora como viveremos?**, p. 189-204.

13   Colson e Pearcey afirmam que "a filosofia de Rousseau de liberdade radical e sem limites gerou os mais opressivos regimes do mundo moderno, inspirando revolucionários como Robespierre, Marx, Lenin, Hitler e Mao. Até Pol Pot e seu quadro de oficiais terroristas educados em Paris eram conhecidos por terem estudado Rousseau, enquanto os capangas dizimavam um quarto da população cambojana". Colson e Pearcey, **E agora como viveremos?**, p. 209.

14   "Sabemos que o pecado é real, que tem distorcido a natureza humana profundamente, e que nenhum dos nossos esforços pode criar o céu aqui na terra. O céu é uma esperança escatológica que será cumprida somente com a intervenção divina no fim da história." Colson e Pearcey, **E agora como viveremos?**, p. 40. Embora a linguagem de céu não seja tão precisa quanto a linguagem bíblica de "novos céus e nova terra", ainda assim os autores estão corretos em compreender que não devemos nutrir o sonho de construir uma sociedade perfeita nesta vida, considerando que os efeitos do pecado continuam presentes e não serão eliminados pela igreja de Cristo.

PESSOAL E PARASITA

Se a sociedade é má porque o homem é mau, então não devemos dissociar o mal social do mal pessoal. Isto é, os sistemas estão corrompidos, não porque são impessoalmente maus, mas porque são regidos por pessoas más. Males sociais também são pecados, e pecado sempre é pessoal (cometido por alguém contra alguém); pode até ser coletivo, mas sempre é pessoal. Por isso, nosso engajamento com estruturas sociais precisa ser cônscio dessa realidade pecaminosa dos seres humanos que a compõem.

A pessoalidade do pecado pode parecer uma verdade óbvia, mas é uma lição que precisa ser enfatizada até entre cristãos. Goheen e Bartholomew são representativos de um grande número de evangélicos que procuram se afastar de um cristianismo "pietista" ao endossarem que o mal não está somente no coração humano, mas também em estruturas sociais.[15] Entendo que o grupo que enfatiza o mal nas estruturas queira mostrar a complexidade do pecado, sua abrangência comunitária e endêmica – o que é verdadeiro –, mas tais estruturas não são portadoras do mal à parte do coração humano.

O problema em falar de mal estrutural é que essa ideia contribui para a despersonalização da culpa. Quando um brasileiro cansado da corrupção afirma que "o problema é o sistema", ele está errado. O mal é moral, não se pode despersonalizá-lo! Do contrário, tiramos a responsabilidade moral dos infratores (culpa) e nos esquecemos de prestigiar cumpridores da lei (honra). Jesus Cristo punirá todo mal, mas não há registro qualquer na Escritura de que

---

15 Goheen e Bartholomew, **Introdução à Cosmovisão Cristã**, p. 193. Eles entendem que "pecado não é somente pessoal; ele também se manifesta comunitariamente". Essa é a sua forma de introduzir o conceito de que o homem pecador produz estruturas pecaminosas (p. 85-86).

ele punirá estruturas. Pessoas são punidas, não estruturas, porque o pecado é pessoal.

A Escritura acrescenta outra dimensão ao aspecto pessoal do pecado quando nos ensina a enxergar que nossa luta é contra seres demoníacos por trás de líderes deste mundo (Ef 6.12). Contra uma cosmovisão naturalista, que tende a imanentizar muitos dos males sociais, a Escritura nos ensina a olhar para o conflito de cosmovisões como uma batalha espiritual. David Naugle perspicazmente afirma que uma das principais estratégias do pai da mentira (Jo 8.44) é

> esconder a verdadeira natureza das coisas através da proliferação de falsidades cósmicas múltiplas a fim de assegurar a cegueira do coração humano e sua perdição espiritual última (2 Co 4.3-4)... Qual melhor forma de Satanás desviar a luz da verdade do que corrompendo-a e substituindo-a com falsas visões da realidade que dominam o cenário cultural? O controle do zeitgeist, ou o clima espiritual e intelectual da era, é um meio muito eficaz de controlar o que adentra os corações dos homens e mulheres, moldando seus interesses e governando suas vidas.[16]

O que Naugle está dizendo é que se Satanás controla o cenário cultural, então as tentações específicas se tornam muito mais eficazes. Pessoas cedem às tentações humanas muito mais facilmente quando já sucumbiram aos valores e parâmetros infundidos por pessoas demoníacas na sociedade. Pecado, portanto, é ainda mais profundamente pessoal!

Ainda que o pecado seja pessoal, ele é particularmente perversor de relacionamentos pessoais. Observe a inversão de mandatos

---

16 Naugle, **Worldview**, p. 280-281.

PILARES DA COSMOVISÃO REFORMADA: QUEDA

em Gênesis 3 como ilustrativa do perigo de inverter a ordem de prioridades: os mandatos espiritual, social e cultural. Já foi afirmado no capítulo 8 que o mandato cultural é dever, mas sempre em subordinação ao amor a Deus e ao próximo, em serviço do próximo e por honra ao Senhor. No entanto, Gênesis 3 retrata exatamente o contrário da ordem criacional. O homem deixa a sua liderança[17] e escuta a auxiliadora, a qual não se submete ao seu líder nem domina sobre os animais, antes dá ouvidos à serpente. A pirâmide se inverte: a criação (representada pela serpente) é a mais ouvida, depois vem o próximo, e Deus é o menos ouvido da história. Como Satanás inverte os nossos relacionamentos! A mesma coisa acontece em Romanos 1, um retrato perfeito da sociedade contemporânea: Deus é claramente demonstrado na criação mas não é reconhecido; os homens julgando-se sábios ouvem uns aos outros (academia, cientificismo); sua adoração, porém, se dirige aos elementos da criação!

Como a criação é absolutizada em lugar do Criador, a Queda é retratada como idolatria. Por sermos inerentemente religiosos, quando não adoramos a Deus, adoramos um deus fabricado. Como só existem dois tipos de seres – o Criador e a criatura – quando rejeitamos a Deus, obrigatoriamente reverenciamos a criatura (Rm 1.23-25). Walsh e Middleton consideram que na Bíblia, a idolatria não é "meramente como um pecado entre muitos, mas como a epítome do pecado".[18] De fato, idolatria resume bem o pecado, pois destaca nossa aversão por Deus, nossa absolutização de algo criado, e nosso obscurecimento de entendimento (nos tornamos iguais aos nossos ídolos, Sl 115.4-8).

---

17 "O homem deveria ter sido o protetor do jardim; agora ele deseja que o jardim o proteja [3.8]". Edwards J. Young, **Genesis 3**: A devotional and expository study (Edinburgh: Banner of Truth, 1983), p. 76.

18 Walsh e Middleton, **A Visão Transformadora**, p. 56.

AMANDO A DEUS NO MUNDO

No entanto, Michael Goheen e Craig Bartholomew observam bem que idolatria é apenas a natureza religiosa do pecado. A Escritura também apresenta a natureza relacional do pecado quando o chama de "adultério". O pecado é a introdução de uma terceira parte no relacionamento exclusivo com Deus. "O pecado é a recusa ingrata em reconhecer o amor e a bondade de Deus. É a afirmação arrogante de que sabemos o que é melhor para nós."[19] E para o povo de Deus, essa recusa é adultério para com aquele que se declarou nosso Deus. Pecado, portanto, é intimamente pessoal.

A pessoalidade do pecado é o que o torna tão sério. Afinal, pecado é contra Deus! A seriedade do pecado se manifesta no fato de que traímos a Deus com suas próprias dádivas (Ez 16.15-22). Quando possuímos a estrutura da imagem de Deus, mas a utilizamos de forma contrária à vontade de Deus, o pecado se torna vil. Isso porque estamos pervertendo os poderes dados por Deus para refleti-lo. Pecado não é simplesmente uma falha, uma imperfeição. Todos reconhecem que possuem falhas. Porém, isso não equivale ao arrependimento, pois não reconhece a seriedade do que seja pecado. Trata-se de uma transgressão da lei do santo Deus (1 Jo 3.4). Todo pecado, mesmo aquele contra o próximo, é em última análise contra Deus (Sl 51.4). E como Deus é santo, a transgressão de qualquer mandamento nos faz transgressores de toda a lei (Tg 2.10). É como o lençol que com uma mancha é considerado sujo, sem precisar estar sujo por completo; é como o criminoso que na lei dos homens recebe tal rótulo por ter cometido um crime, não necessariamente todos.

Se o pecado é tomar o que pertence a Deus e usar contra ele, então podemos concluir que o pecado funciona como um

---

19 Goheen e Bartholomew, **Introdução à Cosmovisão Cristã**, p. 82.

PILARES DA COSMOVISÃO REFORMADA: QUEDA

parasita. Isto é, o reino das trevas sobrevive das estruturas do reino da luz, não vive à parte deste. Ele só sobrevive enquanto se aproveita do material do reino de Deus. Ele sempre trabalha com capital emprestado. O pecado, portanto, é mero parasita, não é capaz de extirpar a bondade da criação por inteiro.[20] "A prostituição não elimina a bondade da sexualidade humana; a tirania política não pode apagar o caráter divinamente ordenado do Estado; a anarquia e o subjetivismo da arte moderna não podem obliterar a legitimidade criacional da própria arte."[21] O mal é a distorção do bem, não tem existência própria. "Como Satanás não tem um reinado legítimo (ou criação) para ele próprio governar", diz Walsh e Middleton, seu "domínio consiste em tentativas de distorcer a boa criação de Deus".[22]

O pecado muda a "direção", mas não abole a "estrutura". Ainda que autores como Albert Mohler tentem alertar para o perigo da pós-modernidade, dizendo que nesse tempo instituições como governo, casamento ou família, podem ser derretidas e transformadas em qualquer arranjo líquido,[23] a verdade é que os ímpios não conseguem se desvencilhar da necessidade de governo ou de família. Eles podem ter uma ideia louca e perversa de governo ou família, mas não conseguem fugir desses arranjos estruturais que fazem parte da ordem criacional. Herman Dooyeweerd desenvolveu esse conceito de estrutura criacional não modificada pela Queda. Observe o resumo que Kalsbeek faz do pensamento de Dooyeweerd nessa área:

---

20 Cf. Goheen e Bartholomew, **Introdução à Cosmovisão Cristã**, p. 84-85.

21 Wolters, **A Criação Restaurada**, p. 67.

22 Walsh e Middleton, **A Visão Transformadora**, p. 63.

23 Albert Mohler. **O Desaparecimento de Deus**: Crenças perigosas na nova abertura espiritual, trad. Neuza Batista Silva (São Paulo: Cultura Cristã, 2010), p. 125-126.

AMANDO A DEUS NO MUNDO

O pecado não afetou as leis da lógica para o pensamento, mas o homem caído usa seu pensamento frequentemente de uma forma [imprópria e] sutil para alcançar seus interesses em detrimento daqueles de seu semelhante. O filósofo, também, é geralmente orientado por motivos-base apóstatas. O pecado não destruiu a função da fé humana, mas a desviou do Criador em direção a algo criado.[24]

Henry Van Til também explora a cultura como a articulação direcional de uma estrutura que permanece. Essa direção pode ser santa, mas por causa do pecado se tornou rebelde. Ainda assim, o pecado trabalha com a estrutura criacional.[25] A rebeldia humana não consegue criar outra estrutura, mas apenas se utiliza da mesma estrutura divina:

A cultura, então, pode ser ímpia ou divina, dependendo do espírito que a anima. O pecado não destruiu o relacionamento de criatura do homem com seu Criador, que o fez como criatura cultural e lhe deu a ordem de povoar e subjugar a terra. O pecado não destruiu a ânsia do homem de governar, já que o homem carrega em si a imagem do Legislador dos Céus e da Terra. Tampouco o pecado destruiu o cosmos, que é a oficina e o lugar de lazer do homem. A cultura, assim, é uma necessidade para os portadores da imagem de Deus, mas ela será tanto uma demonstração de fé quanto de apostasia, tanto uma cultura de glorificação a Deus quanto uma cultura de desafio a Deus.[26]

---

24 Kalsbeek, **Contornos da Filosofia Cristã**, p. 57. O acréscimo entre colchetes é para melhor retratar o texto original que fala de uma maneira imprópria de usar o pensamento.

25 Wolters afirma que "a estrutura se refere à ordem da criação, à constituição criacional constante de qualquer coisa... A estrutura é ancorada na lei da criação, o decreto criacional de Deus que constitui a natureza dos diferentes tipos de criatura". Wolters, **A Criação Restaurada**, p. 69.

26 Van til, **O Conceito Calvinista de Cultura**, p. 25.

PILARES DA COSMOVISÃO REFORMADA: QUEDA

Todavia, ainda que o pecado não seja parte da estrutura, ele a distorce significantemente. Não se trata de um fio no tecido da criação, mas de um nó em cada fio desse tecido. Walsh e Middleton afirmam que o pecado é "rebelião contra a estrutura e contra o Estruturador da realidade. Tal rebelião é, inevitavelmente, autodestrutiva".[27] Não podemos falar de uma estrutura intacta quando a Escritura apresenta o que a teologia reformada denominou de "os efeitos noéticos do pecado" (cf. Ef 4.18). Se há um "obscurecimento de entendimento", isso significa que a estrutura foi danificada. Os desastres naturais são outro exemplo de estrutura afetada.

A estrutura não é perfeita só que agora é usada para o mal. A estrutura toda foi danificada como um carro que sofreu um acidente. Após o mesmo, todo o carro passou a funcionar com limitações. Isso significa que o pecado mexe não só com o "não querer fazer o bem" (depravação total), mas com o "não poder fazer o bem" (incapacidade total). O carro sofreu "perda total". Essa expressão fortalece o impacto e a abrangência da queda, mas também exalta a restauração operada por Jesus, restauração essa julgada ser impossível (Mc 10.23-27). Esticando a analogia, se o carro sofreu perda total, então o "martelinho de ouro" de Jesus é incomparável. Ele repara o que nos parece irreparável.

MUNDANO E SECULAR

Se até agora falamos do impacto e natureza do pecado, aprofundando nosso entendimento do estrago feito pelo mesmo, agora precisamos corrigir algumas concepções legalistas e simplistas do pecado muito comuns entre evangélicos. É recorrente a análise de atividades e posturas como sendo coisas que crentes

---

27 Walsh e Middleton, **A Visão Transformadora**, p. 60.

AMANDO A DEUS NO MUNDO

podem ou não podem fazer. Coisas que crentes não podem fazer são chamadas de mundanas, por causa da linguagem bíblica de "mundo" como sistema maligno contrário ao Senhor (Jo 12.31; 17.14; 1 Jo 2.15; 3.1). Entretanto, nem tudo que é deste mundo é mau (mundano); nem tudo o que é deste século (secular) é profano.

Mundanismo, como já foi introduzido no capítulo 4 deste livro, não é composto de certas atividades (certos jogos, danças e artes), mas da corrupção das mesmas. Não podemos ter uma visão gnóstica da ética que divide a vida em coisas ruins e coisas boas para se fazer (sagrado e secular). Já abordamos esse dualismo no capítulo 5, mas precisamos reforçar como o dualismo confunde estrutura e direção. "Em vez de ver como a questão direcional permeia toda a vida, ele identifica a direção com *partes particulares* da estrutura. Alguns aspectos da cultura são vistos como irredimíveis (isto é, inerentemente desobedientes), enquanto outros estão abertos à redenção."[28] Albert Wolters faz um importante alerta sobre esse dualismo que macula certas atividades irremediavelmente e sacraliza outras de forma impoluta:

> Essa divisão em compartimentos é um grande erro, pois sugere que não há "mundanismo" na igreja, por exemplo, e que não há santidade na política ou, digamos, no jornalismo. Ela define o que é secular não pela sua orientação religiosa ou direção (obediência ou desobediência às ordenanças de Deus), mas pelo lugar criacional que ocupa. Portanto, é uma presa da tendência gnóstica profundamente arraigada de depreciar um domínio da criação (virtualmente toda a

---

28 Walsh e Middleton, **A Visão Transformadora**, p. 83.

PILARES DA COSMOVISÃO REFORMADA: QUEDA

sociedade e cultura) com relação a outro, rejeitar o primeiro como inerentemente inferior ao último.[29]

Enxergamos mundanismo na política, no direito, no comércio, na arte, mas somos mais crédulos acerca da bondade da educação. Isto é, já ouvi crentes dizerem que "não dá para ser crente e ser político" ou "não dá para ser crente e ser advogado criminal" ou "não dá para manter a fé fazendo teatro". Todavia, nunca ouvi um cristão dizer "não dá para ser crente e ser um educador". Pelo contrário, somos capazes até de nos orgulhar de um menino que sonha em ser professor. Parece um desejo puro. Isso significa que tendemos a olhar para a educação com bons olhos, como se ela fosse isenta da maioria dos malefícios de outras áreas de atuação. Eu reconheço que há certas profissões em que a maldade fica mais evidente, mas é ingenuidade nossa pensar que essas profissões complicadas sejam irremediavelmente más e outras profissões sejam quase totalmente livres de poluição.

Arthur F. Holmes destaca que a igreja cristã sempre teve problemas com algum tipo de gnosticismo. Depreciar coisas somente por serem materiais, do corpo, é desprezar o valor das coisas criadas por Deus (1 Tm 4.1-5). O pecado não está em ter prazer nas coisas criadas, mas em usá-las indevidamente. Holmes destaca um tipo muito comum de gnosticismo que alega que somos criaturas de dois mundos, o natural e o espiritual, o secular e o sagrado, o mundo e a igreja. Os primeiros de cada par indicam a fonte de todos os males e, por isso, incompatíveis com o segundo mundo. Contrariando essa opinião, Lutero afirmou que um sapateiro deveria engraxar o sapato do papa tão religiosamente quanto o papa

---

29 Wolters, **A Criação Restaurada**, p. 74.

AMANDO A DEUS NO MUNDO

ora pela alma do sapateiro. Mas a dicotomia não enxerga assim. Ela gera um distanciamento do cristão com a cultura, com a apreciação artística, com o engajamento sócio-político, e consequente medo da filosofia e da ciência. Assume-se, então, uma atitude defensiva e por vezes até um antiintelectualismo.[30]

Todo esse desentendimento acerca de mundanismo ou secularismo se dá por uma falta de compreensão da graça comum. A doutrina da graça comum nos ensina, dentre outras coisas, que Deus freia a pecaminosidade humana, que ele concede dons tanto aos ímpios quanto aos crentes, e que Deus preserva resquícios da sua imagem no descrente, a ponto do ímpio poder produzir aquilo que é belo e verdadeiro. Toda verdade é verdade de Deus, não importa da boca de quem (At 17.28; Tt 1.12); portanto, deve ser abraçada onde quer que seja encontrada.[31] Bavinck retrata que Calvino falou de uma *generalis gratia* que dispensa dons aos homens[32] e de que não há uma parte do mundo na qual a glória divina não brilhe.[33] O ser humano, em especial, ainda é um espelho da operação divina, como pode ser visto até entre os pagãos.[34] O homem ainda reteve o amor pela verdade e pela ordem social. Por isso, o cristão deve honrar arte e ciência, música e filosofia, e os vários outros produtos da mente humana.[35] Ryken também nos lembra que é a graça

---

30 Holmes, **The Idea of a Christian College**, p. 14, 16. Veja Noll, **The Scandal of the Evangelical Mind**.

31 Knudsen, "O Calvinismo como uma Força Cultural", p. 19.

32 Cf. **Institutas** II.ii.12-17.

33 Cf. **Institutas** I.v.1.

34 Cf. **Institutas** I.iii, iv.

35 Herman Bavinck, Calvin on Common Grace. In: William Park Armstrong (org.). **Calvin and the Reformation** (Eugene, Oregon: Wipf & Stock, reprint of 1909), p. 117-120.

PILARES DA COSMOVISÃO REFORMADA: QUEDA

comum que permite que tenhamos influência sobre aqueles que não reconhecem o senhorio de Cristo.[36]

Essa influência sobre o pagão é o aspecto mais enfatizado por Kuyper em sua *magnum opus* sobre a graça comum, uma doutrina que ele desenvolveu extensivamente.[37] Ele afirma que a graça salvadora parte do pressuposto que a graça comum ("uma graça temporal restringidora") tem preservado a vida dos eleitos neste mundo mau, para que alcancem a salvação.[38] A teologia reformada tem reconhecido uniformemente que um dos efeitos da graça comum é produzir bem-estar aos filhos de Deus neste mundo mau.[39] Enquanto a graça especial cria coisas novas, a graça comum preserva as coisas primeiramente criadas para que não sejam totalmente estragadas pelo pecado.[40] Kuyper gosta de unir graça comum e graça especial assim como Paulo afirmou que Cristo tem primazia tanto na criação como na igreja (Cl 1.15, 18).[41] A igreja enquanto instituição "trabalha diretamente para o bem-estar dos eleitos", mas "trabalha indiretamente para o bem-estar de toda a sociedade civil" quando funciona como luz para a sociedade em redor.[42] É por causa da graça comum que a "cidade edificada sobre um monte" (Mt

---

36 Ryken, **O que é cosmovisão cristã?**, p. 58-59.

37 Essa obra surgiu de artigos escritos ao público leigo entre 1895 e 1901, posteriormente publicados em três tomos no holandês. Essa obra volumosa ainda não foi totalmente traduzida para o inglês. Até o presente momento, Lexham Press já lançou o volume 1 e ainda trabalha nos dois volumes subsequentes. Eu citarei de um excerto no livro de Bratt, **Abraham Kuyper**, p. 165-201.

38 Bratt, **Abraham Kuyper**, p. 168-169.

39 Cf. Louis Berkhof, **Teologia Sistemática** (Campinas: Luz para o Caminho, 1990), p. 441, 443-445; John Murray, **Collected Writings of John Murray** vol. 2: Select Lectures in Systematic Theology (Edinburgh: The Banner of Truth, 1996), p. 112-117; Wayne Grudem, **Systematic Theology**: An Introduction to Biblical Doctrine (Grand Rapids: Zondervan, 2000), p. 664-665.

40 Bratt, **Abraham Kuyper**, p. 174.

41 Bratt, **Abraham Kuyper**, p. 186-187.

42 Bratt, **Abraham Kuyper**, p. 189-190.

AMANDO A DEUS NO MUNDO

5.14), ou seja, a igreja, pode enobrecer a sociedade tanto como instituição quanto como organismo.[43] Kuyper cria que falar de uma "nação cristã" não era se referir a uma nação onde a maioria é regenerada (nem Israel tinha uma maioria fiel). No entanto, podemos dizer que essa nação se tornou cristã quando a "graça especial na igreja e entre fiéis exerceu uma influência formadora tão forte sobre a graça comum que a graça comum acabou atingindo seu desenvolvimento mais pleno".[44]

A ênfase kuyperiana na graça comum tem levado alguns críticos a afirmarem que Kuyper pendeu para o triunfalismo[45] e que seu projeto acabou falindo. Kuyper sabe, porém, que enquanto o enriquecimento de nossa vida exterior continuará na ascendente, o fim nos reserva um empobrecimento da vida interior (virtudes).[46] Não podemos negligenciar o equilíbrio que Kuyper e alguns de seus seguidores procuravam alcançar entre graça comum e antítese.[47] "Antítese" era o pressuposto de que há uma tensão espiritual entre crentes e descrentes com implicações para todas as áreas da atividade humana (educacional, científica,

---

43 Bratt, **Abraham Kuyper**, p. 194-197.

44 Bratt, **Abraham Kuyper**, p. 199.

45 Cf. Bratt, **Abraham Kuyper**, p. 179. Vincent Bacote é um representante kuyperiano que evidencia tal triunfalismo. Cf. Vincent Bacote, Beyond 'Faithful Presence': Abraham Kuyper's Legacy for Common Grace and Cultural Develoment. In: **Journal of Markets & Morality**, vol. 16, no. 1 (Spring 2013), p. 195-205.

46 Bratt, **Abraham Kuyper**, p. 181.

47 Peter Heslam descreve duas escolas de pensamento kuyperiano: "Aqueles escritores que enfatizam a doutrina da graça comum de Kuyper são geralmente entusiásticos em encorajar a participação cristã nas instituições e doutrinas modernas 'seculares', ao passo que aqueles da escola 'antitética' tendem a buscar a encarnação de seus princípios religiosos em instituições independentes e distintamente cristãs". *Apud* Santos, Abraham Kuyper: Um modelo de transformação integral, p. 98-99. O que Heslam não observa é que alguns tentam estabelecer um equilíbrio ao manter as duas ênfases: a graça comum e a antítese. Cf. McConnel, Common Grace or the Antithesis? Towards a Consistent Understanding of Kuyper's "Sphere Sovereignty".

PILARES DA COSMOVISÃO REFORMADA: QUEDA

política, etc.). Embora Kuyper não estivesse totalmente isento do otimismo dominante em seus dias,[48] Kuyper era radicalmente avesso ao liberalismo teológico que enxergava a melhora da sociedade como sinônimo de cristianismo.

CONCLUSÃO

A doutrina do pecado em círculos reformados é retratada com bastante ênfase devido à visão gloriosa que se tem do Deus criador e de sua criação, incluindo aquele que é a sua imagem. Porque o pecado distorce de forma tão profunda e abrangente a bela criação divina é que a Escritura o retrata de forma tão vil, com diferentes analogias (idolatria, adultério, etc.). Sua presença entremeada com toda a criação o torna impossível de ser retirado por projetos humanos que visam classificar dualisticamente o que fazer e o que não fazer. Graças à benevolência divina é que o pecado ainda não atingiu a plenitude de seu estrago (graça comum).

Os temas trabalhados neste e no capítulo anterior (idolatria, mundanismo e graça comum) serão aplicados à arte no próximo capítulo, com vistas a ilustrar como algo criacionalmente belo é distorcido pelo pecador, mas que pela benevolência divina ainda pode ser apreciado.

---

48 Carson alega que uma vez que Kuyper ocupou posição de influência política, a ênfase na antítese definhou. Carson, **Cristo & Cultura**, p. 187. Para um detalhamento sobre como a antítese atingiu seu pico apenas na primeira metade da carreira de Kuyper, veja James D. Bratt, **Dutch Calvinism in Modern America**: A History of a Conservative Subculture (Grand Rapids: Eerdmans, 1984), p. 18-20.

CAPÍTULO 12

APLICAÇÃO: O CRISTÃO E A ARTE

Ao ouvir uma rádio de música popular brasileira, me choquei ao atentar para a letra da música de Rita Lee, "Amor e sexo". O amor era retratado com uma "nobreza" cafona e inferior, como se fosse enfadonho, enquanto o sexo era pintado como aventureiro e divertido, embora pertencesse às paixões inferiores: "Amor é novela, Sexo é cinema"; "Amor é prosa, sexo é poesia"; "Sexo antes, Amor depois"; "Amor é divino, Sexo é animal"; "Amor é cristão; sexo é pagão". É claro que eu não poderia concordar com a cosmovisão da música, na qual o sexo era denegrido ainda que pintado de forma a ser cobiçado, enquanto o amor ganhava um caráter de monotonia. Eu ouvi a música inteira lamentando as distorções do pecado na esfera artística.

Em seguida, a rádio tocou a tão conhecida música de Toquinho, "Aquarela". Minha reação foi automática: "Isso, sim, é música boa!", eu disse. Para minha surpresa, porém, continuei ouvindo a canção até que atentei para o fato de que a letra dela acaba com um tom pessimista da história, bem fatalista:

AMANDO A DEUS NO MUNDO

Nessa estrada não nos cabe
Conhecer ou ver o que virá
O fim dela ninguém sabe
Bem ao certo onde vai dar

Vamos todos
Numa linda passarela
De uma aquarela que um dia enfim
Descolorirá

O fato dessa bela aquarela chamada Criação descolorir sem qualquer esperança de redenção é totalmente contrário às Escrituras. A cosmovisão da música é totalmente oposta à história da redenção. Eu ainda achava a música bonita em sua forma musical (melodia, arranjo, certas partes da poesia), embora discordasse do seu conteúdo filosófico.

Esse relato suscita algumas perguntas importantes para a nossa reflexão. O cristão pode apreciar arte que não seja cristã? Só deve apreciá-la quando ela é fiel às Escrituras ou é possível apreciar apenas partes dela? Existem critérios para classificar a obra de arte como sendo boa ou ruim? E quanto à esfera eclesiástica, qual expressão artística é válida e quais devem ser repudiadas? Enfim, como caracterizar uma relação cristã entre a arte e o cristianismo? Essas são algumas perguntas que esse capítulo visa abordar.

A partir do pilar da criação (capítulo 8) podemos deduzir que arte faz parte da ordem criacional, afinal somos seres criados à imagem e semelhança de Deus. Dentre outras coisas, isso significa que nossa criatividade é reflexo de nosso Criador. Apenas reflexo, pois não criamos nada do zero, não fazemos algo a partir do nada (*ex*

APLICAÇÃO: O CRISTÃO E A ARTE

nihilo). Todavia, nossa maneira de moldar a matéria prima e transformá-la em artesanato ou em peça de arte elitizada é sinônimo de que temos referencial de molde e forma (aspecto espacial da arte), de extensão e dimensão (aspecto matemático da arte), expressando variedade e beleza (aspecto estético da arte). Tais referenciais natos que possuímos comunicam certas semelhanças ao criativo Criador. O potencial da arte, portanto, é bom.

A partir do mandato cultural, deduzimos que a arte também é uma forma de desenvolver as potencialidades da criação (Gn 4.21). Se Deus é belo (Sl 96.9), e a criação reflete a sua beleza, então arte precisa expressar as belezas da criação. Enquanto beleza é inerente à criação, arte é a articulação estética do homem expressando tal beleza. Certa vez disse a universitários que se formavam em seu bacharelado em arquitetura que nós não criamos beleza, mas apenas a evidenciamos. O fotógrafo faz isso quando tira uma foto tão bonita de um ambiente que até duvidamos que seja o mesmo local que conhecemos. O artesão também ressalta beleza quando enverniza a madeira mostrando suas linhas e cor, ou quando o tecelão nos permite tocar a maciez do algodão trabalhado. O decorador também é hábil em ressaltar a beleza do ambiente. O que eu queria dizer quando me dirigi aos arquitetos era que nós utilizamos a habilidade e sensibilidade artística para evidenciar as belezas inerentes de um mundo criado.

Entretanto, o último capítulo nos lembrou dos efeitos da Queda sobre todas as coisas, inclusive a arte. Embora ainda tenhamos habilidade e senso estético (a Queda não apaga todos os resquícios da imagem de Deus em nós), nossa percepção de beleza é afetada pela Queda e nosso coração se revolta contra o Criador, chamando o que é feio de belo e vice-versa. Nossas ideologias e idolatrias são

AMANDO A DEUS NO MUNDO

evidenciadas no mundo artístico, de forma enganosamente bela. Música, teatro, cinema são algumas expressões artísticas que têm profundo impacto sobre as pessoas quanto à cosmovisão delas, ainda que isso seja transmitido de forma imperceptível.[1] O mundanismo consiste em camuflar o que é rebelde com beleza e astúcia para que cative e seduza o ser humano.

É claro que pela graça comum, nem toda a expressão artística do homem natural é ruim nem má em todos os aspectos. Percepções do que é belo podem ser boas ou ruins, mesmo em descrentes. Representações simbólicas do mundo real podem ser precisamente perspicazes ou profundamente enganadas. O próprio João Calvino deixou bem claro no início do movimento reformado que devemos apreciar a habilidade e beleza advinda de pessoas descrentes. Afinal, quase todos os seres humanos possuem ao menos um pouco de talento em algum tipo de arte. Isso é apreciar o que Deus concede às suas criaturas, o que Calvino chama de "dons naturais".[2]

Para enxergar o aspecto criacional da arte, vamos avaliar um pouco mais sua legitimidade na primeira parte, mostrando que a arte não precisa de justificativa. Depois olharemos para a história da arte para ressaltar algumas de suas corrupções, expressões distorcidas das habilidades e belezas que Deus criou. Por último, sugeriremos alguns critérios de avaliação dessa esfera tão legítima, mas tão corrompida pelo homem caído, para que nossa apreciação

---

1 Por "imperceptível" não me refiro a influências secretas que porventura as artes venham a ter. Evangélicos brasileiros em décadas passadas se tornaram caçadores de mensagens "subliminares" em LPs tocados ao contrário, cenas de animações da Disney, e outros veículos de entretenimento. A teoria de tais evangélicos é que as pessoas eram influenciadas negativamente por tais mensagens subliminares. Em contrapartida, esses mesmos evangélicos absorviam cosmovisões pagãs sobre trabalho, dinheiro, sucesso, ciência, política, etc. É sobre essa última influência "imperceptível" para muitos desses evangélicos, que me refiro no texto acima.

2 Calvino, **Institutas**, II.ii.14.

APLICAÇÃO: O CRISTÃO E A ARTE

artística seja sinônimo de sabedoria que detecta a beleza que emana do Criador, sem a ingenuidade de absorver as cosmovisões por detrás da arte humanista.

A ARTE NÃO PRECISA DE JUSTIFICATIVA

Artistas, em geral, não são valorizados em sua função estética neste mundo, não são compreendidos em suas percepções artísticas, e normalmente são tão mal pagos que não conseguem viver da arte. Artistas cristãos enfrentam ainda mais barreiras porque a igreja não enxerga a arte como uma vocação legítima (a não ser que sua arte seja música), e tende a associar arte cristã com idolatria; os próprios artistas complicam a situação quando acham que todo tipo de arte deve ser cúltica (i.e. parte da adoração pública) ou quando adotam padrões pagãos para expressar sua arte. Em suma, quer por ignorância ou paganismo de um lado ou de outro, arte e cristianismo não costumam ter uma relação tranquila em meios evangélicos.

Mas isso não significa que esse descompasso seja bíblico. Isto é, a Bíblia não nos ensina a sermos contra diversas formas artísticas. Pelo contrário, baseado na passagem de Êxodo 31, Philip Ryken afirma que Deus não só chama e capacita os artistas Bezalel e seu assistente Aoliabe, mas lhes concede diversas habilidades para a construção do tabernáculo em toda a sua variedade estética (Êx 31.3-5). Isso aponta para a bênção de Deus sobre todo o tipo de arte. Além disso, a imaginação artística não foi impedida no lugar de adoração veterotestamentária. Ainda que Deus tivesse dado instruções específicas para a confecção de várias partes e peças do tabernáculo, Deus deu liberdade para que os artistas cumprissem as determinações com sua imaginação (ex: a aparência dos querubins, a moldura ao redor da mesa dos pães da proposição, os

311

AMANDO A DEUS NO MUNDO

bordados no manto sacerdotal, etc.). Para nossa surpresa, o tabernáculo tem não só arte simbólica (ex: o candelabro simbolizando a luz da glória de Deus), e arte representativa (ex: romãs no manto do sacerdote), as quais são mais aprovadas pelos cristãos, mas inclusive a arte abstrata é endossada por Deus (ex: as cores das cortinas no Santo Lugar). Isso revela que Deus endossa diferentes estilos artísticos, sob os padrões daquilo que demonstra qualidade artística, retrata verdades criacionais, e é belo. Isto é, ela não precisa ter uma função evangelística para honrar o Senhor; a arte de boa qualidade, verdadeira e bonita honra ao Senhor em si mesma. É isso que Ryken chama de arte para a glória de Deus.[3]

Ryken está ecoando o que outros autores reformados já haviam dito. No livro *A Arte e a Bíblia*, Francis Schaeffer escreve que cristãos evangélicos dão pouca importância à arte exatamente porque não entendem o senhorio de Cristo sobre a totalidade do ser humano.[4] Como ele lembra que o cristianismo não é apenas dogmaticamente verdadeiro, mas a verdade em todas as áreas da existência humana, ele trabalha com o senhorio de Cristo envolvendo toda a cultura, inclusive a criatividade. "O cristão deve usar a arte para glorificar a Deus, não simplesmente como propaganda evangelística, mas como algo belo para a glória de Deus. Uma obra de arte pode ser, em si, uma doxologia."[5] Prova disso é a serpente do deserto que foi despedaçada por Ezequias (2 Rs 18.4) por ter se tornado objeto de adoração, mas que foi inicialmente ordenada por Deus.

---

3 P. G. Ryken, **Art for God's Sake**: A Call to Recover the Arts (Phillipsburg: P&R, 2006).

4 Schaeffer, **A Arte e a Bíblia**, p. 16. Michael Horton afirma que a arte é uma atividade humana cujo propósito é refletir a verdade, beleza e bondade do Criador estampadas na criação. Horton, **O Cristão e a Cultura**, p. 87.

5 Schaeffer, **A Arte e a Bíblia**, p. 19.

APLICAÇÃO: O CRISTÃO E A ARTE

Schaeffer traz vários exemplos de como a Bíblia lida com a arte. A proibição de imagens não é uma proibição da arte: "A Bíblia não proíbe a confecção de arte figurativa e sim sua adoração... Adorar a arte é um erro; produzi-la, não".[6] O tabernáculo era repleto de arte, inclusive com a liberdade de não ser "fotográfica", trazendo romãs de cores inexistentes. O templo foi adornado com pedras preciosas (2 Cr 3.6) sem qualquer valor utilitário e colunas sem função arquitetônica (2 Cr 3.16-17); apenas porque Deus queria beleza no templo. O templo tinha adornos de temas não religiosos como lírios (2 Cr 4.5) e animais (1 Rs 7.29). Outros tipos de arte são tratados na Escritura (poesia, música, teatro, dança); algumas delas poderíamos chamar de arte secular no sentido de não tratar de assuntos religiosos: o trono de Salomão (1 Rs 10.18-20) e o poema de Davi em homenagem a Saul e Jônatas como heróis nacionais (2 Sm 1.19-27). Pelo fato de Deus gostar de arte é que Schaeffer afirma que uma obra de arte tem valor em si mesma. Ela não precisa comunicar uma mensagem necessariamente. Arte deve ser apreciada.

O historiador da arte Hans Rookmaaker é outro reformado que explora a arte pelo que ela faz ao refletir a glória de Deus. Em seu livro *A Arte Não Precisa de Justificativa*, Rookmaaker encoraja a igreja a entender essa esfera criacional e instrui os artistas cristãos sobre como devem se comportar nessa esfera. A tese de seu livreto é que a arte feita para a glória de Deus e para o deleite do próximo atinge "sua própria validade e significado".[7] O cristão não deve fazer arte e acrescentar um complemento cristão (ex: ter uma mensagem evangelística), mas deve transmitir uma mentalidade cristã

---

6 Schaeffer, **A Arte e a Bíblia**, p. 21.

7 H. R. Rookmaaker, **A Arte Não Precisa de Justificativa** (Viçosa, MG: Ultimato, 2010), p. 37.

através de suas formas.[8] Quando ele afirma que "a arte não precisa de justificativa", ele quer dizer que a arte pode desempenhar funções diversas como comunicar ideias para causar impressões (ex: o fotógrafo que ressalta o drama de um clima de guerra), representar valores elevados (ex: o cineasta que demonstra a convivência respeitosa entre diferentes raças), preparar ambientes sagrados (ex: o espanto causado pela arquitetura das catedrais), mas ela não precisa disso para justificar a sua existência. O artista, portanto, não precisa justificar o que faz. Fazer boa arte, assim como outros trabalhos, expressa amor a Deus e ao próximo.[9]

Embora a Bíblia proíba a confecção de ídolos, isso não significa que a arte não tenha lugar na adoração religiosa; uma boa execução dos músicos na igreja ou a construção de belos prédios para a adoração são expressão de arte religiosa.[10] A arte nos ajuda a enxergar a realidade de forma como não a havíamos visto – o artista aproxima a realidade de nós –, pode dar forma ao protesto, e pode influenciar grandemente – como é o caso de filmes e músicas.[11] Mas Rookmaaker conclama aos artistas cristãos que não busquem fama, pois a maior parte da arte na história é anônima. O significado do trabalho artístico extrapola o conhecimento de quem é o seu autor.[12]

À luz da instrução trazida por Ryken, Schaeffer e Rookmaaker, precisamos resgatar uma visão apreciativa da arte, até mesmo porque ela faz parte da estrutura como fomos criados. Temos que

---

8 Rookmaaker, **A Arte Não Precisa de Justificativa**, p. 38-39.

9 Rookmaaker, **A Arte Não Precisa de Justificativa**, p. 46-47.

10 Rookmaaker, **A Arte Não Precisa de Justificativa**, p. 49.

11 Rookmaaker, **A Arte Não Precisa de Justificativa**, p. 52-53.

12 Rookmaaker, **A Arte Não Precisa de Justificativa**, p. 68-70.

APLICAÇÃO: O CRISTÃO E A ARTE

aprender a apreciar arte; ela está em todo lugar, revela nosso senso estético. Todas as vezes que escolhemos uma peça de roupa, arrumamos a mobília da sala, fazemos um tipo de bordado ou produzimos um banner, estamos tomando decisões artísticas. Senso estético nos é inerente. Podemos não apreciar o gosto um do outro, podemos expressar maior apreço por funcionalidade do que por beleza, mas nunca deixamos de ter senso estético.

A tradição reformada trouxe à tona esse senso estético e o decorrente apreço pela arte. O grande teólogo da América Colonial do século 18, Jonathan Edwards, utilizava da linguagem estética e sensorial (termos como "beleza", "excelência", "esplendor") com tanta frequência, que um autor considerou "beleza" como o tema organizador da teologia de Edwards sobre vida cristã.[13] O holandês Abraham Kuyper, ao final do século 19 escreveu que arte não deve ser um ramo da religião, pois se trata de uma esfera distinta.[14] Isto é, a arte não precisa ser chancelada pela igreja, mas está sob o senhorio de Cristo "como um dos mais ricos dons de Deus para a humanidade". Ainda que o desenvolvimento artístico aconteça de forma desigual em diferentes lugares e culturas, "o instinto artístico é um fenômeno universal".[15]

Esse amplo testemunho de reformados sobre a bondade dessa esfera criacional da arte reforça a ideia de que o calvinismo não é contra a arte. No entanto, os reformados não são ingênuos

---

13 Cf. Dane C. Ortlund, **Jonathan Edwards e a Vida Cristã**: Viver para a beleza de Deus (São Paulo: Cultura Cristã, 2017), p. 21-36. Para obter informações ainda mais detalhadas sobre a extensão dessa abordagem estética de Edwards, veja Roland A. Delattre, **Beauty and Sensibility in the Thought of Jonathan Edwards**: An Essay in Aesthetics and Theological Ethics, The Jonathan Edwards Classic Studies Series (Eugene, OR: Wipf & Stock, 2006).

14 Kuyper, **Calvinismo**, p. 156, 158.

15 Kuyper, **Calvinismo**, p. 151.

AMANDO A DEUS NO MUNDO

quando se trata de reconhecer a direção malévola que a arte tende a caminhar. Por isso, na próxima seção examinaremos o panorama histórico que diferentes reformados fizeram ressaltando especialmente os aspectos de Queda no mundo artístico.

O CALVINISTA E A HISTÓRIA DA ARTE

Kuyper, na sua palestra sobre "Calvinismo e Arte", não nega que Lutero era mais disposto artisticamente do que Calvino, mas passa a sua palestra demonstrando como não é verdadeiro que o calvinismo seja contra a arte. Para provar tal tese ele apresenta três pontos de análise histórico-teológica. O primeiro ponto é uma explicação do porquê o calvinismo não desenvolveu um estilo próprio de arte. Historicamente o calvinismo preferiu uma adoração espiritual antes do que materializada em símbolos (como a religião romana) e reprovou a ideia da mulher posar como uma modelo de artistas.[16] Seu vigor sempre esteve em libertar a adoração de sua forma sensual. Sua aversão a uma arte religiosa idólatra é que o impediu de desenvolver um estilo próprio de arquitetura, por exemplo. Para Kuyper, o desenvolvimento da história da redenção testifica acerca de um abandono das sombras rumo a uma religiosidade madura.[17]

No seu segundo ponto, Kuyper apresenta como o calvinismo enxerga a arte, como entende sua natureza. No pensamento calvinista, a arte é um domínio próprio com seus limites. Calvino não era contrário à manifestação legítima da arte (música, escultura, etc.), mas um incentivador dela.[18] Kuyper alerta artistas idealistas que têm se esquecido de que a arte reflete a realidade ao retratar suas fantasias,

---

16 Kuyper, **Calvinismo**, p. 152.

17 Kuyper, **Calvinismo**, p. 154-156.

18 Kuyper, **Calvinismo**, p. 160-161.

APLICAÇÃO: O CRISTÃO E A ARTE

mas, por outro lado, alerta aos empiristas puros que não sejam como cientistas, meros observadores da natureza, mas interpretem-na com beleza.[19] A cosmovisão calvinista, em contrapartida, olha para a arte à luz de criação, queda, redenção e consumação. Isto é, seu retrato de beleza contém certa nostalgia sobre o paraíso original, mas também traz alento de redenção em meio a um mundo caído:

se vocês confessam que o mundo outrora foi belo, mas que pela maldição tornou-se desfeito e por uma catástrofe final deve passar para seu pleno estado de glória, superando até mesmo a beleza do paraíso, então a arte tem a tarefa mística de lembrar-nos, em suas produções, da beleza que foi perdida e de antecipar seu perfeito brilho vindouro... O Calvinismo compreendeu, mais claramente do que Roma, a influência horrenda e corruptora do pecado; isso o levou a maior apreciação da natureza do paraíso na beleza da justiça original; e guiado por esta encantadora recordação o Calvinismo também profetizou uma redenção da natureza exterior, a ser realizada no reino da glória celestial. A partir deste ponto de vista, o Calvinismo honrou a arte como um dom do Espírito Santo e como uma consolação em nossa vida atual, habilitando-nos a descobrir em e atrás desta vida pecaminosa um pano de fundo mais rico e glorioso. Considerando as ruínas desta criação outrora tão maravilhosamente bela, para o calvinista a arte chama a atenção tanto para as linhas do plano original ainda visíveis quanto, o que é ainda melhor, para a esplêndida restauração pela qual o Supremo Artista e Construtor Mestre um dia renovará e até mesmo intensificará a beleza de sua criação original.[20]

---

19 Kuyper, **Calvinismo**, p. 161-162.

20 Kuyper, **Calvinismo**, p. 162-163.

AMANDO A DEUS NO MUNDO

Com essa cosmovisão em mente, Kuyper afirma como habilidade artística não provém do inimigo nem surge com os homens, mas é dom de Deus que ele soberanamente concede inclusive aos ímpios (ex: concedeu à descedência de Caim, não à de Abel) para que neles haja testemunho da bondade divina (graça comum). Essa habilidade artística tem como propósito último apontar para o Belo. Afinal, a beleza não é o produto "de nossa percepção subjetiva, mas tem uma existência objetiva, sendo ela mesma a expressão de uma perfeição Divina".[21] Toda beleza (sons, formas, cores, etc.) provém de Deus; é nosso privilégio percebê-la e reproduzi-la artisticamente para o nosso deleite.

O terceiro e último ponto de Kuyper é retratar o que o calvinismo realmente fez para o avanço da arte. Foi o calvinismo que libertou a arte da guarda da igreja, reconhecendo a sua maioridade.[22] É verdade que o Renascimento teve tendência semelhante (humanismo), mas manchada por um gosto pelo que era pagão, e sempre retratando o mundo de forma idealista. O pensamento da Reforma, em contrapartida, era que a arte, outrora confinada à esfera sagrada, precisava se manifestar na sociedade. Foi o calvinismo – mais do que outros movimentos como o luteranismo – que compreendeu que arte (assim como política, ciência, religião) possui ordenanças da criação que lhe são próprias.[23] Rembrandt, por exemplo, destacou a vida comum, não eclesiástica, como digna de

---

21 Kuyper, **Calvinismo**, p. 164.

22 Kuyper afirma que o Renascimento no domínio da arte, o Republicanismo da Itália na política, o Humanismo na ciência e a Reforma na religião, esses foram quatro movimentos que, embora distintos em motivações, se aproximavam um do outro e caminhavam conjuntamente porque visavam escapar da tutela da igreja e criar uma vida própria de acordo com seu próprio princípio. A cooperação dos quatro movimentos é que tornou possível essa autonomia das esferas. Kuyper, **Calvinismo**, p. 166-167.

23 Kuyper, **Calvinismo**, p. 170.

APLICAÇÃO: O CRISTÃO E A ARTE

produzir arte, ainda que seja pintada com suas luzes e sombras – retratando suas belezas e mazelas. Na música sacra, personagens como Marot, Bourgeois e Goudimel foram calvinistas que trouxeram importantes contribuições. O calvinismo, contudo, não pode ser analisado somente por sua influência direta (artistas calvinistas), mas por sua influência indireta ao conceder liberdade para florescer independentemente.[24]

Esse último ponto sobre a contribuição da Reforma, especialmente do calvinismo, libertando a arte da redoma sacra é algo bem enfatizado por Michael Horton. Ele retrata como a Reforma não se livrou da arte, apenas cuidou para que a arte idólatra fosse retirada do local de culto.[25] Mais interessante ainda é que a Reforma não deixou de entender que há espaço para manifestações artísticas no culto que são diferentes de manifestações artísticas fora dele. Nesse caso, a distinção entre secular e sagrado é útil. "A Reforma não rejeitou tal distinção, mas rejeitou a hierarquia ligada a ela, como se uma fosse mais importante ou espiritualmente aceitável a Deus."[26] Isto é, são esferas distintas com critérios de avaliação um pouco

---

24 William Edgar é menos abrangente que Kuyper ao procurar conexões entre o calvinismo e a arte, mas ainda assim reconhece uma sensibilidade reformada para as artes e sugere formas mais modestas, ainda que concretas, para identificar uma abordagem reformada para as artes. William Edgar, "The Arts and the Reformed Tradition", p. 48, 66-68.

25 A Reforma tinha o temor de que as artes visuais sacras se tornassem idólatras (preocupação mais acentuada em Zuínglio do que em Lutero, por exemplo). Entretanto, mesmo os mais rigorosos defensores de arte fora da igreja não falavam de arte fora da vida. William Edgar amplia esse contexto iconoclasta na Suíça que começou com Zuínglio, contra a adoração de imagens conforme se tornara comum a partir da Idade Média. Imagens foram retiradas dos templos e frequentemente destruídas. Calvino chegou em Genebra quando a cidade já estava nessa mesma oposição às imagens nos locais de culto, e o próprio Calvino apropriou-se de tal postura por causa da natureza espiritual da verdade. No entanto, nenhum dos reformadores magisteriais fazia oposição ao deleite apropriado das artes. Edgar comprova como Calvino e o próprio Zuínglio eram apreciadores das artes. Edgar, "The Arts and the Reformed Tradition", p. 49-58.

26 Horton, **O Cristão e a Cultura**, p. 83.

AMANDO A DEUS NO MUNDO

diferentes. Horton sugere que cristãos transitem livremente entre as esferas secular e sagrada sem achar que uma agrada mais a Deus. Ele propõe que haja liberdade para um cristão escrever canções de amor seculares para estações de rádio seculares (focalizando o horizontal, a relação entre seres humanos) e música sacra para a igreja com letra profunda e música grandiosa (focalizando o vertical, a relação com Deus).[27]

Não só a Reforma no século 16, nem apenas Kuyper no final do século 19, mas reformados que escreveram no século 20 perceberam as influências pecaminosas sofridas pela arte. Se a arte medieval era cativa da instituição eclesiástica, a arte moderna tem assumido um lugar de alienação, expressando desordem e feiura. É claro que a arte pode e deve expressar um mundo com suas mazelas e estragos decorrentes da Queda. A música, um quadro ou um filme não precisam retratar uma perspectiva paradisíaca da vida, como se o nosso mundo não fosse quebrado. No entanto, estamos falando de uma arte caída porque perdeu parâmetros divinos, não retrata beleza como esperança de redenção, e se tornou um caminho idólatra (arte pela arte). Talvez Deus tenha propositalmente colocado a história do bezerro de ouro (Êx 32) logo depois do chamado de Bezalel e Aoliabe (Êx 31) para nos ensinar que a arte agradável a Deus pode ser distorcida de forma idólatra.

Como especialista em história da arte, Hans Rookmaaker foi o reformado que fez a mais exaustiva análise crítica da arte de nosso tempo, em seu clássico *A Arte Moderna e a Morte de uma Cultura* (1970).[28] Porém, antes de entrar em sua análise histórica

---

27 Horton, **O Cristão e a Cultura**, p. 92-93.

28 Calvin Seerveld é outro reformado especialista em arte que publicou vários livros e artigos. No entanto, sua influência foi menos global do que a de autores como Hookmaaker e Schaeffer.

APLICAÇÃO: O CRISTÃO E A ARTE

em si, é importante estabelecer porque ele focou na arte moderna. Antes da Renascença e no advento da Modernidade, artistas eram basicamente artesãos, que não ficavam famosos pela sua arte, mas faziam boa arte segundo os padrões e regras de sua especialidade.[29] Peças de arte tinham uma função clara nos lugares em que eram postas.[30] Suas obras não eram subjetivas ao ponto de precisar da interpretação de especialistas. A partir do Renascimento e principalmente no Iluminismo é que artistas passaram a ser considerados gênios, que não precisam ser ensinados;[31] "a arte se tornou Arte no século 18 e as consequências foram desastrosas", pois suas antigas funções se tornaram obsoletas e foram colocadas em museu.[32] A arte ganhou um caráter autocentrado, na qual toda arte é expressão do artista; a arte se tornou elitizada e os homens precisam de curso de apreciação artística para conseguir compreendê-la.[33] Por isso, Rookmaaker exorta os artistas cristãos a fazerem "arte que seja saudável e boa, e que as pessoas a entendam".[34]

O livro clássico de Rookmaaker a que nos referimos acima visa historiar, por meio de análise de pinturas, os passos decisivos

---

29 Rookmaaker, **A Arte Não Precisa de Justificativa**, p. 11-12.

30 Em outro texto, Rookmaaker escreve: "Antes de nosso tempo, as obras nunca eram feitas apenas pelo prazer da arte; a arte pela arte é uma invenção recente... Peças de altares, afrescos com histórias bíblicas, capitéis nas colunas de um prédio, mosaicos no chão, esculturas no jardim, todos eram escolhidos para desempenhar um papel significativo dentro de uma estrutura total feita pelo homem, na qual eles cumprem uma função..." Rookmaaker dizia que só se pode entender a beleza total de uma peça artística "se entendermos o uso a que se destinava". H. R. Rookmaaker, "Arte" in **Dicionário de Ética Cristã**, org. Carl Henry (São Paulo: Cultura Cristã, 2007), p. 59.

31 Rookmaaker, **A Arte Não Precisa de Justificativa**, p. 17.

32 Rookmaaker, **A Arte Não Precisa de Justificativa**, p. 45.

33 Rookmaaker, **A Arte Não Precisa de Justificativa**, p. 17-18. "A arte tornou-se desconectada das funções normais da vida e a beleza passou a ser vista como uma qualidade abstrata, com sentido próprio e sem relação com o que era retratado." (p. 14).

34 Rookmaaker, **A Arte Não Precisa de Justificativa**, p. 10. Com a descristianização da arte, Rookmaaker conclama a igreja a quatro atitudes: prantear (a situação calamitosa deste mundo), orar (sabendo que a mudança não depende de nós), refletir (sobre o espírito presente) e agir (p. 30-32).

AMANDO A DEUS NO MUNDO

para que a arte moderna perdesse referenciais da realidade a partir da "profunda inversão de valores espirituais" que surgiu na Era da Razão.[35] A pintura medieval não era mero retrato de eventos históricos, mas tinha como interesse o dogma, a interpretação teológica, e a pintura do século 17 também não procurou imitar a natureza como uma câmera fotográfica, mas faz uma interpretação da experiência humana; em ambos os casos, a pintura tem um significado, ela oferece uma filosofia da vida.[36] Até o século 17, a visão de mundo do homem ocidental era tradicionalmente cristã e a arte refletia tais referenciais.[37] A partir do momento em que o Iluminismo passou a negar a Deus o lugar que ele merece como Criador e Legislador, a arte passou a pintar o mundo que se vê sem apelo à interpretação dada pela fé. Goya pintando a execução de espanhóis sem princípio normativo, Turner pintando uma imagem embaçada da tempestade conforme experimentada pelos sentidos, Courbet com sua pintura "fotográfica" das moças peneirando trigo, todos representavam uma perspectiva naturalista, um período no qual as pinturas deixaram de ter temas.[38] Até as pinturas religiosas retratavam as práticas e os adereços religiosos sem o objeto da fé, cenas bíblicas retratadas de forma naturalista, sem que pudéssemos enxergar o significado dado pelo artista. Essa arte do século 18 e 19 era uma versão artística do liberalismo teológico do século 19, ou uma antecipação da "desmitologização" do teólogo Rudolf Bultmann.[39]

---

35 H. R. Rookmaaker, **A Arte Moderna e a Morte de uma Cultura** (Viçosa, MG: Ultimato, 2015), p. 19-21.

36 Rookmaaker, **A Arte Moderna e a Morte de uma Cultura**, p. 21-38.

37 Rookmaaker, **A Arte Moderna e a Morte de uma Cultura**, p. 50.

38 Rookmaaker, **A Arte Moderna e a Morte de uma Cultura**, p. 62-72.

39 Rookmaaker, **A Arte Moderna e a Morte de uma Cultura**, p. 80-86.

APLICAÇÃO: O CRISTÃO E A ARTE

Se esse movimento denominado "realismo" foi o primeiro passo para a arte moderna, os impressionistas (Monet, Renoir, Degas) vieram logo atrás, pintando o que viam, selecionando cenas aleatórias da vida (sem tema). Se o tema já se tornara obsoleto, Monet deu um passo adiante (a partir de 1885) quando suas pinturas se tornaram "mais semelhantes a quadros de sonhos, quadros que mostram um mundo imaterial, fantasmagórico". As pinceladas de Monet deram cor e beleza à filosofia de David Hume, na qual as nossas impressões não nos garantem a realidade do mundo exterior.[40] Posteriormente, Gauguin e o movimento expressionista exagerando a liberdade humana, seguido de um movimento pendendo para o abstrato, foram reações ao realismo/positivismo do século 19, e acabaram culminando no cubismo de Picasso e a perda total dos absolutos. Esses passos para a arte moderna, aqui apenas sintetizados, produziram o que Rookmaaker chamou de "a morte de uma cultura".

Francis Schaeffer também retrata um pouco da história da arte tendo em vista a perda de referenciais da realidade. No entanto, seu panorama é mais abrangente – começando com os romanos (com a influência grega por detrás), o berço da civilização ocidental – e ele não enxerga deficiências apenas na arte pós-iluminista: os romanos pintaram deuses que eram homens amplificados e quando o império começou a ruir perdeu sua criatividade artística; a pintura medieval humanizou o cristianismo à medida que a autoridade da igreja se tornou proeminente sobre o ensino da Bíblia, e a mistura de percepções helênicas no cristianismo também se manifestou nas artes; o Renascimento italiano magnificou a dicotomia natureza/graça

---

40 Rookmaaker, **A Arte Moderna e a Morte de uma Cultura**, p. 94-98. Rookmaaker afirma que Renoir não foi ousado para dar o passo de Monet, mas sua aparente fraqueza foi sua verdadeira grandeza. É como se ele tivesse sido freado por ter compreendido as loucas implicações do movimento.

AMANDO A DEUS NO MUNDO

retratando em poesia um amor sensual no andar debaixo e um amor ideal (espiritual) no andar de cima, o que abriu espaço para pintar a natureza com um humanismo autônomo (não teo-referente).[41] Embora Schaeffer também enxergue aspectos positivos na arte desses períodos mencionados acima, ele enfatiza mais seus aspectos caídos e retrata a Reforma como uma tentativa de remover as distorções humanistas da cultura ocidental.[42] A Reforma não era avessa à arte, como Schaeffer demonstra amplamente, mas como ela não dicotomizava o belo artístico do seu uso espiritual, a Reforma acabou se opondo a toda imagem idolátrica.[43]

Como Rookmaaker, Schaeffer também retrata as várias manifestações da arte moderna (pintura, música, literatura e cinema) expressando o pessimismo e a fragmentação do século 20. Em parágrafos muito sintéticos, Schaeffer demonstra como os vários movimentos artísticos (impressionismo, pós-impressionismo, expressionismo abstrato, cubismo) que culminaram na deturpação da humanidade na obra de Picasso (ex: *Les Demoiselles d'Avignon*) e de Marcel Duchamp rompem totalmente com a esperança humanista do Renascentismo.[44] A música erudita passou a introduzir a não-resolução harmônica criando dissonância (ex: Claude Debussy) e a aleatoriedade musical de John Cage, além de vários filmes progressistas da década de 1960 retratavam uma cosmovisão que enxergava o mundo de forma fragmentada.[45]

---

41 Francis A. Schaeffer, **How Should We Then Live?** The Rise and Decline of Western Thought and Culture (Old Tappan, NJ: Fleming H. Revell Company, 1976), p. 20-21, 26, 32, 56, 58, 68, 72-74.

42 Schaeffer, **How Should We Then Live?**, p. 82.

43 Schaeffer, **How Should We Then Live?**, p. 88-98. Schaeffer traz insights interessantes sobre o impacto da cosmovisão reformada sobre a pintura de Rembrandt (p. 98).

44 Schaeffer, **How Should We Then Live?**, p. 183-190.

45 Schaeffer, **How Should We Then Live?**, p. 194-196, 201-202.

APLICAÇÃO: O CRISTÃO E A ARTE

Nancy Pearcey também analisa a secularização tanto nas artes plásticas (arte mais erudita) quanto nos filmes (arte mais popular), como um ataque à razão, moralidade e significado. Ela analisa extensivamente a arte erudita ao fazer um panorama de duas vias do secularismo, Iluminismo e Romantismo, o primeiro focando na esfera dos fatos e a segunda na esfera dos valores (veja capítulo 5).[46] Pearcey demonstra que não há neutralidade em estilos artísticos, mas que todos expressam uma cosmovisão a qual artistas se mostram aptos para traduzir em histórias e imagens:[47] a perfeição geométrica das esculturas gregas não retratava o ser humano real, mas o ideal universal (platônico); os ícones bizantinos sempre retrataram a divindade do Cristo celestial ou a Maria exaltada já que nunca havia árvores ou cidades ao fundo; a primeira pintura da manjedoura (humanidade de Cristo) surgiu da ênfase franciscana na austeridade da vida cristã; o homem renascentista, apto em muitas artes e ciências, se opôs ao exílio monástico e propôs um domínio do mundo; a Reforma resgatou a santidade da vida e dos trabalhos ordinários, mas seu espírito iconoclasta trouxe prejuízos à história da arte; o Iluminismo relatou a natureza como uma grande máquina e o romantismo reagiu a tal mecanicismo com sentimentos, mitos medievais (fadas, elfos) e às vezes com panteísmo filosófico.[48] Todos esses exemplos de cosmovisão por trás da arte revelam que arte sempre oferece uma intepretação da realidade. Ao retratar as duas vias do secularismo na arte moderna elitizada e a versão popular do secularismo nos filmes,[49] Pearcey

---

46 Nancy Pearcey, **Saving Leonardo**: A Call to Resist the Secular Assault on Mind, Morals, & Meaning (Nashville: Broadman & Holman, 2010), p. 3-4.

47 Pearcey, **Saving Leonardo**, p. 76-77.

48 Pearcey, **Saving Leonardo**, p. 77-90.

49 Cf. Pearcey, **Saving Leonardo**, p. 103-265. Para um panorama mais extenso das cosmovisões

evidencia a falência da arte moderna em dissociar arte da verdade e colocá-la na esfera subjetiva dos valores.[50]

Esses históricos da arte feitos por reformados retratando o desvio de padrões não significa que a arte antiga era boa e a moderna é ruim, como se fosse apenas um apelo tradicional. O próprio Rookmaaker reconhece polarizações entre o conceito idealista de Platão e o conceito mimetista de Aristóteles oscilando em domínio desde a Grécia antiga até o século passado.[51] No entanto, ao expor mormente a loucura da arte moderna, Rookmaaker assim como Schaeffer e Pearcey estão falando ao seu tempo e mostrando que a perda de referenciais cristãos redunda numa arte moderna questionável. Por isso, gastaremos a última parte deste capítulo reunindo referenciais bíblico-teológicos desenvolvidos por pensadores reformados a fim de nos ajudar na apreciação artística com discernimento.

CRITÉRIOS DE AVALIAÇÃO ARTÍSTICA

Nesta parte final do capítulo, iniciaremos com as recomendações de Rookmaaker e Schaeffer sobre arte "secular" e como devemos apreciá-la. Essa orientação se faz necessária para que não caiamos em isolamento cultural nem na oposta embriaguez secularista. Precisamos aprender a apreciar o que é belo tendo referenciais cristãos de avaliação. Terminaremos essa seção com os insights de Michael Horton aplicados especialmente à arte sacra, algo ainda bem confuso no meio evangélico. Se a maior parte do capítulo tem

---

por trás dos filmes, veja Brian Godowa, **Cinema e Fé Cristã**: vendo filmes com sabedoria e discernimento (Viçosa, MG: Ultimato, 2004), p. 59-136.

50 Pearcey, **Saving Leonardo**, p. 98-99.

51 Cf. H. R. Rookmaaker, "Estética" in **Dicionário de Ética Cristã**, p. 226-227.

APLICAÇÃO: O CRISTÃO E A ARTE

falado de arte fora da igreja, também precisamos de direcionamento quanto a expressões artísticas no âmbito eclesiástico.

No seu livreto *A arte não precisa de justificativa*, Rookmaaker faz ótimas colocações contra o subjetivismo artístico da modernidade, quando padrões objetivos de avaliação caíram em desuso:

> A arte não é neutra. Podemos e devemos julgar seu conteúdo, seu significado e a qualidade do entendimento acerca da realidade que está incorporada nela... Como a arte está amarrada à realidade, há um espaço para falar sobre a verdade na arte. Será que ela faz jus ao que representa? Será que o faz de maneira positiva? Será que demonstra a profundidade e a complexidade do que aborda?[52]

Observe como um museu de arte moderna exalta o que é comum, como se coisas ordinárias fossem dignas de destaque; isso é reflexo do relativismo.[53] O fato de haver espaço para a apreciação subjetiva da arte (diferentes gostos) não inviabiliza a discussão sobre normas como qualidade e conteúdo ou mentalidade expressa.[54] Isso não significa propor regras legalistas sobre o que é bom e o que não é,[55] mas visa promover critérios gerais que não podem ser abandonados. Rookmaaker sugere quatro qualidades que todo artista deve ter: talento (algo recebido), inteligência (qualidade de analisar a situação e encontrar a forma correta de expressá-la), caráter (não visar apenas o lucro, a popularidade e a aceitação), e

---

52 Rookmaaker, **A Arte Não Precisa de Justificativa**, p. 51-52.

53 Rookmaaker, **A Arte Não Precisa de Justificativa**, p. 56-57.

54 Rookmaaker, **A Arte Não Precisa de Justificativa**, p. 57-58, 60.

55 Rookmaaker, **A Arte Não Precisa de Justificativa**, p. 61.

aplicação (treino exaustivo para se dominar a arte; genialidade por si só não basta).[56] Em outro texto, Rookmaaker fala que qualidade não é o único critério para a arte, embora seja um pré-requisito: "A qualidade é a primeira norma da arte, mas sua norma última é a verdade e o amor, o enriquecimento da vida humana, o aprofundamento de nossa visão". Ele ainda fala da importância da forma se adequar ao conteúdo, pois aquela foi criada para expressar este.[57]

Essas orientações de Rookmaaker são úteis para desmistificarmos a ideia de que arte é totalmente subjetiva, como se não houvesse parâmetros de apreciação. Não podemos duvidar que haja um elemento subjetivo do artista e do apreciador da arte, próprio inclusive da cosmovisão de cada um, mas nosso referencial de fé precisa ter a audácia de interpretar e criticar, se necessário, diferentes expressões artísticas. Afinal, beleza provém do Senhor e, por isso, deve haver sabedoria bíblica para apreciarmos aquilo que reflete o Belo.

Francis Schaeffer também combate o relativismo artístico com referenciais ainda mais claros. Numa determinada seção do capítulo 2 de seu opúsculo, Schaeffer sugere quatro padrões de julgamento de uma obra de arte.[58] Primeiro, sua excelência técnica. Ainda que não concordemos com sua cosmovisão (o conteúdo), podemos reconhecer o grande artista. Segundo, a validade do trabalho, isto é, se a arte de fato expressa a cosmovisão do artista ou é meramente comercial. O terceiro critério é o conteúdo intelectual, a cosmovisão que está sendo comunicada. O quarto critério é a adequação entre veículo e mensagem. Schaeffer está organizando

---

56 Rookmaaker, **A Arte Não Precisa de Justificativa**, p. 70-75.

57 Rookmaaker, "Arte", p. 59.

58 Schaeffer, **A Arte e a Bíblia**, p. 53-60.

APLICAÇÃO: O CRISTÃO E A ARTE

ainda mais as orientações de Roomaaker ao nos lembrar de qualidade, conteúdo e adequação, por exemplo.

Schaeffer também faz colocações importantes sobre estilo artístico, bem relacionado ao critério de adequação. Não devemos temer a novidade da arte, afinal estilos artísticos mudam. Para Schaeffer não existe bom estilo e mau estilo, não existe estilo cristão de música. Porém, estilos têm relação com o conteúdo ou a mensagem da obra de arte. Estilos são veículos de cosmovisões.[59] "Por um lado, os estilos são completamente neutros; por outro, não devem ser usados de maneira ingênua e irrefletida"[60] e quanto a essa ingenuidade Schaeffer ilustra com o rock cristão: "Será que elas ouviram sua mensagem claramente porque você usou a linguagem moderna delas, ou simplesmente ouviram mais uma vez o que já vinham ouvindo sempre que escutavam rock porque você usou o estilo delas?"[61]

Schaeffer não é ingênuo quanto ao efeito que estilos carregam na arte, pois sabe que estilos expressam cosmovisões. No entanto, ele está nos ensinando duas coisas acerca de estilos. Em primeiro lugar, Schaeffer está dizendo que estilos não são facilmente percebidos como agradáveis a Deus ou não. A Escritura não nos orienta sobre estilos, quer seja para a arte sacra ou não.[62] É difícil fazermos

---

59 Schaeffer, **A Arte e a Bíblia**, p. 64.

60 Schaeffer, **A Arte e a Bíblia**, p. 68.

61 Schaeffer, **A Arte e a Bíblia**, p. 67.

62 Michael Horton já acha que não existe um critério específico para a arte fora do âmbito eclesiástico, como há para a arte sacra; mais do que descritiva e didática, seu propósito é lúdico e estético. Horton, **O Cristão e a Cultura**, p. 75, 106. Horton acredita que temos critérios para avaliar a arte sacra, mas não a arte secular. Quero sugerir que pensemos diferente. Assim como temos que utilizar de sabedoria e prudência cristã para compreender certas coisas de culto não explicitados na Escritura (cf. *Confissão de Fé de Westminster* I.6), podemos utilizar da mesma sabedoria e prudência cristã para atividades artísticas fora do ambiente eclesiástico.

juízo sobre um estilo artístico – musical, arquitetônico – que agrade a Deus e outro não. Por outro lado, e em segundo lugar, Schaeffer nos ensina que estilos carregam diferentes funções. É por isso que certa música pode ser mais apropriada para protesto social (rap) enquanto outra expressa melhor a alegria saltitante (rock). Nem todo estilo é apropriado para adoração. A sabedoria cristã deve ser o nosso freio para não fazermos juízo absoluto sobre assuntos que a Escritura não explicita, mas também o nosso norte para nos dizer quais estilos convém ou não e por quê.

Como seria utilizar de sabedoria para apreciar a arte, seja ela sacra ou não? Como é que critérios como o de qualidade, conteúdo e adequação se aplicam ao julgar estilos? Primeiro, nem todo tipo de arte sacra é boa, tanto por causa de sua qualidade quanto por causa de seu conteúdo. Michael Horton faz críticas à pobreza artística da música cristã contemporânea e fala da profundidade dos hinos antigos (sec. 18) – não são os hinos de hinários brasileiros os quais são mais recentes (sec. 19) – os quais têm sido desprezados por duas razões: desprezo ao passado e ignorância quanto à teologia dos mesmos.[63] Esse não é um apelo ao que é tradicional, mas àquilo que tem qualidade musical e teológica. Devemos apreciar o teor artístico e a cosmovisão bíblica da música sacra seja ela antiga ou contemporânea, mas não devemos consumi-la só porque ela é sacra.

Michael Horton não está se opondo à boa arte, mas ele é crítico daqueles que julgam que a esfera eclesiástica legitima qualquer

---

63 Horton, **O Cristão e a Cultura**, p. 74. Ele acrescenta: "Queremos 'nos expressar' através de cânticos de louvor, enquanto nos hinos clássicos antes do século dezenove os crentes queriam compreender a Deus e a redenção, respondendo com pensamento e com emoção". Horton está comparando a atual tendência da música evangélica de enfatizar mais o que faço para Deus do que o que Deus fez por mim. Essa é uma forma despercebida de legalismo.

APLICAÇÃO: O CRISTÃO E A ARTE

tipo de arte. Ele se opõe àqueles que só querem fazer arte "cristã" (romances cristãos, ficção cristã), pois ele acha que existe uma razão de falta de qualidade por trás de tal opção. Escritores cristãos do passado não escreveram para a fatia evangélica do mercado, mas escreveram clássicos da literatura, porque sua arte tinha mérito. "É somente quando nossa arte torna-se de segunda categoria que temos de criar um lugar especial para ela e justificá-la pelo uso moral e evangelístico com que serve a comunidade cristã."[64] Horton não está dizendo que a arte sacra seja sem validade. Ele está apenas lamentando o fato da arte feita por cristãos ter ficado restrita ao círculo evangélico por causa de sua pobreza artística.[65] Faltam autores como C. S. Lewis, o qual conseguiu cativar o interesse do público não cristão com uma ficção cuja estrutura é cristã sem, necessariamente, ter paralelos para cada figura da história.

Podemos discordar do alto nível de exigência colocado por Horton para os artistas cristãos. Todavia, ele está nos lembrando que a primeira coisa que um artista deve ter é qualidade artística. Ter qualidade artística em alto grau pode ter o reconhecimento até do público não cristão, ainda que esse público não aprecie a cosmovisão do artista cristão. Nós, também, precisamos reconhecer o artista não cristão por sua qualidade, ainda que discordemos de sua cosmovisão. Por vezes, os evangélicos promovem música, teatro e dança que são considerados agradáveis a Deus por serem sacras, quando na verdade não honram a beleza do Artista que é fonte de toda beleza.

---

64 Horton, **O Cristão e a Cultura**, p. 80.

65 "Se vamos escrever literatura 'cristã' e criar obras de arte e música distintivamente 'cristãs', deverá ser feito de modo tão plenamente persuasivo intelectualmente e artisticamente que os que não são cristãos ficarão impressionados por sua integridade – mesmo que eles discordem." Horton, **O Cristão e a Cultura**, p. 89.

AMANDO A DEUS NO MUNDO

Uma segunda aplicação do espírito de sabedoria está relacionada ao critério de adequação. Temos que compreender que certas manifestações artísticas não são adequadas para o culto, ainda que sejam agradáveis a Deus. A música é uma arte recomendada pela Escritura para fazer parte do culto público, mas nem todo tipo de arte precisa fazer parte do culto para que Deus se deleite nela. Quando cristãos pensam em teatro, danças, e desejam incluí-los no culto, eles deixam de entender o que cabe a cada esfera. Nem todo tipo de arte deve fazer parte do culto, ainda que toda arte deva ser feita para a glória de Deus. Habilidades expressam a glória do nosso Criador, mas nem por isso precisamos expressá-las no culto. Há praticamente consenso entre os cristãos de que não há necessidade de bater um pênalti na frente da igreja para justificar a habilidade futebolística de alguém. Semelhantemente, podemos e devemos expressar a dedicação de talentos artísticos fora do contexto de culto.

Ainda dentro de adequação, precisamos especificar que embora a música faça parte do culto, nem todo o tipo de música é apropriado para o culto. Já dissemos que estilo não é neutro;[66] estilo precisa combinar com o conteúdo. A melodia, a harmonia e o ritmo são servos da letra; o envelope precisa ser compatível com o conteúdo. Por exemplo, a música em tom menor expressa tons serenos e melancólicos. Faz mais sentido cantar o Salmo 51 em tom menor e ritmo sereno do que em ritmo de samba. Não estou dizendo que não podemos utilizar ritmos modernos ou ritmos

---

66 É um equívoco achar que estilo musical é apenas uma questão de gosto (subjetivo), sem nenhum critério objetivo de avaliação. Em um certo sentido, estilo molda conteúdo. A Bíblia não separa como adoramos (2º mandamento) de quem adoramos (1º mandamento). Cf. Michael Horton, **Um Caminho Melhor**: Redescobrindo o Drama do Culto centrado em Deus (São Paulo: Cultura Cristã, 2007), cap. 10.

APLICAÇÃO: O CRISTÃO E A ARTE

brasileiros para a adoração. Contudo, é preciso discernir quais estilos são mais apropriados para o culto e entender que certas expressões culturais têm virtudes e defeitos. A cultura brasileira, por exemplo, não tem um estilo popular que seja adequado para cantar os salmos de lamento. Talvez tenhamos que criar estilos apropriados para tais canções antigas. Martinho Lutero, por exemplo, se opôs aos melismas do canto gregoriano que tinha várias notas por sílaba, porque tal estilo melódico prejudicava a clareza da mensagem. Por isso, ele propôs músicas de uma sílaba por nota, pois a música sacra era apenas serva da letra.[67] Também precisamos de clareza linguística, ao invés de uma poesia tão metafórica que seja incompreensível ao leitor comum. Esses são apenas exemplos de como a sabedoria cristã pode nos ajudar a discernir conforme o critério de adequação.

---

67 Cf. Parcival Módolo. Música: *Explicatio Textus, Praedicatio Sonora*. **Fides Reformata** vol. 1, no. 1 (jan-jun, 1996), p. 60-64.

CAPÍTULO 13

A GRANDEZA DE DEUS PARA OS QUE SÃO HUMILHADOS

(DANIEL 4)

O CONFRONTO DE DOIS REIS

O capítulo 4 de Daniel traz a história de um monarca grande entre os homens, que ainda não compreendera as implicações de conhecer o Monarca grande sobre os homens. Para compreender o impacto desse conhecimento sobre Nabucodonosor em nosso texto base, é preciso relembrar como Deus se apresentou ao rei da Babilônia nos primeiros três capítulos do livro de Daniel.

No capítulo 1, Nabucodonosor ficou impressionado com a sabedoria de quatro adolescentes, pois eles sobrepujavam em muito os sábios de seu reino (1.19-20). O primeiro contato de Nabucodonosor com a verdade ainda não o leva a falar de Deus diretamente. Semelhantemente, descrentes sobre quem o testemunho da verdade causa algum impacto impressionam-se primeiramente com os servos, antes do que com Deus. Porém, só o convívio com crentes não torna ninguém crente no Deus Altíssimo.

AMANDO A DEUS NO MUNDO

No capítulo 2, vemos a maldade do monarca babilônico quando exigiu que seus magos e encantadores não só interpretassem um sonho, mas antes adivinhassem qual sonho o rei tivera. Eles responderam que nenhum mortal poderia fazê-lo e, por fúria do rei, foram ordenados à morte. Para salvá-los da exigência cruel do monarca, Daniel pede sabedoria de Deus e vai à presença do rei, revela o sonho e o interpreta. Nabucodonosor fica extasiado com o Deus que revela mistérios, o "Deus dos deuses" (2.47). Porém, assim como acontece hoje quando pessoas se deparam com o miraculoso, Nabucodonosor tirou o foco de Deus e o colocou no homem Daniel (2.48). O rei se esqueceu da grandeza do Deus de Daniel.

No capítulo 3, ele manda construir uma imagem imponente e exige que todos os seus súditos se curvem diante dela. Quando Sadraque, Mesaque e Abede-Nego não o fazem, Nabucodonosor não só os ameaça com a fornalha, mas afirma não haver deus capaz de livrá-los – ele desafia a fé daqueles jovens judeus (v. 15). Então o rei é apresentado ao Deus que se faz presente com os seus servos e é poderoso para livrá-los. Nabucodonosor fica tão impressionado com tal livramento que ordena que ninguém blasfeme contra esse Deus (3.28-29). Tal testemunho deveria ser mais do que suficiente para converter a Nabucodonosor, porém o capítulo 4 mostra que ele ainda está distante de Deus. Assim como conhecemos pessoas que ouvem o evangelho e ficam entusiasmados pelo mesmo, mas não se rendem a Deus, Nabucodonosor ainda não havia sido atingido pessoalmente por esse Deus. Olyott afirma que ele cria na existência desse Deus (*notitia*), que ele é poderoso para salvar (*assensus*), mas não se comprometera

A GRANDEZA DE DEUS PARA OS QUE SÃO HUMILHADOS (DANIEL 4)

com Ele (*fiducia*).[1] Algo acontece com Nabucodonosor que o faz mudar de opinião.

Portanto, o capítulo 4 será a história em que Deus se mostra de forma mais direta e existencial ao monarca babilônico. Sua grandeza já tinha sido revelada ao rei Nabucodonosor de várias formas, como já dissemos. No capítulo 1 Deus se mostrara grande em sabedoria, no capítulo 2 ele se revelara grande em conhecimento, no capítulo 3 nós o vemos grande em poder, mas Nabucodonosor ainda não compreendera a amplitude do domínio que o Deus de Daniel tinha inclusive sobre a sua própria vida. Por isso, veremos como no capítulo 4 o Senhor fez questão que sua grandeza fosse não apenas exposta a Nabucodonosor, mas apropriada pelo líder caldeu.[2] Mediante a experiência humilhante narrada nesse capítulo, o Grande Rei promoveria uma mudança de cosmovisão ao soberbo rei.

O objetivo do texto é dar testemunho primeiramente aos judeus, mas também aos povos de todas as épocas, que a grandeza do Senhor requer que nos humilhemos perante ele, pois a própria narrativa termina dizendo que Deus humilha os que andam na soberba (4.37). Há, porém, quem discorde. Sidney Greidanus é

---

1 Olyott, **Ouse Ser Firme**, p. 56. As três palavras latinas – *notitia* (conhecimento), *assensus* (assentimento), *fiducia* (confiança) – eram consideradas pelos reformadores como os três elementos da fé genuína. A confiança, porém, era o elemento mais definidor de uma fé autêntica. A resposta à pergunta 21 do Catecismo de Heidelberg (1563) revela esse destaque à confiança, detalhando esse terceiro elemento mais do que os dois primeiros: "A verdadeira fé é o *conhecimento* e a *certeza* de que é verdade tudo o que Deus nos revelou em sua Palavra. É também a plena *confiança* de que Deus concedeu, por pura graça, não só a outros, mas também a mim, a remissão dos pecados, a justiça eterna e a salvação, somente pelos méritos de Cristo. O Espírito Santo opera esta fé em meu coração, por meio do Evangelho". O aspecto de confiança recebe destaque: não se trata só de conhecer que há salvação, nem somente de crer na possibilidade da mesma, mas de apropriar-se dessa salvação como sendo sua.

2 "Miraculosas demonstrações do poder de Deus podem, por certo, fazer as pessoas pararem para pensar, mas verdadeira conversão só pode ser alcançada por uma experiência pessoal com o poder e a graça de Deus." Duguid, **Daniel**, p. 71.

AMANDO A DEUS NO MUNDO

categórico em afirmar que o texto não é um exemplo de advertência contra o orgulho, pois o inimigo que os mantinha cativos não seria exemplo para os exilados, e porque os judeus humilhados no exílio não precisavam de uma advertência contra o orgulho.[3] Sua preocupação com a pregação cristocêntrica o leva a temer que a aplicação voltada para o orgulho se torne uma moralização.

No entanto, veremos como os dois arrazoados apresentados por Greidanus podem ser refutados e ainda assim manter a pregação cristocêntrica, como ficará mais evidente ao final deste capítulo.[4] Primeiro, Deus já se utilizara de "inimigos" para ensinar o seu povo, quando apresentou os marinheiros pagãos do livro de Jonas mais submissos e adoradores do Senhor do que o Israel incrédulo que leria o livro (Jn 1). Ele continuaria a fazer isso quando Jesus escolheu os samaritanos para ensinar aos judeus sobre o bom caminho (Lc 10.25-37; 17.11-19). Em segundo lugar, não é verdade que os judeus cativos não precisavam se humilhar perante o Senhor, mas precisavam apenas de encorajamento. A oração de Daniel 9 (que ocorre ao final do exílio) em resposta ao escrito de Jeremias e em cumprimento às palavras do Senhor a Salomão (2 Cr 7.14) testifica de que durante o exílio o povo ainda não se voltara totalmente ao Senhor. Além disso, Ezequiel foi um profeta do exílio que proferiu inúmeros oráculos de exortação a um povo que ainda não estava contrito. Portanto, o testemunho de Nabucodonosor no capítulo 4 servia para que todos enxergassem a grandeza do "Altíssimo" (v. 2, 17, 24, 25, 32, 34) e fossem humilhados diante dela.

---

3 Greidanus, **Pregando Cristo a partir de Daniel**, p. 126-127, 138-139. Greidanus entende que o objetivo não só do texto como do livro é apresentar a soberania do Altíssimo sobre os reinos para encorajar os israelitas que sofrem no exílio de que Deus ainda estava no controle (p. 35-36).

4 Ian Duguid é um exemplo desse tipo de pregação cristocêntrica que não teme aplicar a passagem para a questão do orgulho. Cf. Duguid, **Daniel**, p. 69-82.

A GRANDEZA DE DEUS PARA OS QUE SÃO HUMILHADOS (DANIEL 4)

A humilhação para o reconhecimento do senhorio de Cristo é algo que necessariamente acontecerá com todos os seres humanos (Fp 2.10-11). Se esse reconhecimento acontece ainda nesta era, antes do seu retorno, então ele proporciona redenção. Se, todavia, o joelho se dobra apenas na sua vinda, então tal humilhação redunda em juízo.[5] A nossa história é um relato de redenção e toda redenção do ser humano envolve uma mudança drástica em que deixam de ser amantes de si mesmos para serem amantes do Senhor.

A história humilhante é contada pelo próprio Nabucodonosor (v. 1-2) na forma de um edito, uma carta régia. Se antes ele convocara "povos, nações e homens de todas as línguas" a se curvarem perante a imagem (3.7), agora ele chama o mesmo grupo a ouvir sobre o Deus verdadeiro (4.1). Edward Young acredita que esse edito real é resultado da instrução e influência de Daniel. Isso explica a semelhança de linguagem entre as palavras do monarca e outros trechos da Escritura (Dn 4.3 e Sl 145.13; Dn 4.35 e Is 40.17; 41.12, 24, 29).[6] Há um sentido, portanto, em que podemos afirmar que esse é o único capítulo do AT escrito (indiretamente) por um gentio.

Essa carta régia é um testemunho sobre a grandeza do reino de Deus em contraste com o seu próprio reino passageiro (v. 3, 34). O sentido do verso 2 é que a sua soberba foi quebrada quando Deus lhe mostrou sinais que o deixaram maravilhado, feitos que o deixaram espantado.[7] Uma das evidências disso é que ele declara

---

5 Alguns estudiosos têm observado que o trecho do livro de Daniel escrito em aramaico (caps. 2-7) forma uma estrutura quiástica onde os capítulos 2 e 7 apresentam quatro impérios e o reino de Deus, os capítulos 3 e 6 trazem uma prova de fé e a libertação divina, e os capítulos 4 e 5 funcionam como espelho de reis sendo humilhados, mas com reações opostas. Cf. Greidanus, **Pregando Cristo a partir de Daniel**, p. 34-35.

6 Young, **A Commentary on Daniel**, p. 98. Edward Young está seguindo o comentarista C. F. Keil nesta observação. Cf. Carl Friedrich Keil & Franz Delitzsch, **Commentary on the Old Testament** Vol. 9 (Peabody, MA: Hendrickson, 1996), p. 578.

7 Young, **A Commentary on Daniel**, p. 97.

AMANDO A DEUS NO MUNDO

que o reino de Deus, diferente do dele, é eterno, indestrutível (v. 3). O outrora soberbo Nabucodonosor irá testemunhar como ocorreu o seu quebrantamento. A frase que é repetida três vezes – reconhecer que "o Altíssimo domina sobre os reinos dos homens e os dá a quem quer" (v. 17, 25, 32), uma frase proferida por três personagens diferentes – é a lição mais importante desse capítulo. Como reconheceu Nabucodonosor ao final: Deus "pode humilhar aos que andam na soberba". (v. 37).

A SOBERBA PRECEDE A RUÍNA

Nabucodonosor começa narrando que sua vida experimentava tranquilidade e prosperidade até que foi perturbado por um sonho (v. 4-5). A palavra aramaica traduzida por "feliz" ou "próspero" (*ra'anan*) é usada em referência ao crescimento de uma árvore (florescer).[8] Portanto, o autor do relato propositalmente utiliza esse termo para fazer referência ao sonho que estava por vir.

Quando perturbado, o rei chama os sábios para lhe interpretarem o sonho e lhe restaurarem a tranquilidade (v. 6-7). Talvez você esteja se perguntando: depois de tudo que Daniel revelou a Nabucodonosor no capítulo 2, por que Daniel não é procurado primeiro, mas somente após os sábios do seu reino serem consultados? É certo que Nabucodonosor se lembrava de suas habilidades porque duas vezes se refere a ele como alguém em quem "o espírito dos deuses santos" habita (v. 9, 17) e, por isso, nenhum mistério lhe era difícil. Portanto, não se trata de esquecimento, nem falta de reconhecimento. Por que, então, não chamou a Daniel primeiro? Os comentaristas

---

8 Keil e Delitzsch, **Commentary on the Old Testament** Vol. 9, p. 583. A palavra pode ser traduzida como "florescente". Harris, Archer, e Waltke, **Dicionário Internacional de Teologia do Antigo Testamento**, p. 1737.

A GRANDEZA DE DEUS PARA OS QUE SÃO HUMILHADOS (DANIEL 4)

tendem a interpretar que o rei, em alguma medida, devia ter uma noção de que o sonho revelava a sua ruína e, portanto, não queria ouvir a má notícia.[9] Ímpios em geral costumam evitar a verdade que lhes confronta ou o juízo que lhes aguarda (Jo 3.19-20).

Depois de novo fracasso dos sábios (2.10-11; 4.7), Daniel é chamado para revelar o sonho da árvore frondosa e frutífera sobre toda a terra, que seria cortada (v. 9). Durante o exílio, o nome de Daniel se tornou sinônimo de sabedoria (Ez 28.3). No entanto, antes de revelar o sonho, Daniel tem uma postura digna de ênfase. Ele se entristece, fica atônito, e deseja que o rei não fosse alvo daquele juízo (v. 19). Considerando que Nabucodonosor não é um exemplo de integridade enquanto governante (v. 27), é admirável que Daniel tenha desejado que o mal previsto no sonho não lhe acometesse. A postura do profeta é sinal de compaixão e honra às autoridades.

A árvore de proporções gigantescas, que provê abrigo e sustento aos habitantes da terra, é Nabucodonosor (v. 10-12; 20-22). A analogia de homem arrogante como uma árvore robusta é usada outras vezes no AT (Is 2.12-13; Ez 31.3-17) e, por isso, Gleason Archer conclui que é natural entender como um hebreu compreenderia o significado do sonho de uma forma que os sábios pagãos não teriam condições de fazê-lo.[10] No entanto, não podemos tornar a interpretação de Daniel um fenômeno comum, de mero conhecimento bíblico, já que dele é dito ter uma habilidade para interpretar sonhos

---

9 João Calvino é seguido por Edward Young em sugerir que o rei sabia que seria humilhado pelo Deus de Daniel, e por isso só procura por Daniel em última instância, por extrema necessidade. Young, **A Commentary on Daniel**, p. 100; Calvino, **Daniel**, vol. 1, p. 243. Stuart Olyott afirma: "O versículo 17 deixa claro que ele deve ter entendido que Deus lhe faria o que estava previsto no sonho. Em seu estado de não-convertido, esta era uma verdade que não podia enfrentar, uma verdade que não queria ouvir". Olyott, **Ouse Ser Firme**, p. 58.

10 Archer, "Daniel", p. 61-62.

AMANDO A DEUS NO MUNDO

(1.17). O restante da interpretação mostrará como, de fato, sua explicação requer um conhecimento sobrenatural.

É significativo que Daniel não despreze a "grandeza" de Nabucodonosor perante os homens (v. 22), ainda que ele exorte o monarca a se submeter à grandeza do Altíssimo (v. 25). Quanto à mensagem do "vigilante... que descia do céu» sobre a árvore ser cortada e o toco ficar preso por correntes,[11] ela significava a retirada do monarca caldeu de seu domínio e a habitação humilhante entre os animais durante "sete tempos"[12] até que, mediante o reconhecimento do Altíssimo, seu reino lhe seria restituído (v. 13-16; 23-26). Enquanto Nabucodonosor fala como pagão, achando que o decreto é da parte do ser angelical (v. 17), Daniel o corrige dizendo que o decreto é da parte de Deus (v. 24).

Deus humilharia o grande Nabucodonosor, mas não sem antes lhe dar um tempo. O monarca caldeu foi primeiro exortado ao arrependimento (v. 27). Deus não trouxe o juízo de imediato, mas foi paciente. Nabucodonosor, contudo, se esqueceu do sonho e se afundou em soberba (v. 29-30).[13] Após um ano, nós o vemos se

---

11 É difícil dizer ao certo o significado das cadeias de ferro e bronze, pois as interpretações dos estudiosos são variadas. MacArthur, por exemplo, acha que os metais visavam proteger o toco. John MacArthur, **The Rise and Fall of the World**: Study Notes – Daniel 2-5 (Panorama City, CA: Word of Grace Communications, 1984), p. 98. Todavia, parece mais provável que elas apontem para a sua loucura como um cativeiro, a restrição de sua autodeterminação. Keil e Delitzsch, **Commentary on the Old Testament** Vol. 9, p. 589; Young, **A Commentary on Daniel**, p. 104; Duguid, **Daniel**, p. 73.

12 "Muitos assumem que a expressão 'sete tempos' se refere a sete anos, mas isso não é certo", diz Chisholm, **Handbook on the Prophets**, p. 301. Young acha que pode significar sete anos, mas também confirma que não é certo. Young, **A Commentary on Daniel**, p. 105. Archer e MacArthur, ambos pré-milenistas, já consideram os sete anos como uma interpretação certa. Archer, "Daniel", p. 60-61; MacArthur, **The Rise and Fall of the World**, p. 101. O número sete pode apontar para um tempo perfeito a fim de cumprir os propósitos na vida de Nabucodonosor. Afinal, sete é o número hebraico que aponta para completude. Duguid, **Daniel**, p. 75.

13 O "eu" e o "meu" do verso 30 são enfáticos no hebraico. R. Jamieson, A. R. Fausset & D. Brown, **Commentary Critical and Explanatory on the Whole Bible** (Oak Harbor, WA: Logos Research Systems Inc., 1997), p. 629.

A GRANDEZA DE DEUS PARA OS QUE SÃO HUMILHADOS (DANIEL 4)

vangloriando de suas construções que, de acordo com registros antigos, incluiriam os famosos jardins suspensos da Babilônia.[14] Nesse momento, Deus o castiga por "sete tempos" com uma disposição mental animalesca (v. 32-33), vivendo como um animal a céu aberto. Ele experimentou uma loucura (posteriormente ele volta a ter "entendimento", v. 34) que o afastou do reinado durante esse tempo.[15] Relatos extrabíblicos confirmam o sumiço do rei.

Aquele que almejava ser maior do que todos os homens, acabou se tornando menos do que homem. Assim como no pecado de Adão, quando Nabucodonosor quis ser igual a Deus, isso resultou numa deturpação de sua humanidade. Quando o texto fala de mudar o "coração" (v. 16; *lebab* em aramaico), isso traz a ideia de mudar a disposição mais interior (cf. Dn 2.30; 5.20-22; 7.4).[16] Sua pele enrijeceu por constante exposição ao clima externo, seu cabelo e pelos ficaram sujos e duros como se fossem penas, e suas unhas cresceram como se fossem garras. Sua impressionante humilhação confirma a sabedoria salomônica de que "a soberba precede a ruína, e a altivez do espírito, a queda" (Pv 16.18).

---

14 Edward Young afirma que Nabucodonosor não era tanto um guerreiro quanto um construtor. Young, **A Commentary on Daniel**, p. 109. A arqueologia encontrou na região da antiga metrópole milhares de tijolos com o nome de "Nabucodonosor, filho de Nabopolassar", apontando para a expansão da cidade em seus dias. Jamieson, Fausset e Brown, **Commentary Critical and Explanatory on the Whole Bible**, p. 629.

15 Alguns comentaristas dizem que possivelmente tenha sido uma doença por nome "licantropia" ou "boantropia". Keil e Delitzsch apontam para literatura de sua época que registrava casos de "loucura animalesca" (*insania zoantropica*) ou "licantropia", que significa se assemelhar ao comportamento de um lobo. Keil e Delitzsch, **Commentary on the Old Testament** Vol. 9, p. 594-595. Iain Duguid, todavia, prefere entender que o texto não visa nos dar subsídios para diagnosticar a doença, como se fosse um fenômeno natural. Antes, o juízo divino foi um ato direto e extraordinário. Duguid, **Daniel**, p. 77.

16 "Uma das grandes ironias do pecado é que quando seres humanos tentam ser mais que seres humanos, eles acabam se tornando menos do que seres humanos. Ser o seu próprio Deus e viver para a sua própria glória e poder conduz ao tipo mais bestial e cruel de comportamento. Orgulho te faz um predador, não uma pessoa." Keller, **Counterfeit Gods**, p. 121.

AMANDO A DEUS NO MUNDO

Essa soberba desastrosa de Nabucodonosor deve chamar nossa atenção para a soberba de nossa sociedade. Como orgulho é um pecado pouco reconhecido pelos homens, nem sempre nos apercebemos das atitudes soberbas de nossos dias. Tim Keller afirma que em culturas passadas o valor de alguém era medido pela sua honra, isto é, como ele cumpria seu papel na comunidade, como cidadão, pai, profissional, etc. A sociedade moderna, porém, valoriza alguém pelas suas realizações ou sucesso. A competitividade de nosso tempo espera que você busque ser o melhor naquilo que você faz. A autopromoção é sinônima de boa ambição, necessária para que você "apareça" no mercado ou na mídia. A sociedade propaga o sonho de que você pode ser o que quiser ser, contanto que tenha força de vontade.[17] Fechando os olhos para as limitações de cada um, o discurso motivacional não enxerga como utopia o baixinho se tornar um grande jogador de basquete, ou o desafinado fazer solo em um grupo musical, ou até o "cintura dura" vir a ser um dançarino profissional. Esse discurso só é crido por causa de nosso orgulho.

Outro exemplo de soberba na sociedade é o anseio generalizado de ser líder. Isso atinge até as igrejas evangélicas. Tanto é verdade, que estamos repletos de conferências sobre lideranças, mas nunca ouvimos falar de uma conferência sobre como ser servo.[18] Isso demonstra o espírito mundano de achar que todos podem ser líderes, enquanto que a Bíblia coloca liderança como sendo um dom que uns têm (presidência, governo) e outros não.

A soberba é tão sorrateira que chamamos o orgulho que temos pelos nossos filhos de orgulho "santo". Contamos aos outros

---

17 Keller, **Counterfeit Gods**, p. 78-79.

18 Tchividjian, **Fora de Moda**, p. 32.

A GRANDEZA DE DEUS PARA OS QUE SÃO HUMILHADOS (DANIEL 4)

quão orgulhosos estamos do sucesso de nossos filhos quando, por exemplo, passam em primeiro lugar na universidade. Esse "bom" orgulho é, na verdade, egocêntrico porque indiretamente exalta a nós mesmos. Até porque o sucesso deles é em parte nosso. Ninguém se orgulha do sucesso de outro não relacionado a si mesmo. Você até parabeniza o outro, mas quando o sucesso chega aos seus você se sente parte dele. Por isso você se orgulha. Em outras palavras, você não espalha o sucesso de outros com frequência a não ser por inveja; contudo, o sucesso dos nossos filhos nós amamos repetir.

A Santa Escritura faz contraste com esse orgulho pelos nossos queridos. O livro de Provérbios nos ensina a não promovermos louvor vindo de dentro – quer seja de nossa boca ou de nosso círculo familiar ou de amigos –, mas de fora (Pv 27.2). No paralelismo desse verso, as palavras hebraicas para "outro" e "estrangeiro" denotam aquele que está fora do seu círculo íntimo, aquele que não ganha nada ao te honrar. O louvor aceitável, portanto, não provém do orgulho.

Talvez você queira rebater o parágrafo anterior dizendo que é possível se gloriar de forma santa, como o apóstolo Paulo que se gloriava na cruz (Gl 6.14). Acontece que a cruz não tem nada a ver com nossas boas realizações. Pelo contrário, a cruz revela o pior de nós. William Hendriksen destaca isso com propriedade: "A cruz desmascara o estado desesperador do homem, sua total bancarrota, que tornou necessário tal sofrimento. Portanto, ela revela a tolice de todo o orgulho humano".[19] Isso significa que o cristão só se gloria naquilo que revela suas maiores vergonhas, para que Cristo somente seja exaltado. O cristão só pode se gloriar naquilo que não provém dele (Jr 9.23-24; 1 Co 1.26-31).

---

19 William Hendriksen, **Gálatas** (São Paulo: Cultura Cristã, 2009, 2ª ed.), p. 290.

AMANDO A DEUS NO MUNDO

Em contrapartida, nossas posturas revelam soberba de várias formas. Críticas ao comportamento alheio provém de um orgulho moralista, de quem acha que não erraria igualmente. Quando criticamos a maneira como um casal educa os seus filhos, agimos com tom de superioridade na tarefa de educadores. Nossa chateação com quem não nos agradeceu por algo que fizemos também expressa orgulho. Quando dizemos que apenas queríamos um "obrigado", exigência aparentemente humilde, estamos dizendo que o reconhecimento por nossos feitos é importante para nós.

O interesse do mundo por "altruísmo" é meramente pragmático e, em última análise, soberbo. Quando o mundo reconhece que a humildade funciona nas empresas (para trabalho em equipe; patrões abnegados otimizam os lucros), seu interesse é puramente pragmático antes que teocêntrico (à luz da santidade de Deus e de nossa pecaminosidade). O incrédulo parece altruísta, mas seu desejo não é desprovido de interesse por aprovação (por parte de si mesmo e de outros), o que é soberbo.

Mas a soberba também é um problema do cristão, um pecado com o qual todos lutamos. Os discípulos de Jesus buscavam constante reconhecimento (ser o maior no reino), e sabiam que estavam errados nesse intento (por isso tentam esconder tal discussão de Jesus; Mc 9.33-37). Seu silêncio mediante a pergunta de Jesus evidencia que estavam envergonhados por sua soberba. Jesus ensina que para ser grande é preciso ser servo. Ele também ensina tal grandeza com a ilustração de tornar-se como uma criança, isto é, enxergar-se como pequeno diante dos outros (veja Mt 18.3-4). Porém, isso não é compreendido pelos discípulos. Afinal, Tiago e João continuam aspirando por grandeza de forma mundana (Mc 10.35-40, 42). C. J. Mahaney diz que os discípulos "não

A GRANDEZA DE DEUS PARA OS QUE SÃO HUMILHADOS (DANIEL 4)

estão pedindo o privilégio de apoiar Jesus durante o sofrimento pelo qual Ele passaria. Não pedem fé para suportar tal sofrimento. Eles querem ser famosos e nada mais".[20]

O mais surpreendente, porém, é que os outros dez discípulos não estão isentos de soberba, pois "indignaram-se os dez contra Tiago e João" (Mc 10.41). Tal indignação revela um sentimento de "justiça própria", de quem foi ultrajado por ser visto como menos importante do que Tiago e João; o desejo de ter glória estava latente. Jesus, em contrapartida, não critica o anseio de Tiago e João de serem grandes. Todavia, ele redefine o que significa grandeza a partir do seu próprio exemplo (Mc 10.43-45).[21]

Essa história bíblica revela que às vezes a soberba é patente, mas por vezes ela é latente. Por termos dificuldade em enxergar a soberba latente, vamos meditar um pouco mais sobre um tipo de soberba disfarçada comum em nossos dias.

SOBERBA DISFARÇADA

Já dissemos que o ser humano tem dificuldade em reconhecer o pecado de orgulho em si mesmo. Iain Duguid afirma que orgulho é um dos poucos pecados quase universalmente reconhecidos. "Porém, ao mesmo tempo, poucas pessoas na verdade reconhecem o pecado do orgulho em si mesmas; nós o reconhecemos prontamente nos outros, mas ele frequentemente se esgueira imperceptivelmente para dentro do nosso coração."[22] Por isso, precisamos detectar formas disfarçadas de soberba e escancará-las como orgulho e, portanto, danoso ao coração humano.

---

20 C. J. Mahaney, **Humildade** (São José dos Campos: Fiel, 2013), p. 39.

21 Mahaney, **Humildade**, p. 40.

22 Duguid, **Daniel**, p. 70.

AMANDO A DEUS NO MUNDO

Uma das maneiras mais disfarçadas de soberba é a preocupação com a autoimagem, a autoestima, o "sentir-se bem consigo mesmo". E a razão de muitos não enxergarem soberba nisso é porque tal preocupação é respaldada por profissionais da saúde como sendo positiva. Jay Adams afirma que surpreendentemente esse movimento encontrou guarida tanto em não cristãos como em cristãos, tanto em cristãos liberais como em evangélicos conservadores.[23] Vejamos alguns exemplos.

No âmbito da educação, a preocupação com a autoestima se expressa na preocupação com o chamado "reforço positivo" para a educação da criança. Educadores falam aos pais sobre o dever de preencher as necessidades psicológicas da criança, cultivando a autoestima positiva. Jay Adams descreve a que ponto chegam os conselhos dos profissionais: "Não é suficiente ser cuidadoso para não impedir o crescimento do valor próprio, antes, devemos efetivamente promovê-lo em nossos filhos".[24] Para muitos a disciplina física prejudica a autoimagem positiva da criança e, por isso, deve ser evitada.

No âmbito da saúde mental, profissionais falam sobre a importância de seus pacientes se amarem, perceberem que são alguém na vida, a fim de que não tentem o suicídio. O remédio para a depressão é o reconhecimento, não de outros, mas da própria pessoa deprimida. Somos ensinados que a "necessidade" de ser amado e aceito precisa ser satisfeita para que sejamos funcionais.[25]

---

23 Jay E. Adams, **Auto-Estima**: uma perspectiva bíblica (São Paulo: ABCB, 2007), p. 13. Para um resumo do fundamento psicológico do movimento da autoestima, com uma análise da pirâmide de Abraham Maslow, veja o capítulo 3 do livro de Jay Adams.

24 Adams, **Auto-Estima**, p. 25.

25 Cf. Edward Welch, Quem somos? Necessidades, anseios e a imagem de Deus no homem. **Coletâneas de Aconselhamento Bíblico** vol. 1 (Atibaia: Seminário Bíblico Palavra da Vida, 1999), p. 42-57.

A GRANDEZA DE DEUS PARA OS QUE SÃO HUMILHADOS (DANIEL 4)

Até no âmbito eclesiástico é comum trabalharmos com a autoestima do crente a fim de segurar a membresia ou estimular ao serviço. Ainda que inconscientemente, membros de igreja sentem que precisam ser valorizados onde estão a fim de que não troquem de comunidade eclesiástica. Muitos leitores se lembram que na década de 1990 os evangélicos cantaram "Quero que valorize" incessantemente, a fim de que as pessoas se amassem. Ainda hoje, é comum cristãos falarem que para amar o próximo (e até a Deus), você precisa primeiro se amar (Mt 22.39). O amor próprio é apresentado como pré-requisito para o amor ao próximo.

Acontece que em lugar algum a Bíblia ordena você a se amar. A Bíblia parte do pressuposto que você já se ama (Ef 5.28-29). O amor que você tem por si mesmo é fervoroso, dedicado e sincero. Portanto, o amor próprio é apenas o critério de intensidade para o amor ao próximo (Mt 7.12).[26] O cristianismo não tem medo de falar da cultura da autoestima e do seu orgulho. Certa vez, um ouvinte reagiu ao meu ensino sobre esse assunto com certa preocupação, por vivermos numa cultura marcada por "depressões". Ele achou que meu ensino poderia prejudicar ainda mais o deprimido. Minha resposta a ele foi que o Salvador não teve medo de usar uma linguagem forte: "Quem ama a sua vida perde-a; mas aquele que *odeia* a sua vida neste mundo preservá-la-á para a vida eterna" (Jo 12.25). Já em 1700, o pastor reformado Wilhelmus à Brakel sabiamente chamava o desespero (*despondency*) de orgulho, pois surge quando não conseguimos realizar nosso objetivo nem perceber qualquer forma de alcançá-lo.[27]

---

26 A orientação bíblica é que se pense mais acerca do outro (Fp 2.3-4) e menos acerca de si. Essa visão equilibrada da imagem de Deus no homem contrasta com outras cosmovisões, como veremos no capítulo 17.

27 Wilhemus à Brakel, **The Christian's Reasonable Service** vol. 4 (Grand Rapids: Reformation Heritage Books, 1995), p. 69.

AMANDO A DEUS NO MUNDO

Não é verdade que precisamos ter certas "necessidades psicológicas" satisfeitas a fim de que possamos servir ao próximo e honrar a Deus. Jay Adams escreve que "não encontramos nenhuma afirmação nem mesmo insinuação de que o cristão depende, de fato, que outros preencham suas necessidades básicas, para que assim seja possível a ele obedecer aos mandamentos de Deus". Pelo contrário, Jesus inverte a pirâmide de Maslow quando afirma que nem as necessidades básicas deveriam ser as principais preocupações na vida; ao invés de olhar para as nossas necessidades, Jesus nos direciona para o *seu* reino e a *sua* justiça (Mt 6.33).[28]

> Em vez de libertá-lo para atuar em níveis mais elevados, suas prioridades mundanas fazem-no escravo de si mesmo e de seus próprios interesses... Se minhas "necessidades" precisam ser satisfeitas primeiro a qualquer custo, antes de eu ser capaz de servir a outros, como se pode esperar que eu desista da minha vida, dos meus bens, ou ainda do meu bem-estar pelo Senhor ou por outro cristão?[29]

Paulo experimentou uma vida de privação (2 Co 4.8-10; 6.4-7; 11.23-28), mas nem por isso deixou de gastar a sua vida em serviço aos outros por amor a Cristo.

---

28 Adams, **Auto-Estima**, p. 49, 52-53. Jay Adams explora textos bíblicos que falam que o homem é a imagem de Deus (Cl 3.9-10; Tg 3.9) e como alguns teólogos (ex: Anthony Hoekema) pensam que isso deve levar alguém a pensar elevadamente sobre si mesmo (Hoekema chega a falar que o homem tem valor infinito). Todavia, textos como o de Colossenses 3 não são para nos levantar a moral, e sim para nos lembrar de que estamos aquém do que somos em Cristo. "O propósito dessas passagens é nos mostrar a grande lacuna entre o que somos considerados em Cristo (justificação), e o que realmente somos na vida diária (santificação), para instar-nos a diminuir a lacuna." (p. 86). O que textos como o de Tiago 3.9 afirmam, de acordo com Adams, não é que temos muito valor para com Deus, mas o valor está em quem nos espelhamos. Assim como alguém cuspir ou rasgar uma fotografia da sua esposa te ofenderia, não pelo papel, mas pelo que a fotografia representa para você, assim funciona quando a imagem de Deus é violada (p. 89-90).

29 Adams, **Auto-Estima**, p. 54, 55.

A GRANDEZA DE DEUS PARA OS QUE SÃO HUMILHADOS (DANIEL 4)

Assim como Nabucodonosor olhava demais para suas glórias e foi humilhado para a sua redenção, precisamos quebrar o espelho de Narciso. Precisamos parar de olhar para nós mesmos com piedade. Essa atitude narcisista é altamente danosa. O capítulo 11 já nos ensinou que o cristão nunca deve olhar para dentro de si mesmo a fim de sentir-se motivado. Ele não vai à igreja para "se encontrar". "Olhar dentro de si mesmo", "se encontrar" são expressões que vão na contramão da maneira como fomos criados. Fomos feitos olhando para fora, sempre em busca de outro, para amar tanto a Deus como ao próximo. A única vez em que nos é lícito olhar para nós mesmos é através do espelho da Escritura. O santo Livro é o espelho que nos revela quem nós de fato somos.[30] Ela, porém, também apresenta o caminho de redenção olhando para Deus. A Escritura nos ensina a enfrentar os dilemas da vida olhando para o alto (Sl 121.1-2; Lc 21.28; Cl 3.1-2; Hb 12.2).

HÁ ESPERANÇA PARA O QUEBRANTADO

A interpretação do sonho dada ao rei babilônico é dura, mas não sem esperança. A presença do toco e das raízes é sinal de algo remanescente após um período de humilhação (v. 15; 26; cf. Is 6.13). A própria chamada ao arrependimento[31] (v. 27) é sinônimo de esperança. O juízo anunciado por Deus quase sempre é condicional (o período de Jeremias e a geração incrédula na segunda vinda de Cristo são exemplos óbvios do contrário), como as histórias de Jonas

---

30 Ciente de que o homem tende a pensar muito sobre si mesmo, Paulo alertou os fiéis de Roma a pensarem moderadamente a seu respeito (Rm 12.3). O pecado nos cega para não vermos como nós somos (Os 7.9-10); Efraim se achava mais forte do que era, e mais novo do que era.

31 Gleason Archer afirma que Daniel conclamou o rei a duas mudanças de atitude: reexaminar sua conduta à luz da lei moral e atentar para o clamor dos necessitados no reino. Daniel está exortando o rei a ter fé tanto na esfera privada quanto na esfera pública. Archer, "Daniel", p. 64.

AMANDO A DEUS NO MUNDO

e Ezequias demonstram (Jn 3.10; 2 Rs 20.1-5; Jr 18.7-8). Nesta vida, portanto, sempre é tempo de se voltar para o Senhor; ainda há esperança.

Embora no princípio o rei não tenha dado ouvidos, o fato de Nabucodonosor, mesmo restaurado em sua glória, exaltar a Deus acima de si mesmo aponta para a sua conversão (v. 36-37).[32] Só depois de muita exposição à grandeza de Deus (caps. 1, 2, 3, 4) é que ele foi quebrantado e creu. A influência de Daniel sobre Nabucodonosor foi longa, próxima de 40 anos, até que o rei se submeteu ao Senhor. Isso demonstra a persistência de Daniel, mas também revela a total dependência que temos de Deus na conversão de pessoas. Nabucodonosor precisou ter seu entendimento restaurado por Deus para reconhecê-lo como grandioso. O texto nos revela que o soberano Deus prevê tanto a resposta humana quanto o tempo dela, afinal ele é o condutor da história (v. 32). Enquanto Nabucodonosor esteve louco, Deus preservou o seu reino, a ponto de concedê-lo de volta ao monarca caldeu, além de restaurá-lo a um entendimento que reconhece o Senhor. Deus é quem enlouquece a Nabucodonosor e quem o traz à razão (v. 34) porque só ele tem acesso ao coração humano (v. 16). Semelhantemente, para apreciarmos o valor de nosso Salvador, precisamos ser vivificados espiritualmente pelo próprio Senhor. O fato de depender somente do Soberano é estímulo para

---

32 Edward Young, John MacArthur, Stuart Olyott e Ian Duguid afirmam que houve conversão genuína em Nabucodonosor. João Calvino, C. F. Keil e Gleason Archer acham que não. Embora seja impossível determinar categoricamente, creio que há evidências para falar de uma conversão verdadeira. Young, por exemplo, destaca o progresso de Nabucodonosor no seu conhecimento de Deus, e o reconhecimento da soberania de Deus na sua própria experiência como evidências de uma fé salvadora. Duguid acrescenta que a humildade de Nabucodonosor não é focada em si mesmo, na sua fraqueza, mas olha para fora em direção ao céu. Cf. Young, **A Commentary on Daniel**, p. 113-114; Duguid, **Daniel**, p. 78.

A GRANDEZA DE DEUS PARA OS QUE SÃO HUMILHADOS (DANIEL 4)

nunca desistirmos da conversão de alguém.[33]

Essa nossa dependência de Deus inclusive para nos achegarmos a ele é um princípio eminentemente cristão sobre redenção. Enquanto outras religiões falam sobre ascender até o divino, o cristianismo fala do Deus que desceu até nós. Enquanto outras religiões falam sobre nós buscarmos nos purificar espiritualmente, nosso Deus nos envia o Espírito para que sejamos santos. E a nossa salvação acontece quando somos salvos de nós mesmos. O amor próprio é impossível de ser morto por nós mesmos; flagelos, privações e até mesmo o suicídio não conseguem matar o "eu". Tais atitudes ascéticas são ineficazes contra a sensualidade (Cl 2.23), isto é, o amor pelos prazeres. Só Deus pode habilitar você a morrer para si, mortificar o "eu". Aquilo que nos parece invencível Deus torna possível.

Mas o caminho pelo qual ele opera nossa redenção passa primeiro por um período de humilhação. Deus abomina o orgulho (Pv 6.16-17; 8.13; 16.5) e, por isso, ele resiste aos soberbos (Tg 4.6; 1 Pe 5.5). Observe como humilhar primeiro, mas depois exaltar os humilhados, é um tema recorrente nas Escrituras (história de José no livro de Gênesis; 1 Sm 2.7-8; Jó 5.11; Mc 2.17; 1 Co 1.26-29). Deus dá graça aos humildes (Tg 4.6) não porque os humildes merecem, mas exatamente porque reconhecem que não merecem. Quando alguém se mostra desapegado ao amor próprio, conhecedor de sua pecaminosidade, então percebemos que Cristo vive nele (ex: o publicano da parábola em Lc 18.9-14).

Como estamos em processo de conversão, essa lição também vale para os que já são crentes. O cristão precisa ser marcado por humildade (Sl 131.1-2; Pv 6.16-17; 16.5; Jr 50.31; Mq 6.8; Hc

---

33 Isso será melhor explicado no capítulo 24.

AMANDO A DEUS NO MUNDO

2.4-5; Ml 4.1; Rm 11.3; 12.16; Fp 2.3; Tg 4.6-10; 1 Pe 5.5). Os crentes se aproximam de Deus e se comprometem mais com ele quando são humilhados perante a Sua grandeza. Observe como Sansão se tornou herói da fé quando foi humilhado. Davi compreendeu a importância de ser humilhado no seu ápice militar (2 Sm 24) e espiritual (Sl 19.13) para seu próprio crescimento. Aos crentes de Corinto também foi ensinada essa lição (1 Co 4.6-7; 8.1; 10.12). A fé cristã, portanto, exige que diminuamos a fim de que Cristo cresça em nós. Missionários e mártires não são feitos de alta autoestima, mas de alta estima por Cristo.

Já no capítulo 1 de Daniel podemos enxergar essa dinâmica de humilhação (1.2-4) para a exaltação (1.19-21). Mesmo na hora mais sombria vemos a preparação para a boa-nova de Deus em Cristo Jesus. Afinal, Deus entregar seus tesouros (sinônimo das providências materiais, como a terra prometida) e os jovens nobres (sinônimo da descendência prometida) parece uma reversão das promessas feitas a Abraão. No entanto, Deus assume o prejuízo em relação ao que é seu a fim de operar grande salvação. Essa atitude é um antegosto da missão de Jesus Cristo, o qual "sendo rico, se fez pobre por amor de vós, para que, pela sua pobreza, vos tornásseis ricos." (2 Co 8.9). Cristo humilhou-se a fim de nos exaltar. Somente após a morte é que ele foi exaltado. Sua humilhação voluntária aconteceu a fim de "nos redimir de nosso orgulho".[34]

Há esperança para qualquer "toco". Israel aprendeu a esperar o renovo que brotou do tronco como sinal de esperança (Is 11.1). Assim como a restauração de Nabucodonosor trazia esperança aos judeus exilados,[35] Jesus é a esperança depois que a soberba

---

34 Duguid, **Daniel**, p. 81.

35 "Israel mesmo era como a árvore que foi cortada e destruída, até que somente o toco sobrasse.

nos trouxe grande queda. A humilhação de Cristo é o que nos possibilita não sermos destruídos por Deus e estabelece um modelo de caminhada. Precisamos morrer diariamente para todo desejo de exaltação própria a fim de ressurgir para uma nova vida para ele. Mas como é possível morrer diariamente? C. J. Mahaney fala sobre a importância de meditarmos na cruz como forma de nos mantermos humildes. A cruz faz nosso orgulho murchar e nos educa a voltarmos ao nosso tamanho real. Como diz Mahaney: "A cruz nunca nos bajula".[36]

Portanto, isto também significava que a experiência de Nabucodonosor poderá ser uma fonte de esperança para eles. Se Nabucodonosor pôde ser perdoado e restaurado quando se humilhou e olhou para o Senhor, então Israel também poderia ser perdoado e restaurado." Duguid, **Daniel**, p. 79.

36 Mahaney, **Humildade**, p. 59.

CAPÍTULO 14

PILARES DA COSMOVISÃO REFORMADA: REDENÇÃO

TODOS BUSCAM REDENÇÃO

A palavra "redenção" parece religiosa demais para caber dentro do vocabulário de alguns céticos. No entanto, se trocássemos o termo por "solução", então ficaria mais fácil reconhecê-la na esperança e no pensamento de pessoas muito distintas. A verdade é que não só redenção, mas a própria estrutura tripla de pilares até agora apresentada aparece nos diferentes discursos que ouvimos na sociedade. O homem secular pode não falar de criação, queda e redenção, mas ele tem explicações "seculares" para tais conceitos. Ele tem um ideal de como o mundo deve ser, que pode ter sido inventado por ele ou recebido de outros. No entanto, o ideal cristão é o mundo prístino conforme criado por Deus. Os ímpios também sabem que o mundo real, como ele realmente é, está longe do ideal. Ele reconhece a injustiça, o sofrimento, a imoralidade e a decadência, dentre outros problemas deste mundo. Isso corresponde

AMANDO A DEUS NO MUNDO

à queda. E ele também busca uma solução para os problemas que lhe incomodam, sejam eles públicos ou privados. Isso é redenção. O ser humano pensa nessas categorias (ideal, real e solução = criação, queda e redenção), seja em referência à sua carreira pessoal ou à política de uma nação. Todo ser humano tem esse anseio por redenção devido ao mundo caído em que vivemos. Charles Colson e Nancy Pearcey resumem assim:

> Essa necessidade de salvação foi gravada na alma humana desde que o primeiro casal desviou-se no Éden. O desejo é universal, e toda religião e cosmovisão tenta oferecer alguma forma de redenção. Para o budista, é o nirvana; para o judeu, é a expiação com as boas obras; para o muçulmano, pode ser o céu depois da perigosa caminhada através do julgamento da espada.
>
> Entretanto, as religiões e filosofias não são as únicas a oferecer redenção. Qualquer credo no mercado de ideias, qualquer movimento que atraia seguidores, qualquer coisa que tenha o poder de agarrar o coração das pessoas e ganhar sua devoção faz assim porque toca nos seus mais profundos anseios. E esses anseios são, em última análise, religiosos.[1]

Esse segundo parágrafo amplia nosso entendimento de anseio redentivo para incluir iniciativas seculares. Colson e Pearcey destacam o papel dos publicitários de sondarem os anseios mais profundos dos homens, a fim de lhes propor imagens e frases sedutoras que os levem a adquirir os produtos anunciados, como se fossem saciar tais anseios. Desde o anúncio de carros até o de seguros, somos persuadidos a consumir a fim de alcançar gozo,

---

1 Colson e Pearcey, **E Agora Como Viveremos?**, p. 276.

PILARES DA COSMOVISÃO REFORMADA: REDENÇÃO

conforto e segurança (três aspectos da redenção); o consumismo é apenas um veículo para se atingir redenção.[2] Não que publicidade deva ser vista como eminentemente má (já nos opusemos a isso nos capítulos 4 e 11). Estamos apenas ressaltando que sua proposta de satisfação dos anseios humanos (independente se os anseios são bons ou ruins) é uma proposta redentiva.

O cinema também é uma ótima ilustração de como a ficção revela anseios reais. Existe uma amplitude de caminhos da vida retratados no cinema, mas sempre com um viés redentivo. Falando sobre filmes, o roteirista cristão Brian Godowa escreve: "Todos os filmes são sobre redenção, de uma forma ou de outra. Em termos bem simples, redenção é simplesmente a recuperação do que foi perdido. Todas as cosmovisões acreditam em redenção... Mas nem toda redenção é boa".[3] No capítulo 2 de seu livro *Cinema e Fé Cristã*, Godowa analisa diversas cosmovisões em filmes e comprova a centralidade do conceito de redenção ao resumir os enredos a um traçado narrativo básico.[4] Após expor os nove elementos estruturais de uma história (tema, herói, objetivo, adversário, falha, derrota aparente, confronto final, autorrevelação, e resolução), ele mostra como

---

2   Colson e Pearcey, **E Agora Como Viveremos?**, p. 277-279. É claro que o consumismo não é a única forma de utilizar o dinheiro de forma redentiva. Alguns utilizam o dinheiro para controlar as pessoas. Outros preferem guardar dinheiro e investir a fim de atingir segurança. Outros querem dinheiro para terem acesso a círculos sociais. Embora o dinheiro seja o instrumento comum, as buscas por redenção são distintas. Keller, **Counterfeit Gods**, p. 65.

3   "Redemption and Wordlview at the Movies", entrevista cedida a Justin Taylor para o site *www.thegospelcoalition.org*. No artigo, Godawa ainda nos dá quatro perguntas para enxergar a proposta de redenção de cada filme: 1) qual é a falha de caráter do herói no início do filme? 2) O que o faz mudar sua mente na história sobre como ele enxerga o mundo? 3) O que ele aprende sobre como a vida deve ou não deve ser vivida? 4) O que é diferente sobre a forma como ele vê o mundo no final em comparação com o início do filme?

4   O mitologista Joseph Campbell ficou famoso quando desenvolveu o conceito de "jornada do herói", no qual há parâmetros comuns às histórias onde um personagem principal sempre experimenta ou conquista a redenção. Cf. Joseph Campbell, **O herói de mil faces** (São Paulo: Pensamento, 2004).

AMANDO A DEUS NO MUNDO

a essência da história nos filmes está na redenção. Um filme toma um herói com falhas interiores, que deseja algo e tem um plano para alcançá-lo. Mas ele é impedido por um adversário, até que quase falha, mas finalmente chega a uma solução. Esse processo de objetivo, falha, fracasso e autorrevelação é o processo de mudança de paradigma ou conversão que acontece na vida de um indivíduo.[5]

Os tipos de redenção nos filmes são distintos, nem todos igualmente desenvolvidos, mas os "filmes são, no final, no fundo, acima de tudo e principalmente *apenas* sobre a redenção".[6]

Movimentos sociais também buscam algum tipo de redenção. Se o marxismo clássico falava de um proletariado oprimido (trabalhadores urbanos de fábricas) que precisava erguer-se contra os opressores capitalistas, o neomarxismo ressurgiu propondo que mulheres, negros e homossexuais se revolte contra os seus opressores (homens brancos heterossexuais).[7] Observe que em ambos os casos, porém, a redenção é atingida mediante revolução social. De revolução sexual[8] ao cientificismo,[9] o ser humano sempre está em busca de redenção, a caminho de uma utopia humanista.

Essa utopia humanista nos leva a um ponto importante neste capítulo: a redenção é a área em que os homens costumam ficar mais distantes da verdade divina. Eles até podem ter uma perspectiva parecida da doutrina da criação, podem ter

---

5 Godowa, **Cinema e Fé Cristã**, p. 54.

6 Godowa, **Cinema e Fé Cristã**, p. 57.

7 Colson e Pearcey, **E Agora Como Viveremos?**, p. 283.

8 Colson e Pearcey, **E Agora Como Viveremos?**, cap. 25.

9 Colson e Pearcey, **E Agora Como Viveremos?**, cap. 26.

uma visão bem realista da queda, mas quando se trata de redenção ele está tão distante do evangelho quanto o ocidente está do oriente. A revelação geral (estampada na criação externa e interna ao homem) revela verdades acerca de Deus e do mundo que podem ser descobertas pelo homem natural. Contudo, a não ser que ele compreenda a revelação especial (Bíblia Sagrada), ele não conhecerá o Deus redentor. Por isso é que redenção é o conceito mais deturpado pelos descrentes. Deixe-me ilustrar com dois exemplos bem diferentes.

O primeiro exemplo vem do professor e poeta baiano Antônio Barreto que através de literatura de Cordel, expressou sua crítica ao 'reality show' da Rede Globo, Big Brother Brasil. Segue abaixo apenas alguns versos com críticas e esperança de mudança:

Há muito tempo não vejo
Um programa tão "fuleiro"
Produzido pela Globo
Visando Ibope e dinheiro
Que além de alienar
Vai por certo atrofiar
A mente do brasileiro.

Esse programa da Globo
Vem nos mostrar sem engano
Que tudo que ali ocorre
Parece um zoológico humano
Onde impera a esperteza
A malandragem, a baixeza:
Um cenário sub-humano.

Me refiro ao brasileiro
Que está em formação
E precisa evoluir
Através da Educação
Mas se torna um refém
Iletrado, "zé-ninguém"
Um escravo da ilusão.

A moral e a inteligência
Não são mais valorizadas.
Os "heróis" protagonizam
Um mundo de palhaçadas
Sem critério e sem ética
Em que vaidade e estética
São muito mais que louvadas.

AMANDO A DEUS NO MUNDO

Isso é um desserviço
Mal exemplo à juventude
Que precisa de esperança
Educação e atitude
Porém a mediocridade
Unida à banalidade
Faz com que ninguém estude.

Chega de vulgaridade
E apelo sexual.
Não somos só futebol,
baixaria e carnaval.
Queremos Educação
E também evolução
No mundo espiritual.

Se a intenção da Globo
É de nos "emburrecer"
Deixando o povo demente
Refém do seu poder:
Pois saiba que a exceção
(Amantes da educação)
Vai contestar a valer.

Observe como o cordelista faz críticas que suscitariam o aplauso de muitos defensores de valores tradicionais, inclusive cristãos. Ele faz críticas à ganância, ao exibicionismo, à futilidade, à deslealdade, à sensualidade, todas pertinentes. No entanto, quando ele expressa sua confiança no poder redentivo da educação, vemos uma expectativa idólatra. É na expectativa redentiva que ele se torna mais distante da verdade.

O outro exemplo vem de uma música pop norte americana, composta pelo cantor canadense, Michael Bublé, sob o título "Hollywood". A música começa criticando o sonho norte americano de ver Hollywood como a realização de todos os seus desejos. Bublé critica os que se vendem para atingirem fama no cinema, na TV ou na música. Porém, talvez a segunda estrofe e o refrão sejam ainda mais iluminadores:

PILARES DA COSMOVISÃO REFORMADA: REDENÇÃO

Eu não quero levar você para dançar
Quando você está dançando com o mundo
Você pode até mostrar seu caviar ou seu carro de um milhão de dólares
Eu não preciso desse tipo de garota
Talvez você até seja a próxima sensação
Ou estabeleça a última moda
Não é preciso uma música fácil de guardar
Para que as crianças cantem com você
Quando você vende isso com um sorriso
> Não vá alto demais para atingir seu desejo
> Coloque na sua cabeça, garota
> Hollywood está morta
> Você pode encontrá-la dentro de você

O que é impressionante desse trecho é a linguagem quase religiosa ("dançando com o mundo"), a crítica ao materialismo ("seu caviar ou seu carro de um milhão de dólares") e ao sucesso ("próxima sensação", "última moda") com uma lucidez própria da graça comum. No entanto, após a música tecer crítica pertinente após crítica pertinente, a última frase do refrão expressa uma redenção pagã: encontrar a satisfação dentro de si mesmo.

Esses dois exemplos apenas ilustram quão distante o homem natural está da verdade redentiva. Sem que o Espírito remova o obscurecimento intelectual e conceda entendimento espiritual das realidades (Ef 4.18; 1 Co 2.14), o máximo de verdade que conseguem atingir cabe no âmbito da criação e da queda. Quando o assunto é redenção, o ser humano sem Deus se mostra mais distante da verdade do que nunca.

Essa é uma maneira em que podemos resumir uma das críticas mais importantes que o movimento de aconselhamento bíblico faz aos profissionais da saúde mental. O aconselhamento

AMANDO A DEUS NO MUNDO

bíblico que provém de uma teologia reformada sabe que alguns profissionais podem ter insights verdadeiros sobre a estrutura e a formação de seus pacientes (criação), e até insights reveladores sobre os problemas por detrás das angústias aparentes (queda), mas a discrepância aparece mais claramente na hora que os profissionais da saúde vão propor uma solução materialista composta somente de medicamentos ou orientam seus pacientes de forma a rearranjar ídolos (redenção).[10]

Todo anseio redentivo à parte das Escrituras resulta em uma redenção operada por si próprio (humanismo). Em contraposição, o cristianismo anuncia redenção vinda de fora da humanidade caída, ainda que operada por um homem. Diferente de uma vida pautada pelos esforços do "eu", ilustrados em Daniel 4, Deus provê redenção apenas ao que reconhece a sua bancarrota. Vejamos um resumo de pontos singulares da redenção cristã.

A ABRANGÊNCIA BÍBLICA DE REDENÇÃO

Já vimos no capítulo 11 que a queda teve abrangência cósmica. De forma correspondente, a redenção também é abrangente como a queda, afetando pessoas (desde o mais profundo de sua alma até a materialidade de seus corpos) e o seu habitat (Rm 8.18-23). Jesus não só "morreu na cruz pra me salvar", como afirmamos comumente; a cruz operou salvação de indivíduos e redenção cósmica. Quando o reino de Deus adentrou a história humana redentoramente na pessoa e obra de Jesus Cristo, Deus iniciou uma operação de mudanças cósmicas. Paulo escreveu aos colossenses que Deus por intermédio de Jesus reconciliou "consigo mesmo todas as cousas, quer sobre a

---

10 Cf. David Powlison, **Ídolos do Coração & Feira das Vaidades:** vida cristã, motivação individual e condicionamento sociológico (Brasília: Refúgio, 1996).

terra, quer nos céus" (Cl 1.20). Por isso Albert Wolters afirma: "A abrangência da redenção é tão grande quanto a da queda".[11] Embora Deus não intente redimir tudo o que criou (a Escritura afirma que Satanás, os anjos caídos e os ímpios estarão no "lago de fogo"), talvez porque até isso revele algumas de suas glórias, ele redime tanto sua criação animada quanto a inanimada. Se ele criou céus e terra (Gn 1), e o pecado maculou toda a criação (Gn 3.17-19), então a cruz é a reconciliação de homens e cosmos (Cl 1.18-20; Ef 1.9-10) com vistas aos Novos Céus e Nova Terra (Ap 21). Criação, queda, redenção e consumação são conceitos abrangentes.

Tal perspectiva nos ajuda a corrigir certos conceitos equivocados no mundo evangélico. Primeiro, redenção não é apenas de almas, mas uma restauração total de vidas humanas. Não podemos nutrir uma visão platônica de redenção buscando alcançar "almas pra Jesus" e desejando o céu como fuga deste mundo. Alma é apenas parte do nosso ser e céu é apenas o estado intermediário do crente. Salvação de almas sem ressurreição do corpo não é redenção cristã. Almejar o céu como destino final, antes do que Novos Céus e Nova Terra, não é uma linguagem bíblica. Se a redenção platônica é transcender o corpo e o mundo, a redenção cristã envolve tanto o corpo quanto o mundo.[12] Portanto, precisamos corrigir uma visão estreita de redenção no nosso meio.

Gordon Spykman detalha a abrangência da redenção em todas as áreas de nossa vida na perspectiva reformada:

> Confessar redenção como a restauração da criação, afirmou a soberania de Deus sobre tudo, e sustentou que a obra salvadora

---

11 Wolters, **A Criação Restaurada**, p. 82.

12 Goheen e Bartholomew, **Introdução à Cosmovisão Cristã**, p. 90-91.

AMANDO A DEUS NO MUNDO

de Jesus Cristo libera a comunidade cristã para o discipulado obediente e a mordomia responsável em cada esfera da vida. Não há terrenos estranhos. A Escritura reabre a porta para cada canto da criação de Deus... Tal liberdade santa impele cristãos a reconquistar cada esfera de vida para o Rei – lar, escola, igreja, estado, faculdade, universidade, trabalho, comércio, política, ciência, arte, jornalismo, e tudo mais.[13]

Os reformados enxergam essa abrangência redentiva porque toda a Escritura demonstra a abrangência da obra de Deus em prol do seu povo. O pentateuco (a Torá) abrange leis para todas as esferas da vida humana (adoração, relacionamentos humanos, tratamento de animais, etc.), a literatura de sabedoria aponta o caminho para uma vida abundante em cada dimensão da experiência humana (família, dinheiro, comunicação, etc.) e os profetas apontam o juízo de Deus sobre um povo que o desonrou no âmbito social, político e econômico.[14] Já no Novo Testamento, os milagres de Cristo revelam um antegosto da liberdade que experimentaremos de todos os males decorrentes do pecado: fome, doenças, morte, demônios e desastres naturais. A história da redenção é de impacto abrangente.

---

13 Spykman, Sphere-Sovereignty in Calvin and the Calvinist Tradition, p. 166. Philip Ryken afirma o mesmo conceito, só que de forma mais sintética: "Se Cristo é preeminente, regendo sobre todas as coisas para a glória de Deus, então somos chamados a reconhecer o seu senhorio supremo sobre toda a vida, cada aspecto sendo sagrado para Deus. Nós não somos simplesmente chamados a confiar em Jesus para a nossa salvação, mas também a viver para ele em tudo que fazemos". Ryken, **What is the Christian Worldview?**, p. 35-36. Albert Wolters afirma que a cosmovisão reformada se distingue de outras cosmovisões presentes na cristandade. A cosmovisão reformada não tem a perspectiva pietista que restringe o reino à esfera da piedade pessoal, nem a perspectiva dispensacionalista que restringe o reino ao futuro escatológico, e nem a perspectiva liberal que enxerga o reino como sendo somente humano, para esta vida aqui. Wolters, **A Criação Restaurada**, p. 88-89.

14 Goheen e Bartholomew, **Introdução à Cosmovisão Cristã**, p. 94.

PILARES DA COSMOVISÃO REFORMADA: REDENÇÃO

A segunda correção que podemos oferecer à mentalidade evangélica é ajudar nossos irmãos a olhar para a redenção como renovação. Isto é, redenção visa restaurar todas as estruturas da criação. Nesse sentido, a salvação é uma recriação. Ela não cria algo novo (i.e. outrora inexistente), mas renova o que já existe (limpa o que foi maculado pela Queda). Spykman fala que um dos aspectos fundamentais da cosmovisão calvinista é a inter-relação entre criação e redenção, isto é, como a redenção é a restauração da criação.[15]

De fato, a tradição reformada tem como característica ressaltar as continuidades entre o estado original e o estado restaurado. Ela observa dicas de continuidade e assume haver fios que conectam todo o enredo bíblico. Por exemplo, o tema da árvore da vida demonstra continuidade nessa história, pois aparece no início de Gênesis (capítulos 2 e 3) e depois só volta na narrativa no livro de Apocalipse (capítulos 2 e 22). A Escritura possui temas conectores de um enredo só. Redenção é uma recriação, uma criação renovada.

Pessoas que entendem que na vinda de Jesus haverá um fogo que desfará todas as coisas aniquilando a presente criação (2 Pe 3.10-11) perdem de vista que fogo, para Pedro, tem caráter purificador (1 Pe 1.7) antes que aniquilador.[16] Entender redenção como renovação revela novas glórias do Senhor. Se ele novamente criasse tudo do nada (*ex nihilo*), nós apenas veríamos a sua glória de Criador sendo mostrada mais uma vez. Porém, quando ele restaura o que foi profundamente maculado pelo pecado, ele revela as glórias de Redentor.

É importante destacar que esse aspecto de continuidade entre criação e redenção não elimina o elemento de

---

15 Spyman, Sphere-Sovereignty in Calvin and the Calvinist Tradition, p. 164-165.

16 Veja Hoekema, **A Bíblia e o Futuro**, p. 375-376.

AMANDO A DEUS NO MUNDO

desenvolvimento na história bíblica. Isto é, a teologia bíblica reformada consegue enxergar a história sacra revelando tanto continuidades como desenvolvimentos. Por isso, Wolters afirma que a renovação da criação não significa voltar ao jardim do Éden. Se restauração é voltar a uma era sem pecado, isso não significa que voltaremos para um estado primitivo, antes do desenvolvimento científico de desenvolver os tecidos (Gn 3.21), a pecuária, a música, a metalurgia (Gn 4.20-22) e a fabricação de tijolos (Gn 11.3). O intuito da redenção não é voltar o relógio histórico e desprezar todo o desenvolvimento tecnológico.[17] Restauração não é repristinação.

Isso combina com o fato de Deus não nos colocar de volta no jardim para sermos provados como Adão o foi. Cristo, o segundo Adão, foi provado e aprovado em nosso lugar para que fôssemos colocados em uma cidade (Ap 21-22), não de volta em um jardim. Cristo avança o relógio redentor dando-nos a vida eterna, um antegosto da glória futura na cidade de Deus. Se, por um lado, a história bíblica retoma a renovação dos mesmos céus e terra (continuidade), ela também revela como Deus nos leva do jardim à cidade (desenvolvimento).

A restauração de todas as coisas acontece porque Cristo é o perfeito cumpridor e restaurador dos três mandatos. Ele cumpre o mandato espiritual fazendo toda a vontade do Pai (Jo 4.34; 17.4) e, assim, nos dá acesso a uma vida de relacionamento amoroso com Deus (Hb 10.19-22). Ele cumpre o mandato social entregando a sua vida pelos seus amigos (Jo 15.13) e, assim, restaura os relacionamentos a ponto de fazer laços de fé serem ainda mais duradouros do que laços de sangue (Ef 2.14-17; Lc

---

17 Wolters, **A Criação Restaurada**, p. 87.

PILARES DA COSMOVISÃO REFORMADA: REDENÇÃO

21.16-17). E também é ele quem cumpre o mandato cultural (Hb 2.5-8)[18] ao reconciliar com Deus todas as coisas (Cl 1.20) e subjugar todos os inimigos debaixo dos seus pés (1 Co 15.24). Embora saibamos que Cristo nos reconciliou com Deus e nos colocou numa família de fé, raramente falamos que Cristo nos reconciliou com o restante da criação. É claro que os efeitos de uma natureza cativa da corrupção ainda não foram removidos, pois ainda experimentamos a inimizade da criação (veja o capítulo 11). Como afirma o autor aos Hebreus "ainda não vemos todas as coisas a ele sujeitas" (Hb 2.8). Todavia, haveremos de experimentar uma Nova Terra que ao invés de maldita e inimiga do homem, agora é fonte de cura dos seus males (Ap 22.2-3a). Como escreve David VanDrunen: "Redenção não consiste em restaurar pessoas para cumprirem a tarefa original de Adão, mas consiste no próprio Senhor Jesus Cristo cumprir a tarefa original de Adão de uma vez por todas, em nosso lugar".[19]

Nesta seção, vimos que a redenção bíblica significa *abrangência* de alcance, e uma *continuidade* com a criação, sem menosprezar o *desenvolvimento* histórico desse drama da redenção. Na última seção, veremos um pouco mais sobre a renovação progressiva que caracteriza a redenção na visão reformada. Antes, porém, é de suma importância que perguntemos acerca das respostas do homem à luz da redenção operada em Cristo. Que faremos à vista dessas coisas? Duas coisas: assumiremos a postura de reformadores sociais e adotaremos um juízo crítico que nos permite ter discernimento sobre o mundo ao nosso redor.

---

18 O entendimento desse texto é fundamental. O autor aos Hebreus cita o Salmo 8, uma repetição do mandato cultural, e o aplica a Cristo antes do que a nós (Hb 2.8-9).

19 VanDrunen, **Living in God's Two Kingdoms**, p. 26.

AMANDO A DEUS NO MUNDO

PROPOSTA DE REFORMA

É muito comum ouvirmos escritores reformados de cosmovisão falando de uma postura redentiva da cultura que a igreja deve assumir.[20] Isto é, se somos remidos por Cristo devemos redimir a cultura ou transformar a sociedade. Walsh e Middleton ilustram essa posição ao trazerem um alerta ao cristão para confrontar os males da sociedade de forma abrangente.

> Os problemas ambientais são relacionados ao crescimento industrial; o desemprego é ligado à automação e à produção intensa de energia; os processos de produção são, por sua vez, associados... Uma noção utilitária de eficiência está conectada à maneira como tratamos os idosos e os inválidos, e à forma como processamos as pessoas por meio de nossas instituições sociais (bancos, escolas, hospitais). A correlação das questões diante de nós é inconfundível.[21]

Diante desses males abrangentes, os autores propõem uma resposta cristã cultural contendo quatro atitudes de vasta amplitude. Primeiramente, abandonando nossos ídolos (ex: o culto à economia

---

20 Van Til escreve de si mesmo: "O presente autor pressupõe que o que era bom na cultura Greco-romana foi salvo pelo cristianismo em um ponto em que estava ameaçado pela degradação e dissolução na plenitude do tempo. Cristo verdadeiramente salvou o mundo, incluindo a cultura humana. Ele injetou vida nova, sangue novo, vitalidade nova no curso da vida da humanidade. Cristo tornou o homem integral, redimiu os agentes culturais, transformando, assim, também a cultura". Van Til, **O Conceito Calvinista de Cultura**, p. 22. Alguns autores reformados também utilizam o verbo "redimir" no sentido de retomar o uso correto de alguma área de atuação humana. Cf. Vern S. Poythress, **Redeeming Science**: A God-Centered Approach (Wheaton, IL: Crossway, 2006); **Redeeming Sociology**: A God-Centered Approach (Wheaton, IL: Crossway, 2011); **Redeeming Philosophy**: A God-Centered Approach to Big Questions (Wheaton, IL: Crossway, 2014).

21 Walsh e Middleton, **A Visão Transformadora**, p. 130. A proposta dos autores tem uma orientação "esquerdista".

PILARES DA COSMOVISÃO REFORMADA: REDENÇÃO

por detrás da conservação de energia e limpeza do meio ambiente). Em segundo lugar, reconhecendo o aspecto multidimensional de todas as nossas atividades. O trabalho, por exemplo, não pode ser "o exercício eficiente de poder para produzir a máxima vantagem econômica", sem considerar as condições emocionais, físicas e sociais de cada trabalhador. Em terceiro lugar, providenciamos uma resposta cristã cultural respondendo às normas de Deus. Desde a escolha da forma de dar à luz até a função da economia evidenciam cosmovisão. A última, por exemplo, deve se manifestar como mordomia, cultivando o que pertence ao Mestre e para o serviço dos que vivem na propriedade. Em quarto lugar, a resposta cristã surge quando renovamos a comunidade (ex: executivos aplicando a visão cultural cristã na corporação multinacional em que trabalha).

Não é difícil compreender porque esse tipo de constatação e proposta empolga tantas pessoas. Primeiramente, os autores transmitem a ideia de que os problemas estão interligados. Quando se explica problemas bem complexos com coesão, transmite-se a esperança de que podemos solucioná-los com mais facilidade. Em segundo lugar, eles propõem que cristianismo é sinônimo de "renovação" da comunidade. Não é à toa que o livro de Walsh e Middleton se chama *A Visão Transformadora*. Esse é um discurso que frequentemente fascina jovens que estão energizados para fazer a diferença neste mundo. Eles querem ser engajados na cultura e almejam ser relevantes, cada um em sua área de atuação. Por isso, o discurso combina com a predisposição do idealismo jovem.

Acho muito saudável o desejo de jovens de serem engajados nas diversas áreas da cultura ao seu redor. Tenho tentado demonstrar que é isso que Daniel fez dentro de suas possibilidades. No entanto, essa expectativa de redimir ou transformar uma profissão

AMANDO A DEUS NO MUNDO

ou a sociedade é eivada de expectativa utópica de triunfo e pode ser confundida com sua missão enquanto cristão neste mundo.[22] É verdade que os cristãos se esforçam por redirecionar a cultura numa direção benevolente que a restaure, o máximo possível, dos efeitos do pecado (graça comum). Isto não significa que nossa postura é de "transformação" (ou de redimir a cultura), uma palavra otimista demais em relação àquilo para o qual fomos chamados.

Mas qual é o problema de usar o termo "redenção"? Creio que há duas considerações bíblicas que nos ajudam a discernir o nosso papel como distinto de redenção. Primeiro, redenção, na Escritura, é *um ato divino*. O termo "redenção" e alguns de seus correlatos são termos que a Bíblia reserva a Deus somente. A única vez em que a Bíblia associa redenção a uma ação humana é na expressão paulina "remindo o tempo" (*exagorazomenoi ton kairon*; Ef 5.16; Cl 4.5).[23] Esse remir não significa ter controle das horas (a palavra grega não é *chronos*, mas *kairós*), mas também não significa ter controle sobre uma época a ponto de modificá-la na raiz. Esse poder é divino. Tudo o que Paulo está falando é que podemos nos portar de forma santa a fim de contrastar com os dias maus, que é o propósito do sal (Ef 5.15-16; Cl 4.5-6; o texto de Colossenses inclusive conecta o remir o tempo com a metáfora de sal). Em tempos quando não havia refrigeração, o sal era fundamental para a preservação da carne. Sal, portanto, tem apenas característica preservadora, não transformadora (o sal não transforma carne podre em carne boa). Semelhantemente, uma esposa cristã pode santificar o lar (1 Co 7.14) quando, por exemplo, separa os seus filhos de influências maléficas ou quando restringe a

---

22 Veremos mais sobre isso nos capítulos 19 e 23.

23 O verbo exagorazw (*exagorazo*) significa "redimir por pagamento de preço" (Gl 3.13; 4.15), "comprar", "fazer bom uso" (Ef 5.16; Cl 4.5).

PILARES DA COSMOVISÃO REFORMADA: REDENÇÃO

manifestação do mal em sua casa (papel antisséptico do sal). No entanto, ela não tem controle sobre a salvação de seu companheiro (1 Co 7.16). Esse texto paulino distingue bem a nossa função. Trabalhamos em prol de salgar o contexto, mas redenção é negócio divino.[24]

Em segundo lugar, redenção *nunca retrocede*. Uma reforma social pode preservar certos valores em uma comunidade, mas tais valores sociais não são perenemente mantidos. A história nos mostra que uma conquista social frequentemente é desfeita pela contaminação posterior. Se tal conquista não é perdida, traz consigo outras deturpações. Afinal, todo movimento chamado de "avanço social" tem trazido muitos retrocessos sociais. Redenção, em contrapartida, é sempre retratada como progressivamente certa. Um indivíduo pode enfraquecer na fé, tropeçar em pecados, subjetivamente ter a percepção de regredir. Todavia, objetivamente ele nunca retrocede em redenção. É impossível um cristão estar menos remido hoje do que estava ontem. Pelo contrário, somos transformados de glória em glória pelo Espírito de Deus (2 Co 3.18; cf. Cl 3.9-10). A renovação de nosso ser segundo a imagem de Cristo é progressivamente certa (Rm 8.28-30; Fp 1.6). Ainda somos cercados por maldições não retiradas (Rm 8.18-23), mas isso não impede que caminhemos em triunfo, o qual já nos está garantido (Rm 8.35-39; 2 Co 2.14).

À luz dessas considerações, sugiro que falemos de reforma, ao invés de redenção. Deus redime, nós apenas reformamos. Nossa atitude é de reforma, participando dos movimentos de Deus em restaurar certas áreas da sociedade inclinada ao mal. Podemos ser

---

24 Tyler Wigg-Stevenson é um ativista social que compreende os limites do engajamento social e do nosso chamado não ser o de "salvar o mundo". Cf. Tyler Wigg-Stevenson, **The World is Not Ours to Save**: Finding the freedom to do good (Downers Grove, IL: InterVarsity, 2013).

AMANDO A DEUS NO MUNDO

instrumentos de Deus para frear a derrocada moral e espiritual, retardar o processo de putrefação (função preservadora do sal), como foram os reis de Judá que operaram Reforma após períodos de grande incredulidade e vileza (ex: Asa, Ezequias, Josias). A Reforma Protestante do século 16, o Grande Despertamento na América colonial e Inglaterra do século 18, foram movimentos em que Deus freou a decadência de um povo e permitiu que certas áreas da sociedade fossem reformuladas segundo o padrão bíblico. "Reforma" traz a ideia de que a renovação não é perene, principalmente considerando a tendência que as coisas têm para o caos e a decadência (2ª lei da termodinâmica). Por isso é que reforma é uma necessidade contínua: igreja reformada, sempre reformando. Enquanto estamos reformando a cultura (valores, princípios, enfoques), Deus está remindo pessoas.

Creio que a vantagem de preservarmos a linguagem de redenção para a ação divina é que evitamos imanentizar um movimento que vem de fora para dentro. Emprestando a linguagem de Bruce Waltke, a redenção é a "irrupção" (não erupção) do reino de Deus,[25] isto é, quando o Senhor inunda a nossa história de forma transformadora. Quando horizontalizamos a redenção a ponto de considerar o executivo que utiliza os lucros da empresa com mordomia dos recursos, ou a deputada que identifica as leis que dão forma concreta à justiça pública, como exemplos de redenção,[26] apresentamos uma visão res-

---

25 Cf. Bruce K. Waltke, "The Irruption of the Kingdom of God", **Criswell Theological Review**, 2 no. 1 (Fall 2004), p. 3-13.

26 Esses exemplos são tirados de Goheen e Bartholomew, **Introdução à Cosmovisão Cristã**, p. 206. Em outro lugar escrevem: "As boas-novas serão evidentes em nosso cuidado com o meio ambiente, em nossa maneira de abordar as relações internacionais, a justiça econômica, os negócios, os meios de comunicação, a vida acadêmica, a família, o jornalismo, a indústria e o direito". Tais exemplos são uma reação ao evangelho que fala de ir para o céu, deixando a maior parte da vida "fora do alcance da missão da igreja". Goheen e Bartholomew, **Introdução à Cosmovisão Cristã**, p. 108.

trita e secularizada de redenção, uma visão que um cético poderia atingir sem conhecimento do evangelho. Se lucros e leis para o bem público são expressões da redenção, então ateus podem se sentir parte dessa "redenção". Estamos criando uma versão secularizada de redenção, onde o evangelho é apenas expressão dos melhores ideais humanistas (visão teologicamente liberal do evangelho).

A redenção bíblica, em contrapartida, vai além de boas ações. Enquanto o ímpio faz boas ações por interesses próprios (egocêntricos), a redenção atinge nossas motivações. Enquanto o ímpio faz o bem por devoção a uma causa humanista (idolatria), a redenção direciona nossas boas ações ao Senhor. Enquanto o ímpio faz o bem por causa da influência restritiva do Espírito (graça comum), a redenção nos conduz a boas obras pela influência santificadora do Espírito (graça especial). Redenção é mais do que boas ações na esfera pública.

Entretanto, redenção tem impacto na esfera pública. E devemos considerar isso com cuidado na próxima seção.

POSTURA EM RELAÇÃO À CULTURA

Ainda que não tenhamos o poder, nem mesmo a responsabilidade de redimir a cultura, precisamos aprender qual a postura que remidos devem ter diante da cultura.[27] Como a cultura é a articulação humana das potencialidades presentes na criação divina (mandato cultural), sabemos que ela é manchada pela nossa pecaminosidade (queda). No entanto, já vimos que Deus não permitiu que a raça humana executasse toda a maldade que

Ainda que a preocupação deles com o evangelicalismo pietista seja válida, eles acabam horizontalizando demais o evangelho e a missão da igreja.

27 Uma análise mais detalhada sobre a relação entre cristianismo e cultura aparecerá no capítulo 20.

AMANDO A DEUS NO MUNDO

o seu coração é capaz de realizar (graça comum). À luz dessas verdades, o cristão deve assumir uma postura crítica frente à cultura, não necessariamente negativa ou depreciatória, mas uma postura com discernimento. Diante da cultura o cristão não pode ser crédulo demais e nem, tampouco, cético. Ele não deve se alienar e nem se secularizar. Esses dois extremos são muito comuns e ambos padecem de filtro de cosmovisão. Isso nos parece óbvio em relação ao crédulo e secularizado, que absorve tudo ao seu redor sem discernimento ou com a desculpa de que ele está apenas se divertindo (como se desligasse sua fé na hora de se divertir). No entanto, essa falta de filtro também é verdadeira na vida do cético e alienado pois, ao se afastar das coisas consideradas mundanas, com o medo de se sujar, ele prefere se afastar de tudo do que discernir (1 Ts 5.21). Em contrapartida a esses dois extremos, a atitude recomendada é que você seja crítico (viva na cultura e a conheça, mas com cautela, com critérios). Vivendo num mundo caído as coisas boas e verdadeiras estão entremeadas ao mal e ao erro. Daí a necessidade de uma atitude crítica constante.

O jornalista cristão Steve Turner é um exemplo de alguém que procura ensinar seu leitor a ter esse tipo de análise crítica da cultura popular ao nosso redor. Por um lado, ele afirma que o consumo acrítico da cultura popular – assistindo, lendo, jogando ou ouvindo algo apenas "para relaxar", com a mente desligada – é subestimar a inteligência e a motivação de quem produz cultura popular com o intuito de subverter a sua cosmovisão.[28] O elemento diversão tende a desarmar nossos sistemas de alarme crítico e permite que as influências de ideias e valores entrem despercebidas.

---

28 Turner, **Engolidos pela Cultura Pop**, p. 15.

PILARES DA COSMOVISÃO REFORMADA: REDENÇÃO

Quando suspeitamos que a cultura possui uma agenda, ficamos naturalmente mais desconfiados. Quando pensamos que ela está ali apenas para nos fazer cócegas, nos entregamos ao riso. A Bíblia insiste na vigilância supondo que ficamos vulneráveis à corrupção espiritual quando não estamos alertas.[29]

Achar que um entretenimento pecaminoso não nos faz mal porque não nos leva a fazer algo pecaminoso é uma ingenuidade de quem desconsidera o impacto sobre nossas mentes (Fp 4.8) e o efeito que pode gerar a longo prazo (Pv 6.23-28).[30]

Por outro lado, Turner nos conduz em seu livro a apreciar a cultura como um potencial dado por Deus que deve ser desfrutado e produzido de forma a honrar ao Senhor. Afinal, as potencialidades que honram o Senhor servem não só para o serviço, mas também para o nosso deleite; lazer também honra o Senhor.[31] Também devemos consumir cultura tanto porque contém verdades que proveem do Senhor quanto porque expressa o espírito do nosso tempo. Se não prestarmos atenção à cultura popular, teremos poucas condições de nos comunicarmos de forma eficaz à massa consumidora dessa cultura.[32] É preciso ter um espírito de vigilância e discernimento para reconhecer que há produções culturais de boa qualidade, mas totalmente falsas no que dizem; há as que são tecnicamente boas mas parcialmente verdadeiras e parcialmente falsas, e as que são totalmente verdadeiras mas artisticamente horríveis.[33]

---

29 Turner, **Engolidos pela Cultura Pop**, p. 16-17.

30 Turner, **Engolidos pela Cultura Pop**, p. 52-53.

31 Turner, **Engolidos pela Cultura Pop**, p. 49-51.

32 Turner, **Engolidos pela Cultura Pop**, p. 24-25.

33 Turner, **Engolidos pela Cultura Pop**, p. 54-55.

AMANDO A DEUS NO MUNDO

Em Atos 17, Paulo nos dá um exemplo bíblico de como nos portarmos criticamente diante de um mundo pagão. Ele não se encanta pela erudição nem pela beleza arquitetônica de Atenas, mas se revolta em face da idolatria (v. 16). Isso não significa que Paulo não conseguia apreciar a cultura – veja como ele se refere positivamente à poesia grega (v. 28) –, pois era o mais culto dos apóstolos, mas certamente aponta para sua sensibilidade em perceber a distorção pecaminosa na cultura. Semelhantemente, nós devemos distinguir beleza e verdade daquilo que é pagão. É possível assistir um filme, ouvir música "secular", e apreciar a arte, sem deixar de lamentar o paganismo de suas mensagens.

No seu contato com descrentes, Paulo sabe conversar com os seus ouvintes tanto aproximando-os (v. 22-23, 28) quanto exortando-os (v. 24-25, 29-31). Isto é, ele sabe se conectar com os seus ouvintes sem endossar sua cosmovisão. Da mesma forma, devemos aprender a nos colocar em meio a descrentes e procurar aproximá-los e também exortá-los (nem só uma das atitudes, nem uma só por vez necessariamente). O amor faz ambas as coisas conjuntamente.[34] A mente cristã, quando tem discernimento, funciona como *soldado* e *médico*. O soldado é vigilante em relação às ameaças e combativo nas ideias. Defende-se dos ataques de cosmovisões pagãs, evitando que nos amoldemos a elas. Ataca, ou confronta filosofias anticristãs (funciona como o sal que arde na ferida). Em contrapartida, o médico é prestativo e pacificador. Receita o remédio para os males do mundo. Paulo teve ambas as posturas diante dos atenienses.

---

34 Como já vimos no capítulo 1, o resultado de tal amor confrontador é que alguns zombam abertamente (v. 32a; os fariseus com Jesus), a maioria não sabe o que quer (v. 32b; as multidões com Jesus), e uma minoria crê (v. 34; os apóstolos de Jesus).

PILARES DA COSMOVISÃO REFORMADA: REDENÇÃO

Esse é o espírito por detrás de uma expressão que tem se tornado comum em nossos dias: "exegese cultural".[35] Kevin Vanhoozer fala de cultura como um texto a ser interpretado e da importância de conhecermos o mundo que antecede a cultura atual (passado), o mundo pintado pela mesma cultura (presente) e o mundo proposto pela cultura (futuro). Ele destaca a importância de detectarmos os poderes e as convicções por trás de tendências culturais, e reforça a necessidade de colocarmos essa análise dentro de categorias bíblicas, como o esquema criação-queda-redenção, a fim de que sejamos guiados em nossa hermenêutica cultural primariamente por textos bíblicos antes do que por textos culturais.[36] Um esforço por mapear a cultura ao nosso redor à luz de categorias bíblicas, evitando os extremos de afastamento cultural e apropriação cultural indevida, pode ser visto em diferentes partes do mundo evangélico.[37]

O sociólogo americano James Davison Hunter procura apresentar essa postura equilibrada em seu livro *To Change the World*. No intento de manter a dialética entre engajamento e antítese, Hunter cunhou a expressão "presença fiel" (em inglês, "faithful presence"). A introdução de um novo vocabulário e novas categorias é resultado de uma nova visão de como a cultura é influenciada.[38] A parte

---

35 Para um panorama sobre as motivações e a forma de executar exegese cultural, veja Kevin J. Vanhoozer, "What is Everyday Theology? How and Why Christians Should Read Culture". In: Kevin J. Vanhoozer, Charles A. Anderson e Michael J. Sleasman, **Everyday Theology**: How to Read Cultural Texts and Interpret Cultural Trends (Grand Rapids: Baker, 2007), p. 15-62. Esse livro faz parte de uma série de análises culturais sob o título "Cultural Exegesis", organizada por William A. Dyrness e Robert K. Johnston.

36 Vanhoozer, "What is Everyday Theology? How and Why Christians Should Read Culture", p. 59-60.

37 Cf. Aruthuckal Varughese John, "Cultural Exegesis as the Calling of an Asian Theologian: Looking through Secularity as a Condition", **Journal of Asian Evangelical Theology** vol. 21, nos. 1-2 (March-September 2017), p. 5-29.

38 Ele questiona uma visão idealista de que mais pessoas com a cosmovisão correta produzem boa cultura, questiona a crença na influência do indivíduo sobre a comunidade, e também questiona o

AMANDO A DEUS NO MUNDO

do livro que mais nos interessa é o terceiro ensaio, onde ele desenha uma visão teológica de como nos portarmos neste mundo de forma fiel, fazendo cultura e construindo instituições para o serviço do próximo, ainda que a influência sobre a cultura seja, debaixo da providência de Deus, menor do que esperamos. Ele é avesso a termos como "redimir a cultura", "transformar o mundo", "construir o reino" porque tais expressões soam dominadoras, uma postura incoerente com a presença cristã neste mundo. Hunter é humilde para admitir que nossos atos culturais podem ter significado espiritual, mas a redenção deste mundo certamente não depende deles.[39]

Essa postura equilibrada tende a não ser aprovada nem pelos consumidores de cultura sem discernimento, os quais a consideram muito confrontadora, nem pelos demonizadores de cultura, os quais a consideram muito condescendente. Os ativistas em busca de transformação cultural também não apreciarão essa postura, pois a consideram muito pessimista.[40] Kuyperianos acertam quando conduzem outros a integrar sua fé com todas as demais áreas da atividade humana (engajando com a cultura), mas vários

---

pietismo de que mais conversões produzem mudança cultural. Em contraposição, ele fala da importância de certas circunstâncias sociais proporcionarem a influência de ideias, de que indivíduos geniais só influenciam quando são amparados por uma rede de influência "central" antes do que "periférica" (certas instituições têm mais peso cultural do que outras), e apresenta uma complexidade cultural que transcende a influência de corações transformados. Cf. James Davison Hunter, **To Change the World**: The Irony, Tragedy, & Possibility of Christianity in the Late Modern World (Oxford: Oxford University Press, 2010), p. 3-47. Tal avaliação obviamente não é completamente endossada por analistas culturais dentro do mundo evangélico. Para uma crítica caridosa, veja Andy Crouch, "How not to change the world". In: *https://www.booksandculture.com/articles/2010/mayjun/hownotchangetheworld.html?start=1* (acessado em 11 jun. 2018).

39 Hunter, **To Change the World**, p. 213-254.

40 A obra de James Davison Hunter é considerada "muito modesta" por Vincent Bacote. Bacote, "Beyond Faithful Presence", p. 199. Numa palestra que antecedeu o livro, o próprio Hunter sugeriu que muitos de seus ouvintes o consideravam "pessimista". Cf. James Davison Hunter, "To Change the World". *https://www.disciplenations.org/media/To-Change-the-World_Hunter.pdf* (acessado em 10/06/2018).

PILARES DA COSMOVISÃO REFORMADA: REDENÇÃO

deles exageram na expectativa de mudança. Outros, com expectativas minimalistas, parecem mais próximos da verdade quando se mostram mais modestos em relação aos resultados, mas eles incorretamente minimizam a nossa participação na sociedade. A postura da qual estamos falando, portanto, não é popular.

A razão de não ser popular é porque ela não parece animadora. Afinal, o que ela propõe é que devemos participar muito, mas também esperar pouca mudança durável. Isto é, diferente dos separatistas, nós queremos nos envolver ativamente na cultura que nos cerca, e diferente dos ativistas, nós queremos moderar nossa expectativa quanto às mudanças que podem acontecer. Mas, "por quê?", você pode perguntar. Qual é o propósito? Não parece muito animador ouvir que devemos participar muito sabendo que as mudanças não serão duradouras. Qual seria a motivação de participar?

Testemunho (Mt 5.14-16; 24.14; Mc 13.9; Jo 1.7-8, 15; At 1.8). Essa é a grande razão para qual a igreja está neste mundo. Quando Daniel falou de seu Deus a Nabucodonosor, acabou resultando em conversão de um homem, ainda que o reino babilônico não tenha sido afetado. Quando a serva de Naamã testificou do profeta de sua terra, isso resultou na conversão de Naamã, ainda que não tenhamos registro de mudanças na Síria (2 Rs 5.1-18). A mensagem de Paulo no Areópago alcançou pessoas, mas não transformou a cultura de Atenas. No entanto, todas as vezes que Deus transforma pessoas, existe testemunho na cultura. E até nossos atos que não resultam em conversões também testificam de uma vida na qual Cristo é proeminente. A igreja é uma agência de testemunho sobre toda atuação divina, tenha ela efeito geral (graça comum) ou redentivo (graça especial). Testemunhamos sobre o senhorio de Cristo cada vez em que nossa fé guia nossas diversas ações culturais.

AMANDO A DEUS NO MUNDO

É claro que o nosso grande chamado é testemunhar sobre redenção para redenção. Assim como descrentes sem saber testificam ao mundo a bondade de Deus por intermédio de suas obras benéficas (graça comum), cristãos deveriam conscientemente testemunhar sobre as glórias de nosso Deus, não somente com o propósito de purificação temporária (graça comum), mas também esperando por redenção definitiva (graça especial).

Todavia, a grande lição desta seção é compreender nossa postura antes do que falar de resultados de nosso testemunho. Nossa postura de submissão à providência divina no engajamento cultural já é parte do testemunho. Jesus propôs uma postura muito diferente dos grupos de seus dias os quais se retraíam da sociedade (essênios), faziam concessões ao Império Romano (saduceus), se enclausuravam na religião organizada (fariseus) ou usavam de violência para instaurar o reino (zelotes).[41] A postura de testemunho fiel não se afasta do mundo, nem se submete ao paganismo, mas também não se rebela contra as estruturas sociais. Pelo contrário, ela possui uma mensagem que transforma gradativamente de dentro para fora.

RENOVAÇÃO PROGRESSIVA

Para terminar este capítulo sobre redenção, falemos um pouco sobre como Deus opera por intermédio do seu povo para realizar mudanças. Procuraremos, mais uma vez, corrigir alguns desvios comuns entre os evangélicos no entendimento bíblico de transformação. Embora o entendimento equivocado a ser corrigido seja mais comum entre carismáticos, ele também permeia muitas outras igrejas evangélicas.

---

41 Goheen e Bartholomew, **Introdução à Cosmovisão Cristã**, p. 214.

PILARES DA COSMOVISÃO REFORMADA: REDENÇÃO

No capítulo 5 do seu livro, Albert Wolters fala de nossa tarefa "reformacional" que requer discernimento entre estrutura e direção. Essa tarefa reformacional requer duas coisas. A primeira é uma atitude de *santificar, purificar* (mudança interna) ao invés de *consagrar, separar* (mudança externa). A carne sacrificada a ídolos não se torna impura em si mesma por ter sido consagrada para ídolos (Rm 14.14). Wolters exemplifica a diferença de termos (santificação vs. consagração) na restauração de negócios, família, arte, governo, dentre outras áreas:

Uma cosmovisão dualista – que estabelece uma divisão básica entre sagrado e secular, santo e profano – restringe a santificação e a obra do Espírito ao domínio sagrado e santo (normalmente à igreja institucional) e permite "consagração" apenas (alguma conexão com o sagrado) para o restante da vida. Em alguns círculos católicos romanos, por exemplo, um carro, ou um celeiro, ou mesmo um novo empreendimento pode ser consagrado se um sacerdote, o representante da igreja, borrifar água benta nele. Ou a instituição do casamento pode se "tornar santa" ao ser declarada sacramento ou ao ser celebrada na igreja. Só mediante essa "elevação" sacramental das coisas no mundo natural, esses cristãos sentem que podem colocar questões seculares em contato com a graça de Deus. Porém, essa consagração está muito longe da santificação interior de negócios ou da vida conjugal que a Bíblia requer. Se essas áreas da criação devem ser verdadeiramente restauradas, precisam se tornar santas de dentro para fora, com base no que exclusivamente são: deve, por exemplo, haver santidade econômica nos negócios e santidade marital no casamento. O poder renovador da salvação em Jesus Cristo penetra o material do "mundo natural", santificando-o de dentro para fora.[42]

Esse alerta de Wolters é necessário para a nossa realidade brasileira influenciada pela mentalidade carismática de "consagração". Em nossa realidade brasileira, é comum fazermos um culto quando alguém adentra um apartamento recém adquirido ou quando um cristão abre uma loja. Para muitos, o ato de culto faz com que o apartamento ou a loja sejam "consagrados" diante do Senhor. Alguns evangélicos também se incomodam que alguém pegue o seu violão e toque música "secular". O argumento para que o violão só seja usado para tocar música evangélica é que ele foi consagrado. Semelhantemente, alguns carros colocam adesivos com as palavras "esse carro pertence ao Senhor Jesus". Essas mensagens se esquecem que objetos não são santos por si mesmos. Nós é que somos santificados e santificamos tanto o ambiente (1 Co 7.14) quanto as coisas que utilizamos. Discernir entre estrutura e direção nos permite compreender que santificação acontece de dentro para fora.[43]

A segunda coisa destacada por Wolters para executarmos uma tarefa reformacional é compreendermos que santificação acontece por intermédio de *renovação progressiva* em vez de *destruição violenta*. O que foi formado na criação, deformado na queda, é reformado na redenção. Reforma é diferente de revolução. Esta pressupõe uma remoção completa de todo aspecto do sistema estabelecido e a construção de uma ordem social completamente diferente. O reformado não crê que qualquer ordem social seja absolutamente corrupta.

---

42 Wolters, **A Criação Restaurada**, p. 100.

43 Quanto à sexualidade, por exemplo, a pergunta não é se "sexualidade é ruim?", mas "o que é estrutural e o que é direcional na sexualidade humana?" Essa distinção vai nos ajudar a defender a sexualidade humana ao mesmo tempo em que nos opomos à sua perversão.

PILARES DA COSMOVISÃO REFORMADA: REDENÇÃO

Foi distorcida pelo pecado e precisa ser redirecionada, mas não há necessidade de se abolir a ordem estabelecida. Isto não significa se contentar com o *status quo*, pois a própria chamada à reforma é contrária a qualquer quietismo conservador. Todavia, reforma não é revolução. Essa é a postura quer seja na igreja ou na academia.

Essa renovação progressiva requer perseverança, assim como a luta contra o pecado (Hb 12.1-4). Precisamos correr, não os 100 metros rasos, mas os 42 quilômetros de vida cristã (distância da maratona), lutando contra todo tipo de dor vindo de nossas musculaturas espirituais, olhando firmemente para o autor e consumador de nossa fé. A inauguração do reino na primeira vinda de Cristo não aconteceu total nem imediatamente. O reino vem em duas etapas. Na segunda vinda é que todos os efeitos da queda serão anulados; nada na criação escapa à sua influência, ou está fora do seu controle.[44] Se isso é verdadeiro, não devemos limitar o alcance de nossa atuação presente a algumas áreas da vida. Walsh e Middleton afirmam que "é vocação do corpo de Cristo trabalhar junto em um mundo caído, procurando trazer o perdão, a cura e a renovação do domínio de Deus para cada área da vida. Os indivíduos precisam arrepender-se, e padrões culturais necessitam ser redirecionados".[45] No entanto, nossa situação agora não é de "avanço tranquilo na direção do reino vindouro" como se estivéssemos numa "marcha firme e vitoriosa rumo ao fim na qual a cultura é gradualmente transformada".[46] Pelo contrário, teremos muitas baixas pelo caminho.

---

44 Walsh e Middleton, **A Visão Transformadora**, p. 72.

45 Walsh e Middleton, **A Visão Transformadora**, p. 76-77.

46 Goheen e Bartholomew, **Introdução à Cosmovisão Cristã**, p. 211. Goheen e Bartholomew afirmam que a expectativa de "progresso" onde transformamos o mundo pela nossa própria força é uma assimilação moderna (pagã) que conduz a um ativismo frenético (p. 51).

CAPÍTULO 15

APLICAÇÃO: COSMOVISÃO E EDUCAÇÃO

MAL EDUCADOS

Não existem crianças sem educação, só existem as mal-educadas. Isso significa que pode haver crianças sem educação formal na escola, pode haver crianças que não foram bem guiadas na moral em casa, mas certamente não há crianças intelectualmente saudáveis que não aprenderam nada. Crianças foram programadas pelo Criador para aprender; faz parte de sua estrutura criacional. Quando o assunto é educação, nosso temor não deve ser se elas estão aprendendo alguma coisa; certamente estão. A pergunta é: "o que estamos ensinando?" O ensino e a aprendizagem acontecem até de forma inconsciente, isto é, imperceptível. Se a mãe fica mais brava quando a criança quebra um vaso do que quando desobedece uma ordem explícita, o que essa mãe está ensinando? Resposta: que vasos são mais valiosos do que obediência. Portanto, educação não é apenas o currículo escolar de aprendizagem, nem são apenas os princípios que aprendemos no lar, mas todo o processo de

AMANDO A DEUS NO MUNDO

comunicação de conceitos, valores, modelos que transmitimos a outros. Adultos sempre ensinam, mesmo quando não percebem, e crianças sempre aprendem.

Tomando a realidade brasileira de forma geral, temos que concluir que somos mal-educados tanto moral quanto intelectualmente. Comecemos com a má educação moral de crianças e jovens. Nossos filhos são bombardeados com cosmovisões pagãs tanto na sociedade como na escola. Sensualidade promíscua precoce (através de músicas e outras mídias), agendas homossexuais (cresce o número de adolescentes gays e lésbicas), amizades que conduzem às drogas, são algumas das maiores preocupações atuais que os pais têm em relação aos filhos. No entanto, existem outros problemas educacionais sobre os quais os pais conversam menos.

Pense, por exemplo, no abismo de gerações entre pais e filhos decorrente de um isolamento moderno aparentemente insolúvel. Muitos pais temem uma influência maior de amigos e mídia em decorrência do tempo que gastam com estes; pais não acreditam mais que são a maior influência sobre os filhos. Ironicamente, o fato de ouvirmos muito em nossos dias que os pais precisam ser amigos dos seus filhos (com o intuito de ter aproximação) não tem gerado tanta influência sobre eles (talvez, porque a postura de amigo assumida por alguns pais seja de conselhos sem autoridade, de curtição sem sensatez, etc.). De fato, o tempo desproporcional gasto com amigos da mesma idade não é o padrão bíblico. Aprendizagem, de acordo com as Escrituras, acontece mormente no contexto de mais velhos ensinando os mais novos (Tt 2.3-5), pais ensinando filhos. Influências externas não são determinantes (ambiente esterilizado de imoralidade não impede

APLICAÇÃO: COSMOVISÃO E EDUCAÇÃO

pecado interno), mas também não são inofensivas (não podemos ser ingênuos quanto ao que não é abertamente imoral).[1]

No entanto, existem influências impróprias que não chegam por intermédio de amigos, mas são veiculadas inclusive através dos meios formais de educação. Até livros didáticos e paradidáticos utilizados na escola minam os valores judaico-cristãos. Solano Portela reuniu diversos exemplos nos quais tais livros explicitamente afirmam ideias agnósticas ("religiosos não sabem se Deus existe"), apreciam o pluralismo religioso ("no fundo todas [as religiões] têm valores semelhantes") e promovem o ateísmo ("é possível ter esses valores [cristãos] sem Deus"). Tais livros podem ensinar a utilidade da mentira ("esconder a verdade para não magoar alguém"), o caráter evolutivo da religião ("a religiosidade judaica evoluiu do animismo para um Deus pessoal") e a legitimidade dos impulsos sexuais ("independente do sexo").[2]

Além desses ensinos explícitos, existe a filosofia educacional por trás de teorias pedagógicas que, por vezes, é tão sutil que nem pais nem educadores cristãos conseguem perceber o mal causado pela mesma. Solano Portela tem sido um pioneiro em destacar os perigos do construtivismo de Jean Piaget:

---

1 "Há dois erros que ocorrem em relação às influências formativas da vida. O primeiro deles é ver tais influências de modo determinista. É o erro de presumir-se que a criança é vítima indefesa das circunstâncias em que cresceu. O segundo erro é a negação, ou seja, dizer que a criança não é afetada por sua experiência de infância... Comete-se um grave erro ao se concluir que a criação de filhos nada mais é do que prover as melhores influências formativas para eles. Muitos pais cristãos adotam o "determinismo cristão". Eles concluem: 'Se pudermos protegê-lo e abrigá-lo suficientemente bem, se pudermos ser sempre positivos com ele, se o enviarmos a escolas cristãs, se o educarmos em casa, se pudermos prover a melhor experiência de infância possível; então, nosso filho será uma ótima pessoa". Tedd Tripp. **Pastoreando o Coração da Criança** (São José dos Campos: Fiel, 2000), p. 27.

2 Francisco Solano Portela Neto, **O que estão ensinando aos nossos filhos?**: Uma Avaliação Crítica da Pedagogia Contemporânea Apresentando a Resposta da Educação Escolar Cristã (São José dos Campos: Fiel, 2012), p. 109-117.

AMANDO A DEUS NO MUNDO

relativismo moral, subjetivismo epistemológico (sentido é construído), ausência de direcionamento (autonomia do aluno; professor não transmite conhecimento como se fosse superior ao aluno, mas é mero facilitador), e o método dialético de aprendizagem. Ainda que Solano Portela reconheça os avanços do construtivismo na pedagogia (maior participação do aluno, individualidade observada com atenção às limitações de cada um, atratividade estética do material didático) e outros pontos de contato que nós cristãos podemos ter com outras propostas pedagógicas, seu alerta se faz muito necessário contra as sutilezas pagãs de pedagogias que não têm sido percebidas inclusive por educadores cristãos.

O construtivismo é quase unanimidade na formação dos professores, e essas bases filosóficas antagônicas à fé cristã acabam moldando a mentalidade educacional do corpo docente, mesmo dos que ensinam em escolas confessionais evangélicas.[3] Piaget entendia que o direcionamento pedagógico era equivalente a coação intelectual e o direcionamento ético era coação moral.[4] A compreensão da realidade não é objetiva, mas construída pelo indivíduo. Essa proposta epistemológica é infectada pelo mito da neutralidade acadêmica, e a educação ganha uma perspectiva horizontal dissociada da dimensão vertical;[5] mandato social não pode ser dissociado de mandato espiritual. Enquanto na Bíblia o conhecimento é transmitido e desvendado, no construtivismo ele é construído e para tal o aluno precisa apenas de facilitadores, não

---

3 Francisco Solano Portela Neto. "Construtivismo no Cenário Brasileiro", in **Fundamentos Bíblicos e Filosóficos da Educação** (São Paulo: ACSI, 2004), p. 70-71.

4 Portela Neto, "Construtivismo no Cenário Brasileiro", p. 75.

5 Portela Neto, Francisco Solano. "Pensamentos Preliminares direcionados a uma *pedagogia redentiva*" in **Fides Reformata** vol. XIII, no. 2 (2008), p. 128.

APLICAÇÃO: COSMOVISÃO E EDUCAÇÃO

de mestres.[6] Solano aponta uma inconsistência no pensamento de Piaget quando este afirma que não somos *tabula rasa* epistemologicamente (possuímos conhecimento tanto nato quanto empírico), mas afirma que a criança é uma *tabula rasa* moral.[7] Tais valores são absorvidos por boa parte da psicologia educacional e acaba sendo apreendida por cristãos convencidos por "experiências supostamente científicas, como se estivessem frente a uma forma de revelação divina, absoluta e inquestionável".[8]

No Brasil, as pedagogias de Paulo Freire e de outros educadores que trilharam na mesma linha de uma autonomia do educando e de propostas antropocêntricas que "apostam no ser humano" têm aparência de sabedoria, mas são dispersivas e por vezes até contraditórias. Falta-lhes uma construção filosófica coerente e, por isso, constata-se um caos em relação às propostas pedagógicas que prevalecem na academia.[9] Falta-lhes uma "pedagogia que faça justiça à visão unificada de vida e ao entrelaçamento com as verdades divinas que se constituem no cerne da prática da verdadeira educação cristã".[10]

Até o próprio sistema educacional nos parece falido. O Brasil ouve um clamor por melhor educação há muito tempo. Esse clamor evidencia uma insatisfação com o nível educacional de crianças, jovens e adultos. Ainda que números sejam usados por políticos para atestar a redução no índice de analfabetismo, a verdade é que o resultado da educação escolar em todos os níveis tem sido superficial

---

6 Portela Neto, "Construtivismo no Cenário Brasileiro", p. 78.

7 Portela Neto, "Construtivismo no Cenário Brasileiro", p. 81.

8 Portela Neto, "Construtivismo no Cenário Brasileiro", p. 86.

9 Portela Neto, "Pensamentos Preliminares direcionados a uma *pedagogia redentiva*", p. 134-139.

10 Portela Neto, "Pensamentos Preliminares direcionados a uma *pedagogia redentiva*", p. 146.

AMANDO A DEUS NO MUNDO

e deficitário. Solano Portela destaca que a liberdade de diretrizes, o desprezo por conteúdo, a concentração no método, e a retirada do mérito como forma de aferição conduziram a décadas de resultados desastrosos.[11] O Brasil tem sido muito mal ranqueado em avaliações internacionais de educação.[12] Esses números revelam a falência do aspecto intelectual de boa parte do ensino brasileiro. É verdade que números que atestam apenas as habilidades científica/tecnológica e têm preocupações pragmáticas (desempenho no mercado de trabalho) não são suficientes para averiguar o processo educacional de forma holística (não se preocupa com tradição ou com valores morais, por exemplo). Ainda que um currículo seja conteudista (preocupado com a grande quantidade de informações transmitidas ao aluno), ele pode promover adolescentes intelectualmente capazes, mas orientados ao sucesso profissional antes do que ao serviço comunitário.

Em meio a esse caos educacional, muitos pais cristãos percebem que as escolas são necessárias na vida de seus filhos, mas elas têm conduzido as crianças, adolescentes e jovens a uma desconexão do conhecimento com a fé. Muitos de nossos filhos são muito informados sobre a cultura pop, mas analfabetos biblicamente. Na melhor das hipóteses, são conhecedores de informações acadêmicas, mas lhes falta uma cosmovisão bíblica. Sentimos necessidade urgente de uma educação cristã, calcada em premissas bíblicas sobre o ser humano e suas motivações boas e ruins para o aprendizado, sobre o conhecimento limitado mas verdadeiro de nossas investigações, sobre a tarefa do educador enquanto veículo

---

11   Portela Neto, **O que estão ensinando aos nossos filhos?**, p. 120.

12   Portela Neto, "Pensamentos Preliminares Direcionados a uma *Pedagogia Redentiva*", p. 146, nota 62.

APLICAÇÃO: COSMOVISÃO E EDUCAÇÃO

de transmissão de conhecimento revelado pelo próprio Deus, etc. Precisamos de uma reformulação teo-referente do processo educacional. Mas o que seria uma educação cristã?

A EXPECTATIVA DE REDENÇÃO

É muito comum que em meio ao nosso desapontamento com a maior parte do sistema educacional brasileiro, clamemos por uma solução cristã. Corremos o risco de ter expectativas grandiosas quanto à escola cristã que se assemelham às expectativas que descrentes têm em relação ao papel da educação em nossa sociedade. Ainda existe, de forma predominante, a expectativa de que a educação pode ser reformulada e assumir seu papel de solução social, como o cordel mencionado no capítulo 14. Se a escola acha que passar conteúdo (informar) é pouco, ela acaba sonhando alto e almeja transformar o aluno em bom cidadão. Os pregadores da pedagogia e os políticos acabam reforçando a ideia de que a educação é a solução para os problemas do nosso país, e o povo acredita. Alguns educadores, enquanto desprezam a tendência *"redentora"* da educação que se fia na transformação religiosa do aluno (predominante no passado, com Amós Comênio, mas ainda presente com o ensino religioso em currículos de escolas públicas), sugerem que a filosofia da educação experimentou um processo de evolução que passou pela tendência *"reprodutora"* da sociedade (reproduz a sociedade para preparar o aluno para a mesma; ex: preparar para o mercado de trabalho) e agora atinge novos patamares com a tendência *"transformadora"* da sociedade (o educador como mediador de uma transformação social).[13]

---

13 Cf. Cipriano Carlos Luckesi, **Filosofia da Educação**. Coleção Magistério. 2º grau. Série formação do professor (São Paulo: Cortez, 1991), p. 37-52.

AMANDO A DEUS NO MUNDO

Vejamos esses três modelos com mais detalhes. No primeiro modelo (*educação redentora*), a educação estaria imune às influências da sociedade, mas tendo o propósito de integrar harmonicamente os indivíduos ao todo social, corrigindo os desvios e curando suas mazelas. O educador Cipriano Luckesi é crítico da linguagem religiosa de quebra da harmonia (pecado) e redenção em Jesus Cristo que foi proposta por Comênio, mas ele afirma que essa expectativa de redenção da sociedade através da educação de jovens renovando suas mentes continuou nos séculos 18 e 19, mesmo em meios mais secularizados. Luckesi enxerga como ingênua qualquer educação que não leve em conta a contextualização crítica dentro da sociedade.[14] No segundo modelo (*educação reprodutora*), Luckesi diz que já existe uma "crítica" à medida que se entende a relação entre educação e sociedade, mas o modelo propõe que educação visa meramente reproduzir de acordo com os condicionantes econômicos, sociais e políticos da sociedade. Essa perspectiva mormente marxista visa perpetuar todos os aspectos da sociedade por intermédio da escola, formar segundo o modelo da ideologia dominante.[15] Luckesi é crítico dessa segunda posição por causa de seu "pessimismo derrotista", no qual qualquer melhoria educacional será em vão já que a escola sempre reproduzirá a ideologia dominante.[16] Por isso, Luckesi reflete a opinião de muitos educadores ao optar pelo terceiro modelo (*educação transformadora*), o qual enxerga a educação escolar como "mediação de um projeto social". Ela é retratada como a mais realista das três opções, nem otimista como a primeira e nem pessimista como a segunda,

---

14 Luckesi, **Filosofia da Educação**, p. 40-41.

15 Luckesi, **Filosofia da Educação**, p. 41-42, 45.

16 Luckesi, **Filosofia da Educação**, p. 48.

APLICAÇÃO: COSMOVISÃO E EDUCAÇÃO

e, de acordo com o autor, é a única proposta que não sucumbe a educação aos interesses dominantes na sociedade. Ela é aquela que trabalha pela sua democratização.[17]

No entanto, observe o engano dessa análise dos modelos trazida por Luckesi. Essa terceira visão de educação, adotada por ele e pela maioria dos educadores atuais, é mais otimista do que a primeira pois entende que a solução de dilemas político-sociais se dará à parte de um referencial divino. Existe uma confiança tremenda no potencial humano de se transformar. O problema é que até para atingir tais ideais, a escola tem seus limites. Chamá-la de transformadora é ter uma visão ufanista pois pretende fazer mudanças que estão além do seu alcance. Além disso, essa terceira proposta é veladamente religiosa. Quando ela despreza absolutos (sejam eles do primeiro ou do segundo modelo) e entende que a pluralidade de ideais (chamado pelo bom nome de "democratização") é um excelente alvo a ser atingido, as crenças estão estabelecidas. Ela despreza a primeira proposta como religiosa quando, na verdade, ela também é religiosa.

É fato que educação gera impacto sobre os educandos e, por isso, é chamada de transformadora. Educadores não são meros transmissores de informação. Informação só faz sentido se ela gera formação. O que levamos ao nosso interior ("in") acaba moldando nossa vida ("formação"). O coração é impactado pelo que nele é semeado (Sl 119.11; Pv 4.23; Fp 4.8-9). Por isso, o cristão deve se esforçar para promover educação (familiar, acadêmica, eclesiástica) moldada pela Palavra de Deus. Mas os ímpios colocam esperança exagerada no potencial da escola para mudar o caráter e o intelecto, ocupando papel fundamental

---

17 Luckesi, **Filosofia da Educação**, p. 48-50.

AMANDO A DEUS NO MUNDO

para o desenvolvimento da cidadania. O texto de Daniel 4 é um testamento em favor de transformação ser uma obra divina, sobrenatural. Só Deus consegue transformar pessoas tão radicalmente como o fez com o rei Nabucodonosor.

No entanto, não são apenas os descrentes que acreditam em propostas educacionais de salvação de nossos filhos. Cristãos também têm expectativas redentivas quanto a projetos pedagógicos para os seus filhos. Recentemente, muitos cristãos têm entendido que a solução para a formação intelectual e de caráter de nossas crianças e adolescentes seja ou a escola domiciliar (homeschooling) ou a educação clássica (*trivium* e *quadrivium*), ou a junção de ambas (utilização do método clássico no contexto familiar), como tem se tornado comum. Embora haja muito o que apreciar em tais movimentos[18] (prioridade da família como ambiente educador, estágios pertinentes e objetivos mais definidos com a proposta pedagógica do *trivium* – gramática-lógica-retórica), Filipe Fontes faz um bom alerta com respeito às expectativas de seus defensores: "Com certa frequência, essa defesa vem acompanhada de uma espécie de esperança messiânica, e, por consequência, de certa ingenuidade com respeito às tendências anticristãs que o projeto clássico, originalmente, possui".[19]

Outra expectativa exagerada, agora no que tange ao papel educador da igreja, é a confiança que pais têm nos departamentos para crianças e jovens na igreja proporcionando o fundamento espiritual de seus filhos. Voddie Baucham observa como a maioria esmagadora dos cristãos não pensa biblicamente e a solução mais

---

18 Para algumas palavras de apreciação, veja Filipe Fontes, **Educação em casa, na igreja, na escola**: uma perspectiva cristã (São Paulo: Cultura Cristã, 2018), p. 80-83.

19 Fontes, **Educação em casa, na igreja, na escola**, p. 84.

APLICAÇÃO: COSMOVISÃO E EDUCAÇÃO

frequente é melhorar o departamento de crianças e o departamento de jovens.[20] Igrejas com grande estrutura para crianças e jovens tendem a ser as mais procuradas, não só por conveniência dos pais (atitude reconhecidamente má), mas porque os pais depositam a confiança de que tais departamentos têm o "know-how" de educação espiritual. Tais cristãos sempre pensam que melhores eventos evangelísticos e estruturas eclesiásticas podem evitar a evasão de seus filhos da igreja.[21] Normalmente, um bom programa de jovem é aquele que evangeliza, treina e envolve o jovem no mundo com a identidade de Cristo.

O problema dessa visão é que ela omite a função dos pais ou, no máximo, os coloca como colaboradores, quando na verdade são os pais que deveriam evangelizar, discipular e envolver os filhos no mundo.[22] Estamos terceirizando a educação cristã de nossos filhos a líderes carismáticos, mas com pouco tempo de vida adulta e sem experiência de paternidade, ou por incompetência ou por indisposição nossa. E não importa se o ministério de jovens tem mais entretenimento ou mais informação (estudos bíblicos). O problema é que a estrutura promove a nossa confiança nos resultados desses ministérios, os jovens enxergam seus líderes como gurus espirituais, a igreja fica estratificada e o líder jovem fica espiritualmente exausto e frustrado por ter uma tarefa hercúlea.[23]

Mas a igreja não existe para ocupar a função que é dos pais. Ela é a comunidade educadora que auxilia os pais a cumprirem sua função. A igreja precisa assistir o lar na educação das crianças

---

20 Voddie Baucham Jr., **Família Guiada pela Fé**, trad. Josaías Cardoso Ribeiro Jr. (Brasília: Monergismo, 2012), p. 246.

21 Baucham, **Família Guiada pela Fé**, p. 248.

22 Baucham, **Família Guiada pela Fé**, p. 250-251.

23 Baucham, **Família Guiada pela Fé**, p. 252-260.

AMANDO A DEUS NO MUNDO

e não vice-versa. O padrão bíblico é de transmissão entre gerações (Salmo 78.1-8),[24] uma passagem do bastão como ocorre na corrida de revezamento. Como na corrida, a educação transmitida de pais para filhos sempre tem uma responsabilidade maior para quem passa o bastão (os pais). Mas tanto no conhecimento espiritual como no conhecimento científico, existe um elemento humilde na função dos pais. Nós transmitimos o que "recebemos", não o que conquistamos.

Observe como a Escritura nos proporciona uma leitura muito mais profunda acerca do papel do educador, seja ele pai ou professor na escola. A ideia cristã do educador como transmissor de conhecimento não é soberba, como alguns críticos pensam, mas é tremendamente graciosa. Se há algo que eu possa transmitir, isso eu recebi, ou por intermédio de mestres que me antecederam ou por iluminação divina quanto a novas descobertas na minha área do saber.

É claro que precisamos de pais preparados. Você não pode dar o que você não tem. Não é possível realizar esse tipo de discipulado se os pais não estiverem crescendo assim. O impacto da estagnação espiritual de pais não deve ser minimizado. Vida devocional regular, leitura de bons livros, aprendizado na igreja, troca de ideias

---

24 O salmo 78 nos ajuda a ter uma perspectiva evangélica de educação. O evangelho (v. 7-8) é o nosso diferencial, que faz germinar a educação cristã (*semente*); outras escolas têm valores, nós temos uma notícia. O evangelho não deve ser considerado à parte do resto da educação (visão dicotomizada), mas é o que provê outro fundamento para nossa educação. Em segundo lugar, o salmo como um todo nos conta uma grande história, um microcosmo do que é a Escritura enquanto história da redenção. Uma visão correta do mundo advém do entendimento acerca do desenrolar de toda a história (*árvore*). Em terceiro lugar, a educação cristã é teleológica (v. 4), isto é, ela entende como todo conhecimento aponta para o Mestre (*agricultor*). A educação deve ter um caráter relacional quando nos conecta com Deus e o próximo. Em quarto e último lugar, a educação tem como missão o formar novos semeadores (v. 6) desse conhecimento teocêntrico (*fruto*). Algumas das ideias acima foram adaptadas de Tad Thompson. **Pais discipuladores**: um guia para o discipulado em família (São Paulo: Vida Nova, 2011), p. 25-55.

APLICAÇÃO: COSMOVISÃO E EDUCAÇÃO

com outros pais cristãos são o começo dessa preparação. No entanto, mesmo os pais preparados devem enxergar a educação como formativa, antes do que redentiva. Isto é, ela semeia no coração, mas ela não ousa quantificar o impacto de sua semeadura.

Mesmo a educação cristã no lar não é uma fórmula redentora; ela não é exata, não garante resultados. John MacArthur afirma que "o sucesso na educação dos filhos é medido por aquilo que os pais fazem, não por aquilo que o filho faz".[25] O que ele quer dizer é que na educação de filhos, atingir o alvo significa educar conforme as orientações bíblicas, mesmo que os filhos não permaneçam na fé de seus pais. Em outras palavras, fidelidade às ordenanças para instruir a criança na disciplina e admoestação do Senhor e confiança de que Deus tem o destino de seus filhos nas mãos é o que se espera do pai educador. Isso normalmente e graciosamente tem resultado em filhos tementes a Deus, mas não é matemática.

Na Escritura, educação é comparada à sabedoria. O Livro de Provérbios tem vários textos sobre a educação de filhos, mas não funcionam como promessa e sim como o relato sintético de como a vida normalmente transcorre. Talvez a melhor prova disso é que o próprio Salomão era homem mui sábio e escreveu muitos provérbios de sabedoria (1 Rs 3.12; 4.29-31) e, no entanto, andou boa parte da vida em maus caminhos (1 Rs 11). Ainda assim, o Livro de Provérbios nos chama a atenção para a instrução de nossos filhos, pois esse é o tesouro que temos para transmiti-los. A primeira parte do livro (capítulos 1-9) contém a exortação para que filhos ouçam ao seu pai na instrução para a vida e guardem tais palavras no coração (Pv 1.8-9; 2.1; 3.1; 4.1, 10, 20; 5.1; 6.20; 7.1; 8.32-36). O

---

25 John F. MacArthur, **Como Educar os Seus Filhos Segundo a Bíblia** (São Paulo: Cultura Cristã, 2001), p. 22.

AMANDO A DEUS NO MUNDO

intuito dessas conversas é que os filhos encontrem "vida" (Pv 3.17-18, 21-22; 4.20-23; 6.23; 8.35; 11.19; 12.28; 14.27; 19.23; 21.21). E a diversidade de tais conversas com o filho engloba os assuntos mais diversos no Livro de Provérbios: temor do Senhor, guardar o coração, obediência aos pais, escolha de amizades, controle das paixões, apreço do cônjuge, freio da língua, trabalho árduo, uso do dinheiro, amor ao próximo, dentre outros.[26] Todavia, só sabemos se os filhos apreenderam a cosmovisão que está sendo transmitida, só descobrimos se eles se tornaram sábios pelo seu proceder: "O sábio de coração aceita os mandamentos" (Pv 10.8); "o que modera os lábios é prudente" (Pv 10.19); "o que ganha almas é sábio" (Pv 11.30); "o sábio dá ouvidos aos conselhos" (Pv 12.15); "O filho sábio ouve a instrução do pai" (Pv 13.1); "O sábio é cauteloso e desvia-se do mal" (Pv 14.16). De fato, o que fazemos revela se nossa cosmovisão é sábia ou néscia.

PROMOVENDO UMA COSMOVISÃO CRISTÃ

Creio que à essa altura deve ter ficado claro porque não devemos falar de redimir a cultura ou a sociedade (capítulo 14) ou mesmo da educação com potencial redentor/transformador (atual capítulo). Essa é uma linguagem de atuação divina, focada em resultados que extrapolam nosso alcance, e que pertencem à esfera da graça especial. É claro que a educação cristã no sentido mais lato[27] é um instrumento que Deus frequentemente utiliza (na igreja, na família e até na escola) para a redenção de seus eleitos, para fazer discípulos (desde o novo nascimento até

26 Cf. MacArthur, **Como Educar os Seus Filhos Segundo a Bíblia**, p. 67-89.

27 Filipe Fontes define educação cristã como "a atividade de qualquer agente (famílias, igrejas, escolas), exercida de modo formal ou informal, destinada à formação integral do indivíduo, que se desenvolve a partir da cosmovisão cristã". Fontes, **Educação em casa, na igreja, na escola**, p. 28.

APLICAÇÃO: COSMOVISÃO E EDUCAÇÃO

a maturidade espiritual). No entanto, educação acontece mesmo quando não há redenção, pois compreendemos que na esfera da graça comum, Deus permite que uma cosmovisão que se coadune com a verdade seja parcialmente formada no educando. A educação é benéfica mesmo quando não é redentora. Assim como não costumamos falar de ciência redentora, política redentora, nem de arte redentora, também não é prudente falar de educação redentora. Todas essas esferas de atuação humana têm ímpios trabalhando de forma verdadeira (graça comum), isto é, condizente com a realidade criada por Deus. Porém, nosso alvo é que a participação em cada esfera seja mais afinada com a revelação de Deus (tanto geral quanto especial).

Por isso, o objetivo da educação cristã primeiro no lar e também na escola deve ser a de contribuir para a formação de uma cosmovisão cristã no educando. Como afirma Mauro Meister, queremos que "o ensino seja a expressão da verdade bíblica e a aplicação consistente desta verdade a todas as áreas do saber".[28] Deve haver consciência e consistência dos educadores na hora de aplicar a cosmovisão cristã no projeto educativo. No caso de uma escola cristã (chamada de "escola confessional" pela Lei de Diretrizes e Bases da Educação Nacional), a cosmovisão precisa ser formadora de todo o processo educacional, desde a missão da escola e o currículo educacional, até a prática pedagógica. O diferencial da escola cristã não é apenas encontrar analogias bíblicas que se relacionem com o conteúdo de uma disciplina, nem é inserir atividade devocional na programação escolar, nem o ensino de princípios éticos durante o ano letivo, nem mesmo deixar de estudar conteúdos

---

28 Mauro Meister, "Cosmovisão: Do Conceito à Prática na Escola Cristã" in **Fides Reformata** vol. XIII, no. 2 (2008), p. 177.

AMANDO A DEUS NO MUNDO

que contradizem nossos pressupostos bíblicos (ex: evolução darwinista), mas lecionar as matérias de tal forma a desenvolver uma cosmovisão que se coadune com a verdade.[29] Integração de nossas crenças e valores cristãos ao processo pedagógico, esse seria o objetivo de uma escola cristã.

Estar consciente de sua cosmovisão cristã e explicitá-la já é um avanço em relação à maior parte dos educadores que ou não estão cientes de seus pressupostos para a educação ou não a explicitam. Toda educação confessa certas crenças e valores, não só a educação confessional; todo professor professa uma visão de mundo, mas nem todo está ciente de sua visão de mundo. O diferencial da educação confessional é que ela explicita sua cosmovisão como não acontece em outras escolas.

Embora haja muitos hoje que ainda critiquem as escolas confessionais que "misturam" educação e religião, crítica essa procedente de uma mentalidade dicotômica, a verdade é que toda educação é um empreendimento religioso. Se toda a nossa vida é vivida perante Deus (*coram Deo*), se o ser humano é essencialmente um ser religioso,[30] como já vimos, então você sempre educa de acordo com o que adora, como diz o título do precioso livreto de Filipe Fontes. Inclusive, é nesse livreto que ele sabiamente discerne a relação religião/educação afirmando que a educação "influencia" a religião, mas que religião "determina" a educação.[31] Não existe educação neutra. Toda educação provém de algum tipo

---

29 Meister, "Cosmovisão: Do Conceito à Prática na Escola Cristã", p. 188.

30 "Religião é a relação de confiança e devoção estabelecida por um indivíduo ou grupo com um determinado objeto, da qual este indivíduo ou grupo esperam obter as respostas finais sobre: sentido, significado, valor, reconhecimento, prazer, segurança, etc." Filipe Fontes. **Você educa de acordo com o que adora**: Educação tem tudo ver com religião (São José dos Campos: Fiel, 2017), p. 24.

31 Fontes, **Você educa de acordo com o que adora**, p. 28-31.

APLICAÇÃO: COSMOVISÃO E EDUCAÇÃO

de "confissão" (crenças e valores que formam uma cosmovisão), embora só as escolas confessionais a explicitem.

Talvez o texto bíblico mais esclarecedor sobre a formação de uma cosmovisão cristã no educando seja Deuteronômio 6, versos 1 a 9. Vale destacar que o ambiente dessa formação da cosmovisão deveria ser o lar, e a escola cristã apenas reforçaria essa visão de mundo. Observe alguns dos princípios contidos no texto. Primeiramente, o *alvo* da educação cristã é que o educando venha a temer (v. 2) e amar (v. 5) a Deus. Temor e amor não são sentimentos excludentes. O mesmo Deus que se apresentou de forma terrível no Monte Sinai (Dt 5.24-27), pede que o povo se relacione com ele em amor. Jesus Cristo é quem consegue nos ensinar que relacionamento pactual com Deus envolve tanto a reverência do temor quanto a doçura do amor. Temor aponta para o nosso encanto com o Criador e Sustentador e amor por Deus aponta para as afeições resultantes de sermos alvos do Seu amor Redentor. Temer sem amar é ter um deus distante, e amar sem temer é ter um deus igual a nós; Deus é próximo de nós ao mesmo tempo que é totalmente distinto de nós, ele precisa ser temido e amado. Toda educação cristã tem como objetivo produzir no educando admiração e apreço, temor e amor, seja estudando biologia ou Bíblia.

Em segundo lugar, Deuteronômio 6 nos ensina que a *estrutura* da educação cristã é uma cosmovisão condizente. Quando o pai ou professor guarda no coração os mandamentos do Senhor (v. 6), uma visão bíblica de mundo é formada nele. Para que isso aconteça, o educador precisa primeiro ser um bom ouvinte ("Ouve" v. 3, 4), precisa processar a Palavra de Deus no coração. Só quando uma cosmovisão cristã foi formada no pai

AMANDO A DEUS NO MUNDO

ou professor é que o processo educacional é de fato cristão. Não é possível ensinar o que você não internalizou. E se não dermos uma cosmovisão bíblica às nossas crianças, eles só guardarão nossas regras enquanto estiverem sob nossa vigilância;[32] as abandonarão assim que saírem de debaixo de nossas asas. O nosso grande alvo é um coração transformado (do pai ou do professor) tentando comunicar a um outro coração (do filho ou do aluno) a fim de produzir outros guardadores da Palavra de Deus.

Em terceiro lugar, Deuteronômio 6 apresenta o *método* da educação cristã como sendo constante, consistente e contextual. Hábitos não se desenvolvem em uma aula, mas em constante ensinamento. Um artífice não ensina um aprendiz uma arte mediante uma demonstração. A expressão "tu as inculcarás" literalmente significa "dizer algo duas vezes" e pode se referir à espada que é afiada à medida em que é batida contra a pedra de amolar repetidamente.[33] Não ganharemos o coração dos nossos filhos se conversarmos com eles somente quando algo der errado, diz Ted Tripp. A constância na comunicação ajuda nossos filhos não só a entenderem como o pecado funciona em seus corações, mas também como o evangelho os alcança nos níveis mais profundos.[34] Quando as mesmas palavras são ensinadas repetidas vezes (v. 7), nossos filhos têm mais chance de absorvê-las. A repetição pressupõe a nossa perseverança e a consistência pressupõe a nossa coerência. A contextualização diz respeito a falar as Escrituras em diferentes situações (v. 8-9), tanto no ambiente privado (casa) como em lugar público (cidade). É interessante que os versos 6 a 9 progridem do

---

32 Baucham, **Família Guiada pela Fé**, p. 106.

33 Lou Priolo, **O caminho para o filho andar** (São Bernardo: Nutra, 2012), p. 36-37.

34 Tripp, **Pastoreando o Coração da Criança**, p. 110.

APLICAÇÃO: COSMOVISÃO E EDUCAÇÃO

mais íntimo (coração) para o mais exterior e público (portões da cidade). Quando a Palavra realmente atinge o coração, ela transborda para o exterior (em casa, na igreja ou na sociedade).[35]

O ensino retratado no texto de Deuteronômio 6 é equivalente ao "fazer discípulos" (Mt 28.19). Discipular requer não só tempo, mas esforço contínuo e custoso. Discipulado não é espontâneo, não se espera oportunidades para ele. Se cria oportunidades para que ele aconteça. Discipulado é rotineiro e repetitivo. Ele deve acontecer no ritmo da vida diária. Precisamos ser intencionais acerca desse projeto. E embora ele seja custoso, ele também é muito recompensador. Qualquer dor vale a pena quando a causa é nobre: "Meus filhos, novamente estou sofrendo dores de parto por sua causa, até que Cristo seja formado em vocês". (Gl 4.19). Além disso, quando nos desgastamos na tarefa educadora, o "eu" em nós vai morrendo, e nós somos gradativamente santificados. Promover e propagar a cosmovisão cristã já é animador em si mesmo, mas quando sabemos que o ensino cristão também beneficia o discipulador, então certificamo-nos de que essa tarefa é duplamente benevolente.

APLICANDO COSMOVISÃO ÀS DIFERENTES ESFERAS DE EDUCAÇÃO CRISTÃ

Este capítulo vem falando de educação mais voltada ao ambiente da escola formal, realidade comum à criança brasileira, mas tem procurado pensar em educação de forma mais ampla, que também se aplique ao ambiente do lar e da igreja. Afinal, a escola formal como ambiente educador da criança e do jovem é um fenômeno relativamente recente na história, mas sempre houve aprendizagem

---

35 Veja Thompson, **Pais discipuladores**, p. 64-79.

AMANDO A DEUS NO MUNDO

acerca da vida e do mundo. As estruturas sociais de educação mudam com o tempo, mas a educação como esfera criacional leva em consideração que o homem foi feito para conhecer e explorar o relacionamento com o mundo ao seu redor, com o homem em sua complexidade e diversidade, e com o Deus inesgotável.

Todavia, como exercício final deste capítulo iremos aplicar alguns aspectos da cosmovisão reformada aos ambientes do lar e da escola. Deixaremos de lado o ambiente da igreja por uma questão de espaço e também porque, em alguma medida, este livro já tem procurado promover ensino sobre cosmovisão que poderia ser adotado num contexto eclesiástico (no ambiente de Escola Dominical, Instituto Bíblico ou Seminário); isto é, antes do que uma seção, o livro em si é um esforço por promover educação eclesiástica que prepare indivíduos para a vida cristã holística. No entanto, nesta seção final deste capítulo, escolheremos a família e a escola como ambientes nos quais a cosmovisão cristã deve ser promovida ativamente para o benefício tanto do educador quanto do educando.

O nosso alvo é sermos consistentes ao prover aos nossos filhos e alunos uma educação holística que seja cristã. Queremos que eles estejam preparados para caminhar com Cristo e testemunhar dele neste mundo. Queremos que nossos adolescentes saibam filtrar a educação que recebem assim como vimos acontecer no capítulo 1 do profeta Daniel. A despeito de uma doutrinação babilônica intensa, vimos um Daniel cuja cosmovisão estava bem formada pois o que ele resolveu fazer em relação às finas iguarias do rei proveio do coração (Pv 1.8). Em outras palavras, a postura de não se contaminar foi resultado de uma cosmovisão judaica que ele se apropriara, que estava estabelecida no coração. Em Daniel

APLICAÇÃO: COSMOVISÃO E EDUCAÇÃO

4, vimos que o profeta já maduro exerce uma influência tal sobre a cosmovisão de Nabucodonosor que o monarca babilônico é capaz de expressar-se como um judeu que conhece bem o Deus de Israel, ao ponto de escrever um edito sem uma mentalidade pagã, mas com conceitos bíblicos profundos. O Daniel do capítulo 1 havia sido bem educado (apropriou-se da cosmovisão) e o Daniel do capítulo 4 é bom educador (promoveu a cosmovisão).

1. Educação Cristã Familiar

O lar é o principal ambiente de educação cristã de nossos filhos. Nele, a educação acontece em todo o tempo, mesmo quando não estamos conscientes. A cosmovisão dos pais é expressa em diversas atividades e, por isso, é necessário sempre revermos porque fazemos as coisas do jeito que as fazemos. Se, como cristãos, oramos antes das refeições, é porque queremos despertar em nossos filhos gratidão a Deus. Mas, se nossas orações são tão mecânicas ou atropeladas por causa da correria ou pelo desejo de comer a comida "quentinha", então comunicamos aos nossos filhos que as orações são apenas protocolares. Se as refeições são boas ocasiões de conversa com os filhos e entre os cônjuges, então expressamos o nosso deleite em termos comunhão uns com os outros. Mas se as refeições são feitas diante da televisão ou qualquer outra tela virtual, então elas perdem o deleite das relações interpessoais para se tornarem mero cumprimento de necessidade biológica, enquanto realizamos o que realmente é importante: entretenimento ou informação. Se o que chamamos de "tempo de qualidade" com os filhos se reduz a atividades descontraídas e lúdicas, então estamos ensinando nossos filhos a idolatrarem a diversão. Por outro lado, se a disciplina não é um momento de ira desenfreada, mas de graça,

AMANDO A DEUS NO MUNDO

então nossa disciplina é verdadeiramente evangélica (pois apresenta o Salvador que perdoa e santifica). Observe como em todo tempo nós, pais, ensinamos, ou bem ou mal.

Quero destacar uma atividade e um modo de pensar à medida que aplicamos a cosmovisão à educação familiar. Comecemos com a atividade do culto doméstico. Não há regra bíblica para a frequência nem a duração de um culto doméstico, mas é bíblico que pais proporcionem aos filhos momentos de adoração, confissão e intercessão. Fazer isso no lar, além da igreja, amplia à criança o conceito de uma vida de adoração; espiritualidade não fica restrita a um local (igreja) e nem se torna uma atividade esporádica (domingo). Se você acha que não tem tempo, lembre-se que o culto doméstico não acontece sem planejamento (quando, o que, como). Se você não tem a cooperação dos filhos, lembre-se que se a falta de disposição dos filhos não é empecilho para outros cuidados fundamentais (comer, tomar remédio), também não deve ser para cultuar a Deus. Se você se julga incompetente para fazê-lo, por falta de conhecimento bíblico ou traquejo com as crianças, comece revisando o sermão de domingo, porém, lembre-se que há materiais disponíveis para auxiliar os pais. A razão de eu enfatizar o culto doméstico é porque sua prática constante abre canais de comunicação (confessar pecados, tirar dúvidas, fortalecer princípios, vencer temores) além de se voltar para Deus como ponto de referência da vida no lar.

Por último, vale a pena destacar um modo de pensar que tem atingido muitos pais cristãos e que tem expressado mentalidade e devoção pagãs. Precisamos aprender a pensar sobre nossos objetivos para os nossos filhos e se as atividades e sonhos familiares evidenciam cristianismo ou não. Observe a nossa expectativa por bom comportamento por parte de nossos filhos pequenos. O que nos

APLICAÇÃO: COSMOVISÃO E EDUCAÇÃO

motiva a vê-los bem-educados? Queremos promover neles apenas "boas maneiras" (uma convenção social que brota do temor de homens) ou um espírito de servo (consideração pelos outros)? Você os mantém "na linha" para o seu conforto ou para a glória de Deus? Quando a nossa vergonha diante dos homens é maior do que a tristeza por desonrarem a Deus, refletimos uma cosmovisão pagã. Observe quanto tempo e dinheiro investimos para que nossos filhos maiores tenham excelência acadêmica, musical ou esportiva. Será que pensamos no futuro familiar deles tanto quanto pensamos no futuro profissional? Quando nos esforçamos em trabalhos e fadigas para lhes dar o "melhor", pensamos em boa escola, aparelhos de entretenimento e férias encantadoras, ou pensamos em formação de caráter, desenvolvimento da devoção a Deus e do serviço ao próximo? Observe quanto nós servimos aos nossos filhos (às vezes até de forma idólatra) e quão pouco eles são treinados a servir o outro. Num tempo em que o direito da criança prevalece, nossos filhos são pouco treinados a morrer para si a fim de viver para o próximo.

2. Educação Cristã Escolar

Embora um segmento da igreja evangélica se mostrou anti-intelectualista em tempos recentes, a história da igreja testifica que o cristianismo não é sinônimo de ignorância científica, como vimos no capítulo 6. Enquanto a sociedade secular tende a pensar que fé é antagônica à educação e à investigação científica, a história revela que "a fé cristã sempre foi berço de erudição e de incentivo à investigação do universo".[36] O desenvolvimento do estudo nos

---

36 Portela Neto, "Pensamentos Preliminares direcionados a uma *pedagogia redentiva*", p. 126. Cf. Alderi Souza de Matos, "Breve História da Educação Cristã: Dos primórdios ao século 20", in **Fides Reformata** vol. XIII, no. 2 (2008), p. 9-24.

AMANDO A DEUS NO MUNDO

monastérios ainda no período da patrística e no cristianismo celta do início da Idade Média, a renascença caronlígia no final do século 8º, o nascedouro das universidades europeias a partir do século 11, o interesse da Reforma pela criação de centros educativos,[37] e a criação de educandários que acompanhava o protestantismo primevo no Brasil, todos esses períodos e movimentos testificam de que o cristianismo tem uma história de interesse pela educação.

No entanto, parte desse interesse educacional ainda representa uma visão dicotomizada, na qual a confessionalidade de uma escola cristã se limita a atividades religiosas: devocionais regulares, cultos em datas comemorativas, uma disciplina de cunho religioso no currículo, a presença da capelania, etc. Nesse caso, a cosmovisão cristã não funciona como referencial teórico de aprendizagem desde o currículo até a sala de aula. Como diz Arthur F. Holmes, fé e aprendizagem estão apenas conjugadas, antes do que integradas.[38] Todos nós, em alguma medida, estamos aquém do padrão divino de perfeita integração. Por vezes, o que julgamos ser integração não passa de interação, na qual fé e educação "ficam lado a lado em contato real uma com a outra e interagem em diálogo numa variedade de particulares".[39] A integração, em contrapartida, afeta a *postura* com a qual se faz educação (ex: integridade intelectual, valorização da vocação em relação a Deus), afeta a *ética* com a qual se aborda questões acadêmicas (ex: juízo de

---

37 Na Europa dos séculos 16 e 17, foram inúmeros colégios inaugurados com uma filosofia educacional protestante enquanto na Améria Colonial as grandes universidades dos séculos 17 e 18 (Harvard, Yale, Princeton) também foram filhas do protestantismo mais especificamente reformado.

38 Holmes, **The Idea of a Christian College**, p. 7-9.

39 Holmes, **The Idea of a Christian College**, p. 46.

APLICAÇÃO: COSMOVISÃO E EDUCAÇÃO

valores, dilemas sociais),[40] afeta a *fundamentação* histórica, filosófica e teológica para a empreitada acadêmica (ex: saber a história das tendências filosóficas por trás da arte, avaliar criticamente as teorias de personalidade humana) e a afeta a *cosmovisão* (ex: perspectiva unificada dos estudos, confissão de fé norteadora da investigação científica).[41]

Os reformados têm sido pioneiros em integrar a fé à aprendizagem. O critério para que uma escola seja genuinamente cristã é o critério pedagógico, de uma prática pedagógica e currículo permeados pela cosmovisão cristã.[42] Aqui no Brasil, os educadores cristãos Solano Portela e Filipe Fontes oferecem exemplos de cosmovisão aplicada às matérias de ensino fundamental e médio:[43]

    o **Artes**. Não se trata de mero hobby, mas de ser expressão da criatividade de quem foi feito à imagem e semelhança do Criador. Até a nossa capacidade para desfrute estético, para que nos deleitemos com o mundo de Deus, reflete um Criador que aprova e se deleita naquilo que cria (eis que tudo "era muito bom", Gn 1.31).[44] Reconhecemos que existe um aspecto subjetivo da apreciação artística (arte enquanto produto cultural), mas compreendemos que existem normas que regulam o juízo estético. "O ensino cristão de artes deve ser crítico, partindo do princípio de que é possível

---

40 Pense na importância da fé cristã em discussões universitárias de administração sobre salários e preços, ou temas do direito, tais como penalidades.

41 Holmes, **The Idea of a Christian College**, p. 45-60.

42 Fontes, **Educação em casa, na igreja, na escola**, p. 127-128.

43 CF. Portela Neto, **O que estão ensinando aos nossos filhos?**, p. 155-166; Fontes, **Educação em casa, na igreja, na escola**, p. 132-152.

44 Holmes, **The Idea of a Christian College**, p. 19.

distinguir a boa arte da arte ruim" baseado em critérios como "a habilidade técnica do artista, a adequação entre veículo e conteúdo, dentre outros".[45]

o **Matemática**. Por ser uma ciência exata e menos sujeita a influxos ideológicos, ela parece imune aos efeitos de uma cosmovisão. No entanto, sua exatidão é o ponto de partida para a normatividade e a existência de absolutos na realidade natural.[46] O Deus da ordem nos ensina a encontrar padrões lógicos. Os princípios matemáticos não variam porque apontam para a estabilidade do Criador. A precisão de cálculos emana da perfeição dEle.

o **Geografia**. Enquanto a geografia impactada pelo humanismo descreve o homem como um intruso que não sabe ocupar espaços prístinos de natureza e, por isso, deveria ser privado de explorar ambientes e recursos, uma visão cristã de geografia afirma a licitude de ocupar o espaço geográfico para cumprimento do mandato cultural. Transformação de espaços e utilização de recursos naturais estão dentro de sua missão de descobrir e desenvolver as potencialidades do mundo criado. É claro que essa exploração precisa ser com responsabilidade ecológica, como bom mordomo da criação.

o **História**. Não reduzimos as explicações das mudanças na história ao aspecto econômico e social, como o faz o materialismo histórico (marxismo). Tal reducionismo promove um empobrecimento da interpretação de acontecimentos históricos. O cristianismo, em contrapartida, reconhece

---

45 Fontes, **Educação em casa, na igreja, na escola**, p. 135.

46 Fontes, **Educação em casa, na igreja, na escola**, p. 151.

APLICAÇÃO: COSMOVISÃO E EDUCAÇÃO

que a dinâmica histórico-cultural é muito mais complexa, composta de elementos sociais, políticos, econômicos e teológicos (ex: Reforma).

Se a cosmovisão cristã articulada de forma holística oferece uma perspectiva distinta de currículo do ensino fundamental, o mesmo pode ser dito acerca do ensino superior. Em nossos dias, as universidades costumam pregar um vanguardismo onde há enorme apreço em quebrar com paradigmas tradicionais. Sendo assim, muitos cristãos têm lançado mão de cosmovisão como uma ferramenta apologética para treinar os jovens a se defenderem dos ataques à fé (ex: questionar o materialismo como fundamento das ciências da natureza). Isso é bom, mas pensar em cosmovisão nesses termos é reducionista. Uma cosmovisão que integra fé com a empreitada acadêmica precisa fazer conexões entre cada campo do saber e o conhecimento de Deus.

Essa proposta de entendimento unificado (uni-versidade) do mundo ao nosso redor está no nascedouro das universidades europeias. Contrariando a sua proposta original, o ambiente universitário contemporâneo tem apresentado valores e conceitos diversificados e desconexos como se a virtude estivesse na multiplicidade de caminhos. Na prática, temos uma multiversidade, não uma universidade.[47] Em tempos de compartimentalização do conhecimento, precisamos recobrar uma visão integrada do saber.[48]

---

47 Holmes, **The Idea of a Christian College**, p. 9.

48 Cf. David Naugle, "Recovering Integrity in Education: A Biblical Response to the Problem of Compartmentalization". Palestra proferida no Instituto de Verão para Professores da Annapolis Area Christian School, que ocorreu entre os dias 21 a 25 de junho de 2004. Disponível em: https://www3.dbu.edu/naugle/pdf/Lecture%20on%20Compartmentalization.pdf (acesso em 11 de fevereiro de 2018).

AMANDO A DEUS NO MUNDO

Encerro este capítulo com uma sugestão de cosmovisão aplicada que ofereci a alguns jovens da Universidade Presbiteriana Mackenzie sobre diferentes cursos universitários:

- o **Engenharia**. Mimetismo é uma área dentro da engenharia que visa copiar as qualidades do mundo natural em projetos humanos. Assumir que o mundo natural é digno de cópia é uma maneira honrosa de louvar a criatividade do Criador (Sl 104.24).
- o **Ciências biológicas**. Mostrar que a perfeição e a complexidade do mundo microscópico da biologia refletem a inteligência do Arquiteto ou Designer (Sl 139.13-16).
- o **Direito**. Explorar a moralidade impressa por Deus no coração dos homens (Rm 2.15-16) e ponderar sobre a ilegitimidade de um sistema carcerário no qual os condenados trazem custo antes do que restituem à sociedade por suas faltas.
- o **Informática**. Pensar de forma virtual reflete a capacidade humana de abstração (ex: códigos de programação) e a qualidade de criar mundos e histórias, em semelhança ao seu Criador. Por esse prisma, até a criação da cibernética honra o Criador.
- o **Psicologia**. Considerar a Imagem de Deus no ser humano (sua essência e finalidade estão definidos), os efeitos do pecado nos relacionamentos humanos (sua limitação para resolver problemas não deve ser minimizada) e a capacidade de mudança (mesmo a criatividade de soluções em âmbito natural) são premissas que norteiam qualquer tratamento psicológico.

APLICAÇÃO: COSMOVISÃO E EDUCAÇÃO

o **Arquitetura**. Quando arquitetos constroem edificações que se harmonizam com a natureza, isso só ressalta a beleza inerente do natural e do harmônico. Projetos arquitetônicos admiráveis não criam beleza, mas apenas evidenciam o que é belo em decorrência da estrutura criacional. Nossos belos projetos e nosso senso estético para apreciá-los refletem a beleza de Deus (Sl 27.4; 96.9).

CAPÍTULO 16

OLHOS NO ETERNO
(DANIEL 5)

A GRANDEZA DE DEUS

Estudando capítulos anteriores do livro do profeta Daniel, temos observado como Daniel e seus amigos viveram a maior parte de suas vidas na ímpia Babilônia, e se mostraram íntegros, fiéis ao Rei dos reis. Deu-se destaque ao fato de sua integridade não ser isolacionista, mas demonstrada enquanto participavam da vida pública daquele império. Por isso, tenho levantado a seguinte pergunta de forma recorrente: como não ter uma postura monástica de espiritualidade e não cair no extremo de horizontalizar a vida cristã?

Para continuar a respondê-la, precisamos ressaltar como Deus se apresentou em cada capítulo para lapidar a perspectiva dessa vida tanto nos judeus exilados quanto em seus leitores. Vale destacar que o fator primordial na formação de uma cosmovisão é a visão que se tem do divino.[1] Por isso, é prudente relembrarmos as histórias do livro de Daniel cobertas até aqui para observamos como Deus apresenta sua grandeza ao longo da narrativa. No capítulo 1 de Daniel, observamos como Deus se

---

1 Esse conceito será expandido no próximo capítulo.

revela grande em sabedoria. Afinal, ele conduziu quatro adolescentes a inverter a sabedoria do mundo. No capítulo 2, Deus se mostra grande em conhecimento, pois usou Daniel para revelar mistérios e expor a impotência dos inteligentes deste mundo. No capítulo 3, Deus se revela grande em poder. Nessa história, Deus mostrou seu poder ao monarca babilônico tanto pela integridade de seus servos quanto pelo livramento da fornalha. No capítulo 4 de Daniel, Deus se apresenta grande em glória, pois humilhou o rei Nabucodonosor e o levou a reconhecer a grandeza divina. No capítulo 5, veremos como Deus continuará revelando sua grandeza, agora em justiça. Deus não inocenta o culpado e por isso julga o soberbo.

A maneira como Deus se revelou aos homens sempre lapidou a perspectiva que tiveram da vida. A visão que Isaías teve do Santíssimo que controla a história o estimulou a uma missão de pregar mesmo diante de um povo incrédulo, crendo que o Senhor reservaria um remanescente (Is 6). A visão que Jó teve do Criador transcendente o conduziu ao arrependimento de ter solicitado uma audiência com o Altíssimo para se defender (Jó 38-42). A visão que Habacuque teve do Todo Poderoso o deixou fraco, mas, ao mesmo tempo, confiante ainda que tudo se desfizesse ao seu redor (Hc 3). A visão que Pedro teve de um Cristo que controla os peixes e quem nunca deveria ser duvidado, o fez sentir-se sujo e indigno de estar na presença de Jesus (Lc 5.1-8). A visão que os discípulos tiveram de um Jesus tranquilo em meio à tempestade porque tinha controle da criação os deixou boquiabertos e cheios de temor (Mc 4.35-41). A visão que os ímpios terão do Cristo glorioso em seu retorno será tão aterrorizadora, que eles pedirão que os montes caiam sobre eles para escondê-los da visão aterrorizadora do justo juiz (Ap 6.12-17). A visão que temos de Deus sempre afetará o restante de nossa vida.[2]

O capítulo 5 de Daniel demonstra a soberania de Deus sobre os reinos mais uma vez, mas desta vez anunciando a queda da Babilônia. Se a visão de Deus afeta a nossa conduta, a pergunta que precisamos fazer é esta: como Deus espera que nos portemos neste mundo em face de sua justiça e juízo? Enquanto "justiça" diz respeito à nossa conduta agora, "juízo" aponta para a prestação de contas que todo ser humano dará ao seu Criador. Antes do juízo temporal que ocorrerá ao reino babilônico examinado neste capítulo, como um antegosto do juízo final, precisamos observar como Deus apresenta o seu servo Daniel vivendo à luz do juízo e anunciando tal juízo. Daniel nos mostrará uma postura muito focada na Grandeza Divina, revelando que durante toda a sua vida seus olhos permaneceram no Eterno.

Diante dessa realidade veremos contrastes entre Belsazar e Daniel. O monarca babilônico é o exemplo daquele cujos olhos estão focados apenas no aqui e no agora. Ele entesoura as coisas transitórias, como um rei que tem tudo e que quer desfrutar das delícias deste mundo como se não houvesse amanhã. Daniel, em contrapartida, se porta como um exilado. Seus olhos não estão nos tesouros daqui, mas focado nas coisas que permanecem. Vamos aplicar isso às nossas vidas, contrastando um olhar mundano e um olhar de peregrino para as coisas deste mundo.

---

2 Talvez, você possa perguntar: mas por que alguns parecem não ser impactados pela revelação de Deus, tanto a revelação especial (Bíblia) quanto a revelação geral (natureza, providência, constituição humana)? A resposta mais direta se encontra na maneira como o próprio Cristo se apresentou aos homens e foi rejeitado por muitos. O problema, portanto, não está na revelação, pois estiveram expostos à mesma revelação. Todavia, não tiveram olhos para ver (Mt 13.10-17). Nós que recebemos o Espírito para o entendimento de sua Palavra, precisamos atentar para aquilo que Deus revela de si. A poesia medieval irlandesa que gerou o famoso hino "Be Thou My Vision" (Se Tu minha visão) é um belo exemplo de um cristão rogando para que Deus seja sempre a sua visão.

AMANDO A DEUS NO MUNDO

Poderíamos utilizar a vida de Daniel na Babilônia como uma metáfora para a vida peregrina do crente ao longo de sua caminhada. Vivemos como exilados, aguardando o retorno à terra paradisíaca. Boa parte da história bíblica retrata essa temática. Os patriarcas eram peregrinos em Israel, depois do Êxodo os descendentes de Jacó trilham pelo deserto como peregrinos, e até na monarquia vemos Davi peregrinando por causa da perseguição de Saul, e profetas peregrinando (Elias, Jeremias) por sofrerem oposição da realeza e do sacerdócio corruptos. Mesmo depois do período exílico de Ezequiel e Daniel, o povo volta à terra, mas sem conseguir reconstruir tudo. Os vários impérios que dominaram Israel no período interbíblico lhes cercearam a liberdade e, então, chegamos ao Novo Testamento onde os cristãos serão perseguidos e excluídos pelos próprios judeus. A história bíblica, em geral, é uma história de exílio e peregrinação. Como viver à luz dessa realidade?

Jeremias 29 é apenas um lado da postura dos exilados na Babilônia. A carta do profeta aos exilados dizia que eles deveriam construir casas, desenvolver a agricultura, casar os seus filhos, em suma, deveriam buscar a paz da terra para onde haviam sido enviados (v. 5-7). Essa orientação de Jeremias se faz necessária porque os israelitas não voltariam à sua terra tão cedo (v. 8-9; veja a falsa profecia em Jeremias 28). Deus tinha tempo determinado para cessar o exílio (v. 10) e, enquanto esse tempo não chegasse, eles tinham a incumbência de servir a Babilônia e buscar a sua prosperidade. É isso que vimos Daniel fazendo nos primeiros quatro capítulos de sua história.

Por outro lado, os exilados não deveriam se esquecer de sua terra e do juízo que Deus reservara aos babilônicos (Sl 137; Hc 2.5-20; Jr 50-51). É isso que vemos Daniel fazer no capítulo 5 de

OLHOS NO ETERNO (DANIEL 5)

sua história. Seus olhos estão fitos no Altíssimo, não nos prazeres transitórios desta vida. Ele aguarda a sua redenção do Eterno e, ao mesmo tempo, anuncia juízo aos que não reconhecem o seu senhorio. Olhemos para a narrativa observando três contrastes entre Daniel e Belsazar diante da grandeza divina e como tais contrastes se aplicam a nós.

A VIDA E SEUS PRAZERES (V. 1-2, 17)

O primeiro contraste que observamos fica evidente ao atentarmos para um Belsazar[3] que vive em prol de prazeres (v. 1-2), enquanto Daniel é desprendido dos prazeres mundanos (v. 17). A presença de muitos convidados importantes, muita bebida e mulheres, nos dão o tom daquela noite a respeito do monarca babilônico. Belsazar é retratado como aquele que só pensa em desfrutar os prazeres da vida baseado na conquista de seus antecessores. Enquanto Nabucodonosor é descrito como um grande construtor (Dn 4.30), Belsazar só é mencionado fazendo festa. Até os utensílios do banquete de Belsazar foram conquistados por Nabucodonosor (Dn 1.2; 5.2).[4] Daniel, em

---

3 A identidade de Belsazar ("Bel proteja o rei") foi questionada por muito tempo por críticos até que encontraram o seu nome em escrita cuneiforme em tábuas. Embora Nabucodonosor seja chamado de seu "pai", o sentido é de "antecessor" ou "antepassado" ou até "avô". Nabucodonosor faleceu em 563 a.C. Seu filho Evil-Merodaque (2 Rs 25.27-30) o substituiu, mas foi assassinado pelo seu cunhado Neriglissar que tomou o seu lugar, e depois reinou seu filho (Labashi-marduk) até que uma revolta em 556 a.C. colocou Nabonidus no trono. Este parece não ter sido de linhagem real, mas aparentemente casou-se com uma filha de Nabucodonosor para legitimar seu lugar ao trono. Belsazar era filho de Nabonidus, o rei do império babilônico de fato. Enquanto, por razões comerciais e militares (e talvez por saúde) seu pai ficava sediado na cidade de Tema (cidade edomita, ou do norte da África), Belsazar regia a cidade da Babilônia. Portanto, nessa corregência, o filho era o segundo em poder e por isso o máximo de glória que poderia oferecer a alguém era o de terceiro no reino (v. 7, 16). Sendo que o homem real na cidade da Babilônia é Belsazar, a figura com quem os judeus tinham que lidar, ele é o referencial de tempo para as profecias de Daniel (7.1; 8.1), e não o seu pai Nabonidus. A história do capítulo 5 se passa no ano 539 a.C., o ano em que a Babilônia caiu. Archer, "Daniel", p. 68-69; Young, **A Commentary on Daniel**, p. 115-119.

4 Duguid, **Daniel**, p. 84-85.

AMANDO A DEUS NO MUNDO

contrapartida, está longe dos holofotes, das festas, da fama. Após o reinado de Nabucodonosor, Daniel perdeu a posição tão próxima ao imperador. Mais do que isso, ele voltou a uma vida tão comum, que Belsazar nem mesmo sabe quem é esse exilado judeu (v. 11-14).

Depois de Daniel ter sido colocado tão alto no reinado de Nabucodonosor, e ter caído no esquecimento por vários anos, nos surpreende que ele não queira aproveitar a oportunidade que lhe é oferecida por Belsazar para reassumir o destaque e os privilégios de uma posição elevada no reino. Alguns comentaristas especulam que sua recusa poderia ser decorrente de sua idade, para não mais querer serviço governamental, embora o capítulo 6 vá de encontro a essa hipótese; outros destacam que sua rejeição é porque suas honras durariam pouco, pois o rei estava para morrer, embora o texto não afirme que Daniel sabia quando isso iria acontecer. A verdade é que essas razões humanas apresentadas por comentaristas desmerecem a motivação santa de Daniel. Ele não está atrás de riquezas, dos prazeres transitórios deste mundo (Hb 11.25-26). Daniel não é contra os prazeres lícitos deste mundo (sua vida de nobreza foi repleta de manjares e bebidas; Dn 10.3), mas agora ele rejeita tais prazeres para não ser "comprado" por eles.

Essa postura de Daniel é uma lição importante para uma sociedade em constante busca por prazer e felicidade, ao mesmo tempo em que evita a dor e o sofrimento. Há um sentido em que isso é natural: buscar alegria e fugir da tristeza é a direção na qual todo ser humano caminha. O problema é que quando as pessoas perdem a perspectiva do eterno, de vida após a morte, raciocinam que precisam aproveitar a vida ao máximo, pois ela é curta. O alvo de vida passa a ser fugir das dores deste mundo por intermédio dos prazeres deste mundo. Falamos de uma indústria de diversão

OLHOS NO ETERNO (DANIEL 5)

(filmes, turismo, parques temáticos, restaurantes, etc.), porque os homens trabalham em prol dessas coisas. A indústria química com seus calmantes e produtos estéticos são remédios para o stress e o envelhecimento decorrentes da Queda. Diversão e química são bênçãos do Criador, mas se tornam pecaminosas quando ocupam papel redentor de nossos males.

É verdade que essa busca por prazeres não é novidade de nossa geração. A expressão latina "Carpe Diem", que significa "aproveite o dia" ou "curta o momento", virou emblema da escola epicurista na Grécia antiga, a qual defendia uma filosofia hedonista de vida. No entanto, diferente do pensamento antigo, aproveitar a vida virou sinônimo de vida inconsequente, sem limites ou restrições,[5] focada no aqui e agora. Um existencialismo naturalista da cultura brasileira é evidenciado na frase da celebrada música de Gonzaguinha, que diz "viver, e não ter a vergonha de ser feliz",[6] onde somos encorajados a não enxergar barreiras sociais para a nossa felicidade. Devemos buscá-la a custo de qualquer outra coisa.

Observe como o consumismo tem marcado nossa sociedade, e como não conseguimos ficar bem enquanto não temos as novidades do mercado. Quem tem poder aquisitivo vai atrás do último lançamento irrefreadamente e quem não tem condições

---

5 "Horácio [expoente epicurista] não aconselharia seus discípulos a se lançarem em grandes aventuras para aproveitar o dia, ele simplesmente constatava que a vida é curta e, por isso, os sonhos para o amanhã deviam ser abandonados, e o que estava ao alcance hoje devia ser desfrutado. No mundo pós-moderno, entretanto, *carpe diem* significa curtir a vida, fazer valer a pena, não se prender a nada, correr todos os riscos para desfrutar do prazer e da felicidade agora, pois o futuro não existe." Leandro Lima, **Brilhe a sua luz**: o cristão e os dilemas da sociedade atual (São Paulo: Cultura Cristã, 2009), p. 154.

6 Falaremos mais sobre o existencialismo no próximo capítulo deste livro (capítulo 17). A música "O que é, o que é?", de Gonzaguinha (álbum *Caminhos do Coração*, 1982), apresenta diferentes pontos de vista sobre o que é a vida, para ao final responder que ele coloca sua "fé" na ideia de que "somos nós que fazemos a vida como der, ou puder, ou quiser".

AMANDO A DEUS NO MUNDO

financeiras tende a murmurar contra algo ou alguém (família, pobreza, impostos, etc.). Para aguçar ainda mais nosso apetite por coisas que nos deixem felizes e seguros, o marketing tem sido uma poderosa ferramenta que apela a todos os nossos sentidos a fim de nos fisgar.[7] E por que frequentemente consegue? Porque vivemos como materialistas, sem perspectiva do transcendente, que adoram ter riquezas, prazeres e poder. Amamos não só as coisas, mas também o poder de escolher o que quisermos. Não só o poder de compra, mas a transferência de poder do fabricante para o consumidor é uma das mudanças de nosso tempo. Somos a geração dos supermercados e shopping centers: quanto mais opções, melhor. E tudo isso num espírito bem imediatista: *fast-food*, crédito imediato. Você pode ter tudo agora. É o agora que conta.[8]

E não pensemos que o materialismo consumista seja um problema do capitalismo[9] ou um problema dos outros, não seu.

---

7 Vivemos em um tempo marcado pelo marketing, recebendo semanalmente milhares de propaganda por diversos meios diferentes: televisão, rádio, cartazes, revistas e internet. John Benton diz que "o consumismo concentra-se no presente, neste mundo, nos nossos cinco sentidos – tato, paladar, visão, audição e olfato. Seu foco está nos bens materiais e nas coisas que divertem e alimentam os nossos sentidos". John Benton, **Cristãos em uma Sociedade de Consumo** (São Paulo: Cultura Cristã, 2002), p. 13.

8 A busca por felicidade em si não é errônea. Não precisamos pensar que vida cristã é o mesmo o que se pensa sobre remédio, quanto pior o gosto mais eficaz para a nossa saúde. John Benton é claro em falar de consumismo a partir de duas suposições: Deus é um Deus de alegria e o desejo humano de alcançar a felicidade é legítimo. Porém, não podemos colocar a nossa esperança nas coisas materiais. Como diz John Benton, "devemos usar bens deste mundo à luz da eternidade". Não podemos colocar o coração nas riquezas (Sl 62.10; Mt 6.19-21). Benton, **Cristãos em uma Sociedade de Consumo**, p. 22, 28.

9 "Mamon é o senhor do capitalismo, mas também é o senhor do socialismo. Marx e seus seguidores deixaram isso bem claro para o mundo, e talvez esse tenha sido o seu maior legado. Sem perceber, Marx e seus seguidores acabaram reafirmando o velho ensino bíblico de que o homem nunca estará satisfeito com o que tem. O homem pode ter direito a todas as árvores do jardim, mas se uma lhe é barrada, não descansará até que possa dominá-la e, nessa busca, acaba sendo dominado por ela. Nenhum sistema conseguirá produzir igualdade social, porque a cobiça é a maior lei econômica deste mundo." Lima, **Brilhe a Sua Luz**, p. 142.

OLHOS NO ETERNO (DANIEL 5)

Julgamo-nos isentos porque não queremos dinheiro, mas gostamos das coisas que o dinheiro compra. Não queremos ser ricos, mas almejamos atingir estabilidade financeira. Tim Keller aponta que reconhecemos ter problemas com lascívia, ira e até orgulho. Mas nunca nos vemos gananciosos. Nunca achamos que estamos gastando dinheiro demais conosco mesmos e prejudicando tanto a nossa família como a nossa própria alma. No entanto, Jesus nos adverte mais contra a ganância/avareza do que em relação à sexualidade. Portanto, todos nós deveríamos partir da hipótese de que esse pode ser um problema meu. Uma das razões de não nos enxergarmos avarentos é porque nos comparamos com aqueles que estão ao nosso redor, e como conseguimos viver em uma certa vizinhança, enviar nossos filhos a determinadas escolas, sempre nos vemos cercados de gente com mais dinheiro do que nós mesmos. Você não se compara com o resto do mundo, mas com aqueles que estão no seu nicho social.[10] No Brasil, por exemplo, muitos que tecnicamente são classe média se chamam de "pobres" e mesmo quando estão bem financeiramente, nunca se consideram classe média alta.

Precisamos compreender que nosso amor ao dinheiro (1 Tm 6.10) se manifesta de formas diferentes. Para alguns, a ansiedade excessiva revela nossos temores; quando nossas emoções são tão poderosamente controladas pela nossa conta bancária, mostramos que nossa paz não está no reino de Deus e sua justiça (Mt 6.25-34), mas nas contas pagas. Isto é, o amor ao dinheiro é revelado na maneira de se sentir seguro com ele. Algumas pessoas preferem não gastar como forma de se sentirem seguras. Outros querem dinheiro para terem acesso a círculos sociais e por isso gastam consigo mesmos para se fazerem belos e atraentes. Keller narra

---

10 Keller, **Counterfeit Gods**, p. 52-53.

AMANDO A DEUS NO MUNDO

um aconselhamento de um casal em que a esposa gastava muito e o marido era visto por ela como um "muquirana". Quando o marido reclamou ao conselheiro sobre os gastos excessivos da esposa com roupas e aparência, o conselheiro o desafiou a enxergar que ele era tão egocêntrico quanto sua esposa pois ele estava "gastando" tudo no seu desejo de se sentir seguro, em controle da situação.[11]

Outro exemplo de materialismo pode ser visto na postura que alguns têm em relação a jogos de azar e até de aposentadoria. O espírito do homem insensato que constrói celeiros para depois descansar (Lc 12.19-20) se faz presente no ideal moderno de aposentadoria ou com a riqueza que vem de forma rápida. As pessoas sonham em viver com o dinheiro acumulado em certo momento da vida, mas na prática esse dinheiro desaparece.

Toda essa busca materialista pela vida e seus prazeres não combina com quem tem perspectiva do Eterno. John Piper fala de um "hedonismo cristão", mas isso não tem nada a ver com buscar prazeres desta vida. Antes, ele fala de satisfação em Deus. Quem encontra prazer à destra de Deus (Sl 16.11) não corre atrás dos prazeres desta vida. C. S. Lewis ilustrou de forma muito perspicaz que tais caçadores de prazeres que desprezam a alegria infinita com Deus são "como uma criança ignorante que prefere continuar fazendo seus bolinhos de areia numa favela, porque não consegue imaginar o que significa um convite para passar as férias na praia".[12]

O Novo Testamento nos ensina claramente o que moveu o profeta Daniel a rejeitar os prazeres deste mundo. O remédio para

---

11 Keller, **Counterfeit Gods**, p. 65-66. Tim Keller afirma que nós buscamos nos ídolos significado (por isso os amamos) e segurança (por isso confiamos neles). Por buscarmos essas coisas neles, nós temos que tê-los. Isso significa que somos movidos a servi-los, isto é, obedecer-lhes. Se você vive por dinheiro você é um servo/escravo dele.

12 C. S. Lewis, **O peso de glória** (São Paulo: Vida, 2006), p. 30.

OLHOS NO ETERNO (DANIEL 5)

vencermos o espírito consumista está na graça do contentamento que só o poder de Cristo pode conceder (1 Tm 6.3-19; Fp 4.11-13). O verso 13 de Filipenses 4 tem sido erroneamente compreendido como sendo um lema para o que nós podemos fazer, enquanto na verdade tem tudo a ver com o que conseguimos suportar em meio a privações. A falta de satisfação é um dos pecados menos reconhecidos em nosso meio.[13] Em 1 Timóteo, Paulo ensina que nossa "grande fonte de lucro é a piedade com o contentamento" (1 Tm 6.6). Aos ricos, Paulo orientou que não depositassem "sua esperança na instabilidade da riqueza, mas em Deus, que tudo nos proporciona ricamente para nosso aprazimento" a ponto de serem generosos para com os necessitados e que acumulem tesouros que promovem vida (1 Tm 6.17-19). Seja o pobre contente ou o rico desprendido, ambos lidam com o dinheiro com olhos no Eterno. Daniel tinha os olhos fixos em Deus quando desfrutava dos deleites de ser o segundo no reinado de Nabucodonosor, mas também manteve o mesmo foco quando foi esquecido no reinado de Belsazar.

A HISTÓRIA E SUAS LIÇÕES (V. 18-22; CAP. 9)

O segundo contraste que nos é apresentado nesse texto é que enquanto Belsazar não aprende com a história de seu antepassado (v. 18-22), Daniel aprende com os erros dos seus antepassados (Dn 9). Nabucodonosor fora muito maior que Belsazar e, ainda assim, se arrependera. Belsazar, sendo muito menor, se tornara

---

13 Temos dificuldade de reconhecer nossa ansiedade como resultado de um desejo por controle que é próprio somente de Deus, insatisfação como uma aspiração por ocupar um lugar superior ao que temos. Por isso, Jerry Bridges considera que insatisfação é um daqueles pecados respeitáveis ou aceitáveis, os quais toleramos sem nos apercebermos de quão graves eles são. Bridges afirma que as advertências mais frequentes da Bíblia contra a insatisfação referem-se ao dinheiro e aos bens materiais. Jerry Bridges, **Pecados Intocáveis** (São Paulo: Vida Nova, 2012), p. 69.

AMANDO A DEUS NO MUNDO

demasiadamente arrogante. Nabucodonosor terminou sua vida dando testemunho sobre o Deus Altíssimo. Saber o que acontecera com o seu antepassado e não agir semelhantemente tornava Belsazar ainda mais culpado do que seu avô em dias de soberba.[14] Quando Daniel reconta a história de Nabucodonosor narrada em Daniel 4, ele tinha o objetivo de dizer que Belsazar deveria ter aprendido a se humilhar com a história que ele conhecia (v. 22). Belsazar também demonstra certa soberba ao se referir a Daniel não como um ex-governante junto a Nabucodonosor, mas como um "dos cativos de Judá" (v. 13). É como se tivesse colocando Daniel em seu devido lugar.[15]

A postura de Daniel é exatamente o oposto da negligência de Belsazar para com a história pregressa da Babilônia. No ano seguinte em que proferiu o juízo a Belsazar ("No primeiro ano de Dario", 9.1), Daniel leu o profeta Jeremias acerca do juízo divino sobre os pecados do povo, e como o povo deveria clamar por perdão e restauração. Diferente de seus antepassados que não se arrependeram mesmo após inúmeras investidas divinas, Daniel ora ao Senhor confessando os pecados do povo e clamando por libertação (Dn 9.1-19).

Essa lição é preciosa para um povo brasileiro que não costuma considerar a história como importante fonte de sabedoria. Eleger políticos com um histórico corrupto, desprezar a contribuição dos mais velhos, ter uma filosofia que se preocupa apenas em "construir o meu futuro" são maneiras diferentes de desprezar a sabedoria que o passado pode nos dar. O povo que tem os olhos só no aqui e agora, não aprende com erros passados. A memória para o povo

---

14 Stuart Olyott escreve: "Nunca devemos pensar que, em Babilônia, Nabucodonosor foi a única pessoa exposta à verdade de Deus". Olyott, **Ouse Ser Firme**, p. 69.

15 Duguid, **Daniel**, p. 87.

judeu, em contrapartida, era fundamental para não repetir os pecados de outrora e para infundir a esperança de nova libertação. Monumentos que marcavam as conquistas do povo pelo poder de Deus (Js 4) ensinavam gerações posteriores a não se esquecerem do Deus redentor (diferente do Livro de Juízes). Recordar a libertação do Egito era inspirador para o que Deus poderia fazer novamente (Êx 12.26-27; Dt 6.20-25). Os salmos utilizam muito o recurso de recordar os feitos grandiosos de Deus no passado para despertar louvor e gratidão (Sl 78, 105, 106).

O cristianismo precisa andar na contramão dessa tendência de negligenciar o passado. O cristianismo saudável tem procurado conhecer a teologia de antepassados como mestres que nos ensinam a entender a Bíblia; contamos as bênçãos de Deus em nossa vida como forma de alimentar o contentamento. O cristianismo é uma fé histórica, calcada em acontecimentos do passado que iniciaram (criação), deturparam (queda) e concertaram (cruz e ressurreição) a nossa história. A fé reformada é um segmento da teologia cristã que preza a historicidade da igreja, a catolicidade de nossa fé. Por "catolicidade" me refiro ao atributo de universalidade da igreja presente desde os credos antigos. Cremos numa catolicidade que não é apenas geográfica, mas também cronológica. Isto é, somos unidos àqueles que creram semelhantemente a nós no passado. Essa catolicidade cronológica foi um marco da Reforma Protestante quando tentava resgatar a boa fé que havia sido perdida.

Seguindo esse legado histórico, este livro tem tentado contar diferente partes de nossa história para que cresçamos na cosmovisão reformada. O capítulo 3 narrou a história de alguns importantes teólogos holandeses (Kuyper, Dooyeweerd) que contribuíram de forma significativa no campo de cosmovisão, mas que só foram

AMANDO A DEUS NO MUNDO

descobertos recentemente no Brasil. O capítulo 6 deste livro mostrou como a história da ciência afirma que a cosmovisão cristã foi fundamental para o florescimento da produção científica, uma informação desprezada por professores universitários. O capítulo 9 mostrou a história do pensamento político na tradição reformada para corrigir o pensamento de que política não é coisa para cristão. O capítulo 12 mencionou a história da arte revelando tendências filosóficas que se afastaram de premissas cristãs. Toda essa ênfase histórica se dá porque a cosmovisão reformada não pode negligenciar as lições que a história nos proporciona.

A ESPIRITUALIDADE E SEUS PERIGOS
(V. 3-4, 29-31; V. 23-28)

O terceiro contraste do nosso texto pode ser detectado na postura irreverente de Belsazar, o qual não atentou ao perigo iminente (v. 3-4, 29-31), enquanto Daniel se mostrou reverente e ciente do juízo divino (v. 23-28). Belsazar profana os utensílios consagrados ao Senhor Deus (acrescentados aos tesouros babilônicos 47 anos antes), louvando deuses inanimados e não glorificando o Deus que lhe sustenta a vida (v. 23). Novamente na história de Daniel, um monarca babilônico desafia o Deus de Israel.

O temor de Belsazar em face do dedo que escrevia na parede (v. 5-6) não é prova de temor do Senhor. Primeiro, porque mais uma vez o monarca babilônico confia na sabedoria humana de magos e místicos que nada podiam fazer (v. 7-9).[16] Novamente, Daniel

---

16 A Bíblia não diz porque os sábios da Babilônia não conseguiram ler a inscrição, muito menos interpretá-la (v. 8). Alguns sugerem que os caracteres aramaicos estavam escritos de cima para baixo antes do que da direita para a esquerda como é costume (muitas ilustrações na internet retratam isso), outros sugerem que eram caracteres do alfabeto fenício o qual é mais familiar a um judeu do que a um babilônico, outros afirmam que eram caracteres totalmente desconhecidos. A verdade é

OLHOS NO ETERNO (DANIEL 5)

é chamado por conveniência (v. 10-16), e não porque os babilônicos anseiam receber a sabedoria e o conhecimento de Deus. Em
segundo lugar, não há qualquer menção de que o espírito de festa
tenha sido transformado em espírito de vigilância. Pelo contrário,
Belsazar tinha razões de sobra para pensar que a Babilônia nunca
seria invadida mesmo diante do iminente perigo trazido pelo exército persa, que acampava ao redor da cidade.[17] Em terceiro lugar,
Belsazar não demonstra nenhum tipo de arrependimento, mas possivelmente tenta escapar do juízo divino ao recompensar o profeta
judeu. Mais uma vez no livro de Daniel, o servo de Deus é honrado
ao final da história (v. 29). O rei poderia tê-lo matado por proferir
palavras de juízo, mas não o faz. Ficamos com a impressão de que o
rei não só levou Daniel a sério, como talvez tenha agido assim para
com o profeta no intuito de levar Deus a não puni-lo. O que é certo,
porém, é de que não há registro qualquer de arrependimento.

Daniel, em contrapartida, leva muito a sério a profanação de
Belsazar. Além da exortação no verso 23,[18] a interpretação da escrita na parede é de solene anúncio de juízo (v. 24-28). Já no século
19 postulou-se a interpretação de que as palavras fossem medidas

---

que não sabemos. O que sabemos é que era preciso iluminação divina para ler e interpretar. Mais
uma vez na história de Daniel, a sabedoria do mundo se mostra incapaz de entender a sabedoria de
Deus (1 Co 2.6-16).

17 A cidade da Babilônia era considerada impenetrável por exército inimigo, com fortificações impressionantes; além de ser cercada por um grande fosso ou canal, com muralhas de 25 metros de
largura e 100 metros de altura (talvez haja exagero no relato), e 100 portões fortificados, de acordo
com Heródoto. O juízo veio quando Ciro desviou as águas do Eufrates e conseguiu invadir a Babilônia durante um festival, dizem historiadores seculares (ex: Xenofonte). O que importa destacar é
a displicência e o excesso de confiança de Belsazar fazendo "festa de arromba", enquanto o exército
inimigo acampava em derredor da cidade, pois julgava que ela nunca seria invadida.

18 A relação de Daniel com Nabucodonosor e Belsazar são diferentes e ilustram como circunstâncias distintas exigem uma postura diferente em relação à autoridade. No capítulo 4 de Daniel, o
profeta se assemelha a Isaías que tem alguma influência sobre o rei. No capítulo 5, Daniel se assemelha a Amós que simplesmente confronta o rei.

AMANDO A DEUS NO MUNDO

de peso e que não faziam sentido para quem lia. A interpretação de Daniel é extraordinária, pois as medidas de peso estão em ordem decrescente, apontando para uma ruína: "Lidas como estavam, as palavras MENE, MENE, TEQUEL e PARSIM formam uma sequência de pesos, descendo desde a mina ('mene'), para o shekel (em aramaico 'tekel': 1/60 de uma mina), e a metade do shekel ('peres')".[19] Daniel as leu como particípios de verbos que soavam semelhantemente às medidas de peso (com a diferente vocalização das letras aramaicas): contado, contado, pesado e dividido.[20] Os dias do seu reinado haviam chegado ao fim, ele havia ficado aquém do padrão moral divino, e seu reino seria dividido e dado aos medos e persas (um reino unido).[21]

A profanação do sagrado é assunto sério nas Escrituras. Quando ouvimos da morte de Nadabe e Abiú (Lv 10) e também de Uzá (1 Cr 13) por lidarem com o sagrado de forma irreverente, sentimo-nos chocados. No entanto, Deus está nos ensinando acerca da sua santidade e de como a adoração a Ele é assunto tão sério. O Novo Testamento não fala mais de profanar utensílios usados no templo como em histórias do Antigo Testamento, mas fala de profanar o templo do Espírito que somos nós, tanto coletiva (1 Co 3.16-17) quanto individualmente (1 Co 6.12-20). Profanamos o templo do Espírito quando desvirtuamos os propósitos da igreja ou do nosso próprio corpo. Temos preocupação exagerada com a

---

19 Duguid, **Daniel**, p. 88.

20 Literalmente, as palavras da parede eram medidas de peso, mas visavam soar como se fossem outras palavras significando assim: "conte, conte (Deus havia contado os dias do reinado de Belsazar e o tempo do fim chegara), pese (Deus havia pesado as atitudes do rei e reprovado), quebre em dois (seu reino seria partido e dado aos medos e persas). Chisholm, **Handbook on the Prophets**, p. 302.

21 Young, seguido de Archer e Duguid, afirma que na palavra *peres* (dividido) há uma alusão à Pérsia, o poder dominante do reino conquistador. Young, **A Commentary on Daniel**, p. 127; Archer, "Daniel", p. 74; Duguid, **Daniel**, p. 88.

OLHOS NO ETERNO (DANIEL 5)

aparência da igreja (marketing para fazê-la atraente e relevante, e estatísticas de sucesso) e com a nossa própria aparência (fanáticos por exercício físico e não por exercitar a piedade).

Num tempo em que as religiões são toleradas, a Escritura nos ensina a enxergar que tomar a criação e usá-la contra o Criador (Rm 1.22-25) é passível de juízo (Rm 1.26-32). Os louvores dos babilô-nicos aos seus ídolos (Dn 5.4) não foi ignorado, mas exposta foi a sua vergonha. Ian Duguid afirma que se os babilônicos achavam que haviam triunfado sobre o Deus de Israel quando derrotaram Judá, na verdade Deus defendeu a honra de seus cálices sagrados e de seus servos fiéis, enquanto os deuses babilônicos não conseguiam evitar a perturbação na hora do banquete e a invasão dos medos e persas. "O Senhor era capaz de salvar Sadraque, Mesaque e Abede-Nego da fornalha ardente, mas Bel e Marduque não tinham qualquer poder para salvar Belsazar da investida dos persas. Qualquer que tenha sido o poder que Nabucodonosor tenha tido para conquistar e matar, tinha sido concedido a ele pelo Senhor, o Deus Altíssimo, não por seus ídolos (Dn 5.19)."[22] Os deuses de Belsazar também haviam sido contados, pesados e achados em falta.

VIDA DEBAIXO DO SOL

Em suma, enquanto Belsazar tem olhos no agora, Daniel mantém seus olhos no eterno. A lição de Eclesiastes é que os prazeres da vida debaixo do sol não satisfazem nosso anseio pela eternidade (Ec 3.11). Como disse Paul Tripp, "somos todos sonhadores por-que todos temos a eternidade programada em nosso interior. É difícil nos contentarmos com o mundo que existe, porque todos

---

22 Duguid, **Daniel**, p. 90-91.

AMANDO A DEUS NO MUNDO

temos uma inclinação por desejar o mundo como ele pode ser".[23] Como a Queda trouxe amnésia à eternidade em nós programada, vivemos a vida adoidados, esperando que ela nos dê o que ela não pode nos dar. Precisamos resgatar a perspectiva do eterno.

Antes de encerrarmos este capítulo, é preciso desmistificar alguns falsos ensinamentos presentes na sociedade e até na igreja. O primeiro mito é de que qualquer enfoque sobre a vida por vir tira as pessoas do serviço na vida presente. Isso não é verdade. Olhos no porvir não tiram os olhos daqui. Daniel, por exemplo, era engajado nas coisas desta vida. Sua participação na política babilônica é evidência de alguém preocupado com problemas daqui sem perder a perspectiva do Senhor. No entanto, o senso do eterno levou Daniel a rejeitar os prazeres transitórios e a anunciar ousadamente o juízo divino.

O segundo mito é de que o cristianismo é sinônimo de vida ascética, em que quase tudo é proibido. Essa é a mentira que Satanás plantou desde o jardim, quando a proibição de uma árvore foi considerada proibição de prazeres em geral (Gn 3.1). Não precisamos ser estraga prazeres. Inclusive é expressão de louvor o curtirmos as delícias desta vida, reconhecendo que elas vêm do Senhor. Não há nada de recomendável na vida ascética. Jesus era um homem nada ascético, mas alguém que frequentava banquetes, festas, e por isso foi chamado de beberrão e glutão (Mt 11.19). Isso significa que ele era um homem deste mundo. No entanto, ele foi o exemplo perfeito de quem não se apegou aos deleites aos quais tinha direito (2 Co 8.9; Fp 2.6-7). Ele sabia se deleitar nas coisas deste mundo, mas escolheu ser opróbrio neste mundo por ter seus

---

23 Paul David Tripp, **Forever**: Why You Can't Live Without It (Grand Rapids: Zondervan, 2011), p. 15.

OLHOS NO ETERNO (DANIEL 5)

olhos no Eterno (Hb 12.2). Semelhantemente, não podemos gastar a nossa vida correndo atrás dos prazeres transitórios, pois isso é correr atrás do vento. Tudo o que fazemos deve ser feito com a perspectiva do alto (Cl 3.1-4). O que realmente mina nossa espiritualidade é quando os prazeres lícitos, mas passageiros, desviam o nosso foco daquilo que é perene.

Quando as pessoas escarnecem do Altíssimo, Ele não os ignora. Uma vez que Deus não age imediatamente, os ímpios concluem que não o fará de modo algum.[24] Esse é o engano de ter os olhos no agora. Cristãos precisam ter a audácia (esperando nada bom em troca) de anunciar o juízo divino sobre todo o tipo de mundanismo, e o amor de alertar que ainda é tempo de se arrepender (Is 55.6-7). O justo juiz justifica o arrependido. Para isso acontecer, porém, precisamos reconhecer aquele que se humilhou ao vir a este mundo, que não podia oferecer banquete aos seus amigos a não ser com a sua própria carne e o seu próprio sangue, mas cuja vida foi pesada na balança de Deus e foi encontrado perfeito.[25] Viver a nossa carreira olhando firmemente para ele agora com vistas ao banquete futuro (Hb 12.1-2) é ter nossos olhos no Eterno.

---

24 Olyott, **Ouse Ser Firme**, p. 76.

25 Duguid, **Daniel**, p. 93.

CAPÍTULO 17

COSMOVISÕES COMPARADAS

Vimos, no capítulo anterior, que pessoas podem ter reações contrastantes a uma mesma situação porque possuem uma percepção diferente dos prazeres da vida, da história e até da espiritualidade. Belsazar é o retrato de quem enxerga a vida apenas à luz de referenciais imanentes, isto é, ele busca sentido e alegria à luz de referenciais da criação (vida debaixo do sol). Daniel, em contrapartida, enxerga os prazeres desta vida e o curso da história à luz do Eterno Deus e seu controle soberano. Tais perspectivas são tão enraizadas em cada um deles, que isso influencia como veem o divino (espiritualidade), como se enxergam (identidade) e enxergam o próximo (relacionamentos pessoais), e como lidam com os prazeres deste mundo (criação). Isto é, são perspectivas distintas de Deus, do homem e da criação. O contraste entre as perspectivas da vida trazidas no capítulo anterior ilustram o confronto de cosmovisões que experimentamos neste mundo. Se até aqui temos trabalhado com a cosmovisão cristã, agora vamos olhar panoramicamente para outras cosmovisões (modelos) e como contrastam com a perspectiva cristã da vida.

AMANDO A DEUS NO MUNDO

Existem vários livros cristãos que trabalham com cosmovisões comparadas. No entanto, creio que nenhum outro foi tão impactante em vários lugares do mundo como o livro de James Sire, *O Universo ao Lado*.[1] Publicado originalmente em 1976, chegando até a quinta edição com os devidos aprimoramentos e expansões, essa obra tornou-se o referencial de cosmovisões para um vasto grupo de cristãos. Sire apresenta um panorama de várias cosmovisões[2] que são comparadas em sete categorias (Deus, mundo, homem, morte, epistemologia, ética, história), que Sire considera fundamentais para uma cosmovisão. As sete categorias são retratadas com as seguintes perguntas:

1. O que é a realidade primordial?
2. Qual a natureza da realidade externa?
3. O que é o ser humano?
4. O que acontece a uma pessoa quando ela morre?
5. Por que é possível conhecer alguma coisa?
6. Como sabemos o que é certo ou errado?
7. Qual é o significado da história humana?

Antes de entrarmos na tipologia filosófica de James Sire, é bom destacarmos que existem outras. Kuyper, no livro *Calvinismo,*

---

1 Esse livro foi traduzido para mais de 20 idiomas e chegou a mais de 350 mil cópias até 2018. Poucos livros cristãos de conteúdo intelectualmente desafiador (isto é, que não envolva romances e devocionais) têm uma tiragem semelhante.

2 A quinta edição, publicada pela Editora Monergismo, traz nove cosmovisões impactantes no ocidente: teísmo cristão, deísmo, naturalismo, niilismo, existencialismo, monismo panteísta oriental, nova era, pós-modernismo, islamismo. Cada cosmovisão já figurou ou ainda figura de forma proeminente no mundo ocidental nos últimos trezentos anos. Tal abrangência explica porque a obra de Sire tem sido utilizada em diferentes cursos que vão de introdução à filosofia até apologética, de religiões comparadas a história do pensamento. James W. Sire, **O Universo ao Lado** (Brasília: Monergismo, 2018).

COSMOVISÕES COMPARADAS

apresenta quatro cosmovisões principais: paganismo, romanismo, modernismo e calvinismo.[3] Geisler e Bocchino falam de sete cosmovisões baseados na discordância fundamental entre as cosmovisões, a saber, a existência e natureza de Deus: teísmo, ateísmo, panteísmo, panenteísmo, deísmo, politeísmo, e o deísmo limitado.[4] Crampton e Bacon fazem quase a mesma divisão de cosmovisões da obra anterior, acrescentando apenas o falso teísmo (judaísmo, islamismo).[5] Além das tipologias de cosmovisão, há diferenças quanto às categorias fundamentais de cada cosmovisão. Enquanto Sire analisa sete áreas, Geisler e Bocchino analisam praticamente cinco: Deus, universo, humanidade (origem e destino), mal (origem e destino) e ética (base e natureza).[6] Portanto, existem outras abordagens sobre o mesmo assunto.

Por causa da influência da obra de Sire, nos concentraremos nessa obra para fazermos várias das comparações entre cosmovisões. No entanto, ao invés de fazermos um panorama de cada cosmovisão separadamente, como Sire faz em seu livro, faremos uma comparação entre as cosmovisões enfocando três categorias: sua visão da realidade última (pergunta 1), sua percepção da realidade externa (perguntas 2 e 5), e, principalmente, sua concepção do ser humano (pergunta 3). A razão de destacar três categorias é porque com elas podemos contrastar a visão cristã dos três mandatos (espiritual, social, cultural) com o que outras cosmovisões pensam acerca desse tríplice relacionamento do qual não podemos escapar (com Deus, com o próximo, com a

---

3 Kuyper, **Calvinismo**, p. 26.

4 Geisler e Bocchino, **Fundamentos Inabaláveis**, p. 55-56.

5 Crampton e Bacon, **Em Direção a uma Cosmovisão Cristã**, p. 93-106.

6 Geisler e Bocchino, **Fundamentos Inabaláveis**, p. 57-59.

natureza). Antes, porém, de compararmos as cosmovisões em categorias, vamos resumir como essas cosmovisões retratadas por Sire tomaram o seu curso no mundo ocidental. Iremos não só retratar a história dessas cosmovisões nos últimos 300 anos, mas incluiremos sua perspectiva da história (pergunta 7). Esse histórico com a perspectiva da história é uma tentativa de evitar que sejamos desinformados, ignorantes quanto ao espírito de cada tempo, que não sejamos um povo sem história, como foi destacado no capítulo anterior.

HISTÓRICO DAS COSMOVISÕES OCIDENTAIS[7]

James Sire começa o seu livro de cosmovisões comparadas com a cosmovisão cristã,[8] não apenas porque essa é o seu ponto de partida em termos de fé, mas porque é o ponto de partida da história que ele irá traçar. Sire afirma que até o final do século 17 o *teísmo cristão* era a cosmovisão dominante no ocidente. As diferenças dentro do cristianismo não produziam cosmovisões completamente distintas quanto às realidades fundamentais (realidade primária, a natureza da realidade externa, ser humano, morte, epistemologia, ética e história). Devido à predominância cristã no ocidente, Sire sugere que a cosmovisão cristã seja o ponto de partida para o estudo das cosmovisões.

---

7 Essa seção é tirada mormente da quarta edição do livro de James Sire, **O Universo ao Lado**, embora outros livros tenham sido usados para expandir nosso breve histórico com detalhes importantes.

8 James Sire (1933-2018) nunca se tornou um escritor reformado, embora tenha sido influenciado por reformados ao longo de sua trajetória. Um dos exemplos mais explícitos dessa influência ocorre na introdução da quarta edição de *O Universo ao Lado* onde ele diz que mudou sua definição de cosmovisão depois do que aprendeu com o reformado David Naugle. Cf. Sire, **O Universo ao Lado**, p. 7-8. Por isso, seu retrato do cristianismo tem algumas inconsistências com a fé reformada, ainda que sejam poucos os pontos contestáveis.

COSMOVISÕES COMPARADAS

A primeira guinada de cosmovisão dominante no ocidente ocorreu com o advento do Iluminismo. Esse movimento filosófico do final do século 17 e 18 evidenciou revolta contra o autoritarismo eclesiástico e político,[9] e colocou a razão individual como árbitro da verdade e principal ferramenta para a obtenção da felicidade.[10] Crença essa que não era justificada por evidência racional (razão autônoma), mas apenas apelava a que a autoridade bíblica ou eclesiástica não deveria ser aceita. A quebra com essas amarras obscurantistas da tradição, de acordo com os seus proponentes, era a chegada do homem à maioridade, ou maturidade intelectual.[11] A cosmovisão que incorporou o movimento iluminista, de acordo

---

9 Alister McGrath resume como os dois pilares da sociedade francesa tradicional – monarquia e igreja – foram questionados e substituídos. Num primeiro momento a igreja nacional rejeitou a autoridade do papa e reorganizou dioceses e o clero. O clero se dividiu entre os leais a Roma e os que preferiam se sujeitar à nova autoridade civil. Em seguida uma facção revolucionária radical, liderada por Robespierre, deu início ao "Reino de Terror" (1793-1794), guilhotinando Luis XVI, oficializando o culto à Deusa da Razão, retirando qualquer influência cristã sobre o calendário. Todo esse programa de descristianização – fundamentado nas obras racionalistas de Denis Diderot (1713-1784), Jean-Jacques Rousseau (1712-1778) e Voltaire (1694-1778) – feneceu no início do século 19, com o restabelecimento do catolicismo na França. Alister E. McGrath, **Teologia Histórica**: Uma introdução à História do Pensamento Cristão (São Paulo: Cultura Cristã, 2007), p. 237-238.

10 "O iluminismo, mais do que um sistema filosófico, é um movimento espiritual, típico do século XVIII e caracterizado por uma ilimitada confiança na razão humana... de tornar os homens melhores e felizes, iluminando-os e instruindo-os. O iluminismo é, em essência, um antropocentrismo, um ato de fé apaixonado na natureza humana... Os olhares são dirigidos para o futuro; é um novo evangelho, uma nova era, na qual o homem, vivendo em conformidade com a sua natureza, será perfeitamente feliz." Battista Mondin, **Curso de Filosofia** vol. 2: Os Filósofos do Ocidente (São Paulo: Paulus, 1981), p. 153.

11 "Em 1784, Immanuel Kant escreveu um artigo como resposta à pergunta: "O que é iluminismo?" Respondeu que o iluminismo era a chegada do homem à maioridade. Isto se dava quando o homem saía da imaturidade que o levava a confiar nas autoridades externas tais como a Bíblia, a Igreja e o Estado para dizer-lhe o que devia pensar e fazer. Nenhuma geração devia estar presa aos credos e costumes de eras do passado. Estar preso assim é um ultraje contra a natureza humana, cujo destino se acha no progresso. Kant reconhecia que o século XVIII ainda não podia ser considerado uma era iluminada, mas sim, a era do iluminismo. As barreiras ao progresso estavam sendo derrubadas; o campo agora estava aberto. O lema do iluminismo era *Sapere aude* – 'Tenha a coragem de usar seu próprio entendimento.'" Colin Brown, "Iluminismo", In: Walter A. Elwell (org.), **Enciclopédia Histórico-Teológica,** vol. 2 (São Paulo: Vida Nova, 1990), p. 306.

AMANDO A DEUS NO MUNDO

com Sire, foi o *deísmo*. Diferentes autores afirmam que o deísmo foi a religião do Iluminismo. Em deístas clássicos, como John Toland e Matthew Tindal, observamos como a fonte de autoridade foi modificada do divino para o humano, da revelação especial para a razão. O anseio deísta era achar uma religião natural, comum a todos os homens. Para eles, o evangelho era uma "republicação" da religião da natureza.[12] O deísta cria que com o funcionamento da razão poderia se chegar a uma religião, moralidade, estado, e educação naturais.[13]

O deísmo, porém, só foi uma transição, pois suas implicações em breve geraram a cosmovisão seguinte. Afinal, o deísmo teórico era o naturalista prático, isto é, aquele que vive como se Deus não existisse. Se Deus, na prática, ficou fora do dia a dia dos seres humanos, não demorou muito para ele ser riscado da equação. Assim, o *naturalismo* nasceu no século 18 e permaneceu como uma cosmovisão que se apresentava como honesta e coerente.[14] Tanto é que essa cosmovisão se tornou predominante em círculos acadêmicos. A figura de Charles Darwin em meados do século 19 é apenas a última peça do quebra-cabeça (a peça biológica) para solidificar argumentos evolutivos que já dominavam o cenário filosófico e científico havia cerca de 50 anos. Ainda no século 19, o advento do marxismo, conforme descrito no livro de Sire, surge como um resumo das consequências práticas dessa cosmovisão.[15]

---

12 Sire, **O Universo ao Lado**, p. 68.

13 Willem J. Van Asselt (org.), **Introduction to Reformed Scholasticism** (Grand Rapids: Reformation Heritage Books, 2011), p. 168.

14 Sire, **O Universo ao Lado**, p. 104-105. Sire afirma que embora o nascimento da cosmovisão tenha se dado no século 18, seu desenvolvimento aconteceu no século 19 e só chegou à maturidade no século 20.

15 Sire, **O Universo ao Lado**, p. 94-104. Para outras consequências sociais do naturalismo, veja o meu capítulo 6 neste livro, que trata de cosmovisão e ciência.

COSMOVISÕES COMPARADAS

Sire diz que o triunfalismo do naturalismo não calou as perguntas de muitos. Um universo fechado continuava a ser enclausurante (principalmente ao enxergar o acaso como determinista), a noção de morte como extinção era motivo de perturbação; e nossa relação com o universo passou a ser ou de alienação ou de união que se recusa a distinguir diferenças de valor (ex: uma pedrinha na praia tem existência mais longa do que humanos; qual será que vale mais? Qual será o referencial de valor?).[16] O naturalismo gerou o *niilismo* (do latim *nihil*, nada), que é a negação do valor humano, valores éticos e propósito na vida. A razão pela qual a maioria dos naturalistas não são niilistas é porque não levam o seu naturalismo a sério, não vão às últimas consequências com ele. Assim como o deísmo, o niilismo tem vida curta porque ele é desesperador e um parasita que só sobrevive enquanto existe uma realidade para se negar.[17]

Na esperança de transcender esse pessimismo existencial do niilismo, nasce o *existencialismo* como o suspiro de vida após o horror do niilismo. Ele surgiu no século 19, mas ganhou importância quando passou a fazer sentido após a Primeira Guerra Mundial. Sua diferença com o niilismo jaz na ênfase na significância da humanidade em um mundo outrora insignificante. No que diz respeito à cosmovisão como um todo, Sire diz que o existencialismo também é parasita e também adota vários princípios naturalistas (é claro que existe o existencialismo cristão, que é diferente). Ele se mantém naturalista, só que com menos confiança na razão[18] e uma valorização maior da emoção.

---

16 Sire, **O Universo ao Lado**, p. 113-114.

17 Sire, **O Universo ao Lado**, p. 136.

18 Sire, **O Universo ao Lado**, p. 180.

AMANDO A DEUS NO MUNDO

Embora Sire liste as cosmovisões de forma cronológica, é possível enxergá-las se sobrepondo uma à outra. Escrevendo no final da década de 1960, Francis Schaeffer fala de um golfo epistemológico de abandono de absolutos, retratando a história europeia do niilismo e do existencialismo.[19] Ele diz que essa mudança aconteceu a partir da Alemanha, passando pela Inglaterra, chegando aos Estados Unidos; a sequência começou com a filosofia, depois atingiu a arte, depois a música, seguida da cultura geral até chegar à teologia. Schaeffer diz que o homem moderno adota um "racionalismo" que tem o ser humano como ponto de referência para todo conhecimento, significado e valor. Se antes da mudança o homem era confiante, agora ele chega ao desespero.[20] Schaeffer considera Kierkegaard o pai do homem moderno, por ter dicotomizado a fé de tudo o que é racional. Os existencialistas como Karl Jaspers, Jean-Paul Sartre, Albert Camus e Martin Heidegger, contribuíram para o subjetivismo moral onde a minha decisão legitima minha ação. Nesse contexto, Schaeffer coloca a legitimação do uso das drogas por parte de Aldous Huxley e do misticismo oriental, todos com uma necessidade de ter uma experiência irracional para fazer o sentido da vida.[21]

Schaeffer está conectando a última cosmovisão (existencialismo) com as duas seguintes (monismo panteísta oriental e nova era) num período que fervilhou de ideias. Isso serve para mostrar que as cosmovisões apresentadas por Sire não podem ser nitidamente distintas umas das outras, historicamente falando, pois elas

---

19   Ele diz que essa mudança passou a acontecer na Europa a partir de 1890 e nos Estados Unidos a partir de 1935. Para Schaeffer, a apologética pressuposicional teria evitado essa decadência. Schaeffer, **O Deus que Intervém**, p. 21-25.

20   Schaeffer, **O Deus que Intervém**, p. 21-31.

21   Schaeffer, **O Deus que Intervém**, p. 33-49.

COSMOVISÕES COMPARADAS

podem coexistir sustentando pontos de ligação (Schaeffer julgava que esse ponto de conexão era a experiência irracional).

Nos anos de 1960 surgiu o interesse no *monismo panteísta oriental* com a rejeição de valores materialistas por parte dos jovens dessa geração. Essa foi a época em que a medicina alternativa (ex: acupuntura), as técnicas de meditação (ex: yoga) e as artes marciais (ex: Bruce Lee) ganharam a atenção da Europa e também dos Estados Unidos. Essa cosmovisão é antirracionalista, quietista, com um estilo de vida simples e sem tecnologia, o que a tornou atraente a um ocidente tão abastado (principalmente nos EUA).[22]

A *nova era* é a versão ocidentalizada da influência oriental. O panteísmo oriental misturado com o evolucionismo ocidental rumo a uma nova humanidade (com uma consciência mais elevada – "Nós nos tornaremos os deuses que temos invocado"),[23] uma fusão que atraiu muitos (Ex: teoria de Gaia). Suas ideias têm adentrado uma diversidade de disciplinas do saber.[24] Um dos atrativos é sua característica *sincretista e eclética*: como o naturalismo, ela rejeita um Deus fora da criação e promove a esperança de evolução humana; como o teísmo e diferente do monismo, ela foca no indivíduo; porém como o monismo, ela enfoca a experiência mística – onde tempo, espaço e moralidade são transpostos – em lugar da razão, como guia da realidade. Essa mistura, em vários aspectos, é uma volta ao animismo.[25]

Sire termina o seu panorama histórico com o *pós-modernismo* que, de acordo com ele, é o modernismo chegando à consciência

---

22 Sire, **O Universo ao Lado**, p. 181.

23 Sire, **O Universo ao Lado**, p. 211.

24 Sire, **O Universo ao Lado**, p. 213-218.

25 Sire, **O Universo ao Lado**, p. 220.

AMANDO A DEUS NO MUNDO

de que suas premissas não se sustentam (Nietzsche levado a sério)[26] – daí é que se fala da queda do fundacionalismo filosófico (edificação teórica sobre premissas fundamentais, como foi o projeto cartesiano), e uma mudança de ênfase do objetivo para o subjetivo. Pós-modernismo, não sem razão, teve muito mais impacto nas humanidades do que nas chamadas "ciências duras" (física, química, etc.).[27]

Esse histórico retrata guinadas em várias áreas do saber, como veremos na seção seguinte. Antes, porém, é importante destacar como a mudança na perspectiva da própria história foi significativa. O *teísmo cristão* enxerga a história como **dirigida por Deus** (diferente de todos com exceção do monismo oriental), **linear** (diferente do niilismo, monismo, pós-modernismo), apontando para um **propósito final** ou **telos** (diferente do naturalismo, niilismo, monismo oriental), e possuindo **quatro grandes movimentos** (diferente de todos): criação, queda, redenção e glorificação. Se a queda não apaga a boa criação de Deus mas a distorce, a redenção é o processo de restauração desse padrão criacional, porém com avanço rumo à consumação.

O *deísmo* apaga a noção de quatro estágios, minimiza os atos específicos da história e exalta a perenidade da ordem da criação. Por apagar os efeitos da Queda, ele é otimista quanto aos rumos da história. O homem está em franca evolução. O conceito de "Idade das Trevas" aplicado ao período medieval surgiu no século 17 e se popularizou no período do Iluminismo. O próprio termo "iluminismo" cunhado ainda no século 18 reflete tanto o otimismo quanto

---

26 Sire, **O Universo ao Lado**, p. 264.

27 Sire, **O Universo ao Lado**, p. 287-292.

a arrogância do período.[28] Os deístas se opunham a uma revelação histórica, sendo limitada a lugares e pessoas, pois não possuía universalidade. A verdadeira religião precisa ser igualmente acessível à razão natural em todos os tempos e eras. O historiador da filosofia e teologia James Livingston afirma que não só os deístas, mas todo o século 18 demonstrou um desdém pela história.[29]

O *naturalismo* crê que a história é autoativada (big bang), sem uma primeira causa; é linear, mas sem um propósito arquitetônico. Essa cosmovisão não responde muitos "porquês". Sire cita Richard Dawkins: "A seleção natural é o relojoeiro cego, pois nada vê à frente, não planeja as consequências, não possui nenhum propósito em vista".[30] Essa falta de *telos* (diferente até do deísmo) é resultado da perda do conceito de Deus. O marxismo, também chamado de materialismo histórico (cosmologia naturalista a serviço de interesses socioeconômicos), tem uma visão de história com um ideal utópico de sociedade sem a crença na providência. A confiança no homem é ainda maior do que no deísmo porque sustenta o seu ideal de sociedade, mesmo enxergando a história como uma luta classes. Há menos do senso de comunidade trabalhando juntos em prol de uma sociedade boa; há mais senso de opressão que lapida o homem.

A desvalorização da história continua não só com o *niilismo*, mas inclusive com o *existencialismo*. O existencialismo naturalista embora não creia num propósito arquitetônico, assim como o naturalismo, ele defende a história como feitura de cada indivíduo.

---

28 Jonathan Hill, **Faith in the Age of Reason**: The Enlightenment from Galileo to Kant (Downers Grove: InterVarsity, 2004), p. 6.

29 Livingston, **Modern Christian Thought**, p. 74.

30 *Apud* Sire, **O Universo ao Lado**, p. 86.

AMANDO A DEUS NO MUNDO

Cada um é rei de seu próprio mundo subjetivo (o subjetivo tem mais proeminência do que o objetivo). No caso do existencialismo teísta, a "história como um registro de eventos [*historie*] é incerta, sem importância, mas a história como modelo ou tipo ou mito [*geschichte*] a ser feito presente e vivenciado é de suprema importância".[31] Karl Barth é um exemplo de quem, na teologia, supervalorizou os eventos subjetivamente, antes do que sua realidade histórica. Ele condenou a preocupação excessiva dos liberais por acharem um Jesus histórico, e valorizou os momentos marcantes da história do cristianismo (os anos em que Jesus esteve encarnado) como direcionando o resto da história. Ele não negou a historicidade da ressurreição, mas não afirmou a historicidade da Queda.

Para encerrar essa degradação da história, o monismo panteísta oriental trouxe o conceito do tempo como irreal e da história como cíclica, a nova era continuou essa linha de transcender o tempo só que acrescentando a evolução humana (concede uma linearidade maior à história), e o pós-modernismo se opôs a qualquer conceito de metanarrativa, ou história que abarque o todo, pois qualquer que se propõem a fazer isso impõe sua perspectiva de forma opressiva.[32] A Escritura, portanto, não pode ser vista como metanarrativa, mas apenas como um conjunto de histórias.

COSMOVISÕES COMPARADAS

Agora, veremos primeiramente a mudança de cosmovisões na perspectiva de Deus (ou realidade primária) e do mundo (ou realidade externa), para então tratarmos do ser humano. Veremos como os três mandatos estão interligados e como o que se conhece

---

31 Sire, **O Universo ao Lado**, p. 171.

32 Sire, **O Universo ao Lado**, p. 279-280.

COSMOVISÕES COMPARADAS

ou não de Deus é a referência para o entendimento ou a falta dele acerca do mundo e do homem. Essa categoria será deixada por último, para que tenhamos uma noção ainda mais clara do choque de cosmovisões no entendimento do homem em decorrência do afastamento da verdade de Deus. A tradição reformada, desde as *Institutas* de João Calvino, tem enfatizado que o conhecimento de Deus é necessário para a compreensão do ser humano. Veremos na terceira parte desta seção como o distanciamento da Palavra de Deus tem impacto significativo sobre a antropologia.

1. Deus ou a realidade primordial

Como foi mencionado no início do capítulo anterior, Deus é inevitavelmente o elemento mais determinante de uma cosmovisão. Aquilo que se pensa de Deus – se ele existe ou se colocam outro no lugar dele, qual é a sua natureza (santo ou excêntrico como os deuses da mitologia, gracioso ou iracundo como os deuses das religiões primitivas, pessoal ou impessoal, etc.), se existe um Deus ou muitos deuses – influencia como encaramos o cosmos e como o conhecemos, o ser humano e a morte, a ética e o mal. Afinal, todas as demais perguntas são respondidas sempre em referência a Deus ou realidade primária.

O afastamento do conceito teísta cristão acerca de Deus começou com um distanciamento de Deus que conduziu à descrença total. O *deísmo* enfatizou a transcendência de Deus, danificando sua imanência, pessoalidade, soberania e providência.[33] Deus passou a ser visto de forma racionalista, sem qualquer intervencionismo

---

33 A história da maçonaria está interligada com a do deísmo. Note a semelhança de termos: arquiteto que não é adorado, irmandade que prima pela ética, etc. Maçonaria pode não parecer religião, mas trata-se de uma cosmovisão.

AMANDO A DEUS NO MUNDO

sobrenatural. A fim de fechar as portas para milagres, o deísmo distanciou Deus de sua criação. Se a maioria dos primeiros deístas ainda era adoradora (i.e. frequentadores de culto), com o tempo o deísmo entendeu a distância desse Deus e distanciaram-se na prática cúltica. Tal desconexão entre Deus e o homem conduziu ao *naturalismo* que defende que a matéria sempre existiu e é tudo o que há; Deus não existe. O *niilismo* é apenas o naturalismo extremado. Personagens como Friedrich Nietzsche (1844-1900) declararam a "morte de Deus", isto é, a constatação de que a sociedade do final do século 19 não precisava mais de Deus.

O advento de cosmovisões que negaram a Deus não resultou no extermínio da espiritualidade. Ainda que o *existencialismo* naturalista negue a existência de Deus – sua preocupação está não no mundo objetivo, como era o caso do naturalista, mas na consciência do subjetivo –, o existencialismo cristão utiliza o sentimento de alienação para falar de um salto de fé para Deus (Soren Kierkegaard; do subjetivo para o objetivo). Existencialistas cristãos como Karl Barth entenderam que Deus falar era como um "evento", não algo objetivo que acontece rotineiramente no estudo da Bíblia, mas na experiência subjetiva do crente ao ouvir a Bíblia. A Bíblia não é a Palavra de Deus (isto é, o transcendente Deus falando), mas pode se tornar a Palavra de Deus.

Tal guinada para o subjetivo abriu as portas para diferentes reações à espiritualidade. O *monismo panteísta oriental* apresenta Deus de forma panteísta (Deus é um com o universo material).[34] Deus é uma energia, uma força (filosofia budista de "Guerra nas

---

34 Embora o ocidente tenha tido representantes significativos do panteísmo (ex: Baruch Spinoza no século 17), a entrada do panteísmo no ocidente se deu como enxurrada de material ocidental na década de 1960.

Estrelas"). Isso significa que Deus perde sua pessoalidade e a natureza ganha status não só de um vivo ecosistema (Teoria de Gaia), mas de algo a ser zelado acima de tudo (isto é, adorado). A alma de cada indivíduo é a Alma do cosmos. Cada pessoa é Deus. Na *nova era*, a ênfase no "eu", na alma de cada indivíduo, é uma mudança em relação ao monismo oriental. Enquanto este enfatiza o eu se perdendo no todo (Atma é *Brama*), a nova era destaca o todo dentro do eu (*Atma* é Brama); influência do teísmo e do naturalismo – fortes cosmovisões no ocidente – nos quais o indivíduo é importante.[35] A famosa atriz norte-americana Shirley MacLaine foi uma importante guru que verbalizou a busca por Deus no interior do indivíduo. No *pós-modernismo*, a mudança epistemológica abandona o conhecer para focar na construção do sentido ("do ser [teísmo], para conhecer [modernismo], para significar [pós-modernismo]"). Portanto, o conceito de "Deus" é um construto de cada comunidade.

2. A realidade externa

O conceito de Deus, como já dissemos, influencia o entendimento da realidade externa e como a conhecemos. O *teísmo cristão* crê que o mundo foi criado por Deus a partir do nada (*ex nihilo*). Deus se comunica por intermédio de revelação (geral e especial) e nos dá o equipamento necessário (o aspecto estrutural da imagem de Deus: racionalidade, moralidade, estética, espiritualidade, corpo, etc.) para conhecer a criação e o Criador. Esse universo é ordeiro e isso permite a prática da ciência.

O *deísmo* também crê na ordem que existe na criação (um relógio gigante, cujo mecanismo é perfeito) e isso é tão forte

---

35 Sire, **O Universo ao Lado**, p. 222.

AMANDO A DEUS NO MUNDO

que despertou o avanço científico.[36] O mundo está em perfeito estado, não sofreu qualquer tipo de queda. O universo revela tudo o que é necessário para se conhecer Deus, de acordo com Thomas Paine (1737-1809). Portanto, Deus pode ser perfeitamente compreendido através do estudo da criação (das coisas existentes, seu movimento e seu design). Na verdade, as leis científicas foram louvadas e exploradas, enquanto a existência do miraculoso foi negada.

O tema da natureza figurava com destaque no pensamento iluminista. A natureza era acessível ao emprego correto da razão. A alta estima atribuída à natureza se devia, em parte, "ao prestígio da ciência moderna, exemplificada pelo conceito mecânico de Isaac Newton acerca de um mundo governado por leis mecânicas".[37] Todavia, a natureza predominava até no âmbito da religião, já que a distinção entre "religião natural" (existência de Deus, leis morais) e "religião revelada" (doutrinas ensinadas pela Bíblia e pela igreja) se acentuou a tal ponto que com o passar do tempo a primeira foi elevada e a segunda atacada.[38]

O *naturalismo*, assim como o deísmo, crê que o universo é um sistema fechado (ele não está aberto para a intervenção de um ser transcendente). Diferentemente do deísmo, o naturalismo não vê evidências no universo que apontem para a existência do sobrenatural. Richard Dawkins, por exemplo, afirma que não devemos acreditar em nada que não seja acompanhado de evidência empírica. O problema é que sua afirmação é autodestrutiva, pois ela

---

36 Sire, **O Universo ao Lado**, p. 57-58.

37 Brown, "Iluminismo", p. 306-309.

38 Stanley J. Grenz e Roger E. Olson, **A Teologia do Século 20**: Deus e o mundo numa era de transição (São Paulo: Cultura Cristã, 2003), p. 21-22.

COSMOVISÕES COMPARADAS

não pode ser justificada com algo que seria considerado evidência empírica.[39] Quando um professor de ciências de linha naturalista critica um aluno cristão por acreditar em milagres quando a ciência "claramente" demonstrou que é impossível ocorrer milagres, ele demonstra uma inconsistência em seu raciocínio. Ele entende que milagre é um acontecimento na natureza causado por algo fora dela, ele crê que não existe nada fora da natureza e que a ciência demonstrou isso, e julga que a ciência se preocupa apenas com a natureza. Observe a inconsistência: "Como pode a ciência provar que algo não existe fora da natureza se, segundo seu professor, a ciência não pode ir além da natureza?"[40] Ao riscar Deus como referencial teórico, o naturalismo gerou um problema epistemológico explicitado pelo niilismo.

O *niilismo*, sendo o extremo do naturalismo, acaba gerando incerteza epistemológica. Se não há certeza de que uma mente inteligente me fez, se não tenho parâmetro para medir a confiabilidade do meu raciocínio, como posso saber se a teoria sobre a minha origem é confiável?[41]

> Toda a questão envolvendo esse argumento pode ser assim sumarizada: o naturalismo nos coloca como seres humanos em uma caixa. Porém, para termos qualquer confiança de que nosso conhecimento sobre estarmos dentro de uma caixa é verdadeiro, precisamos nos posicionar fora da caixa ou receber essa informação de qualquer outro ser fora da caixa (os

---

39   Peter Williams, "The Emperor's Incoherent New Clothes – Pointing the Finger at Dawkins' Atheism." In: **Think** (spring, 2010): 30-31.

40   Geisler e Bocchino, **Fundamentos Inabaláveis**, p. 62-63.

41   Sire, **O Universo ao Lado**, p. 122-123.

AMANDO A DEUS NO MUNDO

teólogos chamam a isso de "revelação"). Ocorre que não há nada nem ninguém fora da caixa para nos fornecer revelação, e nós não podemos transcender a caixa. Por conseguinte, niilismo epistemológico.[42]

O *existencialismo* crê na existência do mundo objetivo, mas prioriza o mundo subjetivo (mente, consciência, liberdade, etc.). Enquanto o naturalismo enxerga a unidade dos dois mundos – o objetivo como realidade e o subjetivo como sua sombra –, o existencialismo enfatiza a desunião desses mundos e opta por encontrar sentido no mundo subjetivo, sobre o qual temos mais controle e encontramos sentido na vida. No existencialismo teísta, a existência de Deus é apreendida não pela razão, mas pela fé; a verdade frequentemente é paradoxal.

Essa trajetória subjetiva é aprofundada pelo *monismo panteísta oriental* quando este afirma haver diferentes níveis de realidade. O mundo material é o menos real, portanto ilusório. Alguns seres humanos estão mais próximos do Um do que outros. Esses estão vivendo a realidade. A *nova era* também é subjetivista, pois o "eu" é a realidade fundamental. No entanto, sua descrição do universo é bem mais ocidental.[43] O pós-modernismo, como já foi colocado, produz uma guinada epistemológica: sai do "conhecer o mundo" para "construir sentido". A metafísica, ou ontologia, perde a primazia.

---

42 Sire, **O Universo ao Lado**, p. 125.

43 "O cosmo, embora unificado no eu, é manifesto em duas dimensões mais: o universo visível, que é acessível por meio da consciência comum, e o universo invisível (ou mente expandida), acessível por estados alterados de consciência... A cosmovisão da Nova Era é Ocidental em grande escala, [e mais do que nunca] em sua insistência de que o universo visível, o mundo externo comum, realmente existe. Não é ilusão e, além do mais, é um universo ordenado... A maioria dos proponentes da nova consciência possui um saudável respeito pela ciência." Sire, **O Universo ao Lado**, p. 228, 229.

3. O ser humano

O *teísmo cristão* crê que o homem foi feito à imagem de Deus. Isso significa não somente qualidades morais, mas pessoalidade (que inclui uma capacidade social superior a qualquer ser vivo não pessoal) e também qualidades intelectuais (razão, criatividade). Tais qualidades concedem ao homem uma dignidade que não pode gerar orgulho, pois se trata de uma dignidade reflexa, resultante da imagem de Deus em nós. Ele é identificado com a criação (do pó da terra) embora separado da mesma (Deus soprou fôlego em suas narinas);[44] ou seja, é criatura, mas a principal delas.

Quando a verdade cristã é abandonada, as cosmovisões rivais começam uma de duas trajetórias opostas. A primeira trajetória é do ufanismo. O *deísmo* ainda crê que o homem é pessoal, moral, com qualidades intelectuais. Porém, aqui começa a exaltação da dignidade humana a ponto de conceder ao homem por si só, sem auxílio sobrenatural (já que o universo é fechado), a tarefa de progredir social, moral e espiritualmente. Esse deísmo que foi o reflexo da modernidade iluminista começa a ter altas expectativas para o ser humano. A antropologia otimista "atribuiu à humanidade habilidades intelectuais e morais muito maiores do que aquelas reconhecidas pela teologia tradicional".[45] A razão teria controle cada vez maior da vida, promovendo a ordem natural do mundo e a felicidade da humanidade. Tal convicção pressupunha uma visão progressiva da história.[46] A esperança na melhoria social advém de uma expectativa de progresso rumo a um futuro brilhante.

---

44 Linleigh J. Roberts, **Let Us Make Man** (Edinburgh: Banner of Truth, 1988), p. 8.

45 Grenz e Olson, **A Teologia do Século 20**, p. 15.

46 Van Asselt, **Introduction to Reformed Scholasticism**, p. 168.

AMANDO A DEUS NO MUNDO

O *naturalismo* defende que "os seres humanos são 'máquinas' complexas; a personalidade é uma inter-relação de propriedades químicas e físicas ainda não totalmente compreendidas".[47] Como partem do pressuposto de que a matéria é tudo o que existe, o homem nada mais é do que material. O seu diferencial, que espanta até os naturalistas, está na complexidade mecânica e na capacidade moral. Além da complexidade, aparentemente não haveria mais nada que distinguisse o homem do restante da natureza dando-lhe maior valor. Os naturalistas, porém, não pensam assim: "Julian Huxley, por exemplo, afirma que somos únicos entre os animais porque apenas nós somos capazes de pensar conceitualmente, de articular a fala, de deter uma tradição cumulativa (cultura) e possuir um método singular de evolução. A esses argumentos a maioria dos naturalistas acrescentaria a nossa capacidade moral".[48] Se por um lado, eles encontram uma forma de dignificar o ser humano, a ausência de uma realidade externa à matéria dá abertura a um ufanismo enorme (envaidecidos pela liberdade de determinar seu destino). O homem determina o seu destino sozinho. Ele é autônomo.

Essa independência de destino é ainda mais escancarada no *existencialismo*. Neste, a existência do homem precede a sua essência; as pessoas fazem de si mesmas o que elas são. Cada pessoa é totalmente livre com relação à sua natureza e destino. Ele está livre

---

47 Sire, **O Universo ao Lado**, p. 79.

48 Sire, **O Universo ao Lado**, p. 81. Nancy Pearcey sintetiza o pensamento de Schaeffer, o qual "diz que é comum os pensadores modernos fazerem um 'salto de fé' do pavimento de baixo para o de cima. Intelectualmente, eles adotam o naturalismo científico; é sua ideologia profissional. Mas esta filosofia não se ajusta à experiência da vida real, por isso dão um salto de fé ao pavimento de cima, onde afirmam um conjunto de ideias contraditórias como a liberdade moral e a dignidade humana, *mesmo que estas coisas não tenham base em seu próprio sistema intelectual*". Pearcey, **Verdade Absoluta**, p. 122.

COSMOVISÕES COMPARADAS

de qualquer valor embutido ou direção prévia, livre para construir significado à vida.

O apogeu desse ufanismo ocorre com a *nova era*. Esta ocidentaliza o panteísmo oriental dando ênfase à singularidade de cada ser humano (a individualidade) e afirmando que cada pessoa é Deus, com ênfase no "cada pessoa" antes do que em "Deus" (a Alma do cosmos é a alma de cada indivíduo), já que o eu é a realidade primeira.[49] Inclusive em tempos de *pós-modernismo*, no qual seres humanos constroem sua identidade, a porteira está escancarada para autoconceitos exagerados e apreciados.

Em contrapartida à trajetória de ufanismo, existe uma segunda trajetória de depreciação. Ela, ironicamente, começa o conceito *naturalista* de máquina que o iguala essencialmente ao resto da criação, perdendo o referencial humano. O *niilismo* leva o naturalismo às últimas consequências e reconhece a perda da dignidade humana. Afinal, o naturalismo não apresenta uma causa com propósito além de "chance" ou "acaso". Sire fala do determinismo que essa filosofia causa.

Embora poucos tenham esta percepção, o *monismo panteísta oriental* é deletério para o ser humano, especialmente enquanto indivíduo. Buscar a unidade com o cosmos significa ir além da personalidade. A ênfase está no abstrair-se de sua singularidade e entrar (se perder) no indiferenciado Um. Walsh e Middleton chamam a atenção para a forma diferenciada da industrialização no Japão pós-guerra em relação ao capitalismo ocidental. Como resultado das tradições religiosas dominantes (Xintoísmo, Confucionismo e o Budismo), o senso de comunidade é mais forte, gerando a lealdade que contribuiu para o sucesso do país em

---

49 Sire, **O Universo ao Lado**, p. 222-223.

AMANDO A DEUS NO MUNDO

poucas décadas. "O espírito empreendedor industrial não é uma batalha individualista entre a administração e a mão de obra, mas um esforço nacional. Os trabalhadores relacionam-se com a corporação com a lealdade característica de sua vida. O emprego é para a vida toda".[50] Enquanto isso, os "norte-americanos participam de corporações sem nenhuma obrigação nacional – elas são, na verdade, corporações multinacionais. O propósito do trabalho é criar segurança econômica e afluência material, em primeiro lugar para indivíduos e famílias nucleares".[51]

Esse breve resumo das duas trajetórias destaca os opostos do conceito cristão do ser humano. Percebe-se que a postura cristã não exagera o valor, nem menospreza o ser humano. Não pratica nem ufanismo, nem depreciação. As outras cosmovisões pendem para um dos extremos. Ufanismo numa ascendente é vista a partir do deísmo, depois o naturalismo (independência de Deus), então o existencialismo, e, por último, a nova era e alguns pós-modernos. Depreciação na descendente é iniciada com o naturalismo (somos mera máquina), acentuada pelo niilismo, e perdida no monismo panteísta oriental. O teísmo cristão é o único que mantém uma visão equilibrada do homem, que pensa apenas o que convém (Rm 12.3).

Nancy Pearcey apresenta cosmovisão como um "mapa" da realidade e ilustra como diferentes cosmovisões enxergam a natureza humana:

> Os marxistas afirmam que, no final das contas, o comportamento humano é moldado pelas circunstâncias econômicas; os freudianos atribuem tudo a instintos sexuais reprimidos; e os

---

50 Walsh e Middleton, **A Visão Transformadora**, p. 19.

51 Walsh e Middleton, **A Visão Transformadora**, p. 20.

COSMOVISÕES COMPARADAS

psicólogos comportamentais encaram os seres humanos pela ótica de mecanismos de estímulo-resposta. Todavia, a Bíblia ensina que o fator dominante nas escolhas que fazemos é nossa crença suprema ou compromisso religioso. Nossa vida é talhada pelo "deus" que adoramos – quer o Deus da Bíblia quer outra deidade substituta.[52]

AS INCONSISTÊNCIAS DE COSMOVISÕES HUMANISTAS

Nesta última seção do capítulo, vamos aprofundar a visão secularizada do ser humano vigente em nossos dias, ao tratarmos da liberdade e da identidade. Essas são duas áreas nas quais a cosmovisão predominante no ocidente traz contrastes marcantes com a fé cristã. A primeira assevera que eu estou livre para fazer o que eu quiser, contanto que não machuque alguém. Ninguém tem o direito de me dizer o que devo fazer com minha vida. A segunda afirma que eu posso ser quem eu quiser, pois identidade é estabelecida por meus sentimentos antes do que por padrões impostos a mim. Devo ser verdadeiro à minha real identidade e expressar meus sonhos e desejos mais profundos, independente do que os outros digam. Esses dois valores são assumidos e inegociáveis na sociedade contemporânea. É preciso conhecer sua argumentação, expor suas inconsistências e apresentar como a cosmovisão cristã supre os anseios sem distorcer a estrutura. Faremos isso sob a tutela de Timothy Keller em seu livro *Making Sense of God*.

1. Liberdade

Liberdade tem sido celebrada como um dos direitos mais marcantes do ocidente na idade moderna, com implicações

---

52 Pearcey, **Verdade Absoluta**, p. 26.

AMANDO A DEUS NO MUNDO

sociais e individuais. O Iluminismo pregou libertação das amarras eclesiásticas, e uma tolerância social para com aqueles que eram diferentes. As independências de vários países de seus colonos, assim como a queda de regimes políticos totalitários têm sido celebradas como grandes avanços sociais. Os movimentos pró-libertação de escravos frutificaram em lutas contra o racismo e a liberdade que todos os grupos e etnias devem ter enquanto cidadãos (direitos civis). Os movimentos de liberação sexual (feminismo, revolução sexual da década de 1960, movimento gay) foram vistos como um rompimento contra os aspectos restritivos da tradição em prol de uma vida mais livre. Individualmente, a luta pela liberdade virou sinônimo de autonomia. Cada um é a sua própria lei. As sociedades ocidentais estimam uma liberdade do indivíduo cada vez maior em questões éticas (uso de drogas, aborto, eutanásia, etc.). Por mais que hajam algumas conquistas sociais que sejam honrosas, veremos como o caminho de fascínio pela liberdade traz inúmeras promessas, mas não pode conduzir ao florescimento humano que se espera.

Vejamos como o conceito de liberdade com a ausência de quaisquer restrições é inviável, desrespeitoso, deletério para relacionamentos e incompleto.[53] Primeiramente, é inviável porque há certas liberdades que são excludentes e algumas terão que ser suprimidas em favor de outras. Uma pessoa com mais idade terá que escolher entre comer irrestritivamente e ter saúde para brincar com os seus netos. Nem sempre podemos seguir os nossos desejos, pois precisamos nos submeter aos limites do nosso corpo e escolher qual liberdade é mais importante. "Real liberdade vem com a perda estratégica de algumas liberdades a fim de ganhar outras.

---

53 Essas qualificações são adaptadas de Keller, **Making Sense of God**, p. 101-110.

COSMOVISÕES COMPARADAS

Não é a ausência de restrições, mas a escolha das restrições e liberdades corretas a perder."[54]

Em segundo lugar, a liberdade como "autonomia individual absoluta" é desrespeitosa, pois mede a liberdade do próximo com padrões não acordados entre as partes. Leis que legalizam o aborto, protestos que impedem a passagem de veículos em autovias ou o desejo de expressar a "arte" com demonstrações públicas de obscenidade são formas controversas de exercer a liberdade de um ferindo a liberdade do outro. Ainda que em alguns casos a decisão do que não fere o próximo pareça mais fácil, qualquer decisão sobre o que fere o outro está calcada em crenças e valores que não são autoevidentes. Precisamos de restrições regulamentadas, para o bom convívio comunitário.[55]

Em terceiro lugar, a liberdade sem restrições é deletéria para os relacionamentos, pois todo relacionamento de amor envolve abrir mão de sua independência. Não é possível estar completamente livre e simultaneamente comprometido amorosamente com alguém; amor e autonomia são antitéticos um ao outro.[56] Optar pelo individualismo, nesse caso, envolve mais do que abrir mão de um relacionamento de amor com outra pessoa. Tal individualismo é deletério para uma sociedade democrática onde as liberdades pessoais são submetidas ao compromisso com a comunidade. A liberdade irresponsável acha que o que se faz em privado não afeta a vida comunitária. Todavia, há quem argumente que o consumo da pornografia muda a percepção que se tem do outro como objeto de satisfação de desejos, trazendo consequências no âmbito social.

---

54 Keller, **Making Sense of God**, p. 102.

55 Keller, **Making Sense of God**, p. 105.

56 Keller, **Making Sense of God**, p. 108.

Em quarto lugar, a liberdade autônoma é incompleta porque não dá para ter liberdade negativa (liberdade de quaisquer restrições) sem ter liberdade positiva (liberdade para viver de certa forma). A liberdade só é boa se habilita a fazer algo bom. Não se pode negar que somos cativos, controlados pelo objeto de nosso sentido e satisfação na vida. Isto é, todos servimos aquilo que mais amamos; ninguém deixa de ter um "senhor". Aquilo que é fonte de seu significado e satisfação na vida, qualquer que seja (a família, uma causa social, um objetivo profissional), nos priva de certas liberdades, nos coloca certas restrições. Mas nós aceitamos tais privações em nome daquilo que queremos atingir com nossa liberdade.

À luz das quatro características listadas acima, fica mais evidente que o discurso de uma liberdade autônoma é uma falácia, uma articulação frequentemente usada para jogos de poder. Em contrapartida, a liberdade cristã na tradição reformada é sempre moderada pela consciência alheia (1 Co 10.23-11.1). É uma liberdade que, por amor ao próximo, se priva de liberdades legítimas e se oferece em serviço (Fp 2.3-4; Jo 13.14-15). O cristianismo também apresenta uma liberdade para fazer o que é agradável a Deus (Jo 8.31-32, 36). Suas restrições, diferente do que muitos pensam, são libertadoras. Não exercer vingança sobre aqueles que me feriram, por exemplo, é benéfico social e espiritualmente. A suavidade do jugo de Cristo (Mt 11.29-30) se dá porque ele próprio assumiu as restrições do juízo divino para que pudéssemos ter a liberdade de viver para ele.

2. Identidade

Agora, vejamos como a sociedade hodierna lida com a questão da identidade. Essa tem sido uma das maiores preocupações de

COSMOVISÕES COMPARADAS

nossos dias, com implicações para a ética (ideologia de gênero), para a sociedade (multiculturalismo), para a saúde (estresse, depressão), dentre tantas outras áreas. A questão da identidade tem trazido tantas preocupações sociais e tem sido levantada por tantas causas e bandeiras, que se faz necessário olharmos para essa preocupação com uma ótica cristã.

Quando se discute identidade, as pessoas não estão falando apenas de informações sobre elas mesmas, mas daquilo que lhes dá senso de valor, senso de propósito. Isto é, antes do que se definir por informações que são periféricas, elas querem se definir por aquilo que amam, que apreciam. Tim Keller chama a atenção do processo de formação da identidade como algo invisível, não consciente para a maioria das pessoas. Quando elas acham que estão sendo elas mesmas, existe uma cultura em redor que está pressionando para moldar as pessoas conforme certos padrões.[57] Existe menos originalidade do que se pensa.

Enquanto as culturas mais antigas prezavam a narrativa heroica de autosacrifício e a honra que as comunidades concediam ao indivíduo que cumprisse seu papel social, a narrativa heroica de nossos dias é autoafirmação.[58] Nós determinamos o que somos, não a sociedade na qual estamos. "Seja quem você é, sem medo de ser feliz", é a frase que incorpora o valor de expressar sonhos e desejos a despeito de barreiras sociais. O valor de cada um agora é medido pela dignidade que cada um atribui a si mesmo, independentemente de qualquer oposição trazida pela comunidade. Alguém se doar ainda é considerado admirável, mas não arranca tantos aplausos quanto alguém se expressar sem temor do que os

---

57   Keller, **Making Sense of God**, p. 118.

58   Keller, **Making Sense of God**, p. 120.

AMANDO A DEUS NO MUNDO

outros vão dizer. Esse individualismo de autoafirmação e expressividade é a narrativa que impera em nossos dias.

O problema de estabelecer nossa identidade baseada em nossos desejos mais profundos é que, além de ser uma tentativa incoerente e ilusória, ela é uma empreitada frustrante. Deixe-me dizer primeiro porque é um discurso incoerente. Quando nossa identidade é formada de nossos desejos, estamos adentrando um terreno volátil. Nossos sentimentos mudam, além de serem frequentemente contraditórios. Keller ilustra com o exemplo de um guerreiro da Idade Média que enxerga dois impulsos muito fortes em seu interior: o de agressividade e o de atração pelo mesmo sexo. Ele se identifica com o primeiro sentimento e rejeita o segundo, pois convive em uma sociedade que aprova o guerreiro másculo. Um jovem em nossos dias pode ter os dois sentimentos e fazer a escolha contrária, de assumir sua homossexualidade e rejeitar o impulso para a agressividade. Mas os dois sentimentos fazem parte de ambos os personagens. Por que expressar um e reprimir o outro? Quem determina qual sentimento melhor lhe representa? Em cada um dos personagens há um filtro de crenças e valores que nos diz quais sentimentos incorporar em nossa identidade e quais rejeitar. É esse filtro (cosmovisão) que forma nossa identidade, e não os nossos sentimentos.[59] Esse filtro não é criado por nós mesmos, mas o recebemos mormente de nossa comunidade. Isso nos leva ao próximo ponto.

Em segundo lugar, essa busca por uma identidade baseada em referenciais internos apenas é extremamente ilusória. Não conseguimos conviver neste mundo sem que alguém aprove nossa postura. Não é verdade que não nos importamos com o

---

59 Keller, **Making Sense of God**, p. 126-127.

COSMOVISÕES COMPARADAS

que os outros pensam. Podemos fazer frente para a maior parte da sociedade, mas não conseguimos ir contra todos. Somos incuravelmente sociais; temos nossas tribos e o desejo de pertencimento. Não basta termos nossa identidade validada por nós mesmos, mas precisamos nos sentir respeitados e aprovados por aqueles que amamos ou respeitamos.[60] No fundo, não descobrimos nossa identidade em isolamento, mas pertencendo a uma comunidade. "Não podemos descobrir ou criar uma identidade em isolamento, simplesmente através de algum tipo de monólogo interno. Ao invés disso, ela é negociada através do diálogo com as crenças e os valores morais de alguma comunidade."[61] Quando pais alegam deixar o filho escolher como construir sua identidade, eles não deixam seu filho ciente da vida que eles, pais, admirariam que seu filho trilhasse. Isso é tremendamente frustrante para o filho carente de direcionamento. Isso nos leva à ultima característica da busca contemporânea por identidade.

Essa busca individualista é tremendamente frustrante. Se a nossa identidade gira em torno de alguma coisa criacional (pessoa que amamos, uma causa na qual acreditamos, beleza ou fama que possuímos) e nós a perdemos, isso é devastador. Se não atingimos nossos objetivos (sucesso profissional, paternidade bem-sucedida), sentimo-nos perdedores. Mas mesmo enquanto não a perdemos, o relacionamento com ela é insatisfatório e decepcionante. Keller ilustra com o relacionamento amoroso que se pode ter com alguém. Se nossa identidade está calcada numa pessoa que amamos, não conseguiremos criticá-la porque sua ira nos deixará arrasados.

---

60 Keller, **Making Sense of God**, p. 125. Mais adiante (p. 135), Keller cita a frase de J. R. R. Tolkien: "O louvor dos louváveis está acima de qualquer recompensa".

61 Keller, **Making Sense of God**, p. 128.

AMANDO A DEUS NO MUNDO

Se a pessoa amada passar por problemas e não lhe der a atenção e o amor que você espera, você não suportará.[62] Concluindo, construir nossa identidade baseado no amor que sentimos por alguma coisa criada é frustrante.

Diante desse dilema, o cristianismo propõe uma forma diferente de compreender nossa identidade. Ao invés de olharmos para fora (comunidade) para obtermos o senso de identidade, como as comunidades tradicionais faziam, ao invés de olharmos para dentro (indivíduo) como a sociedade contemporânea tem proposto, o cristianismo nos conclama a olharmos para cima (Deus). Nesse caso, nem a comunidade se impõe sobre o indivíduo (opressão), nem o indivíduo despreza a comunidade (fragmentação social).[63] Antes do que a aprovação da comunidade ou a aprovação própria, o cristianismo prioriza a aprovação divina (1 Co 4.3-4). Mas Deus não aprova o que eu realizei, e sim o que Cristo realizou por nós. Afinal, a identidade cristã não é conquistada, mas recebida (Fp 3.4-11; Ap 2.17; 3.12). Essa identidade atribuída por Deus (justificado) traz alívio para mim e muda o meu relacionamento com o próximo (Lc 18.9-14). Afinal de contas, o amor cristão não é excludente (Mt 5.44-48). A frase de Martinho Lutero, "simultaneamente justo e pecador" (*simul iustus et peccator*) traz segurança e humildade para o convívio com o próximo.[64] Sua identidade humilde lhe permite receber quem é diferente; sua identidade confiante não demoniza o outro que lhe oprime, mas o repreende para crescimento. Sua identidade vem de Cristo, cheio de graça para receber e verdade para confrontar (Jo 1.14).

---

62 Keller, **Making Sense of God**, p. 131.

63 Keller, **Making Sense of God**, p. 134.

64 Keller, **Making Sense of God**, p. 146.

Porém, essa identidade não é apenas comunicada no momento de nossa conversão, mas formada gradativamente dentro de uma nova comunidade (igreja). Vida cristã, portanto, é um constante reconstruir de nossa identidade para que aprendamos a amar o próximo à luz do amor de Deus por nós. Isso é identidade cristã.

CAPÍTULO 18

COSMOVISÃO E ÉTICA

Dando sequência ao contraste feito no capítulo 16 entre Daniel e Belsazar, um contraste de cosmovisões que redundou em condutas opostas, e fundamentado na comparação entre cosmovisões apresentada no capítulo anterior, vamos fazer uma última comparação no campo da ética. Começaremos com a sequência de cosmovisões apresentada por James Sire para, então, delinear a necessidade do fundamento pístico (de fé) para dar sentido à moralidade. Por último aplicaremos essa discussão à sexualidade, especificamente ao debate da homossexualidade e da ideologia de gêneros.

Moralidade é uma das áreas nas quais o impacto de "tirar o telhado" fica mais nítido e provoca as reações mais diversas (ódio ou o desejo de repensar seus valores). É isso que queremos como testemunhas do evangelho. No entanto, ainda que seja importante compreendermos como há inconsistências nos argumentos de cada cosmovisão (ainda que sejam aparentemente sagazes), devemos ganhá-los com o evangelho, não com argumentos.

DIFERENTES PROPOSTAS ÉTICAS

Seguiremos a mesma ordem cronológica das cosmovisões no ocidente apresentada por Sire, as quais já utilizamos no capítulo anterior. O *teísmo cristão* afirma uma ética transcendente baseada no caráter, ou atributos, de Deus. O caráter divino é o fundamento de qualquer ética cristã.[1] Nós não somos a medida da moralidade, embora exista uma noção (ainda que anuviada) de certo ou errado nos homens que contribui para a ideia de que os homens têm a impressão ética divina: uma lei impressa no coração (Rm 2.14-15). Porém, a lei foi transmitida por Deus para ser registrada (Bíblia), a fim de que aquilo que fora maculado (a lei no coração) fosse resgatado. O registro dos dez mandamentos em tábuas de pedra são um símbolo de uma lei que é perene e não muda (criação), de que o pecado anuviou o entendimento do homem dessa lei gravada no coração (queda), e de que é necessário que essa lei externa seja internalizada nos filhos de Deus (redenção) até que não haja mais infratores da lei neste mundo (consumação). Deus é a medida ética do início ao fim.

No *deísmo*, a ética é baseada na revelação geral. Os deístas defendem que há clareza na constituição humana acerca do que é bom e

---

1 Existe uma longa discussão sobre as teorias de ética que remonta ao dilema de *Eutífron*, obra de Platão, resumido da seguinte forma: algo é considerado correto ou errado porque Deus assim deseja, ou Deus assim deseja porque algo é correto ou errado em si mesmo? A primeira opção seria a "teoria do mandamento divino" (em inglês, "divine command theory") enquanto a segunda seria a "lei natural". O problema com a primeira é que torna a moralidade arbitrária – Deus hipoteticamente poderia ter ordenado mandamentos distintos nos quais estupro, poligamia e mentira seriam atos virtuosos simplesmente por serem ordenados por Deus. A resposta dos que esposam essa posição é que os mandamentos refletem o caráter de Deus, inclusive o seu amor que restringiria os mandamentos que Deus poderia ordenar. O problema com a segunda teoria é que apresenta uma moralidade externa a Deus, a qual Deus está sujeito; Deus não é a fonte da moralidade. Os cristãos proponentes dessa posição respondem conectando a lei natural ao seu caráter; Deus não só ordena algo porque aquilo é bom, mas porque ele é bom. Observe como ambas as posições focam no caráter divino como esteio para não ser exposto ao problema da teoria. Para um resumo dessa discussão, veja Clark, Lints e Smith, **101 Key Terms in Philosophy and Their Importance for Theology**, p. 22-24.

APLICAÇÃO: COSMOVISÃO E ÉTICA

do que é mau. Devido à perda da noção de Queda nessa cosmovisão, eles confiam na lei natural e na habilidade do ser humano construir ética baseada na lei natural. Um dos aspectos fundamentais da ética deísta era encontrar os pontos comuns de religiosidade, inclusive de moralidade nos seres humanos. Essa moralidade comum, chamada de "lei natural" era, em grande parte, uma herança da moralidade judaico-cristã. Mas isso não era reconhecido na época. O anseio deísta era demonstrar que todo ser humano conseguiria ser virtuoso, se quisesse.

No *naturalismo* a ética é relacionada somente a seres humanos. A ética é autônoma e situacionista. É por isso que os naturalistas antigos, tendo ainda alguma influência cristã, falavam mais de princípios éticos tradicionais do que os naturalistas mais recentes. A ética anda conforme a subjetividade. Mas, frequentemente, há naturalistas modernos que defendem princípios éticos e se escandalizam com a imoralidade presente. Tais naturalistas não são pós-modernos; eles acreditam em verdade, no que concerne à ciência, e em valores, no que concerne à ética. Seu problema não é reconhecer os valores morais – até porque existem muitos ateus com valores éticos decentes (graça comum) –, o problema é não ter base para eles.[2] O naturalista, para ser coerente com sua

---

2 O Dr. John Lennox, matemático de Oxford, faz a distinção entre o ateísmo leve ("soft atheism") e o ateísmo pesado ("hard atheism"), dizendo que o primeiro grupo é aquilo que quer preservar os valores morais de uma democracia ocidental e, ao mesmo tempo, ser ateu. Os novos ateus (Richard Dawkins, Christopher Hitchens, Daniel Dennet, etc.) querem liberdades liberais, sem perguntar de onde elas vêm. O ateu Jurgen Habermas escreveu: "Cristianismo, e nada mais, é o principal fundamento da liberdade, consciência, direitos humanos, e democracia, marcos da civilização ocidental. Até o dia de hoje, nós não temos outras opções [além do cristianismo]. Nós continuamos a nos nutrir dessa fonte. Tudo o mais é falatório pós-moderno". O próprio Dawkins reconheceu a um jornal alemão a limitação do naturalismo para propor uma ética: "Nenhuma pessoa decente quer viver numa sociedade que funciona de acordo com leis darwinistas... Uma sociedade darwinista seria um estado fascista". *Apud*, John Lennox, "Os Fundamentos da Ética: O Novo Ateísmo e a Moralidade", palestra proferida no *2º Simpósio Internacional Darwinismo Hoje*, na Universidade Presbiteriana Mackenzie, em abril de 2009; Keller, **Making Sense of God**, p. 43.

AMANDO A DEUS NO MUNDO

cosmovisão, precisa encontrar na matéria e na energia uma fonte de moralidade.[3] Mas a biologia não fornece base para tal, apenas nos diz o que é e como se tornou naquilo. O próprio Richard Dawkins reconhece esse impasse: "A ciência não tem qualquer método para decidir o que é ético... É muito difícil defender valores morais absolutos sobre algum fundamento que não o religioso".[4]

Essa é a falácia (desenhada por Hume e respondida por C. S. Lewis em *A Abolição do Homem*) sobre derivar o "dever" do "ser", isto é, tirar imperativos a partir de indicativos. Para o naturalista, o mundo simplesmente é, não providencia à humanidade um senso de dever.[5] A experiência dos sentidos nos diz o que acontece (ex: ver um assalto), mas não nos fornece um critério de avaliação para concluir se tinha que acontecer ou não. Acontece que ética é sobre o que deve ser e não sobre se algo é ou não é. Guerras religiosas existem. Será que elas devem existir? Como derivar o "dever" do "ser"? A natureza tem opções variadas que não são necessariamente boas (desejo de matar, roubar, se drogar, etc.) e o naturalista precisa de uma referência externa à natureza para fazer escolhas. É preciso haver uma regra ética fora da "caixa" na qual estamos. Mas isto não combina com a cosmovisão naturalista, que pensa num universo fechado.[6] Ética baseada em instinto ou satisfação não funciona. Além de gerar caos (o meu instinto pode ferir o seu desejo), remove qualquer senso

---

3 Michael Ruse e E. O. Wilson, dois ateus, propõem o seguinte: "Moralidade ou, mais especificamente, nossa crença na moralidade, é meramente uma adaptação colocada para avançar nossos fins reprodutivos. Assim, a base da ética não jaz na vontade de Deus... Em qualquer sentido importante, ética como a entendemos é uma ilusão dissimulada sobre nós pelos nossos genes para fazer-nos cooperar". *Apud* Lennox, "Os Fundamentos da Ética: O Novo Ateísmo e a Moralidade".

4 *Apud* Lennox, "Os Fundamentos da Ética: O Novo Ateísmo e a Moralidade".

5 Mitch Stokes. **How to be an Atheist**: Why Many Skeptics aren't Skeptical Enough (Wheaton: Crossway, 2016), p. 156.

6 Cf. Sire, **O Universo ao Lado**, p. 129-130.

APLICAÇÃO: COSMOVISÃO E ÉTICA

de aprovação, de louvor. Porque louvar alguém que se submeteu ao inevitável (instintos) ou aos seus desejos?[7]

Alguns naturalistas mais coerentes[8] apresentam o absurdo de sua cosmovisão para a ética. Às vezes, Richard Dawkins mostra esse lado mais pesado: "O universo que nós observamos tem exatamente as propriedades que nós devemos esperar se, no fundo, não há desígnio, não há propósito, nenhum mal ou bem. Nada além de indiferença cega e sem misericórdia. DNA não conhece nem se importa. DNA simplesmente é. E nós dançamos de acordo com a sua música".[9] O problema dessa lógica é que ela nos impossibilita de condenar a atitude de alguém que mata inúmeras pessoas num espaço público, pois ela está agindo conforme o seu DNA. O biólogo Randy Thornhill e o antropólogo Craig T. Palmer escreveram um polêmico trabalho sobre "a história natural do estupro", concluindo que se na perspectiva evolucionista a reprodução é o que move a sobrevivência de uma raça, a sobrevivência do mais apto, é natural que um homem que não conseguiu seduzir uma mulher venha a estuprá-la para preservação de sua espécie.[10] O eticista mais influente e famoso do mundo, Peter Singer, diz o seguinte: "Não há razão para pensar que um peixe sofre menos quando morre numa rede do que sofre um feto durante um aborto, e assim o argumento para não comer peixe é mais forte do que o argumento contra o aborto... A vida de um bebê recém-nascido é de menor valor do que a vida de um porco, de um cachorro ou de um chipanzé".[11]

---

7 Cf. C. S. Lewis, **A Abolição do Homem** (Rio de Janeiro: Thomas Nelson Brasil, 2017), capítulo 2.

8 O que Lennox chamaria de "ateísmo pesado" ("hard atheism").

9 *Apud* Lennox, "Os Fundamentos da Ética: O Novo Ateísmo e a Moralidade".

10 Randy Thornhill e Craig T. Palmer, **A Natural History of Rape**: Biological Bases of Sexual Coercion (Cambridge, Massachussets: MIT Press, 2000).

11 *Apud* Lennox, "Os Fundamentos da Ética: O Novo Ateísmo e a Moralidade".

AMANDO A DEUS NO MUNDO

Porém, na prática é muito difícil sustentar essa esdrúxula ausência de moralidade. Os psicólogos evolutivos afirmam que o comportamento altruísta é a mera estratégia de ajudar com vistas a ser ajudado ("altruísmo recíproco") que, no fundo, tem motivação egoísta. Porém, no seio da família, suas emoções para com o cônjuge e os filhos se mostram incoerentes com a filosofia que adotam profissionalmente.[12] Quando um universitário agnóstico veio me procurar aflitíssimo com sua namorada que se autoflagelava, conversamos sobre amor e sentido da vida enquanto ele tentava defender a falta de sentido objetivo na vida e uma espécie de "pseudoaltruísmo" nas atitudes das pessoas. Quando eu o confrontei perguntando-lhe se o amor dele pela namorada, que o levara a quebrar a barreira do preconceito e adentrar um gabinete para falar com um pastor evangélico, era egocêntrico, ele respondeu: "Estou entendendo onde o senhor está querendo chegar. Eu preciso repensar algumas coisas". Aquele jovem percebeu a inconsistência da filosofia que havia aprendido e seu desejo amoroso de salvar sua namorada.

O anseio por moralidade dentro de uma cosmovisão naturalista é cheio de inconsistências. Primeiro, quando não há prestação de contas após a morte, não temos esperança de correção e justiça contra os males deste mundo e nem temos temor de uma vida desregrada. Não há estímulo para se crer numa moralidade quando não é aliada à prestação de contas. Além disso, a atitude naturalista de negar a moralidade cristã, mas de criticar o Deus da Bíblia por ser um tirano ou um sádico é um juízo moralista. De onde eles tiram o padrão de juízo moral com o qual julgam negativamente o cristianismo? Não seria criticar o cristianismo com a própria ética

---

12 Pearcey, **Verdade Absoluta**, p. 354-355.

APLICAÇÃO: COSMOVISÃO E ÉTICA

cristã? Por último, se não há moralidade consistente dentro de uma cosmovisão naturalista, então o correto seria concluir que se o naturalismo é verdadeiro, então não há moralidade. Em outras palavras, só pode haver niilismo moral.[13]

Já dissemos, no capítulo anterior, que o naturalismo consistente sempre leva ao niilismo, inclusive na ética. O *niilismo* reconhece que quando Deus está morto e as pessoas não são culpadas de violar uma lei moral, tudo o que elas têm é um sentimento de culpa infundado e insolúvel dentro de sua cosmovisão. Quando Deus é negado, quando a ideia de juízo após a morte é descartada, isso nos abre para praticar o que quisermos. Veja o que Friedrich Nietzsche escreveu: "Quando alguém desiste da crença cristã ele, por isso, se priva do direito à moralidade cristã... sua origem é transcendental... ela possui verdade somente se Deus for a verdade. Ela permanece ou cai por terra com a crença em Deus".[14] Alasdair MacIntyre, em seu livro *Depois da virtude*, argumentou que só podemos determinar se algo é bom ou ruim se conhecermos o seu *telos*, i.e. propósito (ex: não podemos concluir que um relógio é ruim porque não serve para martelar). Só podemos dizer que alguém é bom ou mau se soubermos para que ele foi criado. Com isso, Tim Keller conclui que quando céticos afirmam que não sabem se os seres humanos foram criados para um objetivo específico, elas acabam solapando a possibilidade de falar em pessoas fazerem o que é certo ou errado.[15] Se não há desígnio, não há parâmetro de avaliação.

---

13 Stokes, **How to be an Atheist**, p. 151, 158.

14 *Apud* Lennox, "Os Fundamentos da Ética: O Novo Ateísmo e a Moralidade".

15 Timothy Keller, **Encontros com Jesus**: respostas inusitadas aos maiores questionamentos da vida (São Paulo: Vida Nova, 2015), p. 36-67.

AMANDO A DEUS NO MUNDO

A desorientação moral desde então é espantosa. No *existencialismo* se cria valores; bom é aquilo que a pessoa escolhe, é parte da subjetividade. A ética situacionista se encaixa no existencialismo naturalista. O *monismo panteísta oriental* prega um estado de espírito no qual se ultrapassa as distinções entre bem e mal; o universo é perfeito em cada momento. Porém, para se chegar nesse estado de espírito é preciso passar pelo "karma". Esse conceito acaba sendo contraditório, pois se cada alma sofre pelos seus "pecados" passados, então não há valor em aliviar o sofrimento de alguém. Ajudar alguém se torna extremamente egoísta pois faz bem para si na busca de unidade com o Uno, mas retarda o progresso do ajudado pois ele terá de sofrer posteriormente.[16] Sire ainda afirma que os iluminados acabam agindo moralmente, antes do que vivendo as implicações de seu próprio sistema – isto mostra uma inconsistência de sua cosmovisão.[17] A *nova era* também prega que o mal é mera aparência. Trata-se de uma cosmovisão que não sabe diferenciar entre a dor e o prazer. O grande alvo é transcender a questão ética na busca por despertar o deus dentro de si. Na *pós-modernidade*, a ética, assim como o conhecimento, é uma construção linguística; cada sociedade constrói a sua. Isto abre a porta para admitir que uma determinada sociedade pode designar o facismo como eticamente recomendável. Se na era "pré-moderna" a ética estava relacionada com um Deus transcendente que revela o que é bondade, e na era "moderna" a ética é baseada na razão e experiência universais de discernir o certo do errado, na pós-modernidade é a multiplicidade de linguagens.[18]

---

16   Sire, **O Universo ao Lado**, p. 195.

17   Sire, **O Universo ao Lado**, p. 197.

18   Sire, **O Universo ao Lado**, p. 283-284.

POR QUE UMA ÉTICA CRISTÃ (REFORMADA)?

Precisamos de uma ética cristã? A resposta a essa pergunta pode parecer óbvia se você é um cristão, mas não é óbvia na sociedade. Afinal, embora enxerguemos uma multiplicidade de cosmovisões ao nosso redor, quando o assunto é ética social, parece haver muita semelhança entre pessoas de diferentes cosmovisões. Pessoas de outras crenças também fazem "coisas boas". Pessoas não cristãs também acreditam em direitos humanos e cuidado dos pobres/desfavorecidos, e até acham nobre (embora difícil de cumprir) a ideia de não revidar o mal, mas tratar o inimigo com amor. Então, por que falar de uma ética cristã?

Vamos, então, falar do porquê toda ética coerente precisa ser fundamentada no Legislador cristão. Ao final desta seção, explicaremos brevemente porque buscamos uma expressão reformada dessa ética cristã. Antes, quero apresentar três razões que fundamentam a necessidade de uma ética cristã. *A primeira razão da ética cristã é porque outras filosofias de vida não têm a fundamentação necessária para tais valores.* Não estamos questionando a falta de caráter de algumas pessoas sem a cosmovisão cristã, questionamos apenas a falta de fundamentação para sustentar esse caráter. A questão não é saber se certas coisas são erradas (podemos concordar que torturar é errado), mas por que são erradas, o que as fazem erradas.[19]

Já introduzimos na seção anterior que a moralidade humanista sustenta alguns padrões éticos que não podem ser provados empiricamente e também não são logicamente dedutíveis de uma visão materialista do mundo.[20] De acordo com o naturalismo, o princípio operacional do mundo natural determina que o forte

---

19 Cf. Stokes, **How to be an Atheist**, p. 161-165.

20 Keller, **Making Sense of God**, p. 41.

AMANDO A DEUS NO MUNDO

devore o fraco (seleção natural). Nesse princípio, não se pode condenar um genocídio em que o forte devora o fraco. "Por que, por exemplo, você deve olhar para amor e agressão – ambos são parte da vida, ambos são enraizados em nossa natureza humana – e escolher um como bom e rejeitar outro como mau? Ambos fazem parte da vida. De onde você tira um padrão para a sua escolha? Se não há Deus ou esfera sobrenatural, esse padrão não existe."[21] Se Deus não existe, minhas visões da justiça compõem apenas a minha opinião. Para o naturalista, valores não passam de crenças que não podem ser deduzidas do mundo natural.

O subjetivismo moral pregado pelo existencialismo e o pós-modernismo pregando moralidade como construto social pertencente a cada comunidade, ambos também não escapam ao crivo de fundamentação. Os que defendem que "sentem que algo é a coisa certa a fazer" estão se baseando em um sentimento interno. No entanto, se não existe uma fonte moral fora deles que precisam honrar, você não consegue contestar a opinião de alguém dizendo: "Essa é a coisa certa a fazer, quer você sinta quer não". Em outras palavras, sem moral objetiva, não se pode falar de obrigação moral. Além disso, se valores são individuais ou criados por uma comunidade, com que base podemos apelar para que outros indivíduos os aceitem e outras comunidades os apoiem?[22] E, no entanto, todas as vezes que organizações falam de direitos humanos ou ecologia, o apelo nunca é local, mas mundial.

Baseado na pesquisa de acadêmicos de outras áreas do saber, teólogos têm mostrado como vários dos valores apreciados no mundo ocidental de nossos dias são decorrentes do cristianismo.

---

21 Keller, **Making Sense of God**, p. 47-48.

22 Keller, **Making Sense of God**, p. 177-179.

APLICAÇÃO: COSMOVISÃO E ÉTICA

O conceito de direitos humanos, não concedidos pelo Estado, mas para os quais o indivíduo pode apelar até contra o Estado não é resultado do Iluminismo, mas nasceu na cristandade medieval com o conceito de imagem de Deus.[23] Toda a moralidade mencionada no início da seção (cuidado dos desfavorecidos, não revidar o mal com mal) não combina com uma ética de sobrevivência (naturalista) ou voltada para a honra (comum no Oriente), mas precisa vir de uma ética orientada ao próximo (cristianismo). Moralidade é inescapavelmente pessoal, pois valores exigem que alguém conceda valor.[24] Mas para não cair num subjetivismo individualista, só é coerente sustentarmos que Deus é esse valorizador.[25]

Mas se esses princípios só fazem sentido no cristianismo, por que os não cristãos também os defendem? De acordo com a Bíblia (Rm 1 e 2), é porque Deus cravou tais princípios no coração dos homens (alguns chamam de "lei natural"). Isso é parte do que nos faz comuns, seres humanos. Por isso pessoas de várias cosmovisões têm sentimentos morais, têm comportamento moral. O que elas não têm é o fundamento para defenderem uma obrigação moral.

A segunda razão para uma ética cristã é porque falar de ética sem o Deus da Bíblia deturpa o significado dos princípios morais. Ironicamente, os céticos desprezam o Senhor da moral que eles apreciam: amar inimigos (ideia estritamente cristã), direitos humanos

---

23 Keller, **Making Sense of God**, p. 44.

24 Analisando as religiões/cosmovisões que defendem uma ética baseada no destino, John Frame conclui que um princípio impessoal não fornece base para a moralidade. Ainda que o universo fosse governado por um princípio impessoal que recompensasse ou punisse comportamentos humanos, ainda não poderíamos dizer que uma ética foi estabelecida. "Princípios impessoais, tais como a gravidade, o eletromagnetismo e semelhantes, têm o poder de nos intimidar, mas não de nos dizer o que devemos fazer. Reivindicar que têm isso é cair na falácia naturalista." Frame, **A Doutrina da Vida Cristã**, p. 81.

25 Stokes, **How to be an Atheist**, p. 201-226.

AMANDO A DEUS NO MUNDO

(baseado no conceito de imagem de Deus), cuidado dos pobres (baseado no conceito de misericórdia), etc. Eles querem acreditar nesses valores éticos, mas não no Senhor dessa ética.

No entanto, isso é desprezar o caráter de Deus por detrás desses princípios. Tome a ideia de cuidar dos desfavorecidos, por exemplo. Numa cultura que exalta a primogenitura, Deus sempre escolheu o irmão mais novo (Abel em lugar de Caim, Isaque em lugar de Ismael, Jacó em lugar de Esaú, etc.); numa cultura que exalta a mulher com muitos filhos, Deus exaltou mulheres estéreis e lhes fez mães (Sara, Rebeca, Ana, Isabel). Deus nunca escolhe o de Jerusalém, por assim dizer, mas sempre o de Nazaré.[26]

Crer nesse princípio excluindo Deus é negar o próprio princípio. Cuidar dos desfavorecidos, sem que Deus esteja em cena, é colocar-se de forma superior aos desfavorecidos. Se não há Deus, você está em posição redentora em relação aos problemas de outros, um espírito convidativo à soberba e à demonstração de obras de caridade. No evangelho, contudo, somos misericordiosos porque fomos alvos de misericórdia. O que nos impulsiona a cuidar de desfavorecidos é exatamente porque um dia alcançamos "favor", não mérito. A salvação em Cristo é a fonte de sermos favoráveis para com outros. Portanto, não é coerente aceitarmos o princípio ético sem aceitarmos o seu fundamento soteriológico.

O mesmo pode ser dito de valores interpessoais como amor, lealdade e honra, os quais pressupõem uma comunidade. De onde eles vieram? Dentro de uma doutrina trinitária em que todos são infinitamente dignos e, no entanto, têm o maior apreço em dignificar o outro, esses valores fazem sentido para nós que fomos criados à imagem desse Deus triúno. Se Deus não fosse triúno, não poderíamos

---

26 Keller, **Encontros com Jesus**, p. 28.

APLICAÇÃO: COSMOVISÃO E ÉTICA

fundamentar tais valores. Por isso, não basta que sejamos teístas (judaísmo e islamismo também são teístas), mas é necessário crermos na doutrina da Trindade para essa ética ser validada.

Em terceiro lugar, precisamos de uma ética cristã porque o cristianismo é o único que trata de ética equilibrando normas, motivação e satisfação. Vejamos a dificuldade de outros sistemas de pensamento quanto à moralidade. Já falamos que o naturalismo fica sem fundamento para sua moralidade. Observar o mundo natural nos diz como as coisas são, mas não como elas devem ser. Assistimos telejornais repletos de notícias de como o nosso mundo é, mas ninguém acredita (crente ou cético) que o nosso mundo deva ser do jeito descrito naquelas tristes notícias. Qual é o fundamento de nosso juízo?

Alguns céticos têm tentado apelar para a nossa felicidade como alvo de nossa ética, "fazer o bem faz bem" (ética teleológica – exemplos: epicurismo ou o utilitarismo de John Stuart Mill). Seria apelar para a ideia de calcular as consequências de nossos atos para ver qual produz mais felicidade e menos dores. Ainda que haja certa verdade em associar vida correta com felicidade (Dt 6.24; Sl 1; Mt 5.1-12), tal ética não abre espaço para o sacrifício que muitas vezes é necessário para o cumprimento do dever; também não abre espaço para contemplar minorias favorecidas.

Outros têm optado por falar de valores morais objetivos (ética deontológica – exemplos: Platão e Kant), enfatizando deveres e obrigações morais. Ainda que a Escritura esteja repleta de normas objetivas (ex: dez mandamentos), tal ética sem Deus não tem fundamento para normas objetivas e quando tenta estabelecê-las pensa só na exterioridade da ética negligenciando sua interioridade (motivações).

Por último, alguns céticos têm preferido falar de ética associada a caráter, trazendo um aspecto fortemente subjetivo à moralidade (ética existencial – exs: Aristóteles e Jean Paul Sartre). Ainda que Jesus tenha enfatizado a importância do nosso interior, das motivações do coração, contra legalistas farisaicos (Mt 23.25), tal ética tem dificuldade de explicar o que é uma virtude e como a virtude pode ser alcançada (por causa de sua subjetividade alienada de Deus).

John Frame afirma que o cristianismo é o único modo de sustentar aspectos teleológicos, deontológicos e existenciais para a ética, ao mesmo tempo. Ele postula que fazer o bem ao próximo e honrar a Deus são a nossa bem-aventurança (teleológico), que conhecemos o que é bom mediante valores morais objetivos (deontológico), sem negligenciar a importância das motivações em nosso coração (existencial).[27] Esse triperspectivismo de John Frame já é uma contribuição eminentemente reformada.

Terminaremos esta seção, portanto, ilustrando como a tradição reformada depurou os princípios gerais da ética cristã de uma forma ainda mais elucidativa. Discursar sobre os dez mandamentos como síntese da ética cristã tem sido uma prática cristã presente desde a Patrística, sendo expandida pela Idade Média, mas foi na Reforma, principalmente entre os Reformados, que essa tradição se tornou mais expandida. Nos catecismos reformados compostos nos séculos 16 e 17 existe uma ampla discussão sobre os dez mandamentos, crescentemente desenvolvendo a compreensão ética desse conjunto de regras. De maneira mais sintética no *Catecismo de Heidelberg* (1563), mas de forma expandida no *Catecismo Maior de Westminster* (1647) os dez mandamentos são vistos não apenas em sua negativa, mas também em seu aspecto positivo. Lewis Smedes

---

27   Os últimos quatro parágrafos são baseados em Frame, **A Doutrina da Vida Cristã**, p. 70-73.

APLICAÇÃO: COSMOVISÃO E ÉTICA

nos lembra que o amor transforma os mandamentos negativos em ordenanças positivas. Isto é, o amor "muda o evitar passivo do mal para o fazer ativo do bem".[28] Por isso é que *Catecismo Maior de Westminster* divide o que o mandamento proíbe do que o mandamento exige, para que fique claro ao leitor que a excelência da ética cristã não está em não fazer com o próximo o que não gostamos que se faça conosco (presente em outros sistemas éticos antigos), mas em fazer com o próximo o que queremos que façam conosco (Mt 7.12). Essa regra áurea é cunhada pelo Senhor Jesus e a fé reformada tem dado destaque a esse aspecto positivo da lei.

Existem outros elementos da fé reformada que enriquecem muitíssimo a discussão da ética cristã. O entendimento reformado de lei e graça faz com que compreendamos a lei como perfeita e reveladora de nossa imperfeição, preparando-nos devidamente para buscarmos a graça em Cristo. Mais ainda, esse binômio entre os reformados carrega uma visão bem elevada da lei, afirmando que o seu uso principal é ser nossa norma de vida (posição de João Calvino).[29] Isso resulta em dizer que o papel da graça não é anular a lei ou suplantá-la (defendida por alguns evangélicos), nem apenas levar-nos a reconhecer que a lei foi cumprida em Cristo (afirmado também por luteranos), mas em fazer-nos conformados a essa lei em nossa santificação. Isto é, se a lei nos conduz à graça, a graça também nos retorna à lei habilitando-nos a cumpri-la.

As implicações desse conceito são riquíssimas. Diferente de católicos romanos, os reformados sempre defenderam que a concupiscência (i.e. inclinação ao pecado) já é pecaminosa em si, e que

---

28 Lewis B. Smedes, **Mere Morality**: What God Expects from Ordinary People (Grand Rapids: Eerdmans, 2002), p. 13, 16.

29 Calvino, **Institutas da Religião Cristã** (edição de 1559), II.7.6-13.

AMANDO A DEUS NO MUNDO

nossa justificação somente pela fé é necessária como fundamento ético; lançamo-nos a Cristo até por causa do pecado interior e achegamo-nos ousadamente ao trono de graça por causa do sangue de Cristo, não por causa de nossas penitências. Diferente do evangelicalismo preponderante no Brasil, os reformados não se utilizam de pregações de terror ou de legalismos para encorajar os crentes na luta contra o pecado; somos habilitados pelo Espírito Santo em nossa santificação de tal forma que podemos afirmar que Deus é quem nos habilita a fazer o que Ele exige de nós (Fp 2.12-13).

ÉTICA SEXUAL

Terminaremos nosso capítulo apresentando a discussão em torno do movimento LGBT, o qual apresenta um desafio enorme ao cristianismo bíblico, a fim de ilustrar como um sólido fundamento ético nos permite enxergar *contradição* (falta de fundamentação filosófica coerente), *confusão* (consequências sociais danosas), e como exercer *confrontação* (falar a verdade em amor). Comecemos, porém, no cenário atual e como chegamos até aqui.

Como resultado de uma moralidade relativizada, temos presenciado um crescimento astronômico do discurso homossexual na esfera pública, conquistando seu espaço e seus direitos. Se até 50 anos atrás a sociedade em geral considerava o comportamento homossexual como sendo imoral, no presente o prazer subjetivo legitima a prática amorosa. A união entre qualquer casal deve ser legitimada por causa do afeto e permanecer apenas enquanto houver afeto; essa união nunca deve estar acima da independência do indivíduo. A estratégia para ganhar espaço público veio como uma narrativa reescrita. Antes do que depravados, agora os homossexuais são vistos como pessoas reprimidas pela sociedade e vítimas

APLICAÇÃO: COSMOVISÃO E ÉTICA

de preconceitos heterossexistas e patriarcais.[30] A predominância do discurso homossexual na esfera pública chegou ao ponto de transformar a posição cristã em uma visão antiquada, retrógrada, indigna de uma resposta.[31] Mais ousado ainda, defensores de direitos gay não têm pedido apenas por tolerância, mas esperam endosso por parte da sociedade em geral; isto é, quem não reconhecer que ser gay é bom será taxado de homofóbico que impede o progresso social.[32]

No entanto, a causa homossexual não deve ser vista à parte de outros movimentos de ética sexual que o antecederam. A defesa de direitos LGBT não é um fenômeno desconexo de lutas por liberação sexual de todo o século passado. Os escritos e pesquisas de Margaret Sanger e Alfred Kinsey, no início do século 20, contribuíram para uma mentalidade de que a supressão de impulsos sexuais

---

30 Albert Mohler fala de um livro de 1989, intitulado *After the Ball*, no qual um psiquiatra e um expert em relações públicas ensinam a comunidade homossexual a se apresentar de forma a conseguir maior aceitabilidade. Falaram de como a AIDS era uma oportunidade para se colocarem como vítimas antes do que revolucionários, a fim de que os heterossexuais assumissem o papel de protetores. A apresentação de homossexuais com bigodes e jaquetas de couro ou de lésbicas bem masculinas deveria ser substituída por profissionais de meia idade felizes e bem-sucedidos. Falaram da importância de ensinar a "naturalidade" de ser homossexual assim como se é hetero. Falaram da importância de identificar figuras históricas estratégicas como homossexuais secretos que não puderem sair do armário. Tudo isso que vemos hoje foi orquestrado há quase 30 anos. Albert Mohler, **Desejo e Engano** (São José dos Campos: Fiel, 2009), p. 83-88.

31 No entanto, esse descrédito imediato à fé cristã é baseado numa leitura histórica de que caminhamos das trevas para a luz, da escravidão para a liberdade. Essa visão progressiva da história é fruto do Iluminismo. Além dessa interpretação histórica ser descartada na academia por sua ingenuidade de quem enxerga a história de forma simples [veja Herbert Butterfield, **The Whig Interpretation of History** (London: G. Bell and Sons, 1931)], esse ufanismo de que novas ideias geram progresso se mostrou moralmente desastroso tanto na aplicação das ideias darwinistas para o determinismo racial e eugenia (promove a procriação de características desejáveis e a eliminação de outras consideradas "inferiores"), quanto no uso da tecnologia nas duas guerras mundiais. Kevin DeYoung, **O que a Bíblia ensina sobre a homossexualidade?** (São José dos Campos: Fiel, 2014), p. 129-136.

32 Denny Burk, "Training Our Kids in a Transgender World", In: Jonathan Parnell e Owen Strachan (orgs.), **Designed for Joy**: How the Gospel Impacts Men and Women, Identity and Practice (Wheaton, IL: Crossway, 2015), p. 91.

AMANDO A DEUS NO MUNDO

era danosa biológica e emocionalmente.[33] O esforço feminista por igualar os sexos e a quebra de convenções sociais antigas quanto a masculinidade e feminilidade lançaram o fundamento para a causa homossexual falar de igualdade de amores, e de que as distinções baseadas em sexo são convenções sociais que não devem mais nos prender.[34] Rick Langer lista vários movimentos que prepararam o caminho para a discussão de ideologia de gênero que vemos hoje: casamento passou a ser fundamentado em amor romântico e satisfação pessoal, divórcios iniciados por uma das partes por estar insatisfeita (não prejudicada) se tornou a norma cultural, a perda do senso de votos matrimoniais (casamento como aliança), as tecnologias contraceptivas e reprodutoras que separaram o sexo da procriação, todos esses fatores contribuíram para um entendimento de casamento fundamentado em preferência individual, fazendo com que todas as peças estivessem em seu lugar antes que o casamento homossexual fizesse parte das discussões públicas.[35]

Já há pelo menos 30 anos que os homossexuais têm lutado por imprimir "uma cultura homossexual pública como parte das correntes de pensamento" dominantes.[36] Por isso se criou o conceito de "orientação homossexual", movendo a discussão para a questão de natureza, identidade.[37] Ao invés de "preferência sexual",

33 Colson e Pearcey, **E Agora Como Viveremos?**, p. 290-291.

34 John Piper e Wayne Grudem, **Recovering Biblical Manhood & Womanhood**: A Response to Evangelical Feminism (Wheaton, IL: Crossway, 1991), p. 294-295.

35 Rick Langer, "How should we respond to the Supreme Court decision on same sex marriage?", In: Tim Muehlhoff e Richard Langer, **Winsome Persuasion**: Christian Influence in a Post-Christian World (Downers Grove, IL: IVP Academic, 2017), p. 167

36 Mohler, **Desejo e Engano**, p. 49.

37 Rosaria Butterfield, uma ex-lésbica convertida ao cristianismo após anos de trabalhos acadêmicos em prol de seu ativismo gay, afirma que a linguagem de "orientação sexual" remonta ao romantismo do século 19 e à teoria de Sigmund Freud, ambos afirmando que o que eu sinto determina e legitima como eu penso. Esse comentário aconteceu num debate entre cristãos que já tiveram luta com

APLICAÇÃO: COSMOVISÃO E ÉTICA

agora se discute a "orientação homossexual" como forma de defender a questão de identidade. Mas qual seria o fundamento dessa orientação: será algo mais genético ou mais empírico? Tem mais a ver com biologia ou com educação? Embora a hipótese de que homossexualidade seria natural à pessoa, ela tem sido aceita quase como "autoevidente", a ciência não tem conseguido fechar qualquer diagnóstico sobre isso, nem biológico nem psicológico.[38]

Essas estratégias do movimento devem fazer-nos pensar sobre a *contradição* que há em seus argumentos. Em primeiro lugar, todo o discurso do movimento gay acerca do amor padece de um entendimento mais robusto de relações sociais. "Por que não poderia haver união matrimonial entre duas pessoas do mesmo sexo que se amam?" é uma pergunta que derrete muita gente. No entanto, o amor que tem sido propagado é um amor tremendamente individualista, que fundamenta a união matrimonial em afetos e sentimentos voláteis. O fato de haver uma troca de parceiros homossexuais em escala muito maior do que em parceiros heterossexuais revela um dos retrocessos sociais, já que a família tradicional é uma "cola" de relações sociais reconhecidamente mais benéfica na sociedade.

Em segundo lugar, a desconexão entre gênero e biologia foi uma saída desesperada para legitimar o que a biologia não fundamentou, e tal guinada é conducente a um subjetivismo insano. No passado, a biologia parecia a tábua de salvação para proclamar a legitimidade da prática sexual irrestrita. Impulsos sexuais eram considerados legítimos baseados no argumento biológico

---

a homossexualidade, e pode ser visto em: *https://www.youtube.com/watch?v=NJdEZv_24Uk* (acessado em 20 de agosto, 2017).

38 Mohler, **Desejo e Engano**, p. 63.

AMANDO A DEUS NO MUNDO

(hormônios); isto é, não era saudável negar ao nosso corpo o que lhe era natural. Na década de 1990, houve uma tentativa frustrada de encontrar um "gene homossexual" que determinasse a prática, já que pesquisas comprovaram que a incidência de gêmeos univitelinos (de mesma configuração genética) serem ambos homossexuais era baixíssima. Por isso, a guinada de argumento passou a falar que gênero é diferente de sexo, pois o primeiro é autodeterminado enquanto o segundo é determinado pela natureza. Afinal, não somos biologicamente macho e fêmea só por causa do órgão sexual, mas cada célula em nosso corpo testifica dessa sexualidade. No entanto, a subjetividade do gênero tem sido o fundamento para falar da licitude de cirurgicamente alterar até o corpo de uma criança para combinar com o seu senso de identidade, enquanto mudar o seu senso de identidade para combinar com o seu corpo é considerado preconceito. No entanto, se é errado tentar mudar a identidade de gênero de uma criança ou adolescente (porque é fixa e mexer com ela é danosa), porque é moralmente aceitável alterar algo tão fixo e estabelecido como o corpo biológico?[39]

Em terceiro lugar, o discurso de casamento gay como um direito parte de uma visão deturpada da estrutura das coisas na natureza. Há muitos crentes que mesmo não defendendo a "causa gay", acham razoável que homossexuais tenham a mesma liberdade e o direito de se casarem legalmente. Esse raciocínio é decorrente de pensar que não temos o direito de impor nossas crenças no debate público. No entanto, é importante destacar que o debate não gira em torno de criminalizar a prática homossexual, como se o Estado pudesse proibir o que se faz em privado, dentro do quarto. O Estado não pode impedir "preferências" de

---

39 Burk, "Training Our Kids in a Transgender World", p. 95.

APLICAÇÃO: COSMOVISÃO E ÉTICA

quaisquer tipos. Mas o debate não é esse. A questão é se o Estado tem o direito de reconhecer o "casamento homossexual". É sabido que o Estado não reconhece o casamento entre três pessoas, nem concede autorização a uma criança de oito anos para se casar. Por que ele não o faz? Porque afeto não é suficiente para reconhecer a legalidade de uma união. O Estado não tem o poder de redefinir uma estrutura criacional como a família. Portanto, não é que heterossexuais não queiram deixar homossexuais experimentar o casamento, mas que é impossível que uma relação homossexual seja casamento. Embora o gay queira reconhecimento público, ele não tem o direito de redefinir estruturas. Kevin DeYoung inclusive cita o exemplo de Voddie Baucham sobre o pacifista que tem o direito de se alistar no exército, mas não tem o direito de insistir que o exército crie um batalhão que não use de violência para que ele faça parte do mesmo.[40]

Em quarto lugar, não devemos achar que crenças e valores não tenham lugar no debate público, como se a discussão não fosse ética e religiosa. Thomas Messner afirma que linguagem de "direitos inalienáveis" pressupõe uma referência a uma lei maior que amarra inclusive o Estado. Afinal, a lei é uma codificação da moralidade. Não há, portanto, neutralidade moral no Estado. Do contrário, não poderia cunhar aspectos de "discriminação" como condenáveis. É inegável que linguagem ética e até religiosa têm sido usadas para defender o ambientalismo ou a saúde pública; por que não poderiam ser utilizadas no debate sobre gênero?[41] Albert Mohler alerta para o perigo de deixar as Escrituras e se restringir aos argumentos

---

40 DeYoung, **O que a Bíblia ensina sobre a homossexualidade?**, p. 173-182.

41 Thomas Messner, "Religion and Morality in the Same-Sex Marriage Debate", In: *http://www.heritage.org/marriage-and-family/report/religion-and-morality-the-same-sex-marriage-debate* (acessado em 08 de agosto, 2017).

AMANDO A DEUS NO MUNDO

de lei natural, por serem vistos como "lícitos" no debate público. Isso seria sucumbir à proposta secularista de abandonar as Escrituras em debates sobre moralidade. É verdade que a argumentação filosófica de lei natural pode prover um ponto de contato, e que pela graça comum até pessoas não cristãs defendem uma moralidade conservadora, mas abandonar as Escrituras no debate público é deixar de afirmar que toda opinião de comportamento é baseada em pressupostos religiosos e morais.[42]

Por causa da contradição de seus argumentos, o movimento tem promovido *confusão* social, com vários danos para a sociedade. Em primeiro lugar, vemos como a causa gay tem contribuído para a morte da amizade principalmente entre os homens. Albert Mohler trabalha um artigo de Anthony Esolen no qual o articulista destaca que no passado frases em *O Senhor dos Anéis* no qual Sam Gamgee chama Frodo de "meu amado", assim como a linguagem de Davi sobre Jônatas (2 Sm 1.26), e o exemplo do presidente norte-americano Abraham Lincoln que compartilhava a cama com um amigo que o visitava, não eram sensualizadas ou compreendidas como homossexualidade. A sociedade tem sido tão bombardeada com o fim de acabar com as inibições, que os resultados são no mínimo confusos (desconfiamos de um homem que coloca o braço ao redor do outro, ou das moças que andam de mãos dadas) e na pior das hipóteses violentos (promiscuidade sexual agressiva para provar sua masculinidade). Se o "tabu contra o incesto" fosse removido, nenhum tio se sentiria à vontade para abraçar sua sobrinha sem a acusação de interesse sexual.[43] Foi isso que aconteceu com a amizade masculina.

---

42 Mohler, **Desejo e Engano**, p. 70.

43 Mohler, **Desejo e Engano**, p. 82.

APLICAÇÃO: COSMOVISÃO E ÉTICA

Em segundo lugar, o movimento homossexual tem pervertido o prazer, um bem criado por Deus. Cada prazer na criação foi projetado para apontar para o Criador. Eles nos deveriam levar a nos maravilhar com a sabedoria, poder e glória do Criador. O prazer não é um fim em si mesmo. "O prazer existe para estimular a adoração não da coisa, mas daquele que criou a coisa."[44] Se o prazer do alimento nos aponta para um Cristo que satisfaz o nosso coração no pão e no vinho, se o prazer da beleza nos aponta para as perfeições do nosso Salvador, e o prazer do descanso nos aponta para aquele que comprou para nós um sábado eterno, o prazer do sexo deveria nos lembrar de nossa união íntima com Cristo. O prazer sexual que não respeita os limites criacionais produz malefícios arrasadores, tanto físicos como emocionais. Sexualidade não foi feita para nos dar identidade, nem aceitação, nem segurança. O prazer escraviza porque sua satisfação não é duradoura. Quem o vê como redentor volta a ele continuamente. Isso seria substituir o Criador pela criação (Rm 1.23-32).

Em terceiro lugar, a causa gay tem promovido uma identidade volátil que não provê segurança para o indivíduo e para a comunidade. Já vimos no capítulo anterior, que a busca individualista por identidade é incoerente, ilusória e frustrante. Além de desapontamentos e crises emocionais para o homossexual, tal identidade calcada em sentimentos pode ser perigosamente abusada. Pense na pessoa branca que se sente negra e quer ser tratada com os privilégios de um negro, ou da pessoa anônima que se sente estrela e quer ser tratada com a devida deferência. Identidade focada em sentimentos internos pode nos levar a aprovar o que hoje ainda é

---

44 Paul Tripp, **Sexo e Dinheiro**: prazeres que desapontam e a graça que satisfaz (São Paulo: Cultura Cristã, 2015), p. 48.

AMANDO A DEUS NO MUNDO

polêmico: adolescentes que sentem que devem se suicidar, adultos que se sentem sexualmente atraídos por crianças, etc.

À luz de toda essa confusão social, precisamos assumir a tarefa de *confrontação* de uma sociedade perdida, mas fazê-lo evidenciando a verdade em amor. Os cristãos são frequentemente taxados de inimigos de homossexuais. Por isso, o nosso tratamento para com eles precisa ser de quem os enxerga por sua verdadeira identidade (imagem e semelhança de Deus) e não por suas práticas ou filosofia de vida. Afinal, nossa própria prática e filosofia de vida era (e, em alguma medida, ainda é) vergonhosa, mas Deus nos recebeu com graça e misericórdia. Se somos amados por Deus em Cristo, precisamos revelar o amor de Cristo por pecadores. Conduta revela a ética na qual realmente acreditamos. Se Deus não nos expôs à vergonha, precisamos ser sensíveis àqueles que lutam com tais desejos e inclinações, tenham eles sucumbido à prática homossexual ou não. Nossa postura não deve ser nem de desprezo nem de chacota. Nesse sentido, o testemunho de Rosaria Butterfield de como foi amorosamente ganha para Cristo em meio ao seu ativismo gay é esclarecedor.[45]

Todavia, tal espírito de amor não nos isenta de confrontá-los, como Daniel fez com Nabucodonosor (Dn 4) e com Belsazar (Dn 5), pois esse é o nosso papel de profetas neste mundo. É claro que a maneira como confrontamos aqueles que se dizem cristãos e assumem uma postura sexual contrária às Escrituras é muito mais firme do que daqueles que não conhecem o evangelho; não devemos nos afastar do convívio com descrentes que estão em pecado (1 Co 5). No entanto, queremos chamar todas as pessoas ao arrependimento.

---

45 Veja Rosaria Champagne Butterfield, **Pensamentos Secretos de uma Convertida Improvável**: a jornada de uma professora de língua inglesa rumo à fé cristã (Brasília: Monergismo, 2013).

APLICAÇÃO: COSMOVISÃO E ÉTICA

Nesse sentido, não são os pontos levantados sob o tema de *contradição* nem de *confusão* que levarão as pessoas a se arrependerem. Eles podem despertar dúvida sobre sua homossexualidade convicta, podem até fazê-las ouvirem você mais atentamente, mas é o evangelho de Cristo Jesus que nos desnuda e nos propõe uma vida na qual nossa conduta é chefiada por Ele e nossa sexualidade ganha sentido nEle. Cremos numa ética que é decorrente de nossa salvação. Não separamos o evangelho de nossas discussões éticas, nem mesmo na esfera pública.

CAPÍTULO 19

DEUS NOS PROTEGE DO MALIGNO
(DANIEL 6)

INVESTIDAS DO MALIGNO

O capítulo 6 de Daniel completa o bloco histórico que apresenta esse homem de Deus como participante das atividades cotidianas da vida de exilado, mas não conivente com os pecados próprios de seus conquistadores. Como se diz em linguagem bem popular, Daniel estava no mundo, mas não era do mundo. A essa altura Daniel já servira no Império Babilônico por quase 70 anos, sem deixar de participar da cultura babilônica, ainda que resoluto em não se contaminar com ela. O Daniel da cova dos leões não é um jovem, mas um homem experimentado que já dera ampla evidência de uma vida reta. Ele e seus amigos faziam parte da cúpula de impérios malignos, um contexto bastante inóspito para se preservar a fé e, ainda assim, se mantiveram íntegros. Viveram como verdadeiros peregrinos, como destacamos no capítulo 16 deste livro. O peregrino não pode evitar o contato com a cultura por onde passa; na verdade, ele intencionalmente não a evita, pois a adequação a partes dela

AMANDO A DEUS NO MUNDO

está inclusa em sua jornada. Todavia, ele não finca o pé nas coisas daqui, pois tem seus olhos bem fixos no alvo.

As primeiras histórias do livro de Daniel nos levam a perguntar: como se envolver com as coisas desta vida e não se sujar? Como participar de uma sociedade tão contrária aos valores bíblicos e se destacar por seu testemunho cristão? A questão não é como sobreviver a este mundo mau, mas como exercer o testemunho fiel, honrando ao nosso Senhor com uma visão bíblica em todas as áreas da vida?

Tais perguntas sobre testemunho a partir de uma cosmovisão reformada precisam de um esclarecimento. Há crentes que quando conversam com descrentes ficam esperando a palavra-chave (Deus, Jesus, fé, etc.) para começar a evangelização. Quando somos acostumados a pensar assim, ficamos com a impressão de que nosso testemunho começa quando Deus e sua salvação são explicitados. Porém, quero desafiá-los a pensar que o testemunho deve começar antes desse momento da conversa com linguagem "religiosa", mesmo que estejamos tratando de política, ou apreciando arte, falando de educação ou comentando a ética hodierna. Nossa visão de mundo deve explicitar um testemunho que reflita princípios condizentes com a glória de Deus antes de chegarmos à mensagem de salvação. O ponto é que salvação só faz sentido quando a visão que as outras pessoas têm de ciência, política, arte, educação ou ética carecem de genuína redenção. Quando as perspectivas deles apresentam algum sentido humanista de vida, e você se contrapõe de forma inteligente, então surge a necessidade de falar de redenção que vem do alto. Portanto, o testemunho começa antes da cruz, mas ele não termina se não chegar à cruz.

DEUS NOS PROTEGE DO MALIGNO (DANIEL 6)

Todavia, não devemos focar em testemunho sem antes nos atentarmos para o seu fundamento, que é Deus e seu livramento. A boa teologia bíblica, que se mostra cristocêntrica antes do que moralista, não nos permite aplicar primordialmente as virturdes de Daniel e seus amigos, como ilustrou o capítulo 7 deste livro. Pelo contrário, a história desses servos até aqui foi repleta de investidas do maligno e a condizente proteção divina. Essa perspectiva exalta menos qualquer feito humano e honra devidamente o livramento divino. Vejamos como as histórias cobertas até aqui revelam diferentes situações de tentação a fim de aprendermos do que Deus nos livra.

Em cada dardo inflamado do maligno foi feito o uso dos sistemas malignos da cultura, chamados de mundanismo. O capítulo 1 de Daniel narrou a educação babilônica e a mudança de nomes no intuito de erradicar a identidade étnica dos cativos. Aprendemos sobre o perigo de nos contaminarmos com as pequenas coisas (ex: dicotomia na forma de pensar, engajando-se no secular sem Deus como referência). O capítulo 2 narrou o sonho de Nabucodonosor e a visão que Daniel teve do controle que Deus tem sobre toda a história. Aprendemos que ter uma ótica restrita acerca da minha história individual (focar na página antes que no livro) não combina com uma visão bíblica da grande história da redenção na qual fomos inseridos. O capítulo 3 narrou a história da idolatria forçada aos amigos de Daniel com a ameaça da fornalha. Aprendemos o perigo de sucumbir à pressão de ter múltiplas lealdades (forma comum de idolatria); o perigo de expressar fé sem fidelidade. O capítulo 4 narrou a história de soberba de Nabucodonosor e a possibilidade de Daniel ser silente em relação ao pecado de seu superior. Aprendemos que não atentar para o perigo da soberba (ex: preocupação com a autoestima) é prova de imaturidade espiritual.

AMANDO A DEUS NO MUNDO

O capítulo 5 narrou a história de opulência material e negligência espiritual por parte de Belsazar. Aprendemos que o mundo tenta ludibriar-nos com os prazeres desta vida (investir no aqui e no agora) para que percamos o Eterno de vista.

Observe como o mundanismo está presente de forma diferente em cada história, e em cada uma delas existe investida do maligno. Por isso, uma boa cosmovisão cristã não enxerga atuação maligna apenas naqueles que a Bíblia chama de possesso. Histórias bíblicas de possessões explicitam o grau de escravidão a demônios que alguém sem Cristo pode ficar. No entanto, há muitos opositores de Jesus que estão sob a atuação do maligno, só que de forma mais sutil. Tome a história do geraseno de Marcos 5.1-20, onde um homem é liberto do maligno, enquanto tantos outros expulsam Jesus pelo prejuízo dos porcos. O que fica implícito na rejeição de Jesus em Decápolis é que havia uma multidão sob a influência do maligno, não só um homem; para aquele povo, o libertador não era bem-vindo. Portanto, Satanás tem formas diferentes de nos atacar (cf. Mt 16.22-23; 2 Co 11.13-15; Ef 6.12; Cl 2.8).

O capítulo 6 de Daniel não foge ao padrão de investida do maligno, dessa vez através de colegas políticos e utilização de leis. Embora o enredo seja parecido com o que já vimos (contexto inóspito, integridade do servo, castigo dos ímpios, e livramento divino extraordinário), a forma de ameaça a uma cosmovisão saudável é um pouco diferente. Destaco a investida do maligno para enxergarmos as diferentes maneiras de Deus nos proteger. Vamos focar na proteção divina presente nessa história para sabermos com o que podemos contar enquanto no mundo. Mas lembre-se que sua proteção não é livrar-nos do perigo que o testemunho traz, mas livrar-nos em meio ao perigo enquanto testemunhamos. O foco

DEUS NOS PROTEGE DO MALIGNO (DANIEL 6)

deve estar na maneira padrão como Deus promete nos livrar do mal. Embora o livramento de Daniel seja extraordinário, ele serve para nos atentar para um Deus que sempre nos protege contra as investidas do maligno.

ENGAJAMENTO CULTURAL (V. 1-9)

O contexto do capítulo 6 é do início do império Medo-Persa, que se sobrepusera à Babilônia no final do capítulo 5 de Daniel. Dario[1] dividiu o seu reino em vários comandantes (120 sátrapas) e três presidentes, dos quais Daniel, um homem com mais de oitenta anos, era um dos três (6.1-2). O final do verso 2 afirma que o propósito de uma máquina administrativa tão atipicamente grande[2] é "para que o rei não sofresse dano" (especialmente, perda monetária). Isto é, ele queria supervisores em cada parte do império para que não houvesse perda de impostos, ou gastos desnecessários. E os 120 subgovernantes prestavam contas a três presidentes, os quais reportavam diretamente a Dario. Daniel era um desses três importantes oficiais do império.

É impressionante que mesmo com a mudança de império, o cativo Daniel continue atuando na cúpula administrativa. Num primeiro momento, impressiona porque revela algum tipo de habilidade especial que Daniel possuía. Ele era um governante capaz.

---

1 Há debates quanto à identidade desse Dario já que não há fontes seculares que tratem acerca dele. Talvez isso se dê porque ele começou a reinar muito tarde (com cerca de 62 anos de idade; 5.31) e deve ter tido um reinado muito curto. Dario parece ter sido um título já que o nome foi encontrado por arqueólogos em referência a outros monarcas. Porém, o fato de ser medo e depois mencionar o reinado concomitante de Ciro, o persa, transmite a ideia de que eram governantes sobre um mesmo reino (v. 28).

2 O historiador Heródoto fala do Império Medo-Persa num determinado momento tendo 20 sátrapas cuidando de grandes distritos. Portanto, o registro de 120 sátrapas em Daniel 6 era uma quantidade impressionante, que revela a preocupação de Dario de ter vários subgovernantes, e também revela o desafio de Daniel de ter tantos oficiais subordinados às suas diretrizes.

AMANDO A DEUS NO MUNDO

Ele não tinha a opção de ser um presidente ou deixar de sê-lo – afinal ele era um súdito do novo império –, mas na posição de governante ele demonstrou dedicação e zelo. Essa é a evidência de seu engajamento. O verso 3 afirma que ele "se distinguiu" dos demais administradores a ponto de Dario ponderar em colocá-lo como seu braço direito, administrador de todo o reino. Todavia, a principal razão para Daniel se destacar era moral. Parece ser esse o sentido da expressão "espírito excelente" (v. 3).[3] Afinal, no verso 4 é dito que ele não podia ser acusado por injustiça. John MacArthur afirma que as palavras aramaicas apontam para o fato de não haver "corrupção" ou "negligência" nele.[4] Isso evidencia a integridade de Daniel na esfera pública. Isto é, Daniel não só era engajado, mas santamente envolvido.

Já dissemos no capítulo 10 que a relação do cristão com o mundo pode ser comparada à canoa na lagoa. Há dois princípios interligados nessa ilustração: canoa na lagoa não é problema; o problema surge quando há lagoa na canoa. O que isso significa é que a canoa não foi feita para ficar na terra. Ela cumpre sua função exatamente quando está na lagoa. Não há nada de errado com o fato da canoa estar cercada de água. Só haverá problema quando a água da lagoa começar a entrar dentro da canoa. Analogicamente, não é

---

3 Ao meu ver, Gleason Archer traz o enfoque errado quando retrata a qualificação de Daniel para ser oficial em decorrência de seu tempo em governos passados (o que é razoável pensar), mas que sua predição bem-sucedida do que aconteceria a Belsazar foi um diferencial importante que despertou o interesse de Dario por Daniel. Creio que sua especulação vem do "espírito excelente" de Daniel observado pelo rei (v. 3). Archer, "Daniel", p. 78. Entretanto, Stuart Olyott me parece mais convincente quando afirma que o império babilônico havia degenerado, os oficiais haviam se tornado desonestos, e que o novo poder sob Dario não mudaria o caráter de governantes já corruptos. Para proteger os recursos públicos, Daniel era o homem ideal por causa de sua impecável honestidade e a administração de Dario estaria arruinada sem homens que lhe fossem leais. Daniel era uma barreira entre os oficiais e o dinheiro público que precisava ser extirpada. Olyott, **Ouse Ser Firme**, p. 80-81.

4 MacArthur, **An Uncompromising Life**, p. 108.

DEUS NOS PROTEGE DO MALIGNO (DANIEL 6)

mundano para o cristão estar no mundo, participar de atividades seculares. Não há nada de errado com o fato dele estar cercado das coisas do mundo. Na verdade, é no mundo que ele cumpre a sua missão. O problema começa quando as coisas do mundo começam a entrar na sua canoa (cabeça, coração).

Engajamento santo é uma ordenança divina, mas influência cultural é uma circunstância que acontece com alguns e não com outros. Não podemos aplicar o texto sagrado com uma exortação do tipo: "você deve influenciar a cultura!" Deus não ordena que sejamos influentes na cultura, Ele não pede de nós resultados (influência, conversões, etc.). Isso é libertador! Por outro lado, Deus afirma que nossa postura fiel causa impacto, nem sempre apreciado pela cultura em redor (Jo 3.20-21; 2 Tm 3.12). Deus pediu a Israel fidelidade a Ele e às suas leis, e afirmou que as nações vizinhas se aproximariam de Israel como efeito de tal fidelidade (Dt 4.5-8). Israel não aceitou a orientação divina e acabou se misturando com outras nações, adotando suas políticas e sua fé. No entanto, essa promessa frustrada pela displicência de Israel acabou virando a esperança dos cristãos quando olham para a expansão da igreja no Livro de Atos. A Palavra que carregamos é poderosa quando frutifica (Mt 13.23; 1 Co 1.18; 1 Pe 1.23-25). E, por isso, devemos interagir com a cultura como quem a remodela à luz da Palavra de Deus; esse é um sentido em que devemos ser produtores de cultura. Não devemos ser meros consumidores de cultura.

Somos seres culturais, inevitavelmente, assim como somos seres espirituais e sociais por natureza. Os mandatos divinos (espiritual, social e cultural) exigem o direcionamento correto do que já está em nossa constituição. Até quando cristãos se afastam da cultura, acabam desenvolvendo uma subcultura com suas

AMANDO A DEUS NO MUNDO

peculiaridades culturais. Isso significa que produzir cultura é tanto uma ordem de Deus como uma estrutura da criação, da qual nós não temos como escapar (Gn 1.27-28; 2.15-20). Desde o princípio, Deus tem vocacionado o homem a descobrir, explorar e desenvolver as potencialidades de sua criação. Após a queda, porém, o desenvolvimento da cultura começou a acontecer de maneira distorcida e desordenada. Por isso, quando falamos de cultura, precisamos fazer uma distinção entre o potencial ordenado por Deus (ou aspecto estrutural), e aquilo que é distorcido pela direção imposta pela natureza pecaminosa do homem. Por isso, o que fazemos enquanto cristãos é redirecionar a cultura conforme a redenção que recebemos em Cristo, para que as obras de nossas mãos restaurem a produção cultural, o máximo possível, dos efeitos do pecado.

A história de Daniel 6 ilustra de forma muito clara como há limites para a nossa função de sal da terra. Como já dissemos no capítulo 14, numa época sem refrigeração o sal era usado para preservar a carne, mas não tinha o potencial de restaurar uma carne já apodrecida. Essa distinção ilustra os limites do sal, algo claramente experimentado aqui por Daniel. Se ele teve influência tal sobre Nabucodonosor a ponto de ser provavelmente quem está por detrás do testemunho do monarca (Dn 4), aqui em Daniel 6 ele não consegue ter influência positiva sobre os seus colegas de governo. Pelo contrário, sua integridade não lhe rendeu amigos, mas produziu inimigos por todos os lados.[5] Isso se dá porque o nosso testemunho nem sempre redunda em redenção, mas sempre provoca alguma reação. A retidão de Daniel provavelmente gerava desconforto a quem queria rédea solta no exercício administrativo.

---

5 Duguid, **Daniel**, p. 97.

DEUS NOS PROTEGE DO MALIGNO (DANIEL 6)

Os pares e subordinados de Daniel resolvem fazer um complô contra esse exilado de Judá (o verso 6 fala de uma ação concorde). O complô é armado para que uma lei seja criada[6] que desperte conflito entre a fé exercida por Daniel e suas obrigações na corte do rei. Eles conseguem que o rei estabeleça essa lei e a sacramente com sua assinatura, para não ser mudada em hipótese alguma (v. 8-9). Eles estavam sugerindo que Dario fosse o representante terreno de qualquer deus que existisse por um período de 30 dias; não estavam banindo qualquer religião. Fica claro que os governantes lisonjearam o rei e se aproveitaram do espírito idólatra para com monarcas.[7] Conseguiram tal lei inofensiva a politeístas, mas que era desafiadora a um monoteísta como Daniel. O mundo semelhantemente procura cercear sua liberdade na esfera pública para que leve você a deixar de ser íntegro para com Deus ou se tornar um infrator da lei dos homens. "Os ímpios procuram colocar os crentes em situação onde tenham de escolher entre ser fiéis a Deus e perder tudo ou ficar com tudo e perder seu brilhante testemunho."[8]

Daniel não consegue mudar o espírito idólatra ao seu redor, muito menos extirpar a inveja daqueles com quem trabalha (por se tornar o presidente favorito do rei).[9] Precisamos ser realistas

---

6 "Sem dúvida, os sátrapas e presidentes deram a Dario muitas boas razões para justificar a aprovação destas medidas: seria um elemento unificador do novo império; criaria respeito para com a nova monarquia; estabeleceria a autoridade do rei em todos os afazeres de seus súditos, etc." Olyott, **Ouse Ser Firme**, p. 82.

7 Ian Duguid sugere que "Dario não estava declarando ser divino por um período de um mês", mas que provavelmente ele "viu a lei mais como um decreto político do que religioso", um meio de unir o seu reino ao se colocar como "o único mediador entre as pessoas e seus deuses, a fonte de suas bênçãos". Duguid, **Daniel**, p. 99. Embora os insights de Duguid sobre o aspecto político de unir o reino e também o de ser um mediador religioso sejam esclarecedores, isso não invalida o fato de tal atitude revelar idolatrias, de buscar em homens o favor que vem de Deus.

8 Olyott, **Ouse Ser Firme**, p. 82.

9 Assim como os seus amigos no capítulo 3, Daniel é alvo de inveja por parte dos demais governantes, sendo que um dos motivos parecia ser uma questão racial (v. 13). Gleason Archer é sensível ao

AMANDO A DEUS NO MUNDO

quanto ao que é possível realizar neste mundo. Nossa influência no mercado de trabalho é limitada, como veremos nos próximos dois capítulos deste livro. Por alguns anos, ouvi repetidos paraninfos de turmas universitárias encorajarem seus pupilos formandos a fazerem a diferença na sua área profissional, a transformarem a sua profissão. Essa é uma linguagem motivacional que combina com um mundo triunfalista ao nosso redor, mas não reflete a perspectiva cristã de um mundo avesso à redenção do Senhor. Não conseguimos redimir a cultura, apenas retardar o seu apodrecimento.

DESAFIO AO TESTEMUNHO (V. 10-18)

A lei proposta por presidentes e sátrapas e chancelada por Dario entra em vigor: por trinta dias, nenhum súdito do Império Medo-Persa pode orar ao seu deus, mas deve suplicar ao imperador, sob pena de ser lançado na cova dos leões (v. 7). O que Daniel faz diante dessa proibição? Ela não muda a sua rotina de oração. Mesmo depois do decreto assinado, Daniel permaneceu firme e inalterado em seu costume de oração (v. 10). Não é que o momento crítico o levou a orar, mas que tal momento não abalou sua vida de oração. Não significa que Daniel seja impassível,[10] mas significa que ele sabia que muito mais agora em perigo ele precisava orar continuamente. A prática da oração é considerada válida simplesmente pelo

---

contexto histórico quando afirma que o rei Ciro ou estava olhando favoravelmente ao pedido dos judeus por libertação ou já havia promulgado o decreto que ocorreu em seu primeiro ano (Ed 1.1-4). Archer, "Daniel", p. 78.

10 Olyott afirma que a verdadeira cova dos leões para Daniel era o seu quarto. Imagine a tentação a cada vez que fosse se ajoelhar para orar: "Pense na influência que continuará exercendo, se mantiver o seu status... Ore secretamente em seu coração, se quiser; mas por que fazê-lo como sempre o fez?... você poderia orar onde nem os espiões, nem os servos, pudessem vê-lo. Por que criar um problema, ao ser visto orando? Afinal, após somente trinta dias, o perigo terá passado, e você manterá suas devoções exatamente como antes". Olyott, **Ouse Ser Firme**, p. 86.

DEUS NOS PROTEGE DO MALIGNO (DANIEL 6)

fato de ser mandamento bíblico. Julgo, todavia, que seja esclarecedor perguntarmos: por que era necessário que Daniel preservasse sua prática diária de oração?

Creio que há pelo menos três grandes razões pelas quais era necessário continuar orando. A primeira razão era por causa do testemunho. Não há nada de errado em ter uma vida secreta de oração. Na verdade, ela é até recomendada por Jesus diante de um farisaísmo que queria mostrar piedade (Mt 6.1-8). Se Daniel adotasse essa postura de oração em secreto, ele estaria livre de ser pego por seus companheiros de supervisão política. No entanto, adotar uma postura de oração secreta seria portar-se de forma covarde e mancharia o testemunho.[11] Na posição em que Daniel estava, sua vida privada não era tão reservada assim. Eis a explicação de Stuart Olyott:

> Precisamos lembrar que Daniel era um importante servidor público, em um império oriental. Os servos estariam cumprindo seus deveres no interior da casa; é provável que Daniel não tivesse muita privacidade. Era impossível manter em segredo as suas devoções. E agora havia espiões por toda parte, deliberadamente atentos em descobrir se ele continuava em suas devoções particulares, durante o período do decreto. Suas devoções nunca foram pomposas, mas também nunca foram um segredo. Desempenhar suas atividades normalmente significava que sua vida devocional não poderia se tornar um segredo agora.[12]

---

11 "Quando orar se torna moda, orar em secreto talvez seja uma coisa boa, mas quando a oração é proscrita, orar em secreto se torna um ato de covardia. Isto significaria fingir cumprir um decreto que colocaria Deus fora de nossa vida, e isso era algo que Daniel não estava disposto a fazer." Duguid, **Daniel**, p. 100.

12 Olyott, **Ouse Ser Firme**, p. 84-85.

AMANDO A DEUS NO MUNDO

Portanto, quando Daniel resolve orar voltado para Jerusalém, ele está testemunhando acerca de sua devoção a Deus. O fato de orar voltado para Jerusalém ressalta a importância do templo como local em que Deus atendia ao seu povo (1 Rs 8.33, 35; Sl 137.1-6). Sua postura de joelhos, três vezes ao dia ressalta o caráter de humilhação (cf. Sl 55.17). Os espias poderiam ver Daniel orando pela janela que fora cortada na parede de seus aposentos. Como o profeta o fazia três vezes ao dia, não precisava de muito esforço para detectar a "infração" desse judeu.

Uma segunda razão para continuar orando era a intercessão. O capítulo 9 de Daniel nos traz um insight acerca do provável pedido de oração que ardia no coração do velho Daniel na história do capítulo 6. O capítulo 9 afirma que também no primeiro ano de Dario ele estava lendo Jeremias e percebeu que o exílio estava por acabar, se ele como representante do povo estivesse pronto a suplicar (Dn 9.1-19; Cf. Jr 29.1-14). Daniel está suplicando por misericórdia para com o povo, conforme a oração transcrita em Daniel 9 revela, e Salomão revela que tal súplica deveria acontecer voltado para a cidade santa (1 Rs 8.46-50). "Essa preocupação pelo retorno dos cativos pode ter estado na sua lista de oração quando ele se ajoelhava naquela janela", diz Gleason Archer.[13] Se a libertação do povo judeu estava no coração de Daniel, e ele mais do que outros do seu povo estava com um coração voltado para essa súplica prevista por Jeremias, ele não poderia deixar de orar. Observe como o decreto divino de libertação do cativeiro babilônico não desestimulava a intercessão; pelo contrário, Daniel entendera o seu papel como intercessor do povo nessa hora de entendimento da revelação e de perspectiva de libertação com a mudança de império.

---

13 Archer, "Daniel", p. 80.

DEUS NOS PROTEGE DO MALIGNO (DANIEL 6)

Se a primeira razão para continuar a orar tinha em vista os de fora do povo judeu (testemunho), e a segunda razão visava o bem do seu próprio povo (intercessão), a terceira razão era por si próprio. Daniel tinha de orar para o seu próprio fortalecimento, isto é, para que não cedesse à tentação proposta pelo decreto de Dario. Ele precisava orar não só pelos outros, mas inclusive por si mesmo. Somos frágeis intercessores e por isso precisamos que a súplica também nos inclua. Por isso, o Novo Testamento afirma que o Espírito nos auxilia a orar (Rm 8.26-27), pois expressamos fragilidade até no momento de orar. Oração expressa dependência de Deus na luta contra o mundanismo. Precisamos de limpeza periódica (Jo 13.10) e a oração é o instrumento necessário em nossa luta contra o pecado. Cada "não" ao pecado fortalece ainda mais a busca por santidade; cada vez que nos rendemos a ele, diminui nossa capacidade de resistir-lhe. Precisamos orar constantemente para que não entremos em tentação (Mt 26.41).

A oração de Daniel manteve o testemunho, a intercessão e suplicou por fortalecimento, mas não o livrou da estratégia armada por seus inimigos. O verso 11 de Daniel 6 novamente fala de uma ação concorde dos opositores de Daniel que o delataram a Dario (v. 13). A acusação dos conspiradores é a mesma feita contra Sadraque, Mesaque e Abede-Nego: "não faz caso de ti" (v. 13; cf. 3.12), simbolizando insubmissão ao rei. Fica claro o desprezo deles ao presidente Daniel quando o chamam de "exilado de Judá". O rei percebeu a tolice de seu decreto por prejudicar o governante que ele mais estimava, mas não consegue livrar Daniel da sentença (v. 14-17). Duguid explica que não é a integridade (ser fiel à lei) de Dario que o leva a cumprir o decreto, mas sua credibilidade diante

AMANDO A DEUS NO MUNDO

dos vários súditos que aguardavam a sua sanção sobre Daniel.[14] Por isso, o entrega ao seu Deus com a expectativa muito tímida de que talvez fosse liberto (v. 16), talvez por ter ouvido as histórias passadas. Porém, a sua falta de confiança fica evidente na noite de aflição e insônia que ele passou (v. 18).

DESCEU À COVA E SUBIU (V. 19-28)

O contraste entre o espírito de Dario e o espírito de Daniel nesse trecho final da narrativa é digno de nota. A angústia do rei se revela no fato de ter se levantado bem cedo, depois de uma longa noite, e ter corrido para a cova dos leões no anseio de presenciar um milagre (v. 19). A "voz triste" com a qual ele chama por Daniel revela um coração desesperançoso (v. 20). Em contrapartida, a resposta de Daniel demonstra uma confiança e serenidade a ponto de honrar o rei (v. 21) mesmo num momento tão tenso. Enquanto Dario tem maior preocupação com a sua própria honra quando entrega Daniel aos leões, Daniel consegue honrar o rei mesmo sendo alvo de um plano ardiloso. Dario tem mais aflição em meio ao seu luxo real e Daniel tem paz mesmo rodeado por leões famintos (o verso 24 comprova que os leões estavam famintos). Enquanto Dario confiara em sua máquina administrativa para que "não sofresse dano" (v. 2), é dito que "nenhum dano" se achou em Daniel "porque crera no seu Deus" (v. 23).[15] Que diferença de espírito!

---

14 A história de Ester revela que era possível um decreto ser anulado simplesmente ao publicar um decreto com teor oposto. "Podemos presumir que Dario já tivesse feito um contradecreto a essa altura, confessando que havia errado por publicar o primeiro decreto." Todavia, tal contradecreto resultaria em descrédito dos decretos futuros. "Esse é o motivo pelo qual, no final do dia, escolheu sacrificar Daniel em vez de enfraquecer o valor de sua palavra como lei inflexível e imutável." Duguid, **Daniel**, p. 102.

15 O termo traduzido pela ARA por "dano" no verso 2, não é o mesmo "dano" do verso 23. No entanto, o paralelo ainda permanece por causa dos interesses contrários e como o primeiro está

De acordo com Hebreus 11.33 (Pela fé "fecharam a boca de leões"), a atitude de Daniel foi uma atitude de fé. Tendo em vista que o verso seguinte (Hb 11.34) menciona a história dos amigos na fornalha, e eles não sabiam o que lhes ia acontecer, fica claro que tanto a fé de Daniel como a de seus amigos tem muito mais a ver com fidelidade a Deus do que com previsão do seu futuro. Assim como os seus amigos no capítulo 3, Daniel não sabia que seria liberto da morte. Sua fé não era confiança de que Deus tinha reservado o "melhor" para ele. Pelo contrário, sua fé envolvia fidelidade de ter que passar pelo "pior" se necessário fosse.

Em contrapartida, os acusadores de Daniel passaram pelo pior. Eles e seus familiares são lançados na cova e antes que seus corpos chegassem ao fundo são devorados pelos leões (v. 24).[16] Isso testifica acerca do milagre divino que livrou Daniel de ser devorado por leões famintos. Mas também é sinal do triste juízo que cairá sobre os acusadores dos filhos de Deus. Eis um novo contraste entre o justo e os acusadores: enquanto Daniel é justificado e sai ileso daquela cova, os seus acusadores são condenados e têm os seus ossos esmigalhados.

Mas antes que louvemos a fé exercida por Daniel, vale ressaltar que o próprio Daniel exalta o livramento divino: "O meu Deus enviou o seu anjo e fechou a boca aos leões" (v. 22a). Assim como em capítulos anteriores, Deus protege os seus escolhidos mais uma vez. Deus já livrara Daniel de contaminação (cap. 1), livrara

---

preocupado em autopreservação enquanto o segundo está disposto a morrer pelo seu Deus.

16 Chisholm chama atenção para o fato de que a morte das famílias reflete o princípio de solidariedade corporativa tão comum no mundo bíblico, e ainda destaca o contraste do destino deles com a prosperidade de Daniel. Chisholm, **Handbook on the Prophets**, p. 303. Archer já entende a atitude do rei como sendo déspota, por não ter uma provisão humanitária como na lei mosaica (Dt 24.16). Até Israel teria falhado nessa lei quando a rainha Atalia quase exterminou a linhagem davídica. Archer, "Daniel", p. 82.

AMANDO A DEUS NO MUNDO

Daniel e seus amigos de extermínio causado por um monarca descontrolado (cap. 2), livrara os três amigos da fornalha do iracundo Nabucodonosor (cap. 3), livrara o próprio Nabucodonosor de sua soberba estulta (cap. 4) e livrara Daniel de um rei que nem sequer o conhecia (cap. 5); agora, Deus livrava Daniel não só dos leões, mas das artimanhas dos homens maus (cap. 6). Gleason Archer afirma que esse último ato libertador era encorajamento para os judeus na véspera de seu retorno à terra prometida.[17]

A inocência de Daniel é levantada como razão de não ter sido devorado (v. 22b), mas a glória da ocasião é toda do Deus de Daniel. Prova disso é que até o pagão Dario faz um decreto de honra superlativa a esse "Deus vivo" e o registro da história gasta três versos falando da honra de Deus (v. 25-27) e apenas um breve verso mencionando a prosperidade política de Daniel (v. 28).[18] Embora o capítulo termine com a prosperidade de Daniel, e não haja evidências de que Dario tenha sido salvo, no entanto, novamente Deus é glorificado pela boca de um ímpio (v. 26-27). Como em todos os capítulos anteriores desse livro bíblico, a narrativa termina com a glória de Deus.[19] O Deus de Daniel se mostra vivo e ele vivifica os seus servos.

Por isso, faz sentido terminar este capítulo com a glória de Cristo como nosso salvador e protetor. Afinal existem muitos paralelos entre Daniel 6 e a trajetória redentora de Cristo por nós. Como

---

17 Archer, "Daniel", p. 83.

18 O fato de repetir a prosperidade de um exilado (cf. 1.21; 2.48-49; 3.30; 6.2-3) é um testemunho de que Deus não só preserva mas prospera a vida do peregrino fiel. "Isso nos lembra de que toda a vida de Daniel foi passada no exílio, numa cova dos leões metafórica. No entanto... Deus o preservou vivo e intacto durante todo aquele tempo, habilitando-o a prosperar debaixo de sucessivos reis, até o tempo do rei Ciro, quando suas orações por Jerusalém começaram a ser finalmente respondidas." Duguid, **Daniel**, p. 105.

19 Robert Chisholm afirma que o louvor de Dario vai ainda mais longe do que o de Nabucodonosor porque ordena os povos a que "tremam e temam perante o Deus de Daniel". Chisholm, **Handbook on the Prophets**, p. 304.

DEUS NOS PROTEGE DO MALIGNO (DANIEL 6)

Daniel, Jesus foi condenado pela lei sem que transgredisse a lei divina. Assim como Daniel não fora infiel ao rei (v. 22b), Jesus não foi infiel ao seu Pai. Diferente de Daniel, porém, Cristo padeceu o juízo que nos era devido. O Leão de Judá morreu para que eu e você não fôssemos devorados pelo leão que ruge em derredor (1 Pe 5.8). Se Daniel desceu à cova sem ter que morrer, a descida de Cristo foi para morte e sepultamento (Fp 2.6-8). Como nosso substituto, ele reviveu a história de Daniel só que morrendo de fato. Deus nos protege do inimigo porque é Cristo quem padece em nosso lugar.

Contudo, talvez o paralelo mais marcante com a história de Daniel 6 se encontra na ressurreição de Jesus. Assim como a pedra posta na boca da cova e selada não pode evitar o livramento de Deus na vida de Daniel, a pedra no túmulo de Cristo não pôde contê-lo. Jesus também desceu à cova e subiu com vida. E sua ressurreição foi obra do Pai para justificá-lo e, consequentemente, justificar o seu servo Daniel e todos nós que cremos em Cristo (Rm 4.25). Ela também foi obra do próprio Filho para demonstrar que ele é o autor da vida (Jo 10.17-18; At 3.15). Todos esses paralelos entre a história de Daniel na cova dos leões e a morte/ressurreição de Jesus levam um autor a dizer que "Jesus cumpre Daniel 6".[20]

Mas tem mais. A cristocentricidade desse capítulo não se encontra apenas no paralelo com a morte e ressurreição de Cristo. Há outro sentido no qual Jesus desceu à cova por nós, não só como nosso substituto, mas também como nosso intercessor. Mais uma vez, a história não tem a ver com Daniel e sua vida de oração, mas com a oração de Cristo em nosso lugar. O Novo Testamento é claro em demonstrar a intercessão de nosso Sumo Sacerdote tanto durante o seu ministério terreno (Jo 17) quanto durante o seu atual

---

20 Duguid, **Daniel**, p. 107.

AMANDO A DEUS NO MUNDO

ministério celestial (Rm 8.33-34). A oração sacerdotal de Jesus em João 17 é um exemplo perfeito daquilo que Daniel precisava e que Cristo também pede por nós: ser guardado do mal sem ser tirado do mundo (Jo 17.15, 17). Costumamos nos atentar para a morte de Cristo e nos esquecemos de outros atos redentores de nosso Salvador. Ele orou para que seus discípulos presentes e futuros fossem guardados até que a redenção se completasse neles. Mas ele não orou só uma vez por nós, mas ascendeu aos céus para comparecer diante de Deus por nós (Hb 9.24) e ele constantemente nos livra de acusações (Rm 8.33-34).

Cristo não somente é o nosso substituto (oferta), mas também o nosso intercessor (ofertante). E ele intercede por aqueles por quem ele realiza a expiação (Jo 17.9). Essa dupla função sacerdotal (sacrifício e intercessão) eram prefiguradas desde o Antigo Testamento. "Como Arão aparecia no Santo dos Santos com doze pedras preciosas no peitoral representando as doze tribos de Israel, continuamente trazendo-as ante a presença de Deus, assim faz Jesus agora, à mão direita de Deus, como o nosso representante."[21]

Após a ascensão, Cristo continua a interceder pelos santos, aplicando os efeitos de sua expiação. Essa intercessão tem um elemento judicial, no qual Cristo nos defende do acusador com a sua obra expiatória (Rm 8.33-34; Zc 3.1-2; Ap 12.10). A intercessão também se relaciona com a nossa condição moral, nossa santificação (Jo 17.17, 24; Hb 2.17-18; 4.15; 1 Pe 2.4-5). Em outras palavras, Cristo intercede para que desfrutemos os efeitos da justificação e também para que nos apropriemos da obra de santificação. Somente a oração sacerdotal de João 17 já demonstra a preocupação de Cristo de interceder por toda a obra de salvação,

---

21 Robert Letham, **A Obra de Cristo** (São Paulo: Cultura Cristã, 2007), p. 153.

do início ao fim: conversão (v. 20-21), santificação (v. 17), preservação/perseverança (v. 11, 15), glorificação (v. 24). Os destinos diferentes de traidores como Pedro e Judas explicam a diferença de ser alvo da intercessão de Cristo (Jo 13.27; 17.12; Lc 22.32).

Em nossa luta contra o mundanismo, é importante lembrar que sempre tem alguém orando por você, e não estou falando de algum irmão da igreja. Refiro-me ao nosso advogado junto ao Pai (1 Jo 2.1-2). A intercessão de Cristo é fundamental porque ela não visa apenas "nos dar uma força". O sacerdote perfeito nos garante o que ele pede ao Pai. "Sua oração não é a petição da criatura ao Criador, mas a solicitação do Filho ao Pai... A oração intercessória de Cristo é uma oração que nunca falha."[22] Em meio às nossas provações e às investidas do maligno, Cristo ora por nós e sua oração é sempre eficaz. Pedro era testemunha de que Cristo havia guardado a sua fé das investidas do maligno (Lc 22.31-32; cf. 1 Jo 5.18).

CONCLUSÃO

Existe uma lição preciosa para nós, cristãos, que domingo após domingo saímos do antegosto do porvir e retornamos ao mundo mau. Quando deixamos o culto público onde Deus fala com o seu povo e voltamos às nossas atividades no mundo em plena segunda-feira, somos tentados a desconectar o culto com as atividades semanais (a dicotomia tratada em Daniel 1), somos tentados a pensar que a história de Cristo ficou distante dos meus problemas rotineiros (a miopia tratada em Daniel 2), somos tentados a correr atrás de outros sonhos conjuntamente com os anseios espirituais (o politeísmo tratado em Daniel 3), somos tentados a sentir autocomiseração pela vida sofrida que levamos (o egocentrismo tratado em Daniel 4), somos tentados

---

22 Berkhof, **Teologia Sistemática**, p. 406.

AMANDO A DEUS NO MUNDO

a buscar prazeres terrenos em detrimento da perspectiva do eterno (o fascínio tratado em Daniel 5) e somos tentados a macular o nosso testemunho a fim de preservar a nossa vida (a autopreservação tratada em Daniel 6). Em cada uma dessas tentações da carne, o maligno se utiliza das artimanhas do mundo a fim de apelar para as nossas fraquezas. É assim que a tríade inimiga – diabo-mundo-carne – opera de forma tentadora.

Devemos olhar para os capítulos 1 a 6 de Daniel como demonstrações do poder de Deus para proteger o seu povo em meio ao exílio até libertá-lo do mesmo. Os capítulos históricos, diz Edward Young, apontam para o poder soberano de Deus sobre o seu povo no exílio para prepará-los para a libertação do cativeiro que estava por vir.[23] Devemos ter a mesma confiança de cuidado divino no mundo até sermos levados dele. Afinal, somos peregrinos que também são certificados de sua presença conosco pelo Espírito até que Cristo venha para estarmos para sempre com Ele.

A forma de Deus nos proteger das investidas do inimigo até o retorno de Cristo é com a "armadura de Deus" (Ef 6.10-20). Esse arsenal militar é todo calcado na obra consumada de Cristo e é conferido a nós primordialmente para a nossa defesa. Dos seis utensílios da armadura, só um é de ataque (a espada do Espírito) enquanto os outros cinco são de defesa: cinto da verdade, couraça da justiça, sandálias do evangelho da paz, escudo da fé, e capacete da salvação. Portanto, nossa batalha está mais ligada a sermos protegidos pela obra de Cristo do que em vencermos o inimigo. Afinal, Cristo já venceu "aquele que tem o poder da morte" (Hb 2.14) e nos convida a andarmos neste mundo sem o temor de sermos vencidos por ele, mas certos de que Deus está nos remindo.

---

23 Young, **Daniel**, p. 139.

CAPÍTULO 20

COSMOVISÃO E A CULTURA EVANGÉLICA BRASILEIRA

INTERPRETANDO CULTURA

Existem inúmeras definições de "cultura" no campo da sociologia e antropologia. Alguns calculam que existam centenas delas, todas com uma diversidade que reflete as diferenças de perspectivas, de cosmovisão. Isto é, não só as culturas são reveladoras de cosmovisão, mas até as diferentes definições de cultura revelam diferenças de cosmovisão. Tal diversidade não necessariamente evidencia relativismo — mesmo porque há vários pontos em comum nas definições de especialistas —, mas sim a abrangência de conceitos e perspectivas que podem ser utilizados para formar uma definição. Mesmo em linguagem popular, a cultura tem várias facetas. Às vezes, ela aponta para os hábitos e artefatos de um povo (cultura gaúcha, americana, etc.) ou de um grupo dentro do povo (subcultura evangélica, punk, etc.), outras vezes, diferencia classes sociais (pessoa culta, cultura popular).[1] Em certos

---

1 Steve Turner faz uma distinção entre a "cultura do povo" que surgiu para preencher uma

AMANDO A DEUS NO MUNDO

contextos a cultura significa algo mais abrangente (toda atividade humana), mas pode significar algo mais restrito (produção artística, Ministério da Cultura).

Não podemos escapar da influência de alguma expressão cultural que nos molda ou confronta e, assim, precisamos falar de cultura. Nossa interação com a cultura é inevitável. O ser humano é, por natureza, cultural. Ele consome e cria cultura. Ele molda e é moldado pela cultura. Se criação é o que Deus faz, cultura é o que nós fazemos com a criação de Deus.[2] Se cultura, no sentido amplo, é toda atividade humana neste mundo (nossas casas, cidades, artes e ofícios estão repletos de cultura e refletem nossa cultura), amar a Deus no mundo envolve uma reflexão sobre nossa relação com a cultura. Qualquer livro que trate de cosmovisão cristã terá, de alguma forma, que abordar esse assunto.

---

necessidade (rimas de berçário para entreter crianças, danças para marcar ritos de passagem) e a "cultura de massa" que além de gerar dinheiro para seu criador deve sua habilidade a um marketing habilidoso. Enquanto a cultura do povo aglutinava comunidades (músicos, dançarinos e contadores de histórias utilizados em festas e festivais), a cultura de massa proporciona "entretenimento" (um conceito mais recente) que pode ser aproveitado individualmente e te distingue dos demais ao seu redor. O termo "cultura popular" foi adotado por ser mais neutro, mas funde ambos os termos anteriores naquilo que é acessível e não exige educação prévia para ser apreciado. Turner, **Engolidos pela Cultura Pop**, p. 32-34, 36, 44. Charles Colson e Nancy Pearcey são mais críticos da cultura popular igualando-a à cultura de massa. Eles não só criticam o conteúdo imoral, mas também a forma simples de oferta de gratificação emocional imediata, que não requer disciplina ou esforço intelectual para ser apreciada. Ainda que a cultura popular não tenha imoralidades, Colson e Pearcey enxergam que há um grande mal em ter "uma dieta constante da cultura popular", pois ela destrói o nosso gosto por alguma coisa mais substanciosa. Colson e Pearcey, **O Cristão na Cultura de Hoje**, p. 284-288. Outro pesquisador de cultura popular, Theodore Turnau, já é crítico de evangélicos que tendem a desprezar a cultura popular enquanto discurso repleto de significado. A atitude de evangélicos que suspeitam da cultura pop e tendem a descartá-la em tom depreciativo, para Turnau, é resultado de uma cegueira resultante de uma doutrina rasa de conceitos de pecado e graça comum. Theodore A. Turnau, III, "Reflecting Theologically on Popular Culture as Meaningful: The Role of Sin, Grace, and General Revelation", In: **Calvin Theological Journal** 37, no. 2 (2002), p. 270-296. Percebe-se que Colson e Pearcey têm mais apreço pela alta cultura, enquanto Turner e Turnau conseguem apreciar a cultura popular mais do que o típico evangélico.

2 Frame, **A Doutrina da Vida Cristã**, p. 813.

COSMOVISÃO E A CULTURA EVANGÉLICA BRASILEIRA

De fato, já são muitos os livros no cenário brasileiro que consideram o tema da cultura.[3] Este capítulo não conseguirá ser abrangente o bastante para incluir todas as discussões hodiernas em tais livros que exploram a relação entre o cristão e a cultura. Todavia, podemos tentar um panorama de discussões úteis, as quais visam elucidar a postura do cristão em face dos dilemas em relação à cultura, a começar com o dilema da definição.

O popular livro de Michael Horton, *O Cristão e a Cultura*, pode ser nosso ponto de partida quanto ao dilema da definição, já que aparentemente o autor trabalha pouco a complexidade de definir cultura. Vale ressaltar, porém, que o título de sua obra em inglês não fala nada sobre cultura. Ainda assim, ele poderia dizer mais do que a definição sucinta da introdução: "A atividade humana que tem como objetivo o uso, prazer e enriquecimento da sociedade."[4] No capítulo 2 do livro, há uma definição um pouco mais trabalhada:

> Derivada da palavra ligada à jardinagem (horticultura, cultura da terra, etc.), os alemães tomaram a palavra para referir-se ao cultivo de hábitos, interesses, língua e vida artística de uma nação. Por "cultura" queremos dizer os gostos que regem um povo específico, seja das elites (alta cultura) ou as massas (cultura

---

3 Eis alguns livros mais recentes no cenário evangélico brasileiro que têm abordado a relação do cristão com a cultura: Michael Horton. **O Cristão e a Cultura**, trad. Elizabeth Gomes (São Paulo: Cultura Cristã, 1998); , Charles Colson e Nancy Pearcey, **O Cristão na Cultura de Hoje**, trad. Degmar Ribas (Rio de Janeiro: CPAD, 2006); Henry R. Van Til, **O Conceito Calvinista de Cultura**, trad. Elaine Carneiro D. Sant'Anna (São Paulo: Cultura Cristã, 2010); D. A. Carson, **Cristo & Cultura**: uma releitura, trad. Márcio Loureiro Redondo (São Paulo: Vida Nova, 2012); Steve Turner, **Engolidos pela Cultura Pop**. Arte, mídia e consumo: uma abordagem cristã, trad. Paula Mazzini Mendes (Viçosa, MG: Ultimato, 2014); David W. Hall e Marvin Padgett (orgs.), **Calvino e a Cultura**, trad. Claudio Chagas (São Paulo: Cultura Cristã, 2017).

4 Horton, **O Cristão e a Cultura**, p. 12.

AMANDO A DEUS NO MUNDO

popular). Embora em cada cultura existam muitas subculturas, existem tendências gerais que marcam um povo, e é isso que entendemos como "cultura".[5]

Horton assume dois aspectos de cultura em sua discussão. Primeiro, ele enfatiza cultura como a resposta do homem ao mandato cultural de dominar a terra e sujeitá-la. Produzir cultura, portanto, é algo intrínseco à atividade e postura do homem em face ao habitat no qual está inserido. Em segundo lugar, cultura como expressão da identidade de um povo despertando, assim, a necessidade de falar de "culturas" no plural antes do que apenas de "cultura" no singular. Esse segundo aspecto relembra o aspecto compartilhado/público da cosmovisão que distingue uma etnia da outra, um grupo ou segmento de outro. Ainda que esses dois pontos sejam um bom começo, precisamos ressaltar outros elementos que constituem uma definição cristã de cultura.[6]

Ora, por que é tão importante que falemos de cultura com um conceito eminentemente cristão? Qualquer definição antropológica de "cultura" provém de uma cosmovisão (crenças assumidas). Por exemplo, a própria ideia de "culturas evoluírem" traz um conceito iluminista de progresso. Ela não quer dizer que culturas simplesmente se "expandem", mas que culturas "melhoram" (pressuposto assumido, mas não provado). Quando um âncora de jornal faz um comentário sobre o último ato violento que ficou midiático e diz, "como é possível o ser humano agir assim em pleno século

---

5 Horton, **O Cristão e a Cultura**, p. 40.

6 Não podemos fechar os olhos para o fato de diferentes expressões do cristianismo terem diferentes percepções de cultura. D. A. Carson ilustra isso muito bem. Cf. Carson, **Cristo & Cultura**, p. 79-80. No entanto, queremos destacar aspectos da fé cristã que devem ser comuns ao cristianismo evangélico e que servirão de baliza para a interpretação de culturas.

COSMOVISÃO E A CULTURA EVANGÉLICA BRASILEIRA

21", ele está expressando um conceito evolutivo de cultura e civilização. Isto é, ele acredita que qualquer ato violento não combina com o ser humano do século 21 porque ele é evoluído (pressuposto); essa é a sua visão de ser humano. Portanto, se a antropologia cultural e o telejornal acabam expressando uma cosmovisão ao definir cultura, temos que intencional e conscientemente perguntar: como a cosmovisão cristã define cultura?

Comecemos pela premissa cristã de hermenêutica cultural. Há elementos embutidos na interpretação do que é cultura que evidenciam sua complexidade. F. Solano Portela Neto compreende a complexidade de tal definição e destaca o elemento moral:

> cultura se refere ao conjunto de características peculiares que identificam uma sociedade, em uma determinada época... A palavra em si vem do latim e significa "trabalhar o solo" ou "cultivar". No seu sentido mais amplo, representa o resultado da aplicação do conhecimento humano no desenvolvimento de obras e atividades que *possuem mérito e qualidade*, bem como, o envolvimento de outros na apreciação e apreensão dessas.[7]

Ao apresentar o conceito de "mérito e qualidade" Portela Neto destaca que toda cultura precisa ser avaliada por padrões bíblicos, isto é, por uma cosmovisão bíblica que compreende em linhas gerais a maneira agradável a Deus de funcionar dentro de cada esfera. Não podemos partir do pressuposto que cultura é neutra[8] e

---

7 F. Solano Portela Neto, Cultura. A Fé Cristã é Contra, ou a Favor? In: **Pensador Cristão** no. 10 (junho 2002), p. 36.

8 "Cultura não é algo neutro, sem conotação ética ou religiosa. As realizações humanas não são sem propósito, mas buscam alcançar determinados fins, que são tanto bons quanto maus. Sendo o homem um ser moral, sua cultura não pode ser amoral. Sendo o homem um ser religioso, sua cultura,

AMANDO A DEUS NO MUNDO

adaptarmos o evangelho à cultura. Infelizmente existem aqueles que julgam qualquer correção de aspectos culturais de "ocidentalização do evangelho" e advogam teologias regionais.[9] Entretanto, não podemos legitimar a trapaça do "jeitinho brasileiro" como algo cultural, nem aceitar a sensualidade de algumas danças brasileiras como moralmente neutras. Paulo exemplifica a crítica a aspectos culturais negativos quando utiliza a sabedoria helênica contra a cultura mentirosa, violenta e preguiçosa dos habitantes de Creta (Tt 1.10-13). "Mérito e qualidade" valem não só para aspectos éticos, mas também para questionar a perda de valores estéticos na arte moderna. Devemos apreciar a cultura e as artes baseados nesse critério de mérito e qualidade. Por causa dessa leitura moral da cultura é que Richard Mouw fala de "obediência cultural" e "desobediência cultural".[10]

A discussão do parágrafo anterior logo suscita uma desconfiança por parte daqueles que foram alertados sobre os abusos colonizadores do passado quando enxergavam sua cultura como superior à cultura dos colonizados. De fato, o modelo missionário nos séculos 18 e 19, muito questionado no século 20, contemplava o conceito de "civilizar" como uma das grandes contribuições aos evangelizados. Europeus e norte-americanos, na melhor das intenções, procuravam ensinar seu idioma e sua cultura aos índios, com vistas a protegê-los do "homem branco" e lhes abrir portas educacionais inexistentes na cultura indígena. Ainda que tivessem motivações benevolentes, temos que avaliar essa transação

---

também, dever ter orientação religiosa. Não há cultura pura, no sentido de ser neutra quanto à religião, ou sem valores éticos positivos e negativos." Van Til, **O Conceito Calvinista de Cultura**, p. 29.

9 Portela Neto, Cultura. A Fé Cristã é Contra, ou a Favor?, p. 37.

10 Mouw, Some Reflections on Sphere Sovereignty, p. 95.

cultural criticamente. Seu aspecto negativo é a imposição de cultura, esse senso de superioridade cultural que sempre enxerga os evangelizados como bárbaros e ignorantes. Todavia, existe um aspecto positivo nessa transação cultural que não tem sido destacado frequentemente. Partindo do pressuposto de que cultura não é moralmente neutra, tais missionários antigos sempre procuravam enxergar qual teria que ser o impacto do evangelho na cultura, corrigindo algumas de suas idolatrias e distorções. Cultura, portanto, não é um valor de um povo que deve ser mantido prístino e intocado. Se cultura tem mérito e demérito moral, ela deve ser confrontada e burilada pelo evangelho.

Henry Van Til utiliza-se da cosmovisão reformada, e sua premissa de que todas as cosmovisões são religiosas, para definir cultura de forma distinta da maioria dos antropólogos. A cultura pode ser vista tanto como a atividade humana quanto ao resultado da atividade. Como o ser humano é "essencialmente religioso",[11] Van Til diz que cultura é "uma expressão do seu relacionamento com Deus, ou seja, de sua religião".[12] Por isso, a cultura é ímpia ou divina, "dependendo do espírito que a anima".[13] Não envolve somente o aspecto artístico ou científico do homem, mas sua integralidade; não envolve somente aspectos civilizados, mas até o que é bárbaro é cultura. A cultura não engloba religião, como pensam os antropólogos, mas ela expressa religião.[14] A religião é a alma da

---

11 "O homem, no mais profundo de seu ser, é religioso; ele é determinado por seu relacionamento com Deus... Nenhum homem pode escapar dessa determinação religiosa da vida, já que Deus é inevitável, é *Fato* sempre presente na existência humana. Deus pode ser amado ou odiado, adorado ou rebaixado, mas não pode ser ignorado. O senso de Deus (*sensus deitatis*) é ainda a semente da religião (*semen religionis*)." Van Til, **O Conceito Calvinista de Cultura**, p. 41-42.

12 Van Til, **O Conceito Calvinista de Cultura**, p. 9.

13 Van Til, **O Conceito Calvinista de Cultura**, p. 25.

14 Van Til, **O Conceito Calvinista de Cultura**, p. 30. Por isso o cristão não pode estudar

AMANDO A DEUS NO MUNDO

cultura.[15] "Como a religião está enraizada no coração, ela é, portanto, totalitária na natureza. Ela não completa tanto a cultura, mas dá à cultura o fundamento, e serve como pressuposição de cada cultura".[16] A "cultura apóstata" perdeu "a direção verdadeira" e "o objetivo de sua cultura é pervertido".[17] Por causa de seu caráter apóstata é que houve o antagonismo histórico entre o cristianismo e a cultura pagã.[18] Mas não podemos assumir a postura de que a religião é apenas parte da vida e não sua integralidade.

Se toda cultura é religiosa e destoante da verdade divina em maior ou menor grau, e se o evangelho precisa transformar a cultura para ser amoldada ao padrão de Deus, então o cristão não pode ter uma expectativa de preservação tradicionalista da cultura como se fosse respeito por ela. Nosso interesse não pode ser semelhante ao de antropólogos que impedem a entrada de cristãos em certas regiões indígenas do Brasil em nome de uma preservação cultural. Também não podemos defender a

---

antropologia cultural como ciência complementar às Escrituras (dicotomia) no entendimento de culturas humanas. Ao invés disso, ele precisa questionar a leitura secularizada da antropologia cultural que apresenta a cultura como mais ampla e inclusiva do que a religião. O missiólogo britânico Lesslie Newbigin adota a definição antropológica de que religião, inclusive a cristã, faz parte da cultura. O que ele quer dizer é que o evangelho acaba se aculturando e sendo comunicado com uma forma cultural específica; não existe evangelho aculturado. No entanto, Newbigin também acredita que o evangelho questiona e confronta toda e qualquer cultura, inclusive aquela na qual está incorporado. Newbigin, **Foolishness to the Greeks**, p. 3-4.

15   "Toda cultura é animada pela religião." Van Til, **O Conceito Calvinista de Cultura**, p. 50.

16   Van Til, **O Conceito Calvinista de Cultura**, p. 44.

17   Van Til, **O Conceito Calvinista de Cultura**, p. 39.

18   Van Til, **O Conceito Calvinista de Cultura**, p. 47. "É, com certeza, insensatez o povo de Deus pensar que pode viver em dois mundos separados, um para sua vida religiosa e suas práticas devocionais, e o outro usurpando todos os outros períodos, energia e dinheiro – uma área que tem chamado a atenção dos sacerdotes do secularismo. Não é possível continuar evangelizando o mundo sem interferir na cultura do mundo... Dividir a vida em sagrado e secular, deixando nossas devoções tomarem conta da primeira área enquanto nos tornamos reformadores seculares durante a semana, é deixar de entender o fim verdadeiro do homem." (p. 49).

COSMOVISÃO E A CULTURA EVANGÉLICA BRASILEIRA

exclusividade comunitária de certos símbolos, como se a chamada "apropriação cultural" fosse um esvaziamento da identidade de um povo. Pelo contrário, a apropriação cultural normalmente expressa apreço pela cultura apropriada. Além disso, toda postura de preservação de uma cultura prístina desconsidera a inevitabilidade de transformações culturais decorrentes de qualquer interação entre seres humanos.

Andy Crouch é um autor cristão que escreveu bastante sobre o impacto inevitável da cultura sobre nós. Ele fala de "culturas" e não de "cultura", no singular, e chama a atenção do interessado em "transformar" a cultura para o impacto que ela tem sobre nós, transformando-nos. Crouch também fala que cultura não é só o que fazemos com o mundo, mas é parte do mundo.[19] Como a cultura é cumulativa, quando inovamos em alguma área cultural e isso se torna parte do tecido social, a próxima geração cresce num mundo no qual nossa inovação faz parte do mundo deles. Elementos culturais de grande abrangência (ex: surgimento das rodovias) mudam a nossa perspectiva do mundo.[20] Pense no impacto que é viver antes e depois do advento da internet. A internet é um produto cultural na área de tecnologia que se tornou tão entrelaçado ao tecido social contemporâneo que os jovens nascidos a partir de 1990 nasceram num mundo cibernético. Gostemos ou não, cultura define o que é possível no mundo e não adianta vivermos como se ela não existisse.[21] Afinal, ela abriu novas possibilidades, então eu preciso aprender a lidar com elas.

---

19 Andy Crouch, **Culture Making**: Recovering Our Creative Calling (Downers Grove, IL: IVP, 2008), p. 25.

20 Crouch, **Culture Making**, p. 64.

21 Crouch, **Culture Making**, p. 35.

AMANDO A DEUS NO MUNDO

Resumindo essa seção inicial, uma interpretação cristã da cultura aceita, primeiramente, cultura como uma resposta inevitável ao mandato divino (mandato cultural). Mais do que simplesmente sermos culturais por essência, a visão cristã diz que criatividade deve ser condizente com o Criador. Calcado na primeira premissa, um cristão, em segundo lugar, afirma que cultura não é moralmente neutra. Cultura tem valor e deve sempre ser avaliada pelo evangelho. Em terceiro lugar, uma visão reformada de cultura afirma que toda expressão cultural é essencialmente religiosa. Por isso, todo embate cultural é um embate de cosmovisões.

CRISTIANISMO E CULTURA

Quando o assunto é a relação que o cristão deve ter com o mundo ao seu redor, com a produção cultural fora do âmbito eclesiástico, é imprescindível discutir o clássico de H. Richard Niebuhr, *Cristo e Cultura*, publicado nos Estados Unidos em 1951.[22] Sua tipologia composta de cinco categorias de reações "cristãs" acaba mapeando as tendências históricas e contemporâneas de lidar com a cultura, na crença de que a resposta para o dilema acerca da relação correta entre cristianismo e cultura nos seja dada por Cristo com a totalidade da história, a qual ultrapassa a sabedoria de intérpretes individuais.[23] Tal clássico tem sido muito contestado por algumas razões: pela tipologia estabelecida que sempre corre o risco de generalizações, pela óbvia preferência pela quinta categoria embora advogue neutralidade (o quinto tipo é o único que não tem uma avaliação de pontos positivos e negativos), sua definição de cultura e Cristo que não

---

22 Em português ele foi publicado em 1967 pela Editora Paz e Terra.

23 H. Richard Niebuhr, **Christ and Culture** (New York: Harper & Row, 1951), p. 2. Niebuhr não acredita em "uma resposta cristã" e nem que os tipos sejam excludentes um do outro, mas eles apresentam o grupo do qual nos sentimos membros (p. 231-233).

COSMOVISÃO E A CULTURA EVANGÉLICA BRASILEIRA

são parâmetros para o restante da cristandade, dentre outras críticas.[24] Todavia, essa obra não pode deixar de ser estudada devido à sua clareza, abrangência de tradições avaliadas, e pelo impacto que exerceu em outros livros sobre o assunto. Os melhores livros cristãos sobre cultura acabam interagindo com Niebuhr, seja para criticar ou endossar, por causa da sua categorização que nos permite avaliar cristianismo e cultura a partir do trabalho pioneiro que ele nos legou.

Niebuhr pressupõe cinco tipos de reações que cristãos têm tido para com a cultura. As primeiras quatro recebem elogios e críticas enquanto a quinta categoria é somente descrita em tom positivo, o

---

24 Para algumas críticas, veja **Authentic Transformation:** A New Vision of Christ and Culture, que contém a crítica de John Howard Yoder; **Christ & Culture Revisited** de D. A. Carson; **Resident Aliens** de Stanley Hauerwas and William H. Willimon; e o artigo de George Marsden, *"Christianity and Cultures: Transforming Niebuhr's Categories,"* **Insights:** The Faculty Journal of Austin Seminary 115, no. 1 (fall 1999), acessado em 12 de agosto de 2005; disponível em religion-online.org. Uma tipologia alternativa pode ser encontrada em T. M. Moore, **Culture Matters:** A Call for Consensus on Christian Cultural Engagement (Brazos Press, 2007), p. 12-15. Moore apresenta seis modelos vigentes no cristianismo recente. Primeiro, a "indiferença cultural" é formada por aqueles que não pensam muito sobre o assunto e, embora não concordem com as expressões culturais explicitamente imorais, acabaram absorvendo os gostos em moda e entretenimento, os hábitos de conversa, a maneira de gastar o tempo e o dinheiro de uma forma que não difere muito de seus amigos descrentes. Em segundo lugar, a "aversão cultural" é típica de cristãos ultraconservadores, altamente sensíveis às maneiras como a cultura contemporânea ameaça suas crenças, moralidade e instituições. Só endossam as atividades culturais necessárias à missão do evangelho, e que fazem parte da vida familiar e da comunidade da fé. Em terceiro lugar, a "trivialização cultural" é formada por aqueles que querem uma expressão cultural distintamente cristã, mas que se limitam aos artigos encontrados numa livraria evangélica (música cristã popular, camisetas, quadros com versículos bíblicos, enfeites, etc.). Em quarto lugar, a "acomodação cultural" esposa uma abordagem simpática e pluralista em relação à cultura, onde preferências culturais são avaliadas como uma questão de gosto pessoal. Eles divergem do primeiro grupo pois refletem bastante sobre cultura, mas espelham aspectos da cultura vigente por convicção. Em quinto lugar, a "separação cultural" cria e promove alternativas cristãs à cultura existente (escola cristãs, recreação cristã, rádio e televisão cristãs) para se preservarem das influências do secularismo. Seus interesses são mais amplos do que a "trivialização" e mais distintamente cristãos do que a "acomodação", mas exercem pouca influência além das esferas cristãs. Em sexto e último lugar, o "triunfalismo cultural" espera avançar o reino de Deus ao votar nos candidatos políticos corretos, mudar leis, colocar juízes corretos em posição de destaque, com o intento de renovar a cultura. Essa posição exige mais do que a cultura consegue realizar. Moore conclui dizendo que ninguém adere apenas a um modelo como exclusivo, mas encontra aspectos de cada uma dessas abordagens em sua prática.

AMANDO A DEUS NO MUNDO

que leva o leitor a deduzir que essa é a posição defendida pelo autor. No entanto, Niebuhr não está explicitamente apresentando maneiras erradas e depois uma correta de enxergar essa relação. Constatando que não há consenso sobre o que significa conduzir toda a nossa vida para a glória de Deus, como sociólogo ele pretende mapear as diferentes reações à cultura que circundam a igreja. A verdade é que há versos na Bíblia que sugerem que nós devemos sair do mundo, enquanto outros sugerem que devemos estar no mundo. O livro tem o propósito de descrever como grupos cristãos distintos têm respondido ao problema de Cristo e a cultura.

Ele menciona a variedade e a complexidade implícitas na tarefa de definir tanto a Cristo como a cultura, separadamente, no capítulo introdutório. Cultura é definida como o "processo total de atividade humana".[25] Na tentativa de ordenar a multiplicidade de respostas ele distingue cinco tipos de respostas "das quais três são proximamente relacionadas umas às outras como pertencendo ao tipo intermediário no qual tanto Cristo como cultura são distinguidos e afirmados".[26] Isto é, os dois primeiros tipos são os polos opostos ("Cristo contra a cultura" e "Cristo da cultura") seguidos de três tipos intermediários. Embora Niebuhr não diga isto, entendo que os três tipos intermediários têm suas nuanças mais parecidas com um extremo ou outro. Isto é, entre os intermediários há um que pende mais para o extremo contracultural enquanto outro intermediário pende mais para o Cristo da cultura. Por isso, resolvi ilustrar as posições com o seguinte gráfico:

Cristo contra Cultura	Cristo e Cultura em Paradoxo	Cristo o Transformador da Cultura	Cristo acima da Cultura	Cristo da Cultura

---

25 Niebuhr, **Christ and Culture**, p. 32.

26 Niebuhr, **Christ and Culture**, p. 40.

COSMOVISÃO E A CULTURA EVANGÉLICA BRASILEIRA

Nesse gráfico, viso ressaltar como os tipos intermediários das laterais ("Cristo e cultura em paradoxo" e "Cristo acima da cultura") se assemelham em certos pontos com o extremo ao seu lado, e que o "Cristo o Transformador da Cultura" – na análise de Niebuhr – acaba reunindo qualidades de ambos os lados.

Vamos, portanto, sintetizar cada um dos cinco tipos na ordem apresentada por Niebuhr mas contendo quatro elementos: nomeação de seus representantes históricos, designação de uma palavra chave que sintetiza a reação, explicação breve sobre a posição, avaliação tanto positiva quanto negativa de cada tipo.

1. Cristo contra a Cultura (1 Epístola de João,[27] Tertuliano, Quakers, Tolstoy). Esse primeiro tipo retrata uma postura de *oposição* aos costumes da sociedade na qual o cristão vive, confrontando os homens com o desafio de uma decisão por uma ou outra. Essa perspectiva trabalha com uma nítida separação entre os fiéis e o mundo. Cultura é vista mais negativamente, como a deturpação das boas coisas que Deus fez. Na igreja primitiva eles eram contra a civilização greco-romana,[28] nos tempos medievais eram as ordens monásticas e os movimentos sectários, na Reforma eram os anabatistas,[29] no período moderno são aqueles missionários que exigem que os convertidos abandonem totalmente as instituições de suas sociedades "pagãs" e adotem o estilo cultural do missionário.

---

27 Vale ressaltar que a divisão dos livros da Bíblia em grupos diferentes, mostrando uma desunidade entre eles, expressa uma visão menos ortodoxa das Escrituras – o que é típico de autores neo-ortodoxos como Niebuhr.

28 Horton explica que tal posição da igreja primitiva se dava por causa da intensa perseguição contra os cristãos. "É difícil ter uma visão otimista do impacto sobre a cultura quando se está sendo jogado aos leões, e as perseguições intensificaram a experiência de deserto desses cristãos primitivos que almejavam uma cidade melhor." Horton, **O Cristão e a Cultura**, p. 41.

29 Horton mostra que sua visão de Cristo e cultura como antagônicos fez com que anabatistas não produzissem líderes nas artes, letras e ciências. Horton, **O Cristão e a Cultura**, p. 42.

AMANDO A DEUS NO MUNDO

Poderíamos dizer que como pontos positivos, os adeptos dessa posição contribuem para uma divisão bem nítida entre Cristo e César, entre a revelação e a razão e, por causa de seu espírito abnegado em relação à cultura, são desprendidos, dispostos a sofrer por Cristo.[30] Um ponto negativo destacado por Niebuhr é a ingenuidade de pensar que quem escapa da cultura, escapa do pecado. O desprezo pela doutrina do pecado original, isto é, a falta de consideração de que o pecado está dentro de nós é uma fraqueza do movimento contra a cultura.[31] D. A. Carson também discerne que nenhum cristão é contra a cultura como um todo, mas contra as expressões culturais impiedosas. Por exemplo, se linguagem faz parte da cultura, o cristão não é contra linguagem mas contra certos tipos de linguagem (discursos de ódio, discursos racistas).[32] Ele ainda é mais incisivo quando afirma que a mentalidade bélica desse primeiro modelo tende a selecionar uma lista de males (aborto, homossexualismo, secularização educacional) e ignorar uma lista bem maior de males sociais.[33]

2. Cristo da Cultura (Gnosticismo Cristão, Abelardo, Emanuel Kant, Albert Ritschl). Esse segundo grupo traz uma postura de *acordo* com a história da cultura humana, acordo no qual a vida e os ensinos de Jesus são a culminação das aspirações dos homens. Não há tensão entre as leis sociais e o evangelho. Pelo contrário, eles interpretam Cristo através da cultura, selecionando do seu ensino o que se harmoniza com o que há de melhor em uma civilização

---

30 Niebuhr, **Christ and Culture**, p. 66.

31 Niebuhr, **Christ and Culture**, p. 78-79.

32 Carson, **Cristo & Cultura**, p. 66-67.

33 Carson, **Cristo & Cultura**, p. 183.

ordeira.[34] Jesus também é parte da herança social que deve ser transmitida e conservada; na verdade, não há muita diferença entre lealdade a Cristo e o melhor que uma cultura tem a oferecer. Em nosso tempo, alguns veem o cristianismo e a civilização ocidental como inseparáveis (identificam Jesus com democracia, identificam evangelho com a luta social por unidade ou contra o preconceito) ou replicam na igreja versões do que acontece na sociedade (o Conselho Mundial de Igrejas foi fundado no mesmo ano e com a mesma busca por unidade que a Organização das Nações Unidas). Um ponto positivo dessa reação destacado por Niebuhr é que historicamente pagãos não são atraídos apenas pela diferença ("o sangue dos mártires é a semente da igreja" é apenas parte da verdade) mas também pela semelhança com seus melhores ideais (apologistas do segundo século).[35] Isto é, o interesse em estabelecer um ponto de contato com o descrente através de semelhanças, por vezes, tem funcionado. Talvez o maior ponto negativo desse segundo modelo é a visão deturpada de Cristo. Horton afirma que "Cristo era menos o Deus-homem que veio salvar o mundo do pecado e mais o poeta, moralista ou filósofo [do] idealismo alemão".[36]

3. Cristo acima da Cultura (Clemente de Alexandria, Tomás de Aquino, Leão XIII, bispo Joseph Butler). O terceiro modelo de relação entre Cristo e cultura apresenta uma *síntese* entre as realizações humanas na busca por valores, tendo Cristo como centro de valores sobrenaturais. Há um sentido em que Cristo é o Cristo da cultura (semelhante ao segundo grupo) no sentido de ser o cumprimento das aspirações culturais e o restaurador das

---

34 Niebuhr, **Christ and Culture**, p. 83.

35 Niebuhr, **Christ and Culture**, p. 103.

36 Horton, **O Cristão e a Cultura**, p. 43.

AMANDO A DEUS NO MUNDO

instituições,[37] mas ele vai além disso, estando acima da cultura. Isto é, se o segundo grupo reconhece que há algo bom na cultura, esse terceiro modelo "reconhece que Cristo é diferente até mesmo do que há de melhor na cultura".[38] Aqui, o retrato de Aquino com o prédio natureza/graça, o primeiro sendo o andar inferior, parece ilustrar bem essa posição.[39] Horton diz que Niebuhr descreve essa posição "com direção mais vertical (de Deus para o homem) do que horizontal (Cristo e cultura)".[40] Um ponto positivo apresentado por Niebuhr é que nessa terceira perspectiva a igreja, embora funcionando para um propósito espiritual, tem um propósito terreno de ser guardiã das leis morais para a sociedade.[41] Um aspecto negativo é a sua institucionalização de Cristo e do evangelho.[42] Isto

---

37 Niebuhr, **Christ and Culture**, p. 42.

38 Frame, **A Doutrina da Vida Cristã**, p. 829.

39 Henry Van Til diz que a igreja medieval produziu uma nova relação com o mundo: "Uma antítese qualitativa entre a igreja e o mundo, o santo e o não santo, desapareceu e foi transformada em uma antítese quantitativa entre o bom e o melhor cristianismo. Como consequência, o *mundo* perdeu a conotação ética que carrega nas Escrituras, ou seja, sua rebeldia e separação de Deus, e se tornou apenas a esfera secular fora da igreja. O mundo, por esse ponto de vista, não é corrompido pela queda de Adão, mas simplesmente perdeu o *donum superadditum*, o dom sobrenatural da graça de Deus, agora suprido pela igreja, responsável pelos canais da graça. A natureza, como criação de Deus, não está degradada nem é maligna, mas está situada apenas em um segundo patamar na escala de valores divinos. O cristianismo é algo acrescentado de modo piramidal ao natural mas não entra na vida como fermento para transformá-la... A igreja é a esfera da religião, o mundo é a área do profano. Como os membros da igreja não podem viver neste mundo sem se moverem na esfera secular, faz-se uma tentativa de trazer todo o secular sob o guarda-chuva da graça controlada pela igreja... A Reforma Protestante não apenas buscou purificar a igreja e livrá-la dos erros doutrinários, como também buscou a restauração da integralidade da vida... Para os reformadores, o natural era tão santo quanto o espiritual, e a obra do Pai na criação era considerada de igual significação à do Filho na redenção... De fato, levavam o pecado mais a sério do que a Igreja Medieval, crendo que o homem integral tinha sido corrompido pela queda e que o mundo estava sob maldição por causa do pecado. No entanto, não cometeram o engano de condenar as coisas naturais como se fossem profanas; eles criam na restauração, na purificação e na consagração do natural". Van Til, **O Conceito Calvinista de Cultura**, p. 19-20.

40 Horton, **O Cristão e a Cultura**, p. 45.

41 Niebuhr, **Christ and Culture**, p. 136.

42 Niebuhr, **Christ and Culture**, p. 146-147.

é, Cristo é identificado com a instituição romana, uma usurpação do poder da eternidade em forma temporal. John Frame vai ainda mais longe ao criticar a graça como um mero suplemento (*donum superadditum*) antes do que uma mudança completa de direção; é como se você pudesse ter sucesso em educar sua família sem Cristo, mas para obter a vida eterna você precisa de algo mais.[43]

4. Cristo e Cultura em Paradoxo (apóstolo Paulo, Lutero, Kierkegaard). O quarto tipo apresenta um *dualismo* de autoridades, humana e divina, ambas reconhecidas e respeitadas, mas que permanecem em tensão. Semelhante ao primeiro grupo eles se recusam a acomodar Cristo à sociedade secular,[44] mas eles entendem que cristianismo envolve obediência às instituições da sociedade. Trata-se de uma dupla cidadania. Assim, o homem está sujeito a dois mundos (ou "dois reinos", como diria Lutero) frontalmente díspares, mas aguarda uma justificação dessa situação além da história. No entanto, julgam que sua posição é libertadora quando afirmam que não se deve pensar que haja uma maneira cristã de fazer tarefas comuns (música, encanamento, carpintaria) pois objetivamente os critérios de moralidade e excelência são comuns a crentes e descrentes, ainda que subjetivamente cristãos se distinguam ao fazer tudo para a glória de Deus.[45] Um ponto claramente positivo é a compreensão da tensão bíblica da dupla cidadania que o cristão experimenta entre a

---

43 Frame, **A Doutrina da Vida Cristã**, p. 828.

44 "A cultura jamais será um meio para se encontrar a Deus e nisso fica evidente a oposição ao ponto de vista de 'o Cristo da cultura'. Mas também a cultura não pode ser objeto de desprezo, porque ela nunca promete salvar ou redimir. Ela existe com um propósito distinto e quando uma pessoa encontra prazer no trabalho, na vida familiar, na educação, nas artes ou no lazer, é um dom de Deus, mas não um dom redentivo." Essa é uma distinção entre criação e redenção. Horton, **O Cristão e a Cultura**, p. 46.

45 VanDrunen, **Living in God's Two Kindgoms**, p. 27, 31.

AMANDO A DEUS NO MUNDO

primeira e a segunda vindas de Cristo.[46] Outro aspecto positivo é sua modéstia quanto ao que julga poder realizar neste mundo.[47] O aspecto negativo dessa posição é que ela não tem nada significativo para dizer à cultura. Seu conservadorismo cultural perde sua voz profética na sociedade.[48] Tanto é que o exemplo negativo dessa posição frequentemente citado na literatura foi a postura silente da Igreja Luterana (igreja estatal) frente ao nazismo. A apatia política dessa posição já foi destacada no capítulo 9 deste livro. Como afirma Carson, a polarização do quarto tipo não promove uma abordagem unificada de conhecimento em diversas áreas do saber.[49]

5. Cristo o Transformador da Cultura (Quarto Evangelho, Agostinho, Calvino, F. D. Maurice). O último modelo de Niebuhr traz uma solução *conversionista* onde o homem é trabalhado na cultura e sociedade, não à parte das mesmas.[50] Os proponentes dessa perspectiva promovem interação social enquanto cristãos assim como os grupos dois e três, mas têm uma doutrina do pecado mais robusta que eles. Os transformacionistas enxergam a corrupção da cultura assim como o grupo um e o quatro, mas não reagem com separação do mundo (primeiro grupo) nem com mera perseverança na expectativa de uma salvação trans-histórica (quarto grupo).[51]

---

46 Niebuhr, **Christ and Culture**, p. 185.

47 VanDrunen, **Living in God's Two Kindgoms**, p. 164. Ainda na mesma página, VanDrunen escreve: "Cristãos, portanto, não estão, de forma alguma, trazendo a nova criação através de suas atividades culturais."

48 Niebuhr, **Christ and Culture**, p. 187-188.

49 Carson, **Cristo & Cultura**, p. 184.

50 Niebuhr, **Christ and Culture**, p. 43.

51 "Assim, para o transformador, não basta simplesmente cuidar da alma; ele vê toda a vida humana. Deus é criador e redentor, e redime não só a alma do indivíduo como também 'faz com que todas as coisas sejam novas'. O transformador não adora a cultura e nem a odeia; não espera vitória final

COSMOVISÃO E A CULTURA EVANGÉLICA BRASILEIRA

Trabalhamos para melhorar a cultura, pois Deus criou tudo bom e ainda pode tornar a ser bom. O evangelho deve permear toda a vida ainda no presente.[52] Há uma expectativa de exercer grande impacto na cultura. Por Niebuhr ter incluído Calvino nessa posição – embora sua descrição do pensamento de Calvino dentro desse modelo seja muito sucinta (apenas um parágrafo) –, tem sido recorrente a identificação de reformados contemporâneos com essa posição. Autores como Henry R. Van Til,[53] Cornelius Plantinga Jr., Albert M. Wolters, John Frame,[54] Brian Walsh e Richard Middleton,[55] Charles Colson e Nancy Pearcey,[56] todos abordam o assunto de cosmovisão a partir dessa visão transformacionista. Embora Niebuhr não faça avaliação, nem positiva nem negativa, desse modelo, é justo que o avaliemos como os demais. O que há de positivo nessa posição é o seu engajamento com a cultura, evitando o isolacionismo de muitos evangélicos. O ponto negativo dessa posição já foi introduzido no capítulo 14 deste livro, quando abordamos a utopia de seus escritores quanto ao nosso impacto

---

nesta vida e nem ruína final." Horton, **O Cristão e a Cultura**, p. 48. Van Til assevera que "enquanto a Reforma alemã foi, em primeiro lugar, a restauração da adoração verdadeira e do ofício de ministro, Calvino buscou a restauração da integralidade da vida no lar, na escola, no Estado e na sociedade. Para Lutero, a Bíblia era, de fato, a fonte da verdade salvadora, mas para Calvino as Escrituras eram a norma para toda a existência." Van Til, **O Conceito Calvinista de Cultura**, p. 21.

52 Niebuhr, **Christ and Culture**, p. 217.

53 Van Til escreve de si mesmo: "O presente autor pressupõe que o que era bom na cultura Greco-romana foi salvo pelo cristianismo em um ponto em que estava ameaçado pela degradação e dissolução na plenitude do tempo. Cristo verdadeiramente salvou o mundo, incluindo a cultura humana. Ele injetou vida nova, sangue novo, vitalidade nova no curso da vida da humanidade. Cristo tornou o homem integral, redimiu os agentes culturais, transformando, assim, também a cultura". Van Til, **O Conceito Calvinista de Cultura**, p. 22.

54 Frame, **A Doutrina da Vida Cristã**, p. 832.

55 Walsh e Middleton, **A Visão Transformadora**, p. 168.

56 Colson e Pearcey, **O Cristão na Cultura de Hoje**, p. 292-296.

AMANDO A DEUS NO MUNDO

social, utilizando palavras como "redenção" e "transformação".[57] Essa crítica é feita por outros autores reformados[58] e será retomada no capítulo 23 deste livro.

Essa tipologia de Niebuhr precisa ser avaliada de forma justa. O próprio Niebuhr reconheceu que essas são construções artificiais que não descrevem qualquer pessoa perfeita ou completamente.[59] É simplesmente um método de tipologia para demonstrar continuidade dos grandes enfoques que aparecem através do esforço na história cristã de responder à cultura. Sua utilidade se encontra em revelar diferentes perspectivas e os dilemas que cristãos têm enfrentado ao lidar com a cultura produzida por descrentes. Se fôssemos identificar cada um dos modelos com as tendências mais recorrentes em certos grupos dentro da cristandade, poderíamos dizer que "Cristo contra a cultura" se identifica com o pentecostalismo clássico e suas regras de usos e costumes, "Cristo da cultura" tem sido vivenciado por aqueles que têm simpatia pelo liberalismo teológico, "Cristo acima da cultura" é a mentalidade dominante do devoto ao catolicismo romano, "Cristo e cultura em paradoxo" revela as angústias de muitos evangélicos tradicionais, e "Cristo o transformador da cultura" é a tendência dominante entre evangélicos socialmente progressistas. Assim como Niebuhr, essa

---

57 John Frame procura se defender dessa crítica ao dizer que a abordagem transformacional "não supõe um otimismo irreal", mas defende que é possível uma "mudança real para melhor". Frame, **A Doutrina da Vida Cristã**, p. 832-833. É inegável que Deus coloque pessoas cristãs que exerçam influência em certos contextos sociais. Tanto a Escritura como a história comprovam isso, e não estamos negando um certo grau de influência. Estamos apenas constatando que a linguagem de "redenção" e "transformação" são termos impróprios e refletem uma expectativa exagerada.

58 Veja David VanDrunen, "The Two Kingdoms: A Reassessment of the Transformationist Calvin", **Calvin Theological Journal** 40, no. 2 (nov 2005), p. 248-266. Andy Crouch também prefere ver que a história do mundo já foi transformada e que transformação cultural é algo que depende de Deus. Crouch, **Culture Making**, p. 7, 12, 187-263.

59 Niebuhr, **Christ and Culture**, p. 43-44.

COSMOVISÃO E A CULTURA EVANGÉLICA BRASILEIRA

identificação que fiz dos modelos com o grupo teológico é apenas revelador de tendências e não a descrição de cada indivíduo que faz parte de um determinado grupo teológico.

Para que aproveitemos essa avaliação sociológica ainda mais, resta-nos perguntar "como é que os escritores contemporâneos de cosmovisão têm avaliado a obra de Niebuhr?" À luz de parâmetros bíblico-teológicos, como devemos olhar para cada um dos tipos apresentados? Será que o fato de termos avaliado cada um dos modelos positiva e negativamente faz com que não adotemos nenhum deles? Será que existe um sexto modelo a ser apresentado, que seria o "bíblico"? Essas perguntas não são fáceis de serem respondidas e a avaliação de diferentes autores mencionados abaixo revela a complexidade do assunto.

Andy Crouch entende que Niebuhr esteve à frente de seu tempo quando concebeu que não há natureza sem cultura.[60] Isto é, não apreendemos ou desenvolvemos natureza à parte de cultura. Nós já somos produtos culturais quando nos envolvemos com a natureza e desenvolvemos ainda mais a cultura. Por outro lado, Crouch critica Niebuhr por conduzir leitores a substituir "Cristo" por "Cristãos", o que acabou levando leitores a concluir que ao invés de "Cristo transformando a cultura" são "Cristãos transformando a cultura".[61]

Walsh e Middleton ilustram as diferentes posições através de um exemplo prático bem esclarecedor.[62] Eles defendem que a segunda posição não tem base bíblica, enquanto a primeira, a terceira e a quarta são as mais comuns na história da igreja. Eles ilustram as

---

60 Crouch, **Culture Making**, p. 179.

61 Crouch, **Culture Making**, p. 181.

62 Walsh e Middleton, **A Visão Transformadora**, p. 87-88, 168.

AMANDO A DEUS NO MUNDO

três diferentes posturas questionando se seria apropriado para adolescentes a leitura na escola de um romance "secular", clássico da literatura americana (*Catcher in the Rye*), mas com imoralidades. O "Cristo acima da cultura" não proibiria seu filho de ler pois, como produto cultural, os romances são bons, mas a busca da espiritualidade é um alvo mais elevado. Isto é, o pai enfatizaria a importância de ir à igreja como forma de se purificar das imoralidades de andar por esse mundo. O "Cristo e cultura em paradoxo" deixaria seu filho ler o romance como um mal necessário, a fim de entender o mundo no qual vivemos, pois não tem uma atitude escapista. O "Cristo contra a cultura" impediria seus filhos de ler e possivelmente tiraria os filhos de tal escola. De acordo com Walsh e Middleton, as três perspectivas deixam de oferecer um testemunho cultural cristão, mas se fecham em seus guetos servindo a Deus em uma área e outros deuses em outras. É por isso que cristãos acabam sendo seguidores de cultura, antes que formadores de cultura. Em contrapartida, Walsh e Middleton defendem o quinto paradigma como sendo o mais fiel à cosmovisão bíblica. Embora eles não digam qual seria a postura correta em relação ao romance, tenho a impressão que eles defendem a necessidade de oferecer um testemunho público (ex: fazer um movimento junto aos pais para tirar o livro do currículo) que não se restrinja à fé privada.

Michael Horton, no final de sua análise do livro de Niebuhr, propõe a combinação entre o quarto e o quinto paradigma.[63] Em outro livro, porém, ele se aproxima muito mais do quarto tipo. Horton acredita que a posição de Calvino não pode ser categorizada de "transformadora do mundo".[64] Os reformadores magisteriais não

---

63 Horton, **O Cristão e a Cultura**, p. 51.

64 Michael Horton, **Calvino e a Vida Cristã** (São Paulo: Cultura Cristã, 2017), p. 234.

COSMOVISÃO E A CULTURA EVANGÉLICA BRASILEIRA

faziam da Europa o reino de Cristo como se quisessem restaurar uma teocracia, mas também não enxergavam a igreja como sendo os exilados que precisam deixar a Babilônia para retornar à terra. "Em vez disso, a condição da igreja nesta era é mais similar à dos exilados da Babilônia. Como Daniel, eles recusaram a adoração pagã, mas usaram sua educação, oração, participação e contribuição para o bem da cidade."[65] Calvino não esperava transformar o mundo, mas apenas cumprir seu chamado, ser uma "presença fiel", nas palavras de James D. Hunter.[66]

D. A. Carson entende que qualquer um dos cinco tipos que escolhamos como se fosse a totalidade é um reducionismo. Por isso, ele analisa diferentes propostas contemporâneas da relação entre Cristo e cultura (fundamentalismo, dois reinos, kuyperianismo, pós-cristandade, etc.) e afirma que nenhuma delas deve controlar a discussão.[67] Ainda que esse cuidado seja positivo e algumas de suas análises de diferentes posições sejam perspicazes, ele encerra o livro sem uma proposta alternativa ou, ao menos, uma sistematização dos modelos com as devidas correções para que alcancemos uma orientação coesa sobre esse dilema histórico.

Em contrapartida, T. M. Moore e Timothy Keller fazem tal sistematização. Embora tenha criado uma tipologia própria (com semelhanças à tipologia de Niebuhr), onde Moore reconhece diferentes tendências no mundo hodierno, sua proposta é que se

---

65 Horton, **Calvino e a Vida Cristã**, p. 237.

66 Horton, **Calvino e a Vida Cristã**, p. 258.

67 Carson, **Cristo & Cultura**, p. 179-198. No prefácio da edição em inglês, que não faz parte da tradução para o português publicado pela editora Vida Nova, Carson escreve: "Eu permaneço convencido de que a famosa tipologia de Niebuhr, conquanto útil para alguns propósitos, nos conduz a escolhas mutuamente excludentes que não deveríamos estar fazendo". D. A. Carson, Preface to the Paperback Edition. **Christ and Culture Revisited** (Grand Rapids: Eerdmans, 2012), p. vi.

AMANDO A DEUS NO MUNDO

busque consenso entre cristãos quanto à cultura. Apropriando-se de lições providas por cinco personagens históricos, e encontrando expressões atuais de cada uma das cinco tendências, ele propõe cinco medidas que se complementam: 1) sustente uma crítica abrangente e abalizada de cultura; 2) apoie o desenvolvimento de formas culturais distintamente cristãs; 3) assuma o trabalho de educar a igreja para viver como cidadão do reino; 4) nutra uma apreciação pela herança cultural do passado cristão; 5) busque avenidas para depositar o fruto da cultura cristã no mundo e para o mundo.[68]

Ao invés de consenso, Tim Keller prefere falar de um "equilíbrio cuidadoso entre as várias polaridades" ou de uma "fusão de perspectivas". Após analisar as dificuldades com a cultura enfrentadas pelo cristianismo europeu e norte-americano desde que o cristianismo deixou de ser predominante na sociedade,[69] Keller avalia criticamente os modelos de Niebuhr (Keller funde os segundo e terceiro modelos de Niebuhr sob o rótulo de "modelo de relevância") pois entende que cada modelo em sua forma pura e isolada é biblicamente desequilibrado.[70] Os quatro modelos avaliados por Keller identificam um problema real da igreja e sua falha em testemunhar à cultura, mas nenhum deles sozinho revela o cenário todo.[71] Keller cria uma ilustração com um eixo vertical representando a natureza da cultura e um eixo horizontal representando nossa participação cultural, e cada modelo se encaixa em um dos quatro quadrantes tendo pontos em

---

68 Moore, **Culture Matters**, p. 143-155.

69 Keller, **Igreja Centrada**, p. 216-229.

70 Keller, **Igreja Centrada**, p. 230-264.

71 Keller, **Igreja Centrada**, p. 267.

comum com os quadrantes vizinhos.[72] Enquanto o modelo dos dois reinos e o modelo da relevância valorizam mais a graça comum (descrentes entendem a revelação natural), o modelo transformacionista e o modelo contracultural consideram menos a graça comum (revelação natural é de difícil compreensão).[73] Enquanto os modelos dos dois reinos e o modelo contracultural são mais passivos no ato de influenciar a cultura, o modelo de relevância e o modelo transformacionista são ativos em prol de influência cultural. Keller propõe que os cristãos busquem o centro, onde as quatro posições se encontram, utilizando as ferramentas de cada modelo, considerando os dons e chamados ministeriais que cada indivíduo ou comunidade possuem, e sendo sensível ao momento cultural no qual nos encontramos.[74]

Após ler a opinião de tantos autores, talvez permaneça a dúvida: Ficamos com a posição transformacional tão adotada por reformados ou aceitamos a crítica à tal posição ilustrada por Andy Crouch? Optamos pela visão de dois reinos de Michael Horton, ou a linguagem contracultural tão comum entre evangélicos,[75] ou preferimos não nos identificar com um modelo a fim de evitar o reducionismo? Será que o caminho é optar pelo consenso de Moore ou a fusão de Keller?

Minha resposta a essas perguntas tem três partes. A primeira parte envolve reconhecer que ao menos três dos cinco modelos

---

72 Keller, **Igreja Centrada**, p. 274-275.

73 A ironia da explicação de Keller é o que o "pai" do modelo transformacionista, Abraham Kuyper, foi quem mais escreveu e valorizou a graça comum. Isso mostra como modelos não representam pessoas ou movimentos perfeitamente.

74 Keller, **Igreja Centrada**, p. 279-291.

75 John Stott, **A Mensagem do Sermão do Monte**: Contracultura cristã (São Paulo: ABU, 1978); David Platt, **Contracultura**: Um chamado compassivo para confrontar um mundo de pobreza, casamento com pessoas do mesmo sexo, racismo, escravidão sexual, imigração, perseguição, aborto, órfãos, pornografia (São Paulo: Vida Nova, 2016).

AMANDO A DEUS NO MUNDO

de Niebuhr têm amplo respaldo bíblico.[76] Para ilustrar de forma equilibrada, quero sugerir uma narrativa do Antigo Testamento e duas passagens do Novo Testamento que trazem fundamentação escriturística para cada uma das três posições (fundamentação paritária para cada posição). Essa fundamentação bíblica que estou propondo significa que não podemos dizer que vivemos num período no qual só um dos modelos funciona ou que a igreja neotestamentária tenha apenas uma forma de descrever vida cristã. O modelo "Cristo contra a cultura" reflete a preocupação do Senhor de exigir que Israel se separasse das nações como forma de testemunho por intermédio da pureza, um ideal que não foi seguido pela nação israelita no período dos juízes (Jz 1.27-2.5); a proposta de não amar o mundo (1 Jo 2.15-17) e não se conformar com ele (Rm 12.2) também refletem o primeiro modelo. O modelo "Cristo e cultura em paradoxo" poderia apelar para a realidade de Naamã convertido de volta à sua terra, inserido numa cultura idólatra sem fazer parte dela (2 Rs 5.18-19); a recomendação de Pedro de testemunharmos mediante a honra que prestamos às autoridades, mesmo quando somos injustiçados (1 Pe 2.11-25) e a recomendação paulina de avaliar todas as coisas para reter o que é bom (1 Ts 5.21) refletem a tensão típica da vida cristã. O modelo "Cristo o transformador da cultura" poderia apelar para a história de Ester no reino persa e a influência cultural favorável aos judeus que não redundou em conversões, mas promoveu justiça social; a ilustração de Jesus de sermos luz do mundo (Mt 5.14-16) ecoada pela expressão paulina de "luzeiros no mundo" (Fp 2.15) falam de

---

76 Carson acredita que quatro das opções de Niebuhr (excluindo apenas o "Cristo da cultura") podem reivindicar alguma justificativa bíblica. Carson, **Cristo & Cultura**, p. 180. Confesso ter dificuldade de enxergar amplo respaldo bíblico para "Cristo acima da cultura" como enxergo para os três modelos restantes.

nossa influência enquanto cristãos. Portanto, não se trata de haver um modelo bíblico enquanto os outros não o são.

Se três modelos têm respaldo bíblico, então a segunda parte de minha resposta envolve dizer que nossa postura requer sabedoria. Sabedoria para afirmar que antes do que criar um modelo fundido, talvez seja melhor entendermos como diferentes posturas atendem a diferentes situações. Andy Crouch diz que diferentes bens culturais exigem diferentes posturas cristãs.[77] Observe como é possível enxergar os três modelos na vida de Daniel e seus amigos. Daniel é claramente contracultural no capítulo 1.8 e seus amigos também o são no capítulo 3, pois em ambos os casos existe uma repulsa contra algum tipo de idolatria. Daniel também demonstra a tensão no capítulo 6 (excelente no governo, mas comprometido com a sua fé) e em 4.19, quando honra um mau rei desejando que ele não fosse alvo de juízo. Por último, Daniel também visa a transformação ao seu redor no capítulo 4.27, quando exorta Nabucodonosor a exercer mudanças políticas.[78] Portanto, mesmo um exilado como Daniel não adota apenas um modelo de relação com a cultura.

Talvez a sabedoria em assumir um dos três modelos em situações diferentes possa ser ilustrada com o exemplo de corrupção no trabalho, no qual o cristão é funcionário de uma empresa corrupta mas não participa ativamente de irregularidades fiscais ou de abuso de poder. Esse caso pode demandar que você aconselhe alguém a deixar a empresa, em outras situações a

---

77 Crouch, **Culture Making**, p. 181.

78 Para reforçar a vertente transformacional do trabalho do profeta, o comentarista Daniel Block especula que a influência na corte de Nabucodonosor pode explicar o tratamento favorável a Jeoaquim na Babilônia (Ez 17.4-5, 12), além do privilégio dos exilados judeus de se instalarem junto ao rio Quebar, região fértil e próxima da Babilônia (Ez 1.1; 3.15). Daniel I. Block, Preaching Old Testament Apocalyptic to a New Testament Church. In: **Calvin Theological Journal** 41, no. 1 (April 2006), p. 25.

AMANDO A DEUS NO MUNDO

ficar no emprego e entender que esse mundo é mau, e pode até encorajar o funcionário cristão a influenciar a empresa dentro do possível.[79] Nenhuma delas é bíblica em detrimento da outra. Há casos em que largar o emprego é bíblico por questão de consciência (Rm 14.23), mas não se pode criticar o colega cristão que resolveu ficar na empresa. Há outras situações em que é possível influenciar as figuras envolvidas na corrupção de tal forma que haja transformação de práticas empresariais, mas tem ocasião em que o crente não tem acesso a tais mudanças e influências. Esse exemplo serve para ilustrar que a "postura cristã" no caso de corrupção no trabalho envolve considerar vários fatores, motivações, situações, onde muitas vezes não se trata de "certo ou errado", mas de refletir sabedoria.

A terceira parte da minha resposta diz respeito a compreender que ainda que haja elementos corretos em cada uma das três posições, as três tomadas individualmente precisam de correções. Cada correção será complementada com algum dos três aspectos da definição cristã de cultura tratados na primeira seção deste capítulo, e terá uma aplicação sucinta sobre a corrupção no trabalho.

"Cristo contra a cultura" precisa ser lembrada que a fé cristã é contra a cultura pagã, não contra toda cultura; ela se opõe ao pecado e às distorções na cultura, não ao lugar criacional que cada elemento cultural ocupa (ex: dança, esporte, política, etc.). Como afirma John Frame, "Cristo contra o mundo, sim; Cristo contra a cultura, não".[80] Se cultura é resposta ao mandato cultural, como dissemos na primeira seção deste capítulo, então não devemos fugir

---

79 Por vezes somos desejosos de transformar o contexto ao nosso redor mas não conseguimos. Então nos opomos à cultura aguardando a resolução da tensão de sermos cidadãos de dois mundos.

80 Frame, **A Doutrina da Vida Cristã**, p. 825.

de toda cultura. Aplicando ao contexto profissional, fugimos do mal no trabalho, não de certas profissões.

"Cristo e cultura em paradoxo" precisa ser lembrada que o paradoxo não é necessariamente entre fé e cultura, mas entre nossas lealdades e cidadanias. Vivemos a tensão porque pertencemos a uma nova era futura, ainda que não estejamos livres da era presente a qual acabará.[81] Se é verdade que cultura não é moralmente neutra, como já dissemos no início do capítulo, então precisamos lidar com a tensão com discernimento, não "engolindo" qualquer cultura, antes do que apenas aguardar a resolução futura dessa tensão. Podemos aplicar ao contexto de trabalho dizendo que toda profissão digna tem imoralidades, mas também oferece serviço; evitamos a primeira parte enquanto encarnamos a segunda.

"Cristo o transformador da cultura" precisa ser lembrada que nós apenas salgamos e influenciamos no presente (impacto efêmero), enquanto Cristo transforma pessoas gradativa e permanentemente (presente) e transforma culturas radical e definitivamente (futuro). Se cultura é fundamentalmente religiosa, como já foi trabalhado anteriormente neste capítulo, então precisamos lembrar que transformação cultural requer mudança religiosa, mudança de cosmovisão. Em nossa profissão, podemos exercer influência benéfica restringindo certos males, mas nosso alvo sempre precisa ser o coração das pessoas, as motivações que as levam a trabalhar.

A CULTURA EVANGÉLICA BRASILEIRA

Para encerrar este capítulo, creio que seja útil avaliarmos a cultura evangélica brasileira. Isto é, devemos fazer uma leitura da

---

81 Para uma explicação mais detalhada sobre a transposição de eras, veja o capítulo 23.

cultura produzida por evangélicos e da expectativa que devemos ter quanto à nossa produção cultural. Para isso, vou me basear principalmente nos insights de Michael Horton, embora complemente com comentários de vários outros autores reformados quando analizam a cultura evangélica americana. Quando brasileiros leem livros de norte-americanos, muitos foram treinados a desprezar as aplicações como se fossem "imperialistas" (refletindo um antiamericanismo próprio do comunismo brasileiro durante a Guerra Fria) ou, no mínimo, "irrelevantes" por não contemplarem as marcas distintivas da cultura brasileira. Ainda que devamos aprender a aplicar ao nosso povo, não se pode negar que num mundo globalizado, no qual as ideias se propagam rapidamente, muito da cultura norte-americana acaba se tornando cultura mundial e, consequentemente, brasileira.[82]

Horton mostra como a mentalidade da maioria dos evangélicos parece refletir uma volta ao modelo medieval de "Cristo acima da cultura". No mundo evangélico, espera-se que cristãos justifiquem todas as suas habilidades pela sua utilidade espiritual (o administrador procura organizações e agências cristãs, um jovem artista decora o quadro de avisos, um cientista realiza palestras sobre criacionismo, um músico toca na equipe de louvor). Isso lembra a igreja medieval que confundia filosofia, arte, música e ciência com religião. Em contrapartida, a Reforma Protestante "libertou homens e mulheres cristãos para seguir com dignidade e respeito os seus chamados divinos no mundo, sem ter que justificar a utilidade desses chamados à igreja ou ao empreendimento

---

82 Ricardo Agreste, "Prefácio à Edição Brasileira", Goheen e Bartholomew, **Introdução à Cosmovisão Cristã**, p. 12.

missionário".[83] Mais adiante ele esclarece que enquanto a tendência medieval e também do pietismo evangélico "é de chamar o crente para fora do mundo e para dentro de atividades relacionadas com a igreja, a abordagem reformada é ver todas as atividades relacionadas com a igreja como sendo estações de 'reabastecimento' para o serviço verdadeiro que se faz dentro do mundo".[84]

Essa avaliação da Reforma Protestante corrigindo a mentalidade medieval é confirmada por Henry Van Til:

> A Reforma Protestante não apenas buscou purificar a igreja e livrá-la dos erros doutrinários, como também buscou a restauração da integralidade da vida... Para os reformadores, o natural era tão santo quanto o espiritual, e a obra do Pai na criação era considerada de igual significação à do Filho na redenção... De fato, levavam o pecado mais a sério do que a Igreja Medieval, crendo que o homem integral tinha sido corrompido pela queda e que o mundo estava sob maldição por causa do pecado. No entanto, não cometeram o engano de condenar as coisas naturais como se fossem profanas; eles criam na restauração, na purificação e na consagração do natural.[85]

O que Horton e Van Til estão dizendo é que os evangélicos precisam resgatar a mentalidade da Reforma sobre arte, música, ciência e educação. Levando em consideração muitas das mudanças culturais operadas pelo Renascimento, creio ser correto afirmar que a Reforma tomou insights trazidos pela Renascença e os colocou

---

83   Horton, **O Cristão e a Cultura**, p. 10.

84   Horton, **O Cristão e a Cultura**, p. 140.

85   Van Til, **O Conceito Calvinista de Cultura**, p. 20.

numa cosmovisão teo-referente; os que rejeitaram essa cosmovisão dentro do protestantismo caíram no Iluminismo e sua filosofia humanista. Veja algumas das mudanças culturais que surgiram na Europa a partir do século 16, sintetizadas no quadro abaixo.

	Idade Média	Renascença/Reforma
Arte	Retrato apenas do religioso, místico, de forma etérea (muita luz, auréolas)	Retrato de toda realidade, de forma realista, com belezas e mazelas
Música	Confunde o sagrado e o secular; faz de todo secular algo sagrado	Movimenta-se livremente entre o sagrado e o secular, entendendo o lugar de cada um
Ciência	Confunde ortodoxia bíblica com ciência (Ex. Copérnico, Galileo)	Espaço para a revelação natural; a Bíblia não é um livro de ciência
Educação	Preservação de um povo ignorante para conservá-lo na fé	Incentiva a educação do povo para o florescimento da fé

Um exemplo dessa mentalidade reformada utilizado por Horton é o de Abraham Kuyper e as versões "cristãs" de escola, jornal e partido político.[86] A postura cultural de Kuyper cria um segmento na cultura, não uma subcultura (ou gueto), para expressar ideais cristãos em áreas não religiosas, evitando assim a retirada pietista da sociedade.[87] Kuyper nos ensina como podemos ser ouvidos enquanto voz cultural. As próprias subculturas seculares

---

86 Na verdade, o partido político criado por Kuyper não foi uma coligação cristã em meio ao paganismo. Ele de fato reorganizou o Partido Antirrevolucionário "que deixou de ser uma espécie de clube de elite para tornar-se um verdadeiro partido popular, envolvendo as massas". W. Robert Godfrey, "Calvinismo e o Calvinismo nos Países Baixos", p. 142. Para o contexto político veja pp. 138-143.

87 Horton, **O Cristão e a Cultura**, p. 31.

(movimento punk na década de 80, movimento emo no início do século 21) não são ouvidas em sua crítica à sociedade. A sociedade possivelmente ouve segmentos que dialogam com ela, mas não subculturas. Subculturas são alvos de documentários, estilo Globo Repórter, não parceiros de diálogo na esfera pública. E nós, evangélicos, não devemos exigir que sejamos ouvidos como parcela importante da sociedade, como têm feito as minorias políticas em nossa nação. Reconhecimento cultural não deve ser exigido, mas conquistado. Embora a sociedade atual se enxergue como constituída de "tribos", a verdade é que na esfera pública é necessário desenvolver uma cultura unificadora, um consenso que permite a criação de leis e o lançamento de projetos. Tribos precisam falar a mesma "língua", do contrário, a sociedade fica esfacelada. Por isso, evangélicos precisam aprender a atuar como cidadãos brasileiros, consumir, filtrar e criar cultura brasileira (não cultura evangélica).

Horton quer que evangélicos aprendam a ter mais discernimento sobre o que é mundanismo, antes do que simplesmente adotar a postura contracultural.[88] Quando evangélicos criam uma

---

88 Tim Keller descreve os cristãos dualistas como tendo uma visão estreita do pecado, da graça comum e da providência divina. "Acham que devem escrever e realizar trabalho artístico que mencione Jesus de maneira explícita, ou devem ensinar Bíblia em escolas evangélicas; ou devem trabalhar em ambientes onde todos são cristãos professos... Esse tipo de dualismo acontece porque não enxergamos o escopo panorâmico da graça comum nem as profundas sutilezas do pecado humano. Quem abraça essa perspectiva não entende que o trabalho executado por não salvos sempre contém uma pitada da graça comum de Deus assim como distorções do pecado. Também não entende que o trabalho executado por cristãos, mesmo que mencione abertamente o nome de Jesus, também é distorcido de modo significativo pelo pecado. A abordagem dualista contrária, no entanto, é ainda mais predominante... os cristãos se acham cristãos apenas nas atividades da igreja... No restante da semana, não têm capacidade de pensar com prudência sobre os valores básicos que estão consumindo e vivenciando. Na vida e no trabalho 'lá no mundo', essas pessoas aceitam e encenam sem nenhum espírito crítico todos os valores fundamentais da cultura e todas as idolatrias do ego, máscaras de aparência, técnicas, liberdade pessoal, materialismo e outras características do individualismo expressivo." Timothy Keller, **Como Integrar Fé & Trabalho** (São Paulo: Vida Nova, 2014), p. 182-183.

AMANDO A DEUS NO MUNDO

subcultura, muitas vezes eles refletem os mesmos valores presentes no mundo. "É bem possível ser totalmente corrompido pelo mundanismo até mesmo quando estamos enfurnados no gueto cristão. Nossa música, literatura, escolas, rádio e televisão e igrejas cristãs podem tornar-se portadores do vírus do mundanismo sem que tenhamos que nos incomodar com o mundo."[89] Em outras palavras, separatismo e mundanismo não são erros extremos nos quais ou você cai em um ou você cai em outro; é possível ser separatista e, ao mesmo tempo, mundano.[90]

Steve Turner ecoa esse alerta ao afirmar que o separatista e o secularizado aplicam a mesma regra absolutista, o primeiro rejeita tudo o que não é eclesiástico e o segundo aceita tudo em nome da neutralidade. Ambos sofrem de falta de discernimento. "Ambos evitam a difícil tarefa de ser ao mesmo tempo crítico e espiritualmente engajado."[91] Andy Crouch diz que crer apenas no Jesus da pureza (estar separado) ou apenas no Jesus do engajamento são caricaturas. O mesmo Cristo que chamava cobradores de impostos ao arrependimento era o Cristo que honrava as festas dos mesmos cobradores de impostos com a sua presença.[92]

Ao falar do anti-intelectualismo evangélico, Horton ilustra os extremos com exemplos históricos: Tertuliano era cego para a graça comum entre os pagãos, enquanto Justino tinha tanto apreço pela filosofia que aceitou ideias seculares que minaram seu pensamento.[93] O apóstolo Paulo sabia equilibrar o engajamento com a

---

89 Horton, **O Cristão e a Cultura**, p. 177.

90 Horton, **O Cristão e a Cultura**, p. 174.

91 Turner, **Engolidos pela Cultura Pop**, p. 14.

92 Crouch, **Culture Making**, p. 181.

93 Horton, **O Cristão e a Cultura**, p. 55.

COSMOVISÃO E A CULTURA EVANGÉLICA BRASILEIRA

filosofia humana (Atos 17) com a advertência contra os princípios humanistas de tal filosofia (Colossenses 2.8). Isso se aplica à forma como devemos extrair as verdades dos dois livros da revelação divina, seja a revelação especial (a Bíblia) ou a revelação geral (natureza). Quando tratamos de um assunto do qual a Bíblia também fala, essa deve reger a interpretação do assunto em questão e não vice-versa. Por outro lado, não podemos tornar a Bíblia um manual de conselhos práticos que providencia resposta para todo questionamento humano. "Jesus é a resposta para os problemas sociais, para a dificuldade de fazer amizades", isso trivializa o papel das Escrituras e anula o papel da sabedoria embasada nas Escrituras.[94]

Horton não é contrário à idéia de criar uma música característica para o culto – que não imita os estilos do mundo – mas contra fazer uma versão "gospel" de tudo.[95] Afinal, estilo não é neutro, mas reflete tendências que podem ser apropriados para uma coisa e não para outra.[96] Horton inclusive faz uma crítica dura ao afirmar que a música cristã pop nos Estados Unidos é frequentemente uma desculpa para artistas inferiores conseguirem sucesso numa subcultura cristã que imita o glamour do entretenimento secular, inclusive com estrelato e cerimônias de premiação.[97]

John Frame traz uma correção importante ao bom livro de Michael Horton. Enquanto Horton é crítico da qualidade da arte e literatura cristãs – uma ideia compartilhada por vários críticos cristãos de cultura –, Frame questiona se cristãos devem ser patronos da alta cultura. Frame não só julga que haja coisa boa na

---

94 Horton, **O Cristão e a Cultura**, p. 192.

95 Horton, **O Cristão e a Cultura**, p. 92-93, 193.

96 Colson e Pearcey, **O Cristão na Cultura de Hoje**, p. 291-292.

97 Horton, **O Cristão e a Cultura**, p. 11.

cultura popular como se mostra ciente de que pecado corrompe todas as formas de cultura, inclusive a cultura elitizada. As diferenças culturais revelam a diversidade de dons e interesses dentro da igreja, uma expressão da riqueza da imagem de Deus e das dotações do Espírito. Frame não está negando que devamos apreciar maior excelência, mas apenas condena os que criticam cristãos por não alcançarem esses níveis de excelência.[98] Frame ainda reconhece que relevância cultural muda conforme o contexto. Embora ele apresente um filtro para a avaliação de filmes, ele reconhece que há contextos nos quais conhecer filmes não é sinônimo de relevância cultural.[99] A apreciação da diversidade sem relevar os padrões de excelência e a sensibilidade para apreciar diferentes aspectos culturais conforme o contexto são qualidades que podem ser adotadas para que sejamos menos ácidos em relação à cultura evangélica brasileira.

---

98 Frame, **A Doutrina da Vida Cristã**, p. 849-850.

99 Frame, **A Doutrina da Vida Cristã**, p. 852.

CAPÍTULO 21

APLICAÇÃO: COSMOVISÃO E TRABALHO

A CULTURA BRASILEIRA DE TRABALHO

O programa Globo Repórter do dia 01 de maio, 2015, intitulado "Trabalho com prazer" apresentou dados e histórias que discorriam sobre um dilema e um sonho que afetam a sociedade brasileira em geral: o dilema é o desprazer do emprego que possuem e o sonho é trabalhar com o que gostam. De acordo com a pesquisa que apresentaram no programa, 80% dos brasileiros gostariam de mudar de emprego. Mas o programa não focou em pessoas que permanecem em seus penosos empregos por causa do dinheiro ou do desemprego. Ele contou histórias de pessoas que abandonaram carreiras bem-sucedidas, a fim de trabalharem com aquilo que gostam. O programa apresentou, dentre outros exemplos, gente como o funcionário do governo francês que abdicou de um trabalho seguro que lhe pagava em euros para se tornar um mágico em uma pequena cidade no interior do Rio Grande do Sul, um executivo que deixou a agitação da capital para plantar orgânicos no sul de Minas

Gerais, a funcionária de empregos tradicionais (vendedora, gerente) que optou por ser artista plástica.

Existe uma cosmovisão por detrás desse programa. Como foi comentado no capítulo 14, existe um enredo padrão do que o trabalho significa para as pessoas. O *ideal* é que todos deveriam ter prazer naquilo que fazem, mas a situação *real* é que a maioria dos brasileiros não experimenta isso, enquanto que a *proposta* de redenção é estar disposto a mudar radicalmente de carreira, disposto a perder dinheiro em busca da felicidade. Essas três premissas evidenciadas no programa fazem paralelo com o que o cristianismo chama de Criação, Queda e Redenção. Isso, porém, não significa dizer que a cosmovisão daquele programa é equivalente ao cristianismo, pois como dissemos no capítulo 14, na proposta de redenção é onde os homens se mostram mais distantes da verdade.

Existe um "evangelho" segundo o Globo Repórter. O que o programa deixou implícito é que pessoas corajosas deram um passo de fé rumo à felicidade (essa é uma proposta de redenção). O que o programa não destacou é que a maioria dos entrevistados trocou a vida agitada pela vida tranquila (não amam dinheiro, mas a tranquilidade sim), e quase todos optaram por ter o seu próprio negócio (estimam muito a liberdade de serem chefes). Isso pode ser idolatria!

Minha crítica a um programa tão "inofensivo" se deve a uma cosmovisão diferente quanto ao papel do trabalho na vida cristã. Precisamos instigar em cristãos uma cosmovisão que se aplique mais aguçadamente a pensar sobre como nossa fé deve estar relacionada a todo e qualquer trabalho (remunerado ou voluntário, fora de casa ou em casa). Precisamos refletir sobre serviço ao próximo tanto para o que tem família quanto ao que vive sozinho.

APLICAÇÃO: COSMOVISÃO E TRABALHO

Esse alerta se dá pelo fato do evangélico brasileiro apresentar a típica dicotomia moderna do capítulo 5 na esfera do trabalho. Quando falo de dicotomia no trabalho, preciso diferenciar dois tipos de dicotomia. A primeira é uma dicotomia aparente, quando pessoas dão mau testemunho de sua fé em seu trabalho, agindo de forma imoral tanto no comportamento individual quanto nas posturas profissionais. Essa inconsistência é facilmente detectada e reprovada pelo cristão sério, por isso a chamei de dicotomia aparente. Contudo, existe uma dicotomia disfarçada que ocorre quando pessoas se mostram moralmente corretas no emprego, muito embora pratiquem atividades incoerentes com sua fé, ou tentem santificar o ambiente de trabalho mediante atividades espirituais.

Dicotomias costumam passar tão desapercebidas que poucos de nós ouvimos aulas ou sermões sobre a história bíblica de Ester, observando a postura dicotômica tanto de Ester quanto de Mordecai, os "heróis" da história, como já vimos no capítulo 9 deste livro. Não estou maculando a imagem de Ester com o intuito de condená-la moralisticamente.[1] Apenas, estou relembrando esse exemplo bíblico para ressaltar como dicotomizar é comum e, às vezes, imperceptível. Nancy Pearcey conta o exemplo do diácono que era advogado em uma empresa grande cuja tarefa era achar brechas em contratos jurídicos para poder quebrá-lo em favor da empresa. Ele não percebia que sua profissão era contrária à orientação de Jesus

---

1 Timothy Keller escreve que muitos cristãos "se sentem ultrajados pelo fato de Ester ter ficado de boca fechada, ao contrário de Daniel, que se identificou como judeu e viveu como judeu publicamente em uma corte pagã. Pessoas de padrões morais tradicionais acham uma vergonha Ester ter tido relações com um homem que não era seu marido. Por meio de todas essas transigências morais, ela alcança uma posição bem próxima ao poder central". Keller, **Como Integrar Fé & Trabalho**, p. 113. Keller está ciente das complexidades histórico-sociais e não quer que assumamos uma postura ética simplista. Para uma discussão sobre as complexidades éticas, veja o capítulo 18.

AMANDO A DEUS NO MUNDO

sobre seu "sim" ser sim e o seu "não" ser não; seu trabalho não era regido por integridade e manutenção da palavra.[2]

Outro exemplo dicotômico pouco notado é o cristão que faz "coaching" (treinamento). As empresas procuram por profissionais que ajudem seus subordinados a desenvolverem suas habilidades pessoais e profissionais para tornarem-se líderes, e não apenas funcionários comuns. Os "coaches" do mundo corporativo (há vários nichos de coaching) são profissionais que compreendem de ambições e comportamentos humanos para produzirem resultados rápidos, além de se sentirem ajudando pessoas – parece uma profissão "do bem". O método é eficaz, já que a maioria das empresas que contrata coaches profissionais têm resultados positivos e sempre obtêm mais lucros, já que seus funcionários se tornam mais motivados e eficientes. Porém, a grande razão para isso não é o bem-estar do funcionário, mas a lucratividade da empresa. Corporações acabam se tornando mais importantes do que pessoas. Além disso, funcionários são ludibriados a pensar que todos têm chances prováveis de subir na vida e serem chefes (ninguém anseia permanecer como faxineiro ou office boy na empresa). Portanto, o cristão que faz coaching não se enxerga nutrindo os sonhos idólatras do funcionário (1º mal) com o propósito último de trazer lucro à empresa (2º mal).[3]

Já falamos no capítulo 5 sobre a visão dicotomizada que pensa que ser cristão no trabalho significa a manutenção de uma ética individual (honestidade, pontualidade, submissão às autoridades,

---

2 Pearcey, **Verdade Absoluta**, p. 110.

3 Outro exemplo poderia ser o presbítero, ou líder da igreja, que é médico mas que não se contrapõe à cirurgia bariátrica como alternativa rápida para o problema da gula, ou à cesária como opção preferível ao parto normal. Quem enxerga a medicina como solução para nossos exageros, temores e desconfortos, entende a medicina de forma anticristã.

APLICAÇÃO: COSMOVISÃO E TRABALHO

eficiência, etc.) e a inserção de atividades espirituais (evangelização, reunião de oração, ouvir música evangélica, etc.).[4] Nessa perspectiva dicotomizada, o empresário cristão é aquele que deixa uma Bíblia em cima da escrivaninha para que alguém pergunte o motivo e abra oportunidade para testemunhar, ora pelos negócios agradecendo cada êxito profissional, compartilha o lucro da sua empresa com instituições de caridade.[5] Nenhuma atitude acima é desprezível, todavia nenhuma delas aborda a questão de como a fé deve influenciar a maneira de trabalhar.[6] Semelhantemente, para muitos evangélicos, um comércio cristão é aquele que faz culto de inauguração para "consagrar" ao Senhor, recebe os funcionários com a "paz do Senhor", toca música evangélica nos alto-falantes e coloca um folheto evangelístico na sacola de compras do cliente. Novamente, nenhuma das atividades é errada em si mesma; só que elas não moldam a atividade profissional em si. Em ambos os exemplos, a fé está anexada ao trabalho (como duas peças de Lego que, embora conectadas, são separadas e podem ser desencaixadas), ela não permeia o trabalho.

Precisamos resgatar uma aplicabilidade pública da fé, para que ela seja mais atuante na atividade comunitária do trabalho. A proposta de integrar fé ao trabalho significa que a fé deve permear o seu trabalho como o fermento leveda toda a massa. Deveríamos sempre pensar sobre os valores que nossas atividades carregam.

---

4 "Ser cristão no mundo corporativo significa, portanto, muito mais do que ser honesto ou não ir para a cama com colegas de serviço. Significa até mais do que evangelismo pessoal ou promover um estudo bíblico no escritório. Antes, significa analisar as implicações do evangelho e dos propósitos de Deus para tudo o que envolve seu trabalho." Keller, **Como Integrar Fé & Trabalho**, p. 158-159.

5 Keller, **Como Integrar Fé & Trabalho**, p. 14.

6 Todas as três atitudes acima (deixar um objeto de fé à vista, orar, e repartir com pessoas carentes) podem e frequentemente são as mesmas atitudes de pessoas de outras religiões (ex: espírita).

AMANDO A DEUS NO MUNDO

Precisamos deixar de ser profissionais que são cristãos (fé anexada à vocação) para nos tornarmos cristãos em nossa profissão (fé transformando a vocação).

Vejamos como a história bíblica e, mais especificamente o evangelho, deve moldar nossa perspectiva do trabalho. Olharemos para o propósito original do trabalho (criação), para os desafios presentes ao trabalho (queda) e finalmente a abrangência do evangelho para o trabalho (redenção). Olharemos para o legado da Reforma quanto à ideia de "vocação" e aplicaremos ao contexto brasileiro.

CRIAÇÃO

O pilar da criação é de suma importância para corrigir uma cultura de murmuração em torno do trabalho. Trabalho é alvo de nossas maiores reclamações. Reclamamos do trânsito, do patrão, das exigências, do salário, do ambiente, e por aí vai. Oliver Barclay afirma que as pessoas em geral

> veem o trabalho simplesmente como um mal infeliz, mas necessário. Quanto menos você tiver que fazer, melhor; e aquilo que não pode ser evitado é feito enquanto aguardamos os feriados, finais de semana ou aposentadoria. Até recentemente, a sociedade ideal era apresentada como aquela na qual as máquinas finalmente fariam todo o trabalho, possibilitando aos homens e às mulheres desfrutarem de um lazer quase ilimitado.[7]

Mas essa visão negativa quanto ao trabalho não é recente. Herdamos dos gregos um conceito negativo de trabalho. Para Aristóteles, viver sem trabalhar – isto é, afastar-se da vida ativa e devotar-se

---

7   Oliver Barclay, **Mente Cristã** (São Paulo: Cultura Cristã, 2010), p. 87.

APLICAÇÃO: COSMOVISÃO E TRABALHO

à contemplação – era assemelhar-se aos deuses. Era a vida ideal pois afasta a pessoa do mundo físico, onde a existência é marcada por medo e ansiedade. O ideal era ser filósofo, contemplativo.[8] Não que a cultura grega estimulasse o ócio total e evitasse qualquer atividade prática. Imortalizar o seu nome mediante atuação política ou militar era o ideal de atividade prática. Escravos eram a saída para se gastar tempo na esfera política. Nada era mais próximo da vida divina, porém, do que a vida contemplativa.[9] Inclusive, os termos gregos usados para se referir ao trabalho (*kopós, kopiáo*) representam açoitamento, fadiga, esgotamento.[10] A palavra *kopiáo* é o termo traduzido por "trabalho" em Efésios 4.28. Daí tiramos o termo em português "copioso", que castiga (ex: chuva copiosa).

A dicotomia grega entre vida ativa e vida contemplativa foi incorporada à tradição cristã através de pensadores como Agostinho de Hipona e Tomás de Aquino, o ideal monástico. Timóteo Carriker afirma que a distinção feita por Agostinho entre vida ativa e vida contemplativa fazia com que quase todo tipo de trabalho se encaixasse na primeira categoria (inclusive a pregação, o estudo e o ensino) enquanto que a segunda se referia à meditação em Deus e nas suas verdades. "Ambas eram boas, mas a vida contemplativa era melhor. Isso levou à valorização da vida sacerdotal ou

---

8 "Aristóteles afirmou em Política I.V.8 que algumas pessoas nasceram para ser escravas. Isso significa que, segundo ele, algumas pessoas são incapazes de raciocínios mais elevados e, portanto, devem fazer o trabalho que libera os mais talentosos e brilhantes para a busca de uma vida de honras e cultura." Keller, **Como Integrar Fé & Trabalho**, p. 47.

9 Lee Hardy, **The Fabric of this World**: Inquiries into Calling, Career Choice, and the Design of Human Work (Grand Rapids: Eerdmans, 1990), p. 8-14.

10 "No grego secular *kópos* significa a. 'açoitamento' ou a 'fadiga' por ele causada, e b. o 'esforço' (p. ex., de trabalho manual) que produz canseira física. *Kopiáo*, então, significa 'cansar-se', 'esgotar-se'." Geoffrey W. Bromiley (org.). **Dicionário Teológico do Novo Testamento** vol. 1 (São Paulo: Cultura Cristã, 2013), p. 501.

AMANDO A DEUS NO MUNDO

monástica, que caracterizou o cristianismo medieval."[11] Tomás de Aquino dizia que o trabalho produtivo que atende as necessidades temporais do corpo físico não possui significado religioso duradouro. Além disso, o trabalho manual impede a meditação que requer isolamento social. Ironicamente, o mandamento de amar a Deus (afastamento do mundo para a contemplação divina) parecia atrair a uma direção oposta ao mandamento de amar o próximo (engajamento no mundo para uma vida de serviço ativo). Embora ambas fossem boas, Aquino colocava a vida contemplativa num plano superior.[12] Tal superioridade da vida contemplativa sobre a vida ativa é ilustrada por Aquino com a história de Marta e Maria.[13] O trabalho manual só caberia na vida monástica como forma de humilhação, purificação de desejos (ascetismo), pois assim contribuiria para a vida contemplativa.[14]

A dicotomia foi adaptada secularmente na distinção entre trabalho braçal, desprezado como inferior por não exigir estudo, e o trabalho intelectual, valorizado por causa da formação acadêmica. Essa manutenção de castas trabalhistas revela que nossa sociedade não valoriza o trabalho pelo serviço que presta, mas pelo glamour que lhe acompanha. Inclusive, trabalho bom é aquele que toma menos horas do seu dia para lhe dar mais tempo de lazer e família.

Essa visão pessimista de trabalho que moldou o pensamento ocidental precisa resgatar o conceito criacional de trabalho. Precisamos ser lembrados que o trabalho é uma ordem criacional, não uma maldição ou um mal necessário (para sustentar minha família).

---

11 C. Timóteo Carriker, **Trabalho, Descanso e Dinheiro**: uma abordagem bíblica (Viçosa: Ultimato, 2001), p. 38.

12 Hardy, **The Fabric of this World**, p. 17-18.

13 Tomás de Aquino, **Suma Teológica**, II-II.182.1.

14 Hardy, **The Fabric of this World**, p. 23.

APLICAÇÃO: COSMOVISÃO E TRABALHO

Trata-se de uma ordem que reflete o projeto original: devemos refletir o nosso Deus na forma como servimos outros. A maioria dos crentes não atenta para o fato da Escritura apresentar Deus como trabalhador. A cena inicial da Bíblia demonstra um Deus que trabalha por seis dias e descansa no sétimo (Gn 2.1-3) como modelo para o homem. Não só a criação, mas até a sustentação divina da criação (providência) também é chamada de trabalho (Jo 5.17).

O Deus trabalhador é o fundamento de sermos convocados a imitá-lo. Criar-nos à sua imagem significa fazer-nos criativos, cultivadores e gerenciadores. O mandato cultural é a missão criacional de Deus para o ser humano.[15] Deus continua a trabalhar como provedor, cuidando de sua criação, e por isso continua sendo modelo de preservação e proteção. No Éden, o homem foi chamado para cultivar e guardar o jardim (Gn 1.28; 2.15), mas continua sendo verdadeiro que ser humano é "subjugar" e "dominar", ou seja, governar a terra. Isso faz parte da imagem de Deus, é intrínseco a nós. Trabalhar não é apenas algo que fazemos, mas diz respeito a quem somos enquanto imagem de Deus. Não estou dizendo que uma determinada profissão nos define, ou que não somos ninguém se não tivermos um trabalho remunerado. Estou apenas asseverando que servir o próximo faz parte de nossa natureza criacional. O trabalho, portanto, é um ponto de contato entre nós e o nosso Deus.

Se a ordem para trabalhar é criacional, e não uma maldição, então ela é intrinsicamente digna. Tal é a sua dignidade que trabalho não é o que você faz para viver, mas o que você vive para fazer. Se trabalhar é bom, então todo tipo de trabalho é digno. A própria

---

15 Se Deus ao criar designou o lugar e nome de cada elemento, ele nos confere a função de designar a função e o propósito da criação – a pesquisa na universidade como sendo um desenvolvimento de tal incumbência. Carriker, **Trabalho, Descanso e Dinheiro**, p. 25-26. O dar nomes aos animais (Gn 2.20) é a primeira evidência de tal postura.

AMANDO A DEUS NO MUNDO

história bíblica nos surpreende a esse respeito tanto na criação quanto na encarnação:

> Aprendemos que o trabalho não somente tem dignidade em si, mas também que todos os tipos de trabalho são dignos. O trabalho que o próprio Deus faz em Gênesis 1 e 2 é "braçal", quando nos cria do pó da terra – colocando deliberadamente um espírito em um corpo físico – e quando planta um jardim (Gn 2.8). É difícil imaginarmos hoje como esse conceito tem revolucionado a história do pensamento humano. O pastor e escritor Phillip Jensen explica desta forma: "Se Deus viesse ao mundo, como ele seria? Para os gregos da Antiguidade, talvez fosse um rei-filósofo. Para os romanos de outrora, ele seria apenas um estadista justo e nobre. Mas como o Deus dos hebreus veio ao mundo? Como carpinteiro."... Em Gênesis, vemos Deus como jardineiro e, no Novo Testamento, como carpinteiro... Trabalho braçal é trabalho de Deus tanto quanto a formulação de uma verdade teológica.[16]

Deus se apresenta como oleiro e jardineiro, e Jesus assume a profissão de carpinteiro, porque todos os tipos de trabalho são dignos.[17] Quando João Batista é perguntado por soldados e cobradores de impostos sobre como devem manifestar arrependimento, e João Batista não os encoraja a sair de seus empregos; antes, exorta-os a

---

16 Keller, **Como Integrar Fé & Trabalho**, p. 49, 50.

17 Além de ser carpinteiro, Jesus se comunicava com trabalhadores empregando as figuras do trabalho manual (Mt 7.24; 13.3, 30; Lc 15.8; Jo 4.35). Paulo "não fazia nenhuma distinção entre o labor físico e o trabalho espiritual. Usou os mesmos termos para o seu trabalho manual como fazedor de tendas e seu serviço como apóstolo" (1 Co 4.12; 15.10; Ef 4.28; Gl 4.11; 1 Ts 5.12). Até nos novos céus e nova terra haverá trabalho (Is 65.21-22). Carriker, **Trabalho, Descanso e Dinheiro**, p. 42-43.

APLICAÇÃO: COSMOVISÃO E TRABALHO

demonstrar vida arrependida dentro de suas profissões (Lc 3.12-14).[18] A honra de todo tipo de trabalho vai contra a exaltação da educação em nossa sociedade, como aquilo que te faz "ser alguém" e que te abre portas para profissões mais dignas (trabalho intelectual). Essa revelação bíblica corrige nossa supervalorização do trabalho que exige graduação.

A dignidade de todo trabalho estava por detrás da ideia de trabalho como vocação, algo bem explorado por reformadores desde Lutero.[19] Em nosso país católico-romano, pessoas usam o termo "vocação" ou "sacerdócio" para elevar/sacralizar uma determinada profissão, mas não atentam para que foram chamados ou para quem eles intermediam. Quando eu era jovem fui a um consultório onde o médico, ao descobrir que eu era seminarista, reagiu dizendo que medicina também era um sacerdócio. Pais em nossa sociedade querem que seus filhos adolescentes façam testes vocacionais antes do vestibular. No entanto, nem o médico nem os pais pensam nessa linguagem em termos religiosos. A secularização contribuiu para uma ideia de vocação sem ter quem vocaciona.[20]

Em contrapartida, os reformadores sempre afirmaram que o cristão é chamado por Deus a servir a sociedade dentro de sua posição na sociedade. Não se trata da "vocação" conforme utilizada nas Escrituras para se referir à nossa chamada à salvação (Ef 4.1). Porém,

---

18 R. Paul Stevens, **The Other Six Days**: Vocation, Work, and Ministry in Biblical Perspective (Grand Rapids: Eerdmans, 1999), p. 116.

19 Veja Karlfried Froehlich, "Luther on Vocation". In: Timothy J. Wengert (org.). **Harvesting Martin Luther's Reflections on Theology, Ethics, and the Church** (Grand Rapids: Eerdmans, 2004), p. 121-133; Gustaf Wingren, **Luther on Vocation** (Eugene, Oregon: Wipf & Stock, 1957).

20 "O trabalho só é uma vocação se alguém chamar você para fazê-lo e se ele for feito para quem o chamou, e não para você mesmo." Keller, **Como Integrar Fé & Trabalho**, p. 20. Precisamos responder à ordem criacional de Deus não só de maneira genérica, mas descobrindo as leis de cada esfera e direcionando nossos esforços para a glória do Senhor.

AMANDO A DEUS NO MUNDO

traz a ideia de missão dada por Deus para servi-lo no mundo, realizando as tarefas próprias da ocupação que temos. Se fomos remidos para servir, temos de fazê-lo conforme nossa ocupação. Se somos chamados a trabalhar, precisamos fazê-lo conforme quem nos chamou (o senso de honra e de responsabilidade é proporcional ao seu Chefe).[21] O senso de quem nos chamou e a grandiosidade da obra a que fomos chamados deveriam nos motivar ao trabalho.[22]

Desde a criação somos chamados ao cultivo, a desenvolver as potencialidades da criação, como já vimos no capítulo 8. Quando os dois primeiros capítulos de Gênesis ordenam o ser humano a povoar uma região ("sede fecundos, multiplicai-vos, enchei a terra") com o propósito de desenvolvê-la ("sujeitai-a; dominai"; dar nomes aos animais), ele está se assemelhando ao próprio Criador. Isto é, quando a procriação humana gera uma civilização e a administração de recursos da criação promove uma sociedade, o homem está refletindo o seu feitor, o qual criou espaços e depois os povoou para evidenciar as glórias do cultivo/domínio (trabalho).[23]

---

21 Cf. Gene Edward Veith Jr., **Deus em Ação**: a vocação cristã em todos os setores da vida (São Paulo: Cultura Cristã, 2007), p. 39-48.

22 Michael Horton ensina sobre a perspectiva de nosso lugar na história divina como força propulsora de nosso trabalho. Ele o faz com a ilustração dos três trabalhadores na construção medieval: "Um dia, um senhor caminhava e passou por um lugar de construção. Perguntou aos trabalhadores 'O que estão fazendo?' Um disse: 'Estou quebrando pedras da pedreira'. Outro respondeu: 'Sou responsável por fazer a argamassa que juntará as pedras'. Um terceiro homem, coberto de lama, empurrava um carrinho de mão e parou apenas o tempo para dizer com prazer e orgulho: 'Estou construindo uma catedral'. O que estamos fazendo com nossas vidas? Trabalhando para o fim-de-semana ou construindo uma catedral? Os três homens estavam envolvidos na mesma obra, mas somente um tinha em vista o grande quadro. Longe da perspectiva transcendente (divina, vertical, teológica), vemos apenas os detalhes da rotina diária: eu registro informações de contabilidade, eu limpo a casa, eu julgo os casos no tribunal, eu digito a correspondência e faço telefonemas para outras pessoas e assim por diante. Mas quando começamos a assinar as composições de nossas músicas do dia-a-dia com 'Soli Deo Gloria' – Só a Deus a glória – como fez Bach, até mesmo o trabalho mais enfadonho ou corriqueiro torna-se divino". Horton, **O Cristão e a Cultura**, p. 157-158.

23 "Nos três primeiros dias, Deus cria reinos (céus, firmamento e águas, terra) e, nos outros três,

APLICAÇÃO: COSMOVISÃO E TRABALHO

É claro que a nossa utilização de recursos deve ser própria de mordomo, como já destacamos no capítulo 8, para não cairmos no erro de idolatrar o estado prístino da natureza nem na idolatria oposta de nos perdermos na exploração de recursos. Isto é, não somos nem guardas florestais (ecologistas), nem pavimentadores do jardim (progressistas tecnológicos). Assim como o Criador, somos jardineiros que trabalham a terra para torná-la mais frutífera, extraindo os potenciais de desenvolvimento do solo, sem, contudo, agredir o solo. Transformar tecido em roupa ou metais em ferramentas, canalizar a força da energia elétrica ou descobertas farmacológicas para o avanço da medicina, promover redes de distribuição de produtos ou sites com disponibilização de serviços, em tudo isso cultivamos a criação. Nesse espírito o trabalho deve honrar o Senhor com boa mordomia (mandato espiritual), servir o próximo com as benesses que podem ser desenvolvidas da criação (mandato social) e gerenciar a natureza ressaltando suas riquezas de recursos ao mesmo tempo que a protege de abusos (mandato cultural).[24]

Esse senso de propósito (visão macro de onde nosso trabalho se encaixa no reino de Deus) muda a nossa atitude no trabalho. Observe o aspecto social do trabalho conforme nos é ensinado em

---

povoa cada reino com seus habitantes (sol, lua e estrelas, pássaros e peixes, animais e humanos). Portanto, a palavra 'sujeitai' indica que o mundo, até mesmo em sua forma original e pura, foi criado por Deus com necessidade de ser trabalhado. A criação ocorre de tal maneira que mesmo ele teve de trabalhar para que o mundo ficasse conforme o planejado, para desenvolver todas as suas riquezas e seu potencial. Não é coincidência que, em Gênesis 1.28, Deus mande que sejamos seus imitadores e façamos as mesmas coisas que ele fez: encher a terra e dominá-la." Keller, **Como Integrar Fé & Trabalho**, p. 58.

24 Não trabalhamos apenas para comer ou para termos dinheiro para nos divertir. Ter apenas essas motivações físicas ou biológicas é nos assemelharmos aos animais, conforme a escala modal de Dooyeweerd. Todavia, os aspectos social, econômico, estético e pístico, todos demonstram algumas belezas de sermos imagem de Deus (imagem no sentido estrutural).

AMANDO A DEUS NO MUNDO

Efésios 4.28. Lá está dito que o serviço prestado é considerado moralmente "bom".[25] O propósito do verso não é falar de trabalhos lícitos ou ilícitos,[26] mas de propor o socorro ao necessitado como antitético ao furto que prejudica. O trabalho, portanto, está sendo medido pelo serviço que ele presta ao próximo. Se chamamos o emprego de "serviço", precisamos resgatar esse sentido de "esforço desprendido, interessado em suprir necessidades do próximo". Oliver Barclay escreve que "o impacto mais importante de uma mente cristã sobre tudo que se refere a trabalho é que a prioridade mudou da ênfase na recompensa para a ênfase no ideal de serviço".[27] É como se a pergunta que deveríamos fazer não fosse "E o que é que eu ganho com isso?", mas sim "E o que é que eu dou com isso?" Serviço é prioridade sobre salário.

Lutero tinha uma bela analogia para falar de como nosso singelo trabalho se encaixava nos propósitos de Deus para com a sua criação, mais especificamente ao seu povo. Ele dizia que trabalhadores eram "máscaras de Deus" para o bem-estar do próximo, pois ele compreendia que a vocação profissional tinha menos a ver com o que você faz por Deus e mais a ver com o que Deus faz por seu

---

25 A tradução da NVI ressalta o aspecto utilitário ("fazendo algo de útil com as próprias mãos") enquanto a ARA destaca o aspecto moral ("fazendo com as próprias mãos o que é bom"). Os vários usos do adjetivo *agathós* favorecem o sentido de perfeição moral, antes do que valor utilitário (Mc 10.17-18; Lc 10.42; Jo 7.12; Rm 5.7; Ef 2.10; 4.29; 6.8). Veja Bromiley, **Dicionário Teológico do Novo Testamento** vol. 1, p. 3-4.

26 A tradução para o inglês English Standard Vesion traduz como "trabalho honesto". Essa tradução pode dar a impressão de que o contrário do furto no verso 28 é o trabalho honesto. Todavia, o contrário do furto é o socorro ao necessitado.

27 Barclay, **Mente Cristã**, p. 95. Barclay destaca esse aspecto de serviço como corretor de espíritos extremistas: "Como cristãos temos de defender nossa posição contra os ataques em duas frentes: para aqueles que idolatram o trabalho dizemos que ele é simplesmente uma maneira de servir a Deus e ao homem; para aqueles que veem o trabalho como um mal necessário, enfatizamos que, desde a sua criação o homem foi feito para trabalhar no mundo, transformando seus recursos naturais e os dons da natureza humana em bem para a comunidade". Barclay, **Mente Cristã**, p. 89.

APLICAÇÃO: COSMOVISÃO E TRABALHO

intermédio.[28] José entendeu que o seu trabalho no Egito serviria aos propósitos de Deus em sustentar o seu povo. Embora tivesse passado por situações desfavoráveis, seu trabalho era serviço para preservação do povo de Deus (Gn 45.7-11).

O relato da criação nos ensina mais uma coisa importante acerca de nossa produtividade: o lugar do descanso. Ainda que trabalho seja importante, trabalho não é tudo. O início de Gênesis 2 (v. 1-3) nos ensina que devemos refletir a Deus no descanso (Êx 20.8-11). Na verdade, o sábado foi feito para o homem (Mc 2.27). Esse é um ensino bastante negligenciado num tempo em que mal pensamos em servir, porque estamos preocupados em sobreviver à tirania do tempo. Reclamamos da falta de tempo (a mesma quantidade para todos), mas a verdade é que nos submetemos a uma expectativa de perfeccionismo em nós e performance ditada pelo mundo, onde procuramos provar nossa capacidade para agradarmos os outros (seja para manter o emprego ou para ter o elogio daqueles a quem servimos fora do trabalho remunerado).[29] O descanso de nossos labores não é só uma necessidade física ou emocional, mas uma carência espiritual de todo o ser humano. O descanso semanal deve colocar os nossos olhos em Deus (Mt 11.28; Hb 4.9-11).[30]

O que estamos propondo é muito diferente das propostas de redenção calcadas no lazer de fim de semana[31] ou na aposentado-

---

28 Veith, **Deus em Ação**, p. 18-19.

29 Kevin DeYoung, **Super Ocupado**: um livro (misericordiosamente) pequeno sobre um problema (realmente) grande (São José dos Campos: Fiel, 2014), p. 39-43.

30 Michael Horton fala que nosso trabalho, assim como nosso lazer, deveria ser visto de modo escatológico. Horton, **O Cristão e a Cultura**, p. 149.

31 Atividades de lazer que agem como distrações para esquecermos a insignificância de nossas vidas são uma consequência do mau entendimento do que seja trabalho. O descanso cristão não é inatividade, mas esforço para permanecermos na dependência de Deus. Carriker, **Trabalho,**

ria no fim de carreira.[32] Kevin DeYoung nos lembra que o "sábado cristão" é acima de tudo descansar em Cristo. É a oportunidade que Deus nos dá de "confiar mais na obra de Deus do que em nosso próprio trabalho". Na Escritura, o sono é dádiva divina, como expressão de total dependência dEle.[33] A história de Marta e Maria (Lc 10.38-42) não é um convite à vida contemplativa, mas um lembrete para manter as prioridades. Gastar tempo com Jesus não é algo que deve ocupar os intervalos do dia, mas só acontece quando priorizamos estar com ele. Na narrativa de Lucas, essa história vem após várias atividades dos apóstolos para que aprendamos que todo o "serviço para Deus" é desperdiçado, se não gastarmos tempo sendo servidos por Ele.[34] Isso acontece nas devocionais, sim, mas principalmente no dia do Senhor. Foi para isso que Deus nos ensinou a guardar um dia na semana.

QUEDA

O conceito de trabalho é motivo de grande confusão. Desde que trabalho foi amaldiçoado (Gn 3.17-19) ele é alvo de controvérsias, opiniões contrastantes.[35] Trabalho se torna menos frutífero do que o esperado, e pessoas acabam reagindo de maneira diferente em relação a isso. Alguns reagem aos desafios do trabalho com

---

Descanso e Dinheiro, p. 54, 56.

32 Stevens pergunta: "Será que a aposentadoria sinaliza o fim do trabalho e a introdução a uma orgia de lazer, ou deve ser uma transição de trabalho remunerado para trabalho voluntário (ou possivelmente trabalho em um contexto não profissional)?" Stevens, **The Other Six Days**, p. 109.

33 DeYoung, **Super Ocupado**, p. 107-108, 112.

34 DeYoung, **Super Ocupado**, p. 133-134, 140.

35 Greves maciças, processos na justiça, cortes nas empresas acarretando em crescimento de desempregados, reformas sociais, funcionários fazendo escalas malucas, empresas movidas a lucro sem compaixão por funcionários, mercado saturado, má formação profissional; essas são algumas das preocupações muito levantadas na mídia quando o assunto é trabalho.

APLICAÇÃO: COSMOVISÃO E TRABALHO

mais dedicação, outros sucumbem à decepção. Parece ser comum cairmos em um dos extremos. Sebastian Traeger e Greg Gilbert, em seu livro *O Evangelho no Trabalho*, chamam esses extremos de "idolatria" e "indolência" (isto é, apatia, indiferença, preguiça, morosidade).[36] Idolatria acontece quando vamos ao trabalho esperando muito dele. Esperamos frutificar muito, produzir muito, ter sucesso, vemos o trabalho como fonte de nossa identidade e alegria. Normalmente, quem é idolatra em algum momento se frustra (ainda que ele não perceba que o seu problema é a idolatria), porque a profissão não é capaz de suprir tais expectativas sempre. No outro extremo estão os que esperam muito pouco do trabalho. Eles vão trabalhar de cara fechada, desapontados e frustrados com a sua posição, considerando o trabalho o maior fardo que carregam em sua vida.

Se alguns de nós são frustrados com trabalho, por isso precisei falar de trabalho na Criação, outros são muito confiantes no que podem realizar, por isso preciso falar de Queda. Vivemos em uma cultura fascinada por sucesso e realização. A mídia vive celebrando aqueles que atingiram o sucesso profissional e a educação profissional se promove como a chave que abre as portas para o sucesso. Além de sucesso, a busca por realização está relacionada a escolher a profissão e se sentir bem com ela. Numa era repleta de escolhas, falamos muito sobre encontrarmos trabalhos que amamos antes que amarmos trabalhos que encontramos. Muitos acabam sendo movidos profissionalmente pelo sonho (ideal) de sucesso e realização e, na maioria das vezes, acabam sobrevivendo de expectativas utópicas. Se os mais pessimistas pecam por terem uma atitude

---

36 Sebastian Traegr e Greg Gilbert. **O Evangelho no Trabalho**: servindo Cristo em sua profissão com um novo propósito (São José dos Campos: Fiel, 2014), p. 29-57.

AMANDO A DEUS NO MUNDO

derrotista e não servil do trabalho, os mais empolgados pecam por nutrir uma leitura indevida da situação.

A Queda é o antídoto bíblico para o otimismo exagerado. Ela funciona como uma ducha de realidade, destrói o mito da autonomia humana. Se jovens recém-formados na faculdade costumam nutrir uma visão apaixonante e idealista de como procurarão transformar seu campo de trabalho, não demora muito tempo para que a vida profissional traga frustrações e complexidades que extrapolam nossa habilidade de fazer diferença.[37] Afinal, são muitos os efeitos da Queda sobre o nosso labor. Opressões e decepções são recorrentes. Trabalho é o maior produtor de cansaço e stress na sociedade hodierna; cobranças do patrão por desempenho (metas irreais), discussões com colegas de trabalho (falta de colaboração e trabalho em equipe), estão entre algumas das causas mais frequentes. Muitos não se veem valorizados, e alguns até experimentam a injustiça de ter suas ideias e projetos roubados por quem quer levar o crédito. A maior parte da humanidade não faz profissionalmente o que "gosta".

Além dessas causas mais conhecidas, existem algumas menos observadas como a "ilusão" do plano de carreira e a mecanicidade do trabalho. A "ilusão" do plano de carreira se refere à impossibilidade de 15 supervisionados chegarem ao único cargo de chefia naquela seção. Dentro de empresas grandes, muda-se de setor antes do que se cresce em empresa. Enquanto a maioria espera a grande oportunidade que nunca chega, muitos são os que desistem das promessas ao longo do caminho. A mecanicidade do trabalho é resultado imprevisto da Revolução Industrial: linha de

---

37 Veja um bom exemplo das complexidades do trabalho em Keller, **Como Integrar Fé & Trabalho**, p. 88.

APLICAÇÃO: COSMOVISÃO E TRABALHO

montagem na fábrica, incontáveis repetições na contabilidade, secretária que repete alguns dos mesmos afazeres, e outros trabalhos enfadonhos. Após a Revolução Industrial, o trabalho se tornou subdividido, simplificado, rotinizado de tal forma que o trabalhador ficou distante dos resultados de seu labor.[38] Keller afirma que a especialização do funcionário em uma empresa de múltiplos processos – seja o funcionário da linha de montagem ou mesmo um executivo que lide com aspectos financeiros muito específicos na empresa – terá dificuldade de enxergar a produtividade real de seus esforços.[39] A despeito de certas miopias inerentes ao seu projeto, Karl Marx estava certo ao enxergar a alienação que experimentamos no trabalho.[40]

O próprio livro de Gênesis explora esses efeitos da Queda muito claramente. Os cardos e abrolhos como ilustrativos da maldição sobre o trabalho (Gn 3.17-19) não transformaram o trabalho em algo essencialmente mau, mas evidenciaram os empecilhos que o pecado trouxe para o sustento da vida. O trabalho ficou quase infrutífero (expectativa maior do que resultados); sentimo-nos inúteis para "transformar o mundo". Como o próprio nome já diz, trabalho "dá trabalho". Frequentemente somos frustrados em

---

38 Stevens, **The Other Six Days**, p. 111.

39 Keller, **Como Integrar Fé & Trabalho**, p. 100-101.

40 Essa alienação em relação à produtividade do trabalho é o que levou Karl Marx a propor uma solução para os males resultantes da Revolução Industrial. Lee Hardy descreve como a análise de Marx o levou a concluir que o problema estava na produção ser privatizada, fazendo com que o produto fosse alienado do trabalhador. Os donos exercem domínio estabelecendo os termos de trabalho da classe operária. O trabalho, assim, funciona para sobreviver, não para realização do homem. A solução, para Marx, é se a classe operária se levantasse em revolução e tornasse o meio de produção uma propriedade pública, isso eliminaria a classe dominante, gerando uma sociedade sem classes, o ideal sonhado por Marx. Hardy, **The Fabric of This World**, p. 31, 33, 36. Embora o diagnóstico de Marx tenha sido reducionista ao focar os males sociais no aspecto econômico (materialismo histórico), e sua proposta de revolução social não seja bíblica, Marx está corretamente sensível aos males sociais aliados ao nosso labor.

AMANDO A DEUS NO MUNDO

nossos sonhos profissionais. Antevemos mais do que conseguimos realizar, tanto pela falta de habilidade nossa quanto pela resistência de outros e do sistema ao nosso redor. Sonhamos com uma carreira profissional em que exerçamos toda nossa capacidade, mas talvez não tenhamos essa oportunidade. Ou quando você sente que está na profissão correta e até fica satisfeito com a qualidade de seu trabalho, sente-se frustrado quando as circunstâncias conspiram para neutralizar os efeitos de seus esforços (ex: não ver os frutos do seu labor no judiciário).[41]

Mas o livro de Gênesis não só expõe os efeitos da Queda *sobre* nós, mas também escancara os resultados da Queda *em* nós. A narrativa primitiva revela que temos razões egoístas quando o assunto é trabalho. O desenvolvimento profissional na linhagem distante de Deus (Gn 4.17, 20-22) foi usado para atingir poder, fama e autonomia (Gn 11.4) – "fazer um nome". "Na linguagem bíblica, 'fazer um nome' é criar uma identidade para nós mesmos", escreve Tim Keller. "Ou ganhamos um nome – uma essência que nos define, nossa segurança, nosso valor e nossa singularidade – a partir daquilo que Deus fez por nós e em nós (Ap 2.17), ou fazemos um nome por intermédio do que conseguimos construir por conta própria."[42] Babel representa os dois anseios natos ao homem (identidade e relacionamento) sendo buscados à parte de Deus; Babel é o retrato das utopias humanas terminando em fracasso.

Mas se Gênesis nos ensina a não cairmos num idealismo humanista, também aprendemos na Escritura que não devemos cair no

---

41 Keller demonstra como o nosso desejo por "fazer uma melhoria extraordinária na sociedade ou causar impacto duradouro na cultura" é alcançado por pouquíssimas pessoas e até esses são frustrados em suas aspirações com a mesma frequência com que alcançam objetivos. Keller, **Como Integrar Fé & Trabalho**, p. 87.

42 Keller, **Como Integrar Fé & Trabalho**, p. 110.

APLICAÇÃO: COSMOVISÃO E TRABALHO

oposto do ceticismo. Enquanto o idealismo sonha em fazer a diferença e transformar o mundo, o ceticismo crê que nada muda e que o trabalho é meramente utilitário para se atingir os objetivos pessoais.[43] O cristão não pode cair no idealismo de pensar que o trabalho não foi afetado pela Queda, mas também não pode cair no ceticismo de pensar que o trabalho foi irremediavelmente estragado pela Queda.

É nisso que o livro de Eclesiastes[44] nos traz uma lição preciosa. Há diferentes interpretações sobre o autor e sobre como ler o livro.[45] Porém, todos concordam que a vida "debaixo do sol" é

---

43 Corremos o risco de sair de uma visão utópica do trabalho para uma visão pessimista do mesmo. "O idealismo afirma: 'Por intermédio do meu trabalho, mudarei as coisas, farei diferença, realizarei algo novo, farei justiça no mundo'. O ceticismo afirma: 'Nada muda de verdade. Não se encha de esperança. Trabalhe para se sustentar. Não se envolva demais. Tire o máximo proveito que puder.'" Keller, **Como Integrar Fé & Trabalho**, p. 91.

44 "Eclesiastes é uma tradução grega do hebraico qôhelet, 'aquele que convoca uma congregação', supostamente a fim de pregar para ela." Lasor, Hubbard, Bush, **Introdução ao Antigo Testamento**, p. 542.

45 O livro de Eclesiastes é passível de múltiplas interpretações. Alguns o consideram o livro de mais difícil compreensão no Antigo Testamento. Há interpretações extremadas de quem vê o livro como uma afirmação da alegria neste mundo (por empregar a palavra *simah* – alegria, prazer – nas chamadas "conclusões positivas") enquanto outros o veem como sendo um livro sem esperança (tudo é vaidade). Mesmo que não assumamos um dos dois extremos, surgem perguntas difíceis: "vaidade" é um termo negativo ou deve ser visto à luz do temor do Senhor? O autor está contrastando fé e vista ou fé e razão? A observação da vida feita pelo Pregador é precisa à luz da cosmovisão bíblica ou devemos aprender do livro com os seus equívocos? Eis algumas razões para tais dificuldades: aparentes contradições do Pregador (ex: 2.17-26); não há uniformidade quanto à sua estrutura; incerteza quanto ao sentido de *hebel* (vaidade), etc. Há quem interprete o livro como sendo de autoria de Salomão (Olyott, Kaiser e Estes parecem pender para tal conclusão) como se fosse uma reflexão sobre a vida após sua derrocada moral. Esses intérpretes veem o livro como uma potente lição de Salomão sobre como a vida é fútil à parte de Deus (interpretação mais tradicional). Tal interpretação é possível, embora não haja menção dessa reflexão/arrependimento nos livros históricos. Outros, contudo, entendem que Salomão é apenas uma analogia incorporada pelo Pregador para que traga uma lição aos leitores (LaSor et. al., Longman). Ou o Pregador estaria contrastando a sabedoria convencional de compatriotas otimistas (LaSor et. al.), ou retratando um pregador frustrado e sem esperança no livro falando de 1.12-12.7 enquanto o narrador que fala no início e no fim (1.1-11 e 12.8-14) traz uma lição ao seu filho sobre a necessidade de viver acima do sol (Longman, Keller). Pessoalmente, não vejo que os textos alegados como inviabilizando a autoria salomônica sejam definitivos. Cf. Stuart Olyott, **A Life Worth Living: Exposition of Ecclesiastes and Song of Solomon** (Darlington: Evangelical Press, 1983); Walter C. Kaiser Jr, **Eclesiastes** (São Paulo: Editora Cultura Cristã,

AMANDO A DEUS NO MUNDO

desligada de qualquer realidade eterna e, por isso, insatisfatória. Duas expressões chave no livro são a palavra "vaidade" (*hebel*, 38 vezes) – significa "vapor, efêmero, enigmático, sem sentido"[46] – e a expressão "debaixo do sol" (29 vezes) – à parte da revelação[47] – e ambas revelam como o trabalho pode ser frustrante e enfadonho. Eclesiastes é um livro *realista*, de quem observa (1.14; 2.12; 3.16; 4.1. 9.11, 13) os efeitos da Queda sobre a vida e, especificamente, sobre o trabalho. O autor oscila entre gratidão pelo trabalho e seus frutos (Ec 2.24-26b; 3.12-13, 22) e uma visão pessimista do trabalho (Ec 2.17-23; 3.9-10; 4.4, 8) como se fosse um niilista. No geral, o pessimismo supera os vislumbres de alegria.[48] Não há garantia de que o legado de seu labor permaneça (2.18-22),[49] o trabalho é penoso (2.17; 3.9-10), enfadonho (2.23), marcado por más intenções (4.4) e idolatria (4.8).

O tom que prevalece em Eclesiastes, portanto, é que o trabalho é sem sentido. Mesmo quando ele tem prazeres, há um tom de

---

2015), p. 34; Daniel J. Estes, **Handbook on the Wisdom Books and Psalms** (Grand Rapids: Baker, 2010), p. 271-272; Lasor, Hubbard, Bush, **Introdução ao Antigo Testamento**, p. 543-545; Tremper Longman III, "Challenging the Idols of the Twenty-First Century: The Message of the Book of Ecclesiastes", **Stone-Campbell Journal** 12 (Fall, 2009), p. 207-218; Keller, **Como Integrar Fé & Trabalho**, p. 96.

46 A multiplicidade de sentidos dada à palavra hebraica *hebel* só reforça a amplitude do conceito e como ele abarca a ênfase do livro.

47 A expressão "debaixo do sol" se refere à vida descrita conforme sua observação, à parte da esperança da revelação.

48 Keller afirma como o Qohelet busca significado no trabalho árduo (2.17-26), mas acaba concluindo que tudo é uma ilusão, é correr atrás do vento. Por que ele chega a essa conclusão? "Quando trabalhamos, desejamos causar impacto. Isso pode significar receber reconhecimento pessoal pelo nosso trabalho, ou fazer diferença em nossa área profissional, ou realizar algo que torne o mundo um lugar melhor. Nada é mais gratificante do que saber que por meio de nosso trabalho alcançamos resultados duradouros. Mas o sábio nos surpreende ao argumentar que, mesmo que você seja uma das poucas pessoas a 'chegar lá' e realizar todos os seus sonhos, é tudo inútil, pois, afinal, não existem realizações eternas." Keller, **Como Integrar Fé & Trabalho**, p. 98.

49 Estes afirma que 2.19 pode estar se referindo a Roboão, o qual foi tolo ao suceder seu pai, Salomão. Estes, **Handbook on the Wisdom Books and Psalms**, p. 305.

APLICAÇÃO: COSMOVISÃO E TRABALHO

ironia em apenas curtir as dádivas de Deus (2.26c; 3.22), desfrutar o que é passageiro. É verdade que quando as coisas prazerosas (sexo, comida, bebida, férias) funcionam como deveriam, como instrumentos do nosso deleite em Deus, elas não são fugazes. No entanto, o livro não está recomendando que aproveitemos essas dádivas como remédio ou anestesia para as decepções do mundo presente.[50] Pelo contrário, o autor ilustra potentemente a decepção de um cristão que separa o sagrado do secular, o eterno do mundano (3.11). Viver a vida "debaixo do sol" sem referência ao Senhor traz alegrias passageiras, mas ao final é desesperador. Daniel Estes afirma que os homens que

> buscam encontrar sentido debaixo do sol considerando apenas a perspectiva humana temporal, eles não podem satisfazer o anseio pelo eterno que Deus colocou dentro deles... Dentro do contexto do livro, 3.11 é um texto crucial para entender a mensagem de Qohelet. Quando visto junto de 3.14 e como antecipando a conclusão de 12.9-14, o verso sugere que a dissonância dada por Deus entre o senso do eterno e a vida dentro dos limites do tempo visa produzir frustração que compele humanos a se voltarem para Deus como a fonte de sentido.[51]

---

50 Tremper Longman sugere que as passagens que estimulam o *carpe diem* são apenas consolos momentâneos para as duras realidades da vida. Longman "Challenging the Idols of the Twenty-First Century: The Message of the Book of Ecclesiastes", p. 212. Em outro livro de Longman, citado por Estes, ele diz que as alegrias de 2.24, 3.22, "expressam uma consciência desprendida de que os prazeres da vida virão de pequenos prazeres sensuais, ao invés de um entendimento da grande estrutura das coisas. Novamente, é importante observar que a expressão admite que o que segue não é o mais alto, melhor imaginável bem mas apenas a vida em um mundo caído, que é o melhor que humanos podem atingir em tais circunstâncias". *Apud* Eestes, **Handbook on the Wisdom Books and Psalms**, p. 315.

51 Estes, **Handbook on the Wisdom Books and Psalms**, p. 314.

AMANDO A DEUS NO MUNDO

Por isso, a conclusão do livro é de que devemos ter uma perspectiva da vida acima do sol. O autor de Eclesiastes não faz uma leitura secular da vida, pois se refere a Deus (*Elohim*) até mais vezes do que à vaidade. Portanto, ele conclui sobre o que é importante na vida à luz do Deus que ele reconhece e adora (Ec 12.13).[52] Sua grande lição é que em meio ao retrato da realidade como vaidade, um retrato resultante da observação (o que os olhos veem), ele nos convoca a responder à revelação com temor a Deus (o que olhos *não* veem). Isso é sabedoria![53] A visão realista do Pregador é reforçada por Paulo quando afirma que "a criação está sujeita à vaidade" (Rm 8.20). A palavra grega *mataiótes* (traduzida por "vaidade") é a palavra utilizada pelos tradutores da Septuaginta (versão grega do Antigo Testamento) para a palavra *hebel* em Eclesiastes. Com isso, Paulo está apontando para a Queda (Gn 3) como o momento em que Deus sujeitou o mundo à vaidade em resposta ao pecado humano.[54] Em meio a tais aflições, o apóstolo nos ensina a ter nossa expectativa elevada acima do "tempo presente" (Rm 8.18).

Como Cristo é maior do que Salomão (Mt 12.42) e possui todos os tesouros da sabedoria (Cl 2.3), precisamos recorrer a Ele para termos uma perspectiva renovada de trabalho. Ele é a esperança para o labor caído. Por isso, terminamos nosso panorama sobre uma visão cristã de trabalho olhando para o que a Escritura nos ensina sobre a forma como o remido deve trabalhar.

---

52 Longman comenta Eclesiastes 12.13-14 apontando que "temer a Deus", "guardar os mandamentos" e "juízo vindouro" apontam para a sabedoria, a lei e os profetas, respectivamente – as três partes da revelação veterotestamentária. Longman, "Challenging the Idols of the Twenty-First Century: The Message of the Book of Ecclesiastes", p. 214.

53 O *indicativo* da conclusão sobre a vida ser vaidade é contrastado com o *imperativo* da conclusão de temer a Deus. Temor do Senhor é o princípio da sabedoria (Pv 1.7; 9.10; Jó 28.28).

54 Longman, "Challenging the Idols of the Twenty-First Century: The Message of the Book of Ecclesiastes", p. 215.

APLICAÇÃO: COSMOVISÃO E TRABALHO

REDENÇÃO

Existem vários textos do Novo Testamento que nos ensinam alguma coisa sobre trabalho. Só o apóstolo Paulo, por exemplo, traz orientações para o trabalho em vários textos de suas cartas. O princípio de diligência no trabalhar para não depender de outros é desenvolvido nas epístolas aos tessalonicenses (1 Ts 4.11-12; 2 Ts 3.6-12), o empenho redobrado quando se trabalha para um irmão em Cristo é ensinado na Primeira Epístola a Timóteo (1 Tm 6.1-2), enquanto Tito (Tt 2.9-10) e Filemon discorrem sobre o trabalho como testemunho. Todas essas abordagens são enriquecedoras para um entendimento cristão de nosso labor. Todavia, talvez nenhum texto seja tão rico em perspectivas e orientações como o de Efésios 6.5-9, juntamente com o texto paralelo em Colossenses (Cl 3.22-4.1).

O texto de Efésios nos ajuda a corrigir certos pressupostos errados. Na área profissional é comum cristãos desejarem "descobrir" os planos de Deus para suas vidas, a vontade particular de Deus (qual profissão, qual emprego, qual especialização). Mas não é isso que significa fazer "de coração a vontade de Deus" (Ef 6.6). Deus nunca prometeu revelar os Seus planos para a vida profissional (vontade decretiva), como se recebêssemos previamente os detalhes de nossa trajetória para anteciparmos tropeços. A única informação da qual podemos estar seguros é que Deus nos revela diretrizes que valem para qualquer trabalho (vontade preceptiva).[55] Cabe a nós conhecermos os princípios e aplicarmos a todo tipo de serviço que prestamos, seja ele remunerado ou não.

---

55 Para uma explicação mais detalhada sobre a vontade de Deus, e o entendimento teológico de "vontade decretiva" e "vontade preceptiva", veja Heber Carlos de Campos Júnior, **Tomando Decisões segundo a Vontade de Deus** (São José dos Campos: Fiel, 2013), p. 45-53.

AMANDO A DEUS NO MUNDO

Lutero falava de múltiplas "estações", funções, que ocupamos (pai, cidadão, membro da igreja, etc.), cada uma com a sua vocação específica, isto é, com os deveres próprios daquela ocupação.[56] Nesse caso, vocação é sinônimo de cumprir os deveres daquele papel/função que você ocupa. No caso de Ester, é quando ela é chamada a agir em defesa do seu povo (assumir a identidade) que ela tem o senso de vocação (4.13-16) para fugir do medo (v. 11) e colocar sua vida em jogo. Quando ela age como rainha, dando festas como estratégias políticas a fim de proteger o seu povo, ela cumpre a sua vocação. Nisso ela fez a vontade de Deus em seu trabalho.

Observe como nossa profissão é apenas parte de nossa vocação como cristãos. Com base na doutrina da criação podemos dizer que fomos chamados a trabalhar, mas não é possível deduzir biblicamente a ideia de um chamado a uma profissão específica.[57] Não é verdade que uma pessoa que tenha passado por cinco profissões diferentes em sua carreira profissional de crescente sucesso, só tenha sido vocacionado a uma das profissões e tenha errado de

---

56 Hardy, **The Fabric of this World**, p. 82.

57 Alguns tentam enxergar 1 Coríntios 7.20 como sendo um texto que apoiaria o conceito de vocação como "ocupação". Stevens é um que afirma haver uma "vocação pessoal" distinta da "vocação cristã". Ele apela para 1 Coríntios 7 (versos 17, 20, 24), como fez Lutero e os puritanos, embora reconheça a descrição de comentaristas como Gordon Fee de que o texto esteja falando apenas da situação social na qual alguém é chamado à fé. Stevens reconhece que o Novo Testamento não fornece "evidência formal" para esse chamado particular, porém Deus nos guia a chamados específicos não só mediante experiências existenciais, mas também mediante motivação e dons. O contexto de vocação entre os reformadores era uma oposição ao conceito medieval da vida monástica como sendo espiritualmente superior, um chamado divino. Não só combatiam o monasticismo romano, mas o novo tipo de monasticismo desenvolvido pelos anabatistas, que se afastavam das atividades "seculares" para focarem na comunidade espiritual. A ênfase dos reformadores magisteriais no aspecto "secular" da vocação, de acordo com Stevens, contribuiu para a secularização do chamado particular. Stevens, **The Other Six Days**, p. 72-83. Mas Ridderbos afirma que a palavra "vocação" não tem esse significado de "vocação particular" em nenhum outro lugar do Novo Testamento. Sendo assim, ele conclui que 1 Coríntios 7.20 precisa ser compreendido em conexão com o termo religioso *eklethe*, a saber, a condição ou situação na qual alguém é chamado por Deus à fé. Herman Ridderbos, **Paul: An Outline of his Theology** (Grand Rapids: Eerdmans, 1975), p. 316.

APLICAÇÃO: COSMOVISÃO E TRABALHO

profissão nas outras quatro. Normalmente admiramos aquele que cresceu profissionalmente, mesmo que por meio de diferentes profissões. Quando observamos uma história dessas não concluímos que tal pessoa ficou deslocada profissionalmente a maior parte de sua vida. Apenas honramos o seu trabalho duro que a fez crescer e até mudar de empregos. Tal entendimento nos confirma que fomos vocacionados a trabalhar e não a uma profissão específica.

Essa visão de que fomos chamados a servir onde estamos, antes do que chamados a uma profissão específica, nos ajuda a corrigir outro equívoco hodierno. Nosso entendimento de vocação tem sofrido vários equívocos, a começar dos chamados "testes vocacionais". Essa é a forma secular de procurar direcionamento profissional mediante sonhos, gostos (às vezes até atentando para as oportunidades do mercado de trabalho), mas nunca encarando as necessidades do próximo. Por exemplo, se um teste vocacional observasse que um jovem tem três características marcantes – a saber, seu gosto pela natureza, sua habilidade em produzir ambientes belos, e seu prazer em criar ou organizar locais aconchegantes para o bem-estar de outros –, o resultado do teste vocacional seria algo como "arquiteto paisagista". Ainda que seja uma bela forma de reunir as três características acima, curiosamente o teste nunca resulta em "jardineiro", embora o jardineiro possua características semelhantes ao arquiteto paisagista. Na verdade, existe necessidade muito maior de jardineiros do que de arquitetos paisagistas. Mas o que move o teste vocacional não é a maior necessidade social. Testes vocacionais visam auxiliar o jovem a "descobrir" uma profissão honrosa, que exige estudo e lhe conceda boa posição social. No entanto, ele não visa apontar onde precisamos de mais serviço. Testes vocacionais apontam para profissões como "engenheiro

AMANDO A DEUS NO MUNDO

ambiental", nunca "gari", embora precisemos de gari. Esses exemplos acima revelam que testes vocacionais frequentemente visam prestígio, não serviço.

Vocação, portanto, não é algo que nós determinamos pelos nossos próprios interesses. Isso é um contrasenso, pois quem deveria determinar é quem vocaciona. R. Paul Stevens afirma que numa era "pós-vocacional", as pessoas igualam vocação com ocupação, quando na verdade o conceito de "vocação" começa com *Aquele* que chama, antes do que *aquilo* para o qual somos chamados.[58] Isso não significa que não devemos ouvir pessoas maduras e competentes para apontar nossas qualidades e para as diferentes opções de trabalho, antes do que apenas aquele "trabalho certo".[59] Ainda que a utilização de nossos talentos seja um bom princípio (baseado na doutrina dos dons espirituais), vale lembrar que temos uma multiplicidade de talentos (por isso podemos ter trabalhos diversos na vida) e que devemos priorizar as necessidades alheias antes do que meus gostos, como muitas vezes procura detectar o teste vocacional.

Vocação no trabalho tem mais a ver com deveres do que com escolhas. Estamos sob determinação divina de dominar a natureza (mandato cultural) para o serviço do próximo (mandato social). Deus está mais intessado em "como trabalho" do que "em que trabalho". Nossas frustrações com trabalho (Eclesiastes) não são resolvidas com rotatividade profissional ou encontrar o que eu gosto de fazer. O apóstolo Paulo esperava que "escravos" trabalhassem de forma realizadora. Escravos não escolhem o que fazer. Na verdade, na maior parte da história a população não escolhia com

---

58 Stevens, **The Other Six Days**, p. 72.

59 Hardy, **The Fabric of This World**, p. 88-91.

APLICAÇÃO: COSMOVISÃO E TRABALHO

o que trabalhar.[60] Portanto, a questão não é fazer mais trabalho sagrado do que secular, nem é descobrir qual trabalho secular Deus tem separado para mim, mas realizar todo e qualquer trabalho com alegria e espírito de serviço, como ao Senhor. Essa é a vontade de Deus para o meu trabalho.

Além de correções no conceito de vontade de Deus e vocação, o texto de Efésios 6 propõe uma submissão absurda de ambas as partes. Dos "servos" (lit. "escravos"), são exigidos obediência e temor para com seus donos. É verdade que a escravidão no mundo romano era diferente da escravidão africana das Américas. Escravidão não era baseada em raça e quase nunca vitalícia, mas uma espécie de contrato de servidão.[61] Ainda assim, não se tratava de um relacionamento fácil. Escravos deveriam realizar os trabalhos menos interessantes e menos prazerosos com "sinceridade de coração" (v. 5) e "de boa vontade" (v. 7). Podemos imaginar quão humilhante era a situação do escravo.

---

60 Veja o que diz Oliver Barclay: "Muitas pessoas que deveriam agradecer por ter um emprego remunerado, gastam seu tempo reclamando que aquele não é o emprego desejado. Os escravos não tinham escolha; e durante séculos muitos trabalhadores comuns não tiveram escolha para o que faziam. Para um não cristão que está desempregado, tal atitude deve ser difícil de ser mantida. Mas o cristão que acredita na soberania de Deus, e vê as tarefas mais humildes como um serviço ao Senhor, encontrará satisfação e alegria em seu serviço. Ele fará o seu trabalho o melhor que puder, mesmo que almeje alguma coisa mais condizente com suas habilidades... Tal trabalho deve ser feito de coração, prestando serviços 'de boa vontade, como ao Senhor e não como a homens' (Ef 6.7). Pode não ser o trabalho que ele quer fazer, ou foi treinado para fazer; mas se for de todo útil para alguém, ele pode fazê-lo com alegria". Barclay, **Mente Cristã**, p. 99, 92.

61 "Há evidências fortes de que muito da escravidão envolvia inclemência e brutalidade, mas também existem evidências de que muitos escravos não eram tratados como os escravos africanos, mas tinham vida normal e recebiam salário vigente, porém não tinham permissão para desistir do trabalho nem mudar de patrão e permaneciam na escravidão por uns dez anos. Prisioneiros de Guerra normalmente tornavam-se escravos, e os homens que cometiam crimes podiam ser sentenciados à escravidão em navios. A pessoa poderia se tornar escrava por um período de tempo para pagamento de dívidas, pois não existia declaração de falência naquela época. Geralmente, isso resultava em um contrato de servidão até que a dívida fosse paga." Keller, **Como Integrar Fé & Trabalho**, p. 199, nota de rodapé 21.

AMANDO A DEUS NO MUNDO

O que não percebemos em nossa sociedade atual é quão radical é o texto para os "senhores" do tempo de Paulo.[62] Para aqueles que estavam acostumados a tratar os seus escravos como posse, Paulo determina aos senhores de escravos que tratem seus subordinados "da mesma forma" (v. 9), isto é, "como os escravos vos tratam perante o Senhor". A Epístola a Filemon é o melhor exemplo bíblico de tal exigência feita a um senhor de escravo, o qual fora injustiçado pelo escravo. Assim como escravos precisavam aprender a sofrer injustiças, Filemon também precisa aprender a suportar injustiças em nome da misericórdia de Cristo. Observe como Deus não faz distinção, exigindo o mesmo de patrões e empregados. Ambas as classes prestam contas ao Senhor ("o Senhor, tanto deles como vosso... para com ele não há acepção de pessoas"). Todos os nossos relacionamentos devem ser pautados pelo nosso relacionamento com o Senhor. Senhores deveriam olhar para seus escravos como pessoas, não só como capacidade produtiva. Por isso, não poderiam utilizar as ameaças – venda, punição, morte – para aumentar a produtividade (v. 9).[63] Tanto de escravos como de senhores é exigida uma submissão contracultural.

O que faz com que escravos se submetam a seus senhores com tamanha submissão? O que faz com que donos de escravos tratem seus subordinados com tanto respeito quanto o que escravos devem ter para com os seus senhores? O evangelho. A força

---

62 William Hendriksen acha que há menos recomendações a senhores porque eram bem poucos em número. William Hendriksen, **New Testament Commentary: Exposition of Ephesians** (Grand Rapids: Baker, 1967), p. 265. Todavia, há de se destacar que o texto não trata de forma desproporcional escravos e senhores. Não há qualquer desprezo para com escravos no texto.

63 Sobre uma visão cristã de produtividade, veja Matt Perman, **What's Best Next**: How the gospel transforms the way you get things done (Grand Rapids: Zondervan, 2014); Tim Challies, **Faça Mais e Melhor**: um guia prático para a produtividade (São José dos Campos: Fiel, 2018).

APLICAÇÃO: COSMOVISÃO E TRABALHO

propulsora por trás de tais atitudes é o evangelho. O evangelho transforma o temor dos homens em temor do Senhor.

O mais surpreendente acerca do evangelho, até para cristãos de nosso tempo, é que para o tempo presente ele não visa destruir estruturas. O evangelho não é um novo programa social (ex: abolição da escravatura), não defende revolução de instituições (1 Co 7.17-24), mas propõe mudanças internas à estrutura social, um novo espírito que causaria tremendo impacto. O evangelho não transforma a sociedade à parte de transformar pessoas, mas nos transforma na sociedade. No texto de Efésios, Paulo não fala sobre escravidão, mas fala a escravos e senhores cristãos sobre como vivenciar sua posição na sociedade a partir de sua fé em Cristo.

Nesse aspecto, Herman Ridderbos é mais consciente do que outros comentaristas.[64] Ridderbos afirma que a ideia de Paulo em 1 Coríntios 7 de permanecer na situação em que alguém foi chamado é uma regra geral de conduta.

> O evangelho não surge na forma de um novo programa social, e menos ainda derruba a ordem existente pela força. Em contrapartida, ele entra na estrutura existente da sociedade a fim de permeá-la com um novo espírito, o de Cristo... Isso não significa que Paulo identifique a ordem social existente, especificamente a escravidão, com a ordem divina, ou a reconhece

---

64 Arthur Patzia entende que em última análise o evangelho contribui para uma mudança social. "Embora o autor não tenha abolido a instituição da escravidão, esta nova relação entre escravo e senhor por fim induziu à eliminação da escravatura. Com respeito a isso, Stott observa que o Evangelho, com seu ensino sobre igualdade de direitos, justiça e fraternidade, 'acendeu um pavio que, finalmente, fez explodir e destruir a escravidão'." Arthur G. Patzia, **Efésios, Colossenses, Filemon**. Novo Comentário Bíblico Contemporâneo (São Paulo: Vida, 1995), p. 271-272. William Hendriksen pensa de forma semelhante. Hendriksen, **Exposition of Ephesians**, p. 263. Patzia, Stott e Hendriksen querem enxergar mais no texto do que de fato o apóstolo Paulo escreveu.

AMANDO A DEUS NO MUNDO

como inalterável. Na verdade, em nenhum lugar foi preservado um pronunciamento no qual ele critica a instituição da escravidão e a declara contrária ao Evangelho. Por outro lado, em nenhum lugar ele a remonta a uma ordenança divina como, por exemplo, no caso da sujeição da esposa ao marido.[65]

Ridderbos continua afirmando que na Epístola a Filemon, o apóstolo reconhece o direito do mestre sobre seu escravo (v. 14) e nem pede pela manumissão de Onésimo. Isto é, ao invés de pensar em mudar estruturas, Paulo apresenta uma mensagem que transforma pessoas que influenciam estruturas.

> O lado jurídico da questão não é tratado. Por outro lado, a maneira em que Paulo agora anuncia Onésimo ao seu mestre é tal que o antigo relacionamento senhor-escravo é totalmente quebrado, ou ao menos totalmente anuviado por outro. Ele chama Onésimo "antes te foi inútil", "atualmente, porém, é útil, a ti e a mim", "[ele que é] meu próprio coração" (v. 11, 12); e ele diz que talvez foi por esta razão que ele partiu de seu senhor por um tempo, para que ele possa tê-lo de volta novamente para sempre, não mais como um escravo, mas como muito mais do que um escravo: como um amado irmão.[66]

Antes do que mudanças sociais, o esperado da sociedade atual (tanto de ímpios quanto de crentes), o evangelho vem trazer mudanças sobrenaturais em pessoas, mesmo quando estruturas não são modificadas. Enquanto os homens têm esperado por mudanças

---

65 Ridderbos, **Paul: An outline of his theology**, p. 316-317.

66 Ridderbos, **Paul: An outline of his theology**, p. 318.

APLICAÇÃO: COSMOVISÃO E TRABALHO

sócio-políticas, o evangelho lhes dá esperança mesmo quando as mudanças sociais não acontecem. Isso não significa que mudanças sociais não possam acontecer, mas o evangelho transforma pessoas de tal forma que condições sociais não podem lhes derrotar.

Sebastian Traeger e Greg Gilbert entendem que a proposta neo-testamentária é mais profunda do que uma reforma social, porque mexe na pecaminosidade do coração humano. "O fato é que o sistema injusto não era a raiz do pecado da escravatura, e a simples mudança no sistema não resolveria o problema em qualquer percepção de longo prazo. O coração humano pecaminoso logo encontraria outra maneira de oprimir os outros, mesmo que o sistema de escravidão romano fosse eliminado."[67] Isso é verdade. Tanto é que o espírito opressor existe hoje em regiões onde o trabalho escravo é proibido. O evangelho, portanto, trabalha com questões mais profundas do que mudanças de estruturas sociais.

O evangelho provê uma mudança de perspectiva, isto é, uma mudança de cosmovisão, que transforma pessoas capazes de influenciar a sociedade. A influência, porém, pode não ser a de promover a justiça ou o sucesso, mas a de promover santidade e a vergonha. Ser cristão no trabalho nem sempre, ou quase nunca, é ser o melhor. Por vezes, temos que abraçar o ônus, o custo de ficar aquém do mais bem-sucedido para manter a integridade. Uma cosmovisão lapidada pelo evangelho na percepção do trabalho surge quando se vê ao menos quatro mudanças.

Primeiro, o evangelho nos proporciona uma _mudança de patrão_. A figura de Deus é colocada diante de ambos, servos e senhores: mudança de patrão ("escravos de Cristo", Ef 6, v. 6; "Senhor deles e de vocês", v. 9) a quem eles devem lealdade última. O

---

67 Traeger e Gilbert, **O Evangelho no Trabalho**, p. 139.

AMANDO A DEUS NO MUNDO

evangelho nos faz ver patrão, colegas e funcionários com outros olhos. O que conta é o nosso supremo patrão, o Senhor.[68] Esse princípio, por um lado, enobrece o trabalho (lição para os que se sentem frustrados com seu emprego) ao mesmo tempo que o coloca em seu devido lugar – apenas um meio de serviço a Deus (para os que transformam o trabalho em sua identidade). A grande pergunta é: "Para quem você trabalha?"[69]

Segundo, o evangelho nos proporciona uma *mudança de postura*. O cristão deve trabalhar bem não só quando vigiado (v. 6),[70] mas com prazer renovado. Isto é, ele faz a vontade de Deus quando assume a postura de servir com o seu trabalho. Tim Keller ilustra a mudança de postura de um vendedor de carros ao perceber que as mulheres e os mais pobres pagavam mais por seus carros do que os homens mais abastados e que eram espertos em negociação. Para ser mais útil aos que mais precisavam, o vendedor fez uma média de seu lucro com os diferentes tipos de venda e decidiu colocar preços fixos em todos os veículos – nada de negociação – para que todos os clientes tivessem oportunidades iguais.[71]

---

68 Tim Keller escreve: "Nós, cristãos, fomos libertos para desfrutar do trabalho. Se trabalharmos como se estivéssemos servindo a Cristo, não trabalharemos demais nem de menos. Nem a possibilidade de dinheiro e fama nem a falta dessas coisas irão controlar nossas atitudes. O trabalho será, antes de tudo, um modo de agradarmos a Deus realizando sua obra no mundo, unicamente por amor ao seu nome... Todos nós trabalhamos para determinado público, quer tenhamos conhecimento disso ou não. Alguns querem agradar os pais, outros querem impressionar os amigos, outros buscam a aprovação dos superiores, e muitos têm o objetivo estrito de satisfazer seus próprios interesses. Entretanto, todos esses públicos são inadequados. Trabalhar só para satisfazê-los resultará em trabalho demais ou de menos – às vezes em uma mistura dos dois, dependendo de quem estiver observando. Mas os cristãos buscam o Público que é o único Deus, nosso amoroso Pai celeste, e isso confere responsabilidade e alegria a nosso trabalho". Keller, **Como Integrar Fé & Trabalho**, p. 201-202, 204.

69 Jesus "é o único chefe que não irá esmagá-lo até o pó, o único público que não precisa de sua melhor atuação para ficar satisfeito com você. Por quê? Porque o trabalho dele em seu benefício já foi consumado". Keller, **Como Integrar Fé & Trabalho**, p. 222.

70 A palavra para servir sob as vistas do patrão é *oftalmodouleía*.

71 Keller, **Como Integrar Fé & Trabalho**, p. 158.

APLICAÇÃO: COSMOVISÃO E TRABALHO

Terceiro, o evangelho nos proporciona uma *mudança de pagamento*. Isso significa não conquistar favores de homens, mas trabalhar pelo que é perene (Mt 6.19-21). Nosso estímulo para trabalhar não deve estar na diminuição dos impostos, no aumento de incentivos financeiros, mas numa mudança de perspectiva em relação ao trabalho, que muda nossa postura, pois espera outro tipo de pagamento. Oliver Barclay afirma: "O impacto mais importante de uma mente cristã sobre tudo que se refere a trabalho é que a prioridade mudou da ênfase na recompensa para a ênfase no ideal de serviço".[72] É como se a pergunta que deveríamos fazer não fosse "E o que é que eu ganho com isso?", mas sim "E o que é que eu dou com isso?" Todavia, o apóstolo Paulo fala de recompensa como sendo uma santa motivação no texto de Efésios 6. Stevens afirma que num sentido "é impossível que um cristão seja mal pago".[73]

Quarto, o evangelho nos proporciona uma *mudança de parâmetro*. Cristo é o referencial tanto para servos como para senhores. Ele se submeteu à vontade do Pai de forma perfeita, e ele é o Senhor que se fez servo por amor de nós (Fp 2.5-11). Deus só ordena tamanha submissão porque o Seu Filho, sendo Senhor, se fez servo. Sua obediência lhe custou o mais alto dos preços (morte). Sua motivação foi a recompensa vinda do Pai. Jesus lavou os pés dos discípulos a fim de ensiná-los que amor ao próximo envolve rebaixar-se para servir (Jo 13.1-17). Mas tal servilidade não nos torna pequenos e sim grandes perante o Senhor (Mt 20.25-28).

Trabalho impactado pela redenção não promove funcionários motivados à produtividade, trabalho em equipe ou qualquer outra benevolência promovida pela graça comum (algo que ímpios

---

72 Barclay, **Mente Cristã**, p. 95.

73 Stevens, **The Other Six Days**, p. 117.

também têm). Redenção faz mais do que apenas promover bons funcionários. Trabalho emoldurado pela redenção tem o Senhor como patrão a quem se presta contas; não é escravizado pelas expectativas do chefe que espera produtividade ou da esposa que espera financiamento de sonhos. Trabalho emoldurado pela redenção tem a recompensa divina como motivadora; não é impulsionado pelo prestígio dos homens ou pelo dinheiro deste mundo. Trabalho emoldurado pela redenção faz de Cristo o seu parâmetro; não é fascinado com os gurus profissionais e homens de sucesso. Diante dessas mudanças, sua postura é de serviço ao próximo como expressão do seu amor a Deus no mundo.

CAPÍTULO 22

VISLUMBRES DO FIM
(DANIEL 7-12)

Até aqui, vimos os seis primeiros capítulos do livro do profeta Daniel, um capítulo por vez para olhar mais cuidadosamente para as histórias que já conhecemos, a fim de observarmos os desafios e as posturas de Daniel, vivendo neste mundo mau à luz do triunfo do reino de Deus sobre reinos humanos. Como Daniel é um bom exemplo de um fiel que viveu boa parte de sua vida fora de um contexto favorável à sua fé, ele é um bom modelo de cosmovisão bíblica que, no que tange à esfera pública, consegue não cair no separatismo monástico nem no outro extremo de uma fé imanentizada (que horizontaliza a redenção).

Agora vamos olhar de forma panorâmica para a segunda parte do livro de Daniel (caps. 7-12),[1] composta de visões apocalípticas sobre a vinda do Messias e o estabelecimento do seu Reino a fim de

---

1 No capítulo 13, foi observado que os estudiosos enxergam uma estrutura quiástica nos capítulos 2 a 7 (trecho escrito em aramaico), fazendo com que o capítulo 7 tenha várias ligações com os capítulos anteriores e funcione quase como que um capítulo central no livro todo. No entanto, estou utilizando uma divisão tradicional das duas partes do livro que também enxerga as conexões do capítulo 7 com a segunda parte. Cf. Block, Preaching Old Testament Apocalyptic to a New Testament Church, p. 22-23, 27-29.

AMANDO A DEUS NO MUNDO

confortar e encorajar o fiel enfraquecido.[2] A literatura apocalíptica é um gênero literário difícil de ser definido, que gera confusão até em especialistas que discordam quanto às porções do Antigo Testamento que são apocalípticas, os quais tendem a impor padrões da literatura apocalíptica extrabíblica (gênero que se proliferou entre 200 a.C. e 100 d.C.) aos textos sagrados de forma crítica e engessada.[3]

De forma geral, a literatura apocalíptica usa de imagens complexas e simbólicas que descrevem o conflito entre forças espirituais de forma vívida e chocante para comunicar impressões de esperança em tempos de emergência.[4] Essa descrição funciona semelhantemente ao impressionismo na pintura francesa do século 19 (Claude Monet, Pierre-Auguste Renoir, Edgar Degas). O impressionismo deve ser apreciado de longe para se perceber a impressão criada pelas pinceladas pontilhadas, antes do que se aproximar da pintura e enxergar os detalhes de forma embaçada. Semelhantemente, a visão apocalíptica visa trazer uma imagem impressionante com o todo antes do que uma série de detalhes.[5] Não olhamos para a literatura apocalíptica nas Escrituras com o intuito

---

2 "A maior parte da literatura apocalíptica foi escrita para encorajar os fiéis em tempos de perseguição. Seus principais temas são sempre os mesmos: o crescimento do mal, o cuidado de Deus por seu povo e a segurança de que o mal não prevalecerá. A única coisa de duração eterna é o reino de Deus." Olyott, **Ouse Ser Firme**, p. 94.

3 Block, Preaching Old Testament Apocalyptic to a New Testament Church, p. 18-21.

4 Duguid, **Daniel**, p. 111; Greidanus, **Pregando a Cristo a partir de Daniel**, p. 33; Olyott, **Ouse Ser Firme**, p. 94. Existem evidências de grande quantidade de manuscritos de Daniel no segundo século antes de Cristo. Os estudiosos críticos tendem a sugerir que esse foi o período em que o livro foi escrito. Teólogos conservadores, em contrapartida, enxergam os manuscritos como evidência de que o livro foi uma das principais fontes de conforto durante a perseguição durante o reinado de Antíoco Epifânio (175-164 a.C.). Olyott, **Ouse Ser Firme**, p. 97-98.

5 Confira o capítulo sobre o Apocalipse no livro de Gordon D. Fee e Douglas Stuart, **Entendes o que lês?** (São Paulo: Vida Nova, 2011, 3ª ed.). O capítulo sustenta que o livro do Apocalipse está repleto de figuras que visam causar uma impressão através de suas imagens, antes do que detalhar acontecimentos futuros.

VISLUMBRES DO FIM (DANIEL 7-12)

de relacionar como o cenário político do Oriente Médio cumpre os detalhes da profecia – um jogo de adivinhação que está sempre mudando –, mas olhamos para o todo a fim de compreendermos o propósito central de cada visão. As imagens são metafóricas, não uma descrição direta, e utilizam linguagem vívida e símbolos chocantes para acordar o seu leitor de seu marasmo e desânimo.

O intuito de nosso panorama das visões é informar acerca da importância de se ter um vislumbre do fim para encorajamento de um exilado/peregrino. Olharemos para um Daniel que fica perturbado em face do mal que Deus lhe revela, mas que é amorosamente tratado por Deus através de visões impressionantes. Se as narrativas (caps. 1 a 6) nos apresentaram um Daniel firme, como um herói da fé, as visões apocalípticas (caps. 7 a 12) revelam um Daniel frágil, que precisa ser encorajado por Deus. E, de fato, as visões servem de encorajamento, pois elas foram o impulso de certas posturas na primeira parte do livro. No capítulo 5, ele estava esquecido na corte blasfema de Belsazar e, no entanto, profetizou a morte iminente do rei e a queda do império babilônico depois de ter sido encorajado pelas visões nos capítulos 7 e 8 (cronologicamente anterior ao capítulo 5). Possivelmente a oração de Daniel 9 tenha sido uma das que proferiu quando orava em Daniel 6 e as revelações do anjo Gabriel (v. 20-27) foram as que o fortaleceram na cova dos leões. Com isso, vemos como a escatologia dá sentido à esperança.[6]

A aplicabilidade dessa interação entre a escatologia e o nosso presente é que a palavra de encorajamento a um exilado como Daniel também é válida para nós, que somos peregrinos neste mundo, como foi mencionado no capítulo 16. A vida cristã é retratada como peregrinação (Hb 11.13; 1 Pe 2.11), repetindo o tema da saída do

---

6 Olyott, **Ouse Ser Firme**, p. 95-97.

AMANDO A DEUS NO MUNDO

Egito e do retorno da Babilônia, porque somos encorajados a servir aqui sem perder de vista que o nosso chamado é para voltar à nossa terra (Jr 29.4-14). Se desde o início da vida cristã perdemos nosso espaço no jardim, para adentrarmos um deserto (mundo caído), somos lembrados na Escritura que o Salvador Jesus Cristo trilhou esse deserto em nosso lugar a fim de nos conduzir de volta ao jardim, à Nova Terra. Portanto, nossa postura precisa ser de peregrino e precisamos de encorajamento advindo da Palavra para sabermos como nos portar nesta caminhada.

AFLITO, MAS ESPERANÇOSO (DANIEL 7; 8.27)[7]

Novamente, nossa história começa num contexto político social desfavorável. Por que esse início inóspito se repete? Porque Daniel é um livro com histórias de redenção. Deus sempre mostra o lamaçal de onde tira o seu povo. E quando nos deparamos com a grandiosa redenção, somos encorajados. Antes do encorajamento, porém, há notícias sombrias e imagens assustadoras.

O sonho do capítulo 7 historicamente acontece antes do capítulo 5 ("no primeiro ano de Belsazar", 7.1).[8] A mudança de rei não apontava para quaisquer benefícios a Daniel ou libertação dos exilados judeus. Afinal, Daniel ficaria esquecido no seu reinado (como o capítulo 5 revela), e as visões do capítulo 7 e 8 ainda

---

7   O verso 8.27 está sendo acoplado à exposição de Daniel 7 porque ambas as visões ocorrem sob o reinado de Belsazar – mesmo contexto político – e porque ambas refletem reações de Daniel às revelações sobre a história por vir.

8   Há um texto babilônico afirmando que Belsazar foi apontado por Nabonidus (556-539 a.C.) como vice-regente em seu terceiro ano. Robert Chisholm diz que isso foi em 553 enquanto Daniel Block diz que foi 554. Chisholm, **Handbook on the Prophets**, p. 304; Block, Preaching Old Testament Apocalyptic to a New Testament Church, p. 28. Independente da data exata, temos uma noção de que Daniel já está há muito tempo na terra (cerca de 60 anos), mas ainda faltam cerca de 15 anos para o retorno do exílio acontecer. Esse é um tempo desanimador.

apontavam para um longo período de sofrimento ao povo. No entanto, tais visões visam trazer uma percepção do governo de Deus para um povo sofrido, aguardando redenção.

O sofrimento é descrito através da visão de quatro feras terríveis. Sua "visão da noite" enxergou os ventos agitando o Grande Mar, e quatro animais que provinham desse mar (v. 2-3). Os ventos possivelmente apontam para a ação divina[9] e o mar certamente é uma figura que aponta para o tumulto da humanidade e nações pecaminosas (v. 17; cf. Is 17.12-13; 57.20; o simbolismo de Ap 13.1 é baseado em Daniel). O primeiro animal tem a ferocidade do leão e a mobilidade de uma águia, mas perde parte do seu poder. Suas asas foram arrancadas e um coração foi implantado, tornando-se humano (v. 4). O segundo animal é semelhante a um urso, tem a boca cheia de costelas de sua última vítima, indicando ferocidade (v. 5). O terceiro animal é semelhante a um leopardo com quatro asas e quatro cabeças (v. 6). Ele "podia combinar ferocidade e velocidade, então ninguém podia fugir dele, enquanto as quatro cabeças o tornavam capaz de ver em todas as quatro direções de uma vez, tornando impossível alguém esconder-se dele".[10] No entanto, o quarto animal era mais aterrorizador e poderoso do que os três anteriores.

Os três primeiros animais são comparados a animais que Daniel conhecia, mas o quarto é tão intrigante ao profeta pois é sem paralelo no mundo animal ("diferente de todos os animais que apareceram antes deles", v. 7). Ele não o compara a nenhum animal pois seu poder era sem igual (dez chifres).[11] Dentre os chifres do

---

9 Young, **Daniel**, p. 142.

10 Duguid, **Daniel**, p. 113.

11 Como "chifres são símbolos de poder na Bíblia, dez deles simbolizam força massivamente

AMANDO A DEUS NO MUNDO

quarto animal surgiu um décimo-primeiro chifre pequeno, que se sobrepôs a outros três chifres e que tinha olhos e boca blasfema. Esse animal é tão intrigante ao profeta que Daniel quer saber mais sobre ele (v. 19-20).

Os animais representam reinos terrenos (v. 17) numa sucessão de poder como no sonho de Nabucodonosor (cap. 2). O fato do quarto animal ter "dentes do ferro" o torna equivalente à quarta parte da estátua no sonho de Nabucodonosor. No entanto, se no sonho do monarca os materiais estão listados em glória decrescente, creio que aqui os animais são listados em terror crescente. Daniel está recebendo uma visão que é gradativamente mais assustadora.[12]

A maioria dos estudiosos indica os animais com os quatro impérios também apontados no capítulo 2: Babilônia, Medo-Pérsia, Grécia e Roma.[13] O leão seria a Babilônia,[14] o urso apontava para

---

multiplicada". Duguid, **Daniel**, p. 113.

12 Há quem pense que o capítulo 7 também apresenta uma ordem decrescente. Young, **Daniel**, p. 143-144. Todavia, Duguid afirma que "a visão declara que nosso mundo é governado por uma sucessão de temíveis monstros que irão de mal a pior, cada um mais amedrontador que o outro". Duguid, **Daniel**, p. 113.

13 Os que tentam dividir Média e Pérsia equivalendo-os ao segundo e terceiro animal encontram sérias dificuldades de interpretação com os textos que enxergam os medos e os persas como uma entidade unificada (cf. 5.28; 6.8, 12, 15, 28), e a ideia do carneiro de dois chifres refletindo diversidade dentro de unidade à medida que simboliza a Média e a Pérsia (8.20-21). Ian Duguid é da posição que nenhuma das alternativas de encaixar impérios antigos nas imagens bestiais, como se no presente as coisas fossem melhores, proporciona o sentido da mensagem apocalíptica. Ele prefere entender os quatro animais como sinônimo de completude (sentido comum do número quatro na Bíblia: Zc 1.18, 20; 2.6; 6.1, 5; Ap 4.6; 7), antes do que um número particular de impérios mundiais, pois a visão visa descrever a vida nesta presente era até o fim dela. Duguid, **Daniel**, p. 114-115. Discordo de Duguid de que a identificação de impérios produza a sensação de que as coisas agora estão melhores. O cumprimento das visões nos impérios era a confirmação da veracidade da Palavra divina aos fiéis dos séculos subsequentes a Daniel ao mesmo tempo que um vislumbre de tempos posteriores.

14 O leão com asas é um símbolo conhecido de escavações babilônicas. O próprio Nabucodonosor já havia sido comparado a um leão (Jr 4.7; 50.17) e a uma águia (Jr 48.40; Ez 17.3-12). O arrancar das asas e o colocar uma "mente" (*lebab*, coração) de homem provavelmente aponte para a perda de

VISLUMBRES DO FIM (DANIEL 7-12)

a Medo-Pérsia,[15] o leopardo voador é Grécia[16] e o quarto animal é identificado com Roma. O quarto animal tem três fases: a descrição do animal, os dez chifres que saem dele e depois um pequeno chifre que será distinto (v. 24). Se o animal é uma referência a Roma, os chifres tratam-se de poderes (não necessariamente simultâneos) que vieram posteriormente a Roma e o pequeno chifre seria um domínio malévolo final. O pequeno chifre não se encaixa em algum personagem específico da história e tem sido interpretado por muitos estudiosos como sendo uma antecipação da figura do "homem da iniquidade" (2 Ts 2), chamado por muitos de anticristo.[17] O sonho de Daniel 7, portanto, seria uma visão de toda a

---

poder gerada por sua insanidade e consequente conversão de Nabucodonosor (cap. 4) que tornou o reino mais humanitário. Archer, "Daniel", p. 85-86.

15   É comum os estudiosos indicarem que as três costelas na boca do urso provavelmente apontem para as conquistas medo-persas da Lídia (546 a.C.), Babilônia (539 a.C.) e Egito (525 a.C.). No entanto, há de se ter cuidado para não desejarmos interpretar cada detalhe numérico de uma visão com literalidade. Não é que não possam ser interpretados com literalidade, mas é importante que destaquemos sua ferocidade mais do que procuremos adivinhar a equivalência de cada detalhe.

16   O terceiro animal é conhecido por sua velocidade e o império grego sob Alexandre o Grande (356-323 a.C.) conquistou o mundo da época rapidamente. Posteriormente à sua morte prematura aos 33 anos, seu reino dividiu-se em quatro partes aos quatro generais (possível referência às quatro cabeças): a Macedônia ficou com Cassandro; a Trácia e a Ásia Menor com Lisímaco; a Síria com Seleuco; e o Egito com Ptolomeu. Archer, "Daniel", p. 86. No entanto, por reis serem representados por chifres antes do que por cabeças nessa visão, Edward Young prefere compreender as quatro cabeças se referindo à universalidade do seu reino (representando os quatro cantos da terra). Young, **Daniel**, p. 146.

17   Alguns detalhes da visão do pequeno chifre de Daniel 7 se encaixam com a visão de que seria Antíoco IV, que se autodenominou "Epifânio" (Deus manifesto). Ele era rei do império selêucida, um dos quatro reinos que emergiram do antigo território de Alexandre, o Grande. Antíoco Epifânio oprimiu os judeus, forçou-os a mudar tradições e práticas (baniu a circuncisão), e em 167 a.C. violou o templo em Jerusalém (queimou carne de porco no altar e colocou objetos consagrados a Zeus no Santo dos Santos) mantendo-o poluído até a vitória de Judas Macabeus que ordenou que o templo fosse ritualmente purificado e rededicado, evento celebrado até hoje como o Hanukkah (significando "dedicação"; veja 1 Macabeus 1). Porém, além de alguns detalhes da profecia não se encaixarem na sua época (ex: como os Macabeus teriam inaugurado o reino eterno?), já vimos que é problemático entender a Grécia como o quarto animal. Por isso, é comum enxergarmos Antíoco Epifânio como um tipo do real "pequeno chifre" a ser manifesto no fim. Chisholm, **Handbook on the Prophets**, p. 307-308. O pequeno chifre de Daniel 8 é uma profecia muito mais próxima de

AMANDO A DEUS NO MUNDO

história humana até o fim do mundo; não só um retrato da opressão para com Judá até a primeira vinda de Cristo, mas uma antecipação da constante e crescente oposição contra o povo de Deus durante todo o período entre a primeira e a segunda vinda de Cristo.[18]

Como foi dito anteriormente, porém, a visão trazia não só o sofrimento do povo, mas o governo de Deus que controla toda a história rumo ao seu juízo e glória.[19] Depois da visão terrível de bestas devoradoras, Daniel tem a visão majestosa do "Ancião de Dias" (expressão que ocorre apenas nesse capítulo da Bíblia, mas que se refere à veneração atribuída a quem tem idade), soberano em sua posição de juiz (v. 9-10). Essa é uma referência a Deus julgando os homens, com base nas obras registradas em livros. Na visão, o quarto animal foi morto de forma contundente por causa do chifre blasfemo, enquanto os outros três animais também tiveram seu domínio retirado, ainda que o juízo sobre eles tenha sido menos severo (v. 11-12). A visão do "Ancião de Dias" julgando as nações pagãs com justiça é um atestado de que o mal não fica sem a devida paga.

Em contraste com os reinos representados pelas bestas que surgiram da terra, aparece um personagem chamado de "Filho do Homem" (em aramaico significaria "um ser humano" para contrastar com os animais),[20] com características divinas ("vinha com as nuvens do céu"; cf. Mc 13.26; Mt 24.30; 26.64; Ap 1.7;

Antíoco Epifânio. Todavia, o pequeno chifre de Daniel 7 tem sido visto como pequeno não porque seja pouco poderoso, mas porque se refere a um indivíduo. Ele é comumente associado ao chamado "anticristo", ao "homem da iniquidade" (2 Ts 2.3-4), à "besta do mar" (Ap 13.1-8).

18   Young, **Daniel**, p. 148-150; Olyott, **Ouse Ser Firme**, p. 107.

19   Olyott observa perspicazmente que o domínio de Deus mostrado nessa visão é perene e não apenas final. O tribunal de julgamento não aparece apenas no final da história, aniquilando o mal, mas está legislando o tempo todo, depondo império após império (v. 12). Olyott, **Ouse Ser Firme**, p. 108.

20   Young, **Daniel**, p. 154.

VISLUMBRES DO FIM (DANIEL 7-12)

o sentido da palavra usada para serviço no verso 14, *pelah*, tem o sentido de adoração de divindades) que recebe um reino que não tem fim (v. 13-14). Esse foi o título que Cristo usou com maior frequência para se referir a si próprio (cf. Mt 26.64-65).[21] A universalidade do seu reino aponta para a Grande Comissão (Mt 28.18-20) e o domínio eterno nos recorda que reinos humanos perecem, mas o reino de Deus não.

Ainda que a visão do Ancião de Dias/Filho do Homem devesse ser encorajadora, o grande Daniel aparece alarmado (v. 15). O que o deixou perturbado? Impressionado com a visão? Ansioso? Incomodado com a ignorância (v. 16)? Preocupado com a perseguição por vir? O texto não revela, e as interpretações são diversas,[22] mas certamente mostra um Daniel carente de cuidados divinos. A explicação inicial é sobre o todo da história com a vitória final do Senhor (v. 17-18), mas Daniel está intrigado com o quarto animal (v. 19-22). A explicação seguinte expande os detalhes desse animal, falando do terror e aflição causados aos santos (v. 21, 25),[23]

---

21 Intérpretes antigos e contemporâneos acham que a expressão "como" Filho do Homem se refere a uma sombra da humanidade que Cristo ainda teria. Young, **Daniel**, p. 154-156; Olyott, **Ouse Ser Firme**, p. 108-109. No entanto, ela não é uma negação da humanidade de Cristo. Duguid afirma que a lição de que Jesus era Filho do Homem para os primeiros discípulos teve foco sobre sua humanidade, enquanto para os ouvintes de Apocalipse e de Daniel foi exatamente o oposto, a divindade. "A mensagem de Daniel 7 para nós é que o Cristo humano da cruz não é o fim da história. Por enquanto, vivemos os dias das monstruosas feras." Duguid, **Daniel**, p. 121.

22 Olyott entende que a perturbação em Daniel se deve à ansiedade. Olyott, **Ouse Ser Firme**, p. 109. Young acha que não é a visão em si, mas o seu significado. Young, **Daniel**, p. 156-157. Archer acha que a perturbação pode ser tanto em relação à ignorância com respeito a alguns detalhes do sonho que ele não compreendia, mas principalmente em relação ao sofrimento que aguardava o seu povo. A despeito da segurança trazida pela vitória final, Daniel estava profundamente preocupado com a perseguição que estava por vir. Archer, "Daniel", p. 92-93. É possível que seja um pouco de cada. Me parece que o crescente terror dos animais explica parcialmente a perturbação de Daniel. É assim que enxerga Ian Duguid. Duguid, **Daniel**, p. 113.

23 O terror causado por Antíoco Epifânio aos judeus suprimindo a religião judaica (1 Macabeus 1.41-42) foi um cumprimento da profecia de mudança de "tempos" e "lei" (v. 25), mas ilustram a

AMANDO A DEUS NO MUNDO

mas volta a focar no tribunal divino e no reino eterno (v. 26-27) para que Daniel seja confortado e encorajado.

Aprendemos nesse texto que até um homem maduro na fé como Daniel tem seus momentos de fraqueza, cujos olhos focam na força do vento antes do que no Criador do vento (Mt 14.30). À luz da revelação divina, a preocupação de Daniel é desmedida por pelo menos três razões. Primeiro, porque Deus lhe mostra que o tempo da aflição é limitado em contraste com uma eternidade de glória (v. 25b, 27). Isso é confortador! Os mesmos santos que sofrerão nas mãos do pequeno chifre por certo período (v. 21, 25) receberão um reino para toda eternidade (v. 18, 22, 27). Jesus também conforta os seus discípulos dizendo que os perseguidos pelo seu nome têm direito ao reino (Mt 5.10-12). Ainda que a opressão seja intensa, ele a abrevia (Mt 24.22) e recebe os seus amados no reino (Mt 25.34). Essa perspectiva do porvir é que faz o apóstolo Paulo encarar o sofrimento presente com tanta perseverança (Rm 8.18; 2 Co 4.16-18).

Em segundo lugar, Deus sempre retrata a vitória do Messias em tons triunfantes, interrompendo o avanço do mal de forma gloriosa (v. 22, 25b-26). Talvez para mostrar ainda mais a sua glória, Deus tem por princípio destruir o mal quando está no auge. Embora o dispensacionalismo goste de associar os "três tempos e meio" do verso 25 à última metade da septuagésima semana (9.27),[24] muitos intérpretes reformados têm preferido entender que a lógica

---

maneira como o Homem da Iniquidade agirá.

24   Gleason Archer julga que a expressão "um tempo, dois tempos e metade de um tempo" (v. 25) deva significar três anos e meio porque a palavra "tempo" (*iddan*) em Daniel 4.16 certamente significa ano. Archer, "Daniel", p. 94. Já Robert Chisholm acha que a expressão provavelmente signifique três anos e meio não por causa de Daniel 4 (onde "sete tempos" não é certeza que signifique "sete anos"), mas pela forma como a expressão é explicada em dias tanto em Daniel 12 (v. 7, 11) como em Apocalipse 11.2-3; 13.5. Chisholm, **Handbook on the Prophets**, p. 305.

VISLUMBRES DO FIM (DANIEL 7-12)

é de que o ataque do pequeno chifre contra os santos se avoluma (de um tempo passa a dois tempos), mas num terceiro momento é interrompido (de dois tempos, ao invés de ir para quatro, apenas segue meio tempo).[25] É assim que o próprio Jesus descreve o seu retorno e vitória final. Quando o mal estiver no auge de sua manifestação (Mt 24.9-12, 21, 24), e até os astros forem afetados pela maldição do pecado (Mt 24.29), eis que surge o glorioso redentor (Mt 24.30). A mesma descrição é ecoada pelo apóstolo Paulo. Quando o "homem da iniquidade" se manifestar e magnificar as práticas blasfemas de quem se coloca no lugar de Deus (2 Ts 2.3-4), e fizer obras impressionantemente enganadoras (2 Ts 2.9-10), então Cristo virá e o humilhará matando esse poderoso com o sopro de sua boca (2 Ts 2.8).

Em terceiro lugar, Daniel não deveria ter sido tomado pelo medo porque a vitória é conquistada pelo Senhor que guerreia as nossas guerras (cf. 2 Cr 32.8). Observe como os santos não participam de qualquer conquista em nome do reino. Daniel é informado no capítulo 7 que o reino é simplesmente recebido (v. 18, 27). Tanto é que como resultado dessa profecia, vemos Daniel posteriormente, na história do capítulo 5, sendo um mero arauto do reino de Deus, enquanto Deus é quem destrói o reino de Belsazar, matando-o. A morte de Belsazar já é um primeiro cumprimento da profecia de que Deus resgata o seu povo em meio à aflição. E Deus minimiza a nossa participação para que a glória seja dEle. Jesus ensina que o reino de Deus é como uma semente que germina e cresce, embora o plantador não saiba como (Mc 4.26-29); em outras palavras, sua participação é circunstancial, pois a terra faz todo o trabalho (v. 28). Paulo usa a mesma analogia de plantio e deixa

---

25 Young, **Daniel**, p. 162; Olyott, **Ouse Ser Firme**, p. 111.

AMANDO A DEUS NO MUNDO

mais explícito que a glória é toda de Deus, pois quem dá o crescimento é que é honrado (1 Co 3.6-7). Nós não construímos nem expandimos o reino de Deus, e isso é libertador; não temos esse fardo, pois o Senhor é quem conquista o reino e o concede a nós.

A reação de Daniel (7.28) após a nova explicação da visão é um pouco ambígua.[26] É certo que ele está pasmo, pois a visão também lhe antecipou sofrimento futuro. Como dissemos na introdução, visões apocalípticas são chocantes. Daniel está tentando processar essas revelações em particular, sem qualquer compartilhamento. "Guardar no coração" não é apenas meditar de forma devocional, mas é tentar compreender a surpreendente revelação divina (Lc 2.19, 51). Posteriormente, ele receberá revelações de um período distante que deverão ficar seladas por um bom tempo (8.26).[27] Não é fácil saber o sofrimento vindouro e não poder compartilhar! Ele recebera revelações pesadas que ele precisou guardar consigo.

No entanto, a reação que ele tem no capítulo 8 (v. 27), dois anos depois da visão do capítulo 7 (cf. 7.1; 8.1), é mais encorajadora em dois aspectos. Primeiramente, Daniel aprende a confiar mesmo sem saber tudo o que vai acontecer. O grande intérprete de sonhos precisa ser resignado em entender apenas parcialmente.[28]

---

26 Archer afirma que Daniel está estupefato com a visão em si (cf. Is 6.5), preocupado com as aflições que aguardam o seu povo, e aflito por não poder compartilhar essa visão com algum confidente. Archer, "Daniel", p. 95. Duguid prefere entender o verso 28 como sendo um Daniel que não entendeu a mensagem de que o tempo da opressão dos santos é limitado por Deus e em seguida receberão um reino sem igual. Duguid, **Daniel**, p. 117. Creio que essa interpretação de Duguid é simplista pois ele acredita que o propósito da passagem era acalmar, antes do que assustar. Duguid, **Daniel**, p. 115. No entanto, isso não explica a reação de Daniel. Ainda que ele tenha ficado confuso, precisamos ser lembrados que visões apocalípticas traziam imagens indeléveis por serem tão gráficas e impactantes.

27 A profanação no tempo de Antíoco seria certamente horrível, ainda que posteriormente fariam pior: colocariam a mão no próprio Deus e o conduziriam à cruz.

28 Por vezes, Daniel foi incapaz de entender a visão (Dn 8.27; 12.8). Mas esse é o Daniel que interpretou os sonhos de Nabucodonosor (Dn 2, 4) e a visão de Belsazar (Dn 5). Ele não deveria entender essas visões apocalípticas? Afinal, as interpretações foram dadas para a sua compreensão

VISLUMBRES DO FIM (DANIEL 7-12)

Ainda assim, ele foi confiante em meio à neblina, isto é, mesmo sem enxergar todos os detalhes da estrada adiante de si. Se Daniel continuou confiante no soberano controle de Deus (ex: Dn 5), ainda que privado de certo entendimento do que viria, precisamos aprender a repousar no Soberano exatamente por estarmos num país cuja instabilidade tem inspirado uns a deixá-lo em busca de algo mais previsível. Ficamos temerosos por não podermos ter um pouco mais de certeza sobre como as coisas irão funcionar e queremos uma saída mais segura. Falta-nos confiança em meio à neblina. A imprevisibilidade numa situação adversa (num casamento ruim, num negócio em derrocada) faz-nos buscar uma saída na qual podemos saber um pouco sobre o que vai acontecer. Queremos alguma redenção planejada por nós e assim termos expectativa gerada por nosso planejamento. Mas qual é a expectativa que temos quando as coisas saíram do nosso controle na política, na saúde, no casamento, no trabalho?

Em segundo lugar, Daniel continua engajado no serviço, mesmo enquanto aguarda o cumprimento das profecias. Ainda que enfermo e espantado, ele se levantou e tratou dos negócios do rei, a saber, Belsazar, o qual nem o conhecia pois o havia ignorado mesmo ele tendo sido o segundo no reino de seu antecessor, Nabucodonosor. Isso mostra que saber das trocas de reino não o fez se isolar da cultura ao seu redor, mas ele continuou fielmente

---

(7.16-17; 8.15; 9.22; 10.14). E há lugares em que está dito que ele entendeu (10.1). Então, ele entendeu as visões ou não entendeu? As duas coisas. A mensagem central ele entendeu, porém, certos detalhes permaneceram um mistério para ele. Esse equilíbrio entre saber certas coisas e ter outras coisas nubladas ao nosso entendimento é um grau de ignorância que devemos tolerar (Ex: o misterioso tempo de 2300 dias em 8.14). Iain Duguid acredita que pré-milenistas precisam parar de fazer adivinhações e amilenistas precisam compreender que há certas profecias que podem ser cumpridas literalmente, enquanto outras não. Isso é o que deveríamos ter aprendido com as profecias messiânicas do AT cumpridas no NT (Jesus nasceu literalmente de uma virgem, mas João Batista não foi literalmente Elias, ainda que tivesse vindo no espírito de Elias). Duguid, **Daniel**, p. 142-145.

AMANDO A DEUS NO MUNDO

a serviço da sociedade babilônica (cf. Jr 29.4-7). Afinal, cuidando dos negócios do rei Belsazar, ele estava cuidando dos negócios do Rei Senhor. Daniel não dicotomizou, mas serviu ao Senhor enquanto servia o próximo. Isso nos ensina que a expectativa do retorno do Filho não nos isenta de nos ocuparmos com os negócios daqui, mas também não nos dá garantia de mudança permanente aqui. Cristo incorpora esse espírito equilibrado quando limpa o templo expulsando os cambistas (serviço) mesmo sabendo que em pouco tempo o templo de Jerusalém seria destruído para sempre (expectativa).[29] Expectativa do porvir não deve desmotivar o serviço presente.

Confiança e serviço são sinônimos de esperança em meio à aflição desta vida. Essas duas qualidades devem ser marcas do cristão com uma perspectiva escatológica correta.

POUPADO DA FRENTE DE BATALHA (DANIEL 10)[30]

Em Daniel 9 (v. 1-19), o profeta foi levado a orar ao Senhor confessando o pecado do povo e suplicando por livramento quando descobriu pela Palavra de Deus (Jeremias 29) que o cativeiro deveria durar 70 anos. A resposta de Deus (v. 20-27) é compassiva pois ensina Daniel a ter uma perspectiva histórica ainda mais gloriosa. A resposta libertadora de Deus veio não só com a libertação iminente do povo mediante o decreto de Ciro em seu primeiro ano de reinado, mas Deus levou o profeta a enxergar um livramento ainda mais perfeito no futuro, com a vinda do Messias (70 x 7). A ideia

---

29 Duguid, **Daniel**, p. 146-148.

30 Os capítulos 10 a 12 formam uma só visão (a última visão de Daniel, cronologicamente falando) que trabalharemos em duas mensagens. A visão referida em 10.14 é a visão registrada nos capítulos 11 e 12. O capítulo 10 funciona como um preâmbulo da visão em si, embora já traga insights importantes para Daniel entender o reino de Deus em face de reinos opositores.

VISLUMBRES DO FIM (DANIEL 7-12)

de 70 semanas (lit. "setenta setes") era para que Daniel pensasse além dos 70 anos do cativeiro.[31] Enquanto Daniel pensava sobre o número setenta, o anjo lhe mostrou que esse não era o único setenta no programa de Deus para Jerusalém. A libertação ordenada por Ciro, a qual aconteceria em breve (Ed 1.1-2), era apenas vislumbre de uma libertação maior que Deus traria ao seu povo. Tudo apontava para a grande libertação trazida pelo Messias em sua primeira vinda e os acontecimentos que girariam em torno da mesma.[32] Daniel está aprendendo a ter uma perspectiva ainda mais

---

31 Não se deve fazer cálculo julgando que cada semana representa sete anos, pois isso perde o espírito do simbolismo de Daniel. Deus queria ressaltar a perfeição de uma obra redentora maior do que a libertação do cativeiro após 70 anos (por isso 7 x 70). Assim como em Mt 18.21-22, quando Jesus não estabelece o limite do perdão em 490 vezes, mas mostra a perfeição que devemos buscar no ato de perdoar um irmão. O perdão do cristão não deve ser limitado (7 vezes) mas perfeito (70 x 7).

32 Cristo e sua morte expiatória são centrais nessa profecia; ele é o Santíssimo a ser ungido (v. 24). À primeira vista, parece-nos que Gabriel está falando de consagrar a parte interna do tabernáculo ou templo (Santo dos Santos — lugar da habitação de Deus), dando o sentido de assegurar pela unção a habitação permanente de Deus com o seu povo. No entanto, a expressão "Santo dos Santos" não tem o artigo definido, podendo ser traduzida como "coisa santíssima" ou "alguém santíssimo". Uma vez que o Messias prometido foi profetizado como alguém a ser ungido pelo Espírito de Deus (Is 61.1), fica mais provável que a profecia proferida por Gabriel se refira a uma pessoa, o Messias. Esse sexto resultado é o clímax do verso 24, pois explica quem trará os resultados anteriores: o Messias cumprirá profecias, trará justiça eterna, fará expiação pela iniquidade, porá fim ao pecado e à transgressão (resumo de Is 52.13-53.12). Gerard Van Groningen, **Revelação Messiânica no Velho Testamento** (Campinas: Luz Para o Caminho, 1995), p. 759-760. O período começa com o decreto de Ciro (538 A.C.), que era o almejado por Daniel ("desde a saída da ordem para restaurar e para edificar Jerusalém", v. 25). Não faz sentido atribuir o "decreto" ao período de Artaxerxes (como fazem os dispensacionalistas para que a matemática de anos seja "exata") cerca de um século depois de Daniel; não há qualquer consolo para Daniel ou qualquer aplicação para os seus dias. Tanto o final de 2 Crônicas quanto o início de Esdras-Neemias mostram que o decreto de Ciro é entendido como o início da restauração. "Depois das sessenta e duas semanas, será morto o Ungido... e o povo de um príncipe que há de vir destruirá a cidade e o santuário" (v. 26), isto é, na septuagésima semana acontecerá a morte do Messias e a destruição de Jerusalém e do Templo. Fica, então, definido o período histórico real: entre os anos 538 a.C. e 70 d.C. Gabriel divide os "setenta setes" em *três períodos*: 7 + 62 + 1. O *primeiro período* (sete "setes") é o tempo da reconstrução de Jerusalém sob Esdras e Neemias, o qual será em meio a tribulações; "as praças e as circunvalações se reedificarão, mas em tempos angustiosos". (v. 25). Daniel é advertido de que os tempos de tribulação e angústia para o povo do pacto não cessarão quando os setenta anos do exílio se completarem. O *segundo período* (sessenta e dois "setes") termina com o nascimento de Jesus Cristo. O *terceiro período* (um "sete") é detalhado em

AMANDO A DEUS NO MUNDO

grandiosa da história, de que a libertação política dos judeus apontava para uma libertação mais gloriosa do domínio do pecado e sua maldição. Embora o caminho até essa libertação contenha aflições, porque o Messias é afligido (Is 52.13-53.12), esse é o caminho de glória que Deus reserva para o seu Servo (Cristo) e para os seus servos (os que estão em Cristo).[33]

Após o decreto de Ciro, o povo de Israel volta à sua terra para reconstruir, mas encontra dificuldades com os residentes que impediam a reconstrução (Ed 3-6). O capítulo 10 de Daniel acontece no terceiro ano de Ciro, quando tais notícias deixam o profeta desanimado. Por três semanas, Daniel chora e se poupa de comida e de cuidados com o corpo (v. 2-3).[34] A privação de comida e

---

acontecimentos conforme versos 26 e 27. No verso 26, com respeito ao Messias é dito "será morto o Ungido e já não estará" — referência à morte expiatória de Cristo, tragédia maior do que o exílio — e com respeito a Jerusalém e o Templo é dito "o povo de um príncipe que há de vir destruirá a cidade e o santuário, e o seu fim será num dilúvio [sinônimo de exércitos trazendo destruição], e até ao fim haverá guerra; desolações são determinadas" — referência à destruição de Jerusalém e do Templo realizada por Tito e seu exército romano em 70 d.C. (Mt 23.34-24.2). Mas a septuagésima semana não é só marcada por tragédia. A aliança de Cristo feita no seu sangue é o grande sinal de reconciliação (v. 27). Observe que todo o texto aponta para a primeira vinda do Messias. Cf. Van Groningen, **Revelação Messiânica no Velho Testamento**, p. 751-765. Não colocar um espaço de tempo entre as sete primeiras semanas e as 62 do meio, e colocar um enorme parênteses (tempo da igreja) entre a semana 69 e a de número 70, como fazem os dispensacionalistas, é exegeticamente desleal.

33 Iain Duguid sugere que o fato das 69 semanas serem um tempo de problemas até a chegada do Messias inaugurando a 70ª semana "vira de cabeça para baixo nossas expectativas a respeito da história. Tendemos a assumir que, se Deus está no controle da história de nossa vida, então tudo deve correr suavemente, para frente e para cima, na direção da glória... Mas essas tribulações são nosso caminho para a glória porque foram, primeiro, o caminho de nosso Messias para a glória. Deus não exige de nós nada que ele mesmo não esteja disposto a sofrer". Duguid, **Daniel**, p. 170, 171.

34 Há divergências quanto ao papel que os primeiros versos do capítulo 10 ocupam quanto à visão dos capítulos 10 a 12. Olyott enxerga como sendo uma descrição futura da reação de Daniel pois interpreta o primeiro verso dizendo que ele compreenderá o que lhe será revelado. Olyott, **Ouse Ser Firme**, p. 146. Um dos problemas dessa interpretação é que os versos 2 e 3 ficam sendo a reação posterior ao capítulo 12, uma reação não muito animadora diante da revelação de descanso no capítulo 12. Ao meu ver, o verso 1 parece descrever a visão sobre o conflito sobrenatural que ele teve no capítulo 10 e seu entendimento dessa realidade (diferente das partes que ele não entendeu; 12.8). Os versos 2 e 3, ao que parece, não são uma reação à visão, mas à situação do povo de volta à terra.

VISLUMBRES DO FIM (DANIEL 7-12)

loções que ajudavam a pele em clima tão árido eram expressões de quebrantamento.[35] Assim como comunidades de hoje jejuam e intercedem pela igreja perseguida ao redor do mundo, Daniel se quebrantava em súplica pelo seu povo; deduzimos que ele orava pelo povo durante todo esse tempo pois o verso 12 fala de "palavras" ouvidas e da atitude de Daniel em "humilhar-se" perante o Senhor, além da ligação que a Escritura faz entre jejum e oração. O fato do seu jejum persistir durante a páscoa aponta para uma expectativa de que Deus repita os atos anteriores de salvação (expectativa explicitada em 9.15-16).[36]

Em resposta ao jejum e à súplica de Daniel, Deus lhe deu uma visão. Sua visão foi de um "homem vestido de linho" (v. 5-6) cujo esplendor tirou as forças de Daniel (v. 8-9; 11b) e até os que estavam com Daniel mas não tiveram a visão, também foram infundidos de grande temor a ponto de procurarem esconderijo (v. 7). Esse homem ergue Daniel (v. 10) e traz palavras consoladoras ao expressar o amor de Deus ao profeta (v. 11-12, 19). Seu envio para trazer uma revelação (v. 14), portanto, é para que o profeta seja fortalecido, o que de fato acontece (v. 19), ainda que antes o profeta tenha perdido as forças (v. 16-17). Deus está cuidando desse exilado, dando-lhe forças quando conflitos externos o deixam abatido.

Há grande debate entre os comentaristas quanto à identidade

---

35 Olyott postula um desapontamento de Daniel com a falta de interesse do seu próprio povo em retornar à terra (apenas um pequeno número retornou). Enquanto Daniel não se esquecera de Jerusalém como demonstram suas orações (não deve ter voltado por causa de sua idade avançada: 86 ou 87 anos), muitos de seus compatriotas não manifestaram interesse em voltar à terra. Olyott, **Ouse Ser Firme**, p. 145-146.

36 "O fato de seu jejum persistir durante a festa da Páscoa, no meio do primeiro mês [v. 4], é tanto um sinal de seriedade de seu compromisso em prantear como um clamor implícito a Deus para que repetisse seus atos anteriores de salvação nos próprios dias de Daniel." Duguid, **Daniel**, p. 179.

AMANDO A DEUS NO MUNDO

desse homem. Por se tratar de uma visão, ninguém compreende que se trate de algum ser humano, mas de um ser celestial em forma de homem. Alguns estudiosos julgam ser o Cristo pré-encarnado.[37] Dentre os argumentos em favor dessa interpretação estão a reação de Daniel diante desse homem celestial ser mais intensa do que em outros encontros com seres angelicais (v. 8-9, 15), à semelhança da história de Paulo quando viu a Cristo (v. 7; At 9.7; 22.9), e à semelhança da descrição de Cristo em Apocalipse (Ap 1.13-17). Ainda que esses sejam bons argumentos, há evidências no texto que são muito fortes contra a noção de ser o Filho (segunda pessoa da Trindade). Alguns dos argumentos mais convincentes são o fato de ele ser impedido por um demônio e precisar da ajuda de um anjo (v. 13), algo que não combina com o Cristo glorioso sem estar em estado de encarnação humilhada quando foi ministrado por anjos; não há nenhum outro texto na Escritura em que Deus não encarnado precise do auxílio de suas criaturas. Outro argumento contrário a ser uma referência ao Verbo é que posteriormente ele jura por alguém maior do que ele mesmo ("por aquele que vive eternamente", 12.7). Os comentaristas que levantam esses argumentos, portanto, julgam que o homem de Daniel 10 é apenas um anjo.[38]

Ser um anjo não minimiza o fato de que ele é enviado de Deus, que traz a palavra de Deus e expressa a glória de Deus. O mensageiro angelical reflete a imagem do Deus glorioso de tal forma que essa glória, ainda que mediada, é esmagadora. Greidanus

---

37 Alguns comentaristas que defendem que esse personagem descrito nos versos 5 e 6 é o Cristo não encarnado são: Keil, Young, Olyott e Chapell. Young, **Daniel**, p. 225; Olyott, **Ouse Ser Firme**, p. 148; Chapell, **The Gospel According to Daniel**, p. 171.

38 Entre os que preferem interpretá-lo como um anjo estão: Van Groningen, Duguid, Greidanus, Archer e Chisholm. Van Groningen, **Revelação Messiânica no Velho Testamento**, p. 767; Duguid, **Daniel**, p. 181; Greidanus, **Pregando Cristo a partir de Daniel**, p. 365-366; Archer, "Daniel", p. 123-124; Chisholm, **Handbook on the Prophets**, p. 318.

VISLUMBRES DO FIM (DANIEL 7-12)

provê uma interpretação teocêntrica mesmo crendo que se trata de um anjo, pois Deus revela, Deus envia e Deus ouve.[39] Essa leitura teocêntrica faz com que nos concentremos no cuidado de Deus para com o seu profeta, antes do que no servo mensageiro.

O texto faz menção a uma batalha de "príncipes" (v. 13, 20) que dura todo o período de oração de Daniel (v. 2, 13). Esses príncipes são seres angelicais (Ap 12.7-8),[40] mas a conexão entre a batalha deles e o período de oração de Daniel não tem qualquer relação com a noção evangélica de oração como "arma de vitória" na batalha espiritual. Não há nenhum "poder de oração" mencionado nessa história, pois ela não combina com a natureza da intercessão. Oração é o espírito de súplica ao Senhor quando tomamos a armadura de Deus (Ef 6.18), mas não é listada nem como um dos itens da armadura. Oração é uma súplica humilhada perante o Senhor, não um grito de guerra triunfalista de caçadores de poder.

Entretanto, a conexão entre as três semanas de oração e a batalha entre seres angelicais é preciosa ao menos por duas razões. Primeiro, se o anjo foi resistido por vinte e um dias (o mesmo período de súplica de Daniel; v. 3, 13), isso significa que o anjo foi enviado assim que Daniel começou a suplicar. Deus foi pronto em responder ao seu servo, carinhosamente se compadecendo do velho profeta. Deus já tinha revelado essa prontidão ao profeta num outro período de oração dois anos antes (veja 9.23) e agora reforçava o seu cuidado. Em segundo lugar, ainda que haja resistência

---

39 Greidanus, **Pregando Cristo a partir de Daniel**, p. 372.

40 A despeito de Calvino interpretá-lo como o rei Cambises da Pérsia, é praticamente unânime a posição dos intérpretes conservadores atuais de que "o príncipe do reino da Pérsia" (v. 13; o mesmo vale para "o príncipe da Grécia", v. 20) seja um ser espiritual, um demônio. Afinal, é improvável que um ser humano pudesse prender um ser celestial, além do que o próprio Miguel é chamado de "príncipe" na passagem (v. 13, 21). Greidanus, **Pregando Cristo a partir de Daniel**, p. 367.

AMANDO A DEUS NO MUNDO

dos seres demoníacos, Deus não permite que a revelação deixe de chegar a Daniel. Miguel é enviado para socorro do anjo e este alcança vitória. Daniel aprende o valor de perseverar em oração em expectativa pela resposta divina. Deus pode parecer tardar, mas não falha em responder nossas súplicas por redenção completa.

Essa segunda lição é tremendamente confortadora para um Daniel abatido e para nós que ainda estamos neste mundo mau. Ainda que o demônio tenha atrasado o mensageiro divino, o auxílio do arcanjo Miguel possibilita que essa mensagem de encorajamento seja entregue. Em última análise, as atividades demoníacas ferem os santos, ferem o calcanhar do Messias (Gn 3.15), mas nunca impedem o cumprimento dos atos redentores de Deus. Ainda que Satanás e seus demônios tenham certo poder limitado de oposição aos santos, tal malignidade nunca vai além dos limites impostos por Deus (Jó 1.12; 2.6; 1 Co 10.13).

Esse preâmbulo bélico da visão em si (capítulos 11 e 12 de Daniel) foi iluminador a um profeta acostumado aos poderes políticos deste mundo. Se Daniel ficava aflito com os inimigos terrenos do povo judeu, Deus estava lhe abrindo os olhos para a real batalha. Essa batalha espiritual com demônios por trás de impérios antigos (Pérsia, Grécia) lhe permitiu enxergar que por trás dos deuses e governantes nacionais, existe atuação demoníaca (1 Co 10.20). "Foram estes espíritos maus que levaram as autoridades persas a apoiarem os samaritanos, em suas investidas contra o pequeno grupo de fiéis judeus que do exílio haviam retornado à Palestina."[41] Se quando jovem Daniel aprendeu que Deus "remove reis e estabelece reis" (2.21), agora ele descobre o que acontece nos bastidores.[42] Se

---

41 Olyott, **Ouse Ser Firme**, p. 151.

42 Greidanus, **Pregando Cristo a partir de Daniel**, p. 384. A visão que será descrita nos capítulos

VISLUMBRES DO FIM (DANIEL 7-12)

Daniel aprende que existe uma batalha duradoura *contra* os santos, ele também aprende que há outros na batalha *pelos* santos além de si mesmo. Existem exércitos que lutam pela causa do Senhor, que o profeta não conhecia.

Mas Daniel não é o único que precisa aprender com essa batalha espiritual. Essa é uma realidade que frequentemente nós desprezamos. Por isso, Deus está nos descortinando o conflito espiritual por trás dos conflitos deste mundo (Ef 6.12). Revelar essa atuação demoníaca por detrás da atuação humana não isenta os homens de responsabilidade, pois é possível ter diferentes responsáveis num mesmo ato (ex: Judas não deixou de ser responsabilizado por agir em conformidade com Satanás). Porém, é importante sermos lembrados da tríade de oposição a Deus e como elas interagem: por trás do mundo e da carne está o poder do diabo.[43]

No entanto, creio que há uma lição ainda mais significativa para Daniel e para nós. A visão de um embate entre forças espirituais não serve para assustar a Daniel, mas para conscientizá-lo de uma batalha que foge de suas mãos. Daniel não é apresentado a nós como um forte guerreiro nessa batalha. Pelo contrário, em toda essa cena ele é um idoso sem forças que precisa ser erguido física e emocionalmente.[44] Primeiro, ele é fisicamente "tocado" três vezes (v. 10, 16, 18), para ficar de pé (v. 9-11), depois para falar (v. 16-17). Em segundo lugar, ele é tratado de forma pessoal e amorosa

---

11 e 12 pretende encorajar Daniel em meio ao seu lamento sobre a presente situação de Jerusalém. Duguid, **Daniel**, p. 184.

43   Aprender sobre essa batalha espiritual é evitar os extremos de enxergar o diabo em tudo ou de não enxergá-lo. O primeiro grupo tende a perder de vista as sutilezas do inimigo que se disfarça de anjo de luz (2 Co 11.14) e o segundo grupo se esquece de que Satanás é como um leão que ruge (1 Pe 5.8). Duguid, **Daniel**, p. 186-188.

44   É importante destacar que a idade de Daniel (cerca de 86 ou 87 anos) pode ter contribuído para uma fraqueza tão grande diante da visão estática.

AMANDO A DEUS NO MUNDO

quando é chamado pelo nome e o amor de Deus por ele é confirmado (v. 11). Além disso, sua oração é ouvida (v. 12). Ao final de tudo ele é fortalecido (v. 19). Em toda essa cena bélica, porém, ele não é atuante, mas socorrido.

A sua fraqueza aponta para a nossa impotência diante dessa batalha. Mas isso não é má notícia. Essa história é um preâmbulo de vitória para a nossa vida presente também. Cristo já julgou o príncipe deste mundo (Jo 12.31), tomou os despojos da casa do valente (Mt 12.28-29), expulsou Satanás e seus anjos para a terra (Ap 12.9) e expôs os demônios ao desprezo na cruz (Cl 2.15). Por isso somos mais que vencedores (Rm 8.35-39). Essa é a vitória que "já" aconteceu e ela é exclusividade de Cristo Jesus! Nossa vitória não nos é assegurada por nossa fidelidade, nem por anjos defensores (Dn 12.1), mas pela obra consumada de Cristo.

No entanto, a batalha "ainda não" terminou, como a visão do capítulo 11 irá demonstrar ao profeta. Ainda somos impedidos por seres opositores do reino de Deus (1 Ts 2.18). Cristo ainda há de expor sua vitória completa ao mundo (1 Co 15.24). Até lá, somos chamados de igreja militante, pois estamos numa batalha. A vida cristã é um campo de batalha. Perder isso de vista gera expectativas de tranquilidade que Deus não nos garante nesta vida.

Em meio a essa batalha, nossa postura não é de triunfo ousado, mas de humilde resistência. Embora sejamos chamados de "soldados" de Cristo (2 Tm 2.3), e que estejamos num combate (Fp 1.30; 1 Tm 1.18; 6.12; 2 Tm 4.7), a armadura de Cristo tem uma postura mais de defesa do que de ataque (Ef 6.13-17; cinco utensílios de defesa e apenas a espada de ataque). Somos orientados a resistir ao diabo e nos achegarmos a Deus com um coração humilhado (Tg 4.7-10). A nossa postura na batalha não é a de triunfo ousado, mas

VISLUMBRES DO FIM (DANIEL 7-12)

de dependente oração e súplica (Ef 6.18). Deus nos mantém frágeis em meio a essa batalha, conclamando-nos a orar assim como Daniel suplicou. Oração é uma expressão de dependência muito necessária para essa batalha. A persistência de Daniel por três semanas nos recorda a nobreza de perseverar na oração (Lc 18.1). O poder se aperfeiçoa na fraqueza (2 Co 12.9-10).[45]

Somado ao que já dissemos, assemelhamo-nos a Daniel não só em nossa fragilidade e oração, mas também em sermos meros expectadores da vitória. Daniel é poupado da frente de batalha e nós também o somos. O fato do profeta simplesmente assistir ao embate entre seres angelicais retrata um padrão recorrente na história bíblica. Em todo o Antigo Testamento, Deus tira a glória da vitória de seus servos. Quando Deus conduz Josué e o povo a derrotar Jericó, ele milagrosamente faz que muralhas caiam com trombetas e gritos, para que a glória da vitória não seja do povo, mas de Deus. Quando Deus chama Gideão para liderar trezentos homens contra a multidão de midianitas, a vitória vem mediante trombetas, jarros quebrados e tochas acesas, para que a glória da vitória não seja do povo, mas de Deus. Quando o rei Ezequias se prepara para se defender do ataque assírio, Deus mata 185 mil homens da noite para o dia, sem que Judá fizesse nada. Até quando Deus utilizou Davi contra Golias, a derrota do gigante não veio mediante uma batalha homérica, mas com um jovem e inexperiente guerreiro utilizando uma pedra para acertar em cheio a testa do filisteu (vitória improvável). Em todas essas histórias, como o próprio Davi reconheceu, a vitória é do Senhor, não nossa. Semelhantemente, somos

---

45 Historicamente, sabemos que a oração de Daniel foi ouvida pois não só sua oração por libertação no capítulo 9 teve como resposta o decreto de Ciro libertando os judeus, mas sua oração no capítulo 10 foi atendida quando algum tempo depois o trabalho de construção em Jerusalém foi retomado.

AMANDO A DEUS NO MUNDO

expectadores da vitória de Cristo e nossa única investida de ataque é anunciar a Palavra de Cristo (que é a espada do Espírito), uma investida de anunciação.

ENFIM, CHEGAMOS (DANIEL 12)

Vimos na primeira seção que as visões apocalípticas de Daniel nos ensinam a ter *confiança em meio à neblina* (não sabemos tudo sobre o que está por vir) e *engajamento enquanto na espera* (expectativa é motivadora de serviço). Na segunda seção as visões nos ensinam a sermos *expectadores da vitória* de Cristo manifesta em batalhas espirituais e como Deus espera que sejamos *frágeis guerreiros em oração*. Nesta última seção, as visões ao exilado nos ensinarão acerca de descanso e herança, mas não sem antes apresentar as tribulações e as perdas.

A última visão de Daniel começa de uma forma não muito animadora. Daniel 11 retrata a história de reinos focando na figura má de Antíoco Epifânio que faria forte oposição ao povo judeu prefigurando uma força malévola maior. A "abominação desoladora" (11.31; 12.11) causada por Antíoco Epifânio é prevista de forma tão precisa historicamente que muitos estudiosos liberais antissobrenaturalistas julgam que o livro só pode ter sido escrito depois do governo de Antíoco Epifânio. Os acadêmicos observam, porém, que a partir do verso 36 não há mais um retrato exato do inimigo dos judeus.[46] Stuart Olyott afirma que no verso 36 o texto

---

46 Sobre a revelação dada a Daniel em 11.2-12.4, a primeira parte (11.2-20) retrata a história do Oriente Próximo desde Daniel até Antíoco IV Epifânio mostrando as entradas e saídas de poder dos reinos (persa, grego e derivados), focando nos impérios selêucida e ptolomaico que disputavam poder. A segunda parte (11.21-35) descreve o governo de Antíoco IV e sua oposição à religião judaica culminando na profanação do templo "estabelecendo a abominação desoladora" (11.31). A terceira parte (11.36-12.4) descreve o tempo do anticristo e consolo final. R. C. Sproul (editor geral), **Bíblia de Estudo de Genebra** (São Paulo/Barueri: Cultura Cristã e Sociedade Bíblica do Brasil, 1999), p.

VISLUMBRES DO FIM (DANIEL 7-12)

não muda de assunto, aparentemente continuando a descrever Antíoco Epifânio, mas agora sem a exatidão histórica presente até o verso 35. "É como se o profeta, ao falar a respeito de Antíoco Epifânio, estivesse vendo através dele e o enxergasse como um tipo ou protótipo de *alguém, semelhante a ele,* que surgirá no futuro."[47] O personagem do segundo século antes de Cristo, portanto, é apenas um tipo da figura final que encarnará a oposição a Cristo. Jesus o antecipa usando a expressão de Daniel e chamando-o de "o abominável da desolação" (Mt 24.15) que coordenará uma oposição ferrenha ao povo de Deus. O mesmo acontece com o retrato de um tempo de angústia para o povo o "qual nunca houve, desde que houve nação até àquele tempo" (Dn 12.1). Esse tempo ímpar de aflição identifica-se com a tribulação predita por Jesus em seu discurso escatológico (Mt 24.21). Essa apropriação que Jesus faz das profecias de Daniel nos ensina que a mesma profecia de Daniel que primeiramente tem cumprimento no monarca selêucida do segundo século antes de Cristo, também tem cumprimento nos anticristos e nas tribulações anunciados para a era posterior à primeira vinda de Cristo.

Contra uma visão otimista de cristianização gradativa do mundo, a Escritura prevê forte oposição ao povo de Deus. Tanto o abandono da fé por parte de muitos que fazem parte da igreja confessante, a chamada "apostasia" (2 Ts 2.3; 1 Tm 4.1; Mt 24.5-8), quanto a aparição do homem da iniquidade (2 Ts 2.3), retratado em Apocalipse como a "besta do mar" (Ap 13.1-10), são preparatórios para aquilo que a Bíblia chama de "tribulação", que é a oposição aos fiéis a Cristo (Mt 24.4-5, 9-12, 15-29; Ap 13.7-8).

1001 (nota de Dn 11.2-12.4).

47 Olyott, **Ouse Ser Firme**, p. 173.

AMANDO A DEUS NO MUNDO

Tanto as visões apocalípticas de Daniel (Dn 12.1) quanto o discurso escatológico de Jesus (Mt 24.21) falam de uma tribulação singular no tempo do fim. No entanto, essa perseguição aos cristãos já começara na era apostólica e continuou a acontecer ao longo da história da igreja e ainda aguardamos mais pela frente até a chamada "grande tribulação" logo antes da segunda vinda de Cristo (Mt 24.29-30). Essa repetição de tribulações ao povo de Deus desde as primeiras ocorrências no Antigo Testamento em antecipação da chegada do Messias até as tribulações no Novo Testamento em antecipação à sua segunda vinda são um exemplo de múltiplos cumprimentos de uma mesma profecia. Essa continuidade de tribulações também nos ensina que nesta era não devemos esperar bonança ininterrupta.

Essa expectativa de muita oposição não parece uma visão apropriada a um homem idoso (86 ou 87 anos de idade). Costumeiramente poupamos nossos idosos de "tempos difíceis" (2 Tm 3.1), como ato de amor. Mas a revelação divina não anestesia nossa dor com prazeres e confortos, embora nós busquemos isso. A volta do povo judeu à terra não parecia ter mudado muita coisa; lutavam com os mesmos pecados de antes e enfrentavam as mesmas tribulações (semelhante às nossas lutas contínuas contra o mal dentro e fora de nós). Aprendemos com Daniel que vivemos em um mundo quebrado e até sua restauração continuaremos a experimentar sofrimento e perseguição.

Contudo, a visão final de Daniel não é composta apenas de massacre ao povo de Deus. O capítulo 12 retrata uma grande preservação do povo (12.1b). Quando a história parece estar fora de controle com tamanha oposição ao povo de Deus, o arcanjo Miguel aparece novamente, agora para proteger o povo (v. 1; cf.

VISLUMBRES DO FIM (DANIEL 7-12)

10.13). O texto não diz que Deus livraria o seu povo de aflição, mas que seria preservado em meio à aflição.[48] Tanto é que o texto fala de uma ressurreição universal (v. 2); "muitos" (ARA) ou "multidões" (NVI) aponta para tal universalidade.[49] "Ser livre da morte física não é garantido aos cristãos perseguidos, mas o livramento *do poder da morte* é uma certeza."[50] Deus cuida de vivos, mas também de mortos (Rm 14.8-9).

Além disso, Deus também discerne os homens conforme seu proceder. O capítulo 12 apresenta o "sábio" e o "perverso" (v. 3, 10), sendo que o sábio é aquele que mesmo em meio a severa opressão, ele instrui o seu povo na verdade (11.33-35). Enquanto alguns promovem perverso proceder (12.10), outros são santificados em meio à perseguição (11.35) e conduzem homens à conversão (12.3b). Que contraste! Se os homens são distinguidos na sua relação com Deus, então é natural que a ressurreição também seja discernidora. O dia da ressurreição será um dia discernidor, de divisão: "uns para a vida eterna, e outros para vergonha e horror eterno" (v. 2; Mt 25.32; Jo 5.28-29).

Enquanto esse tempo final da ressurreição não acontece, Daniel é ordenado a ser um guardião da Palavra (v. 4). O verso 4a não diz que Daniel deveria esconder a profecia das pessoas como um segredo, mas está relacionado ao costume persa de colocar uma cópia do livro nos arquivos por segurança para o tempo em que for confirmado.[51] O livro é selado porque foi completado (a

---

48 Mas essa salvação só está prevista para quem tem seu nome inscrito no livro (Lc 10.20; Fp 4.3; Ap 3.5; 20.15; 21.27).

49 O Antigo Testamento fala da ressurreição desde seus primórdios (Jó 19.25-26; Sl 16.10; Is 26.19), mas Daniel é a descrição veterotestamentária mais detalhada dessa doutrina.

50 Olyott, **Ouse Ser Firme**, p. 183.

51 Archer, "Daniel", p. 153-154.

AMANDO A DEUS NO MUNDO

última revelação foi dada a Daniel) e deve ser preservado intacto enquanto espera o seu cumprimento.[52] O verso 4b, em compensação, aponta para a busca pela verdade por parte daqueles que não a reconhecem (Am 8.12; 2 Tm 3.7). Um novo contraste é traçado: enquanto a verdade é preservada para alguns, outros procuram a verdade à parte do Senhor.

A última cena (v. 5-13) é angelical. O anjo vestido de linho, responsável pela revelação a Daniel, ensina três coisas ao profeta confuso. Primeiramente, ele ensina que o tempo do cumprimento já estava determinado pelo Deus que não perde o controle, ao ponto do seu anjo jurar – o levantar das mãos aponta para solenidade (Dt 32.40; Ap 10.5-7) – que a oposição ao povo de Deus não passaria de "três tempos e meio" (v. 7). O meio tempo, como já dito na primeira seção sobre o capítulo 7, significa que o mal será abatido em seu auge.[53] De fato, a Escritura nos ensina a enxergar os sofrimentos do tempo presente como perspectivamente breves e leves se comparados ao eterno peso de glória (Rm 8.18; 2 Co 4.17).

A segunda coisa que o anjo ensina ao profeta é que o entendimento pleno das profecias não era condição *sine qua non* para prosseguir na vida cristã (v. 9). Esse aprendizado é importante para Daniel, acostumado a ser rotulado como revelador de mistérios. Ele não entende o início dessa visão final (v. 8), mas Deus lhe conforta dizendo que reserva certa compreensão para o tempo do fim ("os sábios entenderão", v. 10). Já que certo entendimento está reservado para o tempo do fim, Daniel tem que prosseguir (*yalak*, "prossiga, vai", v. 9). Esse imperativo para prosseguir nos ensina que

---

52 Young, **Daniel**, p. 257.

53 Greidanus acrescenta que não vai durar um tempo perfeito, mas um tempo limitado; três vezes e meia é metade do número completo, perfeito, que é o sete, apontando para um período relativamente curto. Greidanus, **Pregando Cristo a partir de Daniel**, p. 407, 413.

VISLUMBRES DO FIM (DANIEL 7-12)

a revelação divina não visa responder nossa curiosidade, ou especulações. Algumas coisas do fim só serão compreendidas quando estivermos no fim. Por isso, não devemos produzir calendários elaborados quanto a eventos futuros. O que Daniel não entendeu, os sábios entenderão naquela hora, quando estiverem sendo purificados.[54] Em outras palavras, a escatologia não serve para sabermos os detalhes de antemão como forma de satisfazer nossa curiosidade, mas para nos preparar de tal forma que quando acontecer entendamos o que o Senhor havia predito.

A terceira verdade ensinada ao profeta é que a perseguição seria purificadoramente benévola aos sábios, algo que os perversos não entenderiam (v. 10). O verso 10 diz que Deus santificará o seu povo por meio de sofrimento (cf. 1 Pe 1.7). Essa é uma promessa muito encorajadora para quem havia confessado a feiura do pecado de seu povo (Dn 9.1-19). O verso 7 de Daniel 12 diz que o "poder do povo santo" seria destruído. Isso é supreendentemente chocante para nós. Esperamos que o poder do povo perverso seja quebrado, não o do povo santo (o dilema de Habacuque 1.12-2.1). "A chegada do reino de Deus na Terra não é realizada pela igreja; antes que a perfeição do reino de Deus chegue, o poder da igreja será esmagado."[55] Todavia, é surpreendente que a Escritura nos prepare para o "fracasso" dos soldados de Cristo para que a vitória seja atribuída a um Guerreiro somente. Ao ser moído, Cristo iniciou a restauração deste mundo quebrado, e quando retornar em glória trará consigo a beleza a ser impressa nessa nova criação. Como bem destacou Ian Duguid, a imagem bíblica principal do cristão não é a de um herói, mas a de um mártir (testemunha até o

---

54 Young, **Daniel**, p. 260-261; Olyott, **Ouse Ser Firme**, p. 186-188.

55 Greidanus, **Pregando Cristo a partir de Daniel**, p. 414.

AMANDO A DEUS NO MUNDO

ponto de morrer); não montamos em um cavalo branco para salvar o mundo pois esse trabalho pertence a outro (Ap 19.11-16).[56]

Os números dos versos 11 e 12 (1290 dias e 1335 dias) são alvo de grande controvérsia entre os estudiosos,[57] pois ninguém sabe ao certo o que significa. Embora sejam próximos, nenhum dos números bate exatamente com o prazo de 3 anos e meio, em qualquer tipo de calendário. A lição tirada desses versos é que o tempo de perseguição está definido por Deus, não será mais longo do que precisa ser. A perseguição cessará por misericórdia do Senhor para com o seu povo (Mt 24.22). Essa figura de oposição ao povo de Deus "chegará ao seu fim, e não haverá quem o socorra" (Dn 11.45). Essa previsão de dias em comparação aos setenta anos que o povo passou exilado é um estímulo à perseverança. Ainda que sejam tempos difíceis (2 Tm 3.1), nosso dever é perseverar até o fim (Mt 24.13).

O livro termina com uma nova exortação à perseverança (v. 13) depois de reforçar tantas vezes a preservação do Senhor (v. 1, 3, 10). Essa é uma maneira apropriada de falar da doutrina da perseverança dos santos, como sendo a nossa resposta aos imperativos para continuar calcada na promessa dos indicativos de Deus nos guardar. Somos estrangeiros neste mundo, chamados a perseverar (Mt 10.22; 24.13), não, porém, sem o estímulo da recompensa. A primeira recompensa é o descanso. Que mensagem propícia a um idoso, ser motivado a perseverar (algo difícil para o idoso quando ele não encontra razões pelas quais viver) até que chegue o seu descanso! Todos nós, porém, independentemente da idade carecemos descansar das agonias deste mundo. A segunda recompensa é

---

56 Duguid, **Daniel**, p. 219.

57 Cf. Young, **Daniel**, p. 261-264.

a herança. Os que morrem no Senhor nunca morrem em vão; há grande recompensa para eles (Mt 5.10-12). Temos dificuldade em abraçar tal verdade por causa de nossas ansiedades. Mas o remédio para a nossa ansiedade é ter nossa cosmovisão moldada por uma perspectiva escatológica: "Perto está o Senhor. Não andeis ansiosos de coisa alguma..." (Fp 4.5-6).

CONCLUSÃO

Nosso resumo das visões escatológicas trouxe muita informação, ao mesmo tempo que pulou vários trechos e discussões complexas. O intuito do panorama era demonstrar como Deus tomou um velho homem, fragilizado pelo exílio e por oscilações em sua própria história, e o encorajou com uma perspectiva da redenção que ainda estava por vir (escatologia). E as lições aprendidas pelo exilado Daniel valem para nós que somos peregrinos neste mundo. Na primeira seção vimos como a escatologia molda a nossa confiança e o nosso serviço. Na segunda seção atestamos que a vitória escatológica estimula o nosso louvor e a nossa oração, pois somos frágeis expectadores do triunfo de nosso Senhor. Na última seção, vimos que a despeito da forte oposição ao povo de Deus, somos encorajados a perseverar calcados em sua preservação, pois o soberano Deus é capaz de nos purificar em meio ao sofrimento. Confiança, serviço, louvor, oração, perseverança e purificação. Quantos benefícios decorrentes de uma perspectiva escatológica saudável!

No próximo capítulo ponderaremos ainda mais na importância de incluir uma perspectiva escatológica em nossa cosmovisão. Vamos ilustrar como a nossa percepção da maneira como Deus está conduzindo a história molda a nossa caminhada nesta vida.

CAPÍTULO 23

PILARES DA COSMOVISÃO REFORMADA: CONSUMAÇÃO

Chegamos ao último ato da história bíblica, a consumação de todas as promessas redentoras. Chamamos cada um desses atos de pilares da cosmovisão porque essa história fundamenta a nossa forma de enxergar o mundo. Eles são os eventos objetivos fora de nós que devem ser subjetivamente apropriados, como já dissemos no capítulo 8. É quando encarnamos as verdades dessa história, e vivemos conscientes dessa história, que nossa cosmovisão se coaduna com a revelação bíblica. Viver à luz da criação significa, por exemplo, relacionar-se com as pessoas mais complicadas à luz do fato de ainda serem imagem e semelhança de Deus. Viver à luz da queda implica em não nutrir sonhos utópicos resultantes do esforço humano para construir uma sociedade melhor. Viver à luz da redenção envolve a noção de uma redenção tão abrangente que afeta pessoas não somente em sua espiritualidade, mas em todas as áreas de sua vida, inclusive o seu habitat.

AMANDO A DEUS NO MUNDO

No entanto, ainda não vemos todas as coisas sujeitas a Cristo (Hb 2.8). É aí que entra a consumação. Consumação é o fim da era presente e o começo de uma eternidade sem os efeitos da Queda. Se redenção é fundada em atos (morte e ressurreição de Jesus, o derramamento do Espírito no Pentecostes, etc.) que redundam em um processo de restauração, a consumação é o fim desse processo. A segunda vinda de Jesus Cristo eliminará a presença do mal em nós e ao redor de nós. Já não mais haverá trevas. Seremos perfeitos habitantes de um mundo perfeito. "Quando o paraíso for reconquistado", escreve Philip Ryken, "não poderá jamais ser perdido; esta é uma das coisas que distinguem a consumação da criação: ela é indefectível".[1]

No entanto, este capítulo não visa trazer uma descrição do por vir e, sim, detalhar como a perspectiva do futuro deve influenciar nossa percepção no presente. É comum que livros de cosmovisão reformada trabalhem com a tríade criação-queda-redenção e que pensem na "consumação" como implícita na redenção. Entretanto, parece haver uma necessidade maior de incluir esse quarto "pilar" da cosmovisão reformada do que mero preciosismo. A firmeza que esse quarto pilar proporciona à cosmovisão corrige tendências helênicas no pensamento evangélico vigente mas, principalmente, reorienta até os reformados a uma visão mais precisa da história e uma expectativa mais bíblica da igreja nesta vida.

Quando digo que a consumação e o conceito de que seremos levados a habitar em "novos céus e nova terra" corrige tendências gregas que ainda vigoram no pensamento evangélico, me refiro a uma forma de expressar na qual crentes perdem de vista a materialidade de nossa redenção: "almas" ganhas para Jesus antes que "vidas"; exaltar a salvação da alma sem ansiar pela ressurreição do

---

1 Ryken, **Cosmovisão Cristã**, p. 94.

PILARES DA COSMOVISÃO REFORMADA: CONSUMAÇÃO

corpo; morar para sempre no "céu" antes do que na "Nova Terra" (já trabalhados no capítulo 14). Ir para o céu não é chegar em casa, afinal, até os habitantes do céu aguardam com ansiedade o fim de todas as coisas (Ap 6.9-11). Chegar em casa é ter toda a materialidade remida por Deus, para que voltemos a aproveitar a criação em todos os seus deleites e assim sejamos conduzidos ao Criador em honra e louvor. Como diz Philip Ryken, "a vida futura não é imaterial e insubstancial, e sim uma existência encarnada... a vida eterna é tanto física quanto espiritual. Deus nos redimirá como pessoas completas".[2] Se Deus nos reserva um futuro urbano, na Nova Jerusalém, onde pessoas se reúnem para fazer cultura, então Deus está nos ensinando a materialidade de nossa vida futura na qual não só amaremos a Deus e ao próximo, mas também cumpriremos o mandato cultural perfeitamente.[3]

No entanto, o mais surpreendente é como até escritores reformados precisam ter sua expectativa da redenção reorientada por uma visão escatológica da história. Veremos como alguns autores de cosmovisão reformada tem feito afirmações descuidadas acerca da redenção, porque desconsideram a importância da consumação em nossa percepção do mundo. Tem faltado um número considerável de literatura de cosmovisão que aborde a importância da consumação, ainda que toda a Escritura esteja "encharcada" do *eschaton* (o último, o fim). Diferente do que muitos pensam, escatologia não diz respeito ao estudo de Apocalipse e de algumas poucas passagens nos Evangelhos e nas Epístolas; todo o Novo Testamento está orientado para frente à luz do que foi inaugurado. Essa perspectiva bíblica deve moldar a nossa cosmovisão. Com

---

2 Ryken, **Cosmovisão Cristã**, p. 97.

3 Ryken, **Cosmovisão Cristã**, p. 95.

AMANDO A DEUS NO MUNDO

o intuito de suprir essa lacuna e fazer as devidas correções, abordaremos primeiramente uma visão cristã da história para depois entendermos o papel da igreja nesta vida à luz dessa história.

VISÃO CRISTÃ DA HISTÓRIA

Uma das coisas que aprendemos no capítulo anterior foi a importância de ter uma visão grandiosa da história de Deus (Dn 9). Anthony Hoekema apresenta algumas características da visão cristã da história em seu livro de escatologia,[4] e duas dessas características merecem destaque. A primeira característica é que *Cristo é o centro da história*. A nossa história é dividida em duas eras (antes de Cristo, e depois de Cristo), mas a história bíblica também mostra a mudança de dispensações com a primeira vinda de Cristo. O que Deus fará no futuro só será compreendido à luz do que ele já realizou no passado; a segunda vinda de Cristo só faz sentido à luz do que foi conquistado no Calvário e no túmulo vazio.[5] Tanto a primeira quanto a segunda vinda são os grandes marcos da escatologia; tudo gira em torno delas, os grandes atos redentores de Cristo.

Não é só a segunda vinda que constitui alvo de estudo escatológico, mas a primeira vinda já é escatológica (escatologia inaugurada). Quando os discípulos ficaram desapontados achando que a primeira vinda não havia restaurado o reino a Israel (Lc 24.21) e depois da ressurreição perguntaram se então seria o momento (At 1.6-7), isso não significa que a primeira vinda não fez nada para o reino. Pelo contrário, ele foi inaugurado e por isso não é apenas futuro, mas presente. Enquanto João Batista tinha dito que o reino estava por vir na pessoa do Messias, Jesus disse que

---

4 Anthony Hoekema, **A Bíblia e o Futuro** (São Paulo: Cultura Cristã, 1989), p. 35-58.

5 Kim Riddlebarger, **A Case for Amillennialism** (Grand Rapids: Baker, 2003), p. 18-19.

PILARES DA COSMOVISÃO REFORMADA: CONSUMAÇÃO

o tempo previsto pelos profetas agora estava cumprido (Lc 4.17-21; Mc 1.15; cf. Jo 4.23) e que o Reino já era chegado (Mt 12.28; Lc 11.20; cf. Mt 11.2-5). A instauração do reino está intimamente ligada à primeira vinda de Jesus a ponto de reino e Jesus serem anunciados como uma mesma mensagem (At 8.12; 28.31). Todavia, a história da revelação ainda não havia esclarecido totalmente a ideia de que haveria um intervalo entre a primeira e a segunda vinda. Afinal, o Antigo Testamento não apresentara o cumprimento das promessas concernentes ao reino em diferentes estágios ou fases, mas como um todo indivisível.[6] Uma lição que tiramos dessa expectativa veterotestamentária, e que é confirmada no Novo Testamento, é que devemos pensar nas duas vindas como partes de um mesmo *eschaton*.

Quando um reformado fala de uma hermenêutica cristocêntrica, é sinal de que ele realmente enxerga Cristo como o centro da história e, consequentemente, como o ápice da revelação especial. Mas isso não significa somente que fiéis do Antigo Testamento olhavam para frente em direção à cruz e fiéis da nova aliança olham para trás em direção à cruz. Fiéis devem olhar para as duas "aparições" (*parousia* em grego) de Cristo. Portanto, fiéis do Antigo Testamento olhavam (sem saber) para a primeira e segunda vinda assim como fiéis do Novo Testamento precisavam fazer o mesmo. Por um lado, o grande evento escatológico do Antigo Testamento é cumprido em Cristo na "plenitude do tempo" (Gl 4.4; cf. 1 Co 10.11; Hb 9.26; 1 Jo 2.18). Por outro lado, Deus prepara a consumação futura baseada na vitória de Cristo no passado, por intermédio de sua morte e ressurreição.[7]

---

6 Gerhardus Vos, **O Reino de Deus e a Igreja** (Goiânia: Logos, 2005), p. 42.

7 Hoekema, **A Bíblia e o Futuro**, p. 22-34.

AMANDO A DEUS NO MUNDO

A segunda característica da visão cristã da história que devemos destacar é que *uma nova era já foi instaurada*. O Antigo Testamento prepara os fiéis para os "últimos dias" (Dt 4.27-31; Is 2.2; 9.1; Jr 23.20; 48.47; 49.39; Dn 2.28; 8.17-19; Mq 4.1; Os 3.4-5), e todo o Novo Testamento testifica de que os "últimos dias" já foram inaugurados (At 2.17; 1 Co 10.11; 2 Tm 3.1; Hb 1.2; 1 Pe 1.5, 19-20; 1 Jo 2.18). Os crentes estão vivendo numa nova era, instaurada na primeira vinda de Cristo (principalmente com a sua ressurreição), a era do reino messiânico. A presente era é chamada de reino messiânico, pois cabe a Cristo sujeitar todos os inimigos debaixo dos seus pés antes de devolver o reino ao Pai (Mt 28.18; 1 Co 15.24-28; Hb 2.8). Observe que os milagres e as expulsões de demônios (como evidência da queda/prisão de Satanás; Lc 10.18; Ap 20.1-10; 2 Ts 2.7), por parte de Jesus, anunciavam a chegada de outra era (Mt 11.2-5; 12.28-29). Jesus e os apóstolos surpreenderam toda a sua geração ao falar da era por vir inundando a era presente.[8]

Esse duplo direcionamento da escatologia do Novo Testamento é a tensão entre o "já" e o "ainda-não".[9] Nós já experimentamos alguns efeitos dessa nova dispensação, mas não por completo. Por exemplo, somos filhos de Deus, mas ainda aguardamos a redenção material como parte dessa adoção (Jo 1.12; Rm 8.23); temos vida eterna, mas ainda estamos sujeitos à morte física; somos nova criatura, mas ainda não habitamos em Novos Céus e Nova Terra; já vencemos o poder do pecado, mas não a sua presença; o reino de Deus é chegado, mas ainda oramos "venha o teu reino". Vivemos uma sobreposição de eras, em que o irromper da glória por vir no

---

8 DeYoung e Gilbert, **Qual é a Missão da Igreja?**, p. 163.

9 Veja Hoekema, **A Bíblia e o Futuro**, p. 94-103.

PILARES DA COSMOVISÃO REFORMADA: CONSUMAÇÃO

presente não anula os resquícios da era anterior.[10] Como vivemos simultaneamente em duas eras, vivenciamos uma tensão.

Não é fácil vivermos a tensão do "já" e do "ainda não", ainda que essa seja a maneira de honrar o Cristo que já veio e ainda virá. O desafio dessa ideia reformada para o evangélico em geral é que este tende a ir para um dos extremos (otimismo ou pessimismo), ele tende a enxergar reações como empolgação e paciência ou segurança e vigilância como contraditórias quando, na verdade, as Escrituras exigem que ambas estejam presentes no crente. "Empolgação" e "paciência" parecem características opostas numa criança que irá viajar amanhã. A criança muito empolgada que nem consegue dormir tem que ser exortada a esperar com paciência e a criança que está muito tranquila parece não demonstrar empolgação. No entanto, quanto à escatologia, temos que demonstrar as duas no mesmo pacote. O mesmo pode ser dito de "segurança" e "vigilância". Normalmente, quem está numa vizinhança perigosa, está sempre vigiando pois não consegue se sentir seguro; mas quem está num apartamento com vigias na portaria tende a relaxar e não vigia, pois se sente seguro. No entanto, espiritualmente precisamos manifestar as duas virtudes.

Deixe-me explicar. No mesmo contexto literário, Jesus é capaz de afirmar que a sua vinda é iminente (Mt 24.8, 32-34) e, ao mesmo tempo, irá demorar (Mt 24.6; 25.5, 19). Na verdade, o Novo Testamento todo ensina que a segunda vinda de Cristo está próxima (Mc

---

10 "Quando os judeus liam as profecias de Isaías, Joel e Daniel, esperavam que houvesse um rompimento severo entre a era presente e a era por vir. Uma acabaria, e a outra começaria. Contudo, na sabedoria de Deus, a vinda do Messias seria não apenas um acontecimento, e sim dois – sua primeira vinda para inaugurar a era por vir em meio à era presente e a sua segunda vinda para finalizar definitivamente a era presente e consumar a era por vir." DeYoung e Gilbert, **Qual é a Missão da Igreja?**, p. 164.

AMANDO A DEUS NO MUNDO

9.1; Mt 10.23; Rm 16.20; 1 Co 7.29; Ap 22.7, 12, 20), está longe (Lc 12.45; 19.11; 2 Ts 2.1-3), e que ninguém sabe (Mc 13.32; At 1.7; 1 Ts 5.2; Ap 16.15).[11] Como assim? Parece contraditório, mas o Salvador está nos ensinando a trabalhar nossas expectativas em resposta a cada um desses aspectos. Se a vinda de Cristo está perspectivamente próxima, então somos consolados em meio aos sofrimentos, assegurados de que os dias de aflição estão por terminar (Lc 21.28). Se a vinda de Cristo ainda vai levar um tempo no qual ocorrerão vários eventos, então ao invés de ficarmos paralisados, aguardando-a (1 Ts 4.11; 2 Ts 3.6-12), somos estimulados a servir (Mt 25.29, 40) como testemunho do que Deus faz por nós e ainda o fará. Se a hora da vinda de Cristo é incerta, então devemos vigiar para que não sejamos surpreendidos (Lc 12.39-40). Resumindo, proximidade desperta consolo, demora desperta serviço, e incerteza desperta vigilância. Isso nos mostra como a perspectiva escatológica sempre molda nossas expectativas e atitudes.

Uma terceira característica da história[12] diz respeito à forma como a profecia funciona nela. A profecia de Daniel 11 cumprida primeiramente em Antíoco Epifânio e depois utilizada pelo Salvador em Mateus 24 para falar de uma figura futura ("o abominável da desolação", v. 15) é um exemplo de *múltiplos cumprimentos de uma mesma profecia*. Isso não diz respeito a uma história cíclica, mas ao fato de eventos se repetirem em cumprimentos mais plenos e abrangentes ao longo da história. Tomemos o próprio exemplo da figura malévola de Daniel 11. Essa figura que frequentemente chamamos de "anticristo", o apóstolo Paulo chama de "homem da

---

11 Para uma explicação detalhada sobre essa aparente contradição, veja Cornelis Venema, **A Promessa do Futuro** (São Paulo: Cultura Cristã, 2017), p. 96-106.

12 Essa não é listada por Hoekema como uma característica da visão cristã da história, mas é um conceito trabalhado por ele em seu livro.

PILARES DA COSMOVISÃO REFORMADA: CONSUMAÇÃO

iniquidade" (2 Ts 2.3). Embora essa figura ainda não tenha se revelado, ele é o ápice do "mistério da iniquidade" que "já opera" (2 Ts 2.7). Anthony Hoekema explica como os cumprimentos primeiros funcionam como tipos do cumprimento último:

> o ensino neotestamentário acerca do anticristo efetivamente tem antecedentes no Velho Testamento, e que tanto Antíoco Epifânio como Tito foram tipos do anticristo que está por vir. Um importante aspecto do ensino bíblico acerca do anticristo já foi antecipado: embora deva haver um anticristo culminante no fim dos tempos, pode haver precursores ou antecipações do anticristo antes que ele apareça.[13]

Isso é verdadeiro de inúmeras profecias messiânicas do Antigo Testamento. A promessa de um sinal ao rei Acaz no oitavo século antes de Cristo (Is 7.14) precisou ter algum cumprimento para os dias dele (do contrário, não seria um "sinal" a ele), mas atingiu o seu cumprimento maior na encarnação (Mt 1.23). A promessa de descendência a Abraão (Gn 12.1-3) se cumpre historicamente no livro de Êxodo, mas atinge o seu real cumprimento no descendente que é Cristo (Gl 3.16) e continua a expandir à medida que os filhos de Abraão – todo aquele que está "em Cristo" – continuam a se multiplicar (Rm 4.12; Gl 3.29). O mesmo pode ser dito de temas como a habitação de Deus com o seu povo, que progride do mais transitório ao mais perene (tabernáculo, templo, Emanuel, Novos Céus e Nova Terra). O apóstolo Paulo nos ensina que até após a primeira vinda de Cristo estamos num período de bênçãos provisórias, não plenas. Nós temos as "primícias do Espírito" (Rm 8.23),

---

13 Hoekema, **A Bíblia e o Futuro**, p. 209.

AMANDO A DEUS NO MUNDO

o Espírito é considerado o "penhor" (2 Co 1.22; 5.5; Ef 1.14) de bênçãos maiores, o "selo" que nos garante a redenção (2 Co 1.22; Ef 1.13; 4.30). Em toda a Escritura, portanto, uma profecia de bênção ou maldição com múltiplos cumprimentos tem sempre um primeiro cumprimento que é tipo do último, e, por isso, o primeiro cumprimento é pequeno, apenas um vislumbre; trata-se de um cumprimento crescente, um antegosto de uma realidade maior, uma maquete de um projeto mais pleno.

Essa compreensão de múltiplos e crescentes cumprimentos de uma mesma profecia ajuda-nos a entender melhor os chamados "sinais dos tempos" que apontam para a segunda vinda de Cristo (guerras, terremotos, apostasia, tribulação e outros; cf. Mt 24). Enquanto a maioria dos evangélicos crê que os sinais se aplicam apenas ao período imediatamente anterior à segunda vinda (futuristas), outros se opõem, buscando demonstrar que os sinais foram todos cumpridos no primeiro século (preteristas). Em contraposição a ambas as interpretações, precisamos reconhecer que os sinais são típicos dos "últimos dias", o período entre a primeira e segunda vindas de Cristo. Em todas as gerações durante esse período temos, em alguma medida, manifestação do evangelho chegando a todas as nações, temos a presença de guerras, terremotos, fomes e epidemias, e também a aparição de apostasia, anticristos e tribulações. A razão pela qual Deus faz isso é para despertar cada geração para a possibilidade da vinda de Cristo ainda em seus dias.[14] Como ninguém sabe a hora da sua volta, os sinais convocam o povo de Deus a uma vigilância constante.

---

14 Por isso é que desde os profetas do Antigo Testamento até os escritores do Novo Testamento, sempre houve o anúncio de que o Dia do Senhor estava próximo (Is 13.6, 9; Ez 30.3; Jl 1.15; 2.1; 3.14; Am 6.3; Ob 15; Sf 1.7, 14; Rm 13.11-12; 16.20; Hb 10.25; Tg 5.7-8; 2 Pe 3.3-10; Ap 22.7, 12, 20). Deus está alertando aos fiéis de cada geração a se prepararem para esse dia.

PILARES DA COSMOVISÃO REFORMADA: CONSUMAÇÃO

Se, por um lado, temos os sinais em todas as gerações, por outro lado, existe a expectativa de que os sinais terão um cumprimento mais pleno à medida que a segunda vinda de Cristo se aproxima. Já vimos que o mistério da iniquidade já opera, mas o ápice da iniquidade revelado no "homem da iniquidade" ainda não se manifestou. Tribulações acontecem ao povo de Deus desde os dias dos apóstolos, mas ainda haverá uma "grande tribulação" sem par (Mt 24.21). Veremos no próximo capítulo outro exemplo de múltiplos cumprimentos com a crescente universalização do evangelho. O aumento em intensidade deve incendiar nossa esperança escatológica.

Vimos com essas três características, portanto, que a "consumação" tem um efeito importantíssimo em nossa cosmovisão. Quando não possuímos uma visão cristã da história com as características aqui resumidas, temos visões equivocadas do reino de Deus. Sendo que a Escritura não fornece uma definição explícita de reino, esse conceito tem sido sujeito às mais diferentes interpretações, conforme os pressupostos do intérprete. A princípio, quero destacar duas visões opostas de reino que contêm elementos de verdade, mas que acabam por gerar desequilíbrio bíblico.

A primeira é uma *visão super-realizada do reino*. Esse é um conceito que não só esteve presente na teologia da libertação,[15] mas ainda cativa muitos evangélicos socialmente progressistas. N. T. Wright lidera os evangélicos que querem corrigir o aspecto apenas espiritual de reino e procuram acrescentar um aspecto mais terreno

---

15 Sobre a teologia da libertação, Michael Horton escreve: "A interpretação da Escritura, traçando uma correspondência um a um entre a libertação de Israel do Egito e a revolução política, parecia exatamente tão seletiva e a serviço próprio. A escatologia deles parecia mais que realizada: o reino de glória aqui e agora sendo levado à conclusão pelos nossos esforços". Horton, **A Grande Comissão**, p. 236.

AMANDO A DEUS NO MUNDO

ao reino.[16] O propósito de Jesus, de acordo com ele, "não é nos levar para longe desta terra, mas nos tornar agentes da transformação desta terra" e depois que devemos "ajudar a inaugurar o reino de Deus".[17] Ele entende que o reino de Deus era algo que estava acontecendo na terra, primeiro pela obra de Cristo mas agora por obra do Espírito por intermédio da igreja.[18] Ainda que seja importante entendermos as implicações do evangelho para toda a nossa vida, no entanto, Kevin DeYoung alerta para aspectos bíblicos contra essa ideia de construção do reino: "Não há um texto nas Escrituras que fale que os cristãos constroem o reino. Ao falar sobre o reino, o Novo Testamento usa verbos como *entrar, buscar, anunciar, ver, receber, olhar* e *herdar...* no Novo Testamento nunca somos aqueles que trazem o reino."[19] Essa análise de DeYoung combina com aquilo que aprendemos em Daniel 7, de que o reino é recebido pelos santos antes do que construído ou conquistado por eles. Essa correção teológica também reflete a imagem bíblica de que o reino é trazido pelo rei, não por seus súditos; afinal, a imagem bíblica do governo divino não é de uma democracia (nós não colocamos o rei em seu devido lugar) e sim de uma monarquia (o rei conquista o seu lugar e recebe a coroa do Pai). Essa ideia super-realizada de reino (defendida por pós-milenistas do passado e por algumas teologias sociais do presente) é repleta de "já" e carente de "ainda não"; ela é muito otimista.

---

16 O que Wright e outros não observam é que parece haver uma ordem na restauração dos três mandatos à medida que o reino nos conquista: o mandato espiritual, o social e o cultural. Isto é, primeiro fazemos paz com Deus, depois nos reconciliamos com o próximo e só no fim experimentamos uma criação restaurada. Ainda que os mandatos espiritual e social sejam restaurados apenas parcialmente nesta vida, nos parece que experimentamos menos ordem ainda no mandato cultural pois a criação ainda não foi redimida.

17 N. T. Wright, **Surpreendido pela Esperança** (Viçosa: Ultimato, 2009), p. 217, 220.

18 Wright, **Surpreendido pela Esperança**, p. 218.

19 DeYoung e Kluck, **Por que amamos a igreja**, p. 50, 51.

PILARES DA COSMOVISÃO REFORMADA: CONSUMAÇÃO

Em contrapartida, existe uma segunda ideia equivocada do reino que é uma *visão sub-realizada do reino*. Essa visão de reino, oposta à anterior (pois é mais pessimista; pouco "já" e muito "ainda não"), aparece entre os dispensacionalistas (Ex: John Walvoord) quando afirmam que o reino (cumprimento de promessas terrenas para Israel) foi postergado por causa da rejeição de Israel. Essa teologia é evidenciada em muitas músicas evangélicas que só enfatizam o reinado futuro de Cristo, como se quem mandasse agora fosse Satanás. Boa parte dos que têm essa teologia, não conseguem enxergar a vida fora da esfera eclesiástica como agradável a Deus. São pessoas pouco engajadas em vida pública em nome de Deus, a não ser que seja com o intuito da igreja conquistar o poderio político. Essa perspectiva minimiza a conquista de Cristo em sua primeira vinda e maximiza o poder de Satanás neste mundo, como se fosse legítimo. No entanto, Satanás é chamado de "príncipe deste mundo" (Jo 16.11; 14.30; Ef 2.2) e não rei, porque ele é um usurpador do reino. Ele é um Absalão no reino de Davi, um príncipe tentando usurpar o reino do legítimo rei. Mas ele já foi vencido (Jo 12.31; Cl 2.15). Agora é só uma questão de tempo até que vejamos a plenitude da vitória. Nós já somos mais que vencedores (Rm 8.37-39).

Esses dois desequilíbrios mencionados acima confirmam o impacto que a visão do futuro tem em nossa vida presente. Há teólogos que erroneamente concluem que uma ênfase na vida futura tira os nossos olhos de nossa função nesta vida. Pelo contrário, o que cremos acerca do futuro impacta nossa postura no presente profundamente. Em coisas cotidianas, é fácil perceber como a expectativa em relação a alguma coisa do futuro molda nossa postura no presente: a angústia no trajeto de carro até o serviço no dia em que você está atrasado é decorrente do temor que você tem da

AMANDO A DEUS NO MUNDO

"bronca" que você vai levar do chefe; a expectativa da viagem de férias prestes a chegar traz ânimo para trabalhar um pouco mais, mesmo em meio a um contexto turbulento e cansativo; medo do que vai acontecer no mercado financeiro gera certos investimentos mais seguros e posturas mais econômicas. Tais exemplos só ilustram que nossa escatologia tem influência sobre nosso viver agora. Por isso, é fundamental termos entendimento de algumas coisas que nos aguardam para moldar nosso comportamento cristão no presente. Até a nossa postura política[20] é impactada pela nossa escatologia (às vezes nossa escatologia não é o modelo escatológico, mas aquilo que julgamos ser precioso sobre as promessas de Jesus). Às vezes, nossa expectativa política em relação ao Brasil é semelhante à dos judeus em relação à Judéia no primeiro século: desejamos uma varredura imediata de todos os males. Mas isso não é para agora. Se Cristo triunfa mediante sua sujeição a injustiças na cruz,[21] temos que aprender que a expansão do reino se dá mediante nossa sujeição ao plano divino de sofrimentos e injustiças sobre o povo de Deus nesta vida.

As Escrituras são recorrentes em nos ensinar a conectar perspectiva escatológica com diferentes aspectos do viver. As visões dadas a Daniel, como vimos no capítulo anterior, visavam moldar a sua expectativa e a dos seus leitores: tanto ensinando que a volta à terra de Israel não era o fim das angústias, quanto encorajando o povo de Deus a perseverar por causa da vitória final. As cartas do Novo Testamento falam de implicações pastorais da segunda vinda, trazendo consolo e encorajamento ao povo de Deus (1 Co

---

20 Veja Heber Carlos de Campos, A Posição Escatológica como fator determinante do Envolvimento Político e Social, **Fides Reformata** vol. 3, no. 1 (1998), p. 17-37.

21 Veja John Stott, **A Cruz de Cristo** (São Paulo: Vida, 2006), p. 299-314.

PILARES DA COSMOVISÃO REFORMADA: CONSUMAÇÃO

15.58; 1 Ts 4.18; 5.11). Elas também apontam para implicações éticas (Rm 13.11-14),[22] destacando a urgência por santidade (cf. 1 Ts 5.23; 2 Pe 3.11-15). Veremos no próximo capítulo como a perspectiva escatológica também tem implicações missiológicas.

Portanto, se a Escritura nos ensina e a experiência nos ilustra como a expectativa do que está por vir molda nossos afazeres presentes, então devemos falar sobre o papel da "consumação" em nossa cosmovisão. Anthony Hoekema ensina que a tensão entre o aspecto presente e o aspecto futuro do reino devem gerar um equilíbrio de ação na igreja: "A Igreja deve viver com um senso de urgência, percebendo que o fim da história, como o conhecemos, pode estar bem próximo. Porém, ao mesmo tempo, ela deve continuar a planejar e trabalhar por um futuro nesta terra presente, que pode durar um longo período".[23] Na próxima seção (e mais profundamente no próximo capítulo), veremos qual o papel da igreja à luz dessa perspectiva escatológica. Nosso objetivo será primeiro refletir sobre os efeitos de uma escatologia defeituosa para a vida da igreja no presente, para então corrigir nossa cosmovisão sobre o papel da igreja até o retorno de Cristo.

---

22 O texto de Romanos 13 está inserido num trecho que apresenta a mudança de postura resultante de uma mente transformada (Rm 12-13). "Façam isso" (13.11a; NVI) se aplica às exortações dos capítulos 12 e 13, só que agora colocadas numa dimensão escatológica que acrescenta urgência às exortações ("compreendendo o tempo em que vivemos"). A analogia da chegada do dia como exortação para despertar cedo (sociedade governada por luz natural) é aplicada à proximidade da consumação ("salvação"). Não há erro de cálculo, mas há uma perspectiva de que vivamos à luz da iminência da volta de Cristo tendo em vista o que já foi inaugurado ("como quem age à luz do dia"). Embora ainda seja noite, o crente se veste da "armadura da luz". O dia já raiou, embora o sol ainda não brilhe plenamente. Ao invés de fazermos coisas típicas da noite ("orgias e bebedeiras", "imoralidade sexual e depravação"), o apóstolo exorta a vestir-se em conformidade com o dia que já raiou (v. 12, 14). Revestir-se do Senhor Jesus Cristo (v. 14) não é contrário ao fato de já estarmos "em Cristo", mas significa que os indicativos da redenção já operada possuem seus imperativos correspondentes (somos santos chamados para sermos santos).

23 Hoekema, **A Bíblia e o Futuro**, p. 72.

O PAPEL DA IGREJA NESTA VIDA

Já vimos que a inclusão da consumação é necessária para se separar o "já" e o "ainda-não" da história da redenção. Isto é, a consumação é o completar da redenção, mas não é para esta vida e não é operada pela igreja. Essa ideia pode parecer óbvia para você, mas a linguagem utilizada por autores proponentes da chamada "visão transforma-cionista" da cultura comprovam que não é tão óbvia assim. Eles se mostram tão empolgados com a ideia de a igreja ser um agente de transformação cultural, que acabam por tomar a tarefa divina de re-denção e colocar a igreja como coparticipante da redenção.

Walsh e Middleton se colocam na posição transformacionista de forma explícita.[24] Como resultado, eles ensinam que devemos continuar a cultivar o jardim de Deus, desenvolvê-lo rumo à cidade de Apocalipse 21 e 22.[25] John Frame também utiliza essa lingua-gem: "Deus nos chama a edificarmos uma cidade de Deus, uma Nova Jerusalém".[26] Essa frase é muito perigosa pois omite o fato de que é Jesus quem faz isso (Cl 1.20; Hb 2.5-9). Ele é o arquiteto e construtor da cidade que é perene, pois não é edificada por ho-mens (Hb 11.10). Ele é quem nos restaura o mandato cultural, o qual foi tornado parcialmente inviável na Queda em decorrência da rebeldia e maldição da criação.

Tullian Tchividjian também se mostra ufanista em suas ex-pectativas e descuidado em suas asseverações. Ele diz que Deus poderia fazer o trabalho de revitalização do mundo sozinho, mas ele nos chama a fazer parte dessa obra.[27] Ele afirma que os remidos

---

24 Walsh e Middleton, **A Visão Transformadora**, p. 168.

25 Walsh e Middleton, **A Visão Transformadora**, p. 52-53.

26 Frame, **A Doutrina da Vida Cristã**, p. 820.

27 Tchividjian, **Fora de Moda**, p. 63.

PILARES DA COSMOVISÃO REFORMADA: CONSUMAÇÃO

deveriam "transformar este mundo quebrado e todas as suas estruturas falidas" como resposta à oração "venha o teu reino" (Mt 6.10), como se a vinda do reino na terra dependesse de nós.[28] Esse processo de transformação não se iniciará quando Cristo vier, mas faz parte da missão da igreja agora: evangelismo e renovação cultural, reabilitação de corações e sociedades.[29] Não há senso de consumação, não há tensão entre o "já" e o "ainda não" na descrição de Tchividjian.

N. T. Wright parece mais prudente,[30] mas também tem expresso o mesmo linguajar motivacional para a igreja. Ele acredita que nós nos tornamos parceiros de Deus, na presente vida, nesse projeto abrangente de renovação da criação;[31] o propósito salvador de Deus é "nos tornar agentes de transformação desta terra".[32] Devemos trabalhar "em prol do novo mundo de Deus, para que o reino se estabeleça assim na terra como no céu".[33] Nossos atos bondosos nesta vida não são "simplesmente uma maneira de tornar a vida presente um pouco menos cruel e um pouco mais suportável" até aquele dia, mas eles já são de fato a "construção do reino de Deus".[34] Portanto, fica muito nítida a posição de Wright de que

---

28 Tchividjian, **Fora de Moda**, p. 67.

29 Tchividjian, **Fora de Moda**, p. 64-65, 67-68.

30 N. T. Wright dá a impressão de ser moderado quando afirma que a igreja tem de se libertar de dois opostos: "Da tentativa de edificar o reino de Deus por seu próprio esforço e do desespero por se imaginar incapaz de fazer alguma coisa até a volta de Jesus". Wright, **Surpreendido pela Esperança**, p. 161; cf. p. 230. Ele está contrastando o liberalismo teológico ativista com um fundamentalismo evangélico avesso à atuação sócio-política. Vale observar que Wright não é contra "construir o reino", apenas contra construir o reino pelas nossas próprias forças: "Nós não 'edificamos o reino' *por* nosso próprio esforço, mas *para* o reino". Wright, **Surpreendido pela Esperança**, p. 161.

31 Wright, **Surpreendido pela Esperança**, p. 208.

32 Wright, **Surpreendido pela Esperança**, p. 217.

33 Wright, **Surpreendido pela Esperança**, p. 232.

34 Wright, **Surpreendido pela Esperança**, p. 209.

AMANDO A DEUS NO MUNDO

somos instrumentos da construção divina do reino e isso já começa antes do retorno de Cristo. Como já ilustramos no início deste capítulo, esse é um exemplo de muito "já" e pouco "ainda não".

Portanto, há várias correções que precisam ser feitas às propostas de N. T. Wright. Ele confunde "sermos mordomos no projeto da criação" com a proposta redentora de "auxiliar na tarefa de consertar esse projeto".[35] Afinal, não fomos instrumentos para efetuar a criação, apenas resultado dela; o mesmo precisa ser concluído sobre a redenção. Wright quer falar de uma restauração física e material do mundo presente que perdura para o porvir,[36] mas isso não combina com a realidade presente de que nosso corpo deteriora a cada dia (sinal de que há aspectos materiais claramente contrários ao conceito de uma restauração presente). Ele critica o dualismo de cristãos conservadores de considerar o sobrenatural no nível superior e o mundo natural como inferior e irrelevante,[37] mas sua contraproposta exagera quanto ao que fazemos na terra para conformá-la ao céu. Wright fala sobre a "nossa obra de trazer sinais físicos e concretos de esperança ao mundo presente",[38] mas creio que ele confunde sinais visíveis do reino (necessários para o testemunho; cf. Jo 17) com a concretização presente do reino. Wright fala que a doutrina da ressurreição nos motiva a "trabalhar por esse novo mundo no presente", mas vale lembrar que ainda que o reino seja presente, o novo mundo não é. O que a Bíblia nos conclama a fazer é sermos peregrinos neste mundo. Em João 14, Jesus diz que vai preparar um lugar e não

---

35 Wright, **Surpreendido pela Esperança**, p. 221.

36 Wright, **Surpreendido pela Esperança**, p. 223.

37 Wright, **Surpreendido pela Esperança**, p. 233.

38 Wright, **Surpreendido pela Esperança**, p. 227.

PILARES DA COSMOVISÃO REFORMADA: CONSUMAÇÃO

convida os discípulos a participar disso. O conceito de "mudar a estrutura",[39] ou redimi-la, não combina com o que temos aprendido sobre redenção e consumação.

Tal exagero na linguagem redentora e transformacionista tem levantado algumas reações exageradas e outras mais prudentes.[40] David VanDrunnen[41] faz uma ressalva prudente à visão transformacionista, representada por autores já citados neste livro (Henry R. Van Til, Cornelius Plantinga, Albert M. Wolters). Sua avaliação mais significativa para o nosso tema é quanto à escatologia dos transformacionistas:

> Os autores transformacionistas tendem a colocar muita ênfase no caráter já manifesto do reino escatológico. Embora eles obviamente reconheçam que Cristo está voltando e que somente então é que todas as coisas serão perfeitamente restauradas, é curioso que a sua comum divisão tripartida da história em criação, queda, e redenção não inclua a quarta categoria de consumação. Lendo nas entrelinhas, eu sugiro que o relacionamento muito solto entre a transformação da cultura agora e a transformação final a ser realizada no retorno de Cristo contribua substancialmente para a ausência dessa quarta categoria... [Para eles] A obra de trazer a realização perfeita do reino escatológico na presente terra começa já nos esforços culturais

---

39 Wright, **Surpreendido pela Esperança**, p. 229.

40 Cornelis Pronk é um exemplo de quem faz críticas pertinentes, mas exagera ao eliminar a linguagem de mandato cultural e de graça comum por enxergar apenas o mau uso dos mesmos. Veja Cornelis Pronk, **Neocalvinismo**: Uma avaliação crítica (São Paulo: Os Puritanos, 2010).

41 VanDrunnen, "The Two Kingdoms: A Reassessment of the Transformationist Calvin", p. 248-266. Cf. Michael Eugene Wittmer, "Analysis and Critique of 'Christ the Transformer of Culture' in the Thought of H. Richard Niebuhr". Ph. D. Dissertation, Calvin Theological Seminary, 2001.

AMANDO A DEUS NO MUNDO

do cristão aqui e agora. Consumação parece ser o clímax de um processo de redenção que já está a caminho ao invés de um evento único e radical na história.[42]

VanDrunnen acertadamente nos lembra do aspecto radical e único da consumação. Cristo não irá só completar o que a igreja começou. Ele irá mudar tudo radicalmente. Após o amor esfriar, a apostasia se alastrar, e este mundo ser permeado por um governo maligno, Deus irá eliminar todo o mal com fogo (2 Pe 3.10-13) e para o fogo (Ap 21.8) a fim de criar Novos Céus e Nova Terra.

Outra correção prudente é feita por Kevin DeYoung e está relacionada à correção da linguagem de "redimir" e "transformar" que já abordamos no capítulo 14. DeYoung, avaliando a perspectiva missiológica da igreja hodierna, afirma que o que

está faltando na maioria das conversas sobre o reino é alguma doutrina de conversão ou regeneração. O reino de Deus não é essencialmente uma nova ordem da sociedade. Isso era o que pensavam os judeus nos dias de Jesus... Creio que entendo o que as pessoas querem dizer quando falam sobre redimir a cultura ou ser parceiras de Deus na redenção do mundo, mas o fato é que precisamos encontrar outra palavra. A redenção já foi realizada na cruz. Não somos parceiros na redenção de nada. Somos chamados a servir, dar testemunho, proclamar, amar, fazer o bem a todos e embelezar o evangelho com boas obras, mas não somos parceiros de Deus na obra da redenção. De modo similar, não há um texto nas Escrituras que fale que os cristãos constroem o reino. Ao falar sobre o reino, o Novo

---

42 VanDrunnen, "The Two Kindgoms: A Reassessment of the Transformationist Calvin", p. 252.

PILARES DA COSMOVISÃO REFORMADA: CONSUMAÇÃO

Testamento usa verbos como entrar, buscar, anunciar, ver, receber, olhar e herdar... no Novo Testamento nunca somos aqueles que trazem o reino.[43]

Um problema fundamental dessa tendência, de acordo com DeYoung, é que eles "estão repletos de 'já' e carentes de 'ainda não' em sua escatologia".[44]

Greg Gilbert reforça a mesma ideia ao lembrar que o reino é uma palavra dinâmica e relacional antes do que geográfica. Isso significa que não podemos "estender o reino de Deus" ao plantar árvores ou dar sopão para moradores de rua. Obras de justiça social são boas, mas não ampliam as fronteiras do reino, pois o reino de Deus (o governo redentor de Deus) só se estende quando joelhos e corações se prostram a ele.[45] Os discípulos, portanto, são meras testemunhas do reino, não edificadores do mesmo; apenas arautos, não agentes do reino.[46]

A ênfase no envolvimento com a cultura, por parte dos transformacionistas, é positiva. Afinal, não fomos remidos para viver em um gueto cristão, nos relacionando somente com crentes, realizando tarefas eclesiásticas, criando uma cultura separatista. Porém, nós não fomos chamados para remir a cultura que, de acordo com a Escritura, tende a piorar devido à apostasia (2 Ts 2.3; 1 Tm 4.1-5; 2 Tm 3.1-9; 2 Pe 2).[47] Somos instrumentos para remir pessoas,

---

43 DeYoung e Kluck, **Por que amamos a igreja**, p. 50, 51.

44 DeYoung e Kluck, **Por que amamos a igreja**, p. 40.

45 DeYoung e Gilbert, **Qual é a Missão da Igreja?**, p. 159.

46 DeYoung e Gilbert, **Qual é a Missão da Igreja?**, p. 183.

47 "De vez em quando os cristãos dizem que nosso alvo principal é mudar o indivíduo, não o sistema. O dualismo persiste: de algum modo nossa vida espiritual pode ser separada de nossa vida cultural, e isso significa que podemos trabalhar no sistema aceito." Walsh e Middleton, **A Visão Transformadora**, p. 89. Essa forma de colocar o problema demonstra o espírito revolucionário de

AMANDO A DEUS NO MUNDO

isso sim. Em sua primeira vinda, Jesus veio remir pessoas, não a Palestina. É verdade que ao sermos instrumentos para redenção de pessoas (criadores de cultura), nós influenciamos a cultura indiretamente. No entanto, é possível pessoas serem remidas sem influências notórias na cultura. A mensagem de Paulo no Areópago alcançou pessoas, mas não transformou a cultura de Atenas. Daniel não conseguiu transformar a política dos reinos nos quais trabalhou (no capítulo 4 Nabucodonosor ainda é mau; no capítulo 6, ainda há tramoias políticas). Só Deus, e isso na consumação, é que promoverá a extinção das culturas pecaminosas e a santificação dos costumes e do conhecimento humano. Só Deus conseguirá plena redenção da cultura. Se, por um lado, somos e devemos ser "sal da terra" (Mt 5.13) no sentido de contribuir para o retardamento da putrefação de nossa sociedade[48] – esse aspecto está de acordo com a visão transformacionista[49] –, por outro lado, a parábola do joio (Mt 13.24-30, 36-43) é uma demonstração de que a construção de uma sociedade com a consequente retirada do mal no mundo será uma realização de Deus por intermédio dos seus anjos (isto é, sem a participação do ser humano) e não ocorrerá nesta vida (como é o anseio de muitos seres humanos).

Creio que o equilíbrio foi estabelecido pelo nosso Salvador nas parábolas do reino em Mateus 13. Se por um lado a parábola do joio nos apresenta uma redenção completada pelo Salvador sem a

---

subverter o sistema, o qual é próprio dos autores.

48 Keller escreve que "ser sal significa exercer uma influência restringente nas tendências naturais da sociedade na direção do declínio e da destruição. Embora o engajamento social seja necessário e possa ser frutífero, não devemos, em geral, esperar grandes transformações sociais". Keller, **Igreja Centrada**, p. 271.

49 "A graça de Deus afeta a cultura através da penetração cultural daqueles a quem a graça redime." Holmes, **The Idea of a Christian College**, p. 21.

PILARES DA COSMOVISÃO REFORMADA: CONSUMAÇÃO

nossa participação, por outro lado temos as parábolas do grão de mostarda e do fermento (Mt 13.31-33) que falam do crescimento e da influência dos princípios do reino na sociedade. Não podemos ser extremados em nosso entendimento escatológico. Toda escatologia que enfatiza só o que Deus já fez, e está fazendo, produz uma cosmovisão ufanista demais. Toda escatologia que destaca o que Deus irá fazer na segunda vinda de seu Filho, sem levar em conta a redenção que se iniciou na primeira vinda, gera uma visão pessimista do crente no mundo. Precisamos de equilíbrio em nossa cosmovisão. Precisamos viver o "já" com vista ao "ainda não".[50]

O texto de Filipenses 1.27-30 é um bom exemplo de postura equilibrada tendo em vista aspectos escatológicos (veja a perspectiva de Paulo em 1.19-26). A epístola não trabalha com a transposição de eras tanto quanto com a transposição de cidadanias. Filipos era uma colônia romana (At 16.12) onde os cidadãos tinham direitos equivalentes a estar em Roma.[51] Os filipenses se orgulhavam de tal status (At 16.21). Por isso, Paulo chama a atenção deles para a cidadania celestial que já possuíam, mas que ainda aguardavam (Fp 3.20-21), e as implicações dessa realidade escatológica para as suas vidas. O texto que destaquei no início desse parágrafo começa com um alerta ("acima de tudo") chamando a atenção para um imperativo ("Vivei"). O imperativo (*politeuesthe*) literalmente significa "portem-se como cidadãos", algo que seria "prontamente compreendido pelos residentes de

---

50 Algumas ideias e alguns parágrafos acima já foram veiculados num pequeno artigo na revista *Fé para Hoje*. Veja Heber Carlos de Campos Júnior, Vivendo "já" com vistas ao "ainda não". **Fé Para Hoje** no. 39 (Mar/2013), p. 47-52.

51 Ralph Martin fala de isenção tributária, uso do direito romano e, principalmente, *ius italicum* – a posição legal que equivale a estar em solo italiano. Ralph P. Martin, **Philippians**, The Tyndale New Testament Commentaries (Grand Rapids: Eerdmans, 1987), p. 18.

AMANDO A DEUS NO MUNDO

uma colônia romana".[52] Paulo não condena o orgulho que tinham da cidade, mas toma isso como exemplo para falar de outra cidadania. Se os cidadãos de Filipos se orgulhavam de terem se tornado colônia romana, os fiéis daquela cidade deveriam se orgulhar de sua cidadania celestial.[53]

Paulo está lhes ensinando que a cidadania celestial deveria moldar a sua cidadania terrena. Paulo os exorta a lutar juntos pelo evangelho (v. 27), mesmo que o evangelho tenha despertado a oposição da sociedade filipense (v. 30; At 16.19-24). Ao invés de serem marcados por tensões internas (Fp 2.2-3, 14; 4.2-3), a igreja de Filipos deveria concordemente[54] enfrentar as pressões externas na sociedade sem serem intimidados (v. 28), mas entendendo o sofrimento como graça (v. 29). Sofreriam as dores da oposição presente sabendo de sua salvação futura (v. 28). Além de uma evidência de salvação, a perseguição – quando produz perseverança – é forte instrumento de testemunho. O carcereiro de Filipos (At 16) certamente foi impactado pela maneira como Paulo e Silas se portaram na prisão.[55] Resumindo, o sofrimento presente deveria ser suportado sem medo e como um presente divino porque tais demonstrações evidenciavam uma realidade futura na vida dos fiéis.

---

52 F. F. Bruce, **Filipenses**, Novo Comentário Bíblico Contemporâneo (São Paulo: Vida, 1992) p. 68.

53 O substantivo "pátria" (*politeuma*) em Fp 3.20 é da mesma raiz do verbo de Fp 1.27; cf. Gl 4.26; Hb 12.22-23.

54 Embora a igreja fosse composta primordialmente de gentios – os nomes gregos e a ausência de citações do Antigo Testamento apontam para a ausência de judeus –, Deus começara a igreja de Filipos com três conversões de pessoas muito diferentes: uma rica e influente comerciante, uma escrava envolvida em ocultismo, e um carcereiro desesperançoso da própria vida (At 16). Deus pode unir pessoas muito distintas no mesmo corpo.

55 Gene A. Getz, **A Estatura de um Cristão**: Estudos em Filipenses (São Paulo: Vida, 1994), p. 80-81.

PILARES DA COSMOVISÃO REFORMADA: CONSUMAÇÃO

Não devemos desprezar nossas responsabilidades decorrentes de nossa cidadania terrena. Na verdade, tais responsabilidades são a forma de sermos bênção para ela, assim como a cidade trará bênçãos a nós (Jr 29.5-7). Timothy Keller argumenta que a igreja atual deveria portar-se como o povo no exílio, pois já que o cristianismo do Novo Testamento não é mais um estado-nação como na dispensação mosaica e sim como uma dispersão de pessoas sob diferentes nações, há um paralelo que é útil para imitarmos. A ideia de "peregrinos" (Tg 1.1; 1 Pe 1.1) não é a de viajante, mas de um "estrangeiro residente". Os exilados na Babilônia deveriam trabalhar nela e orar por ela, mas foram advertidos a não adotar a cultura da cidade nem perder a identidade de povo de Deus.[56]

Pense na aplicação desse ensino para brasileiros tão desapontados com o país que muitos têm saído dele em busca de uma cidadania terrena no primeiro mundo que seja um "gostinho" de céu na terra. Observe a lição tão prática: temos que lidar com esse Brasil que muito nos frustra em várias instâncias, de tal forma que não jogamos fora nossa cidadania brasileira e nem temos expectativas utópicas de transformar o Brasil num pequeno céu, e nem o desejo de fuga de ir para outro suposto céu, mas de entendermos que nossa cidadania aqui precisa ser moldada pela nossa cidadania de lá.

CONCLUSÃO

Este capítulo procurou defender biblicamente a importância da perspectiva escatológica na vida cristã. Antes do que conhecer detalhes futuros, a escatologia deveria ser estudada para moldar nossas expectativas presentes. E o devido valor dado à consumação pode mudar significativamente nossa exposição de cosmovisão cristã.

---

56 Cf. Keller, **Igreja Centrada**, p. 175-176.

AMANDO A DEUS NO MUNDO

No próximo capítulo, aplicaremos os dois tópicos inter-relacionados deste capítulo (visão cristã da história e o papel da igreja nesta vida) aos debates missiológicos. Veremos como a nossa missiologia pode ser positivamente impactada pela boa perspectiva escatológica e como a tradição reformada tem muito a nos ensinar nessa área de missões.

CAPÍTULO 24

APLICAÇÃO: COSMOVISÃO E MISSÃO

Nossa crença acerca da consumação necessariamente impacta nossa postura no lado de cá da vida por vir. Isto é, sabermos o que há de acontecer conosco e com o mundo impacta a maneira como nos portamos no presente. Neste capítulo veremos como a crença escatológica (enquanto parte de uma cosmovisão reformada) influencia a perspectiva de missão da igreja.

O QUE É MISSÃO?

Ironicamente, um dos grandes debates na missiologia é entender em que consiste a missão. Pense no problema de chamar as pessoas a se engajarem na missão quando não se tem claramente delineado qual é a missão da igreja. O que pode parecer tão simples, definir "missão", tem sido alvo de controvérsia nas últimas décadas.[1] Keith Ferdinando testifica de que há uma variedade de definições, reconhecida inclusive pelo renomado e influente missiólogo David Bosch, o qual não ajudou na definição de

---

1   Cf. Keith Ferdinando, Mission: A Problem of Definition. **Themelios** 33, no. 1 (2008), p. 46-59.

AMANDO A DEUS NO MUNDO

missões pois era pessimista quanto a uma teologia bíblica de missão que fosse unificada.[2] Em seguida, Ferdinando discute as quatro principais tendências missiológicas contemporâneas, começando pela definição mais abrangente até a mais restrita: a *Missio Dei*, o mandato cultural, ação social, e fazer discípulos de todas as nações. Pensemos em cada uma das definições abaixo em relação à igreja como instituição (não aplicada ao cristão enquanto indivíduo que pertence à igreja), como esfera de atuação do homem.

A *Missio Dei* diz respeito a tudo que Deus intenta fazer no mundo, seja através da igreja ou fora dela. Tal perspectiva abrangente tem representantes no ecumenismo de teologia mais liberal (Conselho Mundial de Igrejas, Teologia da Libertação), no catolicismo romano (*Gaudium et Spes*),[3] mas também atrai representantes evangélicos. Christopher Wright, um adepto da versão evangélica da *Missio Dei*, define a missão da igreja conforme essa tendência abrangente: "Nossa participação comprometida como povo de Deus, sob o convite e ordem de Deus, na própria missão de Deus na história do mundo de Deus para a redenção da criação de Deus".[4] Essa repetição da palavra "Deus" é para dar destaque à obra divina antes do que em esforços humanos. De acordo com Wright, missões é mais amplo do que evangelismo; este é atividade nossa, não de Deus. "A missão é

---

2 Ferdinando, Mission: A Problem of Definition, p. 48. Ao invés de apresentar uma definição bíblica de missões, aplicável a todas as épocas, David Bosch faz uso do conceito de paradigmas de Thomas Kuhn para discernir diferentes perspectivas de missões ao longo da história. Bosch expressa um ceticismo quanto a um entendimento unificado de missões. Cf. David J. Bosch, **Missão Transformadora**: mudanças de paradigma na teologia da missão (São Leopoldo, RS: Sinodal, 2002).

3 Ferdinando, Mission: A Problem of Definition, p. 49.

4 Christopher J. H. Wright, **The Mission of God**: unlocking the Bible's grand narrative (Downers Grove: IVP Academic, 2006), p. 23.

APLICAÇÃO: COSMOVISÃO E MISSÃO

de Deus", afirma Wright. "A maravilha é que Deus nos convida a nos juntarmos a Ele."[5]

O mandato cultural não é tão abrangente quanto a anterior, pois só contempla a ação da igreja no mundo. Todavia, ainda é uma definição abrangente pois coloca todo tipo de atuação de um cristão neste mundo debaixo de missão da igreja. Essa definição visa destacar o senhorio de Cristo em toda a criação e acaba inflando a disciplina da missiologia.[6] Já que a redenção é cósmica como é a criação, essa proposta missiológica conclui que "a missão da igreja é do mesmo modo tão abrangente quanto a criação".[7] Os que adotam esse paradigma neocalvinista e o aplicam à missão – sem distinguir as diferentes atuações de um cristão em diversas esferas e a igreja como apenas uma das esferas –, acabam por propor uma diversidade de atividades para a igreja e minimizam a importância da evangelização.

A ação social é a definição melhor incorporada pelo movimento evangélico representado pelo Pacto de Lausanne e autores como John Stott. Com o reconhecimento de uma histórica negligência de atuação social, o movimento visa resgatar a ação social como parceira da evangelização para dar à missão uma abordagem holística.[8] Mas o que o movimento propõe não é meramente serviço social que socorre o ser humano em suas necessidades com atividades filantrópicas e obras de caridade. O que muitos representantes do movimento querem é o envolvimento sócio-político que faz ação social, isto é, que elimina as causas das necessidades

---

5 Wright, **The Mission of God**, p. 67.

6 Ferdinando, Mission: A Problem of Definition, p. 50-52.

7 Goheen e Bartholomew, **Introdução à Cosmovisão Cristã**, p. 17, 193.

8 Ferdinando, Mission: A Problem of Definition, p. 53.

AMANDO A DEUS NO MUNDO

mediante a transformação de estruturas da sociedade.[9] Percebe-se aquele ufanismo social criticado no capítulo anterior deste livro.

A quarta definição de missão apresentada por Ferdinando (a posição adotada por ele), a de fazer discípulos de todas as nações conforme explicita a Grande Comissão (Mt 28.18-20), diz respeito não só à evangelização, mas a nutrir o crescimento espiritual de cristãos para a atuação em todas as áreas da vida. Se ela é a mais restrita por ser mais focada em um tipo de atividade, isso não implica que o engajamento com o mundo ou a preocupação social seja negligenciada. O discipulado bíblico é holístico e tem vastas implicações para diferentes segmentos de atuação. Todavia, essa quarta posição retém a proclamação e o fazer discípulos como primário, pois enxerga em Atos, por exemplo, que o foco está em ganhar pessoas para a fé e para o estilo de vida que a fé produz, enquanto que o cuidado social é uma consequência da missão antes do que a sua substância. Missão pode acontecer sem haver a necessidade de ação social, mas não pode haver missão sem discipulado.[10]

Essas quatro tendências missiológicas contemporâneas revelam a dificuldade de definir o que é missão. Como "missão" não é uma palavra bíblica, não há como recorrermos ao livro sacro para uma definição mais precisa. É claro que o verbo grego *apostello* (enviar) tem conotações para o sentido de missão. Porém, só esse verbo não resolve o dilema. Se a dinâmica de enviar (i.e. avanço geográfico) é essencial à missão, isso excluiria qualquer atividade missiológica de Israel no Antigo Testamento, o que todas as posições acima discordariam. Por

---

9 Cf. Comissão de Lausanne para a Evangelização Mundial, **Evangelização e Responsabilidade Social**: relatório da Consulta Internacional em Grand Rapids sob a presidência de John Stott (São Paulo/Belo Horizonte: ABU/Visão Mundial, 2004), p. 69-73.

10 Ferdinando, Mission: A Problem of Definition, p. 54-56.

APLICAÇÃO: COSMOVISÃO E MISSÃO

isso, é melhor entender missão num sentido mais amplo, de ter objetivos a serem alcançados por certas ações planejadas, isto é, missão como "tarefa" antes do que "envio". Todavia, nem essa correção semântica resolve a discussão quanto à definição. Não é possível extrair toda uma teologia de missões a partir do sentido linguístico. Frequentemente, o que acontece é o contrário: sistemas teológicos são impostos e incorporados ao sentido de um termo. Deixe-me exemplificar.

Em caráter bem próprio da Teologia da Libertação, o Dicionário Brasileiro de Teologia afirma que "missão" é um termo que de maneira mais ampla "dá a ideia de libertação ou soltura de alguém que está preso. O conceito inclui a ideia de ação, movimento".[11] A teologia dominante do articulista o fez impor à palavra "missão" um sentido que não pertence à sua etimologia, mas que para o articulista é fundamental estabelecer como ponto de partida. No entanto, ele não se apresenta consciente de seus compromissos teológicos. Afinal, quando relata que missiologia no passado era equivocadamente restrita à eclesiologia (para a implantação de igrejas), ou à soteriologia (para a salvação de indivíduos), ou à cultura ocidental (para obter privilégios do Ocidente cristão), ele apresenta o movimento de *Missio Dei* (Missão de Deus), iniciado na década de 1950, como não sendo historicamente condicionado como as missiologias anteriores.[12] No entanto, ele conclui o verbete afirmando que a *Missio Dei* "está acima das particularidades e mesquinharias humanas, tem caráter universal" e visa trazer libertação até das "estruturas religiosas

---

11 Leontino Faria dos Santos, *Missio Dei* (Missão de Deus). In: Nelson Kilpp (org.). **Dicionário Brasileiro de Teologia** (São Paulo: Aste, 2008), p. 666.

12 Santos, *Missio Dei* (Missão de Deus), p. 666-667.

AMANDO A DEUS NO MUNDO

e eclesiásticas" e esperança aos marginalizados e pobres.[13] Esse exemplo nos ajuda a identificar como o conceito de missão é determinado pela teologia de cada um.

Já que teologia é tão preponderante na formação de um conceito missiológico, é importante ressaltar nossa preocupação com os sentidos abrangentes de missão da igreja. A amplitude do que se entende por "missão" é um fenômeno relativamente recente, mas não demorou para ser alvo de críticas. Já em 1958, durante as Duff Lectures, o renomado missiólogo Stephen Neill detectou essa tendência e cunhou uma crítica icônica: "Se tudo é missão, nada é missão". O que essa frase significa é que a missão, quando definida de forma tão ampla, torna difícil definir o que de fato é missão. Neill tinha uma eclesiologia robusta e compreendia que a igreja tinha uma multiplicidade de atividades cristãs, porém nem tudo ele julgava correto chamar de missão. Kevin DeYoung e Greg Gilbert levantam algumas perguntas que apontam para parte do problema:

> A missão da igreja é fazer discípulos, ou fazer boas obras, ou ambas as coisas? A missão da igreja é a missão de Deus? A missão da igreja é distinta das responsabilidades dos cristãos individuais? A missão da igreja é uma continuação da missão de Jesus? Se isso é verdade, qual era a missão de Jesus? [...] Deus espera que a igreja mude o mundo, realize a obra de transformar suas estruturas sociais? E que pensamos quanto ao reino? Como edificamos o reino de Deus? Ou somos mesmo capazes de edificar o reino?[14]

---

13 Santos, *Missio Dei* (Missão de Deus), p. 668.

14 DeYoung e Gilbert, **Qual é a Missão da Igreja?**, p. 16.

APLICAÇÃO: COSMOVISÃO E MISSÃO

Responder a essas perguntas apontam para a clareza, ou falta dela, quanto a entender a nossa missão e como ela se relaciona ao plano redentor de Deus. Por vezes, falamos da missão da igreja sem uma resposta clara para cada uma dessas importantes perguntas.

Por mais que a proposta da *Missio Dei* afirme que nossa missão esteja inserida na missão divina – por implicação deduzimos que uma não é idêntica à outra –, nem sempre fica claro como nossa missão difere da de Deus e isso gera problemas teológicos. Há, por exemplo, muitas coisas que Deus intenta realizar sem a nossa participação (ex: redenção do cosmos; destruição dos ímpios; ressurreição do corpo); nossa participação no avanço do reino é eminentemente de proclamação. Há de se ter cuidado com alguns conceitos embutidos na palavra "missional" que enfatizam mais o agir da igreja do que o seu falar. DeYoung e Gilbert expressam algumas preocupações com essa tendência de entender missão amplamente. Ao invés de transformar o mundo, deveríamos entender nosso papel como de uma "presença fiel" (expressão de James Hunter). Ao invés de edificar o reino, vivemos como cidadãos do reino, afinal, os verbos associados com o reino são quase sempre passivos (entrar, receber, herdar), como vimos no capítulo anterior. Ao invés de impor aos cristãos que "devemos" resolver o problema do tráfico de crianças ou da educação pública, seria mais sábio utilizar o tom de que "podemos" com nossos dons nos envolver nessas questões visando soluções. Ao enfrentar problemas sociais a igreja corre o risco de marginalizar a única coisa que torna cristã a missão cristã, o fazer discípulos de Jesus.[15]

---

15 DeYoung e Gilbert, **Qual é a Missão da Igreja?**, p. 23-24. "No seu melhor, os pensadores missionais estão advertindo a igreja contra indiferença negligente e insensível para com os problemas e as oportunidades potenciais ao redor de todos nós, uma desconsideração dualista para com a pessoa em sua totalidade. Por outro lado, um grupo diferente de cristãos teme sonhos utópicos e

AMANDO A DEUS NO MUNDO

Em relação a esse último tópico, Jonathan Leeman também se preocupa com o "evangelho missional" e sua ênfase em justiça social:

> As igrejas evangélicas têm permitido, de forma crescente, que o mundo defina quais problemas precisam ser resolvidos – que tipo de salvação precisam ganhar. Não é preciso ter os olhos da fé; sobrenaturais, nascidos de novo e recriados, para enxergar que a morte é um problema, ou a AIDS, a pobreza, o tráfico sexual e todas as outras consequências horríveis da Queda. Os olhos da carne podem ver esses problemas muito bem, e é precisamente por essa razão que essas coisas têm se tornado os projetos preferidos das estrelas de Hollywood e das organizações governamentais mundiais. E esses são bons projetos para que os cristãos se encarreguem de fazer junto com o mundo. Por outro lado, é preciso ter os olhos da fé; sobrenaturais, nascidos de novo e recriados, para enxergar o que significa estar destituído da glória de Deus e por que isso é mais importante do que a morte, e por que proclamar o evangelho é o único mandato para a igreja e sua prioridade suprema.[16]

No capítulo 2 de seu livro, DeYoung e Gilbert seguem a quarta proposta missiológica resumida acima, argumentando que o que Jesus nos envia a fazer no mundo está resumido na Grande Comissão (Mt 28.16-20; Mc 13.10; 14.9; Lc 24.44-49; At 1.8). Deveríamos focar nos mandamentos explícitos da Escritura antes

---

excessivamente otimistas, uma perda da centralidade de Deus e um abrandamento da mensagem urgente da igreja, a mensagem de Cristo crucificado por pecadores merecedores do inferno. Ambos os perigos são reais. Admitimos que somos mais sensíveis ao segundo perigo." (p. 27).

16 Jonathan Leeman, O Deus do Evangelho Missional não é um Deus muito pequeno? Em: http://www.editorafiel.com.br/artigos_detalhes.php?id=314

APLICAÇÃO: COSMOVISÃO E MISSÃO

do que dizer que somos cooperadores com Deus em tudo que ele realiza. Diante dos que dizem que devemos encarnar a missão de Jesus na terra em serviço à humanidade, eles respondem: "A missão de Jesus não é serviço concebido no sentido amplo, e sim a proclamação do evangelho por meio do ensino, a confirmação do evangelho por meio de sinais e maravilhas e a realização do evangelho na morte e a na ressurreição... Não podemos encarnar de novo o ministério encarnacional de Cristo, assim como não podemos repetir a sua expiação. Nosso papel é dar testemunho do que Cristo já fez".[17] A missão da igreja, na opinião deles, é proclamar o evangelho, fazer discípulos, edificá-los em Cristo. Essa é a tarefa da igreja como corpo.[18]

Eu concordo com a quarta posição defendida por Ferdinando, DeYoung e Gilbert, e a maior parte da tradição cristã. O foco da missão deve estar naquilo que apenas a igreja é capaz de fazer. Pode haver cooperação com não cristãos no que tange a atuação social, mas não na atividade de fazer discípulos. Jesus fez dos discípulos primariamente pescadores de homens. Essa é a essência da vocação da igreja.

Essa posição tem a vantagem de preservar o sentido soteriológico da missão. Se a Bíblia é primordialmente uma história da redenção, então faz sentido priorizar o sentido soteriológico da missão. E se é soteriológica, então missão tem uma finalidade, um cumprimento. Se tudo é missão (ex: adoração, serviço, etc.), então perdemos o senso de que missão deve ser cumprida. Assim como

---

17 DeYoung e Gilbert, **Qual é a Missão da Igreja?**, p. 75.

18 Eles definem a missão da igreja assim: "A missão da igreja é ir ao mundo e fazer discípulos, proclamando o evangelho de Jesus Cristo, no poder do Espírito, e reunindo esses discípulos em igrejas, para que eles adorem o Senhor e obedeçam aos seus mandamentos, agora e na eternidade, para a glória de Deus, o Pai". DeYoung e Gilbert, **Qual é a Missão da Igreja?**, p. 82.

AMANDO A DEUS NO MUNDO

Cristo cumpre a sua missão (1 Co 15.24-28), nós devemos ter o senso de que a missão da igreja terá um fim. Enquanto adoração e serviço serão nossa atividade para todo o sempre, a missão será encerrada na consumação.

Essa posição também tem a vantagem de manter-se preocupada em entender o que é igreja. Embora como indivíduos nós tenhamos diversas atuações nas diferentes esferas das quais fazemos parte (capítulo 8), quando falamos de missões precisamos pensar na igreja como instituição, como uma das esferas onde atuamos. Missões precisam fazer parte de eclesiologia, pois se não houver um claro entendimento de igreja, não será possível delinear sua missão.[19] Uma eclesiologia saudável envolve missões,[20] mas missões não precisam ser entendidas como algo maior do que eclesiologia. Há missiólogos que querem afirmar que a igreja existe por causa da missão, quando na verdade é o contrário: a missão existe para que haja igreja. Como diz John Piper, porque os homens não adoram a Deus é que há missão.[21] Deus enviou o seu Filho com a missão de começar um novo povo (sentido étnico), de constituir um corpo (sentido biológico), de reconquistar seu domínio (sentido bélico), de edificar uma habitação de Deus

---

19 John Bolt e Richard Muller escrevem com propriedade: "O que somos determina como podemos agir e qual será o resultado de nossa atividade. As marcas da igreja [fiel pregação da Palavra, fiel administração dos sacramentos, fiel exercício da disciplina] indicam sua identidade fundamental, e sua identidade é a base para a realização de sua tarefa". John Bolt e Richard A. Muller, Does the Church today need a new "Mission Paradigm"? In: **Calvin Theological Journal** 31, no. 1 (April 1996), p. 208.

20 "A igreja é chamada para servir a Deus de três formas: servi-lo diretamente em adoração; servir aos santos em nutrição; e servir o mundo em testemunho." Edmund Clowney, **A Igreja**, Série Teologia Cristã (São Paulo: Cultura Cristã, 2007), p. 111. Só a última parte desse tríplice serviço é que Clowney chama de missão.

21 John Piper, **Alegrem-se os Povos**: a supremacia de Deus em missões (São Paulo: Cultura Cristã, 2001), p. 13.

APLICAÇÃO: COSMOVISÃO E MISSÃO

(sentido arquitetônico) e agora nos envia a proclamar essa obra divina multifacetada. A nossa missão é proclamar a missão do Filho e através de nossa proclamação ver a igreja ser formada. A missão existe para que haja igreja.

Por último, essa posição "restrita" tem a vantagem de ser definida, sem ser reducionista. Ela define o que a igreja como instituição tem que fazer,[22] mas sabe que suas implicações englobam várias áreas de atuação. Veremos, no decorrer deste capítulo, que uma visão restrita de missões debaixo de uma cosmovisão reformada holística é muito mais abrangente em alcance e impacto do que outras propostas missiológicas.

UM HISTÓRICO DE MISSÃO

A opinião comum entre historiadores de missões é de que enquanto os católicos estavam conquistando o mundo no século 16, os protestantes não estavam fazendo missões. A constatação é que se demorou muito até os protestantes iniciarem sua atividade missionária com os morávios no século 18, e pergunta-se o porquê.[23] J. Herbert Kane, historiador

---

22 John Bolt e Richard Muller perguntam perspicazmente que se Deus é glorificado com encanadores, advogados, dentistas e fazendeiros cristãos, que levam a sério sua vocação profissional, será que a igreja institucional deveria treinar, ordenar e comissioná-los? A resposta a essa pergunta é obviamente negativa. Bolt e Muller, Does the Church today need a new "Mission Paradigm"?, p. 206.

23 Kenneth Scott Latourette é um desses historiadores que compara protestantes e católicos dizendo que nenhum dos príncipes protestantes estava preocupado com povos pagãos como estavam os monarcas católicos de Espanha e Portugal. Todavia, Latourette soa quase ingênuo por não destacar o interesse dos espanhóis e portugueses nas riquezas do novo mundo. Quanto a outros países católicos, como a França, Latourette argumenta que estiveram tão absorvidos em lutas contra o protestantismo que não puderam focar as energias e pensamentos nas missões estrangeiras. Antônio Carlos Barro, além de questionar se a conquista das Américas pode ser chamada de atividade missionária, rebate o historiador norte-americano com sagacidade: "Por que então o mesmo argumento não pode ser usado para os protestantes? Eles também estavam absorvidos lutando contra os católicos franceses para sobreviverem. Se os católicos franceses não tinham energias, por que teriam os protestantes? Se a desculpa é válida para um lado, também dever ser válida para o outro!" Antônio

AMANDO A DEUS NO MUNDO

representativo dessa hermenêutica, apresenta algumas razões.[24] A primeira e mais importante razão está na teologia dos reformadores: a Grande Comissão pertencia somente aos apóstolos.[25] A segunda razão está no fato dos reformadores estarem preocupados com sua sobrevivência e poucos recursos, logo no começo de sua história. A terceira razão se deve ao fato dos países protestantes não estarem envolvidos com a expansão geográfica do século 16. Só no século 17 é que vemos os holandeses e os ingleses envolvidos nisso.

Essa linha de interpretação tem sido questionada de forma bastante competente.[26] Inicio destacando que a segunda razão apresentada por Kane faz uma leitura equivocada por vários motivos. Primeiro, a fé protestante atravessou fronteiras políticas (na Europa) ainda mais eficazmente do que as missões católicas. Pense na Academia de Genebra treinando tantos estudantes de outros países para que espalhassem os ideais da Reforma. Isso é efetivamente missionário. Segundo, a missão huguenote ao Brasil em 1555, a própria migração para os EUA e, principalmente, a missão entre os índios (John Elliot, David Brainerd) demonstram esse espírito missionário.

Carlos Barro, A Consciência Missionária de João Calvino, **Fides Reformata** vol. 3, no. 1 (Jan – Jul 1998), p. 41.

24 J. Herbert Kane, **A Concise History of the Christian World Missions**: a panoramic view of missions from Pentecost to the present (Grand Rapids: Baker, 1982), p. 73-75.

25 Esse conceito imperou em história das missões durante todo o século 20. Ao menos desde Gustav Warneck na virada do século, defende-se que a razão fundamental para o mau desempenho missionário de protestantes é de natureza teológica. Barro, A Consciência Missionária de João Calvino, p. 39.

26 Cf. Elias Medeiros, The Reformers and "Missions": Warneck, Latourette, Neill, Kane, Winter, and Tucker's Arguments, partes 1 e 2. **Fides Reformata** vol. 13, no. 1 (2013), p. 107-133, vol. 22, no. 2 (2017), p. 139-162.

APLICAÇÃO: COSMOVISÃO E MISSÃO

Richard A. Muller traz uma resposta ainda mais completa.[27] Primeiro, ele apresenta o contexto político e social[28] dizendo que os reformadores como Lutero, Bucer, ou Calvino, eram habitantes de principados distantes do mar, cujos regentes seculares não tinham qualquer pretensão de poderio naval para colonizar o mundo não europeu. Os reformadores, assim como seus governantes, nem poderiam extrair de textos como Mateus 28 o mandato de espalhar o evangelho a lugares cujo contato era impossível e que eles tinham pouquíssima ou nenhuma informação. É, portanto, anacronismo dizer que o protestantismo demorou a fazer missões se você levar em consideração que a Saxônia (Lutero), Estrasburgo (Bucer) e Genebra (Calvino) não eram poderes mundiais durante o século 16, e que tanto eram financeiramente desprovidos quanto geograficamente deslocados para empreitadas semelhantes à de Espanha e Portugal. Além disso, assim que surgiu a república holandesa, no início do século 17, criou-se a Companhia Holandesa das Índias Orientais. Assim que os protestantes tiveram os meios e as oportunidades, eles começaram o trabalho de evangelização mundial (ex: holandeses em Pernambuco) e produziram uma teologia de missões (ex: Gisbertus Voetius).[29]

Em segundo lugar, Muller afirma que a exegese de Calvino em Mateus 28.19 e Marcos 16.15 como sendo primariamente dirigida aos apóstolos faz sentido exegético (sentido literal da passagem) e seguia a tradição exegética (isto é, a tradição medieval

---

27 Richard A. Muller, "To Grant this Grace to All People and Nations:" Calvin on Apostolicity and Mission, In: Arie C. Leder (Org.). **For God So Loved The World** (Belleville, Ontario: Essence, 2006), p. 211-232.

28 Muller, Calvin on Apostolicity and Mission, p. 215-217.

29 Cf. Jon Jongeneel, The Missiology of Gisbertus Voetius: The First Comprehensive Protestant Theology of Missions, **Calvin Theological Journal** 26, no. 1 (April 1991), p. 47-79.

AMANDO A DEUS NO MUNDO

lia o texto dessa forma). A ideia desse texto como "a Grande Co-missão" é recente, e o ímpeto missionário de gerações posteriores não foi extraído desse texto especificamente, mas de outros textos como a chamada de Abraão e o aspecto universal do chamamento da Palavra.[30] Isso não significa que Calvino cria que o trabalho de pregação às nações fora completado pelos apóstolos. Muller reúne vários trechos de comentários bíblicos para provar esse ponto e a oração de Calvino repetida após cada sermão (2500 vezes em 20 anos) que rogava graça a "todos os povos e nações da terra" e pedia que Deus levantasse ministros fiéis e verdadeiros para realizar tal tarefa.[31] Tal oração era acompanhada de ação pois Calvino via a Europa como o seu campo missionário e educava centenas de ministros para espalhar o evangelho por todo o continente. Nesse sentido, ele dedicou toda sua vida e ministério à obra missionária.

Portanto, podemos e devemos enxergar a Reforma como um movimento com impacto missionário. No entanto, ainda perdura uma acusação subordinada à essa tratada acima: a acusação de que a teologia reformada não é estimuladora de missões. Isso pode ser respondido histórica e teologicamente. Historicamente, o fervor e impulso missionários do calvinismo já foram explorados por Kenneth J. Stewart[32] e tratado mais delongadamente por Michael Haykin e Jeffrey Robinson.[33] Mas Michael Horton resume essa história de missões calvinistas que depõe contra a crítica de que sua teologia não desperta missões.

---

30 Muller, Calvin on Apostolicity and Mission, p. 231.

31 Muller, Calvin on Apostolicity and Mission, p. 229-230.

32 Kenneth J. Stewart, Calvinism and Missions: The Contested Relationship Revisited, **Themelios** 34, no. 1 (2009), p. 63-78.

33 Michael A. G. Haykin, C. Jeffrey Robinson Sr, **O Legado Missional de Calvino** (São Paulo: Cultura Cristã, 2017).

APLICAÇÃO: COSMOVISÃO E MISSÃO

A Reforma Calvinista teve sensibilidade missionária incomum já no século 16 (França Antártida no Brasil e o cuidado e investimento nos refugiados em Genebra), as viagens e influência dos reformados holandeses no século 17, os calvinistas da Nova Inglaterra fazendo missões nos séculos 17 e 18 (John Elliot, David Brainerd, etc.), e os envios missionários das escolas teológicas americanas no século 19 (Yale, Andover, Princeton). Ela também contribuiu na causa missionária com grandes nomes das missões modernas (William Carey, Adoniram Judson, Robert Moffat, David Livingstone, Robert Morrison, Jonathan Goforth, Alexander Duff, dentre tantos outros), sem contar as missões de calvinistas em nossos dias. Esse histórico funciona como prova de que o calvinismo foi uma das forças motrizes por detrás do movimento missionário evangélico.[34]

Como se não bastasse uma história extensa, a própria teologia reformada é incentivadora antes que inibidora de missões. O apóstolo Paulo é estimulado pela doutrina da eleição a evangelizar. Isso pode ser testificado tanto na sua passagem por Corinto, onde a revelação de que Deus tinha povo para salvar ali o fez ficar mais tempo na cidade (At 18.1-11), quanto em suas palavras a Timóteo: "Tudo suporto por causa dos eleitos, para que também eles obtenham a salvação que está em Cristo Jesus, com eterna glória" (2 Tm 2.10). Paulo está ensinando ao jovem pastor Timóteo que existe um estímulo em saber que no Senhor o nosso trabalho não é vão. Até sua Epístola aos Romanos testifica dessa ligação inseparável entre eleição e missão. Afinal, logo após o capítulo mais contundente sobre a soberania da eleição (Romanos 9), o apóstolo discorre belamente sobre a necessidade de comissionarmos os que levaram o evangelho (Romanos 10).

---

34 Michael Horton, **A favor do Calvinismo** (São Paulo: Reflexão, 2014), p. 203-220.

AMANDO A DEUS NO MUNDO

Além da eleição soberana do Pai, a própria obra vitoriosa do Filho é um estímulo para as missões. Observe como antes de comissionar os apóstolos a fazerem discípulos, Jesus os tranquilizou dizendo que a tarefa deles seria possível mediante a vitória dele: "Toda a autoridade me foi dada no céu e na terra" (Mt 28.18). Essas palavras não são apenas o preâmbulo da Grande Comissão, mas o fundamento motivador da própria missão. Falar da eficácia da obra expiatória do Filho é a motivação evangélica que precisamos para perseverar na missão, antes do que estimular fiéis a se engajarem em missões por razões legalistas que não perduram (ex: paixão pelas almas, dever cristão). Porque a morte e ressurreição de Cristo não apenas tornam possível a salvação do homem, mas de fato salvam, é que "somos capazes de proclamar aos pecadores não aquilo que Cristo fez em termos de possibilidade para a salvação deles, mas que ele realmente realizou a salvação de todos os que nele confiam".[35]

Por último, a própria obra do Espírito em chamar eficazmente os homens é um grande incentivo missionário. É precioso saber que a capacidade de superar os duros corações de nossos amigos e parentes incrédulos é de Deus, não nossa e nem deles. Por isso é que oramos a Deus para que converta os corações, pois sabemos que Deus não é responsável apenas por uma parte na obra de regeneração, mas opera monergisticamente na vida de quem está espiritualmente morto.

Além de soteriologia, a fé reformada traz implicações missiológicas de outras áreas da teologia sistemática. Sua cristologia apresenta um rei que já inaugurou o seu reino (Mt 12.28) e uma expiação que já venceu o inimigo na cruz (Jo 12.31-33) e que,

---

35 Horton, **A favor do Calvinismo**, p. 221.

APLICAÇÃO: COSMOVISÃO E MISSÃO

portanto, torna a expansão do reino uma realidade presente antes do que apenas futura. Sua eclesiologia acredita num reino que age como o fermento levedando toda a massa (Mt 13.33) e numa igreja que está sendo edificada por Cristo de tal forma que não será detida pelas portas do inferno (Mt 16.18). Sua escatologia, como expandiremos mais adiante, concede-nos uma certeza de que o que já foi realizado nos garante vitória e o que ainda não foi realizado nos impede de cairmos em ufanismo missiológico e nos permite modelarmos a missão de forma escriturística.

Portanto, a teologia reformada possui não só um histórico de missão, mas uma teologia fomentadora de missão. Ainda assim, há muitos simpatizantes da teologia reformada buscando uma proposta de missão diferente da herança reformada. Estou me referindo à Teologia da Missão Integral (TMI). Temos algo a aprender desse movimento?

QUÃO INTEGRAL É A MISSÃO?

Embora a Missão Integral seja classificada como um movimento latino-americano ela possui afinidades com o seu tempo em outras partes do mundo. René Padilla, um dos grandes representantes da TMI, reconhece que ela se assemelha à Teologia da Libertação no interesse em enxergar a dimensão histórica e contextual da revelação (como o Reino se manifesta aqui e agora) e se apropria de insights das ciências humanas (a antropologia, a sociologia, a economia e a política).[36] Ainda que isso aponte para um pedigree marxista, tão influente no continente latino-americano, o interessante é destacar teólogos que trazem ênfases semelhantes em outros

---

36 "10 perguntas fundamentais sobre Missão Integral", http://www.ultimato.com.br/conteudo/10-perguntas-fundamentais-sobre-missao-integral. Acessado em 11/12/2017.

contextos que não a América Latina. N. T. Wright e John Stott são alguns exemplos desse esforço por lembrar a igreja de retornar ao seu chamado para promover justiça social. Não estou dizendo que Wright e Stott sejam originadores ou representantes da TMI, mas estou apenas ilustrando como autores evangélicos de diferentes matizes fazem coro com certas ênfases da Missão Integral.

Partindo da premissa de que o evangelho é a renovação da criação no espaço, tempo e matéria, para N. T. Wright toda obra de justiça, beleza e evangelismo é uma antecipação da restauração de todas as coisas. Sendo assim, "escolas e hospitais dão testemunho do evangelho"[37] à medida em que cooperam para a remoção da maldição sobre este mundo. Quando o cristão atua em diversas melhorias sociais, uma tarefa fundamental e não periférica à missão da igreja, sua missão se sobrepõe ao trabalho feito por pessoas ímpias.[38] Seu comentário nos leva a concluir que a igreja trabalha em consonância com o que o mundo perdido faz de melhor em termos sociais. Não há necessidade de crer no evangelho para realizar uma tarefa fundamental à missão da igreja.

No capítulo sobre juízo, N. T. Wright enfatiza apenas que o juízo não é uma má notícia, mas a boa notícia de que Deus colocará as coisas em ordem de uma vez por todas.[39] Para Wright, isso significa colocar os ímpios no seu devido lugar e dar aos pobres/fracos "o que lhes é de direito".[40] Para ele, as implicações políticas são as mais importantes.[41] Mais adiante no livro, Wright afirma que

---

37 Wright, **Surpreendido pela Esperança**, p. 279.

38 Wright, **Surpreendido pela Esperança**, p. 282.

39 Wright, **Surpreendido pela Esperança**, p. 155, 159.

40 Wright, **Surpreendido pela Esperança**, p. 156.

41 Wright, **Surpreendido pela Esperança**, p. 162.

APLICAÇÃO: COSMOVISÃO E MISSÃO

a palavra "justiça" é "a síntese da intenção de Deus, expressa na Bíblia do Gênesis ao Apocalipse, de endireitar o mundo".[42] Wright está falando primordialmente de "justiça social" e ele aplica esse conceito algumas páginas depois:

> A meu ver, o grande compromisso de nossa geração, equivalente à questão da escravatura dois séculos atrás, é com o enorme desequilíbrio econômico mundial, cujo sintoma principal é a dívida externa ridícula e impagável do Terceiro Mundo... [C]onsidero o problema do desequilíbrio econômico a questão moral mais importante do nosso tempo... O problema da dívida global é o verdadeiro escândalo moral da nossa época, o "segredinho sujo" – ou antes, o grande segredo sujo – encoberto pelo brilho do capitalismo ocidental.[43]

A preocupação de N. T. Wright com as desigualdades sociais é apaixonante, mas também reveladora. Digo que é apaixonante pois ela deve contagiar-nos a pensar quais as implicações de nossa fé para a esfera pública. No entanto, entender a manifestação da justiça de Deus como sendo prioritariamente a eliminação do desequilíbrio econômico é um reducionismo. Essa é a parte reveladora. Afinal, seria compreensível que um político entendesse a aplicação dos valores do reino na sua esfera de atuação como sendo a criação de medidas para minimizar as desigualdades sociais. É até aceitável que um cidadão reflita sobre posturas cristãs frente a tais desigualdades. Porém, quando um teólogo faz com que a manifestação da

---

42 Wright, **Surpreendido pela Esperança**, p. 226.

43 Wright, **Surpreendido pela Esperança**, p. 230. Pedro Dulci endossa essa leitura missiológica de Wright. Cf. Pedro Lucas Dulci, **Ortodoxia Integral**: Teoria e Prática Conectadas na Missão Cristã (Uberlândia: SalEditora, 2014), p. 223-242.

AMANDO A DEUS NO MUNDO

justiça de Deus, tema central na Escritura de acordo com o próprio Wright, seja reduzida principalmente à eliminação das disparidades econômicas, ele perdeu boa parte da revelação especial encontrada nas Escrituras. O "evangelho" de Wright enfatiza verdades que ímpios descobriram sem o evangelho. Quando a nossa teologia não vai além do que se pode conhecer pela graça comum, então precisamos reavaliá-la. Creio que seja fundamental pensarmos nas implicações horizontais (sociais) dessa manifestação vertical da justiça de Deus. Porém, quando a Escritura molda a nossa perspectiva, tratamos de assuntos pensados pelos ímpios só que com outra ótica.

Por exemplo, não exercemos justiça no mundo (tarefa de Deus, não nossa), nem trabalhamos em prol de "justiça" social, pois perdão de dívida externa não é merecimento nem é verdade que necessitados receberem dinheiro pelo qual não trabalharam seja um "direito". O que fazemos é "misericórdia social", um conceito eminentemente cristão, pois pressupõe a miséria do ser humano, algo humilhante para o receptor de boas obras. Achamos humilhante dar esmolas e, de fato é, pois ressalta os tristes efeitos do pecado (tanto social quanto individual). No entanto, é necessário que o cristão não substitua a miséria pelo senso de "direitos", a fim de erguer a autoestima dos fracos. O que nos move a socorrer necessidades neste mundo não é o senso de justiça, mas o termos sido objeto da misericórdia de Deus. Afinal, nem toda desigualdade social é injustiça e, por isso, a Bíblia fala tanto de justiça quanto de misericórdia (Mq 6.8; veja a misericórdia em Lv 19.9-10 e a justiça no verso 15).[44] Misericórdia minimiza os efeitos de injustiças so-

---

44 Kevin DeYoung e Greg Gilbert analisam vários textos utilizados pelos defensores de "justiça social" a fim de corrigir o entendimento desse conceito tão apreciado pela geração atual. Lá eles dizem que justiça social "é um processo justo e não um resultado igual". Isto é, não há nada de "justo" em favorecer o pobre num litígio pelo simples fato de ele ser desfavorecido. Sobre o tão famoso texto

APLICAÇÃO: COSMOVISÃO E MISSÃO

ciais, mas não os elimina. Assim como o derramar da misericórdia divina em Cristo não resolveu toda a miséria do mundo presente (Lc 4.16-30; veja a aplicação que Jesus faz dos ministérios restritos de Elias e Eliseu), nossos atos benevolentes também não o farão. Por hora, devemos viver justamente e cobrar autoridades a atuarem de forma justa (legislando, julgando e executando), mas por este mundo ainda ser repleto de injustiças, nós praticamos misericórdia para com o necessitado aguardando o dia em que o Senhor produzirá um mundo justo.

John Stott é outro autor que propõe uma "missão holística" que integra evangelização e ação social, pois evangélicos têm espiritualizado o evangelho negligenciando suas implicações sociais enquanto o ecumenismo tem politizado o evangelho negando sua oferta de salvação aos pecadores.[45] Embora a evangelização tenha prioridade, e a ação social possa ser vista como uma consequência da evangelização e ponte para a mesma, Stott gosta de colocar a ação social como parceira da evangelização como duas asas de um pássaro ou duas lâminas de uma tesoura.[46] Se no ministério de

---

de Miquéias 6.8, eles dizem que "praticar a justiça" significa que "não devemos roubar, subornar ou trapacear", conforme acontecia no contexto judaico, mas isso "não é o mesmo que redistribuição". DeYoung e Gilbert, **Qual é a Missão da Igreja?**, p. 192-193, 213-214.

45 John Stott, **Ouça o Espírito, Ouça o Mundo**: como ser um cristão contemporâneo (São Paulo: ABU, 2005), p. 377.

46 Stott, **Ouça o Espírito, Ouça o Mundo**, p. 378-380. Na consulta internacional em Grand Rapids sob a presidência de John Stott, onde evangélicos ligados ao Pacto de Lausanne estiveram presentes, percebe-se uma diferença de ênfases quando está escrito que chamar a evangelização de primordial sobre a responsabilidade social "incomode bastante alguns de nós, pelo receio de estarmos quebrando essa parceria". Sou grato a Jonas Madureira por esse insight quanto a discordâncias dentro do próprio grupo. No entanto, na seção anterior, a linguagem de parceria, assim como falar que ação social é consequência ou ponte para a evangelização, as três relações são chamadas de "formas igualmente válidas". Além disso, a proclamação (*kerygma*) e o serviço (*diakonia*) são tratados como duas coisas distintas que andam juntas, como se o ministério de Jesus fosse sobre as duas coisas. **Evangelização e Responsabilidade Social**, p. 52-55. A dicotomia fala tão alto que no livro de Stott, *Ouça o Espírito, Ouça o Mundo*, escrito posteriormente à consulta de Grand Rapids, ele

AMANDO A DEUS NO MUNDO

Cristo, palavras e obras andavam juntas, elas também deveriam andar juntas em nosso ministério.[47]

A ilustração de John Stott das duas asas é descuidada pois além de igualar evangelização e responsabilidade social, ela proporciona uma visão dicotomizada do evangelho. Embora ele tente priorizar a evangelização, sua analogia inevitavelmente leva as pessoas a concluírem que são partes iguais (asas não funcionam para o seu propósito se tiverem tamanhos diferentes). Ainda que a analogia fosse abandonada, o problema é que essas duas atividades são apresentadas como complementares, dicotômicas, antes do que um evangelho que tem ramificações sociais.

Fé e obras não são duas partes da vida cristã, como na ilustração das duas asas de John Stott. Não é possível ter uma delas e não a outra – como se reformado pudesse ter a fé, por ter boa doutrina, mas não a prática; assim como não é verdade que o espírita faz as obras, mas não tem a fé (uma visão reducionista de obras voltadas apenas à caridade – veja como João Batista orienta os soldados a frutificar com obras dignas de arrependimento; Lc 3.14).[48] Tiago

---

prioriza a relação de "parceria" no capítulo sobre missão, ao expor essa e não as outras duas formas de relação ("consequência", "ponte"). Stott, **Ouça o Espírito, Ouça o Mundo**, p. 382-390, 393-397. Em contrapartida, digo que o ministério de Jesus é sobre uma coisa só, o evangelho, o qual não só é proclamado, mas também realizado por Jesus. Esse evangelho tem implicações sociais como veremos mais adiante no texto.

47   Stott, **Ouça o Espírito, Ouça o Mundo**, p. 382. Para uma versão bem expandida dessa perspectiva, veja Lausanne Occasional Paper 33 – "Holistic Mission". In: https://www.lausanne.org/content/holistic-mission-lop-33. Acessado em 15 de dezembro, 2017.

48   O texto de Mateus 25.31-46 tem sido mal compreendido quando intérpretes julgam que obras de caridade são o critério de juízo utilizado por Jesus no Julgamento Final. Essa leitura quase que iguala o cristianismo a uma postura espírita. Um olhar mais cuidadoso do texto nos mostra como a distinção entre os de "esquerda" e os de "direita" não é a atuação em prol de igualdades sociais, mas a maneira como reagimos ao Rei e ao seu reino aqui na terra. O critério de juízo não é generosidade ao necessitado em geral, mas resposta aos discípulos em necessidade, como espécie de expansão de Mateus 10.40-42; "o critério de juízo se torna não mera filantropia, mas a resposta dos homens ao reino dos céus conforme lhes é apresentado na pessoa dos 'irmãos' de Jesus". R. T. France, **Matthew**,

APLICAÇÃO: COSMOVISÃO E MISSÃO

não nos autoriza a tirar essa conclusão dicotômica da vida cristã. Sua preocupação está em mostrar a impossibilidade de mostrar fé sem obras (Tg 2.18). Quem tem a fé que não redunda em obras possui uma fé enferma; afinal, fé genuína necessariamente redunda em obras (Ef 2.8-10).[49]

Se a dicotomia é problemática, o reducionismo da missão supostamente integral ou holística é ainda mais contundente. Filipe Fontes observa que o reducionismo da Missão Integral tem sido observado até por alguns de seus adeptos.[50] Fontes observa que reduzir a discussão missiológica ao engajamento da igreja com a ação social é fruto do materialismo histórico "que reduz a dinâmica da realidade ao aspecto socioeconômico".[51] O neocalvinismo holandês, em contrapartida, propõe uma integralidade maior pela visão que possui da realidade, mantendo o foco na proclamação e crendo que o evangelho impacta outras áreas extraeclesiásticas (por intermédio da instituição ou de indivíduos).[52]

A Missão Integral não tem uma visão holística suficiente de redenção. Sanar uma deficiência econômica como o complemento do "espiritual" é um conceito pobre de redenção influenciado

---

The Tyndale New Testament Commentaries (Grand Rapids: Eerdmans, 1985), p. 355. Carson afirma que "a melhor interpretação é que os 'irmãos' de Jesus são seus discípulos (12.48, 49; 28.10; cf. 23.8). O destino das nações será determinado pelo modo como respondem aos seguidores de Jesus... encarregados de propagar o evangelho e fazer isso em face da fome, sede, doença e prisão". D. A. Carson, **O Comentário de Mateus** (São Paulo: Shedd Publicações, 2010), p. 602. Como você trata a igreja de Cristo, os irmãos do Rei, como você responde à expansão do reino, são critérios para Cristo julgar você.

49 Michael Horton explica o que acontece com pessoas com "boa teologia", mas que parecem ter uma prática deficitária: "O problema não é que temos credos sem ações, mas que, ao que parece, a nossa prática não é mais informada pela nossa fé". Horton, **A Grande Comissão**, p. 261.

50 Filipe Costa Fontes, Missão Integral ou Neocalvinismo: Em busca de uma Visão mais Ampla da Missão da Igreja. In: **Fides Reformata** 19, no. 1 (2014), p. 62.

51 Fontes, Missão Integral ou Neocalvinismo, p. 64.

52 Fontes, Missão Integral ou Neocalvinismo, p. 68-71.

AMANDO A DEUS NO MUNDO

por propostas socialistas. Deveríamos crer que o evangelho impacta outras áreas extraeclesiásticas (através de instituições criadas e mantidas pela igreja e/ou através de indivíduos que participam de organizações sem vínculo com a igreja), mas não deveríamos pensar só economicamente (ex: o que seria TMI na Noruega com toda a sua estabilidade social?). Ferdinando dá o exemplo de missionários de países asiáticos comparativamente pobres que buscam emprego de empregado doméstico em países ricos do Oriente Médio com a intenção de compartilhar o evangelho; ação social não fará parte de sua agenda missionária.[53] No entanto, isso não significa que o foco restrito da missão seja reducionista. Ser cheio do Espírito não é reduzido a piedade pessoal ou a atividades eclesiásticas, mas abrange inclusive a sujeição aos outros no casamento, na família e no trabalho (Ef 5.18-6.9). Paulo traz uma visão abrangente das implicações de ser cheio do Espírito que abrangem várias áreas da vida. Semelhantemente, o foco no fazer discípulos levando-os a confrontar pecados individuais e sociais é mais abrangente do que se tem reconhecido.

"Ensinando-os a guardar todas as coisas" (Mt 28.20) ou comunicar "todo o desígnio de Deus" (At 20.27) parece muita coisa. Por onde começar? O quanto deve abranger? A tendência tem sido levar a igreja a fazer justiça social (Missão Integral) ou talvez a operar em todas as áreas da vida (Neocalvinismo holandês). Mas Michael Horton faz uma distinção interessante entre a Grande Comissão e o Grande Mandamento (de amar o próximo). Escolas, hospitais ou agências de assistência social são necessidades na sociedade, mas a igreja não tem uma comissão de possuí-las e gerenciá-las.[54] À igreja

---

53 Ferdinando, Mission: A Problem of Definition, p. 57.

54 Horton, **A Grande Comissão**, p. 249.

APLICAÇÃO: COSMOVISÃO E MISSÃO

como organização foram confiados os meios de graça, enquanto que à igreja como um organismo composto por indivíduos é esperado que atuem em diversas esferas. A igreja precisa ensinar tanto o evangelho (o que Deus fez por nós) quanto a lei (como respondemos a Ele e em relação ao próximo). Porém, não podemos perder de vista que o diferencial da igreja em relação a qualquer outra instituição é a boa nova do evangelho. Como diz Horton: "Os *cristãos* têm muitas vocações no mundo, mas *a igreja* tem uma só vocação para o mundo".[55] Isto é, se nós como cristãos ocupamos várias esferas e ocupamos várias funções, a igreja enquanto instituição é uma esfera e deve concentrar-se naquilo que a distingue de outras esferas. Então, o foco da missão precisa ser o evangelho e suas implicações imediatas (de amor a Deus e ao próximo) levando irmãos a refletirem sobre como levar essas implicações mais adiante.

O MÉTODO DA MISSÃO

Esta seção diz respeito a como o reformado procura fazer missão à luz do desafio da contextualização. Desde que as línguas foram confundidas e a diversidade cultural magnificada (Gn 11), o grande desafio é levar as nações ao conhecimento do Deus de Israel. No entanto, o que parecia impossível no Antigo Testamento, Deus tornou possível em Pentecostes quando o seu Espírito superou a barreira linguística e o evangelho foi anunciado na língua de cada um (At 2). Essa era a autoridade e o poder de Cristo distribuído aos discípulos (At 1.8). Temos uma mensagem nas mãos que transcende barreiras culturais.

---

55 Horton, **A Grande Comissão**, p. 308. O que ele sugere é que "há uma miríade de causas boas, más e indiferentes para as quais a igreja não tem competência nem comissão especial. Por que pensamos que, se houver algo em que vale a pena o cristão (ou um grupo de cristãos) investir, isso tem de ser feito pela igreja como uma atividade oficial?" (p. 250).

AMANDO A DEUS NO MUNDO

Mesmo que Pentecostes seja a fundamentação teológica de um Deus que não é barrado na disseminação da boa nova, missiólogos têm discutido como atravessar essas barreiras culturais enquanto portadores da mensagem. Em tempos mais recentes, os missiólogos têm defendido uma sensibilidade aos diversos contextos culturais e criticado uma suposta neutralidade em nossa pregação. Essa percepção é boa. Por outro lado, "podemos ficar tão preocupados com a necessidade de tornar o evangelho relevante que inserimos nele as nossas ideologias, preferências e demografias culturais".[56] Isto é, temos que nos adaptar à cultura o suficiente para comunicar o evangelho de forma inteligível, mas também temos que preservar a essência e afronta da mensagem cristã sem render o evangelho ao domínio de uma cosmovisão destoante.[57] Esse não é um equilíbrio fácil. Nas palavras de Lesslie Newbigin, na tentativa de ser relevante alguém pode cair no sincretismo, e no esforço de evitar o sincretismo alguém pode se tornar irrelevante.[58] Há sempre o perigo de "que o evangelho faça concessões e se acomode à idolatria de qualquer cultura em particular".[59] Isto é, como o evangelho assume forma cultural, ele corre o risco de ser contaminado pela idolatria da cultura ao redor.[60] Por outro lado, ele pode vir a ser totalmente ininteligível ao povo a ser alcançado. Por isso, Goheen

---

56 Horton, **A Grande Comissão**, p. 125.

57 Keller, Timothy. **Igreja Centrada**: desenvolvendo em sua cidade um ministério equilibrado e centrado no evangelho (São Paulo: Vida Nova, 2014), p. 107, 112.

58 Newbigin, **Foolishness to the Greeks**, p. 7. Keller escreve algo parecido: "Queremos evitar tanto o cativeiro cultural (a não adaptação a novos tempos e novas culturas) quanto o sincretismo (a inserção no cristianismo de ideias e práticas não bíblicas). Enquanto o perigo daquele é nos tornarmos incompreensíveis e irrelevantes, o perigo deste é perdermos nossa identidade e distinção cristãs". Keller, **Igreja Centrada**, p. 143-144.

59 Goheen e Bartholomew, **Introdução à Cosmovisão Cristã**, p. 20.

60 Goheen e Bartholomew, **Introdução à Cosmovisão Cristã**, p. 122.

APLICAÇÃO: COSMOVISÃO E MISSÃO

e Bartholomew sugerem que experimentemos a tensão típica da vida cristã buscando relevância sem perdermos a fidelidade. "O evangelho diz ao mesmo tempo sim e não a cada forma cultural: sim ao propósito ou estrutura da criação; não ao poder religioso idólatra que distorceu esse propósito."[61]

Em meio a perigos distintos, surge uma pergunta reveladora de diferentes propostas missiológicas: devemos contextualizar ou confrontar? Devemos empreender esforços para comunicar de forma inteligível à cultura a qual falamos ou devemos nos concentrar em confrontar a cultura em suas idolatrias? Tal polarização reflete as tendências de certas igrejas, umas tão preocupadas em fazer o possível para se adequar ao ouvinte e outras tão preocupadas em serem fiéis à mensagem. No entanto, creio que a melhor resposta às perguntas acima é que não devemos optar por uma ou outra. Nem só adaptação, nem só confrontação, mas ambas. O evangelho precisa ser mostrado como a notícia que satisfaz nossos anseios mais profundos e ao mesmo tempo a perspectiva divina que corrige nossas interpretações do mundo (o evangelho confronta narrativas culturais).[62] A Escritura é um perfeito exemplo de contextualização e confrontação; Deus acomodou sua revelação a uma linguagem compreensível, mas virou nossas vidas de cabeça para baixo.

Como essas premissas acerca de cultura (expressão multiforme da humanidade, expressões diversas de pecado e idolatria) e da missão da igreja podem nos ajudar na comunicação do evangelho

---

61 Goheen e Bartholomew, **Introdução à Cosmovisão Cristã**, p. 205.

62 Em 1 Coríntios 1.22-25 vemos que Paulo desafiou o ídolo cultural dos gregos (sabedoria) e o ídolo cultural dos judeus (poder, i.e. milagres). Mas ele não confronta o anseio pela sabedoria ou pelo poder, apenas aponta para Cristo como aquele que satisfaz tais anseios. Portanto, "Paulo desafia a idolatria das culturas, mas ressalta positivamente suas aspirações e valores máximos... a abordagem de Paulo à cultura não é completamente confrontadora nem totalmente ratificadora". Keller, **Igreja Centrada**, p. 134.

AMANDO A DEUS NO MUNDO

a diferentes culturas? Em outras palavras, como nossa cosmovisão reformada pode nos ajudar a contextualizar? Quero sugerir cinco caminhos que me parecem coadunar com nossa cosmovisão e o que dissemos até aqui sobre missão.

Em primeiro lugar, precisamos **reconhecer a inevitabilidade da contextualização**. Timothy Keller nos lembra que embora exista um evangelho que julgue todas as culturas, não existe "uma maneira cultural transcendente de expressar as verdades do evangelho". Se não existe uma apresentação do evangelho isenta de cultura, então contextualização é inevitável.[63] Não estamos isentos de alguma cultura na comunicação do evangelho. Se, portanto, contextualização é inevitável, então que seja consciente. Grupos sociais dominantes, por exemplo, precisam se conscientizar da maneira como devem abordar as minorias, pois nem sempre enxergam a sua própria cultura, mas a consideram simplesmente o jeito de fazer ministério.[64]

Em segundo lugar, precisamos **discernir as idolatrias e verdades de cada cultura**. Contextualização consciente significa ter o equilíbrio de perceber que nós não comunicamos o evangelho com plena compreensão, mas que precisamos conhecer a cultura receptora pois ela pode nos trazer percepções para um aprofundamento de entendimento do evangelho.[65] Cada cultura tem seus pontos cegos que devem ser corrigidos por quem os enxerga a partir de outra cultura.[66] Por outro lado,

---

63 Keller, **Igreja Centrada**, p. 113. "Negar que muito do nosso cristianismo é culturalmente relativo significa elevar a cultura e a tradição humanas a um nível divino e desonrar a Escritura." (p. 140).

64 Keller, **Igreja Centrada**, p. 116-117.

65 Keller, **Igreja Centrada**, p. 121.

66 Keller escreveu: "Embora os comunicadores do evangelho devam tentar corrigir com o evangelho as crenças culturais de seus *ouvintes*, é inevitável que o contato com a nova cultura também acabe

APLICAÇÃO: COSMOVISÃO E MISSÃO

como toda cultura tem um misto de elementos bons e ruins, "não devemos rejeitar alguns aspectos da cultura simplesmente porque diferem dos nossos".[67]

Em terceiro lugar, precisamos *dispor de um espírito abnegado ao adentrar outra cultura*. O texto de 1 Coríntios 9.19-23 é o mais discutido quando o assunto é contextualização. No entanto, ele nada fala de adaptar a mensagem, pois o contexto da passagem era de carne sacrificada a ídolos que chocavam aqueles que tinham consciências feridas com essa alimentação. Paulo estava disposto a não ser culturalmente ofensivo. Portanto, a passagem diz respeito à contextualização do mensageiro. Algo que deve acontecer no processo de contextualização é a adaptação do missionário, anulando-se em prol do evangelho, abandonando os elementos secundários de sua identidade (gostos, práticas culturais, interesses, etc.) para manter apenas o que é primordial (sua identidade em Cristo). Nesse sentido, a contextualização é uma expressão de humildade, onde anulo minhas liberdades a fim de que pessoas enxerguem a identidade de Cristo em mim.[68] Nisso o processo de contextualização se aproxima do significado da encarnação como o rebaixamento (humilhação) a fim de mostrar a Deus.

Em quarto lugar, precisamos *traduzir atentando às peculiaridades de cada cultura*. Como os vários discursos de Paulo em Atos evidenciam, Paulo tinha a preocupação de apresentar o evangelho de forma distinta a cada cultura. Então, ele cita as Escrituras para judeus e trabalha com a criação para gentios.

---

corrigindo o entendimento que o *comunicador* tem do evangelho". Keller, **Igreja Centrada**, p. 124.

67 Keller, **Igreja Centrada**, p. 129.

68 Keller, **Igreja Centrada**, p. 133.

AMANDO A DEUS NO MUNDO

Quando fala a judeus ele vai direto para Cristo, mas quando fala a pagãos gasta tempo desenvolvendo o conceito de Deus.[69] Isso mostra o seu cuidado em "traduzir" a mensagem a cada contexto. Não estamos falando de contextualizar para que o evangelho seja relevante. Não precisamos tornar o evangelho relevante; a mensagem é sempre relevante. No entanto, suas implicações são específicas e para que elas sejam compreendidas na cultura receptora, é preciso comunicar de forma contextualizada.

Em quinto lugar, precisamos **confrontar as idolatrias culturais com o escândalo da cruz**. Uma vez que conseguimos conectar com a cultura em relação às verdades que acreditam, temos mais facilidade de sermos ouvidos em nossas críticas. Discursando no Areópago, Paulo conecta crenças dos ouvintes com a verdade bíblica (At 17.28). Porém, logo em seguida, ele expõe a falácia de seres criados por Deus serem os criadores de Deus com imagens (v. 29). "Paulo está mostrando àquelas pessoas que suas crenças falham nas *bases de suas próprias premissas*."[70] Em 1 Coríntios 1.18-2.16, vemos Paulo criticando a paixão dos gregos pelo intelecto (sabedoria), assim como o desejo dos judeus pelo poder prático (milagres).[71] O escândalo da cruz confronta a expectativa de uma salvação sábia para os gregos e poderosa para os judeus. A cruz de Cristo, porém, se mostrou a sabedoria máxima possibilitando que Deus fosse tanto justo quanto justificador dos crentes, e se mostrou o poder verdadeiro ao derrotar os inimigos poderosos do homem (pecado, culpa, morte).[72]

---

69 Keller, **Igreja Centrada**, p. 134-135.

70 Keller, **Igreja Centrada**, p. 150.

71 Keller, **Igreja Centrada**, p. 156.

72 Keller, **Igreja Centrada**, p. 133-134.

APLICAÇÃO: COSMOVISÃO E MISSÃO

A contextualização que delineamos acima não significa mudança da mensagem para atender aos interesses da cultura, mas, em contrapartida, não formata cada cultura para gerar uniformidade. Isto é, não almejamos ter teologia brasileira, como se fosse diferente de teologias transformadoras ao redor do mundo.[73] Por outro lado, a beleza do evangelho é sua habilidade de comunicar a todas as culturas, corrigindo suas perspectivas pecaminosas e enviesadas, transformando culturas, sem apagar sua identidade. O evangelho se comunica a toda cultura, porque Cristo assumiu a humanidade (não apenas uma raça particular) e tratou de problemas da humanidade.[74]

Diversidade cultural é boa para a igreja, uma evidência de sua catolicidade. Não queremos um cristianismo estratificado (igreja de classe média, ou igreja de jovens, ou igreja de liturgia contemporânea).[75] A catolicidade da igreja é uma virtude, não algo a ser corrigido ou aplainado. Michael Horton afirma que "o evangelho cria unidade espiritual em vez de uniformidade cultural"[76] (cf. Gl 3.28). Nossa identidade em Cristo é o principal, mas continuamos a evidenciar nossas diferenças. John Piper ressalta com propriedade que nos Novos Céus e na Nova Terra, os fiéis serão reunidos não apenas como "povo" de Deus, mas inclusive como "povos" de Deus (Ap 21.3), ressaltando a diversidade dos

---

73 "Embora sejamos mais propriamente sensíveis às pressuposições culturais, não obstante precisamos mais de teologias catolizadas do que de teologias contextualizadas." Horton, **A Grande Comissão**, p. 140.

74 Horton, **A Grande Comissão**, p. 139.

75 Donald McGravan influenciou o movimento missionário com seu "princípio do crescimento homogêneo da igreja", que se pautava na análise sociológica de que as pessoas gravitam em torno dos seus semelhantes para justificar a segmentação de mercado de igrejas.

76 Horton, **A Grande Comissão**, p. 128.

AMANDO A DEUS NO MUNDO

remidos.[77] Contextualizar, portanto, é expressar o amor pelo desenho final de Deus para o seu povo, não mais uma etnia, mas muitos "povos de Deus". Antes de Cristo, o fiel gentio precisava se tornar um judeu prosélito. Após Cristo instituir uma nova era, Deus passou a formar uma nova humanidade com diferentes raças. Adaptar-se a essa multiculturalidade do rebanho divino é adequar-se ao caráter escatológico da missão.

A EXPECTATIVA COM A MISSÃO

Existe uma implicação de consumação na missão da igreja que ainda não foi explorada. É muito comum que conferências missionárias se utilizem de Mateus 24.14 para encorajarem a missão rumo ao *eschaton*. No meio de seu discurso escatológico, Jesus disse: "E será pregado este evangelho do reino por todo o mundo, para testemunho a todas as nações. Então, virá o fim". Uma tendência típica de enfatizar a missão da igreja no texto é representada por Charles Erdman. Ele afirma que a despeito das dificuldades, a tarefa da igreja está muito clara. Até que a igreja a complete, o rei não irá voltar.[78] Missiólogos com tal visão procuram calcular as etnias ainda não alcançadas para que de alguma forma mensuremos a missão que ainda resta à igreja. E o ímpeto das conferências missionárias é encorajar o povo de Deus a fazer missões para de alguma forma "acelerar" a volta de Cristo.

No entanto, o texto bíblico em questão não está ordenando nada, apenas afirmando o que vai acontecer. O verso 14 não é uma ordem que nos encorajamos a cumprir, mas uma promessa

---

77 Piper, **Alegrem-se os Povos**, p. 211, 227. Piper levanta algumas razões do porque a diversidade magnifica a glória de Deus (p. 227-230).

78 Charles R. Erdman, **Gospel of Matthew** (Philadelphia: Westminster, 1920), p. 191.

APLICAÇÃO: COSMOVISÃO E MISSÃO

confortante de que a missão será bem-sucedida. Tal avanço testifica da vitória de Cristo (Ap 20.2-3).[79] Após prever tempos terríveis a serem enfrentados pelo povo de Deus (Mt 24.4-12), Jesus está declarando algo encorajador aos discípulos: a despeito da oposição, o avanço do reino de Deus não será freado. Nos últimos dias, perseguição (oposição de fora) e apostasia (oposição de dentro) andam lado a lado com o crescimento da igreja. É como se, por um lado, o testemunho mundial trouxesse oposição de abrangência mundial e, por outro lado, a perseguição promovesse o testemunho às nações.[80] E tanto a tribulação e a apostasia, como a universalização do evangelho são sinais dos tempos.[81] Isto é, o avanço do reino é sinal de que a volta de Cristo se aproxima.

Essa missiologia escatológica já estava presente na esperança profética do Antigo Testamento (Am 9.11-12; Sf 3.9-10; Zc 14.16-19) e também aparece no chamado do apóstolo Paulo para os gentios (Ef 3.6; Cl 1.26-28). Trata-se do cumprimento mais pleno da promessa a Abraão (Gn 12.3). No entanto, uma escatologia saudável irá nos ajudar a entender quando é que essa promessa se cumpre.

Antes do que pensar apenas em um cumprimento logo antes da volta de Cristo, quero sugerir que pensemos em vários e crescentes cumprimentos, como já discutimos nos dois capítulos anteriores. Em Atos, o que é dito em 1.8 é cumprido quando Paulo está em Roma, na extremidade do Império (portanto, os "confins

---

79 Ainda que Satanás não esteja impedido de cegar os homens na presente era (2 Co 4.3-4), o texto de Apocalipse 20 revela que seu poder foi restringido.

80 O propósito do alcance mundial do evangelho é, conforme o texto de Mateus, ser testemunho (*eis martyrion*) a todas as nações. Esse testemunho missionário funciona tanto para o alcance de discípulos dessas nações (Mt 28.19), quanto tornar as nações responsabilizadas em relação ao evangelho.

81 Cf. Hoekema, **A Bíblia e o futuro**, caps. 11-12.

AMANDO A DEUS NO MUNDO

da terra"). Mas no decorrer dos séculos as missões foram além do Império Romano (século 4º), adentraram novos continentes (século 16º e 19º) e, ainda hoje, quando todas as nações geopolíticas já foram atingidas, missiólogos falam de muitas etnias ainda precisarem ouvir o evangelho. Então, chegou ou não chegou a todas as nações? Antes do que responder "sim" ou "não", é melhor respondermos "sim" e "não". Isto é, devemos compreender que ao mesmo tempo que várias gerações viram uma expansão mundial (portanto, "sim"), vemos isso caminhar para um cumprimento ainda mais pleno no fim (portanto, "não"). A ideia do sinal não é nos dar uma medida para descobrirmos o tempo da vinda, mas para encorajar-nos com o crescente testemunho em diferentes gerações ao longo da história. Não devemos temer o período de trevas em que vivemos, pois onde chega a luz as trevas se dissipam.

Essa visão escatológica nos traz equilíbrio quanto ao que esperar (crescimento, mas nem sempre no mesmo lugar) e ao que fazer (não mensurar a missão calculando os não alcançados). O fato de Deus ter mudado o foco central, o eixo geográfico do cristianismo mundial ao longo dos séculos (de Jerusalém para Ásia Menor e Norte da África, depois para a Europa, depois para a América do Norte, e agora desloca para o Sul global[82]) expressa tanto que nenhuma igreja local fica sem retrocesso (contra o triunfalismo), mas também demonstra como Deus não deixa de fazer a sua igreja crescer (contra o pessimismo). Isso é equilibrar o "já" e o "ainda não".

Os conceitos de "já" e "ainda não" não só podem como devem fazer parte de um planejamento eclesiástico no qual não traçamos metas (como se fôssemos alcançar sucesso após vê-las alcançadas),

---

82 Cf. Philip Jenkins, **A Próxima Cristandade**: A Chegada do Cristianismo Global (Rio de Janeiro: Record, 2004).

APLICAÇÃO: COSMOVISÃO E MISSÃO

mas traçamos estratégias e rumos à luz da vitória que já foi inaugurada e em breve será consumada.[83] Portanto, não deve ser um planejamento modesto, só porque não se preocupa com objetivos numéricos, mas ousado porque inicia projetos crendo que o reino de Deus não para de crescer. Essa é a visão que devemos trazer em conferências missionárias.

Por último, a missão não "acaba" apenas com a evangelização de todos os povos (etnias). O evangelho sempre precisa ser redescoberto em lugares onde já houve semeadura. Portanto, não nos cansemos de semear, sabendo que Cristo recebeu toda a autoridade (Mt 28.18) e nos comissiona em triunfo para testemunhar às nações.

---

83 Oscar Cullman se utilizou de uma analogia da Segunda Guerra Mundial onde o "Dia D" foi a invasão da Normandia (6 de junho de 1944), que garantiu aos aliados furar as forças alemãs e adentrar o terreno dominado pelo nazismo, enquanto o "Dia V" significou a derrota final do poderio alemão no ano seguinte. O paralelo feito por Cullman é que a primeira vinda de Cristo funcionou como o Dia D, quando o inimigo foi derrotado decisivamente, embora só irá se render totalmente na volta de Cristo, o Dia V. Cf. Hoekema, **A Bíblia e o Futuro**, p. 32.

BIBLIOGRAFIA CITADA

ADAMS, Jay E. **Auto-Estima**: uma perspectiva bíblica. São Paulo: ABCB, 2007.

ALTHUSIUS, Johannes. **Política**. Rio de Janeiro: TopBooks, 2003.

ARCHER, Gleason L., Jr. "Daniel", **The Expositor's Bible Commentary** vol. 7. Grand Rapids: Zondervan, 1985.

BACOTE, Vincent. Beyond 'Faithful Presence': Abraham Kuyper's Legacy for Common Grace and Cultural Develoment. In: **Journal of Markets & Morality**, vol. 16, no. 1 (Spring 2013), p. 195-205.

BARCLAY, Oliver. **Mente Cristã**. São Paulo: Cultura Cristã, 2010.

BARRO, Antônio Carlos, A Consciência Missionária de João Calvino, **Fides Reformata** vol. 3, no. 1 (Jan – Jul 1998), p. 38-49.

BAUCHAM, Voddie, Jr. **Família Guiada pela Fé**, trad. Josaías Cardoso Ribeiro Jr. Brasília: Monergismo, 2012.

BAVINCK, Herman. Calvin on Common Grace. In: ARMSTRONG, William Park (org.). **Calvin and the Reformation**, p. 99-130. Eugene, Oregon: Wipf & Stock, reprint of 1909.

BEALE, G. K. e GLADD, Benjamin L., **Hidden But Now Revealed**: A Biblical Theology of Mystery. Downers Grove, IL: IVP, 2014.

BEHE, Michael J. **A Caixa Preta de Darwin**: O Desafio da Bioquímica à Teoria da Evolução. Rio de Janeiro: Zahar, 1997.

BENTON, John. **Cristãos em uma Sociedade de Consumo**. *São Paulo: Cultura Cristã, 2002.*

BERKHOF, Louis. **Teologia Sistemática**. Campinas: Luz para o Caminho, 1990.

BLOCK, Daniel I. Preaching Old Testament Apocalyptic to a New Testament Church. In: **Calvin Theological Journal** 41, no. 1 (April 2006), p. 17-52.

BOLT, John e MULLER, Richard A. Does the Church today need a new "Mission Paradigm"? In: **Calvin Theological Journal** 31, no. 1 (April 1996), p. 196-208.

BOSCH, David J. **Missão Transformadora**: mudanças de paradigma na teologia da missão. São Leopoldo, RS: Sinodal, 2002.

BRAKEL, Wilhemus à. **The Christian's Reasonable Service** vol. 4. Grand Rapids: Reformation Heritage Books, 1995.

BRATT, James D. (Org.). **Abraham Kuyper**: A Centennial Reader. Grand Rapids/Carlisle: Eerdmans/Paternoster, 1998.

_____. **Dutch Calvinism in Modern America**: A History of a Conservative Subculture. Grand Rapids: Eerdmans, 1984.

BRIDGES, Jerry. **Pecados Intocáveis. São Paulo: Vida Nova, 2012.**

BROMILEY, Geoffrey W. (org.). **Dicionário Teológico do Novo Testamento** 2 vols. São Paulo: Cultura Cristã, 2013.

BRUCE, F. F. **Filipenses**, Novo Comentário Bíblico Contemporâneo. São Paulo: Vida, 1992.

BIBLIOGRAFIA

BULLOCK, C. Hassell, **An Introduction to the Old Testament Prophetic Books**. Chicago: Moody, 1986.

BUTTERFIELD, Rosaria Champagne. **Pensamentos Secretos de uma Convertida Improvável**: a jornada de uma professora de língua inglesa rumo à fé cristã. Brasília: Monergismo, 2013.

CALVINO, João. **Daniel** vol. 1, caps. 1-6. São Paulo: Parakletos, 2000.

_____. **Institutas da Religião Cristã**, Edição Clássica (1559). São Paulo: Cultura Cristã, 2006.

CAMPBELL, Joseph. **O herói de mil faces**. São Paulo: Pensamento, 2004.

CAMPOS, Heber Carlos de. A Posição Escatológica como fator determinante do Envolvimento Político e Social. In: **Fides Reformata** vol. 3, no. 1 (1998), p. 17-37.

CAMPOS JÚNIOR, Heber Carlos de. **Tomando Decisões segundo a Vontade de Deus**. São José dos Campos: Fiel, 2013.

_____. **Triunfo da Fé**. São José dos Campos: Fiel, 2012.

_____. Vivendo "já" com vistas ao "ainda não". **Fé Para Hoje** no. 39 (Mar/2013), p. 47-52.

CARLOS DE SOUZA, Rodolfo Amorim. Cosmovisão: Evolução do Conceito e Aplicação Cristã. In: LEITE, Cláudio Antônio Cardoso, Guilherme Vilela Ribeiro de Carvalho e Maurício José Silva Cunha (Org.), **Cosmovisão Cristã e Transformação**: Espiritualidade, Razão e Ordem Social, p. 39-56. Viçosa, MG: Ultimato, 2006.

CARRIKER, C. Timóteo. **Trabalho, Descanso e Dinheiro**: uma abordagem bíblica. Viçosa: Ultimato, 2001.

CARSON, D. A. **Cristo & Cultura**: Uma releitura. São Paulo: Vida Nova, 2012.

_____. **O Comentário de Mateus**. São Paulo: Shedd Publicações, 2010.

CARVALHO, Guilherme Vilela Ribeiro de. "Sociedade, Justiça e Política na Filosofia de Cosmovisão Cristã: Uma introdução ao pensamento social de Herman Dooyeweerd." In: LEITE, Cláudio Antônio Cardoso, Guilherme Vilela Ribeiro de Carvalho, Maurício José Silva Cunha (Orgs.). **Cosmovisão Cristã e Transformação**: Espiritualidade, Razão e Ordem Social, p. 189-217. Viçosa: Ultimato, 2006.

Catecismo da Igreja Católica (1992). Acessado em http://www.vatican.va/archive/cathechism_po/index_new/p3s1cap2_1877-1948_po.html.

CHALLIES, Tim. **Faça Mais e Melhor**: um guia prático para a produtividade. São José dos Campos: Fiel, 2018.

CHAPELL, Bryan. **The Gospel According to Daniel**: A Christ--Centered Approach. Grand Rapids: Baker, 2014.

CHISHOLM, Robert. B., Jr. **Handbook on the Prophets**. Grand Rapids: Baker, 2002.

Christian Reformed Church, **What it Means to be Reformed**: An Identity Statement. Grand Rapids, 2006.

CLARK, Gordon H. "Ética Grega". In: HENRY, Carl (org.), **Dicionário de Ética Cristã**. São Paulo: Cultura Cristã, 2007.

CLARK, Kelly James, Richard Lints e James K. A. Smith, **101 Key Terms in Philosophy and their importance for Theology**. Louisville: Westminster/John Knox, 2004.

CLOUSER, Roy A. **The Myth of Religious Neutrality**. Notre Dame: University of Notre Dame Press, 1991.

CLOWNEY, Edmund. **A Igreja**, Série Teologia Cristã. São Paulo: Cultura Cristã, 2007.

BIBLIOGRAFIA

COLSON, Charles e Nancy Pearcey. **E agora como viveremos?** Rio de Janeiro: CPAD, 2000.

_____. **O Cristão na Cultura de Hoje**, trad. Degmar Ribas. Rio de Janeiro: CPAD, 2006.

Comissão de Lausanne para a Evangelização Mundial, **Evangelização e Responsabilidade Social**: relatório da Consulta Internacional em Grand Rapids sob a presidência de John Stott. São Paulo/Belo Horizonte: ABU/Visão Mundial, 2004.

CRAMPTON, W. Gary e Richard E. Bacon. **Em Direção a uma Cosmovisão Cristã**. Brasília: Monergismo, 2009.

CROUCH, Andy, **Culture Making**: Recovering Our Creative Calling. Downers Grove, IL: IVP, 2008.

DELATTRE, Roland A. **Beauty and Sensibility in the Thought of Jonathan Edwards**: An Essay in Aesthetics and Theological Ethics, The Jonathan Edwards Classic Studies Series. Eugene, OR: Wipf & Stock, 2006.

DEYOUNG, Kevin. **O que a Bíblia ensina sobre a a homossexualidade?** São José dos Campos: Fiel, 2014.

_____. **Super Ocupado**: um livro (misericordiosamente) pequeno sobre um problema (realmente) grande. São José dos Campos: Fiel, 2014.

DEYOUNG, Kevin e Greg Gilbert. **Qual é a missão da igreja?** São José dos Campos: Fiel, 2012.

DOCKERY, David S. (org.). **Manual Bíblico Vida Nova**. São Paulo: Vida Nova, 2001.

DOOYEWEERD, Herman. **Estado e Soberania**: ensaios sobre cristianismo e política. São Paulo: Vida Nova, 2014.

_____. **No crepúsculo do pensamento ocidental**: estudos sobre a pretensa autonomia do pensamento filosófico. São Paulo: Hagnos, 2010.

_____. **Raízes da Cultura Ocidental**. São Paulo: Cultura Cristã, 2015.

DOUMA, J. **The Ten Commandments**: Manual for the Christian Life. Phillipsburg, NJ: P&R, 1996.

DUGUID, Ian M. **Daniel**: Fé que passa pela adversidade. São Paulo: Cultura Cristã, 2016.

DULCI, Pedro Lucas. **Ortodoxia Integral**: Teoria e Prática Conectadas na Missão Cristã. Uberlândia: SalEditora, 2014.

EDGAR, William, "The Arts and the Reformed Tradition". In: HALL, David W. e Marvin Padgett, **Calvin and Culture**: Exploring a Worldview, p. 40-68. The Calvin 500 Series. Philipsburg: P&R, 2010.

ELWELL, Walter A. (org.), **Enciclopédia Histórico-Teológica** 3 vols. *São Paulo: Vida Nova, 1990.*

ERDMAN, Charles R. **Gospel of Matthew**. Philadelphia: Westminster, 1920.

ESTES, Daniel J. **Handbook on the Wisdom Books and Psalms**. Grand Rapids: Baker, 2010.

FEE, Gordon D. e Douglas Stuart. **Entendes o que lês?** São Paulo: Vida Nova, 2011, 3ª ed.

FERDINANDO, Keith. Mission: A Problem of Definition. **Themelios** 33, no. 1 (2008), p. 46-59.

FERGUSON, Everett. **Backgrounds of Early Christianity**, 3ª ed. Grand Rapids: Eerdmans, 2003.

FERREIRA, Franklin. **Contra a Idolatria do Estado**: o papel do cristão na política. São Paulo: Vida Nova, 2016.

FONTES, Filipe. **Educação em casa, na igreja, na escola**: uma perspectiva cristã. São Paulo: Cultura Cristã, 2018.

_____. Missão Integral ou Neocalvinismo: Em busca de uma Visão mais Ampla da Missão da Igreja. In: **Fides Reformata** 19, no. 1 (2014), p. 61-72.

BIBLIOGRAFIA

_____. **Você educa de acordo com o que adora**: Educação tem tudo a ver com religião. São José dos Campos: Fiel, 2017.

FOWLER, Thomas B. e Daniel Kuebler. **The Evolution Controversy**: A Survey of Competing Theories. Grand Rapids: Baker Academic, 2007.

FRAME, John M. **A doutrina do conhecimento de Deus**. São Paulo: Cultura Cristã, 2010.

_____. **A Doutrina da Vida Cristã**. São Paulo: Cultura Cristã, 2013.

_____. **Apologética para a glória de Deus**. São Paulo: Cultura Cristã, 2010.

FRANCE, R. T. **Matthew**, The Tyndale New Testament Commentaries. Grand Rapids: Eerdmans, 1985.

FROEHLICH, Karlfried. "Luther on Vocation". In: WENGERT, Timothy J. (org.). **Harvesting Martin Luther's Reflections on Theology, Ethics, and the Church**, p. 121-133.Grand Rapids: Eerdmans, 2004.

GEISLER, Norman e Peter Bocchino. **Fundamentos Inabaláveis**. São Paulo: Vida, 2003.

GETZ, Gene A. **A Estatura de um Cristão**: Estudos em Filipenses. São Paulo: Vida, 1994.

GODFREY, W. Robert, "Calvinismo e o Calvinismo nos Países Baixos". In: REID, Stanford, **Calvino e Sua Influência no Mundo Ocidental**, p. 113-145. São Paulo: CEP, 1990.

GODOWA, Brian. **Cinema e Fé Cristã**: vendo filmes com sabedoria e discernimento. Viçosa, MG: Ultimato, 2004.

GOHEEN, Michael W. e Craig G. Bartholomew. **Introdução à cosmovisão cristã**: vivendo na intersecção entre a visão bíblica e a contemporânea, trad. Marcio Loureiro Redondo. São Paulo: Vida Nova, 2016.

GOLDSWORTHY, Graeme. **Pregando toda a Bíblia como Escritura Cristã**. São José dos Campos: Fiel, 2013.

GREIDANUS, Sidney. **Pregando Cristo a Partir de Daniel**: fundamentos para sermões expositivos. São Paulo: Cultura Cristã, 2017.

GRENZ, Stanley J. e Roger E. Olson, **A Teologia do Século 20**: Deus e o mundo numa era de transição. **São Paulo: Cultura Cristã, 2003**.

GRUDEM, Wayne. **Política Segundo a Bíblia**. São Paulo: Vida Nova, 2014.

_____. **Systematic Theology**: An Introduction to Biblical Doctrine. Grand Rapids: Zondervan, 2000.

GRUDEM, Wayne e Barry Asmus. **Economia e Política na Cosmovisão Cristã**: Contribuições para uma teologia evangélica. São Paulo: Vida Nova, 2016.

HALL, David W. **Calvin in the Public Square**: Liberal Democracies, Rights, and Civil Liberties. The Calvin 500 Series. Phillipsburg, NJ: P&R Publishing, 2009.

HARDY, Lee. **The Fabric of this World**: Inquiries into Calling, Career Choice, and the Design of Human Work. Grand Rapids: Eerdmans, 1990.

HARRIS, R. Laird, Gleason L. Archer, Jr., Bruce K. Waltke, **Dicionário Internacional de Teologia do Antigo Testamento**. São Paulo: Vida Nova, 1998.

HAYKIN, Michael A. G., C. Jeffrey Robinson, Sr. **O Legado Missional de Calvino**. São Paulo: Cultura Cristã, 2017.

HENDRIKSEN, William. **Gálatas**. São Paulo: Cultura Cristã, 2009, 2ª ed.

_____. **New Testament Commentary: Exposition of Ephesians**. Grand Rapids: Baker, 1967.

BIBLIOGRAFIA

HENRY, Carl (org). **Dicionário de Ética Cristã**. São Paulo: Cultura Cristã, 2007.

HENRY, Matthew. **Matthew Henry's Commentary on the Whole Bible** 6 vols. Peabody, MA: Hendrickson Publishers, 1994.

HIEBERT, Paul G. **Transforming Worldviews**: an anthropological understanding of how people change. Grand Rapids: Baker, 2008.

HILL, Jonathan. **Faith in the Age of Reason**: The Enlightenment from Galileo to Kant. Downers Grove: InterVarsity, 2004.

HOEKEMA, Anthony A. **A Bíblia e o Futuro**. São Paulo: Cultura Cristã, 1989.

_____. **Criados à Imagem de Deus**. São Paulo: Cultura Cristã, 2010.

_____. **Salvos Pela Graça**: A doutrina bíblica da salvação. São Paulo: Cultura Cristã, 2011, 3ª ed.

HOLMES, Arthur F. **The Idea of a Christian College**. Grand Rapids: Eerdmans, 1987.

HOOYKAAS, R. **A Religião e o Desenvolvimento da Ciência Moderna**. Brasília: Editora Universidade de Brasília, 1988.

HORTON, Michael. **A favor do Calvinismo**. São Paulo: Reflexão, 2014.

_____. **A Grande Comissão**. São Paulo: Cultura Cristã, 2014.

_____. **O Cristão e a Cultura**. São Paulo: Cultura Cristã, 1998.

_____. **Um Caminho Melhor**: Redescobrindo o Drama do Culto centrado em Deus. São Paulo: Cultura Cristã, 2007.

HUEY, F. B., Jr. "Esther". In: **The Expositor's Bible Commentary** vol. 4. Grand Rapids: Zondervan, 1988.

HUNTER, James Davison. **To Change the World**: The Irony, Tragedy, & Possibility of Christianity in the Late Modern World. Oxford: Oxford University Press, 2010.

JAMIESON, R., FAUSSET, A. R., & BROWN, D., **Commentary Critical and Explanatory on the Whole Bible**. Oak Harbor, WA: Logos Research Systems Inc., 1997.

JENKINS, Philip. **A Próxima Cristandade**: A Chegada do Cristianismo Global. Rio de Janeiro: Record, 2004.

JOHN, Aruthuckal Varughese. "Cultural Exegesis as the Calling of an Asian Theologian: Looking through Secularity as a Condition", **Journal of Asian Evangelical Theology** vol. 21, nos. 1-2 (March-September 2017), p. 5-29.

JOHNSON, Philip. **Darwin no Banco dos Réus**. São Paulo: Cultura Cristã, 2008.

JONES, Taylor B. "Why a Scriptural View of Science?" In: **Think Biblically**: Recovering a Christian Worldview, ed. John MacArthur, p. 221-238. Wheaton: Crossway Books, 2003.

JONGENEEL, JON, The Missiology of Gisbertus Voetius: The First Comprehensive Protestant Theology of Missions. In: **Calvin Theological Journal** 26, no. 1 (April 1991), p. 47-79.

KAISER, Walter C., Jr, **Eclesiastes**. São Paulo: Editora Cultura Cristã, 2015.

KALSBEEK, L. **Contornos da Filosofia Cristã**. São Paulo: Cultura Cristã, 2015.

KANE, J. Herbert. **A Concise History of the Christian World Missions**: a panoramic view of missions from Pentecost to the present. Grand Rapids: Baker, 1982.

KEENER, Craig. **IVP Bible Background Commentary: New Testament**. Downers Grove, IL: IVP Academic, 2014, 2ª ed.

BIBLIOGRAFIA

KEIL, C. F. **Biblical Commentary on the Old Testament**: The Book of Daniel. Edinburgh: T&T Clark, 1884.

KELLER, Timothy. **Como Integrar Fé & Trabalho**. São Paulo: Vida Nova, 2014.

_____. **Counterfeit Gods**: The Empty Promises of Money, Sex, and Power, and the Only Hope That Matters. New York: Riverhead Books, 2009.

_____. **Encontros com Jesus**: respostas inusitadas aos maiores questionamentos da vida. São Paulo: Vida Nova, 2015.

_____. **Igreja Centrada**: desenvolvendo em sua cidade um ministério equilibrado e centrado no evangelho. São Paulo: Vida Nova, 2014.

_____. **Making Sense of God**: an invitation to the skeptical. London: Hodder & Stoughton, 2016.

_____. **The Reason for God**: belief in an age of skepticism. New York: Riverhead, 2008.

KILPP, Nelson (org.). **Dicionário Brasileiro de Teologia**. São Paulo: Aste, 2008.

KIRK, Russell, **A Política da Prudência**. São Paulo: É realizações, 2013.

KNUDSEN, Robert D. "O Calvinismo como uma Força Cultural". In: REID, W. Stanford (org.), **Calvino e Sua Influência no Mundo Ocidental**, p. 11-31. São Paulo: Casa Editora Presbiteriana, 1990.

KOYZIS, David T. **Visões & Ilusões Políticas**: uma análise crítica cristã das ideologias contemporâneas. São Paulo: Vida Nova, 2014.

KUYPER, Abraham. **Calvinismo**. São Paulo: Cultura Cristã, 2002.

_____. **Encyclopedia of Sacred Theology**: Its Principles. New York: Charles Scribner's Sons, 1898.

_____. "Evolution", **Calvin Theological Journal** 31, no. 1 (April 1996), p. 11-50.

LASOR, William S., David A. Hubbard e Frederic W. Bush, **Introdução ao Antigo Testamento**. São Paulo: Vida Nova, 1999.

LENNOX, John C. **Against the Flow**: The Inspiration of Daniel in an Age of Relativism. Oxford: Monarch Books, 2015.

_____. "As a scientist I'm certain Stephen Hawking is wrong. You can't explain the universe without God". In: http://www.dailymail.co.uk/debate/article-1308599/Stephen-Hawking--wrong-You-explain-universe-God.html. Acessado em 17 de março de 2018.

_____. **Por que a Ciência não Consegue Enterrar Deus**. São Paulo: Mundo Cristão/Universidade Presbiteriana Mackenzie, 2009.

_____. **Seven Days that Divide the World**: The Beginning According to Genesis and Science. Grand Rapids: Zondervan, 2011.

LETHAM, Robert. **A Obra de Cristo**. São Paulo: Cultura Cristã, 2007.

LEWIS, C. S. **A Abolição do Homem**. Rio de Janeiro: Thomas Nelson Brasil, 2017.

_____. **O peso de glória**. São Paulo: Vida, 2006.

LIMA, Leandro. **Brilhe a sua luz**: o cristão e os dilemas da sociedade atual. São Paulo: Cultura Cristã, 2009.

LIVINGSTON, James C. **Modern Christian Thought**: From the Enlightenment to Vatican II. New York: Macmillan, 1971.

LONGMAN III, Tremper. "Challenging the Idols of the Twenty--First Century: The Message of the Book of Ecclesiastes", **Stone-Campbell Journal** 12 (Fall, 2009), p. 207-218.

BIBLIOGRAFIA

LOURENÇO, Adauto J. B., **A Igreja & O Criacionismo**. Limeira: Universo Criacionista, 2009.

LUCKESI, Cipriano Carlos. **Filosofia da Educação**. Coleção Magistério. 2º grau. Série formação do professor. São Paulo: Cortez, 1991.

MACARTHUR, John. **An Uncompromising Life**: Daniel 1, 3, and 6 – John MacArthur's Bible Studies. Panorama City: Word of Grace, 1988.

_____. **Como Educar os Seus Filhos Segundo a Bíblia**. São Paulo: Cultura Cristã, 2001.

_____. **The Rise and Fall of the World**: Study Notes – Daniel 2-5. Panorama City, CA: Word of Grace Communications, 1984.

MAHANEY, C. J. **Humildade**. São José dos Campos: Fiel, 2013.

MARSDEN, George M. **Understanding Fundamentalism and Evangelicalism**. Grand Rapids: Eerdmans, 1991.

MARSHALL, Paul. "Calvin, Politics, and Political Science". In: HALL, David W. e Marvin Padgett (Orgs.). **Calvin and Culture**: Exploring a Worldview, p. 142-161. The Calvin 500 Series. Phillipsburg, NJ: P&R, 2010.

MARTIN, Ralph P. **Philippians**, The Tyndale New Testament Commentaries. Grand Rapids: Eerdmans, 1987.

MATOS, Alderi S. Amando a Deus e ao Próximo: João Calvino e o Diaconato em Genebra. In: **Fides Reformata** vol. 2, no. 2 (Jul-Dez 1997), p. 69-88.

_____. Breve História da Educação Cristã: Dos primórdios ao século 20. In: **Fides Reformata** vol. XIII, no. 2 (2008), p. 9-24.

MCCONNEL, Tim. Common Grace or the Antithesis? Towards a Consistent Understanding of Kuyper's "Sphere Sovereignty", **Pro Rege** vol. 31, no. 1 (September 2002), p. 1-13.

MCGRATH, Alister. "Ciência, inteligibilidade e coerência: a visão cristã da realidade", palestra da I Conferência Nacional da Associação Brasileira de Cristãos na Ciência. In: https://www.youtube.com/watch?v=gbgRZ-tQUss. Acessado em 14 de maio de 2017.

_____. **Teologia Histórica**: Uma introdução à História do Pensamento Cristão. São Paulo: Cultura Cristã, 2007.

MEDEIROS, Elias. The Reformers and "Missions": Warneck, Latourette, Neill, Kane, Winter, and Tucker's Arguments, partes 1 e 2. In: **Fides Reformata** vol. 13, no. 1 (2013), p. 107-133, vol. 22, no. 2 (2017), p. 139-162.

MEISTER, Mauro. Cosmovisão: Do Conceito à Prática na Escola Cristã. In: **Fides Reformata** vol. XIII, no. 2 (2008), p. 175-190.

MESSNER, Thomas. "Religion and Morality in the Same-Sex Marriage Debate", In: http://www.heritage.org/marriage-and-family/report/religion-and-morality-the-same-sex-marriage-debate. Acessado em 08 de agosto, 2017.

MEYER, Stephen C. **Signature in the Cell**: DNA and the Evidence for Intelligent Design. San Francisco: HarperOne, 2009.

MÓDOLO, Parcival. Música: *Explicatio Textus, Praedicatio Sonora*. **Fides Reformata** vol. 1, no. 1 (jan-jun, 1996), p. 60-64.

MOHLER, Albert. **Desejo e Engano**. São José dos Campos: Fiel, 2009.

_____. **O Desaparecimento de Deus**: Crenças perigosas na nova abertura espiritual, trad. Neuza Batista Silva. São Paulo: Cultura Cristã, 2010.

MONDIN, Battista. **Curso de Filosofia** vol. 2: Os Filósofos do Ocidente. São Paulo: Paulus, 1981.

BIBLIOGRAFIA

MOO, Douglas J. **The Epistle to the Romans**. Grand Rapids: Eerdmans, 1996.

MOORE, T. M. **Culture Matters**: A Call for Consensus on Christian Cultural Engagement. Brazos Press, 2007.

MOUW, Richard J. Some Reflections on Sphere Sovereignty. In: LUGO, Luis E. (org.), **Religion, Pluralism, and Public Life**: Abraham Kuyper's Legacy for the Twenty-First Century, p. 87-109. Grand Rapids: Eerdmans, 2000.

MUEHLHOFF, Tim e Richard Langer, **Winsome Persuasion**: Christian Influence in a Post-Christian World. Downers Grove, IL: IVP Academic, 2017.

MULLER, Richard A. "To Grant this Grace to All People and Nations:" Calvin on Apostolicity and Mission. In: LEDER, Arie C. (Org.). **For God So Loved The World**, p. 211-232. Belleville, Ontario: Essence, 2006.

MURRAY, John. **Collected Writings of John Murray** vol. 2: Select Lectures in Systematic Theology. Edinburgh: The Banner of Truth, 1996.

NASH, Ronald. **Cosmovisões em Conflito**. Brasília: Monergismo, 2012.

_____. **Questões Últimas da Vida**: uma introdução à filosofia, trad. Wadislau Martins Gomes. São Paulo: Cultura Cristã, 2008.

NAUGLE, David K. **Worldview**: the history of a concept. Grand Rapids: Eerdmans, 2002.

NEEDHAM, Joseph, **The Grand Titration**: Science and Society in East and West. London: Allen & Unwin, 1969.

NEWBIGIN, Lesslie. **Foolishness to the Greeks**: The Gospel and Western Culture. Grand Rapids: Eerdmans, 1986.

NIEBUHR, H. Richard. **Christ and Culture**. New York: Harper & Row, 1951.

NOLL, Mark A. **The Princeton Theology 1812-1921**: Scripture, Science, and Theological Method from Archibald Alexander to Benjamin Breckenridge Warfield. Grand Rapids: Baker Academic, 2001.

_____. **The Scandal of the Evangelical Mind**. Grand Rapids: Eerdmans, 1994.

O'DONOVAN, Oliver e Joan Lockwood O'Donovan. **From Irenaeus to Grotius**: A Sourcebook in Christian Political Thought. Grand Rapids: Eerdmans, 1999.

OLTHUIS, James. On Worldviews. In: MARSHALL, Paul A., Sander Griffioen, e Richard J. Mouw (orgs.), **Stained Glass**: worldviews and social science, p. 26-40. Lanham: University Press of America, 1989.

OLYOTT, Stuart. **A Life Worth Living: Exposition of Ecclesiastes and Song of Solomon**. Darlington: Evangelical Press, 1983.

_____. **Ouse Ser Firme**. São José dos Campos: Fiel, 1996.

ORTLUND, Dane C. **Jonathan Edwards e a Vida Cristã**: Viver para a beleza de Deus. São Paulo: Cultura Cristã, 2017.

PARNELL, Jonathan e Owen Strachan (orgs.), **Designed for Joy**: How the Gospel Impacts Men and Women, Identity and Practice. Wheaton, IL: Crossway, 2015.

PATZIA, Arthur G. **Efésios, Colossenses, Filemon**. Novo Comentário Bíblico Contemporâneo. São Paulo: Vida, 1995.

PEARCEY, Nancy. **Saving Leonardo**: A Call to Resist the Secular Assault on Mind, Morals, & Meaning. Nashville: Broadman & Holman, 2010.

_____. **Verdade Absoluta**: Libertando o Cristianismo de seu Cativeiro Cultural. Rio de Janeiro: CPAD, 2006.

PEARCEY, Nancy R. e Charles B. Thaxton. **A Alma da Ciência**: Fé Cristã e Filosofia Natural. São Paulo: Cultura Cristã, 2005.

PENNINGS, Ray. "Serviço Político para Deus". In: BEEKE, Joel. **Vivendo para a Glória de Deus**: Uma Introdução à Fé Reformada, p. 379-391. São José dos Campos: Editora Fiel, 2010.

PERMAN, Matt. **What's Best Next**: How the gospel transforms the way you get things done. Grand Rapids: Zondervan, 2014.

PIPER, John. **Alegrem-se os Povos**: a supremacia de Deus em missões. São Paulo: Cultura Cristã, 2001.

_____. **Pense**. São José dos Campos: Fiel, 2011.

PIPER, John e Wayne Grudem, **Recovering Biblical Manhood & Womanhood**: A Response to Evangelical Feminism. Wheaton, IL: Crossway, 1991.

PLATT, David. **Contracultura**: Um chamado compassivo para confrontar um mundo de pobreza, casamento com pessoas do mesmo sexo, racismo, escravidão sexual, imigração, perseguição, aborto, órfãos, pornografia. São Paulo: Vida Nova, 2016.

PORTELA NETO, F. Solano. A Legitimidade do Governo e da Política em Calvino, Kuyper e Dooyeweerd. In: **Fides Reformata** xiv, no. 2 (2009), p. 95-114.

_____. Construtivismo no Cenário Brasileiro. In: **Fundamentos Bíblicos e Filosóficos da Educação**, p. 69-91. São Paulo: ACSI, 2004.

_____. **O que estão ensinando aos nossos filhos?**: Uma Avaliação Crítica da Pedagogia Contemporânea Apresentando a Resposta da Educação Escolar Cristã. São José dos Campos: Fiel, 2012.

AMANDO A DEUS NO MUNDO

_____. Pensamentos Preliminares direcionados a uma *pedagogia redentiva*. In: **Fides Reformata** vol. XIII, no. 2 (2008), p. 125-154.

POWLISON, David. Ídolos do Coração & Feira das Vaidades: vida cristã, motivação individual e condicionamento sociológico. Brasília: Refúgio, 1996.

POYTHRESS, Vern S. **Redeeming Philosophy**: A God-Centered Approach to Big Questions. Wheaton, IL: Crossway, 2014.

_____. **Redeeming Science**: A God-Centered Approach. Wheaton, IL: Crossway, 2006.

_____. **Redeeming Sociology**: A God-Centered Approach. Wheaton, IL: Crossway, 2011.

PRIOLO, Lou. **O caminho para o filho andar**. São Bernardo: Nutra, 2012.

PRONK, Cornelis. **Neocalvinismo**: Uma avaliação crítica. São Paulo: Os Puritanos, 2010.

REID, W. Stanford (org.), **Calvino e Sua Influência no Mundo Ocidental**. São Paulo: Casa Editora Presbiteriana, 1990.

RIDDERBOS, Herman. **Paul: An Outline of his Theology**. Grand Rapids: Eerdmans, 1975.

RIDDLEBARGER, Kim. **A Case for Amillennialism**. Grand Rapids: Baker, 2003.

ROBERTS, Linleigh J. **Let Us Make Man**. Edinburgh: Banner of Truth, 1988.

ROBERTSON, O. Palmer. **The Christ of the Prophets**. Phillipsburg: P&R, 2004.

ROOKMAKER, H. R. **A Arte Moderna e a Morte de uma Cultura**. Viçosa, MG: Ultimato, 2015.

_____. **A Arte Não Precisa de Justificativa**. Viçosa, MG: Ultimato, 2010.

BIBLIOGRAFIA

RYKEN, Philip Graham. **Art for God's Sake**: A Call to Recover the Arts. Phillipsburg: P&R, 2006.

_____. **Cosmovisão cristã**. São Paulo: Cultura Cristã, 2015.

_____. O que é cosmovisão cristã? In: PHILLIPS, Richard D. et. al. **Série Fé Reformada** vol. 2, p. 35-68. São Paulo: Cultura Cristã, 2015.

SANTOS, Nilson Moutinho dos. Abraham Kuyper: Um modelo de transformação integral. In: LEITE, Cláudio Antônio Cardoso, Guilherme Vilela Ribeiro de Carvalho e Maurício José Silva Cunha (Org.), **Cosmovisão Cristã e Transformação**: Espiritualidade, Razão e Ordem Social, p. 81-122. Viçosa, MG: Ultimato, 2006.

SCHAEFFER, Francis A. **A Arte e a Bíblia**. Viçosa, MG: Ultimato, 2010.

_____. **A Morte da Razão**. São Paulo/São José dos Campos: ABU/Fiel, 1993, 6a ed.

_____. **How Should We Then Live?** The Rise and Decline of Western Thought and Culture. Old Tappan, NJ: Fleming H. Revell Company, 1976.

_____. **O Deus que Intervém**. São Paulo: Cultura Cristã, 2002.

_____. **Poluição e a Morte do Homem**. São Paulo: Cultura Cristã, 2003.

SIRE, James W. **Naming the Elephant**. Downers Grove: InterVarsity, 2004.

_____. **O Universo ao Lado**. Sãoo Paulo, SP: Hagnos, 2009.

SKILLEN, James W. "From Covenant of Grace to Equitable Public Pluralism: The Dutch Calvinist Contribution". In: **Calvin Theological Journal** 31, no. 1 (April 1996), p. 67-96.

SMEDES, Lewis B. **Mere Morality**: What God Expects from Ordinary People. Grand Rapids: Eerdmans, 2002.

SMITH, James K. A. **Você é Aquilo que Ama**: O Poder Espiritual do Hábito. São Paulo: Vida Nova, 2017.

SPROUL, R. C. **1 e 2 Pedro**: Confirmando a Vocação e Eleição. São Paulo: Cultura Cristã, 2016.

_____. **Como Viver e Agradar a Deus**. São Paulo: Cultura Cristã, 2006, 2ª ed.

_____. **Filosofia para iniciantes**. São Paulo: Vida Nova, 2002.

_____. **O que é teologia reformada**. São Paulo: Cultura Cristã, 2009.

SPYKMAN, Gordon J. Sphere-Sovereignty in Calvin and the Calvinist Tradition. In: HOLWERDA, David E. (Org.). **Exploring the Heritage of John Calvin**, p. 163-208. Grand Rapids: Baker, 1976.

STEVENS, R. Paul. **The Other Six Days**: Vocation, Work, and Ministry in Biblical Perspective. Grand Rapids: Eerdmans, 1999.

STEWART, Kenneth J. Calvinism and Missions: The Contested Relationship Revisited. **Themelios** 34, no. 1 (2009), p. 63-78.

STOKES, Mitch. **How to be an Atheist**: Why Many Skeptics aren't Skeptical Enough. Wheaton: Crossway, 2016.

STOTT, John R. W. **Christian Counter-Culture**: the message of the Sermon on the Mount. Downers Grove: InterVarsity, 1978.

_____. **Crer é também pensar**. São Paulo: ABU, 1978.

_____. **Ouça o Espírito, Ouça o Mundo**: como ser um cristão contemporâneo. São Paulo: ABU, 2005.

TCHIVIDJIAN, Tullian. **Fora de Moda**. São Paulo: Cultura Cristã, 2010.

THOMPSON, Tad. **Pais discipuladores**: um guia para o discipulado em família. São Paulo: Vida Nova, 2011.

THORNHILL, Randy e Craig T. Palmer. **A Natural History of Rape**: Biological Bases of Sexual Coercion. Cambridge, Massachussets: MIT Press, 2000.

TRAEGER, Sebastian e Greg Gilbert. **O Evangelho no Trabalho**: servindo Cristo em sua profissão com um novo propósito. São José dos Campos: Fiel, 2014.

TRIPP, Paul David. **Forever**: Why You Can't *Live* Without It. Grand Rapids: Zondervan, 2011.

_____. **Sexo e Dinheiro**: prazeres que desapontam e a graça que satisfaz. São Paulo: Cultura Cristã, 2015.

TRIPP, Tedd. **Pastoreando o Coração da Criança**. São José dos Campos: Fiel, 2000.

TURNAU, III, Theodore A. "Reflecting Theologically on Popular Culture as Meaningful: The Role of Sin, Grace, and General Revelation", In: **Calvin Theological Journal** 37, no. 2 (2002), p. 270-296.

TURNER, Steve. **Engolidos pela Cultura Pop**: Arte, Mídia e Consumo; uma abordagem cristã. Viçosa, MG: Ultimato, 2014.

VAN ASSELT, Willem J. (org.), **Introduction to Reformed Scholasticism**. Grand Rapids: Reformation Heritage Books, 2011.

VAN GRONINGEN, Gerard. **Revelação Messiânica no Velho Testamento**. Campinas: Luz Para o Caminho, 1995.

VAN TIL, Cornelius. **Apologética Cristã**. São Paulo: Cultura Cristã, 2010.

VAN TIL, Henry R. **O Conceito Calvinista de Cultura**, trad. Elaine Carneiro D. Sant'Anna. São Paulo: Cultura Cristã, 2010.

VANDRUNNEN, David. **Living in God's Two Kingdoms**: A Biblical Vision for Christianity and Culture. Wheaton, IL: Crossway, 2010.

AMANDO A DEUS NO MUNDO

_____. The Two Kingdoms: A Reassessment of the Transformationist Calvin. In: **Calvin Theological Journal** 40, no. 2 (nov 2005), p. 248-266.

VANHOOZER, Kevin J. "What is Everyday Theology? How and Why Christians Should Read Culture". In: VANHOOZER, Kevin J., Charles A. Anderson e Michael J. Sleasman, **Everyday Theology**: How to Read Cultural Texts and Interpret Cultural Trends (Grand Rapids: Baker, 2007), p. 15-62.

VEITH, Gene Edward, Jr. **De todo o teu entendimento**: pensando como cristão num mundo pós-moderno. São Paulo: Cultura Cristã, 2006.

_____. **Deus em Ação**: a vocação cristã em todos os setores da vida. São Paulo: Cultura Cristã, 2007.

VENEMA, Cornelis. **A Promessa do Futuro**. São Paulo: Cultura Cristã, 2017.

VOS, Arvin. **Aquinas, Calvin, & Contemporary Protestant Thought**: A Critique of Protestant Views on the Thought of Thomas Aquinas. Grand Rapids: Eerdmans, 1985.

VOS, Geerhardus. **O Reino de Deus e a Igreja**. Goiânia: Logos, 2005.

_____. **Teologia Bíblica**. São Paulo: Cultura Cristã, 2010.

WALSH, Brian J., e J. Richard Middleton, **A Visão Transformadora**: moldando uma cosmovisão cristã. São Paulo: Cultura Cristã, 2010.

WALTKE, Bruce K. "The Irruption of the Kingdom of God", **Criswell Theological Review**, 2 no. 1 (Fall 2004), p. 3-13.

WELCH, Edward. Quem somos? Necessidades, anseios e a imagem de Deus no homem. **Coletâneas de Aconselhamento Bíblico** vol. 1, p. 42-57. Atibaia: Seminário Bíblico Palavra da Vida, 1999.

WIGG-STEVENSON, Tyler. **The World is Not Ours to Save**: Finding the freedom to do good. Downers Grove, IL: InterVarsity, 2013.

WINGREN, Gustaf. **Luther on Vocation**. Eugene, Oregon: Wipf & Stock, 1957.

WITTMER, Michael Eugene. Analysis and Critique of 'Christ the Transformer of Culture' in the Thought of H. Richard Niebuhr. Ph. D. Dissertation, Calvin Theological Seminary, 2001.

WOLTERS, Albert. **A Criação Restaurada**. São Paulo: Cultura Cristã, 2006.

WRIGHT, Christopher J. H. **The Mission of God**: unlocking the Bible's grand narrative. Downers Grove: IVP Academic, 2006.

WRIGHT, N. T. **Surpreendido pela Esperança**. Viçosa: Ultimato, 2009.

YOUNG, Edward J. **A Commentary on Daniel**. Edinburgh: Banner of Truth Trust, 1997.

_____. **Genesis 3**: A devotional and expository study. Edinburgh: Banner of Truth, 1983.

O Ministério Fiel visa apoiar a igreja de Deus, fornecendo conteúdo fiel às Escrituras através de conferências, cursos teológicos, literatura, ministério Adote um Pastor e conteúdo online gratuito.

Disponibilizamos em nosso site centenas de recursos, como vídeos de pregações e conferências, artigos, e-books, audiolivros, blog e muito mais. Lá também é possível assinar nosso informativo e se tornar parte da comunidade Fiel, recebendo acesso a esses e outros materiais, além de promoções exclusivas.

Visite nosso site

www.ministeriofiel.com.br

LEIA TAMBÉM

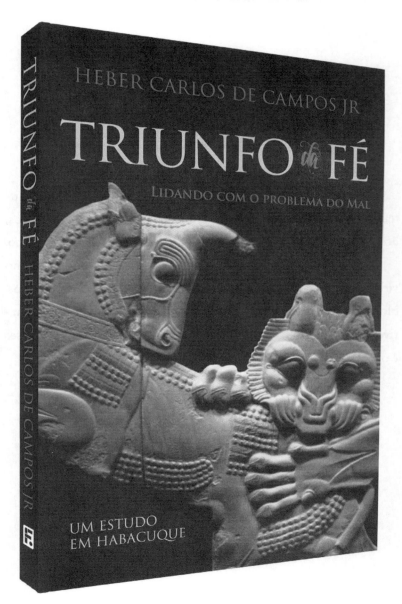

LEIA TAMBÉM

LEIA TAMBÉM

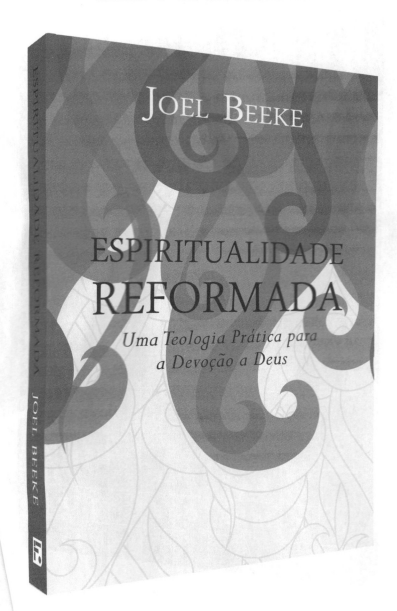

LEIA TAMBÉM

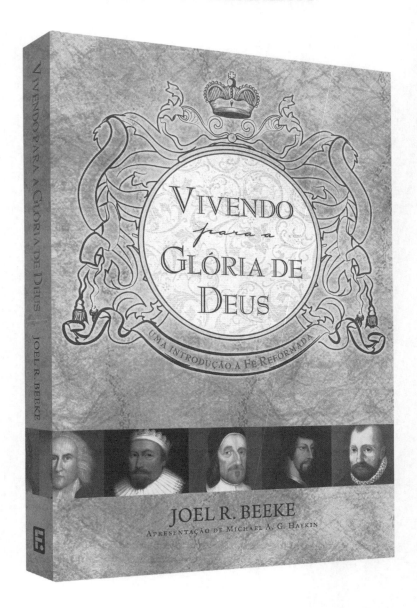